牟宗三先生全集⑧

從陸象山到劉蕺山

牟宗三　著

《從陸象山到劉蕺山》全集本編校說明

楊祖漢

　　依牟宗三先生之意，《從陸象山到劉蕺山》應為《心體與性體》之第四冊，但因此書不復由臺北正中書局出版，而改由臺灣學生書局出版，故改稱今名。

　　本書之第一、第五、第六章大約於1977至1978年間所撰。本書中的若干章節在成書前已先後發表，其篇目如下：

　　〈象山與朱子之爭辯〉，《民主評論》第16卷第8－11期（1965年4月20日/5月5日/5月20日/6月5日）。

　　〈王學的分化與發展〉，《新亞書院學術年刊》第14期（1972年9月）。

　　〈「致知議辯」疏解〉，《新亞書院學術年刊》第15期（1973年9月）。

　　〈陽明學是孟子學〉，《鵝湖月刊》第1卷第1/2期（1975年7/8月）。

　　〈象山之「心即理」〉，《鵝湖月刊》第3卷第11期（1978年5月）。

　　〈象山之「心即理」〉相當於本書第一章第一節。〈象山與朱

子之爭辯〉相當於本書第二章。〈王學的分化與發展〉相當於本書第三章，〈陽明學是孟子學〉則是第三章第一節。〈「致知議辯」疏解〉相當於本書第四章。第三章第一節之附錄〈致知疑難〉則是自《王陽明致良知敎》一書中抽出。該書於1954年4月由臺北中央文物供應社出版。

　　本書於1979年8月由臺灣學生書局出版，本《全集》本之編校工作係以1994年3月之最新版爲依據。

序

　　《心體與性體》共三冊已於民國五十七年出版於正中書局。在該三冊中，只詳講濂溪、橫渠、明道、伊川、五峰與朱子六人。但在詳講此六人中，宋、明儒長期發展之可分爲三系已確然明白而無可疑。是故在該書出版後，心中如釋重負；雖即尙餘陸、王一系以及殿軍之劉蕺山尙未寫出，吾亦暫時無興趣再爲續寫。遲延至今，忽忽不覺已十年矣。在此十年間，吾亦未輟工作。《智的直覺與中國哲學》、《現象與物自身》、《佛性與般若》，皆在此期間寫成者也。此雖無關於宋、明儒，然亦非不增長吾之學思與理解，因而對於宋明儒學之定性與定位亦非無深廣之助益也。吾所涉及之工作至今大體俱已寫成，因此宋明儒之餘三人亦必須寫成，不能再拖。此書定名曰《從陸象山到劉蕺山》，實即《心體與性體》之第四冊也。

　　此書中關於王學之兩章，即第三章與第四章，實早已於民國六十一年及六十二年分別發表於《新亞學術年刊》之第十四期與第十五期。而第三章之附錄：〈致知疑難〉，則更早見於《王陽明致良知教》一小冊中（此小冊寫於民國四十一年）。今該小冊可作廢，而〈致知疑難〉一段至今不變，故附錄於此書之第三章第一節。

　　此書之第二章〈象山與朱子之爭辯〉亦是早於民國五十四年發表於《民主評論》者。那時吾正在寫《心體與性體》，對於朱子已有頭緒，故寫成該文，亦至今不變者，故收於此書作第二章。此章涉及朱子者，與《心體與性體》第三冊〈朱子部〉所說當然不免有重複處。再重複了解一下朱子學之綱要亦無傷也。此章相當長。然如此深入詳述，則必能使人於朱學與陸學更有深切而明確之理解，不至終於浮泛而迷離也。

　　是則此書最近新寫成者唯第一章、第五章與第六章而已。第一章為象山學，乃吾醞釀好久乃決定如此着筆而寫成者。須知象山學並不容易著筆也。第五章為〈兩峰、獅泉與王塘南〉。此章為從王學之江右派過渡到劉蕺山之過渡。江右派之聶雙江與羅念菴已不解王學矣；而王塘南則正從此不解而復漸遠離於王學。此一不解與遠離正顯王學之特色，亦顯其所可有之流弊。人之不解與遠離亦正顯一新要求或新角度。而此新要求與新角度則結集於劉蕺山而有成果者。是以此過渡如不明，則王學與蕺山學間之罅隙即無由得彌縫。此一過渡亦甚幽深曲折而難明，人多忽之而亦不能解。吾故特為詳表之。

　　最後一章為〈劉蕺山之慎獨之學〉。蕺山之慎獨學，吾早已覺其為「歸顯於密」者。至寫《心體與性體》五峰章時，吾已確然見其與胡五峰為同一思路。此一大體之了解乃決定不謬者。然其中有若干隱晦曲折而艱深之辭語，吾一直不能有確解。今著手寫此章，重新對於《劉子全書》中有關之文獻一一仔細歷過，乃得通徹其中之曲折以及其確義。去其駁雜、滑轉、窒礙，與隱晦，其精義實義自不可掩。

　　夫宋明儒學要是先秦儒家之嫡系、中國文化生命之綱脈。隨時表而出之,是學問,亦是生命。自劉蕺山絕食而死後,此學隨明亡而亦亡。自此以後,進入滿清,中國之民族生命與文化生命遭受重大之曲折,因而遂陷於劫運,直劫至今日而猶未已。噫!亦可傷矣!是故自此以下,吾不欲觀之矣。吾雖費如許之篇幅,耗如許之精力,表彰以往各階段之學術,然目的唯在護持生命之源、價值之本,以期端正文化生命之方向,而納民族生命於正軌。至於邪僻卑陋不解義理為何物者之胡思亂想,吾亦不欲博純學術研究之名而浪費筆墨於其中也。

目　次

第一章　象山之「心即理」

第一節　綜述

　　1.象山之學並不好講，因爲他無概念的分解，太簡單故；又因爲他的語言大抵是啓發語、指點語、訓誡語、遮撥語，非分解地立義語故。在此種情形之下，若講象山學，很可能幾句話即完，覺其空洞無物，然亦總覺此似若不能盡其實者。吾今即相應其風格逐步眞切地疏解出其學之實義，以期讀者逐漸悟入其學之實，自眞實生命上與其語言相呼應，直達至其所呈現之理境而首肯之，以爲眞實不謬也，而後止。吾之此種疏解中所成之疏解語言亦大體是第二層序上的，即相應其學之爲「非分解的性格」而爲第二層序上的，而非「分解地立義」之爲第一層序上者。

　　2.他無概念的分解，然並非大糊塗。他義理精熟，事理分明，他顯然有所本，其所本者即是《孟子》。嘗自謂學無所受，「因讀《孟子》而自得之」。（〈語錄〉記詹阜民問：「先生之學亦有所受乎？」曰：「因讀《孟子》而自得之。」）是則他無概念的分解，其分解全在《孟子》，他是預設《孟子》以爲本據者。他是

「因讀《孟子》而自得之」；他是孟子後唯一能懂孟子，與孟子相
應者。嘗自謂：「竊不自揆，區區之學，自謂孟子之後，至是而始
一明也。」（《全集》卷十〈與路彥彬〉書）。他是專以《孟子》
為主，其他經典乃是貫通而涉及者。自此而言，他與濂溪、橫渠、
明道、伊川、五峰、朱子皆不同。此六子者，在立體方面，大體以
《中庸》《易傳》為主。（在此，只略如此言，詳見《心體與性
體》。）由此不同，可以立見象山學為孟子學無疑。〈語錄〉有
云：「夫子以仁發明斯道，其言渾無罅縫。孟子十字打開，更無隱
遁。蓋時不同也。」只有象山能說出如此恰當相應之語，蓋真能得
孔、孟之教之實者。所謂「十字打開」，即是分解以立義者。（分
解是廣義的分解）。是則象山本人無分解，其所預設之分解盡在
《孟子》。其所指點啓發以示之者，如：

（Ⅰ）辨志：此則本於孔孟義利之辨以及孟子之言「士尚
　　　志」；

（Ⅱ）先立其大：此則本於孟子大體小體之辨；

（Ⅲ）明「本心」：此則本於孟子之言四端之心；

（Ⅳ）「心即理」：此則本於孟子之言「仁義內在」以及「心
　　　之所同然」乃至「理義悅心」等；

（Ⅴ）簡易：此則《易傳》雖有明文，而精神實本於孟子之言
　　　良知良能、「道在邇而求諸遠，事在易而求諸難」，
　　　以及「學問之道無他，求其放心而已矣」、「堯舜之
　　　道，孝弟而已矣」等語；

（Ⅵ）存養：此則本於孟子之「操則存，舍則亡」、「存其
　　　心，養其性」，以及「苟得其養，無物不長」等語。

3.凡此六端並本孟子而說，並無新說。即此本孟子而說者亦是指點啓發以說之，並非就各概念重新分解以建立之。孟子所「十字打開」以立者容有未盡處，容有使後學難懂處，容有隨時代推進牽涉新問題而須進一步釐清與比決者，凡此皆須後繼者隨時代需要重新分解以建立之。凡所謂繼承某某，或本某某而來，亦可是「重新分解以建立之」之繼承，此或更是一般人所遵循之路。然而象山之繼承孟子卻不走此路。他是非分解地以啓發、指點、訓誡、遮撥之方式來繼承之，此則更警策而有力，足以豁醒人。因爲他一眼看到孟子所昭顯者皆是實事實理，坦然明白，只須吾人以眞生命頂上去，不落於虛見虛說，不落於文字糾纏粘牙嚼舌之閒議論，便自然能洞悟到那坦然明白之實事實理而內外洞朗，進而更能眞切相應地呈現之而挺立吾人之人品。此則於踐履上更爲直截、更爲樸實、更爲有力而相應。而且即以此故，說「簡易」也，所謂「專欲管歸一路」，「亦只有此一路」也。蓋若非分解地啓發點示，則亦只如此也。故〈語錄〉中載李伯敏問云：「如何是盡心？性、才、心、情，如何分別？」先生云：「如吾友此言，又是枝葉。雖然，此非吾友之過，蓋舉世之弊。今之學者讀書只是解字，更不求血脈。且如情、性、心、才，都只是一般物事，言偶不同耳。」伯敏云：「莫是同出而異名否？」先生曰：「不須得說，說著便不是。將來只是騰口說，爲人不爲己。若理會得自家實處，他日自明。若必欲說時，則在天者爲性，在人者爲心。此蓋隨吾友而言。其實不須如此，只是要盡去爲心之累者。如吾友適意時，即今便是。牛山之木一段，血脈只在仁義上。『以爲未嘗有材焉』，『此豈山之性也哉』？『此豈人之情也哉』，是偶然說及，初不須分別。所以令吾

友讀此者，蓋欲吾友知斧斤之害其材，有以警戒其心。『日夜之所息』，息者歇也，又曰生息。蓋人之良心為斧斤所害，夜間方得歇息。若夜間得息時，則平旦好惡與常人甚相近。惟旦晝所為，梏亡不止，到後來夜間亦不能得息。夢寐顛倒，思慮紛亂，以致淪為禽獸。人見其如此，以為未嘗有才焉，此豈人之情也哉？只與理會實處，就心上理會。俗諺云：『癡人面前，不得說夢。』又曰：『獅子咬人，狂狗逐塊。』以土打獅子，便逕來咬人。若打狂狗，只去理會土。聖賢急於教人，故以情、以性、以心、以才說與人，如何泥得？若老兄與別人說，定是說如何樣是心，如何樣是性、情，與才。如此分明，說得好剗地，不干我事。須是血脈骨髓，理會實處始得。凡讀書皆如此。」似此所言，則象山乃是就第一義非分解地啓發點示，令歸於實處。實處洞朗，則「本心即理」坦然明白。順此而行，則「當惻隱處自惻隱，當羞惡，當辭遜，是非在前自能辨之；又云當寬裕溫柔自寬裕溫柔，當發強剛毅自發強剛毅，所謂溥博淵泉而時出之。」（〈語錄〉）。此即所謂簡易也。孟子十字打開，千言萬語，不過說此義。若能如此理會實處，其語言不待分解亦自明。要想明白其語言，而分解地說出之，亦須先能如此理會，其分解始不謬。分解無論如何重要，總屬第二義。縱使分解得「如此分明，說得好剗地」，最後亦總須歸於實處，歸於坦然明白之簡易，歸於實理實事之踐履，一切分解皆只是助解之筌蹄。言必有宗，義必有當。若能如其分，不氾濫，不增減，則分解之言所出之義無有不恰當者。問題不在分解，而在分解之不當。分解之不當乃由於失其宗主。是故象山先令人辨志，先明本心即理，蓋其經典的宗主在《孟子》，而實理實事之宗主則在道德的實踐也。象山非必

抹殺分解，亦非不能分解，然其所吃緊示人者則在先明輕重本末，故彼常言：「端緒得失，則當早辨。」（《全集》卷一，〈與邵叔誼〉書。）又言：「天下正理不容有二。若明此理，天地不能異此，鬼神不能異此，千古聖賢不能異此。若不明此理，私有端緒，即是異端，何止佛老哉？」（《全集》卷十五，〈與陶贊仲〉書二。）朱子重分解，此非其病，病在端緒不明也。象山所有話頭大部皆對朱子而發。即就《孟子》而言，朱子之分解失其端緒矣。此由於未能先理會實處也。朱子不自省覺，反以不相干之指責責斥象山，此則一間未達也。是則朱陸之同異寧有如世俗之所想者乎？

4.說到簡易，即如此重視分解之康德亦知之，蓋即知端緒不知端緒之辨也。彼有云：

> 最普通的智思亦能很容易而無遲疑地看出在意志之自律底原則上所需要去作的是什麼；但是在意志之他律底假設上去看出什麼是要去作的，那卻是很難的，而且需要有世界底知識。此即是說，義務是什麼，這對於每一個人其自身就是坦然明白的；但是什麼東西可以帶出真正而持久的利益，此如「將要擴展到一個人的生命之全部」的那種利益，這卻總是被蒙蔽於不可滲透的隱晦中；而且要想把基於利益上的實踐規律適合於生命底各方面（各種目的），甚至因作出適當的例外而亦容忍地把它適合於生命底各方面。這總是需要很多的審慮的。但是道德法則對每一個人命令著最嚴格的遵守；因此，去判斷那道德法則所要求被作成的是什麼，這卻必不是如此之困難以至於最普通而無訓練的理解，甚至沒有世俗

的審慮，便一定不能正當地去應用這道德法則。（《實踐理
性批判》第一章〈純粹實踐理性底原則〉§Ⅷ，定理Ⅳ，注解
Ⅱ。）

案：此段話甚分明而簡截，吾讀之甚喜。然則象山之言簡易寧有如
世俗之所譏笑者？此段話倒眞能道出象山之所以言簡易與夫朱子之
所以「道問學」之故。當然，朱子系統中之實踐規律並不是基於利
益；但是他的格物窮理之路卻使他的實踐規律大類乎西方理性主義
者之實踐規律之基於存有論的圓滿上。依康德，基於存有論的圓滿
與基於上帝底意志俱是意志底他律之原則。快樂主義基於利益、基
於幸福，亦是意志底他律之原則。基於利益之他律其所需要有的世
界底知識是經驗的；基於存有論的圓滿其所需要有的世界底知識是
理性的；基於上帝底意志最初是訴諸恐怖與權威，最終亦必落於需
要有世界底知識，這知識或是經驗的或是理性的。這些原則俱是他
律，蓋因爲其所含的實踐規律皆取決於作爲目的的一個對象，對於
這對象必須先有知識。朱子既取格物窮理之路，故道問學、重知
識。雖其通過「道問學」所需要知的是太極之理（豁然貫通之
理），存有論的最高實有之理，不是零碎的經驗知識所識取的事象
以及事象之曲折之相，然亦必須通過這些事象以及曲折之相始能進
而認取那太極之理，此即所謂「即物而窮其理」，即就著「實然」
而窮究其「超越的所以然」。是則決定我們的行爲者是那外在之
理；心與理爲認知的對立者，此即所謂心理爲二。理是存有論的實
有，是形而上者，是最圓滿而潔淨空曠的；而心是經驗的認知的
心，是氣之靈，是形而下者。因此，決定我們的意志（心意）以成

為吾人之實踐規律者乃是那存有論的實有之理（圓滿之理），而不是心意之自律。因此，對氣之靈之心意而言（朱子論心只如此，並無孟子之本心義），實踐規律正是基於「存有論的圓滿」之他律者。故彼如此重視知識。決定我們所應作者是什麼並不是如此之容易。若不通過格物窮理道問學之工夫，焉能知所應作者是什麼？故彼自然不喜歡言簡易。朱子言「艱苦」，一在就知識言，一在就氣質之病痛言。此正是以知識之路講道德所應有者。此即象山所謂「失其端緒」。就知識言，格物窮理固非簡易；就變化氣質言，知識之路更是困難，而且尚不是難易問題，乃根本不對題。依意志自律之原則而行，則知所應作者是什麼固甚易，即變化氣質之不容易亦是對題的不容易，而非不對題的不容易。象山並非不知變化氣質之難，然其難是對題之難，非不對題之難。對題之難好辦，不對題之難不好辦，始是真難矣。

　　5. 象山之言簡易正是「依意志自律原則而行」之所應有而必有者，此則得其端緒矣。康德言意志自律，象山本孟子言「本心即理」。「本心即理」非謂本心即於理而合理，乃「本心即是理」之謂。此蓋同於意志之自律，而且足以具體而真實化意志之自律。蓋意志即本心之本質的作用也。康德界定意志自律云：「意志底自律就是意志底那種特性，即因著這種特性，意志對其自己就是一法則。」（見《道德底形上學之基本原理》）。決定意志的那法則不是由外面來的，乃即是意志本身之所自立，自立之以決定其自己，此即是說意志對於其自己即是一法則，此即是意志之自發的立法性以及以此所立之法決定其自己之自律性。意志能為其自己立法，亦甘願遵守其自己所立之法而受其決定。此不是說例如有兩法則於

此，它自己決定選擇其一。這種選擇自決之自由不是康德由自律所說之自由，因而亦不表示其所說之「自律」義。選擇之自決正是他律者，此正是不自由，雖然你可以有選擇之自由。此正是世間法律上所說之自由，亦是宗教家所說「上帝賦人以自由」之自由——你有可以信可以不信之自由。凡此皆不是康德由自律所說之自由，因而亦皆不能表示「自律」義。而孟子之本心即理卻正能表示康德所說之自律以及自由，而且足以具體而眞實化此自律與自由，即並無分析與批判之別。（依康德，自律是分析的，即由道德一概念即可分析出，而自由不是分析的，乃須接受批判之考察，因此說它是一個設準。）「本心即理」這本心之自律與自由乃是一具體而眞實的呈現。就自由說，這不是一設準，而是一呈現。如果道德眞可能，不是腦筋空想之虛幻物，而復由道德這一概念本身即可分析出自律（若不自律，道德即不可能），如此，自律固是分析矣，而若自由不能呈現，只是一設準，只是意志之一設定的純淨狀態，則道德之可能亦落空，現實上實成爲不可能，自律雖爲分析的，亦無用，只是一理之當然。康德講自律實只是一理之當然；而若自由爲設準，則道德必落空。孟子之「本心即理」正足以具體而眞實化此自律與自由，因而亦足以使道德成爲眞可能。自律自由之本心是呈現，不是設準，則道德實踐始有力而不落空。象山云：「當惻隱自惻隱，當羞惡自羞惡，〔……〕所謂溥博淵泉而時出之。」，這豈不是道德行爲之眞實的呈現？自由之本心豈是設準耶？這所「溥博淵泉而時出之」的「所當爲」豈不坦然明白而甚簡易乎？這便是如如呈現的實事實理。實事者道德行爲也。如「當惻隱自惻隱」，這惻隱行爲，惻隱之本心自能發之，此即是所發之實事。實理者「本心即

理」之理也。在本心自我立法之本心之具體而眞實的呈現中,其所自立之法即理亦在具體而眞實的呈現中。此實理若作一命題看,其對於本心之關係是一分析命題,非是一綜和命題。它對於意念而言,對於受感性的影響的意志(現實的作意)而言,對於形而下的「氣之靈」之心而言,自是綜和命題。康德說道德法則是一綜和命題,這正是就吾人的現實作意之意志而言。但他又設定自由意志這意志之純淨狀態,但只是一設準,而不能呈現,因爲吾人無「智的直覺」故。因此,他說人的意志總不是神聖的意志,當惻隱不必自會惻隱。但象山說本心即理,本心呈現,理亦呈現,當惻隱自會惻隱,此本心即是神聖的心。「庶民去之,君子存之。」「操則存,舍則亡。」「學問之道無他,求其放心而已矣。」而此放失之本心亦實能通過當下逆覺而被體證,亦即呈現而存之。它不是永不能呈現的一個設準,一個設定的狀態。因此,「本心即理」必函著理是一分析命題,而亦函著人可有「智的直覺」;而此「本心即理」之本心亦即是神聖的心(當惻隱自會惻隱,所當作的必自會作)。「若明此理〔本心即理之理〕,天地不能異此,鬼神不能異此,千古聖賢不能異此。」此如何不是神聖的心——神聖的意志?此如何不是天地底「心即理」,鬼神底「心即理」,千古聖賢底「心即理」?一心無外,一理無外。坦然明白,並無迂曲。所謂溥博淵泉而時出之,這乃只是此實事實理之如如呈現,一體平鋪。此可由歸於實處,不落於閑議論,經由「存在的實踐」而可達至者;雖不無險阻,而非永不能企及者,如康德之所說。《易傳》之言簡易,知險知阻,只是此「本心無外,實理無外」之宇宙論地說,良知良能之宇宙論地說。故簡易之明文雖見於《易傳》,而精神必本於孟

子。象山實真能知見之而得之於心者。

　　6.惟是象山本孟子而言「心即理」並不取「分解以立義」之方式，而是取「非分解以指點」之方式，即因此故，遂令朱子誤想其為禪。其實這與禪何干？象山一方揮斥「閑議論」，一方非分解地指歸於樸實之途，這只是辨端緒之得失，扭轉朱子之「失」而令人歸於「得」——以知識之途徑講道德便是端緒之失，便是不見道。但朱子卻於此誤想其為禪。若此而是禪，則世間不應有辯破。朱子就象山之此種風格說他「說話常是兩頭明，中間暗」。這「中間暗」便是「不說破」，這「不說破」便是禪（詳見下章第八節）。這是籠統地（模糊地）以禪之風格來歸屬象山之風格。實則所謂「兩頭明」只是一方揮斥閑議論之失，一方令歸樸實之得，這得失兩頭甚為分明；所謂「中間暗」，「不說破」，則只是因為於樸實之得以「非分解方式」來指點，指歸於《孟子》，令人就實處來理會，便足夠，故不須再從事於分解，蓋孟子已說破，已分解地言之矣，何須再分解？又何闇之有？只這樣籠統地說他是禪，當然不對。象山尚未至有如禪所表現之風格。然則什麼是禪之風格？禪之風格在什麼關節下始呈現？當吾人一旦歸於樸實之途，進一步想把這「本心即理」之本心如如地呈現之，而不起一毫作意與執著之時，這便有禪之風格之出現。實事實理之如如地呈現，即自然地流行（所謂天理流行），即函蘊著這種風格之必然地可出現。此即禪家所謂「無心為道」是也。此「無心為道」之無心是作用義的無心，不是存有義的無心。此作用義之無心既可通於道家之玄智，亦可通於佛家之般若與禪。在此種「無心為道」之境界下，有種種詭辭出現；隨此種種詭辭之出現復有禪家種種奇詭的姿態之出現。但

是此種作用義之「無心」，統觀《象山全集》很少見，而且我根本未曾一見，而且象山根本未曾意識及此，且把此作用義之無心混同於存有義之無心，而視之爲邪說，並謂「人非木石，安得無心？」（詳見《全集》卷十一，〈與李宰〉書，見下第三節錄。）此作用義之無心，明道喜說之，如云：「天地之常以其心普萬物而無心，聖人之常以其情順萬事而無情。」（〈定性書〉）後來王陽明亦說之，如云：「無心俱是實，有心俱是幻；有心俱是實，無心俱是幻。」（《傳習錄》卷三）至王龍溪言「四無」，更言之而肆。而羅近溪破光景，更喜說此境，不待言。要說禪或類乎禪，只有在此作用義之無心上始可說之。但象山尚未進至此義。故朱子說他是禪根本是誤想，而且是模糊彷彿的聯想。且即使到言本心之如如地呈現時可函有此境，或甚至如明道、陽明等已說至此境，這亦是任何人任何家皆可自發地發之者，而不必是誰來自誰，亦不因此而即喪失或歪曲或背離其敎義之本質。此亦可說是佛家所謂「共法」，而不能同一於任何特定敎義者。故既可通於道家之玄智，亦可通於佛家之般若。儒家豈不能獨自發之，而必謂其來自禪耶？此豈是佛家之專利品乎？如必謂來自禪，則亦可說佛家來自道家，此可乎？自佛家敎義之發展言之，佛分別說大小乘敎義後，復進而說般若以融通淘汰之，而蕩其相，遣其執，令歸實相。後來到中國復發展至本般若之精神以修禪定而成爲六祖之祖師禪，兼攝後來承六祖而發展者所表現之種種奇詭的姿態，如棒喝、參話頭之類。若自原始佛敎言之，不但此祖師禪無有也，即般若之「一法不立」亦無有。但佛家並不說此非佛法，亦不說其來自他處。執於小乘者，不但不會欣賞此祖師禪，並大乘佛敎亦斥之，斥之爲空華外道。然此卻是佛敎

所應有而且必有之發展。明道、陽明等之言此作用義的無心（象山之「非分解」的方式進一步可函此，但並未說至此），亦有類於佛教發展中般若之精神，但不是佛家義之般若；復亦有類於祖師禪之風格，但不是佛家義之禪定。自其有類於般若之精神與祖師禪之風格而言，若依朱子之觀點，吾人更可聯想其爲禪而斥爲非聖人之道。但此中正亦有蔽，不可不察而詳明之。此種作用義之無心之境界所代表之精神與風格是共法，不可把它同一於佛教，視爲佛家之專利品。若把它同一於佛教，則凡表現有此精神與風格者，吾人皆可視之爲禪，而非聖人之道；凡言聖人之道者，即不許有此精神與風格；如是，凡勝義皆推之於佛老，儒者只應處於低下，而美其名曰平實，實則只是藉口平實而下委，此於弘揚儒學乃大不利者。此種無謂之忌諱實由於因「心思不廣不活，一間未達」而來之誤解而成。須知佛家義之般若不是共法（在佛家內爲共法，跳出佛家對其他教義便不是共法），而般若之精神可是共法，焉能將此精神同一於佛教，視爲佛教之專利品？同樣，佛家義之禪定不是共法（在佛家內爲共法，佛家外即非共法），而祖師禪之風格可是共法，焉能將此風格同一於佛教，視爲佛教所專有？此種精神與風格皆是非分解方式下所函具之詭辭爲用（無心爲道）之一系義理，乃是人人皆可自發地表現之，乃至任何教皆可自發地表現之。是以在佛家，佛說般若乃以「異法門」說，不同餘經，（所謂「異法門」即是以非分解的無諍法門說），而禪宗亦有「教外別傳，不立文字」之說也。此種精神與風格，佛家能發之，何獨明道、陽明等於儒家不能發之？明道、陽明等能發之而謂其不應發，並斥其爲禪者，皆不免有心思不廣一間未達之過。而況象山尚未至此，焉能說其爲禪？就

象山而言，朱子亦知：「子靜之病恐未必是看人不看理，自是渠合下有些禪底意思。」（〈答呂伯恭〉書，詳見下第二章：〈象山與朱子之爭辯〉第五節。）既是「合下有些禪底意思」，為什麼不想這是人人皆能自然地發出之共法（揮斥議論及非分解方式之為共法，尚不是「無心為道」之為共法），而與禪無關耶？既是合下有此意思，而又說他是禪，這是又把象山之揮斥議論與非分解方式所示之精神與風格同一化於禪了。若如此，則象山是生命中注定有點禪的邪門，無法與於純正的聖人之道了！如此禁忌而固蔽，於弘揚聖人之道有何益哉？於同書中，朱子又說：「然其好處自不可掩覆，可敬服也。」這可見象山之學自有真處。然則為何不就此真處想其端緒與旨歸之所在以及其所以有此精神與風格之理據，而必望風捕影咬定其為禪耶？渠既「合下有些禪底意思」，而又說「其好處自不可掩」，此種夾逼狀態只有因著「正視象山之揮斥議論與非分解方式所示之精神與風格乃是辨端緒之得失下所表現之扭轉作用而根本與禪無關」而被解除——解除而暢通之，既可正視象山學為孟子學，又可活轉自己之心思而重新調整其端緒，而「斥之為禪」之責斥亦可不再發生矣。禪自是禪，儒自是儒，共法自是共法，混雜自是混雜。混雜不可有，而禪之禁忌則須廢。如此暢通，則朱、陸之同異始可決。世俗浮泛謬悠無根之說，言調停，言會通者多矣，或抑揚或偏取者亦多矣，實皆未能真知此中之問題。章實齋謂朱、陸同異乃天地間不可無之問題，亦天地間永不能決之問題，此真「強不知以為知，故作聰明驚人之語」之讕言也。夫豈有真是一問題而不可決者乎？

　　7.象山之學「因讀《孟子》而自得之」，又以非分解方式而弘

揚之,然則從客觀義理上說,彼完全同於孟子乎?抑隨時代不同而
亦有超過孟子者乎?古人不如今人之斤斤較量,彼既遵循孔、孟,
決不敢自謂超過孔、孟。「夫子以仁發明斯道,其言渾無罅縫。孟
子十字打開,更無隱遁。蓋時不同也。」焉有超過孔、孟者乎?
〈與路彥彬〉書云:「竊不自揆,區區之學,自謂孟子之後,至是
而始一明也。」「至是而始一明」,亦只是明之,未敢謂超過之
也。明之亦不易,古今來有幾人眞能相應而明之乎?〈與姪孫濬〉
書云:

> 由孟子而來,千有五百餘年之間,以儒名者甚眾,而荀、
> 揚、王、韓獨著,專場蓋代,天下歸之,非止朋遊黨與之私
> 也。若曰傳堯、舜之道,續孔、孟之統,則不容以形似假
> 借,天下萬世之公亦終不可厚誣也。至於近時伊、洛諸賢,
> 研道益深,講道益詳;志向之專,踐行之篤,乃漢、唐所無
> 有,其所植立成就可謂盛矣。然「江漢以濯之,秋陽以暴
> 之」,未見其如曾子之能信其「皜皜」;「肫肫其仁,淵淵
> 其淵」,未見其如子思之能達其「浩浩」;「正人心,息邪
> 說,距詖行,放淫辭」,未見其如孟子之「長於知言」而有
> 以「承三聖」也。

此言可謂美矣。然則眞能相應而明之,亦豈易乎?故謂「孟子之
後,至是而始一明也。」豈容隨便言超過乎?然不得已,仍隨時代
之所需,方便較量,象山亦有超過孟子者。然此超過亦是孔孟之敎
之所函,未能背離之也。此超過者何?曰:即是「心即理」之達其

絕對普遍性而「充塞宇宙」也。〈語錄〉云：「萬物森然於方寸之間，滿心而發，充塞宇宙無非此理。」〈與陶贊仲〉書云：「天下正理不容有二。若明此理，天地不能異此，鬼神不能異此，千古聖賢不能異此。」彼又嘗云：「宇宙內事乃己分內事，己分內事乃宇宙內事。」又云：「宇宙便是吾心，吾心即是宇宙。〔……〕」又云：「道塞宇宙，非有所隱遁。在天曰陰陽，在地曰剛柔，在人曰仁義。仁義者人之本心也。」又云：「是理充塞宇宙。天地順此而動，故日月不過，而四時不忒；聖人順此而動，故刑罰清而民服。」又云：「此理塞宇宙，誰能逃之？順之則吉，逆之則凶。」又云：「宇宙不曾限隔人，人自限隔宇宙。」（凡此諸語皆見於〈年譜〉十三歲下，當然不皆是十三歲時所說，乃類聚及之。）凡此所說皆表示心即是理，心外無物，道外無事，此心此理充塞宇宙，無能逃之。彼在幼年時（十三歲時）即有此洞悟，後來終身不棄。孟子未有明文及此。然孟子亦云「萬物皆備於我矣，反身而誠，樂莫大焉。」此已函及此義。孔子踐仁知天，孟子盡心知性知天，仁與天，心性與天，似有距離，然已函蘊著仁與天之合一，心性與天之合一。此蓋是孔、孟之教之本質，宋明儒者之共同意識。雖有入路不同之曲折，然濂溪、橫渠、明道、五峰、陽明、蕺山，皆不能背此義。惟伊川、朱子析心性為二，心理為二，似不能充分及此義，然彼亦必主理道充塞宇宙，無能逃之。此一本質即函道德秩序即宇宙秩序。「至理不容有二」，焉能不充塞宇宙乎？焉能不「心外無物」，「道外無事」乎？此一縱貫之「心即理」之心理之函蓋性與絕對普遍性乃是孔、孟之教所意許，惟象山能直接相應地發明之，故云：「孟子之後，至是而始一明也。」雖超過之，而實

未超過也。近人習於西方概念式的局限之思考，必謂道德自道德，宇宙自宇宙，「心即理」只限於道德之應然，不涉及存在域，此種局限非儒教之本質。心外有物，物交代給何處？古人無道德界、存在界、本體論（存有論）、宇宙論等名言，然而豈不可相應孔、孟之教之本質而有以疏通之，而立一儒教式的（亦即中國式的）道德界、存在界、本體論、宇宙論通而爲一之圓教乎？此則繫於「心即理」之絕對普遍性之洞悟，何必依西方式的概念之局限單把此「心即理」局限於道德而不准涉及存在乎？此種圓教乃儒者所本有。所謂「立」者，乃只隨時代需要，疏通而明之耳，非「本無今有」之新立也。此若依「康德只准道德的神學，不准神學的道德學」而言，吾人亦可類比地說：此種圓教只允許一道德的形上學，而不允許一形上學的道德學；它復亦不是氣化宇宙論中心，而乃是絕對普遍的「本心即理」「本心即性」之心體中心、性體中心，故心外無物，道外無事也。凡此俱已見於《心體與性體》，今復就象山而正言之。

8.象山本孟子以非分解方式一方面揮斥議論之途（「天下學術唯兩途，一途樸實，一途議論」），一方面點示斯理坦然明白。是故聖人之道，「孟子之後，至是而始一明」。明者非分解地明之也。若以爲分解雖非第一義，仍甚重要，若完全不分解，則不足以應衆機，乃至適時代之需要，如是，則亦應隨時有分解。如是，則蘊釀推移，至明而亦理應有陽明之出現。陽明之學是重新分解以立義，即就《大學》重新分解，提出致良知以對治朱子之順取的格物窮理說。此仍歸於孟子學，然有所立也。吾人亦可說道至是而又一明也。此「明」是分解地明之。（在王學發展中，復有一非分解的

形態，即羅近溪所表現者是。詳見下王學章。）陽明極推尊象山，是故一般陸王連稱。雖極尊之，然又說他「粗些」。此「粗些」究如何了解？此頗不易說。《傳習錄》卷三載陳九川與陽明關於陸子之學之問答，茲錄於下：

> 〔九川〕又問：陸子之學何如？
>
> 先生曰：濂溪、明道之後還是象山，只還粗些。
>
> 九川曰：看他論學，篇篇說出骨髓，句句似鍼膏肓，卻不見他粗。
>
> 先生曰：然。他心上用過工夫，與揣摩依倣求之文義自不同。但細看，有粗處，用功久，當見之。

陽明所說「只還粗些」意即只是還有一點粗。這「粗」底意味很難說，陽明亦未解說，只說：「但細看，有粗處；用功久，當見之。」這個粗當然不是指知識之多寡與思考之精確否而言；亦不是就修道工夫之造詣，以聖人為準，而一般地言之。若指前者而言，那是有形問題。在有關範圍內，人人都有精粗之別，人人亦都可經過用功而至於精以免其粗，此正是屬於所謂「求之文義」者。此方面，即使是精，亦不算數；若是太粗，人家可說那是根本不及格。故陽明所說之「粗」當不指此方面說。若就修道工夫之造詣，以聖人為準，而一般地言之，則吾人可說：凡未至聖人之境者，皆有相對的精粗可言，皆不能免於粗。此雖不無關係，然太寬泛。故陽明對於象山所品題的「粗」當亦不指此而言。然則其所謂「粗些」當如何了解？吾意似當就象山本人當身之風格而言。若就當身之風格

而言，則所謂「粗」似可說，似不可說。先從似可說方面看。「粗」若與「浮」連說，則「粗浮」與淵靜凝歛相反。若與「略」連說，則「粗略」與清渟精微（微妙）相反。象山是高明爽朗之人，直拔俊偉（朱子有此帶點譏諷意味的品語），有類孟子。他不是顏淵型，不是曾子型，亦不類濂溪與明道。顏淵淵默精微，當然不能說他粗。曾子篤實，只能說他魯，不能說他粗。（《象山全集》卷一〈與胡季隨〉書云：「曾子得之以魯，子貢失之以達。天德已見，消長之驗，莫著於此矣。」）濂溪光風霽月，自是微妙，不能說他粗。明道通達和粹，亦不能說他粗。宋儒推尊顏淵，明儒推尊孟子。明道說孟子有英氣，英氣便害事。陽明說象山「只還粗些」，亦如明道說孟子有英氣也。「粗些」意即略帶點粗浮與粗略的意味。此種粗只由其生命不是顏淵之精微型，亦不是濂溪之微妙，明道之和粹，而見；亦只由其高明爽朗，直拔俊偉，而見。若問：陽明在學之端緒上仍歸於孟子學，何以不類孟子，又不可以說粗？曰：此由其分解地有所立並義理精熟而然也。分解地有所立足以穩住其氣命，不似象山之雷動風行，推宕飄忽。分解地有所立而又義理精熟，則文理密察，氣命周到，而又一歸於致良知，簡易明白，而不可以說粗。（陽明雖義理精熟，然未至四無礙之境。如以生而知之，學而知之，困而知之，比配《孟子》盡心知性知天，存心養性事天，夭壽不貳修身以俟所以立命，即完全乖謬，象山決不會犯此錯誤。但即使如此，亦不能說他粗。）若與陽明相比，則象山之粗只由其以非分解的方式揮斥「議論」點示「實理」而見。以上是就粗為似可說而言。何以又言其似不可說？曰：就生命之風格而言，粗既只由其不是顏淵、濂溪、明道型之風格而見，則粗便只

是高明爽朗，直拔俊偉，而非粗。亦如孟子之英氣，望聖人言，為不足，而若就其盡時代之使命而成一典型之風格而言，則亦不害事。象山之粗亦猶孟子之英氣也。故粗亦似不可說。就學之風格而言，粗既只由「非分解」而顯，則粗亦只是非分解方式下之遮撥「閑議論」與點示實事實理所顯之排蕩相，此即粗而非粗，粗只是他人之感想，故粗亦似不可說。陽明之說其「只還粗些」恐亦只是不自覺地以自家「分解地有所立」中之文理密察，氣命周到，與象山「非分解方式」下之雷動風行，推宕飄忽，相質對，所引起之主觀的實感。（羅近溪之非分解，以破光景故，故顯精微清妙，不令人生「粗些」之想。見下王學章。）象山若復消融其非分解方式下之揮斥與點示而歸於淵默，則潔靜精微，「粗」相泯矣。非分解方式下之揮斥與點示本只是筌蹄，目的只在令歸實──實事實理坦然明白之實。〈語錄〉有云：「千虛不博一實。吾平生學問無他，只是一實。」又云：「後世言道理者終是粘牙嚼舌。吾之言道坦然明白，全無粘牙嚼舌處。」自此以往，或一歸於踐履，精進不已，或隨機分別說法以立義或明義，此則自是無窮無盡者。未至聖人之境，皆有精粗可言，此不待言。

　　9.吾綜述象山學止於此。蓋以其所預設之分解立義全在《孟子》，而其本人又不取分解立義之方式以期重新有所立，故欲明其學之特殊風格亦只好作如上之綜述。此所綜述者皆是自第二序上立言，非自立義之第一序上立言，以其只有所顯無所立故，其所預設之立全在《孟子》故。〈語錄〉有云：「後世言學者需要立個門戶。此理所在，安有門戶可立？學者又要各護門戶，此尤鄙陋。」故在象山，便以為不須再重新分解以立義，而吾人綜述其學亦不能

自立義之第一序上而立言。若復欲自第一序上立言,則須就《孟子》再重新予以分解,以比決而釐清之,此則超出本章之範圍。

但如此綜述,人可覺其空洞無所有;而若不詳知象山所留之文獻,則亦不能實感到此綜述所烘托之風格之警策。為使讀者有生命上的真實之呼應,故進而再簡述〈年譜〉中所記之各重要階段,並錄若干論學書,以實此綜述,最後錄若干〈語錄〉以助解。

第二節 年譜各重要階段之簡述

㈠十三歲因宇宙字義篤志聖學:原初的洞悟。

〈年譜〉云:「先生十三歲,因宇宙字義,篤志聖學。」此下繫之云:

> 先生自三、四歲時,思天地何所窮際,不得,至於不食。宣教公呵之,遂姑置,而胸中之疑終在。後十餘歲,因讀古書,至宇宙二字,解者曰:「四方上下曰宇,往古來今曰宙。」忽大省曰:「元來無窮。人與天地萬物皆在無窮之中者也。」乃援筆書曰:「宇宙內事乃己分內事,己分內事乃宇宙內事。」又曰:「宇宙便是吾心,吾心即是宇宙。東海有聖人出焉,此心同也,此理同也。西海有聖人出焉,此心同也,此理同也。南海北海有聖人出焉,此心同也,此理同也。千百世之上,至千百世之下,有聖人出焉,此心此理亦莫不同也。」〔案:《象山全集》卷二十二,〈雜著〉中有

此條，字句稍異。〕故其啓悟學者多及宇宙二字。如曰：
「道塞宇宙，非有所隱遁。在天曰陰陽，在地曰柔剛，在人
曰仁義。仁義者人之本心也。」〔《全集》卷一，〈與趙
監〉書〕。又曰：「是理充塞宇宙。天地順此而動，故日月
不過，而四時不忒。聖人順此而動，故刑罰清而民服。」
〔《全集》卷十，〈與黃康年〉書〕。又曰：「此理塞宇
宙，誰能逃之？順之則吉，逆之則凶。」〔《全集》卷二十
一，〈雜著·易說〉〕。又曰：「宇宙不曾限隔人，人自限
隔宇宙。」（〈語錄〉）

案：十三歲時即有此洞悟，吾人可名此曰「原初的洞悟」。由洞悟
宇宙無窮，進一步洞悟到「宇宙內事乃己分內事，己分內事乃宇宙
內事」；再進一步洞悟到「宇宙便是吾心，吾心即是宇宙。」心遍
理遍。宇宙無窮，心亦無窮，理亦無窮。此是以踐履爲背景而來的
洞悟，非思辨理性之知解問題，故無過。十三歲尚是幼年，然此洞
悟終身不棄。此蓋亦是宿慧也。然實理自如此，故一悟便定，非空
言大話也。

㈡三十四歲開始受徒，以辨志、明本心爲講學宗旨。

〈年譜〉於三十四歲年下繫之云：

先生朝夕應酬問答，學者踵至，至不得寢者，餘四十日。所
以自奉甚薄，而精神益強。聽其言者興起甚衆。〔……〕四
明楊敬仲時主富陽簿。攝事臨安府中，始承教於先生。及反

富陽，三月二十一日先生過之，問：「如何是本心？」先生曰：「惻隱仁之端也，羞惡義之端也，辭讓禮之端也，是非智之端也，此即是本心。」對曰：「簡兒時已曉得，畢竟如何是本心？」凡數問，先生終不易其說，敬仲亦未省。偶有鬻扇者，訟至於庭，敬仲斷其曲直訖，又問如初。先生曰：「聞適來斷扇訟，是者知其為是，非者知其為非，此即敬仲本心。」敬仲忽大覺，始北面納弟子禮。故敬仲每云：「簡發本心之問，先生舉是日扇訟是非答，簡忽省此心之無始末，忽省此心之無所不通。」先生嘗語人曰：「敬仲可謂一日千里。」〔……〕

秋七月十六日至家。

遠近風聞來親炙。初以「存」名讀書之齋。〈與曾宅之〉書云：「某舊亦嘗以存名讀書之齋。」〔……〕

先生既受徒，即去今世所謂學規者。而諸生善心自興，容禮自莊，雍雍于于，后至者相觀而化。蓋先生深知學者心術之微。言中其情，或至汗下。有懷於中而不能自曉者，為之條析其故，悉如其心。亦有相去千里，素無雅故，聞其大概，而盡得其為人。嘗有言曰：「念慮之不正者，頃刻而知之，即可以正；念慮之正者，頃刻而失之，即為不正。有可以形迹觀者，有不可以形迹觀者。必以形迹觀人，則不足以知人。必以形迹繩人，則不足以救人。」又曰：「今天下學者唯兩途，一途樸實，一途議論。」

同里朱桴濟道，弟泰卿亨道，長於先生，皆來問道。與人書云：「近到陸宅，先生所以誨人者深切著明，大概是令人求

放心；其有志於學者數人，相與講切，無非此事，不復以言
語文字爲意。令人歎仰無已。其有意作文者，令收拾精神，
涵養德性。根本既正，不患不能作文。陳正己、劉伯文皆不
爲文字也。」

盱江傅子淵云：「夢泉向來只知有舉業，觀書不過資意見
耳。後因困志知反。時陳正己自槐堂歸〔案：槐堂乃象山家
居講學之地〕，問先生所以教人者，正己曰：『首尾一月，
先生諄諄，只言辨志。又言：古人入學一年，早知離經辨
志，今人有終其身而不知自辨者，是可哀也。』夢泉當時雖
未領略，終念念不置。一日，讀《孟子・公孫丑》，忽然心
與相應，胸中豁然蘇醒。嘆曰：平生多少志念精力，卻一切
著在功利上。自是始辨其志。雖然如此，猶未知下手處。及
親見先生，方得個入頭處。」

〔先生〕嘗云：「傅子淵自此歸其家，陳正己問之曰：『陸
先生教人何先？』對曰：『辨志。』復問曰：『何辨？』對
曰：『義利之辨。』若子淵之對，可謂切要。」

案：後四十三歲時訪朱元晦於南康，於白鹿洞書院講「君子喻於
義，小人喻於利」一章，即由辨志說義利之辨。〈年譜〉記此事
云：

時元晦爲南康守，與先生泛舟，樂曰：「自有宇宙以來，已
有此溪山，還有此佳客否？」乃請先生登白鹿洞書院講席。
先生講〈君子喻於義，小人喻於利〉一章畢，〔元晦〕乃離

> 席言曰：「熹當與諸生共守，以無忘陸先生之訓。」再三
> 云：「熹在此，不曾說到這裡，負愧何言！」乃復請先生書
> 其說，先生書講義。尋以講義刻於石。先生云：「講義述於
> 當時，發明精神不盡。當時說得來痛快，至有流涕者。元晦
> 深感動，天氣微冷，而汗出揮扇。」元晦又與楊道夫云：
> 「曾見陸子靜義利之說否？」曰：「未也。」曰：「這是子
> 靜來南康，熹請說書，卻說得這義利分明，是說得好！如
> 云：『今人只讀書便是利，如取解後，又要得官；得官後，
> 又要改官；自少至老，自頂至踵，無非爲利。』說得來痛
> 快，至有流涕者。」

案：此足見象山有實感，故出語能感動人。而當時聽者有愧恥心，
亦不易。朱子再三稱嘆。自覺負愧，亦非今人所能及。象山所謂見
道不見道，關鍵即在此。辨志，明本心，直達實事實理之坦然明
白，即爲見道，否則爲不見道。非玄思太極之理爲見道也。朱子亦
只愧負汗出而已，終走不上此路也。

㈢三十七歲有鵝湖之會。

〈年譜〉於象山三十七歲年述及鵝湖之會事，謂詳見前卷三十
四。案《全集》卷三十四爲〈語錄〉，中有此事之記載，茲錄如
下：

> 呂伯恭爲鵝湖之集。先兄復齋謂某曰：「伯恭約元晦爲此
> 集，正爲學術異同。某兄弟先自不同，何以望鵝湖之同？」

先兄遂與某議論致辯，又令某自說，至晚罷。先兄云：「子靜之說是。」次早，某請先兄說。先兄云：「某無說，夜來思之，子靜之說極是。方得一詩云：『孩提知愛長知欽，古聖相傳只此心。大抵有基方築室，未聞無址忽成岑。留情傳注翻蓁塞，著意精微轉陸沈。珍重友朋相切琢，須知至樂在於今。』」某云：「詩甚佳，但第二句微有未安。」先兄云：「說得恁地，又道未安，更要如何？」某云：「不妨一面起行，某沿途卻和此詩。」及至鵝湖，伯恭首問先兄，別後新功。先兄舉詩纔四句，元晦顧伯恭曰：「子壽早已上子靜舡了也。」舉詩罷，遂致辯於先兄。某云：「途中某和得家兄此詩云：『墟墓興哀宗廟欽，斯人千古不磨心。涓流滴到滄溟水，拳石崇成泰華岑。易簡工夫終久大，支離事業竟浮沈。』舉詩至此，元晦失色。至『欲知自下升高處，真偽先須辨只今』，元晦大不懌。」於是各休息。翌日，二公商量數十折議論來，莫不悉破其說。繼日，凡致辯，其說隨屈。伯恭甚有虛心相聽之意，竟爲元晦所尼。

案：此段爲象山自述，爲嚴松年所錄。關此兩詩，詳解見下章。象山見地盡見於此和詩，而朱子此時已年四十六，其「中和新說」與〈仁說〉俱已成，故兩人決談不來。此會發自於呂伯恭。會中議論象山爲主動，朱子不免受氣。故此會在象山爲得意之筆，自道其詳，門人錄之；而朱子《文集》與《語錄》皆不記此事，且當時亦無和詩，和詩在三年之後。〈象山年譜〉記云：

元晦歸後三年，乃和前詩云：「德業流風夙所欽，別離三載更關心。偶攜藜杖出寒谷，又枉籃輿度遠岑。舊學商量加邃密，新知培養轉深沉。只愁說到無言處，不信人間有古今。」

案：此和詩亦佳，既道出自己之學路，亦微露譏諷意。你們說「至樂在於今」，又說「眞僞先須辨只今」，以爲這是究竟了，但依我看，這還不究竟，蓋「說到無言處」，亦無古亦無今，但這算什麼呢？故云：「只愁說到無言處，不信人間有古今。」這只是假用禪宗「本來無一物，何處惹塵埃」之偈意來冒銷象山之「辨只今」。但「辨只今」非可用此意來籠罩與抵銷。蓋「辨只今」之今非古今之今之一般時間觀念也。那只是「當機指點，本心當下呈現，道在眼前，不假外求」之意。道之或眞或僞只在是否能辨識當下呈現之本心耳。此是工夫之最切要處。此函有兩義：一、此本心隨時可呈現，不是一幽暗之假定；二、逆覺體證是本質的工夫，其他皆是助緣。後來王龍溪本陽明言「現在良知」亦是此「辨只今」之意，而江右聶雙江、羅念菴等必紆曲反對之，亦如朱子之譏此義爲禪而「大不懌」也。如此切要之道理，不知一般人何以總不能正視？蓋外繞成習，以逆旅爲安宅，總不知返也。孔子言仁，都是當機指點。孟子言本心亦是當機指點。依此家風，說「辨只今」有何不可？此看起來好似後人之新說奇論，又聯想爲是來自禪，其實是最相應者。只是人落於紆曲之虛文中，喪失此直截之樸實，遂視家常便飯爲異饌耳。故見道不見道正繫於此也。

㈣五十歲正式講學於象山精舍。

〈年譜〉於象山五十歲年繫之云：

> 易應天山名爲象山。學徒結廬。先生既居精舍，又得勝處爲
> 方丈。及部勒群山閣，又作圓庵。學徒各來結廬，相與講
> 習。〈與姪孫濬〉書云：「山間近來結廬者甚衆。諸生始聚
> 糧相迎。今方丈前，又成一閣。部勒群山，氣象亦偉。」云
> 云。

案：應天山在江西貴溪縣境內。象山四十九歲年「登而樂之，乃建
精舍居焉。」〈與楊敬仲〉書云：「精舍二字出《後漢・包咸
傳》，其事在建武前，儒者講習之地。用此名，甚無歉也。」（見
〈年譜〉四十九歲年）。《象山全集》卷十三，〈與朱子淵〉書
云：「某屬方登山，同志亦稍稍合集。茲山之勝，前書嘗概言之。
此來益發其秘，殆生平所未見。終焉之計於是決矣。唐僧有所謂馬
祖者，嘗廬於其陰，鄉人因呼禪師山。元豐間，又有僧瑩者，爲寺
其陽，號曰應天，乃今吾人居之。每惡山名出於異教，思所以易之
而未得。從容數日，得茲山之要，乃向來僧輩所未識也。去多所爲
堂在寺故址，未愜人意。方於要處，草創一堂。顧盼山形，宛然鉅
象，因名象山，輒自號象山居士。」此爲象山一名之來源。

〈年譜〉於五十歲年又繫之云：

> 先生從容講道，歌詠愉愉，有終焉之意。

馮元質云：「先生常居方丈。每旦，精舍鳴鼓，則乘山籃
至。會揖，陞講座，容色粹然，精神炯然。學者又以一小
牌，書姓名年甲，以序揭之，觀此以坐。少亦不下數十百，
齋肅無譁。首誨以收歛精神，涵養德性，虛心聽講。諸生皆
俛首拱聽。非徒講經，每啓發人之本心也。間舉經語爲證，
音吐清響，聽者無不感動興起。初見者，或欲質疑，或欲致
辯，或以學自負，或有立崖岸自高者，聞誨之後，多自屈
服，不敢復發。其有欲言而不能自達者，則代爲之說，宛如
其所欲言，乃從而開發之。至有片言半辭可取，必獎進之。
故人皆感激奮礪。平居或觀書，或撫琴。佳天氣，則徐步觀
瀑，至高誦經訓，歌《楚辭》及古詩文，雍容自適。雖盛
暑，衣冠必整肅，望之如神。諸生登方丈請誨，和氣可掬，
隨其人有所開發，或教以涵養，或曉以讀書之方，未嘗及閑
話，亦未嘗令看先儒語錄。每講說痛快，則顧傅季魯曰：
『豈不快哉！』季魯齒最少，坐必末。嘗掛一座於側，間令
代說。時有少之者，先生曰：『季魯英才也。』」〔……〕
傅季魯云：「先生居山，多告學者云：『汝耳自聰，目自
明，事父自能孝，事兄自能弟，本無少缺，不必他求，在乎
自立而已。』學者於此多有興起。有立議論者，先生云：
『此自是虛說，此是時文之見。』常曰：『今天下學者有兩
途，惟樸實與議論耳。』」
毛剛伯必彊云：「先生之講學也，先欲復本心以爲主宰。既
得其本心，從此涵養，使日充月明。讀書考古，不過欲明此
理，盡此心耳。其教人爲學，端緒在此，故聞者感動。當時

先生與晦翁門徒俱盛，亦各往來問學。晦庵門人乍見先生教門不同，不與解說無益之文義，無定本可說，卒然莫知所適從；無何辭去，歸語師友，往往又失其本旨，遂起晦翁之疑，良可慨嘆。或問先生之學自何處入？先生曰：『不過切己自反，改過遷善。』又曰：『吾之學問與諸處異者，只是在我全無杜撰；雖千言萬語，只是覺得他底在我不曾添一些。』且又曰：『吾之與人言，多就血脈上感動他，故人之聽之者易。』」〔……〕

案：以上三段明象山講學之大概。其端緒唯在本《孟子》發明本心，去一切虛說浮論以及時文之見，此即象山所謂「樸實」。蓋實事實理，順本心自律而發者，本坦然明白。虛說浮論，扭曲杜撰，徒增蔽障，且足誤引，失其端緒。去此蔽障，則顯樸實，乃勝義樸實也。蓋其講學宗旨定在道德實踐，不在追求知識。知識本身自有其獨立意義，但不必與道德實踐有直接而本質的相干。故「讀書考古不過欲明此理，盡此心耳。」此則直接就道德實踐而讀書考古，藉以明本心之實事實理，由此而使其實踐更為有力。但是讀書亦有所讀之書中之理，考古亦有所考之古中之理，若就此而客觀理解之，則為追求知識，是知識義之明理，此為朱子所重視而甚有興趣者，而象山講學之重點則不在此，彼對之亦無多大興趣。此種知識固有其獨立的意義與價值，然與道德踐履不相干，至少亦不是本質的相干者。象山之揮斥議論不是揮斥此種知識本身，乃是揮斥依知識之路講道德。依知識之路講道德，即成為「閑議論」，不是知識本身為「閑議論」。朱子即是依知識之路講道德者，故其講法即成

為「閑議論」而無價值。朱子對於知識本身之追求甚有興趣。若止於此,則亦無礙。但他卻要依此路講道德實踐。通過「涵養須用敬,進學在致知」,將知識引歸到生活上來,便是依知識之路講道德。順此路講下去,即使講到性命天道、太極之理,所成者亦只是靜涵系統下之他律道德。此就道德實踐言為不中肯。不中肯由於不見道。不見道者即是不明本心自發自律之實事實理也。象山所揮斥者此也。知識本身有何過患?但其有或無對於道德實踐不是本質的相干者。故云:「若某則不識一箇字,亦須還我堂堂地做箇人。」這只是立言之相干不相干問題。此點,象山乃獨發之矣。故云:「竊不自揆,區區之學,孟子之後,至是而始一明也。」至於知識與道德踐履之關係問題,吾將詳言之於王學章。蓋此總是一問題也──直貫至王學興起而仍為人所關注。

象山五十四歲卒。自五十歲正式講學於象山精舍起,這前後五、六年間乃是其生命之頂盛時期,亦是最發皇時期,有許多重要論學書俱成於此時期。與朱子辯〈太極圖說〉亦發於此時期,〈荊公祠堂記〉亦寫於此時。但下節只錄其論學書,與朱子辯〈太極圖說〉者則不錄。蓋象山對於濂溪〈太極圖說〉本無多大興趣,其疑此〈圖說〉非周子所為或為其少時不成熟之作,非是。故就此論題本身言,象山之辯是失敗者,他只是借題發揮耳。故此往還數度之辯論乃無甚價值者。象山在此方面自不如朱子之精細,但不礙其學路之正大。至於〈荊公祠堂記〉乃是論斷王安石者,雖是大手筆,然這是知人論世,與學路之辨識無多大關係,故亦不錄及。

《全集》卷一,〈與胡季隨〉書云:

〈王文公祀記〉乃是斷百餘年未了底大公案，自謂聖人復
起，不易吾言。餘子未嘗學問，妄肆指議，此無足多怪。同
志之士猶或未能盡察，此良可慨嘆！足下獨謂使荆公復生，
亦將無以自解。精識如此，吾道之幸。

案：此記見於《全集》卷十九。此文要旨是說荆公之志是，而其學
「不足以遂斯志，而卒以負斯志；不足以究斯義，而卒以蔽斯
義。」讀者可參看。

　　《全集》卷十五，〈與陶贊仲〉云：

〈荆公祠堂記〉，〈與元晦〉三書，併往，可精觀熟讀。此
數文皆明道之文，非止一時辯論之文也。元晦書偶無本在
此，要亦不必看。若看，亦無理會處。吾文條析甚明；所舉
晦翁書辭皆寫其全文，不增損一字。看晦翁書但見糊塗，沒
理會。觀吾書，坦然明白。吾所明之理乃天下之正理、實
理、常理、公理，所謂「本諸身，徵諸庶民，考諸三王而不
謬，建諸天地而不悖，質諸鬼神而無疑，百世以俟聖人而不
惑」者也。學者正要窮此理，明此理。今之言窮理者，皆凡
庸之人，不遇真實師友，妄以異端邪說更相欺誑──非獨欺
人誑人，亦自欺自誑，謂之繆妄，謂之蒙闇，何理之明，何
理之窮哉？〔……〕古人所謂異端者，不專指佛老。異端二
字出《論語》，是孔子之言。孔子之時，中國不聞有佛。雖
有老氏，其說未熾，孔子亦不曾闢老氏。異端豈專指老氏
哉？天下正理不容有二。若明此理，天地不能異此，鬼神不

能異此，千古聖賢不能異此。若不明此理，私有端緒，即是
異端，何止佛老哉？近世言窮理者，亦不到佛老地位。若借
佛老爲説，亦是妄説；其言闢佛老者亦是妄説。〔……〕

案：此蓋言其平生之所蓄耳。此意亦略見於與朱子辯〈太極圖説〉
之辯論書中。但所辯之論題亦有其客觀獨立之意義，不管你喜歡不
喜歡，贊同不贊同。此蓋所謂理會文義之知識問題也。就此而言，
象山不及朱子。故云只是借題發揮耳。縱失敗，亦不礙其學路之正
大。朱子特別推尊濂溪，然所成者仍只不過靜涵系統下之他律道
德，亦非必即是濂溪之本意也。詳見《心體與性體》第一冊〈濂溪
章〉。

象山與朱子再辯〈太極圖説〉書【編按：即《全集》，卷二，
〈與朱元晦〉第二書】云：

尊兄嘗曉陳同甫云：「欲賢者百尺竿頭進取一步，將來不作
三代以下人物，省得氣力爲漢、唐分疏，即更脱洒磊落。」
今亦欲得尊兄進取一步，莫作孟子以下學術，省得氣力爲
「無極」二字分疏，亦更脱洒磊落。古人質實，不尚智巧。
言論未詳，事實先著，知之爲知之，不知爲不知。所謂先知
覺後知，先覺覺後覺者，以其事實覺其事實，故言即其事，
事即其言，所謂言顧行，行顧言。周道之衰，文貌日勝。事
實湮於意見，典訓蕪於辨説。揣量模寫之工，依放假借之
似，其條畫足以自信，其習熟足以自安。以子貢之達，又得
夫子而師承之，尚不免此多學而識之之見。非夫子叩之，彼

固晏然而無疑。「先行」之訓,「予欲無言」之訓,所以覺之者屢矣,而終不悟。顏子既沒,其傳固在曾子,蓋可觀已。尊兄之才,未知其與子貢如何。今日之病,則有深於子貢者。尊兄誠能深知此病,則來書七條之說當不待條析而自解矣。

案:此即期望朱子正視端緒得失之辨,「莫作孟子以下學術」,不可以知識之路講道德。所謂「明道之文,非止一時辯論之文」,意在此也。然朱子終未悟此,彼仍堅信其途徑爲不謬。朱子是學人之學之正宗,而非內聖之學之正宗。然〈太極圖說〉確是周子手筆(一時興會之筆),象山兄弟疑之非是。就此特殊論題言,其往復辯論亦有不足以服朱子者。此蓋屬於理會客觀文義之知識問題。故逐條對辯,不予錄及。

第三節　論學書選錄

1.《全集》卷一,〈與邵叔誼〉書:

〔……〕

此天之所以予我者非由外鑠我也。思則得之,得此者也。先立乎其大者,立此者也。積善者,積此者也。集義者,集此者也。知德者,知此者也。進德者,進此者也。同此之謂同德,異此之謂異端。心逸日休,心勞日拙,德僞之辨也。豈惟辨諸其身?人之賢否,書之正僞,舉將不逃於此矣。自

「有諸己」至於「大而化之」，其寬裕溫柔足以有容，發強剛毅足以有執，齊莊中正足以有敬，文理密察足以有別，增加馴積，水漸木升，固月異而歲不同。然由萌蘗之生，而至於枝葉扶疏，由源泉混混，而至於放乎四海，豈二物哉？《中庸》曰：「誠者物之終始，不誠無物。」又曰：「其爲物不貳。」此之謂也。學問固無窮已，然端緒得失，則當早辨；是非向背，可以立決。顏子之好學，夫子實亟稱之，而未見其止，蓋惜之於既亡。其後曾子亦無疑於夫子之道，然且謂爲魯，在柴愚師辟之間，素所蓄積又安敢望顏子哉？曾之於顏，顏之於夫子，固自有次第，然而「江漢以濯之，秋陽以暴之」，雖夫子不能逃於曾子矣。豈唯曾子哉？君子之道，夫婦之愚不肖可以與知能行。唐周之時，康衢擊壤之民，中林施罝之夫，亦帝堯文王所不能逃也。故孟子曰：「人皆可以爲堯、舜。」病其自暴自棄，則爲之發四端曰：「人之有是而自謂不能者，自賊者也；謂其君不能者，賊其君者也。」夫子曰：「一日克己復禮，天下歸仁焉。」此復之初也。鈞是人也，己私安有不可克者？顧不能自知其非，則不知自克耳。

王澤之竭，利欲日熾。先覺不作。民心橫奔。浮文異端轉相熒惑，往聖話言徒爲藩飾。而爲機變之巧者，又復魑魅魍魎其間。恥非其恥，而恥心亡矣。今謂之學問思辨，而於此不能深切著明，依憑空言，傳着意見，增疣益贅，助勝崇私，重其狷忿，長其負恃，蒙蔽至理，扞格至言，自以爲是沒世不復，此其爲罪浮於自暴自棄之人矣。此人之過，其初甚

小，其後乃大。人之救之，其初則易，其後則難，亦其勢然
也。

「物有本末，事有終始，知所先後，則近道矣。」於其端緒
知之不至，悉精畢力求多於末，溝澮皆盈，涸可立待。要之
其終，本末俱失。夫子曰：「知之爲知之，不知爲不知，是
知也。」後世恥一物之不知者，亦恥非其恥矣。人情物理之
變何可勝窮？若其標末，雖古聖人不能盡知也。稷之不能審
於八音，夔之不能詳於五種，可以理揆。夫子之聖，自以少
賤而多能，然稼不如老農，圃不如老圃。雖其老於論道，亦
曰學而不厭，啓助之益需於後學。伏羲之時未有堯之文章，
唐、虞之時未有成周之禮樂。非伏羲之智不如堯，而堯、舜
之智不如周公，古之聖賢更續緝熙之際尚可考也。學未知
至，自用其私者，乃至於亂原委之倫，顚萌蘗之序，窮年卒
歲靡所底麗，猶焦焦然思以易天下，豈不謬哉？

案：此書分三大段。第一大段明本心我所固有，心同理同，夫子不
能逃於曾子、帝堯，文王不能逃於康衢擊壤之民、中林施罝之夫。
第二大段揮斥浮文虛見，所謂閑議論。第三大段明經驗知識無窮無
盡，專門知識不能人人皆能，不能以知識之路講道德，故端緒得失
不可不辨。端緒定在《孟子》。其所言者無非本《孟子》而發揮，
只不過以非分解方式作指點與啓發並因而揮斥彼異乎此者之異端與
邪說，所謂閑議論與邪意見。然若不眞知《孟子》，不眞知端緒之
得失，則亦不能知其所言之警策與眞切，反以爲是空洞之大話，而
且輕視知識也。彼所揮斥者不是知識本身，乃是依知識講聖學者

也。覺其空洞者只因其不重新分解以立義也。分解立義盡在《孟子》。若解《孟子》，則知其所言不爲空洞，反覺其警策而真切。此種書札實當反覆誦讀。若會之於心，理會明白，則雨過天晴。

2.《全集》卷一，〈與曾宅之〉書：

〔……〕

記錄人言語極難。非心通意解，往往多不得其實。前輩多戒門人無妄錄其語言，爲其不能通解，乃自以己意聽之，必失其實也。〔……〕

且如存誠持敬，二語自不同，豈可合說？「存誠」字於古有考，「持敬」字乃後來杜撰。《易》曰：「閑邪存其誠。」孟子曰：「存其心。」某舊亦嘗以「存」名齋。孟子曰：「庶民去之，君子存之。」又曰：「其爲人也寡欲，雖有不存焉者寡矣。其爲人也多欲，雖有存焉者寡矣。」只「存」一字自可使人明得此理。此理本天所以與我，非由外鑠。明得此理，即是主宰。真能爲主，則外物不能移，邪說不能惑。所病於吾友者，正謂此理不明，內無所主。一向縈絆於浮論虛說，終日只依藉外說以爲主，天之所與我者反爲客。主客倒置，迷而不反，惑而不解。坦然明白之理，可使婦人童子聽之而喻，勤學之士反爲之迷惑。自爲支離之說以自縈纏，窮年卒歲靡所底麗，豈不重可憐哉？使生在治古盛時，蒙被先聖王之澤，必無此病。惟其生於後世，學絕道喪，異端邪說充塞彌滿，遂使有志之士罹此患害，乃與世間凡庸恣情縱欲之人均其陷溺，此豈非以學術殺天下哉？

後世言《易》者，以爲《易》道至幽至深，學者皆不敢輕言。然聖人贊《易》，則曰：「乾以易知，坤以簡能。易則易知，簡則易從。易知則有親，易從則有功。有親則可久，有功則可大。可久則賢人之德，可大則賢人之業。易簡而天下之理得矣。」孟子曰：「夫道若大路然，豈難知哉？」夫子曰：「仁遠乎哉？我欲仁，斯仁至矣。」又曰：「一日克己復禮，天下歸仁焉。」又曰：「未之思也，夫何遠之有？」孟子曰：「道在邇而求諸遠，事在易而求諸難。」又曰：「堯舜之道，孝弟而已矣。」「徐行後長者謂之弟，疾行先長者謂之不弟。夫徐行者，豈人所不能哉？不爲耳。」又曰：「人能充無欲害人之心，而仁不可勝用也。人能充無穿窬之心，而義不可勝用也。」又曰：「人之有是四端而自謂不能者，自賊者也。謂其君不能者，賊其君者也。」又曰：「吾身不能居仁由義，謂之自棄。」古聖賢之言大抵若合符節。蓋心一心也，理一理也。至當歸一，精義無二。此心此理實不容有二。故夫子曰：「吾道一以貫之。」孟子曰：「夫道一而已矣。」又曰：「道二，仁與不仁而已矣。」如是則爲仁，反是則爲不仁。仁即此心也，此理也。「求則得之」，得此理也。「先知」者，知此理也。「先覺」者，覺此理也。「愛其親」者，此理也。「敬其兄」者，此理也。「見孺子將入井而有怵惕惻隱之心」者，此理也。可羞之事則羞之，可惡之事則惡之者，此理也。是知其爲是，非知其爲非，此理也。宜辭而辭，宜遜而遜者，此理也。敬此理也，義亦此理也。內此理也。外亦此理也。故

曰：「直方大，不習無不利。」孟子曰：「所不慮而知者，
其良知也。所不學而能者，其良能也。」「此天之所與我
者。」「我固有之，非由外鑠我也。」故曰：「萬物皆備於
我矣，反身而誠，樂莫大焉。」此吾之本心也。所謂安宅、
正路者，此也；所謂廣居、正位、大道者，此也。〔……〕
來書「蕩而無歸」之說大謬。今足下終日依靠人言語，又未
有定論，如在逆旅，乃所謂無所歸。今使足下復其本心，居
安宅，由正路，立正位，行大道，乃反爲無所歸，足下之不
智亦甚矣。今己私未克之人，如在陷穽，如在荊棘，如在泥
塗，如在囹圄械繫之中，見先知先覺其言廣大高明，與己不
類，反疑恐一旦如此，則無所歸，不亦鄙哉？不亦謬哉？不
知此乃是廣居、正位、大道。欲得所歸，何以易此？欲有所
主，何以易此？今拘攣舊習，不肯棄捨，乃狃其狹而懼於
廣，狃其邪而懼於正，狃其小而懼於大，尚得爲智乎？夫子
曰：「汝爲君子儒，無爲小人儒。」古之所謂小人儒者，亦
不過依據末節細行以自律，未至如今人有如許浮論虛說，謬
悠無根之甚，夫子猶以爲門人之戒，又況如今日謬悠無根，
而可安乎？

吾友能棄去謬習，復其本心，使此一陽爲主於內，造次必於
是，顛沛必於是，無終食之間而違於是，此乃所謂有事焉，
乃所謂勿忘，乃所謂敬；果能不替不息，乃是積善，乃是集
義，乃是善養浩然之氣；真能如此，則不愧古人，其引用經
語，乃是聖人先得我心之所同然，則不爲侮聖言矣。今終日
營營，如無根之木，無源之水，有採摘汲引之勞，而盈涸榮

枯無常，豈所謂「源泉混混，不舍晝夜，盈科而後進」者哉？終日簸弄經語以自傅益，眞所謂侮聖言者矣。
〔……〕

案：此書所說仍是既破且立、遮表雙彰，不出前書之範圍，然而更爲警策，眞足令人迴腸蕩氣。其所徵引語句大抵不出《論語》、《孟子》，而引自《孟子》者尤多，其於《孟子》可謂熟矣，所謂「因讀《孟子》而自得之」，誠不虛也。內聖之學之端緒決定在此，不可疑也。顯然朱子未能握此端緒，此或由於其心態根本與此不相應也。象山期其「莫作孟子以下學術」（辯〈太極圖說〉中語，引見前節），朱子見此語，必浮泛視之也，未能因此而怵目驚心。彼必自以爲我尙不懂《孟子》乎？何用敎訓我爲？然而彼實未能眞懂《孟子》，其學路端緒卻全依伊川，謂之爲「別子爲宗」，得勿宜乎？象山總謂其「不見道」，正爲此也，非浮泛斥之也。象山〈與鄭溥之〉書云：「臘月得元晦〈復論太極圖說書〉尋以一書復之，今併往。此老才氣英特，平生志向不沒於利欲，當今誠難其輩。第其講學之差，蔽而不解，甚可念也。」（《全集》卷十三）其「講學之差」即在其端緒定在伊川，而非孔、孟之統也。順此路前進，其所成者只爲靜涵系統（橫攝系統）下之他律道德（本質倫理），而非縱貫系統下之自律道德（方向倫理）。此爲不可揜之定然事實，而朱子亦安於此而不疑，無待人爲之曲解或彌縫也。其所以安於此而不疑正因其不能諦解《孟子》，視象山之期望爲浮泛，視其揮斥「閑議論」爲粗暴之氣之揮洒，空疏無實之大言。彼於象山，只說：「大抵其學於心地工夫不爲無所見，但便欲恃此陵跨古

今，更不下窮理細密工夫，卒並與其所得者而失之。人欲橫流，不自知覺，而高談大論，以爲天理盡在是也。則其所謂心地工夫者又安在哉？」（〈答趙子欽〉書，詳見下章第七節。）只浮泛說「於心地工夫不爲無所見」，而不眞切此「心地工夫」爲何心地工夫。若只浮泛如此言，則你有點心地工夫，我豈獨無心地工夫？如是，便輕輕把象山抹過去，而自信自安於其「窮理細密工夫」矣。不知象山之「心地工夫」正在辨端緒得失下本《孟子》而來者，非泛泛之「心地工夫」也。此是內聖之學之端緒問題、第一義問題，正是紹孔、孟之統，指出實事實理之學，並未陵跨古今，高談大論，以人欲爲天理也。「窮理細密工夫」則是知識問題，是第二義以下者，此不相干，象山並不否認。其所揮斥者是依此路講道德（講內聖之學），此正是端緒之迷失（支離歧出），非揮斥知識本身也。其言論之重點只在此端緒之扭轉，而朱子終不自省也。以不自省，遂自信自安於其「窮理細密工夫」，而且「重其猖忿，長其負恃」，如象山之所責斥，（如上引朱子〈答趙子欽〉書中所言即是猖忿、負恃之言。）而不知自己正陷於「以知識講道德（他律道德）」之錯誤的端緒，已非孔、孟之統矣。此不可不辨，亦不必爲之曲諱。是以若於朱、陸同異而欲得一決定答覆，則說：同者同講道德（內聖之學），異者端緒之異，而朱子所取之端緒決定是錯。若於兩家各取其長，則朱子須放棄其所取之端緒，依從象山之勸告，「不作孟子以下學術」，定端緒於《孟子》，（此須改變其對於《孟子》之誤解），非只泛言之尊德性，亦非只泛言之方法上之簡易也。至於象山，既不抹殺知識，則須隨時正視知識，隨機作「窮理細密工夫」，以增益其知識，此即取朱子之長。但此不待

言，何以故？此非根本問題所在故，雖聖人亦不能盡知故。如是，則朱陸可以大通，其同異可以解決。此蓋爲本末問題，非兩本平行而可以取長補短也。若是兩本平行，則必爭吵不已，永世不得解決。吾如此解決亦如康德之解決純粹理性之背反。

象山講學之規模盡在以上兩書，言之極爲警策而眞切。其他諸書，或詳或略，重重複複，不出此兩書之範圍。以下再錄若干，就書中所涉及之論點而略予提示。

3.《全集》卷十一，〈與李宰〉書：

> 來教謂「容心立異，不若平心任理」。其說固美矣。然「容心」二字不經見，獨《列子》有「吾何容心哉」之言。「平心」二字亦不經見，其原出於《莊子》「平者水停之盛也，其可以爲法也，內保之而外不蕩也。」其說雖託之孔子，實非夫子之言也。彼固自謂寓言十九。其書道夫子言行者，往往以致其訕侮之意，不然則借尊其師，不然則因以達其說，皆非事實。後人據之者陋矣。又韓昌黎與李翊論文書有曰：「平心而察之。」自韓文盛行後，學士大夫言語文章間用「平心」字寖多。究極其理，二說皆非至言。
>
> 「吾何容心」之說即「無心」之說也，故「無心」二字亦不經見。人非木石，安得「無心」？心於五官最尊大。〈洪範〉曰：「思曰睿，睿作聖。」孟子曰：「心之官則思，思則得之，不思則不得也。」又曰：「存乎人者，豈無仁義之心哉？」又曰：「至於心，獨無所同然乎？」又曰：「君子之所以異於人者以其存心也。」又曰：「非獨賢者有是心

也，人皆有之，賢者能勿喪耳。」又曰：「人之所以異於禽獸者幾希，庶民去之，君子存之。」「去之」者，去此心也，故曰：「此之謂失其本心。」「存之」者，存此心也，故曰：「大人者不失其赤子之心。」四端者，即此心也。「天之所以與我者」即此心也。人皆有是心，心皆具是理，心即理也。故曰：「理義之悅我心，猶芻豢之悅我口。」所貴乎學者，爲其欲窮此理，盡此心也。有所蒙蔽，有所移奪，有所陷溺，則此心爲之不靈，此理爲之不明。是謂不得其正，其見乃邪見，其說乃邪說。一溺於此，不由講學，無自而復。故心當論邪正，不可無也。以爲吾無心，此即邪說矣。若愚不肖之不及，固未得其正，賢者智者之過失亦未得其正。溺於聲色貨利，狃於謫詐姦宄。牿於末節細行，流於高論浮說，其智愚賢不肖固有間矣。若是心之未得其正，蔽於其私，而使此道之不明不行，則其爲病一也。

周道之衰，文貌日勝。良心正理日就蕪沒。其爲吾道害者，豈特聲色貨利而已哉？楊、墨皆當世之英，人所稱賢。孟子之所排斥拒絕者，其爲力勞於斥儀、衍輩多矣。所自許以承三聖者，蓋在楊、墨，而不在衍、儀也。故正理在人心，乃所謂固有。易而易知，簡而易從，初非甚高難行之事。然自失正者言之，必由正學以克其私，而後可言也。此心未正，此理未明，而曰平心，不知所平者何心也？《大學》言「欲正其心者先誠其意，欲誠其意者先致其知，致知在格物。」物果已格，則知自至。所知既至，則意自誠。意誠則心自正。必然之勢，非強致也。孟子曰：「我亦欲正人心，息邪

說，詎詖行，放淫辭，以承三聖者。」當是時，天下之言者
不歸楊，則歸墨，楊朱、墨翟之言盈天下。自孟子出後，天
下方指楊、墨為異端。然孟子既沒，其道不傳。天下之尊信
者，抑尊信其名耳，不知其實也。指楊、墨為異端者，亦指
其名耳，不知其實也。往往口闢楊、墨，而身為其道者眾
矣。自周衰，此道不行；孟子沒，此道不明。今天下士皆溺
於科舉之習。觀其言，往往稱道《詩》、《書》、《論》、
《孟》，綜其實，特借以為科舉之文耳。誰實為真知其道
者？口誦孔、孟之言，身蹈楊、墨之行者，蓋其高者也。其
下則往往為楊、墨之罪人，尚何言哉？孟子沒，此道不傳，
斯言不可忽也。

〔……〕

案：此書亦佳。惟關於「容心」、「平心」二說尚有不盡者，須略
加疏釋。李宰所謂「容心立異」意即「有心立異」。象山說「吾何
容心」之說即「無心」之說，是也。但此「無心」是作用義之「無
心」，是所造之境界，非存有義之無心，意即並非於存有上無心
也。此亦如說「天地無心而成化」，無心是「自然」義，非「有
意」義，亦即「有天下而不與焉」之意，「物各付物」之意。象山
說「人非木石，安得無心？」此是把作用之無心說成存有上之無
心，此則非是。難說象山不解此「無心」（吾何容心）之意。彼自
急於說「心於五官最尊大」，說此心之實有；進而說心之邪正，故
云「心當論邪正，不可無也。」此即於存有上遮撥「無心」之說。
故又云：「以為吾無心，此即邪說矣。」於存有上說「無心」，當

然是邪說。但於作用上說「無心」，則不是邪說。此處當有分別。象山很少說此作用上之「無心」，幾不曾見。明道云：「天地之常以其心普萬物而無心，聖人之常以其情順萬事而無情。」「以其心」是心之存有義；「普萬物而無心」是作用義。明道喜說此境界。故最喜說「物各付物」、「有天下而不與焉」。此種作用義之「無心」旣通老子之「無」（玄智），又可通佛家之般若與禪。故禪家云「即心是佛，無心為道。」「即心是佛」是存有義，「無心為道」是作用義。後來王陽明亦說：「有心俱是實，無心俱是幻。無心俱是實，有心俱是幻。」（《傳習錄》卷三）王龍溪言下領悟，遂作解曰：「有心俱是實，無心俱是幻，是本體上說功夫。無心俱是實，有心俱是幻，是功夫上說本體。」實則「有心俱是實」即是肯定本心之實有，隨此實有而發者亦俱是實也，此即所謂「一理平鋪」，故俱是實也，俱是實事實理，故云：「是本體上說功夫」。「本體」即指本心之實有而言，「功夫」則指隨此本心而活動而言。「無心俱是幻」，則是說：若去此本心之實有，則一切皆幻也，亦猶云「不誠無物」也。至云「無心俱是實，有心俱是幻」，則是說：若無所容心，一任良知之天理，乃始俱是實；若一有心，起意念造作，則一切皆幻，即本心實理（良知天理）亦幻矣。此明是作用上之無心，而此作用上之無心即是莫大之功夫；有此功夫，眞實本體始如實呈現，故云「是功夫上說本體」。陽明之說此兩聯是偶因佛家說實相幻相而說及，然亦自可說。後來王龍溪說「四無」（無心之心，無意之意，無知之知，無物之物）即本此而言也。若於此聯想為禪，此則眞近於禪矣。然此作用義之「無」本是大家俱可說者，故實可說是共法，何必定是禪耶？即如此，象

山亦並不說此義，或可說尚不暇說此義。彼之揮斥「閑議論」、「邪意見」，乃是就言內聖之學之不正當的端緒而期扭轉之而然。故朱子於此聯想其為禪實不切也，宜象山之不服，而總斥其為「不見道」也。朱子說：「子靜說話常是兩頭明，中間暗。或問暗是如何？曰：他是那不說破處。他所以不說破，便是禪。」（詳見下章第八節）此亦誤認。象山說話所以「兩頭明」，乃是重在扭轉邪途，故是非得失分明也；所以「中間暗」乃是重在指點啓發，令回歸於孟子，何暗之有？以不重新分解故，故「不說破」。孟子已說破矣，何須再說？言各有重點故。焉得因此而謂其是禪？縱使籠統一般言之，以為凡遮撥揮斥即是禪，此亦是各依其當身之分際各有其對症發藥之特殊的應用，人皆能發之，何以必是禪？

　　以上是就「無心」略加之補充。至於「平心」乃是態度上所應有者，所謂「平心靜氣」是，象山亦常言之。此只是態度上之泛言。此書急於正端緒。即使言平心，亦須先明「所平者何心」。故云：「此心未正，此理未明，而曰平心，不知所平者何心也？」此則易明，不須多言。

　　說到正心，象山乃引《大學》之言以明之。此是依孟子定端緒，依「管歸一路」之方式而籠統《大學》，非必是就《大學》言《大學》。此旨在明道也。故說及孟子之「正人心，息邪說，詎詖行，放淫辭，以承三聖。」而最後復丁寧云：「孟子沒，此道不傳，斯言不可忽也。」

　　4.《全書》卷十九，〈武陵縣學記〉：

　　　彝倫在人維天所命，良知之端形於愛敬。擴而充之，聖哲之

所以爲聖哲也。先知者,知此而已;先覺者,覺此而已。氣有所蒙,物有所蔽,勢有所遷,習有所移,往而不返,迷而不解,於是爲愚爲不肖,彝倫於是而斁,天命於是而悖,此君師之所以作,政事之所以立。是故先王之時,風教之流行,典刑之昭著,無非所以寵綏四方,左右斯民,使之若有常性,克安其道者也。是故鄉舉里選,月書季考,三年而大比,以興賢能,蓋所以陶成髦俊,將與共斯政,同斯事也。學校庠序之間,所謂切磋講明者,何以捨是而他求哉?所謂「格物致知」者,格此物,致此知也,故能「明明德於天下」。《易》之「窮理」,窮此理也,故能「盡性至命」。《孟子》之「盡心」,盡此心也,故能「知性知天」。學者誠知所先後,則如木有根,如水有源,增加馴積,月異而歲不同,誰得而禦之?若迷其端緒,易物之本末,謬事之終始,雜施而不遜,是謂異端,是謂邪說,非以致明,祇以累明,非以去蔽,祇以爲蔽。

後世之士有志於古,不肯甘心流俗,然而苦心勞身,窮年卒歲,不爲之日休,而爲之日拙者,非學之罪也。學絕道喪,不遇先覺,迷其端緒,操末爲本,其所從事者,非古人之學也。古人之學,其時習必悅,其朋來必樂,其理易知,其事易從,不貳於異說,不牽於私欲,造次於是,顛沛於是,則其久大可必。孟子曰:「原泉混混,不舍晝夜,盈科而後進,放乎四海。」此古人之學也。

〔……〕

案：此〈記〉所述，正義不出於前三書，蓋其平素所常講說者也。維天所命之彝倫，形於愛敬之良知，若能擴充之，即是聖哲之所以爲聖哲。「先知者，知此而已；先覺者，覺此而已。」「學校庠序之間，所謂切磋講明者」，亦不過切磋乎此，講明乎此而已。「《大學》所謂格物致知者，格此物，致此知也，故能明明德於天下，《易》之窮理，窮此理也，故能盡性至命；《孟子》之盡心，盡此心也，故能知性知天。」此中就《大學》言，所謂「格物」即是「格此物」，「致知」即是「致此知」。「格此物」即是窮究考索以求至乎「此物」。「此物」即是上文知此、覺此、講明乎此之「此」字。「此」字所代表者是彝倫與良知，亦即「心即理」之此心此理。「此物」亦是指此心此理而言。「致此知」即是致至於關於「此物」之知。「格物致知」即是窮究講明此物而致至於「知此物」之知。明而知之者單限於此，非泛知也。而「格物」之「物」字卻是泛說虛說之物，在此即代表此心此理。此是就聖學聖教之總規，依「管歸一路」之方式，儱侗地講《大學》之「格物致知」。此是一種具有通識之講法。若不依此通識，孤離地單就《大學》講《大學》，則不能決定「格物」之物必指此而言，亦不能決定「致知」之知必指此物之知而言。此雖依「管歸一路」之方式講，然卻極通脫而順適。大抵象山極具此本領。朱子即是孤離地單就《大學》講《大學》。如是，他把「物」字着實，物即是物，意指事事物物而言；格物即是「即物而窮其理」。如是，則不能說格物是格此心此理之爲物，亦不能說致知是致此物之知。如是，端緒歧出，反成窒礙，反不如象山講法之通脫順適。這種就《大學》講《大學》之講法，或許是求客觀知識之專家之講法。按理，此種講法是

各別求客觀了解者所應取之正當途徑。但對於《大學》這一部儒家
經典是否亦必須如此呢？後來王陽明覺得朱子之講法爲歧出，即與
誠意無關，如是，乃根據孟子學之精神，將《大學》講成完全不同
之另一套，即以「致良知」之系統解之。此雖是一種扭轉，然亦是
就《大學》講《大學》，着實於《大學》之專家方式之講法。然而
太生硬，人不能決定《大學》之「知」必是「良知」之知也。好多
着實於《大學》而求一比較順通之講法者亦總是迂曲太多而不顯
明。如是，象山之「管歸一路」之講法倒未始不可取。此雖不是就
《大學》講《大學》，着實於《大學》，依專家方式，即各別了解
之方式，提出另一講法，然因《大學》仍是一儒家經典，則此「管
歸一路」之講法仍可說是爲能客觀地得其實者，至少比朱子與陽明
之講法爲更順適而通脫，逕直而顯明。以朱子觀之，此必爲空疏，
不曾下窮理細密工夫（理會文義之細密工夫）。然此空疏卻能得其
實；即使進一步再下理會文義之細密工夫，亦能逐句說得通。如前
錄〈與李宰〉書「物果已格，則知自至；所知既至，則意自誠；意
誠則心自正：必然之勢，非強致也。」此豈不亦甚通順乎？不過象
山未作此工作耳。蓋其立言重點在辨明端緒之得失，不在對於各經
典各別地作重新分解也。復次，若以陽明觀之，必覺象山此種講法
「只還粗些」。然此「粗些」卻比較自然而順適，不似陽明之生硬
也。「粗些」只是通脫耳，亦只因其非從事重新分解以立義之故而
然也。

　　5.《全集》卷二十，〈格矯齋說〉：

　　格，至也，與窮字究字同義，皆研磨考索以求其至耳。學者

孰不曰我將求至理？顧未知其所知果至與否耳。所當辨、所
當察者此也。〔下釋矯字，略。〕

6.《全集》卷二十一，〈學說〉：

> 古者十五入大學。《大學》曰：「大學之道在明明德，在新
> 民，在止於至善。」此言大學指歸。「欲明明德於天下」，
> 是入大學標的。格物致知是下手處。《中庸》言「博學、審
> 問、慎思、明辨」是格物之方。讀書、親師友是學。思則在
> 己，問與辨皆須在人。〔案：若辨是明辨，而非辯論，則辨
> 亦在己。〕自古聖人亦因往哲之言，師友之言，乃能有進。
> 況非聖人，豈有自任私知而能進學者？

案：此兩文可助解前文言「格物致知」處。

7.《全集》卷十九，〈敬齋記〉：

> 古之人自其身達之家國天下而無愧焉者，不失其本心而已。
> 〔……〕
> 人之所以異於禽獸幾希？庶民去之，君子存之，是心或幾乎
> 泯，吾為懼矣。天地鬼神不可誣也，愚夫愚婦不可欺也。是
> 心或幾乎泯，吾為懼矣。黃鐘大呂施宣於內，能生之物莫不
> 萌芽。奏以大簇，助以夾鐘，則雖瓦石所壓、重屋所蔽，猶
> 將必達。是心之存，苟得其養，勢豈能遏之哉？
> 〔……〕

某聞諸父兄師友，道未有外乎其心者。自可欲之善，至於大
而化之之聖，聖而不可知之神，皆吾心也。心之所爲猶之能
生之物得黃鍾大呂之氣，能養之至於必達，使瓦石有所不能
壓，重屋有所不能蔽，則自有諸己，至於大而化之者，敬其
本也。〔……〕

雖然，不可以不知其害也。是心之稂莠萌於交物之初。有滋
而無芟，根固於怠忽，末蔓於馳騖。深蒙密覆，良苗爲之不
殖。實著者易拔，形潛者難察，從事於敬者尤不可不致其
辨。〔……〕

案：此〈記〉爲貴溪縣宰所請以作者，故撮其要者以錄之。

8.《全集》卷一，〈與胡季隨〉書：

〔……〕

學者之難得，所從來久矣。道不遠人，人自遠之耳。人心不
能無蒙蔽。蒙蔽之未徹，則日以陷溺。諸子百家往往以聖賢
自期，仁義道德自命，然其所以卒畔於皇極而不能自拔者，
蓋蒙蔽而不自覺，陷溺而不自知耳。

顏子之賢，夫子所屢嘆；氣質之美固絕人甚遠。子貢非能知
顏子者，然亦自知非儔偶。《論語》所載「顏淵喟然」之
嘆，當在問仁之前；「爲邦」之問，當在問仁之後；「請事
斯語」之時，乃其知之始至，善之始明時也。

以顏子之賢，雖其知之未至、善之未明，亦必不至有聲色貨
利之累，忿狠縱肆之失。夫子答其問仁，乃有「克己復禮」

之說。所謂己私者，非必如常人所見之過惡而後為己私也。己之未克，雖自命以仁義道德，自期以可至聖賢之地者，皆其私也。顏子之所以異乎眾人者，為其不安於此，極鑽仰之力而不能自已，故卒能踐克己復禮之言，而知遂以至，善遂以明也。

若子貢之明達，固居游、夏之右；見禮知政，聞樂知德之識，絕凡民遠矣；從夫子遊如彼其久，尊信夫子之道如彼其至。夫子既沒，其傳乃不在子貢，顧在曾子，私見之錮人，難於自知如此。曾子得之以魯，子貢失之以達。天德己見消長之驗莫著於此矣。

學問之初，切磋之次，必有自疑之兆；及其至也，必有自克之實。此古人物格知至之功也。己實未能自克，而不以自疑，方憑之以決是非，定可否，縱其標末如子貢之屢中，適重夫子之憂耳。況又未能也？

物則所在，非達天德，未易輕言也。「所惡於智者，為其鑿也。如智者若禹之行水也，則無惡於智矣。禹之行水也，行其所無事也。如智者亦行其所無事，則智亦大矣。」宰我、子貢、有若，智足以知聖人。三子之智，蓋其英爽足以有所精別，異乎陳子禽、叔孫武叔之流耳。若責之以大智，望之以真知聖人，非其任也。顏子「請事斯語」之後，真知聖人矣。曾子雖未及顏子，若其真知聖人則與顏子同。學未知止，則其知必不能至。知之未至，聖賢地位未易輕言也。何時合並以究此理？

案：此書所言深微高曠，深入生命之裏，絲毫無禪意，不知朱子何以聯想其為禪，而且謂「捉著真贓正賊！」此誠可怪。關此，吾將詳抉之於下章第八節。讀者可反覆誦讀此書，於此可見象山之造詣。此中就對於顏子、子貢、曾子之比論以明知至善明。其言格物致知，知至善明，與克己復禮一併說。致知，知至，即知本心也。此之謂正知見。知本心，達天德，然後始可說「物則」。此當依前5、6、7三文理解，不可泛言，亦不可歧出。蓋心即理。此心此理充塞宇宙，故心外無物，理外無事。依「本心即理」之本心而行，沛然莫之能禦，是之謂「天德」。克己私，達天德，然後知「物則」之所在。蓋物則（「天生蒸民有物有則」之物則）即由「本心即理」之本心而出也，亦即「本心即理」之理之見於行事也，亦如「良知之端形於愛敬」也。故王陽明繼之即言「良知之天理」。此與朱子之著實於「物」字以言格物窮理而終成為靜涵系統（橫攝系統）者異矣。

　　9.《全集》卷一，〈與姪孫濬〉書：

〔……〕

由孟子而來，千有五百餘年之間，以儒名者甚眾，而荀、揚、王、韓獨著，專場蓋代，天下歸之，非止朋遊黨與之私也。若曰傳堯、舜之道，續孔、孟之統，則不容以形似假借，天下萬世之公亦終不可厚誣也。至於近時，伊、洛諸賢，研道益深，講道益詳；志向之專，踐行之篤，乃漢唐所無有，其所植立成就可謂盛矣。然「江漢以濯之，秋陽以暴之」，未見其如曾子之能信其「皜皜」；「肫肫其仁，淵淵

其淵」，未見其如子思之能達其「浩浩」；「正人心，息邪
説，距詖行，放淫辭」，未見其如孟子之長於知言，而有以
「承三聖」也。

故道之不明，天下雖有美材厚德，而不能以自成自達，困於
聞見之支離，窮年卒歲而無所至止。若其氣質之不美，志念
之不正，而假竊傅會，蠹食蛆長於經傳文字之間者，何可勝
道。方今熟爛敗壞，如齊威、秦皇之尸，誠有大學之志者，
敢不少自強乎？於此有志，於此有勇，於此有立，然後能克
己復禮，遜志時敏，真地中有山謙也。不然，則凡為謙遜
者，亦徒為假竊緣飾，而其實崇私務勝而已。比有一輩，沈
吟堅忍以師心，婉孌夸毗以媚世，朝四暮三以悦眾狙，尤可
惡也。不為此等所眩，則自求多福，何遠之有？道非難知，
亦非難行，患人無志耳。及其有志，又患無真實師友，反相
眩惑，則為可惜耳。凡今所以為汝言者為此耳。蔽解惑去，
此心此理，我固有之。所謂「萬物皆備於我」，昔之聖賢先
得我心之所同然者耳。故曰：周公豈欺我哉？

案：此書前半段已錄於前第一節。後半段尤警策，故再增錄之。

　　10.《全集》卷十，〈與路彥彬〉書：

　　〔……〕
　　竊不自揆，區區之學，自謂孟子之後，至是而始一明也。
　　〔……〕

案：此書不長，只此一句重要，故特錄之。

第四節　語錄選錄

　　《象山全集》卷三十四與卷三十五兩卷爲〈語錄〉，茲就其與「樸實，明本心，以及揮斥閑議論等基本講學精神與風格」有關者，錄之以助解，要者仍在其論學書也。

1. 道外無事，事外無道。先生常言之。

2. 道在宇宙間，何嘗有病？但人自有病。千古聖賢只去人病，如何增損得道？

3. 道理只是眼前道理。雖見到聖人田地，亦只是眼前道理。

4. 《論語》中多有無頭柄的説話。如「智及之，仁不能守之」之類，不知所及所守者何事；如「學而時習之」，不知時習者何事。非學有本領，未易讀也。苟學有本領，則智之所及者及「此」也，仁之所守者守「此」也，「時習之」習「此」也，悅者悅「此」，樂者樂「此」。如高屋之上建瓴水矣。學苟知本，六經皆我註腳。

5. 近來論學者言「擴而充之」，須於四端上逐一充，焉有此理？孟子當來只是發出人有是四端，以明人性之善，不可自暴自棄。苟此心之存，則此理自明。當惻隱處自惻隱，當羞惡，當辭遜，是非在前自能辨之。又云：當寬裕溫柔自寬裕溫柔，當發強剛毅自發強剛毅，所謂溥博淵泉而時出之。

6. 天下之理無窮。若以吾平生所經歷者言之，眞所謂伐南山之竹，不足以受我辭。然其會歸總在於此。

7. 夫子以仁發明斯道，其言渾無縫縫。孟子十字打開，更無隱遁，蓋時不同也。

8. 此道與溺於利欲之人言猶易，與溺於意見之人言卻難。

9. 傅子淵自此歸其家，陳正己問之曰：「陸先生教人何先？」對曰：「辨志。」正己復問曰：「何辨？」對曰：「義利之辨。」若子淵之對，可謂切要。

10. 居象山，多告學者云：「汝耳自聰，目自明，事父自能孝，事兄自能弟，本無欠缺，不必他求，在自立而已。」

11. 千虛不博一實。吾平生學問無他，只是一實。

12. 釋氏立教本欲脫離生死，惟主於成其私耳，此其病根也。且如世界如此，忽然生一個謂之禪，已自是無風起浪，平地起土堆了。

13. 或問先生之學當來自何處入，曰：「不過切己自反，改過遷善。」

14. 人品在宇宙間迥然不同。諸處方曉曉然談學問時，吾在此多與後生説人品。

15. 朱元晦曾作書與學者云：「陸子靜專以尊德性誨人，故游其門者多踐履之士，然於道問學處欠了。某教人豈不是道問學處多了些子，故游某之門者踐履多不及之。」觀此，則是元晦欲去兩短，合兩長，然吾以爲不可。既不知尊德性，焉有所謂道問學？

16. 吾之學問與諸處異者，只是在我全無杜撰。雖千言萬語，

只是覺得他底在我不曾添一些。近有議吾者云:「除了『先立乎其大者』一句全無伎倆。」吾聞之曰:「誠然。」

17.後世言學問者須要立個門戶。此理所在,安有門戶可立?學者又要各護門戶,此尤鄙陋。

18.今之論學者只務添人底,自家只是減他底,此所以不同。

19.宇宙不曾限隔人,人自限隔宇宙。

20.「江漢以濯之,秋陽以暴之,皜皜乎不可尚已。」此數語自曾子胸中流出。

21.千古聖賢若同堂合席,必無盡合之理。然此心此理萬世一揆也。

22.一學者自晦翁處來,其拜跪語言頗怪;每日出齋,此學者必有陳論,應之亦無他語。至四日,此學者所言已罄,力請誨語。答曰:「吾亦未暇詳論,然此間大綱有一個規模說與人:今世人淺之為聲色臭味,進之為富貴利達,又進之為文章技藝,又有一般人都不理會,卻談學問,吾總以一言斷之曰勝心。」此學者默然。後數日,其舉動語言頗復常。

23.先生云:「後世言道理者,終是粘牙嚼舌。吾之言道,坦然明白,全無粘牙嚼舌處,此所以易知易行。」或問:「先生如此談道,恐人將意見來會,不及釋子談禪,使人無所措其意見。」先生云:「吾雖如此談道,然凡有虛見虛說,皆來這裡使不得,所謂德行常易以知險,恆簡以知阻也。今之談禪者,雖為艱難之說,其實反可寄託其意

見。吾於百眾人前，開口見膽。」

24.或有譏先生之教人專欲管歸一路者，先生曰：「吾亦只有此一路。」

25.吾於踐履未能純一，然纔自警策，便與天地相似。

26.有士人上詩云：「手抉浮翳開東明」。先生頗取其語，因云：「吾與學者言，眞所謂取日虞淵，洗光咸池。」

〔以上見卷三十四〈傅子雲季魯編錄〉，選錄其中二十六條。〕

27.或謂先生之學是道德性命，形而上者，晦翁之學是名物度數，形而下者，學者當兼二先生之學。先生云：「足下如此說晦翁，晦翁未伏。晦翁之學自謂一貫。但其見道不明，終不足以一貫耳。吾嘗與晦翁書云：『揣量模寫之工，依放假借之似，其條畫足以自信，其節目足以自安。』〔案：此見辯〈太極圖說〉書〕此言切中晦翁之膏肓。」

28.先生言萬物森然於方寸之間，滿心而發，充塞宇宙無非此理。孟子就四端上指示人，豈是人心只有這四端而已？又就「乍見孺子入井，皆有怵惕惻隱之心」一端指示人，又得此心昭然。但能充此心足矣。乃誦：「誠者自成也，而道自道也，誠者物之終始，云云；」「天地之道可一言而盡也。」

29.臨川一學者初見，問曰：「每日如何觀書？」學者曰：「守規矩。」歡然問曰：「如何守規矩？」學者曰：「伊川《易傳》，胡氏《春秋》，上蔡《論語》，范氏《唐鑑》。」忽呵之曰：「陋說。」良久復問曰：「何者爲

規？」又頃，問曰：「何者爲矩？」學者但唯唯。次日復
來，方對學者誦：「乾知大始，坤作成物。乾以易知，坤
以簡能。」一章畢，乃言曰：「乾文言云『大哉乾元』，
坤文言云『至哉坤元』。聖人贊易，卻只是個簡易字道
了。」遍目學者曰：「又卻不是道難知也。」又曰：「道
在邇而求諸遠，事在易而求諸難。」顧學者曰：「這方喚
作規矩。公昨日來道甚規矩？」〔以上見卷三十四〈嚴松松
年所錄〉，選錄其中三條。〕

30.伯敏問云：「以今年較之去年，殊無寸進。」先生云：
「如何要長進？若當爲者，有時而不能爲，不當爲者有時
乎爲之，這個卻是不長進。不恁地理會，泛然求長進，不
過欲以己先人，此是勝心。」伯敏云：「無個下手處。」
先生云：「『古之欲明明德於天下者，先治其國；欲治其
國者，先齊其家；欲齊其家者，先修其身；欲修其身者，
先正其心；欲正其心者，先誠其意；欲誠其意者，先致其
知。致知在格物。』格物是下手處。」伯敏云：「如何樣
格物？」先生云：「研究物理。」伯敏云：「天下萬物不
勝其繁，如何盡研究得？」先生云：「萬物皆備於我。只
要明理。然理不解自明，須是隆師親友。」伯敏云：「此
間賴有季繹時相勉勵。」先生云：「季繹與顯道一般，所
至皆勉勵人，但無根者多。其意似欲私立門户，其學爲外
不爲己。世之人所以攻道學者，亦未可全責他。蓋自家驕
其聲色，立門户與之爲敵，嘵嘵勝口，實有所未孚，自然
起人不平之心。某平日未嘗爲流俗所攻，攻者卻是讀《語

錄》、《精義》者。程士南最攻道學。人或語之以某，程
云：『道學如陸某，無可攻者。』又如學中諸公，義均骨
肉。蓋某初無勝心，日用常行自有使他一個敬信處。某舊
日，伊洛文字不曾看，近日方看，見其間多有不是。今人
讀書，平易處不理會，有可以起人羨慕者，則著力研究。
古先聖人何嘗有起人羨慕者？只是此道不行，見有奇特
處，便生羨慕。自周末文弊，便有此風。如唐虞之時，人
人如此，又何羨慕？所以莊周云：『臧與穀共牧羊，而俱
亡其羊。問臧奚事？曰：博塞以遊。問穀奚事？曰：挾策
讀書。其為亡羊一也。』某讀書只看古註。聖人之言自明
白。且如『弟子入則孝，出則弟』，是分明說與你入便
孝，出便弟，何須得傳註？學者疲精神於此，是以擔子越
重。到某這裡，只是與他減擔，只此便是格物。」
〔……〕

31.問伯敏云：「〔……〕吾友之志要如何？」伯敏云：「所
望成人，目今未嘗敢廢防閑。」先生云：「如何樣防
閑？」伯敏云：「為其所當為。」先生云：「雖聖人不過
如是。但吾友近來精神都死卻，無向來亹亹之意，不是懶
息，便是被異說壞了。夫人學問當有日新之功，死卻便不
是。邵堯夫詩云：『當鍛鍊時分勁挺，到磨礱處發光
耀。』磨礱鍛鍊，方得此理明。如川之增，如木之茂，自
然日進無已。今吾友死守定，如何會為所當為？博學、審
問、謹思、明辨、篤行，博學在先，力行在後，吾友學未
博，焉知所行者是當為，是不當為？防閑，古人亦有之。

但他底防閑與吾友別。吾友是硬把捉。告子硬把捉，直到不動心處，豈非難事？只是依舊不是。某平日與兄說話，從天而下，從肝肺中流出，是自家有底物事，何嘗硬把捉？吾兄中間亦云有快活時，如何今故如此？」伯敏云：「固有適意時，亦知自家固有根本元不待把捉，只是不能久。防閑稍寬，便爲物欲所害。」先生云：「此則罪在不常久上，卻如何硬把捉？種種費力便是有時得意，亦是偶然。」伯敏云：「卻常思量不把捉，無下手處。」先生云：「何不早問？只此一事是當爲不當爲。當爲底一件大事不肯做，更說甚底？某平日與老兄說底話，想都忘了。」伯敏云：「先生常語以求放心、立志，皆歷歷可記。」先生云：「如今正是放其心而不知求也。若果能立，如何到這般田地？」伯敏云：「如何立？」先生云：「立是你立，卻問我如何立！若立得住，何須把捉？吾友分明是先曾知此理來，後更異端壞了。異端非佛老之謂。異乎此理，如季繹之徒，便是異端。孔門惟顏、曾傳道，他未有聞。蓋顏、曾從裏面出來，他人外面入去。今所傳者，乃子夏、子張之徒外入之學。曾子所傳，至孟子不復傳矣。吾友卻不理會根本，只理會文字。實大聲宏。若根本壯，怕不會做文字？今吾友文字自文字，學問自學問。若此不已，豈止兩段？將百碎！」問：「近日日用常行，覺精健否？胸中快活否？」伯敏云：「近日別事不管，只理會我，亦有適意時。」先生云：「此便是學問根源也。若能無懈怠，暗室屋漏亦如此，造次必於是，顛沛必於

是，何患不成？故云『君子以自昭明德』，古之欲明明德
於天下者在致其知，致知在格物。古之學者爲己，所以自
昭其明德。己之德已明，然後推其明以及天下。鼓鐘於
宮，聲聞於外；鶴鳴於九皋，聲聞於天。在我者既盡，亦
自不能掩。今之學者只用心於枝葉，不求實處。孟子云：
『盡其心者知其性，知其性則知天矣。』心只是一個心。
某之心，吾友之心，上而千百載聖賢之心，下而千百載復
有一聖賢，其心亦只如此。心之體甚大。若能盡我之心，
便與天同。爲學只是理會此。『誠者自成也，而道自道
也。』何嘗騰口説？」伯敏云：「如何是盡心？性、才、
心、情如何分別？」先生云：「如吾友此言又是枝葉。雖
然，此非吾友之過，蓋舉世之弊。今之學者，讀書只是解
字，更不求血脈。且如情性心才都只是一般物事，言偶不
同耳。」伯敏云：「莫是同出而異名否？」先生曰：「不
須得説，説著便不是，將來只是騰口説，爲人不爲己。若
理會自家實處，他日自明。若必欲説時，則在天者爲性，
在人者爲心。此蓋隨吾友而言。其實不須如此。只是要盡
去爲心之累者。如吾友適意時，即今便是。『牛山之木』
一段，血脈只在仁義上。『以爲未嘗有材焉，此豈山之性
也哉？』『此豈人之情也哉』，是偶然説及，初不須分
別。所以令吾友讀此者，蓋欲吾友知斧斤之害其材，有以
警戒其心。『日夜之所息』，息者歇也，又曰生息。蓋人
之良心爲斧斤所害，夜間方得歇息。若夜間得息時，則平
旦好惡與常人不甚相遠。惟旦晝所爲，梏亡不止，到後來

夜間亦不能得息，夢寐顛倒，思慮紛亂，以致淪為禽獸。人見其如此，以為未嘗有才焉，此豈人之情也哉？只與理會實處，就心上理會。俗諺云：『癡人面前不得說夢。』又曰：『獅子咬人，狂狗逐塊。』以土打獅子，便逕來咬人。若打狗，狗狂，只去理會土。聖賢急於教人，故以情、以性、以心、以才說與人，如何泥得？若老兄與別人說，定是說如何樣是心，如何樣是性、情與才。如此分明，說得好劄地，不干我事。須是血脈骨髓理會實處始得。凡讀書皆如此。」〔以上見卷三十五〈李伯敏敏求所錄〉，選錄其中二條。〕

32.人心只愛去泊著事，教他棄事時，如鶻孫失了樹，更無住處。

33.人不肯心閒無事，居天下之廣居，須要去逐外，著一事，印一說，方有精神。

34.做得工夫實，則所說即實事，不話閒話；所指人病即實病。

35.凡事莫如此滯滯泥泥。某平生於此有長，都不去著他事，凡事累自家一毫不得。每理會一事時，血脈骨髓都在自家手中。然我此中卻似個閒閒散散，全不理會事底人，不陷事中。

36.「小心翼翼，昭事上帝，上帝臨汝，無貳爾心。」此理塞宇宙，如何由人杜撰得？文王敬忌，若不知此，敬忌個甚麼？

37.凡所謂不識不知，順帝之則，晏然太平，殊無一事，然卻

有説。擒搦人不下，不能立事，卻要有理會處。某於顯道
恐不能久處此間，且令涵養大處。如此樣處未敢發。然某
皆是逐事逐物考究練磨，積日累月，以至如今；不是自
會，亦不是別有一竅子，亦不是等閑理會，一理會便會。
但是理會與他人別。某從來勤理會。長兄每四更一點起
時，只見某在看書，或檢書，或默坐，常説與子侄，以爲
勤，他人莫及。今人卻言某懶，不曾去理會，好笑！

38. 某從來不尚人起爐作竈，多尚平。

39. 佛老高一世人，只是道偏，不是。

40. 我説一貫，彼亦説一貫，只是不然，天秩天敍天命天討，
皆是實理，彼豈有此？〔以上見卷三十五，〈包揚顯道所
錄〉，選錄其中九條。〕

41. 阜民嘗問：「先生之學亦有所受乎？」曰：「因讀《孟
子》而自得之。」〔以上見卷三十五，〈詹阜民子南所錄〉，
只選錄此一條。〕

第二章 象山與朱子之爭辯

象山自三十四歲開始受徒，至三十七歲鵝湖之會，其講學之宗旨與規模即已確定，而亦自始即與朱子不相契者。朱子長象山九歲。鵝湖之會時，象山三十七，朱子四十六。朱子於三十七開始至四十歲，這三四年之間，正苦參中和問題；而「心性情三分，理氣二分」之格局亦確定於此時。（三十七是一有趣之年齡，陽明在龍場驛悟良知亦是三十七。）各有確定之規模與端緒，系統不同，故不相契。惟由此不相契所表現於言語上之互相譏刺似又不能自覺到此中客觀義理癥結之所在，因此，遂只落於表面風格上之互相詆訐。如朱子斥象山為禪，此固不相干，即說其空疏、粗暴、狂傲、取徑太易、不切實下學，亦仍不對題。反過來，象山斥朱子「不見道」，究竟如何是不見道？朱子大講太極形而上之理，你說他不見道，朱子自不服，而一般人亦未必能理解，不必能同情你。又如說他支離，支離之意如不能明確地定其對何而言，則有時亦正需要支離，詳細分疏亦不可少，而朱子亦正安於細碎工夫而並不以為憾。是以如此相攻擊，總不切要。最後〈太極圖說〉之辯只是象山借題發揮，其主旨實不在「無極而太極」一系義理之本身。若就此論題而言，吾人可說象山是失敗者，然不礙其學路之正大。是則不契之

根本癥結仍未辯出也。夫攻對方之失，若不能切中客觀義理之肯
要，而只是就氣味姿態作表面無準之聯想，則不但大抵不相干，不
足以服對方之心，且足以淹沒並迷失真實問題之所在。如是，則激
成一套煙幕，遮蔽於真實問題之外，而世之耳食之輩，吠影吠聲，
亦總是隨此煙幕而幻想妄說，遂永不能撥雲霧而洞悟此中真實問題
之真相矣。學術問題之不明與迷失造成許多無謂之爭論與虛妄不實
之譏議，此則為害甚大，不可不予以澈底點破也。以下試就文獻逐
步明此中問題之真相。

第一節　象山鵝湖之會詩乃孟子學之表現——本體論的直貫與認識論的橫列

〈象山年譜〉於象山三十七歲年記鵝湖之會引朱亨道書云：

> 鵝湖講道切誠當今盛事。伯恭蓋慮陸與朱議論猶有異同，欲
> 會歸於一，而定其所適從。其意甚善。伯恭蓋有志於此，語
> 自得則未也。〔……〕
> 鵝湖之會，論及教人，元晦之意欲令人泛觀博覽而後歸之
> 約；二陸之意欲先發明人之本心，而後使之博覽。朱以陸之
> 教人為太簡，陸以朱之教人為支離。此頗不合。〔……〕

案：此記述徒以博與約，太簡與支離相對比，即足以使人迷失真實
問題之所在。雖有「二陸之意，欲先發明人之本心，而後使之博
覽」之語，然於「發明人之本心」若不能真切正視其確意與的意，

則重點只落在博與約，太簡與支離之對比，此則博與約之先後只成為**寡頭的方法論**上之問題，而太簡與支離之病亦成為**無對之泛語**，人不能眞知「太簡」何以必是病，而亦有不必是病處，「支離」何以必是病，而亦有不必是病處。夫簡易**必有相應**，支離**必有所對**。離其相應，而泛言簡易、泛言約，乃是**浮躁輕率之懶漢**，豈止**空疏而已哉**？失其所對，而泛言支離，則支離**不必是支離**，亦可是**本質的相干者**。不先確定眞實問題上之對應，而只落於方法之博約上以為宗旨，由此而互相指摘爲太簡或支離，此即成爲**永遠循環、永不得決之無意義之爭吵**，而眞實問題亦因而**迷失**焉。

　　觀二陸之詩，明是**本孟子措辭**。象山詩尤其**警策挺拔**。子壽詩：「孩提知愛長知欽」，明是本孟子曰：「人之所不學而能者，其良能也。所不慮而知者，其良知也。孩提之童，無不知愛其親也。〔孩提知愛〕。及其長也，無不知敬其兄也。〔長知欽〕。親親仁也，敬長義也。無他，達之天下也。」（〈盡心〉篇）。「親親仁也，敬長義也」，「古聖相傳只此心」亦並不錯。「只此心」即只此仁義之本心。「無他，達之天下也」，即「擴而充之」之意。依此而言「大抵有基方築室，未聞無址忽成岑」。此亦即「源泉混混，不舍晝夜，盈科而後進，有本者若是」之義。講內聖之學，**自覺地作道德實踐之工夫**，首應辨此本心，此是**直接的本質相干之第一義**。若不先正視此義，而只「留情傳注」、「著意精微」，縱使講得十分好，亦是**歧出**，或只是**第二義以下**者。故云：「留情傳注翻榛塞，著意精微轉陸沈。珍重友朋勤琢切，須知至樂在於今。」「在於今」者即當下即在此**本心之呈現**也。此詩所表現之義理宗旨，正是孟子之矩矱，絲毫無有乖離者。若如象山〈語

錄〉所記，象山謂「先兄舉詩才四句，元晦顧伯恭曰：子壽早已上子靜舡（一作船）了也」，此何嘗是「上子靜船」？乃根本是上孟子船。若當時朱子真如此說，則朱子根本忽視首四句之孟子義，心中只想到子靜之乖僻，例如禪、脫略文字等。殊不知此正是內聖踐履之**正大矩矱**，焉有所謂「上子靜船」之**幻想**！是則問題只在朱子對於孟子之了解如何，對於孟子究能相應否？根本不在博與約也。朱子終身不解孟子，其心態根本與孟子不相應，故聞子壽詩之首四句，亦不能直就**孟子**想，而卻想些**不相干的物事**。不然，此首四句乃根本無問題者，何至於此起爭議？若於後四句不愉快，起遐想，尚有可說。但若真了解孟子，則後四句亦是必然者。若於此一時真有不愉快，亦當切己自反，重新回頭正視孟子。今不然，足證朱子之心態根本與孟子有距離也。此與禪**決無關係**，亦不是**博約問題**。乃根本是內聖之學，自覺地作道德實踐之**本質的問題**也。

至於象山詩尤其警策挺拔，更合孟子之精神。象山學無所受，自謂「因讀《孟子》而自得之」。（見前錄〈語錄〉第41條）。試觀象山論學書札，其所徵引幾全是《孟子》語句，其全幅生命幾全是一孟子生命。其讀《孟子》之熟，可謂已到深造自得、左右逢源之境。孟子後真了解孟子者，象山是第一人。

其詩云：「墟墓興哀宗廟欽，斯人千古不磨心。」此言：見墟墓，則起悲哀之感，見宗廟，則起欽敬之心，此種悲哀之感與欽敬之心所表示的**道德之心**乃正是人之千古不磨之**永恆而相同之本心**。明道告神宗曰：「先聖後聖，若合符節。非傳人之道，傳聖人之心也。非傳聖人之心也，傳己之心也。己之心，無異聖人之心。廣大無垠，萬善皆備。欲傳聖人之道，擴充此心焉耳」。（見《宋元

學案·明道學案上》）。明道所言亦正是孟子之學。言傳心，實只
是方便言之。心焉可傳？實只是自己本心之呈現。「己之心無異聖
人之心」，此亦即象山所謂「千萬世之前有聖人出焉，此心同，此
理同也。千萬世之後有聖人出焉，此心同，此理同也。東南西北海
有聖人出焉，此心同，此理同也」。不但聖人此心同，此理同，人
人皆有之，即人人皆同也。此是人之所以為人之**超越的本心**。象山
直下指出此心乃人人俱有之**永恆而普遍，超越而一同之本心**，不必
言傳也。故以為其兄之「古聖相傳只此心」之句為「微有未安」
也。其實亦無甚緊要，其義不謬也。明道如此言，陸氏兄弟如此
言，皆本孟子而來，亦不謬於聖人。象山云：「夫子以仁**發明斯
道，其言渾無縫縫。孟子十字打開，更無隱遁。**」（見前所錄〈語
錄〉第7條）。此四語最能道出孔孟之敎之**精蘊**。此超越之本心即
仁心也。

　　「涓流積至滄溟水，拳石崇成泰華岑」此兩句顯本《中庸》：
「今夫山，一卷〔拳〕石之多，及其廣大，草木生之，禽獸居之，
寶藏興焉。今夫水，一勺之多，及其不測，黿鼉蛟龍魚鼈生焉，貨
財殖焉。」《中庸》此喻是承上文「天地之道可一言而盡也。其為
物不貳，則其生物不測」而來。

　　「易簡工夫終久大，支離事業竟浮沈。」易簡句的根據是《易
傳》：「乾知大始，坤作成物。乾以易知，坤以簡能。易則易知，
簡則易從。易知則有親，易從則有功。有親則可久，有功則可大。
可久則賢人之德，可大則賢人之業。易簡而天下之理得矣。天下之
理得而成位乎其中矣。」易簡並不是方法上之泛言。乃是直從「乾
知大始，坤作成物」說，直從**乾之知、坤之能**說。並不是到處皆易

簡也。故《易傳》又云：「夫乾，天下之至健也，德行恆易以知險。夫坤，天下之至順也，德行恆簡以知阻。」然必開闢此簡易之本源，而後險阻可克服而暢通也。若不知此簡易之本源，而只歧出以「留情傳注」，重點只落於外在的知解，則便於自覺地相應道德之本性而作道德的實踐爲不相干。「支離」者，**歧出而不相干之謂**。此是單對**相應道德本性**而爲**道德的實踐**言爲**支離**，並不是寡頭泛言博文爲支離也。若就客觀理解、研究工作言，並無所謂支離也。

朱子若能正視孟子之義、《中庸》之義、《易傳》之義，則聞象山「舉詩至此」，何至「失色」？正當首肯而色喜也。即不色喜，亦不能謂此非內聖踐履之本質的關鍵也。今竟「失色」，則其不能正視孟子、《中庸》、《易傳》正大光明之義，而囿於自己既成之習，涉無謂之遐想，亦明矣。

最後兩句：「欲知自下升高處，眞僞先須辨只今。」此是象山直就內聖之學（相應道德本性以爲道德的實踐）而言講學**入路之眞僞**也。或眞或僞只在是否能當下肯認此道德的創造之源之本心也。「先須辨只今」即辨此當下呈現之本心也。即在此，有象山所謂「辨志」，有其所謂「義利之辨」，有其所謂「先立其大」，有其所謂「尊德性」。此就直接相應道德本性而爲道德實踐之第一義言，最爲本質的肯要，此並無誇大乖僻不近人情處。由此而開象山所謂「今天下學者唯兩途：一途樸實，一途議論」之說。能直接相應此本心而「溥博淵泉而時出之」，不「粘牙嚼舌」、不「起爐作竈」、「不話閑話」、不「杜撰」，便是「**樸實**」。不能如此，歧出而「杜撰」、「立說」，便是「**議論**」。凡議論皆「虛說虛

見」，皆非實理正見，皆是「無風起浪，平地起土堆」，故皆不平，皆非「坦然明白」，皆是「異端」，皆是「陷溺」。不必時文利欲爲陷溺、爲僞，即此**議論之途、意見之虛**，亦皆**陷溺而爲僞也**。象山對於時風之陷溺確有其眞切之感受，今語所謂存在之感受。其言本心、言辨志，直翻上來而言樸實、斥議論，皆是由於對此時風陷溺之遮撥而直超拔至此第一義，亦實是本質的相干之一義，故並非窮高極遠之虛誕，而乃實是平、實是實，此方眞是**平實**，故斥彼岐出者爲**支離**、爲**議論**、爲**異端**、爲**虛見**、爲**陷溺**。此非故作反常之論，乃實對內聖踐履（相應道德本性而爲道德踐履）之第一義而恰恰**是如此**。人狃於常情，不知道德踐履之本性爲何物，乃以外在知解爲平實，美其名曰「下學而上達」，殊不知對道德踐履之本性言，此正爲**岐出而不平實**，而亦未必眞能上達也。孔子固云：「下學而上達，知我者其天乎？」然孔子之「下學」豈只是空頭之下學乎？不然，彼何必念念於仁乎？若非洞悟生命之源（仁），沛然莫之能禦，未必能「不怨天，不尤人」，亦未必能「下學而上達」，亦未必能至「知我者其天乎」之與天地生命爲一也。

　　朱子若眞能於此有所洞徹，則見象山此詩必不至「失色」，必不至「大不懌」。蓋象山之言並無狂蕩，此與禪**決無關係**。此乃內聖踐履之**必然**。

　　朱子所以終不契象山之樸實而涉無謂之遐想，不爲別的，總因乃在其心態與孟子、《中庸》（後半部）、《易傳》之義理不相應。此則須徹底說破如下：

　　孟子之本心、擴充、充盡、沛然莫之能禦，以及「源泉混混，

不捨晝夜，盈科而後進，有本者若是」等詞語，皆爲象山所最喜引用。朱子說象山「合下有些禪底意思」，實則他確然**合下是一個孟子底生命**。此等詞語皆表示**承體起用**之**道德的創造性**，皆表示承體起用的**道德目的性**之**實現**。《中庸》之由至誠以盡性乃至參天地贊化育，以及誠則形、著、明、動、變、化，「誠者物之終始，不誠無物」，「天地之道可一言而盡：其爲物不貳，則其生物不測」，以及「溥博淵泉而時出之」等辭語亦皆是表示道德性之創造，此皆爲**本體論的直貫**之辭語，道德的**內在目的性**（終成性）之**實現**之辭語，宇宙論式的辭語。《易傳》之乾知坤能之神化尤其皆是此類之辭語。凡此類辭語皆是表示承體起用之**立體的直貫**。而凡此種立體的直貫之義理辭語皆爲朱子所不甚能相應。朱子之心態，其特別顯著而特用力處，乃是**認識論的並列**，故其所理解而有得的義理辭語大抵皆是**認識論的、靜態的橫列**，而不是**本體論的、動態的、立體的直貫**。此種心態大體是不宜於講《孟子》、《中庸》、《易傳》的，即講亦是落於第二義之**認識論的橫列**而去湊泊，而不是**直接相應地講**。故凡《孟子》、《中庸》、《易傳》中承體起用之本體論的直貫之辭語，彼皆不能以「相應道德本性而爲道德實踐」之健行不息的**觀體承當照體獨立**的精神**去理會**，而或是擺在那裡以待湊泊，其著力處全不在此，或是將其轉爲認識論的辭語而**橫列地理解之**。例如其講《孟子》「盡其心者知其性也」，即以格物窮理解知性，由此格物窮理之知以明心之盡，此顯然既倒果爲因，又將孟子之**本體論的直貫**轉爲**認識論的橫列**，此爲**認知的盡**，而非孟子之**擴充的盡**。即此一端即表示其對於孟子全部不相應。又如張橫渠云：「氣聚，則離明得施而有形，氣不聚，則離明不得施而無形。」

（《正蒙・太和篇》）。此兩辭語顯爲**本體論的、宇宙論的辭語**，
而朱子則解「離明」爲目，謂「氣聚，則目得而見，不聚，則不得
而見」，此即轉爲**認識論的辭語**。此大失橫渠之精神。「離明」實
爲**宇宙論之詞**，即太虛本體之**誠明也**。「施」是施布之施，即**本體
論的展現**之意。氣聚而成客形，則離明得有施布展現處。氣不聚而
歸於幽，則離明不得施布展現而亦無形。無形即無氣聚之形。無形
謂之幽，有形謂之明。故下文云「知幽明之故」。此整段皆爲**宇宙
論之陳述**，而朱子心中實無此立體直貫之理境也。又如其不解明道
所說之仁，而必反對以「天地萬物爲一體」說仁，必反對以有感覺
不麻木之「覺」說仁，皆示其不解仁體之沛然不禦義。此種本體論
的直貫之生化義、實現義、創造義，濂溪、橫渠、明道皆不喪失。
唯至朱子承繼伊川「性即理也」之分解精神，以落下來之格物窮理
居敬集義之**第二義**爲**定本**，以理氣二分，心性情三分爲**定局**後，此
直貫義遂全喪失，且於此極不相應，亦極厭惡，遂成爲與象山之對
立而極不相契。此種衝突之客觀義理上的總癥結即在此**直貫**與**橫列**
兩向之衝突。其餘皆不相干之外圍恍惚語。朱子不知此直貫與橫列
不是同層次上之對立，而實是第一義與第二義兩層次上之問題。即
象山亦不甚能自覺地說出，故終於兩不相契而不能得其融貫，遂成
爲兩系統之對立。以吾觀之，實是一個系統之兩層，而落於第二義
者不能自足獨立也。而孔孟仁教之精神究是以**立體直貫**爲本質也。
朱子之形態是**認識論的形態**，是**靜態的本體論的存有之形態**，而不
能復合於本體論的**動態的立體直貫**之形態。此是類乎荀子之形態，
智性義理之形態，而與孔孟之教不相應也。徒以其近於常識而又從
事於博文，人遂以正統視之矣。實則衡之第一義，彼與孔孟甚相遠

也，（雖不必相違），其距離遠甚於周、張、大程及陸、王也。

　　朱子之著力處，只有當吾人不能相應道德本性而爲道德實踐時，始有眞實意義，而吾人亦確常不能相應道德本性而爲道德實踐，即或能之，亦常不能不思而得，不勉而中，而常需要勉強，擇善而固執之。蓋人常不免於私欲之陷溺、利害之顧慮，而不能純依乎天理以行。即勉強不違道德，不犯法律，可稱爲無大過之善人，而其行爲亦不必眞能相應道德本性而純爲無條件之**依理而行**者。試問有誰眞能無一毫之夾雜者乎？如是，吾人不得不落於**第二義**上而從事於磨練、勉強、熏習、夾持、擇善而固執之之**預備工夫、助緣工夫**，以及種種後天之**積習工夫**，以求吾人生命（心）之**漸順適而如理**。自此而言，雖不能至乎第一義，相應道德本性，開而出之，然亦不能簡單地予以**橫截**，單純地視爲**閒議論、虛說虛見**。就第一義言，自是歧出，亦不免於支離，然不能說無**眞實意義**。既落於第二義而爲助緣工夫，自然是**歧出**，亦當然有**支離**。此中亦不免繞許多冤枉路，亦自有虛妄處，亦自有粘牙嚼舌處，亦自不能免乎閒議論之廢話，然而亦同樣不能單純地即視爲**異端**，視爲**陷溺**，視爲只是**虛見**，只是**議論**。象山不能正視此點，一概予以橫截，難免有輕易天下事之譏，此象山之過也。朱子於此有**切感**，自不能服也。然象山亦非不重視第二義之助緣工夫者。象山亦講涵養操存，亦重講明，亦重博學、審問、愼思、明辨，亦重格物致知，亦重智之事，亦非不讀書，不理會文字，（當然不必限於此），然必以本心之直貫，沛然莫之能禦，爲頭腦，並非空頭而成爲純然之智之事。故養是養此，存是存此，講明是講明此，博學、審問、愼思、明辨，亦無非明辨乎此，格物致知亦無非是格此、知此，讀書、理會文字亦

無非爲的是了解此，而仍歸於**本心直貫沛然莫之能禦之踐履**。而朱子於此**直貫**卻甚不能正視，且甚**厭惡**，視爲**禁忌**，動輒以無謂之遐想而予以**責斥**，此朱子之過也。自此而言，象山謂其不見道、見道不明，亦非無故。

明乎以上之所說，則以下諸文獻可得而衡正矣。

第二節　尊德性與道問學之切義：直貫形態與靜涵形態

1.〈象山年譜〉四十五歲下，繫之云：

> 朱元晦答平甫書云：「〔……〕大抵子思以來，教人之法，尊德性，道問學兩事爲用力之要。今子靜所說，尊德性，而某平日所聞，卻是道問學上多。所以爲彼學者，多持守可觀，而看道理全不仔細。而熹自覺於義理上不亂說，卻於緊要事上多不得力。今當反身用力，去短集長，庶不墮一邊耳。」先生聞之曰：「朱元晦欲去兩短，合兩長，然吾以爲不可。既不知尊德性，焉有所謂道問學？」

案：「去兩短、合兩長」，自是可以。然就朱子言，必須知「尊德性」不是泛說的尊德性，而是必須能直下肯認本心之道德踐履上之直貫義，如是方能「沛然莫之能禦」，「溥博淵泉，而時出之」。尊德性是尊的這個**德性**，先立其大是立的這個大，不是泛說的大。此義既立，在在皆是眞實的道德踐履，而人生不能不作事，則研究

學問、應事接物，凡百技藝，皆所當為，而道問學自含其中。此即是「去兩短、合兩長」。然而朱子卻終生不能正視此本心之道德踐履上之直貫義，故其道問學常於道德踐履並無多大助益，此其「於緊要事上多不得力」之故。蓋此種**外在知解、文字理會**之明理本與道德踐履並無**本質的相干者**。只靠敬貫動靜、**涵養**於未發、**察識**於已發，此於促成真實的道德踐履本不十分**充沛者**，即本不十分夠**力量者**。故朱子〈與林擇之〉書云：「陸子靜兄弟，其門人有相訪者，氣象皆好。此間學者，卻與渠相反。初謂只在此講道漸涵，自能入德，不謂末流之弊，只成說話。至人倫日用最切近處，都不得毫末氣力。不可不深懲而痛警之也。」（〈象山年譜〉四十二歲下引）。朱子已見出此種道問學之弊。然只謂「不可不深懲而痛警之」，則亦只是**只知痛**，而不知其**所以去痛**者，此仍是不著邊際也。「深懲而痛警之」，有以反到本心之道德踐履上之直貫義，方是著邊際之徹悟。此則自能有超拔而氣象可光暢矣。然朱子之**勁道**卻始終未在此處**著力**。其著力處仍在「涵養須用敬，進學則在致知」也。然如象山所謂「既不知尊德性，焉有所謂道問學」，則卻須有簡別。如道問學是直接與道德踐履**相關**之道問學，如象山所意謂者，則不知尊德性，自無此種道問學。然道問學亦有與道德踐履**不直接相干者**，或根本是**不相干者**，如所謂**中立者**，例如讀數學或研究物理，此則不知尊德性，亦可有道問學。**外在知解、客觀研究、文字理會**，大抵皆屬**此類**。此為純智之興趣，亦有其相當之獨立性。（朱子此種興趣甚強）。不知尊德性，既可有此種道問學，則此種道問學亦可與道德踐履不相干，無助於真實道德踐履之實現。是以在此，尊德性與道問學並非同一事，而其關係亦是綜和關

係，並非分析關係。在此，吾人只能說：不知尊德性，則道問學亦無真切助益於道德之踐履，但不能說：不知尊德性，即無道問學。吾人亦可說：不知尊德性，則一切道問學皆無真實而積極之價值，但不能說：無尊德性即無道問學。反之，既知尊德性，則道問學，於個人身上，隨緣隨分皆可為，不惟無礙於道德之踐履，且可以助成與充實吾人道德之踐履。「宇宙內事，乃己分內事」，則一切道問學皆有真實而積極之價值。是以象山云：「豈可言由其著書而反有所蔽？當言其心有蔽，故其言亦蔽，則可也。」（見《全集》卷十二，〈與趙詠道〉書）。著書有何妨礙？如能為、願為，儘可盡力而為之。單看學至於道與否耳，是否**知尊德性為之主耳**。是以凡言象山**反對讀書著書**、**脫略文字**、**輕視道問學**者，皆**誣妄耳**。

2.〈象山年譜〉四十五歲下引朱元晦來書云：

> 歸來臂痛。病中絕學捐書，卻覺得身心收管，似有少進處。
> 向來汎濫，真是不濟事。恨未得款曲承教，盡布此懷也。

此是迎合象山意；說此好聽之語耳，非其質也。實則此亦非象山所樂聞也。象山豈主「絕學捐書」者乎？老子云：「絕學無憂」。此顯非朱子衷心之語。身心能否收管，豈在學之絕不絕與書之捐不捐乎？學與書有何罪哉？象山系之學者若見朱子此書而喜，以為是晦翁覺悟之言，則鄙陋甚矣。既誣枉象山，亦不解朱子。

3.〈年譜〉五十歲十二月十四日下，繫之云：

> 聞朱元晦〈喜晴詩〉云：「川源紅綠一時新，暮雨朝晴更可

> 人。書册埋頭何日了，不如拋卻去尋春。」先生聞之色喜，
> 曰：「元晦至此，有覺矣。是可喜也。」

此亦無謂之**退想**。象山不必眞如此**淺陋無聊**也。時正辯論〈太極圖說〉極爲激烈之時，雙方辯得極不愉快。翌年正月，朱子答書，別紙末云：「如曰未然，則我日斯邁，而月斯征，各尊所聞，各行所知，亦可矣。無復可望其必同也。」辯的結果已至此，而謂象山聞一詩即喜，單憑一詩即謂朱子有覺，無乃**太輕浮乎**？是以作〈象山年譜〉者，繫此詩於此，乃無謂之裝點耳。不可信。

4.〈年譜〉四十八歲下，朱元晦通書略云：

> 傅子淵去冬相見，氣質剛毅，極不易得。但其偏處亦甚害事。雖嘗苦口，恐未以爲然。近覺當時說得亦未的，宜其不以爲然也。今想到部，必已相見，亦嘗痛與砭劑否？道理極精微，然初不在耳目聞見之外。是非黑白只在面前。此而不察，乃欲別求玄妙於意慮之表，亦已誤矣。〔案：此雖針對傅子淵說，亦意指象山而言〕。眞衰病日侵。所幸邇來日用工夫，頗覺省力，無復向來支離之病。甚恨未得從容面論，未知異時尚復有異同否耳。

案：子淵對於象山之「辨志」極有得，故象山贊之云：「子淵之對，〔對答陳正己〕，可謂切要」。（見前章第二節三十四歲開始受徒，以辨志、明本心，爲講學宗旨）。然朱子對於本心之道德踐履上之**直貫義**終身不能正視，不能於此著力，其勁力於此用不上，

故總以象山學爲偏、爲害事也。總視之爲離耳目日用，「別求玄妙於意慮之表」也。實則象山本「本心之直貫」，**反議論、崇樸實**，「汝耳自聰、目自明，事父自能孝，事兄自能弟，本無欠缺，不必他求，在自立而已。」此正是本「本心之沛然」而來之實事、實理、實見，此正是**眞正之平實**，眞正之「是非黑白只在面前」。設離本心之沛然，「是非黑白」並不眞能「只在面前」也。日月倒懸，天旋地轉者多矣。是以象山亦從未「在耳目聞見之外」，「別求玄妙於意慮之表」。特其「耳目聞見」是本**本心之直貫**而來，而朱子之「只在面前」則須是在**認知之橫列**中，「著意精微」，「即物而窮其理也」。此仍是**一縱一橫之異**。此橫面之平實，在象山觀之，仍是**議論、支離**。吾謂此是**第二義上之助緣工夫**，雖不可單純視之爲議論，然虛妄、冤枉、閒議論之病必不可免。但磨久了，亦可磨平。朱子確有此勁力，到晚年，眞叫他磨平了。故其所謂「邇來日用工夫，頗覺省力，無復向來支離之病」，此語當可信。此亦有其消化支離之道。吾嘗以李、杜喩朱、陸。朱子如杜甫，是「**萬景皆實**」。象山如李白，是「**萬景皆虛**」。萬景皆實，到磨平時，只見有「**本體論的存有**」**之實理之平鋪**。到此時，亦可眞至「心是理，理是心，聲爲律，身爲度」之境。（明道說曾子語）。但這仍是**認知橫列之平鋪**，**本體論的存有之平鋪**，敬貫動靜、涵養於未發、察識於已發，步步**收斂凝聚貞定其心氣所至之平鋪**，而非是**本心直貫之平鋪**也。象山萬景皆虛，是以**本心之虛明穿透一切**，以**本心之沛然成就一切**，故**通體透明**，亦**全體是實事實理**也。此是**道德踐履之創造**，**本體論的直貫之實現之平鋪**也。此是**虛以成實**，而非如朱子之**實以達虛**也。虛以成實重生化，實以達虛重**靜涵**。重生

化，則**實事實理皆一心出**，所謂「溥博淵泉而時出之」，出此理（理由中出）即**有此事**，有此事（事以行成）即**見此理**。故「**滿心而發，充塞宇宙，無非斯理**」。此是**本心直貫之平鋪也**（創造的平鋪）。重靜涵，則**即事窮理，理以定事**，其究也只見有理，不見有事。理以定心，則心**斂而氣靜**，所行**自無不如理也**，而心**亦虛明**，此所謂**實以達虛，智心之虛也**，所謂「**衆物之表裡精粗無不到，而吾心之全體大用無不明也**」。此是**認知橫列之形態、本體論的存有之形態**，乃**靜涵之平鋪也**。此是朱子重後天工夫以學聖所特別彰著之**橫列形態**，而非孔孟立教之**直貫形態也**。（以直貫橫、非無橫也）。而象山則直承此**直貫形態而立言**，故尤**近於孔孟也**。（此自形態言，當然不自造詣境界言）。悠悠之口視之爲禪者，眞誣枉之見也。

此兩形態顯然有異，但以直貫橫，則融而爲一矣。但朱子若不肯認直貫形態，則不足與言融一，此象山之所以總斥其「**見道不明**」也。

　　5.〈語錄〉：

　　　　或謂：「先生之學是**道德性命，形而上者**。晦翁之學，是**名物度數，形而下者**。學者當兼二先生之學。」先生云：「足下如此説晦翁，晦翁未伏。晦翁之學，自謂一貫。但其**見道不明**，終不足以**一貫耳**。吾嘗與晦翁書云：『揣量模寫之工，依放假借之似，其條畫足以自信，其節目足以自安。』」〔案：此見辯〈太極圖説〉第二書〕此言切中晦翁之膏肓。〔見前章第四節所錄〈語錄〉第二十七條〕

落於**第二義**以**漸磨**，朱子之學亦是一途，固亦有其勁力，固亦有可欣賞處，但此靜涵系統非自律道德之直貫形態，故象山謂其「見道不明」也。

　　6.〈語錄〉：

　　　　一夕步月，喟然而嘆。包敏道侍，問曰：「先生何嘆？」
　　　　曰：「朱元晦泰山喬嶽，可惜學不見道，枉費精神，遂自擔
　　　　閣，奈何！」〔前所錄〈語錄〉無此條〕

案：落於第二義，歧出而成為他律道德，固不見道，亦自是枉費精神，徒自耽擱，然自求得客觀知識以及文字理會之明確而言，朱子之追求工夫亦未見得盡是枉費，儘管有錯處。象山於此不甚能正視朱子之價值，而其自己個人於此方面亦太無興趣，因而工夫亦比較欠缺。彼固重在非分解之點示與啟發，然隨機對辯，分解明義亦甚重要。若不能平情了解對方，則不能啟沃對方，使之有轉進，而只益滋其弊與蔽。例如辯〈太極圖說〉時，當朱子說到「我日斯邁，而月斯征，各尊所聞，各行所知，亦可矣，無復可望於必同也」之時，象山即答謂：「不謂尊兄遽作此語，甚非所望。君子之過也，如日月之食焉，過也，人皆見之，及其更也，人皆仰之。通人之過，雖微箴藥，久當自悟。諒今尊兄必渙然於此矣。」尚未辯明，朱子亦未服輸，即斷定朱子有過，此則太過自信。朱子落於第二義，歧出而成為他律道德，固可斥其不見道，然辯「無極而太極」，朱子未必不對，象山亦未見得即對。今遽謂「君子之過也」云云，亦無乃太過乎？象山之辯〈太極圖說〉只是借題發揮耳。故

云：「此數文皆明道之文，非止一時辯論之文也。」（見前章引《象山全集》卷十五〈與陶贊仲〉書）。此是就朱子根本不見道而言，非在辯「無極而太極」本身也。若就客觀研究，文字理會，而言，朱子不見得不對也。象山對此，自不及朱子之仔細。然象山對於此等「粘牙嚼舌」，全不在意。故〈與陶贊仲〉書又云：「元晦書，偶無本在此，要亦不必看；若看，亦無理會處。〔……〕看晦翁書，但見糊塗，沒理會。觀吾書，坦然明白。吾所明之理乃天下之正理、實理、常理、公理，所謂本諸身，徵諸庶民，考諸三王而不謬，建諸天地而不悖，質諸鬼神而無疑，百世以俟聖人而不惑者也。」此若就第一義本心之直貫說，是如此。但若就辯〈太極圖說〉而言，則不見得是如此。而竟謂「元晦書，〔……〕要亦不必看」，則太忽視對方矣。「觀吾書，坦然明白」。此若就辯〈太極圖說〉而言，則未免太自信。此等處皆是象山之過，故令朱子有「粗暴之氣」之感也。似此全部橫截，遂引起朱子之反動。自此以後，朱子愈益不能了解對方之真，只成為虛妄無謂之詬詆。此可慨也。

　　以下試看朱子方面之心態與反應。

第三節　朱子方面之心態與反應：「中和舊說」下之儱侗光景

　　1.王懋竑《朱子年譜》三十九歲下，引朱子〈答何叔京〉書云：

向來妄論持敬之說，亦不記其云何。但因其良心發見之微，猛省提撕，使心不昧，則是做工夫底本領。本領既立，自然下學而上達矣。若不察於良心發見處，即渺渺茫茫，恐無下手處也。所喻多識前言往行，固君子之所急，熹向來所見亦是如此。近因反求，未得個安穩處，卻始知此未免支離。如所謂因諸公以求程氏，因程氏以求聖人，是隔幾重公案？曷若默會諸心，以立其本，而其言之得失自不能逃吾之鑒耶？欽夫之學所以超脫自在，不爲言句所桎梏，亦爲合下入處親切也。

案：此書所言居然是一象山矣。朱子寫此書時之心境，其背景正是「中和舊說」。所謂「近因反求」，即因近來反求心身以參究中和問題也。此中和問題正是朱子內聖工夫所以實施之緊要處，亦正是其心性之學所以建立之關鍵。及其思維已明、陳說已定，（此在四十歲時），則此中和定說即後來所謂「中和新說」便成朱子學終身之定規。而寫此書時卻是在「中和舊說」之心境中。此「舊說」正是朱子所深悔而放棄者。

「舊說」大體是肯認天命流行之體爲吾人之性體。此天命流行之體，其具體意義即是生生不已之寂感眞幾。寂然不動即是未發，感而遂通即是已發。寂感不二，即是未發已發不二。此流行之體即是吾人之眞心眞性，在吾人之現實生活中隨時呈現。「故雖汩於物欲流蕩之中，而其良心萌蘖亦未嘗不因事而發見。學者於是致察而操存之，則庶乎可以貫乎大本達道之全體而復其初矣」。（「中和舊說」第一書）。此「舊說」本不甚差，猶近北宋諸儒所闡述之古

義。此時心性之分並**不顯著**，故即以「良心萌蘗」指謂此**流行之體**，是則此流行之體亦可即曰「**此心流行之體**」，若必予以分別，則可說「已發者人心，而未發者皆其性也」，（重新潛玩「舊說」第一書之一書），而已發未發「了無間斷隔截處」（「中和舊說」第二書），故心與性亦**不二也**。既認此心性爲吾人之眞體，故吾人之工夫即在「致察而操存」此眞體，此時「致察」（察識）與「操存」（存養、涵養）並無**分屬**。故云：「存者，存此而已，養者，養此而已。必有事焉而勿正，心勿忘，勿助長也。從前是做多少安排，沒頓著處。今覺得如水到船浮，解維正柁，而沿洄上下，惟意所適矣。豈不易哉？始信明道所謂『未嘗致纖毫之力』者，眞不浪語！」（重新潛玩「舊說」第一書之一書，此書，《朱子年譜》亦繫於三十七歲下）。此義猶接近明道，故稱其「未嘗致纖毫之力」之語爲「眞不浪語」。若順此「舊說」第一書發展下去，即可**合於胡五峰**，亦可契於陸象山。而前引三十九歲下〈答何叔京〉之一書，即是在此**舊說背景**下寫成者。「但因其良心發見之微，猛省提撕，使心不昧，則是做工夫底本領。本領既立，自然下學而上達矣。若不察於**良心發見處**，即渺渺茫茫，恐無**下手處也**。」此言甚好，此即孟子、五峰、象山之路。於此書下，又有〈答何叔京〉書云：「博觀之弊，誠不自揆。若使道可以多聞博觀而得，則世之知道者爲不少矣。熹近日因事方有省發處。如鳶飛魚躍，明道以爲與必有事焉而勿正之意同者，今乃曉然無疑。日用之間，觀此流行之體，初無間斷，方有下工夫處。乃知日前**自誑誑人**之罪，不可**勝贖矣**。此與守書冊、泥言語，全無交涉。幸於日用間察之。知此，則知仁矣。」此亦顯然寫於「舊說」之**背景下**，故亦亟稱明道，且復

云：「觀此流行之體，初無間斷，方有下工夫處。」

　　2.三十七歲下，〈答何叔京〉書云：

　　　　熹孤陋如昨。近得伯崇過此，講論踰月，甚覺有益。所恨者
　　　　不得就正於高明耳。李先生教人，大抵令於靜中體認大本未
　　　　發時氣象分明，即處事應物，自然中節。此乃龜山門下相傳
　　　　指訣。然當時親炙之時，貪聽講論，又方竊好章句訓詁之
　　　　習，不得盡心於此。至今若存若亡，無一的實見處，辜負教
　　　　育之意。每一念此，未嘗不愧汗沾衣矣。

此亦正開始著力於**中和問題**時之**心境**。

　　3.又〈答何叔京〉書云：

　　　　體念操存，雖不敢廢，然無脫然自得處。但比之舊日，則亦
　　　　有間矣。所患絕無朋友之助。終日兀然，猛省提撕，僅免憒
　　　　憒而已。一小懈，則復惘然。此正天理人欲消長之幾，不敢
　　　　不著力。不審別來高明所進復如何？向來所疑，已冰釋否？
　　　　若果見得分明，則天性人心，未發已發，渾然一致，更無別
　　　　物。由是而克己居敬，以終其業，則日用之間，亦無適而非
　　　　此事矣。《中庸》之書，要當以是為主。而諸君子訓義，於
　　　　此鮮無遺恨。比來讀之，亦覺其有可疑者。雖子程子〔伊
　　　　川〕之言，其門人所記錄，亦不能不失。蓋記者之誤，不可
　　　　不審所取也。

案：此亦**中和舊說背景**下之言，因其開始著力，故有**新鮮活潑氣**，雖伊川之言，「亦不能不失」。

4.又〈答何叔京〉書云：

> 昔聞之師，以爲當於**未發已發之幾，默識而心契焉，然後文義事理，觸類可通，莫非此理之所出，**不待區區求之於**章句訓詁之間**也。向雖聞此，而**莫測其所謂。**由今觀之，始知其爲切要至當之說，而竟亦未能**一蹴而至其域**也。〔……〕

案：此亦舊說背景下之言，亦與明道象山相近。

5.又〈答羅參議〉書云：

> 〔……〕大抵衡山之學，只就日用處操存辨察，本末一致，尤易見功。近乃覺知如此，非面，未易究也。

案：此所謂衡山即胡五峰。此書亦舊說背景下之言，故猶**稱贊胡五峰**。

6.〈答許順之〉書云：

> 秋來心閒無事，得一意體驗，比之舊日，漸覺明快，方有下工夫處。目前眞是一盲引眾盲耳。更有一絕云：「半畝方塘一鑑開，天光雲影共徘徊。問渠那得清如許？爲有源頭活水來。」

案：此亦開始著力於中和問題下之心境。

以上五書，加重新潛玩舊說第一書之一書（亦〈與張欽夫〉者），皆三十七歲時所寫，再加三十九歲時〈答何叔京〉之二書，共八書，皆舊說背景下之**心境**。大抵此時剛開始踏入內聖之學之門，其早期所讀北宋諸儒所闡述之**天命流行之體**猶大體彷彿於心目中，故猶稱明道及胡五峰。而有名之「半畝方塘一鑑開」一絕亦作於此時。此時之心境與氣象猶**開朗活潑**，力向**高明簡易之路趨**。然此一路究非其**本質**，此不過開始著力，憑北宋諸儒之闡述而來之**一時之乍見**，未能**真妥貼於其生命中**也。

一、肯認天命流行之體以為大本，於其良心萌蘗致察而操存之，以復其初，此中一方面**體認本體**，一方面指陳**逆覺工夫**，此兩義皆非朱子所能**真切正視**而**真有得於生命中**者。依朱子後來之分解精神，此天命流行之體正被分解而為理氣，心與神俱屬於氣。自朱子後來觀之，此時所肯認之天命流行之體正是**儱侗之光景**。儱侗渾淪正是朱子所不喜，亦示此「流行之體」實不能**真切於其生命中**也。既不能真切，故只是一**光景**。舊說第二書中云：「此所謂天下之大本，若不真的見得，亦無揣摸處也。」若依後來朱子之定規觀之，朱子實亦未「真的見得」也。此時說此話亦只是一時之**門面話**。故舊說第二書複述第一書所陳之義云：「當時乍見此理，言之惟恐不親切分明，故有指東畫西，張皇走作之態。自今觀之，只一念間，已具此體用。發者方往，而未發者方來，了無間斷隔截處。夫豈別有物可指而名之哉？」「只是來得無窮，便常有個未發底耳。若無此物，則天命有已時，生物有盡處，氣化斷絕，有古無今久矣。此所謂天下之大本，若不真的見得，亦無揣摸處也。」此一

複述,尤其**惡劣**。「發者方往,而未發者方來」,「只是來得無窮,便常有個未發底耳」。此數語即示其於「天命流行之體」並無**真體認**。故朱子一方自注云:「此書所論尤乖戾,所疑〔伊川〕〈語錄〉皆非是」,一方又〈與張敬夫〉書云:「大抵目前所見,累書所陳者,只是儱侗地見得個大本達道底影像,便執認以為是了。卻於致中和一句,全不曾入思議。所以累蒙教,告以求仁之為急,而自覺殊無立腳下工夫處。蓋只見得個直截根源,傾湫倒海底氣象。日間但覺為大化所驅,如在洪濤巨浪之中,不容少頃停泊。〔案:天命流行之體,彼竟覺得有**如此氣象**,可知其對於**天命流行之體**根本**無真見**〕。蓋其所見一向如是,以故應事接物處,但覺粗厲勇果,增倍於前,而寬裕雍容之氣,略無毫髮。雖竊病之,而不知其所自來也。〔案:「所見一向如是」,不是天命流行之體有不是,乃是對此天命流行之體見錯了,根本無體認。〕而今而後,乃知浩浩大化之中,一家自有一個安宅,正是自家安身立命主宰知覺處,所以立大本行達道之樞要。所謂體用一源,顯微無間者,乃在於此。而前此方往方來之說,正是手忙足亂,無著身處。道邇求遠,乃至於是。亦可笑矣。」案:此最後一段,似是稍有覺悟,然對此天命流行之體究體悟到若何程度,亦難說,所謂「自有一個安宅」,對此「安宅」究如何把握,亦難說。故到中和**新說**,即所謂**定說**,此套**全放棄矣**。並未以此**天命流行之體為自家之安宅也**。故知舊說中肯認**天命流行之體**以為大本,乃是儱侗**光景之見**,並未真切地**進入其生命中**。

二、於良心萌蘗致察而操存之,朱子對此**逆覺工夫**亦不**真切**,亦非其**生命之本質**。後來對胡五峰〈知言〉所表示之八端疑義,其

中之一端即是「不事涵養，先務知識」。此所謂「先務知識」即先要**察知**此良心萌蘗以肯認心之**本體**，即胡氏所謂「欲爲仁，必先識仁之體」也。察識而後言操存，察存工夫一是皆在於此**本心**。此義本爲明道所說。所謂「學者須先識仁」，「識得此理，以誠敬存之而已」是也。前引朱子三十九歲〈答何叔京〉書所謂「若不察於良心發見處，即渺渺茫茫，恐無下手處也」，亦是此義。此時朱子猶因襲明道而亦**學著如此說**。於三十七歲時〈答羅參議〉書猶稱「大抵衡山之學，只就日用處操存辨察，本末一致，尤易見功。」然此究非**其本質**，彼亦不能妥貼**信得及**，故後來即力反胡氏之「**先務知識**」，而對於明道則心存客氣，存而不論。其所以力反胡氏之「先識仁之體」，即由於其「中和新說」成立後已成定局，故其於四十歲時〈答張欽夫〉書表示「中和新說」後，即繼之批評張南軒「所謂學者須先察識端倪之發，然後可加存養之功」之義。彼謂「熹於此不能無疑。蓋發處固當察識，但人自有未發時。此處便合存養。豈可必待發而後察，察而後存耶？且從初不曾存養，便欲隨事察識，竊恐浩浩茫茫無下手處，而毫釐之差，千里之謬，將有不可勝言者。且如洒掃應對進退，此存養之事也。不知學者將先於此，而後察之耶？抑將先察識而後存養也？以此觀之，則用力之先後判然可觀矣。」（四十歲時〈答張欽夫〉書，即中和定說之書）。到此時，**論調完全改觀**。三十九歲時答何叔京猶謂「若不察於良心發見處，即渺渺茫茫，恐無下手處也。」一年之隔**突然大變**，而謂：「且從初不曾存養，便欲隨事察識，竊恐**浩浩茫茫，無下手處**。」此誠爲**有趣之事**。此示以前只是**浮說**，非其**本質**。故其稱贊明道「**眞不浪語**」亦只是一時之**光景**，謂其「**眞不浪語**」者實**一時之興**

會耳。而其稱胡氏「本末一致，尤易見功」，亦只是一時之浮稱，而終於大起疑議也。〈知言疑義〉之作必在**中和新說**之後也。

　　三、「舊說」中所謂於良心萌蘗之發見，致察而操存之，此所謂「致察」顯然是指**良心本心說**，而後來則將察識專限於《中庸》之「**已發**」，而此「已發」顯與孟子**良心萌蘗之發見不同**。彼於孟子良心發見之義本不能眞切，故不自覺易將孟子**良心發見**混同《中庸》之「**已發**」。不知《中庸》之「已發」不必是**本心之發見**也。既想成《中庸》之「已發」，故後來言察識遂專限於已發，而孟子之學亦**終生不入於其生命中矣**。「舊說」中自天命流行之體言已發未發，心性猶不分異。已發爲心，未發爲性，皆自**流行之體而言**也。此義彼亦不能眞切，故後來只膠著於伊川「凡言心者皆指已發而言」之義言「已發」。伊川此語，自不周遍，故「以爲未當而復正之」。大體朱子即於此著眼，而認有未發之心，有已發之心。未發之心即「此心流行之體」「思慮未萌，而知覺不昧」者是也。已發之心即「事物交至，思慮萌焉」之「七情迭用」者是也。故不能專以「已發」言心。而「已發」屬於經驗層上之情，則已與舊說中之**已發**不同其義矣。朱子不自覺此分別，遂以舊說中言「已發爲心」爲非是。彼於〈中和舊說序〉中言及「後得胡氏書，有與曾吉甫論未發之旨者，其論又適與余意合，用是益自信。雖程子之言有不合者，亦直以爲少作失傳而不之信也。」胡五峰〈答曾吉甫〉書固有「**未發只可言性，已發乃可言心**」之語。（參看《宋元學案》卷四十二，〈五峰學案〉）。此或可通於舊說之義。然胡氏之說此語，其背景是其〈知言〉中之心性論：「心也者，知天地、宰萬物，以**成性者也**。」心是**形著原則**。「已發」之心即此**形著之用**之

已發，非朱子心目中所想之**已發也**。〈知言〉中復云：「聖人指明其體曰性，指明其用曰心。性不能不動，動則心矣。聖人傳心，敎天下以仁也。」而伊川亦言：「自性之有形者謂之心」。此皆本體論地言之，重心之**形著之用**。舊說中自天命流行之體言已發未發，心性不分異，本亦可通於此。然朱子本不眞切舊說中所浮陳之義；對於伊川「有形」二字亦不解；對於胡氏之心性論，舊說時，全不解，新說時，全不契。是以以其心目中之「已發」想胡氏之「已發」，非也。彼亦本不自覺舊說中之已發未發以及良心萌蘗之發見皆不同於其心目中所意識及之「**已發**」。彼只以《中庸》之「已發」而**混視之**，故以舊說爲非是。彼不知此根本是**兩系之義理**。舊說因襲其前輩，猶近孟子，而彼**不能眞切**，遂**全捨棄**而**自成其中和之新說**。彼終於仍歸信於伊川，憑藉伊川語以成其中和之定說。旣以已發爲情，（事物交至，思慮萌焉），而察識又專屬於已發，則於**未發**即言**涵養**，此則爲**涵養察識之分屬**，而心、性、情三分，理**氣二分之格局**亦於**焉以成矣**，此則方眞是其**生命之本質**，而眞能**妥貼自得於心者**。至於察存同施於**本心**以**表示逆覺工夫之孟子學**，則全**捨棄**而**終生不能入矣**。

以上三義明，則中和新說（定說）可以明矣。新說明，則知其三十九歲時〈答何叔京〉書所云**未可憑也**，非**其質也**。

朱子自三十七開始參究中和，舊說大抵發於此年。三十八親往湖南（潭州）拜晤張南軒商討此事，因張氏得胡氏五峰學，故往從而問焉。（張氏實不解其師）。朱子云：

余早年從延平李先生學，受《中庸》之書，求喜怒哀樂未發

之旨，未達而先生沒。余竊自悼其不敏，若窮人之無歸。聞
張欽夫得衡山胡氏學，則往從而問焉。欽夫告予以所聞，予
亦未之省也。退而沈思，殆忘寢食。一日喟然歎曰：人自嬰
兒以至老死，雖其語默動靜之不同，然其大體莫非已發，特
其未發者爲未嘗發爾。〔案：此根本荒謬〕。自此不復有
疑，以爲《中庸》之旨果不外乎此矣。後得胡氏書，有與曾
吉父論未發之旨者，其論又適與余意合，用是益自信。雖程
子之言有不合者，亦直以爲少作失傳而不之信也。〔案：以
上述舊說之成〕。然間以語人，則未見有能深領會者。乾道
己丑之春，〔案：朱子斯年四十〕，爲友人蔡季通言之。問
辨之際，予忽自疑。〔案：自疑舊說之非〕。斯理也，雖吾
之所默識，然亦未有不可以告人者。今析之如此其紛糾而難
明也，聽之如此其冥迷而難喻也，意者乾坤易簡之理，人心
所同然者，殆不如是；而程子之言，出其門人高弟之手，亦
不應一切謬誤，以至於此。然則予之所自信者，其無乃反自
誤乎？則復取程氏書，虛心平氣而徐讀之，未及數行，**凍解
冰釋**。然後知情性之本然，聖賢之微旨，其平正明白乃如
此，而前日**讀之不詳**，妄生穿穴，凡所辛苦而僅得之者，適
足以**自誤**而已。至於推類究極，反求諸身，則又見其**爲害之
大**，蓋不但名言之失而已也。是又竊自懼，亟以書報欽夫，
及嘗同爲此論者。惟欽夫復書，深以爲然。〔案：此見張氏
並不解其師胡氏之學〕。其餘則或信或疑，或至於今累年而
未定也。〔案：此中本有問題〕。夫忽近求遠，厭常喜新，
其弊乃至於此，可不戒哉？暇日料檢故書，得當時往還書稿

一編，輒序其所以，而題之曰**中和舊說**，蓋所以深懲前日之
病，亦使有志於學者讀之，因予之所戒而知所戒也。獨恨不
得奉而質諸李氏之門。然以先生之所已言者推之，知其所未
言者，其或不遠矣。壬辰八月。〔案：斯年朱子四十三
歲〕。（〈中和舊說序〉）。

此是朱子四十三歲時回顧當時舊說之非與新說之成之經過。是則
〈中和新說〉乃完成於四十歲，因與蔡季通問辨而悟焉。三十八、
三十九兩年間猶在舊說中也。

第四節　中和新說之大義

新說之義，簡略述之，大體如下：

一、「以心為主」論已發未發。《中庸》自喜怒哀樂言，由此
透出心字，「以心為主而論之」，並無不可。《中庸》言「慎獨」
是由「道也者不可須臾離也」說起，故劉蕺山以為《中庸》言慎獨
是自「性體」言之。但性體太幽深玄遠，人無捉摸，故慎獨工夫之
具體落實處即在喜怒哀樂，而喜怒哀樂是具體之心靈表現，故「致
中和」之工夫即是「慎獨」工夫之推進一步說，由自性體而言之
「慎獨」推進一步，具體落實於自心體而言之「致中和」，即由心
以體驗性也。《大學》由誠意言慎獨即直接自心體言。故朱子在此
透出「心」字，「以心為主而論之」不誤。此是此新說論中和之
「綱領」也。問題是單在對此「心體」以及「以心為主」之主字如
何了解耳。

　　二、據朱子之理解，其所謂「以心為主」之主亦只是「關聯著」的意思，故《語錄》中亦常有「縮著心而論之」之語。並非直接即以心體為大主也。喜怒哀樂既是心靈之具體表現，則此即是心之已發。然則「未發謂之中」，亦自可使吾人直接想到心亦有「未發」時。「未發」，朱子規定為「事物未至，思慮未萌」。「已發」，則規定為「事物交至，思慮萌焉」。未發時之心，則被體認為「思慮未萌，而知覺不昧」，亦可說為「寂然不動」。雖寂然不動，而並非死物，故亦被體認為是「心體流行」。此「心體流行」可由「知覺不昧」了解之，亦可視為心體默默任運而行，故亦可說為「靜而無靜，動而無動」，動靜一如之境，而就未發言，亦可言「靜」時之心境也。而此心境本身卻是動靜一如。此動靜一如之寂然不動之心境即名曰「中」。「中」是直接就「思慮未萌，而知覺不昧」之心境言。以其不偏不倚，未有喜怒之偏注，故指目曰「中」。此亦可被體認為清明純白之心境。

　　三、然此被說為中之心境卻亦不只是一心境。朱子云：「方其靜也，事物未至，思慮未萌，而**一性渾然，道義全具。**」（四十歲時〈答張欽夫〉書）。又云：「當此之時，即是**此心寂然不動之體，而天命之性全體具焉。**」（四十歲時，〈與湖南諸公論中和〉第一書）。又云：「當此之時，即是**心體流行寂然不動之處，而天命之性，體段具焉**」。（四十歲時〈已發未發說〉）。在此又透出「性」字。有三種表示。

　　㈠第一說：在此清明純白之心境中，「一性渾然，道義全具」。此即言：在心寂然不動之時，見性體之渾然。心**寂然**，則性**渾然**。渾然者，渾而不分，其中之義理未有各別之彰顯，渾然而為

一性也。雖是渾然一性，然而全部分別說之義理盡含具於其中，無一欠缺，故云：「道義全具」。此云「道義」即義理或理之別名。「全具」者全具於「渾然一性」中也。此具為「性具」。「道義全具」之「渾然一性」即由心之寂然不動而知覺不昧處呈現。心之**寂然與性之渾然相平行**。

㈡第二說：「當此之時，即是此心寂然不動之體，而天命之性全體具焉。」此言：當未發時，即見「此心寂然不動之體」，體者對發時感而遂通之用而言也。此中體用皆直接就心言。此時，此心雖寂然不動，而「天命之性全體具焉」，此言無欠無缺全體之性即具備於此，或完具於此，亦即渾然全體之性**呈現於此時**。此第二說，初看好像是天命之性**全體具於此心寂然不動之中**。此義亦未嘗不可說。後來朱子亦常說「**心具眾理**」。若如此，則「天命之性全體具焉」之具即是「**心具**」。但其語意，仔細一審，並不如此**緊密**，乃實是當靜時見「此心寂然不動之體」，而天命之性亦同時即**具備、完具或呈現於此時**。若如此，則心之寂然與性之渾然仍是**平行呈現**之意，此則較為**鬆散**。我看朱子措辭之本意當是如此，故其直接之語意當是此鬆散之說法。

㈢第三說語意與第二說同。即言：當未發時，即是心體流行寂然不動之處，而「天命之性之體段」亦即同時**具備、完具或呈現於**此時或此處。此亦是鬆散平行之意。「心體流行」即默默任運而行，故亦是寂然不動。而即在心之寂然不動處，見天命之性之「**體段**」。「天命之性」有何體段可言？即因心之寂然而見其渾然，即是其有「**體段**」**可說處**。朱子解析云：「周子曰：無極而太極。程子又曰：人生而靜以上不容說，纔說時便已不是性矣。蓋聖賢論

性，無不因心而發。若欲專言之，則是所謂無極而不容言者，亦無
體段之可名矣。」（〈已發未發說〉）。第一說之「一性渾然，道
義全具」，第二說之「天命之性全體具焉」，乃至此第三說之「天
命之性體段具焉」，皆是因心之寂然而見，即朱子所謂「因心而
發」也，故有體段可言。此體段觀念之形成，可用邵堯夫「性者道
之形體，心者性之郛廓」之語以明之。邵氏此兩語，亦朱子後來所
喜引用者。道是統言之總名。性何以能是道之形體？必性有體段，
乃可為道之形體。性比道更**具體而落實**。性何以有體段？其體段何
以成？「心者性之郛廓」，即因心之為其郛廓而有體段。此即朱子
所謂「因心而發」也。（此郛廓義可有更**真切而積極之講法**。但朱
子之說此，較為**鬆散**。故只說到「因心而發」，而其實義只直接成
為寂然與渾然之**平行**。此義所關甚大。見後。）心又比性更**具體而
落實**。性是太極之別名。太極是宇宙論地說，性是落於個體上說。
落於個體，因心而發，即有**體段可言**。若從太極天命處說，則亦無
體段可言矣。太極、天命更**超越而奧密**，（但此超越而奧密之義，
因朱子後來之分解精神漸喪失），性則更**內在而清澈**。內在是就其
落於個體說，清澈是就其「因心而發」說。朱子此時於周濂溪之
「無極而太極」亦同時有鑽研。其三十八歲時赴潭州晤張南軒，臨
別，南軒以詩送之。其和詩後半篇云：「昔我抱冰炭，從君**識乾
坤**。始知**太極**蘊，要眇難名論。謂有**寧有迹**？謂無**復何存**？惟應酬
酢處，特達見**本根**。萬化**自此流**，千聖同**茲源**。曠然**遠莫禦**，惕若
初不煩。〔……〕」可見其此時於太極已有深切之體會矣。故此處
因心之寂感，未發已發而言性，即**通太極而言之也**。

　　心之寂然與性之渾然不只是平行關係，其進一步的關係如何規

定？此在朱子頗不好說。朱子對此訖無明確的態度。性與太極的關係明白而確定。心與性的關係則不如此之明白而確定。此即形成朱子學中之**嚴重問題**，而朱陸之爭之客觀義理上的最後癥結亦集中於此。朱子對此雖無明確之態度，然吾人卻可由其全系統之總趨勢以及其各方面所表現之脈絡而逼近之，得一較為明確之觀念。

朱子牢守伊川「性即理也」之義，但卻並不說「心即理也」。卻亦說心具眾理，如說「仁是心之德、愛之理」，即表示仁是心**所具之德或理**，但既說**心具眾理**，而又不說**心即理也**，則知此「心具」必有一種**特別意義**，此須予以確定之。顯然「性具」與「心具」並不同。「一性渾然，道義全具」，此性具是**分析的具**，是必然的**內含內具**，是整全（渾全）與部分的**包含關係**，或渾一隱含與分別彰顯之**隱顯關係**。太極具萬理之一相與多相，亦復如此。但「心具」之具卻並不是分析關係，而是**綜和關係**。心之具眾理並不是**必然地內含**與**內具**。朱子對於心，總是這樣平說，並不先肯認一超越的本心，而即就此本心說。仁固是心之德，但心之具此德並不是本心之**必然地具**與**分析地具**。（此是用邏輯詞語表示。若如實言之，當說並不是本心之**創發地具**。）而是**綜和地具**與**關聯地具**。「心是知覺」，「心是氣之靈處」。其具德或具理是如理或合理之意。理（性）先是超越而外在於心，但通過一種工夫，它可以**內在於心**，此時即可以說**心具**。在此心具中，心與理（性）即**關聯地貫通而為一**。《語類》中有一條云：「問：心是知覺，性是理，心與理如何得貫通為一？曰：不須去著貫通，本來貫通。如何本來貫通？曰：**理無心，則無著處**。」此「本來貫通」是**存有論地言之**。此亦如「理無氣，則無掛搭處」。然自人之道德生活言之，如不肯

認一**超越之本心**，則並不能說「**本來貫通**」。須通過一種修養工夫，才能使之「**貫通爲一**」。但無論是存有地言之，或修養地言之，其「**貫通爲一**」之「**一**」只是**關聯地爲一，貫通地爲一**，其背景是**心與理爲二**，而不是**分析地爲一，創發地心卽理之爲一**，此後者是表示超越的創造的道德本心卽是理之**所從出**，此卽是吾人之**性**。故心、性、理一也，而以本心爲創造的根源。此卽孟子以及陸王一系之所說。而此義顯然不爲朱學所具備。此消極面旣已顯然，則朱學中「**心具**」之具卽可漸漸得而確定矣。在孟子、陸、王一系中，心具是**分析地具、創發地具**，故心具卽**心發**。但在朱學中，心具是**綜和地具**，並不是**分析地創發地具**，故其心具並不是**心發**。此仍是**認知並列之形態**，（故其言心以知覺爲本質），而不是本體的**立體直貫之形態**。

　　在道德修業上，通過一種工夫使心與理關聯地貫通而爲一，此工夫卽是「**敬**」。敬在朱學中有**眞切而決定性的作用**。故朱子在表示中和定說之一書中有云：「然人有是心，而或不仁，則無以著此心之妙。人雖欲仁，而或不敬，則無以致求仁之功。」「仁則心之道，而敬則心之貞也。」仁是心之道並不是本然地、內在地爲心之道，而乃是後天地外在地爲其道。人通過敬的工夫，始能使心**合仁道**，此時仁卽與心貫通而爲**一**，而成爲心**所具之德**、所依之道。此具卽是**綜和地關聯地具**。心旣具而依此仁道矣，則心之**寂然不動感而遂通之妙亦於焉以著**。否則，心不必寂然不動感而遂通也。此處見工夫之重要。故在中和定說中開始平說的未發是寂然不動，已發是感而遂通，並不是就事論事本然如此。而是預設著一種工夫使然。若不預設此工夫，只就事論事平說，則喜怒哀樂未發並不就是

心體流行寂然不動之**體**，亦並不必就是「中」，已發亦並不就是各有攸主感而遂通之**用**，亦並不必就是「和」。「發而皆中節謂之和」，可見有中節，即有不中節。而使之中節者，有工夫在焉。「未發謂之中」，亦不是以「未發」即可分析地推出「中」，而是在未發**預定一個「中」**，此須就未發**跳躍一步始得**。至於由未發已發所透出之心、性以及對此心、性之體認與解析，雖不必就是《中庸》之本義，然至少朱子所成之一套是可得而如此解析而確定者。若由超越之本心而落於中和上說，則本心即是未發之中、即是已發之和、即是寂然不動、即是感而遂**通**。後來陽明、龍溪從良知上即如此說。此是從本心之沛然莫之能禦說中和。問題是在如何復此本心，而不是如何用一種工夫使吾人之心如理合道而至「著此心之妙」。此兩系之不同是甚為顯然者。

　　心與性的關係既如此，則所謂天命之性「因心而發」而有體段，藉邵堯夫「心者性之郛廓」一語而表示，則心之「郛廓義」，如朱子所理解，即是此關聯地心具義，關聯地貫通而為一之「**靜攝義**」。「因心而發」即關聯著心而說。「發」是呼應上句「聖賢論性」之「論」字。關聯著心而論說，其實義即是心通過「敬」之工夫而收斂凝聚以逐步靜攝此性，即由此**靜攝**而可以說心是性之**郛廓**，因此郛廓而可以說天命之性有**體段**。心之寂然見性之渾然，心之感通見性之燦然。渾然燦然皆是**性之體段**。心之寂然不動感而遂通這一全體之妙用綜起來即是性之**郛廓**。此是**靜攝義之郛廓**，亦是**認知形態之郛廓**。因此，心之寂然不動、感而遂通，雖是取於《易傳》，而其在朱子「中和新說」中所形成之意義與《易傳》原意不同。《易傳》之說此語是想藉卜筮感應之神以喻精誠之神化不測，

是動態的**生化義**、**實現義**，形而上的道德的**創生義**、**健行義**，是於**穆不已之另一種表示**，是本體論的**立體直貫義**，此是眞正的**天命流行之體**。而在朱子，則成爲心之收斂凝聚所表現之如理合道之**靜攝義**，心之妙即是**此靜攝之妙**。朱子云：「寂而常感，感而常寂，此心之所以周流貫徹，而無一息之不仁也。」此表面上雖用了許多生動活潑之詞語，然其實只是此心**常自貞定**、**無往而不如理合道**之「**靜攝**」。若自孟子以及陸、王一系之由本心之沛然不禦而言寂感，則卻是合乎《易傳》之原意。是故心之郛廓義有積極的講法，有消極的講法，有**認知靜攝之形態**，有本體論的創**生直貫之形態**。朱子是消極的講法，是認知靜攝之形態。濂溪、橫渠、明道，甚至伊川所謂「性之有形者謂之心」以及胡五峰之「心以成性」（「心者知天地宰萬物以成性者也」），下屆陸、王之「心即理」，以及最後劉蕺山所謂「心其形之者與」，皆是積極之講法，本體論的創生直貫之形態，或形著實現之形態。此系分兩組，橫渠、伊川、五峰、蕺山，尚是心性對言，特重心之**形著義**，總之是胡五峰「**心以成性**」之**原則**，以心形著性，性之奧密要步步**內在於心之充盡中而彰顯而朗現**，此猶是孟子盡心知性知天之**弘規**。此形著之最高峰便是**一心之朗現**，**性全融於心**。而明道、象山、陽明即直接由此**最高峰而自超越之本心以言心即是性**，**心即是理**，惟是**一心之沛然**。心之形著義是前一階段，唯是一心之沛然是後一階段。形著義猶有**郛廓義**（不是靜攝之郛廓），及至「唯是一心之沛然」，則**連郛廓義亦融化**。最好用明道之一本論表示之：「**只此便是天地之化**」，「**當處便認取**，**更不可外求**。」（濂溪是開始，但其由誠神幾言聖人亦是本體論地言之）。此兩組爲一系，此是宋明儒之**大宗**。關鍵

唯在悖不悖孟子盡心知性知天一弘規。而朱子於此有**異解**，即不合孟子之**弘規**。因此**異解**，遂成爲其**靜攝之形態**。此亦甚顯然者。吾以爲創生直貫之形態，形著實現之形態，而爲宋明儒之大宗者，比較更能**契合於孔孟之精神**，而朱子之**偉大**則在其能**獨闢一「靜攝之形態」**，而世人鮮能知之也。

最後，惟此本體論的創生直貫之形態，形著實現之形態，始眞能保住「維天之命於穆不已」此一**最古老最根源**的**形上智慧**，始眞能保住天道太極之創**生性**而爲一眞實的**生化原理**、**實現原理**，保住仁之感通性而爲一道德的**眞實生命**，而爲一形上的眞實的生化原理與實現原理。然而在朱子之**認知靜攝之形態**，**本體論的存有**之形態，**靜涵之平鋪**中，則此生化原理、實現原理，皆不能保，太極只是理而不能動，「靜而無靜，動而無動」之神妙義、寂感眞幾之誠神義皆被抽去，變者動者化者生者只是氣，神亦屬於氣，心亦是氣之靈處，則太極之爲生化原理，朱子所謂萬化之源即不能保。和南軒詩所謂「萬化自此流」，辨〈太極圖〉認太極爲「萬化根本」，皆只是不自覺地**因襲語**，實與其**靜涵系統不一致也**。若仍視爲實現之理、生化之理，則須另講，亦不是先秦相傳之古義。此則吾已詳言之於論北宋四家中。茲不再論。

四、以上是心性的關係，最爲複雜而難董理。此旣確定，則其餘之工夫問題即易明矣。前言由心之寂然見性之渾然，由心之感通見性之燦然，即在此寂然、渾然以及感通、燦然處有**工夫之分屬**，而一是皆以**敬貫之**。蓋前言就事論事，心不必本來就是「寂然不動感而遂通」者，此須預設一種工夫以著之。此工夫即是**涵養察識**也。於未發時言涵養，於已發時言察識，此工夫之**分屬**也。未發爲

靜時，已發爲動時，而一是皆以敬貫之，此即所謂「敬貫動靜」。已發時有中節不中節之異，故須精察以爲鑑戒，以期去其病而著其道。未發時，寂然（心）渾然（性），無聲無臭，無可察，只可養。存養於**平時之間**，涵泳於**不自覺之中**，使吾人之心常清明而不昏墮，則發時縱偶有差池，亦可立即鑑及之矣。察識涵養交相發明，使吾人之心常**收斂凝聚，清明貞定**，自可步步**逼近於如理合道之境**。故「中和新說」一書云：「蓋心主乎一身，而無動靜語默之間，是以君子之於敬，亦無動靜語默而不用其力焉。未發之前是敬也，固已立乎存養之實。已發之際是敬也，又常行於省察之間。方其存也，思慮未萌，而知覺不昧，是則靜中之動，復之所以見天地之心也。〔案：靜是就思慮未萌說，動是就知覺不昧說。靜中之動其實是動而無動之動〕。及其察也，事物紛糾，而品節不差，是則動中之靜，艮之所以不獲其身不見其人也。〔案：此言察是就發而中節言。實則察識亦察其中節者，亦察其不中節者。朱子行文喜駢行，常有傷於語意。求文之整齊而有礙於義理之明確〕。有以主乎靜中之動，是以寂而未嘗不感。有以察乎動中之靜，是以感而未嘗不寂。寂而常感，感而常寂，此心之所以周流貫徹，而無一息之不仁也。然則君子之所以致中和而天地位萬物育者，在此而已。蓋主於身而無動靜語默之間者，心也。仁則心之道，而敬則心之貞也。此徹上徹下之道。聖學之本，統明乎此，則性情之德、中和之妙，可一言而盡矣。」涵養察識之工夫，在此系統中，正見其有**真切**而**具決定性之作用**。蓋屬**靜攝形態也**。此「中和新說」成立後，伊川之「涵養須用敬，進學則在致知」兩語眞進入朱子之**生命中**而有**無比之親切**。其生命之**著力處**正在此，此朱子之**勁力也**。

　　涵養察識既分屬而各有所施，則凡本孟子而言良心萌蘗、端倪
之發見，著重察識本心之**逆覺工夫**者，皆非朱子所能理解，亦爲其
所不喜，而「舊說」就良心萌蘗「致察而操存之」之察存義**亦全部
放棄矣**。蓋此亦是**決定靜攝系統**與**直貫系統**之不同之工夫上的**本質
關鍵**。朱子之不喜固有其理論之一貫性。

　　在「中和新說」一書中，正面意思講明後，即繼之以批評張南
軒所殘存其師胡五峰「先識仁之體」之「先察識端倪之發」之說
云：

> 來諭所謂學者須先察識端倪之發，然後可加存養之功，則熹
> 於此不能無疑。蓋發處固當察識，但人自有未發時，此處便
> 合存養，豈可必待發而後察，察而後存耶？且從初不曾存
> 養，便欲隨事察識，竊恐浩浩茫茫無下手處，而毫釐之差、
> 千里之謬，將有不可勝言者。〔……〕且如灑掃應對進退，
> 此存養之事也。不知學者將先於此，而後察之耶？抑將先察
> 識而後存養也？以此觀之，則用力之先後判然可觀矣。

案：「先察識端倪之發」，此「端倪」是指本心言，即「良心之萌
蘗」是也。良心本體固不易全現，然亦隨時有端倪呈露。於其呈露
而察識之，是所以**體證本心之道**也。此即所謂**逆覺之工夫**。察識是
就其當下呈露之端倪而**體證其本體**。此義是在表示：㈠良心本體並
非一空懸之抽象概念，而實是一眞實之**呈現**，如此，則肯定人人皆
有此本體方有道德實踐上之實義。㈡就其當下呈露之端倪而體證
之，此示本心不假外求，當下即是。㈢此當下呈露之端倪何以知其

即是本心之端倪？為知不是私欲之端倪？曰：即由孟子所說「非要
譽於鄉黨，非納交於孺子之父母，非惡其聲而然」，而知其為**本心
之端倪**，而知此時即為**本心之發見**，即，由其「不為任何別的目的
而單只是心之不容已，義理之當然」之**純淨性**而知其為**本心之端
倪**，為**本心之發見**。若無法肯認此本心，則真正之道德行為即不可
能。㈣、此一逆覺之工夫當下即判開感性界與超感性界而直指**超越
之本心**，此則決不容含糊者。

　　是故「察識端倪之發」單指超越之本心而言，其義理根據完全
在孟子。此察識不是朱子所說之**施於已發之察識**，而「端倪之發」
是本心發見之**發**，亦不是喜怒哀樂已發之**發**。兩者混而同之，遂糾
纏不清矣。張南軒不知其的義也，故無以致其辨。胡五峰所謂「先
識仁之體」，明道所謂「學者須先識仁」，皆是指此超越的本心
言，其所謂察存即察乎此，存乎此也。此亦孟子「存其心，養其
性，所以事天也」之**存養**。朱子所說涵養於未發，察識於已發，此
涵養察識所貫注之心並非此**超越之本心**，而乃是平說之**就事論事之
心**，須待涵養察識工夫之貫注始能使其轉至寂然不動感而遂通之
境，以著其**如理合道之妙**。涵養施之於未發不是孟子所說的存心養
性，乃只是於日常生活中使心**收斂凝聚**，養成**好習慣**，不致陷於昏
惰狂肆之境，故於其發也，易於省察，庶可使吾人易於逼近如理合
道之境。故以「洒掃應對進退」為「存養之事」。此種涵養於未
發，並不能判開**感性界**與**超感性界**而直指一**超越的道德之本心**以為
吾人**道德行為之準則**。此種涵養只在養成一種不自覺的從容莊敬的
好習慣。於未發時，雖預定一「心體流行寂然不動之體」以及一
「一性渾然道義全具」之性，然此種預定只是就未發而來的**分解的**

預定，並不是如孟子之就良心呈現而來的**逆覺的體證**。逆覺的體證即明道、五峰，乃至陸王等所說或所意許的「先識仁之體」中之**察識**：察識即察此**本心**，察之即存之，察存同施於**本心**。但是在朱子，則涵養中無此逆覺之察識，察識但施之於已發，故其涵養之工夫只是一種**不自覺的好習慣**，並不能在此體證並肯認一**超越之本心**，是則涵養工夫與所分解預定的「此心寂然不動之體」之間即無緊接的嚴格關係。如果涵養中即是自覺地意識到是涵養此「寂然不動之體」，則涵養之前必先預定一**逆覺之察**，如是則亦不必反對「先察識端倪之發」之說矣。但在朱子，涵養正是只施於未發，既未發矣，正是無可察者，焉有所謂逆覺而察之？故「寂然不動之體」乃成掛空者。如是，或是「寂然不動之體」只成掛空，涵養只是茫昧不自覺之習慣，或是涵養即是自覺地意識到是涵養此「寂然不動之體」，涵養必預定一**逆覺之察**，此察與施於已發之察不同：此兩者必居其一。復次，即使承認「涵養即是自覺地意識到是涵養此寂然不動之體」，並不只是茫昧不自覺之習慣，但此「**寂然不動之體**」亦並不即是**孟子之沛然不禦之本心**，並無創生**眞正道德行爲之足夠力量**，所謂「溥博淵泉而時出之」，而只是心之**清明知覺**，其**落實著力**而見**效果處**卻在已發後之**察識**，察識擴大而爲格物**窮理**。眞正工夫**著力處**實在**格物窮理**。故在朱子系統中，涵養只是消極的工夫，積極工夫乃在察識，**全部事業、勁力**全在格物窮理處**展開**。「一性渾然道義全具」之性體，在涵養中，亦無積極之用，其功用效果亦在格物窮理處**彰顯展開**，道義全具之爲「道義」亦在格物窮理處**彰顯展開**。而結果性理，客觀地說，只成本體論的「**存有**」形態之**性理**。主觀地說（關聯著心說），只成認識論的**散列形**

態之**性理**，而對於心之未發已發所施之涵養察識之全部工夫只是**使心收斂凝聚以期逐步逼近如理合道之境**，此即最後形成所謂**靜涵**或**靜攝**之形態。

「中和新說」一書（〈與張敬夫〉）成後，是年復有〈答林擇之〉書云：

> 《中庸》徹頭徹尾説個謹獨工夫，即所謂**敬而無失，平日涵養**之意。〈樂記〉卻直到好惡無節處，方説不能反躬，天理滅矣。殊不知未感物時，若無**主宰**，則亦不能安其靜。只此便自昏了天性。不待交物之引，然後差也。〔……〕

案：此數語極好。但問題是在「未感物時」之「主宰」如何體認理解。説涵養並不差，但説涵養必反對孟子系之**逆覺之察**，即成學派之對立。而亦未可以自己系統中之**涵養**混同其他一切也。《中庸》謹獨固可説為「敬而無失，平日涵養之意」，然慎獨所體證之心性不必如朱子之講法，亦非必不函「逆覺之察」在內。而慎獨工夫亦非「敬而無失，平日涵養」所能盡。慎獨是戒慎其所不睹，恐懼其所不聞，莫見乎隱，莫顯乎微，正是要**精察於自己之性體**而念念護持之令其不昧，昭然呈現，以為真主宰，此豈只朱子所説之涵養之意耶？

又〈答林擇之〉書云：

> 前日中和之説看得如何？數日來玩味此意，日用間極覺得力。乃知日前所以若有若亡，不能得純熟，而氣象浮淺，易

得動搖，其病皆在此。湖南諸友，其病亦似是如此。近看南
軒文字，大抵都無前面一截工夫也。〔案：即涵養一截〕。
大抵心體通有無，該動靜，故工夫亦通有無，該動靜，方無
滲漏。若必待其發而後察，察而後存，則工夫之所不至多
矣。惟涵養於未發之前，則其發處自然中節者多，不中節者
少。體察之際，亦甚明審，易爲著力，與異時無本可據之説
大不同矣。

案：此亦申述「新說」之言。朱子自可於此得其著力處，亦可是**有
本可據**，但對於本之體證理解有不同，故著力之**勁道**亦不同。凡隨
孟子而言者，第一關必先有**逆覺之察**，識**本心**也。察識存養同施於
此。至於**第二義之平日涵養察識**非此系統之**本質的關鍵**，乃是人人
都可作者，亦無可反對，此可說是**常行**。象山亦不反對此常行。其
居象山，「雖盛暑，衣冠必整肅，望之如神」。此其涵養莊敬又如
何！「湖南諸友」以及「南軒文字」，固可有病，此其踐履之不篤
與不純熟，未可便以分屬之涵養察識衡之，謂其所以至此，正因其
「無前面一截工夫」之故，或謂其正因其「先察識端倪之發」之
故。

又〈答林擇之〉書云：

古人自幼子常視毋誑以上，灑掃應對進退之間，便是做涵養
底工夫。豈待先識端倪而後加涵養哉？但從此涵養中，漸漸
體出這端倪來，則一一便爲己物。又只如平常地涵養將去，
自然純熟。今日：即日所學，便當察此端倪，而加涵養之

功，似非古人爲學之序也。蓋義理，人心之*固有*，苟得其*養*而無物欲之昏，則自然發見明著，不待別求。格物致知，亦因其明而明之爾。〔案：此又援引孟子義以明其所說之涵養，而不知孟子義與其「中和新說」固有間也。「苟得其養，無物不長」。然亦必須先體證肯認此**本心**，然後始能**自覺地作工夫**。即說「但從此涵養中，漸漸體出這端倪來，則一一便爲己物」，亦自無不可。但如朱子「中和新說」中之涵養，則**不必能「體出這端倪來」**，即有所體出，亦不必是孟子所說之**端倪**。蓋對於心性之理解不同故也。未可**援引憑藉以混同之**。而孟子義非其所能正視也，非其質也。〕今乃謂：不先察識端倪，則涵養個甚底？不亦太急迫乎？〔……〕

案：此最後之疑問，若依孟子義說，乃無意義者。朱子於三十九歲時〈答何叔京〉書云：「若不察於良心發見處，即渺渺茫茫，恐無下手處也。」此本「中和舊說」而言者。中和說儘可修改，但當其說此語時，豈眞無絲毫意義之浪語耶？自己不能正視此義，姑一時之浮辭，而他人未必不能正視，亦未必不能眞切，而孟子亦未必即是「**太急迫**」也。

以上爲「中和新說」之剖示。朱子之心態以及其學之系統、規格、格局俱定於此。自此以後，便無法能與象山相契，而亦決定其終生不解孟子。

第五節　中和新説後之發展

「中和新説」後，有如下之發展：

1.朱子四十一歲時〈答呂伯恭〉書云：

> 熹舊讀程子之書有年矣，而不得其要。比因講究《中庸》首
> 章之旨，乃知所謂涵養須用敬，進學則在致知者，兩言雖
> 約，其實入德之門無踰於此。方竊洗心以事斯語，而未有得
> 也。不敢自外，輒以為獻。

案：此兩語在朱學中實有**決定性的作用**，亦如「逆覺之察」之在
陸、王系。但此並非謂陸王學即可無平日之涵養與察識，亦非謂其
不須敬。

2.〈答陳師德〉書云：

> 程夫子之言曰：「涵養須是敬，進學則在致知。」此二言
> 者，實學者立身進步之要。而二者之功，蓋未嘗不交相發
> 也。然夫子教人持敬，不過以整衣冠、齊容貌為先；而所謂
> 致知者，又不過讀書史、應事物之間，求其理之所在而已。
> 非如近世荒誕怪譎、不近人情之説也。抑讀書之法，要當循
> 序而有常，致一而不懈，從容乎句讀文義之間，而體驗於操
> 存踐履之實，然後心靜理明，漸見意味。不然，則雖廣求博
> 取，日誦五車，亦奚益於學哉？

案：此書簡易明白，其爲**靜攝形態**完全表出。

　3.〈答林擇之〉書云：

　　熹哀苦之餘〔四十歲秋九月丁母憂〕，無他外誘，痛自欲
　　飭，乃知敬字之功親切要妙如此！而前日不知於此用力，徒
　　以口耳浪費光陰。人欲橫流，天理幾滅。今而思之，**怛然震
　　慄**，蓋不知所以**措其躬**也。

案：朱子講**敬**確有其眞切的**感受**，此卻眞是**存在地講**。此即是其道
德意識之強烈處。**眞切的敬**即可使其**涵養之工**逐漸**浸潤到心脾**，所
謂沁人心脾者，使「此心寂然不動之體」呈現，然後可以逐步「**心
靜理明**」也。

　4.四十三歲時〈答薛士龍〉書云：

　　熹自少愚鈍，事事不能及人。顧嘗側聞先生君子之餘教，粗
　　知有志於學，而求之不得其術。蓋舍近求遠，處下窺高，馳
　　心空妙之域者，二十餘年。比乃困而自悔，始復退而求之於
　　句讀文義之間，謹之於視聽言動之際，而亦未有聞也。方將
　　與同志一二友朋，並心合力，以從事於其間，庶幾銖積絲
　　累，分寸躋攀，以幸其粗知理義之實，不爲小人之歸，而歲
　　月侵尋，齒髮遽如許矣。

案：其「求之於句讀文義之間，謹之於視聽言動之際」，「銖積絲
累，分寸躋攀」，亦是其**靜攝形態**必有之**途徑**。此在朱子，既有其

真切處，亦有其**本質的決定性**之**意義**。惟此並不表示：在孟子學下，即可不「求之於句讀文義之間」，不「謹之於視聽言動之際」，即可不須「銖積絲累」，不須「分寸躋攀」。蓋義理各有當，勁力各有施，方式各有宜，皆不相礙也。象山從未反對博學，亦從未反對察存，亦並非不莊敬，亦並非不讀書，而唯朱子以種種不實辭語斥講「**逆覺之察**」者，視之爲**異端**、爲禪，則礙生自朱子，不生自象山，（至少在本質上是如此），此則究誰比較能貫通，不亦皎然甚明白乎？象山自不解朱子之妙處，然其**第一義**之「**直貫**」可函攝第二義之「**靜攝**」，而朱子之不解象山，則成爲對於第一義之**直貫形態之抹殺、忽視與不解**。又彼自悔「馳心空妙之域者二十餘年」，此自是朱子自己之「馳心空妙」，若以象山亦爲如己之「馳心空妙」則非是。

　　5.〈答汪尙書〉書云：

> 又蒙語及前此妄論平易蹉過之言，稱許甚過。尤切皇恐。然竊觀來意，似以爲**先有見處**，乃能造夫平易，此則又似**禪家之說**，真有所不能無疑也。〔案：此上，《朱子年譜》略，今據《文集》補錄之。〕聖門之教，**下學上達**。自平易處講究討論、積慮潛心、優柔饜飫，久而漸有得焉，則日見其高深遠大而不可窮矣。程夫子所謂善學者求言必自近，易於近者非知言者也，亦謂此耳。今曰此事非**言語臆度所及，必先有見，然後有以造夫平易**，則是欲**先上達而後下學**，譬之是猶先察秋毫而後　山岳，先舉萬石而後勝匹雛也。夫道固有非言語臆度所及者，然非顏曾以上，幾於化者，不能與也。

今日爲學用力之初，正當學問思辨而力行之，乃可以變化氣質而入於道。顧乃先自禁切，不學不思，以坐待其無故忽然而有見，無乃溺心於無用之地，玩歲愒日，而卒不見其成功乎？就使僥倖於恍惚之間，亦與天理人心叙秩命討之實了無交涉，其所自謂有得者，適足爲自私自利之資而已。此則釋氏之禍、橫流稽天而不可遏者，有志之士，所以隱憂浩歎而欲火其書也。

案：此朱子順「中和新說」後之學問規模首先表示其對於禪之忌諱者。此雖對汪尚書而發，汪尚書之造詣，吾人亦不得而知，其言或亦不足爲憑，然朱子之論點，吾人可視作一客觀問題而討論之。在當時以弘揚聖教之立場，與異教劃清界限是當該者，甚至加以闢斥亦有值得同情者，然要不能只以「下學上達」爲尺度斷定凡主「先有見處，乃能造夫平易」之說者皆爲「禪家之說」。夫既有「上達」矣，則先了解「上達」之何所是以定學問之方向與宗旨，不得即認爲是「禪家之說」。若如此，即認爲是禪家之說，則先對於「天命之性」、「無極而太極」、「寂然不動之體」等有所見者亦是「禪家之說」乎？顯然不可矣。夫「下學上達」，自初有知以至終老，凡所學所習皆是下學上達。對於任何學問亦皆是下學上達，然不能以此一般之程序抹除學問過程中到緊要關頭本質關鍵之轉進，以及「必先有見，然後有以造夫平易」之途徑，尤其不能即認爲是「禪家之說」。而凡到緊要關頭以取此途徑者亦並不必即反對下學而上達。所謂「必先有見」，大抵是就學問之本質言，亦須是對有相當程度者始能言，非是儱侗地凡是一開始即漫言「必先有

見」也。孔子固有「下學而上達」之語，固亦施博文約禮之敎，固亦不廢經驗之學習，然其念念不**忘於仁**，敎門弟子爲君子儒，勿爲小人儒，則亦是「**先有見處**」也。仁之**覺悟**與**理會**非只下學上達所能把握也。若不知「仁」之爲何物，則只下學未必即能上達，即有上達，未必即能達於**仁以知天也**。時時在學中，亦時時在「**先有見處**」以**定方向中**。平易、平實是其踐履之**純熟**，非專「**下學上達**」、「**求言必自近**」爲**平易、平實也**。「**必先有見**」非「**先自禁切，不學不思，以坐待其無故忽然而有見**」、「**溺心於無用之地**」之謂也。「**必先有見**」固不必即能**純熟**；其所見者或許只在抽象之階段，尙未達具體之**體現**；未達具體之體現，即不得爲眞實，也許是**光景**；牢執之，也許是**幻念**；入而不出，也許是**鬼窟**；抽離遠置，不能消化於生命中以淸澈自己之生命，亦可能是**意見**，亦可能「**適足爲自私自利之資**」；然此皆工夫過程中純熟不純熟之問題。若自此而言「**就使僥倖於恍惚之間，亦與天理人心叙秩命討之實了無交涉，其所自謂有得者，適足爲自私自利之資而已**」，則可也。若**原則上**認定「先有見」即**是如此**，而根本反對此「先有見」之**轉進**，且斷定其即爲「**禪家之說**」，則**大不可也**。當時社會禪風流行，一般知識分子捨牙慧以資玩弄，或藉此以掩其昏墮，容或有之，此或亦不可冤，然此道聽塗說之輩，本無與於學問之林，又何足爲憑？亦何足因彼輩而成忌諱？凡重「**就事順取**」之路，皆藉口平實以斥學問本質轉進中**逆覺之路**爲禪、爲佛老。朱子藉口「**下學上達**」以斥象山爲禪，葉水心即據堯、舜、禹、湯、文、武之原始綜和構造之業績以斥曾子、子思、孟子、《中庸》、《易傳》爲非道之本統，並對孔子而亦不滿，至於周、張、二程以及朱子本人更

被視爲學問之歧途，與佛老辨不淸矣。言學至此，乃成學問之自殺。故凡無謂之忌諱，皆當審思明辨以解除之。開其心量，朗其慧照，順理而辨，不以妖妄蚊蚩自亂，不以無謂之忌諱自限，則學問之**理境大**，而**眞同異亦得而明矣**。朱子於此甚有憾也。至於耳食之輩，順朱子無謂之忌諱而下滾者，則只能誤引朱子於考據之途，並朱子學之眞精神亦全喪失無餘矣。

至四十六歲時，象山三十七歲，雙方爲鵝湖之會，象山講學宗旨已鮮明標出，而朱子「中和新說」已成，亦有其學問之定規，雙方自談不來。象山固有未解朱子「中和新說」之規模處，概**斥之爲支離固非是**，然而朱子自此以後，**一口咬定象山爲禪**，則相差**尤遠**。

6.鵝湖會後，斯年〈答張敬夫〉書云：

> 子壽兄弟氣象甚好，其病卻是盡廢講學，而專務**踐履**，卻於踐履之中，要人**提撕省察**，**悟得本心**，此爲**病之大者**。要其**操持謹質**，表裡不二，實有以**過人者**。惜乎其自信太過，規模窄狹，不復取人之善，將流於異學而不自知耳。

案：「於踐履之中，要人提撕省察，悟得本心」，此完全**相應孟子精神而發**，如何便是「**病之大者**」？似如此固執定本、沾滯成見，於他人眞切著力處全不理會，只**料想揣度**斷以爲病，學問如何能精進？理境如何能開擴？此種「窄狹」局量先已不好，而反責人「規模窄狹」耶？「提撕省察，悟得本心」只是辨志、明本心，先立其大之義，此爲自覺地相應道德本性而爲道德踐履之**最本質的關鍵**。

人生不能不作事，真有道德之誠者亦必然要作事，講學著書乃至其他事業皆是合應為的，全不妨礙，象山從未曾廢，焉有所謂「**盡廢講學，而專務踐履**」之不通的**料度**！又與「異學」有何**相干**？視之為禪全是**忌諱心理**所生之**無謂之聯想**。若如朱子所想，只要不是其「中和新說」中涵養察識之分屬，凡就良心發見而**察識體證本心**者，皆須**是禪**！世間焉有如此之義理！夫精神生活之精進，其**表現方式自有必然之通途**。若禪宗而有此方式，此不是吾人之「流於禪」，乃是禪之**通於通途也**。不應全推給禪，認為禪家所專有，而**自封自限自我貶抑也**。若如朱子之想法，則葉水心不但可貶斥曾子、子思、孟子、《中庸》、《易傳》為不傳聖人之道，即進而斥之為禪、為佛老，亦可也。

鵝湖之會前一年，朱子即因傳聞而臆想象山為禪。

7. 〈答呂子約〉書云：

> 陸子靜之賢，聞之蓋久。然似聞有**脫略文字直趨本根**之意，不知其與《中庸》學問思辨然後篤行之旨又如何耳。

8. 又〈答呂子約〉書云：

> 近聞陸子靜言論風旨之一二，**全是禪學**，但變其名號耳。競相祖習，恐誤後生。恨不識之，不得深扣其說，因獻所疑也。然想其說方行，亦未必肯聽此老生常談。徒竊憂歎而已。〔以上兩書皆作於鵝湖會前一年，《年譜》繫於鵝湖年以類聚之。〕

案：**風聞**豈可爲憑？成見在先，益以聯想，執虛爲實，遂終生視之爲禪。縱有兩次晤談（一鵝湖，一白鹿洞），亦終未得「深扣其說」究爲何是也。

9.五十二歲時，陸子靜來訪，（請朱子爲其兄子壽書墓誌銘），因講義利之辨於白鹿洞書院。事後，朱子〈答呂伯恭〉書云：

> 子靜到此數日。所作子壽埋銘，已見之。敘述發明，此極有功。卒章微婉，尤見用意深處。歎服歎服。子靜近日講論**比舊亦不同**。但終有**未盡合處**。幸其**卻好商量，亦彼此有益**也。

案：朱子此書態度較平和。惟彼謂「子靜近日講論比舊亦不同」，此所謂「不同」，恐亦只是枝末處，其「辨志、明本心、立其大、溥博時出」之**立體直貫型**之**基本精神仍不變**。大抵此次相聚是互相切磋之**最佳機緣**。象山遭兄喪，來此請書墓誌銘，當然是抱著一種親敬之意而來。而朱子於白鹿洞書院請其升講席，講君子喻於義，小人喻於利，亦自有一番尊重推仰之誠。此見雙方互相敬慕之君子風度。在此氣氛下，最易脫落一切矜持，而以眞誠相見。此與**鵝湖**之會不同。鵝湖之會，雙方原不相識，且由呂伯恭從中邀請，雙方自不免矜持、戒防、攻伐之意。而此次則氣氛不同。尤其象山易於平情而落實。蓋一切觀念議論皆當融化於人倫眞情之實事實理之中。寧有自己不誠、對人不敬，而能爲父兄請人書墓誌銘者乎？而朱子之請其升講席，亦充分表露鄭重之意。此象山之所以眞切平

正，而朱子亦有「比舊不同」、「卻好商量」之語也。惜乎此**最佳之機緣**仍未得**善予利用**。所謂「比舊不同」，並非象山有根本改變。只因平時朱子聯想其為禪，今講**義利之辨**乃**儒者之大義**，禪之姿態不顯，遂覺其「比舊不同」矣。儒者於人倫日用、出處進退、存心涉世，本有其**共同之原則**，象山豈能悖之？然其講義利之辨仍首先標「**辨志**」。此仍是以「辨志、明本心、立其大」為基本根據也。此本孟子之正義，朱子**無不承認之理**。只因其「中和新說」之規模與此不同，遂限制出「**入路**」之**不同**。而此基本不同，雙方仍未借此機緣，平心靜氣，予以檢討。此基本處之**接觸不到**，其原因頗不好說。或是由於雙方對此基本差異之義理根據**自覺不夠**，如對於心性本身之理解，以及對於心性對於天道、天命之關係，乃至天道天命之本身之理解不同，皆足以形成此基本差異。朱子對於孟子之理解不足，其心態不相應，此甚顯然。然朱子不自覺也。象山亦未能就此予以提醒，使其徹底檢討，正視孟子之義理，而只就表面之流弊謂其為支離。朱子對於北宋諸儒承《易傳》下來所展示之天道、天命、太極、以及與心性之關係，皆極有興趣，而承伊川之分解精神，亦皆對之有其分解的表示，此則對於其「中和新說」之形成有**決定性之關係**，而象山對此部義理卻**不感興趣**，其**分解工夫亦不夠**，並未能深入分解之而復會歸於孟子，以明朱子何以終止於**靜攝形態**而不進，以明其於究極本源處之體認，如對於「維天之命於穆不已」這一原始而根本之智慧所引生之天道觀、天命觀、寂感真幾之神化觀、天理觀之體認，亦有不合原意者，故亦影響其心性觀而不能相契於**孟子**。象山之**欠缺此步工夫**，不能予朱子以制衡，甚為**遺憾**。然而朱子則在此分解釐定，甚為著力，故覺其〈中和新

說〉為不可搖動。只知聖賢之道為一道，只知其涵養察識之分屬為定本，而不知其所反對之「先察識端倪之發」為孟子義之**所必函也**。不能正視此義，而只向禪去聯想，遂全成為不相干之忌諱，而永不能相契矣。此所謂未能善用此機緣也。豈不惜哉！

10.同年，朱子又〈答呂伯恭〉書云：

> 子靜舊日規模終在。其論為學之弊病，多説：「如此即只是**意見**，如此即只是**議論**，如此即只是**定本**。」熹因與説：「既是思索，即不容無意見；既是講學，即不容無議論；統論為學規模，亦豈容無定本？但隨人材質病痛而救藥之，即不可有定本耳。」渠卻云：「正為多是**邪意見**、**閒議論**，故為學者之病。」熹云：「如此卻是自家呵叱亦過分了！須著邪字閒字，方始分明，不教人**作禪會耳**。又教人恐須先立定本。卻就上面整頓，方始説得無定本底道理。今如此**一概揮斥，其不為禪學者幾希矣**！」渠雖唯唯，終亦未竟窮也。子靜之病，恐未必是**看人不看理**，自是渠合下有些禪底意思，又自主張太過，須説我不是禪，而諸生錯會了，故其流至此。如所喻陳正己，亦其所訶以為溺於禪者。熹未識之，未知其果然否也。大抵兩頭三緒，東出西沒，無提撮處。從上**聖賢**，無此樣轍。方擬湖南，欲歸途過之，再與仔細商訂。偶復蹉跌，未知久遠竟如何也。然其好處，自不可掩覆，可敬服也。他時或約與俱詣見，相與**劇論**尤佳。俟寄書扣之，或是來春始可動也。

案：象山白鹿洞講辭，本是從「辨志」說起。辨志即函明本心，先立其大。其基本宗旨本無有變。其所呵斥之意見、議論、定本，乃至邪意見、閒議論、異端、陷溺等弊病，乃是本其所常說之「今天下學者惟兩途：一途樸實，一途議論」而來。此亦根本無變，謂其「舊日規模終在」亦無不可。象山對此有切感，如何能變？其所謂「樸實」乃是本孟子而說之「勝義樸實」或「第一義樸實」。乃是指本心呈現之實事實理、坦然明白而說。異乎此者謂之異端、謂之歧出、謂之支離。歧出而支離，自不免於意見、議論、定本之譏。意見是邪意見，邪者偏差不正之謂。凡離乎本心呈現之實事實理坦然明白者而去籌度猜卜即是意見。意見即偏差不正。若是正正當當，只是實事實理之平鋪，自無意見可說。意見是「平地起土堆」，不是如理如實之正智正見。在意見中，自不免於閒議論。本心是呈現，非議論。凡議論皆「閒」，即所謂「粘牙嚼舌」，「籤弄於煩舌紙筆之間」者是也。由意見、議論而成之定本即是一套擬議虛構之格局，所謂「揣量模寫之工，依放假借之似，其條畫足以自信，其習熟足以自安」者是也。凡此皆是陷溺，所謂溺於意見者是也。於此本心之沛然不禦皆不相干。故必須遮撥這一切。消化這一切，而後始能歸於「樸實」，此即所謂勝義樸實，第一義樸實，乃直承本心呈現而說者。朱子對此勝義樸實無真切之警悟，對象山所說之意見、議論、定本之弊無真切之感受，故視之為「一概揮斥」，而目之為禪，謂其「合下有些禪底意思」。其實這與禪有何相干？明是相應道德本性而為道德實踐之孟子學之精神之呈露，乃為踐仁盡性之正大規範，何關於禪耶？

朱子所謂「既是思索，即不容無意見；既是講學，即不容無議

論；統論爲學規模，亦豈容無定本」？此乃是落於後天積習之**第二義上說**。惟當吾人感覺到本心並不容易呈現，即偶有呈露，並不容易即至坦然沛然莫之能禦之境，始覺後天積習之培養工夫、磨練工夫、助緣工夫，所謂居敬集義、格物窮理等之**第二義工夫之重要**。此等第二義之工夫在此實有其眞實之意義。雖不免於支離、歧出，亦不能免於繞許多冤枉路，亦自有虛妄處，亦自有粘牙嚼舌處，亦自不能免乎閒議論之廢話，然而卻不能**單純地**即視爲**閒議論、邪意見、虛說虛見、異端**與**陷溺**。朱子所謂「思索」，即是此層上之思索，自然有許多「意見」出現。所謂「講學」，亦是此層上之講學，自然有許多「閒議論」滋生。所謂「統論爲學規模」，亦是此層上之「爲學規模」，自然要想於異途紛歧之中間約出一個「定本」，如涵養察識、格物窮理等，以爲吾人下學上達所可遵循之**道路**。如果能正視相應道德本性而爲純正的道德實踐之艱難，**此層之工夫便不可一概揮斥**。朱子對此有切感，故於象山居於第一義上之揮斥感覺**肉痛**也。然而艱難雖是艱難，**助緣畢竟是助緣**，要不可不警悟本心呈現爲純正的道德實踐之本質的關鍵之第一義。若於此不能精澈，即無眞正之道德可言，亦可終生迷其**鵠的**。象山於此有諦見，故視朱子爲支離歧出也。實則第二義上之支離、歧出、議論、定本，亦有其**眞實的意義**。象山於此不能融化會通，應機而俯允之，亦未至**圓成之境**。如〈語錄〉所載：「臨川一學者，初見。問曰：『每日如何觀書？』學者曰：『守規矩。』歡然問曰：『如何守規矩？』學者曰：『伊川《易傳》、胡氏《春秋》、上蔡《論語》、范氏《唐鑑》。』忽呵之曰：『陋說！』良久復問曰：『何者爲規？』又頃，問曰：『何者爲矩？』學者但唯唯。次日復來，

方對學者誦乾知大始，坤作成物，乾以易知，坤以簡能，一章畢，乃言曰：『乾文言云：大哉乾元，〔案：此爲乾象語〕，坤文言云：至哉坤元，〔案：此爲坤象語〕，聖人贊易，卻只是個簡易字道了。』遍目學者曰：『又卻不是道難知也。又曰：道在邇而求諸遠，事在易，而求諸難！』顧學者曰：『這方**喚作規矩！公昨日來，道甚規矩！**』」案：此種呵斥有時可用，有時不可用，有其機緣性。若視作通例，一槪揮斥，則不足以赴機。此臨川學者所說之規矩本是第二義甚至第三義上之**初學規矩**。若在朱子，便有商量。若依「夫子循循然善誘人」之風範，亦可順機逐步啓悟之。象山呵之曰「陋說」，亦可是應機之呵斥，亦可不是應機之呵斥。如應機，則藥到病除。如不應機，則適促成其**反動**。象山所說之規矩是**第一義之規矩**，有時可直顯，有時亦不能直顯。要之，平說**須判教**，次第展布，**分際不亂**。對答須赴機，**循循善誘，通經合權**。此種境界，朱陸皆未能至。象山固有「一槪揮斥」之嫌，而朱子謂其是禪，「大抵兩頭三緒，東出西沒，無提撮處」，亦非達者之言。朱子總想與之「仔細商訂」，「相與劇論」，而究未能。若終守其定規，則雖商訂、劇論，亦無用也。蓋朱子於第一義之慧解甚差，於象山所說之「意見」等病亦根本未有理解。朱子《語錄》中對此亦有一條云：「某向與子靜說話，子靜以爲意見，某曰：『邪意見不可有，正意見不可無。』子靜說：『此是閒議論。』某曰：『閒議論不可議論，合議論則不可不議論。』又曰：『《大學》不曾說無意，而說誠意。若無意見，將何物去擇乎中庸，將何物去察邇言？《論語》無意，只是無私意。若是正意，則不可無。』又曰：『他之無意見，只是不理會理，只是胡撞將去！若無意見，成甚麼

人在這裡？』」（《朱子年譜》五十二歲下引）。案：此則愈說愈遠，簡直**混擾**，不成**義理**。象山所說之「意見」與誠意之意、無意之意、私意之意，根本不相干，如何拉在一起來混攪！象山之遮撥意見、議論、定本，豈「只是不理會理，只是胡撞將去」耶？於以見朱子對於象山所重視之本心呈現坦然明白之實事實理之第一義根本**無慧解**，（至少不能正視），而於其所說之意見、議論、定本諸弊亦根本**無理解、無切感也**。故只顧說些不相干的話，愈說愈遠。在此情形下，雖「仔細商訂」，亦訂不出什麼結果來。若是「劇論」，必更糟透！

王懋竑《朱子年譜考異》卷之二，於朱子「五十二歲，二月陸子靜來訪」下，加以考異云：

> 按陸氏之學，與朱子合下不同，故朱子於未相識時，即斷其為禪學。（原注：與張、呂書可考）。鵝湖之會，議論不合。然察其操持謹質，表裡不二，實有為己之功。又精神氣魄，感動得人，可為吾道之助。故雖不合，而常有招徠勸誘之意。蓋於陸氏兄弟惓惓有深望焉。其後子壽從朱子之說，而子靜卒不變。（原注：見《年譜》）。南康來訪，或子壽之意；而請書墓誌，疑亦子壽之遺命。子靜〈白鹿洞講義〉，力言義利之辨，而終之以博學審問慎思明辨篤行。其于**朱子之論，殆無以異**。而平日所言，**絕不之及**。其前後敘詞，極為**謙下**。故朱子〈跋語〉，亦亟稱之。壬寅、子靜入為國子正。癸卯、邊勑令所刪定官，名位略與朱子侔矣。至甲辰、因〈曹立之表〉，遂與朱子忤。然〈輪對五劄〉，朱

子與書，明謂其**自葱嶺帶來**。子靜復書，雖有不樂，而亦未
肆其辨。〔查《象山文集》中〈輪對五劄〉並無西來之禪
意。朱子謂其自葱嶺帶來，不知從何說起，無可考。〕迨丙
午既歸，〔時象山年四十八〕，講學象山，聲名益甚，**徒黨
益衆**。戊申遂有無極太極之辨，**詆訾不遺餘力，判然與朱子
為敵矣**。〔時象山年五十〕。朱子誦言攻之，亦在乙巳丙午
之後，知其必不可以合也。子壽而在，子靜末年未必猖狂至
此。然子靜自信甚篤，自恃甚高，亦非子壽之所能挽回。**假
使子靜先卒，則其說不至盛行，後來可無異同之論矣**。此天
實為之，亦吾道之不幸也。

案：此種俗見，鄙陋已極。末後「假使子靜先卒」云云，直不成
話。從頭至尾，全是俗情，根本不知義理差異之客觀意義。象山豈
無眞實諦見，眞實立處？而可讓人「招徠勸誘」耶？朱子「**斷其為
禪**」，已根本差謬，于其「一途樸實，一途議論」之義亦根本無理
解，何從而能「招徠勸誘」耶？見地不能超越而涵蓋之，造詣不能
消化而容受之，即不可言「招徠勸誘」。而何況根本誤解耶？朋友
切磋共期至善，朱子自不無此意。而若不互相契解，諦見利弊，則
並此亦不可得。若復謂朱子存有招徠勸誘之意，及見誘之不得，
「知其必不可以合」，始「誦言攻之」，則所以**抬高朱子者適所以
誣朱子**。王懋竑為此說，全是順朱子之**誤解**而不加**深察**之門戶之見
下之**鄙見**。彼于此《考異》中復有云：「而朱子於南康日，謂其舊
日規模終在，三頭兩緒，東出西沒，無提撮處，蓋於來訪時，已逆
料其不能盡舍舊習矣。而猶以望于子壽者望之，故亟稱其〈講

義〉，而於其與〈符復仲〉者，亦有取焉。癸卯〈與項平父〉書，有去短集長之言。丁未〈與子靜〉書又言：所幸邇來日用工夫，頗覺有力，（「有」，一作「省」）無復向來支離之病。其所以招徠勸誘之者至矣。而子靜後來聲望益高，徒黨益盛，恣其舊說，日以橫肆。朱子不得已，而始誦言攻之。」此尤鄙陋。若如所云，則朱子之言「去短集長」以及「無復向來支離之病」，皆成「招徠勸誘」之權言。及誘之不得，乃「始誦言攻之」，此則成何心腸，尚復有學術之**眞誠耶**？依吾人現在觀之，「陸氏之學與朱子合下不同」，此誠然也。但此不同根本是**孟子學**與「**中和新說**」之不同。朱子自始「即斷其為禪學」，亦根本差謬，蓋朱子之心態根本與**孟子不相應**故也。于象山，不能正視其順承孟子處之基本精神，而只就其遮撥「意見」處**聯想為禪**，此種聯想當然無意義，象山自不能服，不但不服，且可根本視為不相干之**浮辭**。〈白鹿洞講義〉，「於朱子之論，殆無以異」，此並非其基本精神有變，乃只是儒者**自有共同之主張**。「平日所言，絕不之及」，亦蓋一人不能**一時俱說**。「前後叙詞極為謙下，故朱子〈跋語〉亦亟稱之」，此亦不錯。吾固以為白鹿洞之訪是雙方仔細檢察之**最佳機緣**，但結果只表示雙方互相尊重之君子風度，而於基本**義理處**之**差異**，則絲毫未有**觸及**。

王懋竑《考異》中復云：

> 其年，〔即白鹿洞講義利之辨年〕，〈祭呂東萊文〉：「追維囊昔，粗心浮氣，徒致參辰，豈足酬義？」蓋亦自言鵝湖之非矣。

案：此只表示當時態度之非，（有粗浮處），並不表示基本主張之非也。細會原文可知。是以自鵝湖之會至辯無極太極，這其間雖未正式指摘，亦只是雙方各自含忍，而路向之不同實則**隨時表露，並無隱藏**。「迨丙午旣歸，講學象山，聲名益甚，徒黨益衆」，此正是其生命**頂盛之時**，學問**成熟之期**，遂藉無極太極之辯，正式暴露**其與朱子之不同**，並正式斷定朱子之不見道。（辯無極太極只是借題發揮。此辯本身，象山未必對，但其基本精神則因此充分表露。故象山〈與陶贊仲〉書云：「此數文皆**明道之文**，非止一時**辯論之文**也。」所謂「明道之文」即明「**一途樸實、一途議論**」之義也。故責斥朱子，非必專在責其篤信〈太極圖說〉，乃根本在責其落入「**議論之途**」也。故象山〈語錄〉有云：「吾嘗與晦翁書云：揣量模寫之工，依放假借之似，其條畫足以自信，其節目足以自安。此言切中晦翁之**膏肓**。」）而朱子于乙巳丙午之後之正式「誦言攻之」，卻只是**攻其爲禪**。顯然象山之揮斥意見、議論、定本，不能**即視之爲禪**。

第六節　朱子對于象山之稱賞

朱子對于象山亦有稱賞，但其賞識不及呂伯恭。〈象山年譜〉，三十四歲：

> 春試南宮奏名時，尤延之裏知舉，呂伯恭祖謙爲考官。讀先
> 生《易》卷，至：「狎海上之鷗，遊呂梁之水，可以謂之無
> 心，不可以謂之道心。以是而洗心退藏，吾見其過焉而溺

矣。濟潺湑之車,移河內之粟,可以謂之仁術,不可以謂之
仁道。以是而同乎民、交乎物,吾見其淺焉而膠矣。」擊節
嘆賞。又讀〈天地之性人爲貴論〉,至:「嗚呼!循頂至
踵,皆父母之遺體。俯仰乎天地之間,惕然朝夕,求寡乎愧
怍,而懼弗能,倘可以庶幾於孟子之塞乎天地,而與聞夫子
人爲貴之説乎!」愈加嘆賞。至策,文意俱高。伯恭遽以內
難出院,乃囑尤公曰:「此卷超絕,有學問者,必是江西陸
子靜之文,此人斷不可失也。」又併囑考官趙汝愚子直。二
公亦嘉其文。遂中選。他日,伯恭會先生曰:「未嘗款承足
下之教,**一見高文,心開目明**,知其爲江西陸子靜也。

呂伯恭能賞識象山于考卷之中,而謂「**一見高文,心開目明**」,則
象山之爲**高明爽朗之人物**可知。呂伯恭能賞識此高明爽朗型之人
物,其品藻之識亦不凡。故象山祭呂伯恭文云:「辛卯之冬,行都
幸會。僅一往復,揖讓而退。既而以公,將與考試。不獲朝夕,以
吐肝肺。公素與我,不交一字。糊名謄書,幾千萬紙。**一見吾文,
知非他士。公之藻鏡,斯已奇矣**」。(《象山全集》卷二十六,祭
文)。

〈象山年譜〉,三十六歲:

訪呂伯恭於衢。伯恭〈與汪聖錫書〉云:「陸君相聚五六
日。淳篤敬直,流輩中少見其比。」又〈與陳同甫書〉云:
「自三衢歸,陸子靜相待累日,又留七八日,昨日始行。篤

實淳直，朋游間未易多得。渠云：雖未相識，每見尊兄文
字，開豁軒翥，甚欲得相聚。覺其意甚勤，非論文者也」。

象山之高明爽朗表現于內聖之學，故伯恭又稱其「淳篤敬直」、
「篤實淳直」。而陳同甫者則是高明爽朗之表現于「事功之學」
者，故重英雄之生命。高明爽朗在此轉而爲慷爽。其文字「開豁軒
翥」即是英雄主義之慷爽之表現，而此種風格亦特爲象山所喜，故
「甚欲得相聚」也。象山自與同甫殊途，彼亦不必看得起同甫，然
在此「開豁軒翥」上，則是氣味相投者。然而對于此種高明爽朗型
之人物，朱子卻極不賞識。彼于象山，不正視此**高明爽朗本身之正
義**，卻專想**其爲禪**。彼于陳同甫，不欣賞其「開豁軒翥」，卻視之
爲千奇百怪，神出鬼沒。彼既不正視此高明爽朗型本身之正義，故
亦不能正視此高明爽朗中所表現之孟子學之義理，而只就其揮斥意
見、議論、定本，而想其爲禪。彼既不欣賞陳同甫之「開豁軒
翥」，故亦不能正視此「開豁軒翥」中所表現之生命世界，而只就
其推尊漢唐，斥之爲千奇百怪。朱子之心態是**沈潛細密型**，彼所喜
愛者是**收歛凝聚**，而不是**高明爽朗**，故于象山完全不能正視其正面
之精神與正大之義理。彼亦有極**稱賞**象山處，但大都是**浮泛不切**，
而不能直就其義理之**諦處**與**實處**以稱之，故終于重點只落在**斥其爲
禪**也。試看自鵝湖會後，朱子稱象山之辭爲如何：

1.〈答張敬夫〉書云：

子壽兄弟氣象甚好。其病卻是盡廢講學，而專務踐履；卻於
踐履之中，要人提撕省察，悟得本心，此爲病之大者。要者

> 操持謹質，表裡不二，實有以過人者。惜乎其自信太過，規模窄狹，不復取人之善，將流於異學而不自知耳。〔鵝湖之會年〕

此書已錄于前。今再錄于此，以觀其對于象山所說之利弊。此書稱其「氣象甚好」，稱其「操持謹質、表裡不二」。人能至此，豈是容易？若非天縱之資，自然如此，即是學有諦見，故氣象開朗。但朱子于其學之路向，于其見之**諦處、實處**，全不正視，而卻認爲是「病之大者」。此無異于謂其**行是而學非**。得失相形，乃見其所稱之得，全成**浮泛**。其得無「學之是」以實之，故只想其「流于異學而不自知」，又料想其「盡廢講學，而專務踐履。」

2.〈答呂伯恭〉書云：

> 「子靜舊日規模終在」云云，〔全文見前引。〕然其好處，自不可掩覆，可敬服也。〔白鹿洞講義利之辨年〕

其「好處」何在？卻終不就其見之諦處實處說，故終成**浮泛**。其所謂「敬服」者只是有一個**生命在此**，有種種「**效驗**」（朱子謂象山輪對，「語意圓轉渾浩，無凝滯處，亦是渠所得效驗。」），**不易降伏耳**。其「所得效驗」，彼以爲不是由孟子來，乃是由禪學來。故仍是行是而學非。

3.〈答林擇之〉書云：

> 此中見有朋友數人講學，其間亦難得樸實頭負荷得者。因思

日前講論，只是口說，不曾實體於身。故在己在人都不得力。今方欲與朋友說日用之間，常切檢點氣習偏處，意欲萌處，與平日所講相似與不相似，就此痛著工夫，庶幾有益。陸子壽兄弟，近日議論卻肯向講學上理會。其門人有相訪者，**氣象皆好**，但其間亦有舊病。此間學者卻是與渠相反。初謂只如此**講學漸涵，自能入德**。不謂末流之弊，只成**說話**！至於人倫日用，最切近處，亦都不得毫毛氣力。此不可不深懲而痛警也。〔此書書于朱子五十一歲，《年譜》繫于五十二歲，陸子靜來訪，白鹿洞講義利之辨下。〕

此書是檢點自己路向之病痛，但卻從不肯正視象山之孟子路向之利以及其見之諦處與實處，（順孟子而來之義理之實），而只注意其「肯向講學上理會」與否耳。彼所謂「講學」只是讀書、理會文字。方見此路「只成說話」，卻仍以「子壽兄弟肯向講學上理會」為有改進。此豈非向己之**病處拖**，而全忽人之**諦處與實處**耶？當然，順朱子之路向，亦可漸涵入德（他律道德下之德），儘管過程中有「只是口說」之病。但亦不可不正視象山路向之**諦處與實處**。當然，象山亦並非不講學，亦並非不讀書。只是相應道德本性而為道德實踐確是以孟子義理為諦為實，讀書講學亦不過是啟發此義理，深明此義理，以期至乎「**人品**」**之挺立耳**。此是讀書、講學、明理之第一義，當然主旨不在客觀研究作學究也。象山及其門人之氣象好皆本于此，而朱子不肯正視也。卻以其不肯客觀研究作學究，便認為是禪，天下寧有此理耶？當然朱子亦不純是客觀研究作學究，但其此方面之興趣極濃，並以之為漸涵（磨練）入德之門

耳。而象山之重點與中點卻不落在此。吾人豈能因其重點中點不在此，便謂之是禪耶？象山並非「教外別傳、不立文字」者也。佛家禪宗之教外別傳、不立文字，亦只因佛教發展至唯識、華嚴，章疏太煩，故撥開文字之葛藤，直指本心，實悟實證以作佛耳。然則象山直就人品之挺立，順孟子之義理，相應道德本性而為道德實踐，崇樸實、黜議論，有何不可，而必以為如此便是禪耶？豈聖人之教必以讀書理會文字為**第一義耶**？毋乃心眼不開、識見不廣乎？此不可以世俗平實為藉口也。

4.〈與吳茂質〉書云：

> 近來自覺向時工夫，止是**講論文義**，以為**積集義理**，久當**自有得力處**。卻於日用工夫**全少點檢**。諸朋友往往亦只如此做工夫，所以**多不得力**。今方深省而痛懲之，亦願與諸同志勉焉。幸老兄徧以告之也。陸子壽兄弟，近日議論，與前**大不同**，卻方要**理會講學**。〔案：子壽或有不同。象山並無不同〕。其徒有曹立之、萬正淳者來相見，**氣象皆儘好**。卻是先於**性情持守**上用力，此意自好。但不合自**主張太過**。又要得**省發覺悟**，故流于**怪異**耳。若去其所短，集其所長，自不害為入德之門也。然其徒亦多有主先入、**不肯捨棄**者。萬、曹二君卻無此病也。〔此書亦書于陸子靜來訪前一年，其年子壽卒，《年譜》亦繫于「來訪」年。〕

案：此書檢點自己之病痛，與前書同。惟于象山方面「先于性情持守上用力，此意自好」，此所謂「好」，仍是泛說，不肯落實見其

諦處。朱子亦可在「性情持守上用力」，但只是在「**中和新說**」下**用力，不是孟子之精神**。故同一「先於性情持守上用力」，卻不必眞能諦見孟子之精神。若眞能諦見。便無所謂「主張太過」。豈有認得是，而不堅持之者乎？又，若眞能諦見，則于利欲汨沒之中，「省發覺悟」，肯認本心之良，乃係必然者，此如何是「病之大者」？又如何是「怪異」？故「去其所短，集其所長」，亦**只是浮說**。若短在「主張太過」，而至抹殺其他知識學問，則「去其所短」，猶有可說。若並「省發覺悟」亦認爲是短，而同去之，則是根本抹去孟子學之精神，而所謂「先于性情持守上用力」、「自不害爲入德之門」者，亦只是「中和新說」下之「于性情持守上用力」以爲入德之門也，非孟子學之「入德之門」也。又，若眞能諦見孟子精神，則決不肯教人「舍棄」，今責「其徒亦多有主先入，不肯舍棄者」，是即未能諦見孟子學之眞精神也。教人「舍棄」，何所之乎？無非歸于「中和新說」一路而已！此非去短集長之謂也。

　　5.〈答項平父〉書云：

　　　示諭曲折，及陸國正語，三復奐然，所警於昏惰者爲厚矣。大抵子思以來，教人之法惟以尊德性、道問學兩事爲用力之要。今子靜所說，專是**尊德性**事，而熹平日所論，卻是**道問學**上多了。所以爲彼學者多**持守可觀**，而看得**義理全不仔細**。〔案：此指客觀文字義理言〕。又別說一種杜撰道理遮蓋，不肯放下。〔案：講說孟子義理，直下承當，體而行之，並非「一種杜撰道理」。此而放下，只有廢棄孟子，或

只作客觀文字義理理會工作。蓋象山理會孟子之文字義理亦並不錯。不惟不錯，且已到深造自得左右逢源之境。故能透過客觀文字義理之理會而肯認其爲道德實踐上之眞實義理，並能直下承當而體之于生命中。以此爲入德之第一義，不以客觀的文字義理之廣博研究與多方理會爲入德之門也〕。**而熹自覺雖於義理不敢亂說，**〔案：此指文字義理說。儘管有錯，而「不敢亂說」亦確是眞的。〕，**卻於緊要爲己爲人上，多不得力。今當反身用力，去短集長，庶幾不墮一邊耳。**〔此書書于癸卯，朱子五十四歲，《年譜》亦繫于「陸子靜來訪」下。〕

案：以尊德性與道問學判兩家之異，本不錯。關此，吾已明之于前，可覆案，茲不贅。吾所欲進而說明者，乃在朱子不能正視象山之尊德性是**孟子學之尊德性**，不是**泛說之尊德性**。蓋朱子本其「中和新說」，亦**可以尊德性也**。雖其「講論文義」與相應道德本性而爲道德踐履無本質的關係，此即爲岐出、爲支離、爲他律道德，故「於緊要爲己爲人上多不得力」，然彼亦可藉此**磨練漸涵，使身心端靜**，落于**尊德性**上以爲入德之門。但此爲「中和新說」下之尊德性，非孟子學之尊德性。象山不取此「定本」，卻以孟子學爲**規範**。此種差異，朱子不及知也。至于道問學，則于孟子學之尊德性有直接相干者，（此如講者講此，明者明此等），有不直接相干者或甚至是不相干者。直接相干者，象山並不反對也。不但不反對，而且有必然之關聯。知尊德性，始有道問學。象山不以朱子之「去短集長」爲然，而曰「既不知尊德性，焉有所謂道問學」，（〈象

山年譜〉四十五歲），正是指這直接相干的道問學而言。至于不直接相干者，則宇宙內事是己分內事，皆是合應爲者，亦無所用其反對，此不是問題之所在，亦無所用其爭論。蓋言有宗主，不可濫也。而朱子必斤斤于此，以爲象山反對講論文義、反對讀書，以爲如此便是禪，此則離題太遠，宜象山之不服也。不但不服，且可認爲此種責難根本不值一顧。朱子自始即視象山爲禪，此成見在心，一見象山，便滿眼是禪。此實于根本上即輕忽對方，故有此無謂之聯想。即此一點，便足惹起象山之反感。其一切稱贊皆**浮泛不切也**。宜象山之從未有一語酬應也。辯太極無極時之充分表露乃根本是對此輕忽與無謂聯想之答覆。（但從無一字辯禪不禪，因根本不值一辯故。）

6.〈答陳膚仲〉書云：

> 陸學固有似禪處，然鄙意近覺婺州朋友**專事見聞**，而於**自己身心全無工夫**，所以每勸學者兼取其善，要得身心稍稍端靜，方於義理知所抉擇，非欲其**兀然無作**，以冀於一旦**豁然大悟也**。吾道之衰，正坐學者各守己偏，不能兼取眾善，所以終有不明不行之弊。非是細事。〔此書，《朱子年譜》亦繫于「陸子靜來訪」下。〕

〈答呂伯恭〉書云：

> 道間與季通講論，因悟向來涵養工夫**全少**，而講說又多彊探，必取尋流逐末之弊。推類以求，眾病非一，而其源皆在

此。**恍然自失，似有頓進之功。若保此不懈，庶有望於將來。然非如近日諸賢所謂頓悟之機也。**〔此書，《朱子年譜》繫于四十七歲下，即鵝湖之會之次年，此意與前書同，故附于此，合併論之。〕

案：此兩書皆言自己專事見聞、講說之病，而欲會歸于自己身心之涵養，然隨之即遮「頓悟」之說。蓋彼以禪視陸學，故以大悟、頓悟、覺悟爲忌也。茲且乘機以言頓悟之義，以見「中和新說」下之身心工夫與孟學下之身心工夫之不同。孟子說：「是故所欲有甚於生者，所惡有甚於死者。非獨賢者有是心也，人皆有之，賢者能勿喪耳。一簞食，一豆羹，得之則生，弗得則死，嘑爾而與之，行道之人弗受，蹴爾而與之，乞人不屑也。萬鍾則不辨禮義而受之，萬鍾於我何加焉？爲宮室之美、妻妾之奉，所識窮乏者得我與？鄉爲身死而不受，今爲宮室之美爲之，鄉爲身死而不受，今爲妻妾之奉爲之，鄉爲身死而不受，今爲所識窮乏者得我而爲之，是亦不可以已乎？此之謂失其本心！」接著又說：「仁，人心也。義，人路也。舍其路而弗由，放其心而不知求，哀哉！人有雞犬放，則知求之，有放心而不知求！學問之道無他，求其放心而已矣。」（〈告子章〉）。

依孟子，人皆有惻隱、羞惡、辭讓、是非之「本心」，人皆有「所欲有甚於生，所惡有甚於死」之本心。人陷溺于利欲之私，乃喪此本心。故「學問之道無他，求其放心而已矣。」放即放失之放。放失之，則求有以復之而已耳。求其放心即復其本有之本心。本有之「本心」呈現自能相應道德本性而爲道德的實踐，即不爲任

何別的，而唯是依本心所自具而自發之義理之當然而行，此即爲**人品之挺立**。此本有之本心乃超越乎生死以上之絕對的**大限**，超越乎一切條件（如爲宮室之美、妻妾之奉、所識窮乏者得我等等）之上而爲絕對的無條件，唯是一義理之當然。承此而行，方是眞正之道德生活。

但問題是在：當人汩沒陷溺于利欲之私、感性之雜之中而喪失其本心時，又如何能求有以復其本心？答此問題誠難矣哉！其難不在難得一思考上之解答，而在雖得一思考上之解答而不必眞能復其本心使之頓時即爲具體之呈現。蓋此種問題非如一數學問題或一科學知識問題之有答或無答之簡單。此一問題，說到最後，實並無巧妙之辦法可以使之「復」。普通所謂教育、陶養、薰習、磨練，總之所謂**後天積習**，皆並非**本質的相干者**。但唯在**積習原則**下，始可說**辦法**，甚至可有種種較巧妙之辦法。但這一切辦法，甚至一切較巧妙之辦法，到緊要關頭，仍可**全無用**。此即示這一切**辦法**皆非**本質的相干者**。說到本質的相干者乃根本不是屬于辦法者，此即示：說到復其本心之**本質的關鍵**並無**巧妙之辦法**。嚴格說，在此並無「**如何**」之問題，因而亦並無對此「如何」之問之解答。其始，可方便虛擬一「如何」之問，似是具備一「如何」問題之樣子，及其終也，說穿了，乃知並無巧妙辦法以答此「如何」之問，隨而亦知在此根本無「如何」之問題，而撤銷其爲**問題之樣子**。記住此義，乃知覺悟、頓悟之說之所由立。覺悟、頓悟者，即**對遮巧妙辦法**之謂也。知一切巧妙辦法，到緊要關頭，皆無用，然後始正式逼出此**覺悟、頓悟**之說矣。

此「人皆有之」之本心不是一個**假設、預定**，乃是一個**呈現**。

孟子說「有之」之「有」不是虛懸地有，乃是**呈現地有**。惟當人汩沒于利欲之私、感性之雜，乃始漸放失其本心。「賢者能勿喪耳」，即能使其常常呈現也。不肖者雖漸放失其本心，然亦並非不隨時有「**萌蘖之生**」，有**端倪**呈現。是以孟子曰：「雖存乎人者，豈無仁義之心哉？其所以放其良心者，亦猶斧斤之於木也。旦旦而伐之，可以為美乎？其日夜之所息，平旦之氣，其好惡與人相近也者幾希？則其旦晝之所為，有梏亡之矣。梏之反覆，則其夜氣不足以存。夜氣不足以存，則其違禽獸不遠矣。人見其禽獸也，而以為未嘗有才焉者，是豈人之情也哉？」（〈告子〉）。「未嘗有才」之才是仁義之心之自然向善為善之能，即良能，此亦即人之**性能**，**由本心而見者**。「梏之反覆」而放失其本心，便以為根本無此性能，是豈人之實情乎？然則人之實確有此自然向善為善之性能，而且亦隨時透露其端倪。雖在梏亡之中，然亦未始不在平旦清明之氣中略有呈現。是則所謂放失亦只是被利欲之私感性之雜所蒙蔽而**無力以為主**耳。喧賓奪主，故沈隱而不能呈其用。

　　所謂「**覺悟**」者，即在其隨時**透露**之時警覺其即為**吾人之本心而肯認之**耳。肯認之即**操存之**，不令放失。此是求其放心之**本質的關鍵**。一切**助緣工夫**亦無非在促成此覺悟。到有此覺悟時，方是求其放心、復其本心之切要處。一切積習工夫、助緣工夫並不能**直線地引至此覺悟**。由積習到覺悟是一步**異質的跳躍**，是**突變**。光是積習，並不能即引至此跳躍。躍至此覺悟，其本質之機還是在本心透露時之**警覺**。人在昏沈特重之時，也許永不能自己警覺，而讓其**滑過**。此時**本質之助緣**即是師友之**指點**。指點而醒之，讓其警覺。警覺還是在**自己**。其他一切支離歧出之**積習工夫**、文字義理工夫，即

老子所謂「爲學日益」工夫，雖亦是助緣，但**不是本質**的助緣。即此本質的助緣畢竟亦只是**助緣**，對求其放心言，亦仍不是**本質的主因**，不是**本質的關鍵**。本質的關鍵或主因唯在**自己警覺**——順其呈露，當下警覺而肯認之。除此以外，再無其他**巧妙辦法**。此即「如何復其本心」中如何一問題之答覆。但此「警覺」實不是普通所謂**辦法**，亦不是普通說明「如何」一問題之說明上的解答。普通對「如何」一問題之說明、解答，即是可劃歸于一**更高之原則**，通過**另一物事**以**說明此物事**。如應用此方式于「如何復其本心」上而想一另一物事如積習之類，以說明此「如何」，以爲此是一種辦法或巧妙之辦法，則到最後將見此一切辦法**可皆無用**，或至少不是**本質**的相干者。即依此義，此「如何」一問乃喪失其爲一問題之樣子，而可說在此乃根本無「**如何**」之問題者。此即示：此問題乃根本不許吾人就「**如何**」之問，**繞出去從外面想些物事以作解答**。乃須當下**收回來**即就自己**本心之呈露**而**當下警覺**以肯認之。此警覺不是此**本心以外之異質**的物事，乃即是此**本心之提起來而覺其自己**。故即在此「**提起來而覺其自己**」中醒悟其利欲之私、感性之雜，總之所謂隨軀殼起念，乃根本是墮落、陷溺、逐物之歧出，而非其**本心**、非其**真正之自己**、**真正之原初之心願**。此種醒悟亦是其本心所透示之**痛切之感**，亦可以說是其**本心之驚蟄、震動**所振起之**波浪**。由其所振起之**波浪**反而**肯認其自己、操存其自己**，亦即**自覺其自己**，使其自己歸于其正位以呈現其**主宰之用**，此即是「**求其放心**」，使放失之心**復位**。放失之心一旦復位，則由驚蟄、震動所振起之波浪即復**消融**于此本心中而**歸于平平**，此時即唯是**本心之坦然與沛然**，溥博淵泉而時出之。大抵本心之**震動**與本心之**平平**時在**交融爲用中**。

其始也，其震動有**痛切之感**，久之，則歸于輕安，雖震動而無痛感。有痛感，即所謂**懺悔**。輕安而無痛感，則震動即轉而爲**常惺惺**。平平即是**常寂寂**。最後，**寂寂卽惺惺，惺惺卽寂寂**，則即是「不思而得，不勉而中，從容中道，聖人也。」此已說遠，且止。現在且說，于汨沒中初步之**警覺**即是**本心有痛感之震動**。因震動而認識本心，即因**本心之震動**而**認識本心自己**。此即所謂復其本心，求其放心。除此以外，別無其他巧妙之辦法。其他辦法皆是**助緣**：本質的或非本質的。**本質的主因唯在自己警覺**，即**本心自己之震動**，因其震動而肯認其自己。而本心之震動並非一**辦法**也。本心自己不震動，無有外在的物事能使之震動也。是故「如何復其本心」之問之解答即是其**本身自己之震動**。本來「本心」本是在那裡，本無所謂「**放**」，亦無所謂「**復**」，亦猶伊川所謂「心豈有出入？亦以操舍而言耳。」孔子曰：「操則存，舍則亡。出入無時，莫知其鄉，惟心之謂與？」（〈告子〉引）。出入自**操存之工夫上**言，不自**存在上**言。操則存，即入也。舍則亡，即出也。「出」即孟子所謂「放」。只因汨沒于利欲之私、感性之雜，心**沈隱而不動**，遂謂之爲「**放失**」，此亦「舍則亡」之意，實則亦無所謂「亡」，亦無所謂「放」，只是**潛隱而不震動**，故亦**不起作用耳**。然而本心實是一活物，豈有終不震動之理？其隨時可呈露端倪，即隨時可**震動**也。本心之**不容已**亦自有一種**力量**，雖梏之反覆，亦終壓不住也。此爲覺悟所以**可能**亦即其**必然之最內在的根據**。從此着眼而言道德實踐之本質的工夫爲覺悟決是孟子學所必有之**涵義**，此與禪學決無關係。

此種覺悟亦名曰**逆覺**。逆覺者即逆其汨沒陷溺之流而**警覺**也。

警覺是本心自己之震動。本心一有震動即示有一種內在不容已之力量突出來而違反那汩沒陷溺之流而想將之挽回來，故警覺即曰**逆覺**。逆覺之中即有一種悟。悟即醒悟，由本心之**震動**而**肯認本心之自己即曰「悟」**。悟偏于積極面說。**直認本心之謂悟**。覺而有痛感，知汩沒之為非，此雖較偏于消極面，而同時亦認知本心之為是，故亦通于積極面。通于積極面而肯認之即為悟。由覺而悟，故曰「**覺悟**」。

從悟一面進而說**大悟**或**頓悟**。大悟、頓悟者悟此本心**無限量**之謂也。當吾人順本心透露而警覺時，雖已肯認此本心矣，然此時之本心仍在重重錮蔽中被肯認，即在限制中被肯認，此亦即本心之受限性。顯然錮蔽所成之限制並非即本心自己之限制。汩沒于利欲之私、感性之雜中，一切是有條件有限制，而本心之呈用無任何條件，唯是**一義理之當然**，一**內在之不容已**，自無任何限制性。本心自體當是無限制者。由無限制而說其為「無限量」，此即普通所謂**無限性**。惟此無限性尚是消極者，由對遮錮蔽，自錮蔽中解脫而顯者。此可由**分解**而**得**之。對此種無限性（**形式的無限性**），不必曰頓悟。此可由**分解之思以悟之**。惟當本心自體之無限性由消極進而為積極，由抽象的、形式的，進而為**具體的、勝義實際的**，方可言**頓悟**，乃至**大悟**。此具體的、勝義實際的無限量是何意義？曰：**道德的本心**同時即**形而上的宇宙心**是也。形式的無限性須能頓時**普而為萬物之體**，因而**體萬物而不遺**，方是落實而具體的無限性，即勝義實際的無限性。面對此無限性**直下肯認而滲透之**名曰「**頓悟**」。此種具體的、勝義實際的真實無限性不只是抽離的形式的無限性普遍性，而是「融于具體之殊事殊物中而為其體」之無限性、普遍

性。說單純，則「至當歸一，精義無二」，只是**一心**，只是**一理**。「此心此理實不容有二」；說豐富，是**無窮的豐富**，說奧秘是**無窮的奧秘**。旣不容有二，則**悟必頓**。旣是無窮的豐富，無窮的奧秘，**悟亦必頓**。此中無任何階梯漸次**可以湊泊**也。由覺而悟，必須悟到此境，方是悟到本心自體之眞實的無限性。必須悟到此眞實的無限性，本心義始到家。到家者，道德實踐而成聖所**必須如此**之謂也。

覺悟乃至頓悟固爲孟子所未明言，然亦未始非其所必函。「學問之道無他，求其放心而已矣。」就求其放心言，學、問即學以覺之、問以「覺」之也。豈有不覺此本心，繞出去學習問聞那不相干的物事，而能求其放心乎？「心之官則思，思則得之，不思則不得也。」思即覺也。「欲貴者，人之同心也。人人有貴於己者，弗思耳。」弗思即弗覺。覺則乃知人人皆有貴于己之「良貴」。若非逆覺其本心，焉有所謂「良貴」？「誠者，天之道也。思誠者，人之道也。」思誠即逆覺而肯認其本有之**誠體**也。「舜之居深山之中，與木石居，與鹿豕遊，其所以異於深山之野人者幾希？及其聞一善言，見一善行，若決江河，沛然莫之能禦也。」由於一聞一見，即沛然莫之能禦，則其覺悟之速可知也。一旦覺悟，則**萬善中出**，故**沛然莫之能禦也**。「由仁義行，非行仁義也。」此則已由「覺悟」而至頓悟矣。

至于「萬物皆備於我矣。反身而誠，樂莫大焉。」此即函**頓悟**義。「夫君子所過者化，所存者神，上下與天地同流，豈曰小補之哉？」此亦函有一頓悟義于其中。且不只一頓悟，且已至「大而化之之謂聖，聖而不可知之之謂神」之境矣。「盡其心者，知其性也。知其性，則知天矣。」**知性卽知天**，即函有**頓悟義**。故程明道

云：「只心便是天，盡之便知性，知性便知天，**當處便認取，更不可外求。**」可謂圓頓之至矣。豈是孟子所本無而妄意之哉？

朱子「中和舊說」中云：「雖汩於物欲流蕩之中，而其**良心萌蘗**亦未嘗不因事而發見。學者於是**致察**而操存之，則庶乎可以貫乎大本達道之全體，而復其初矣。」此亦是本孟子而言之覺悟義。三十九歲以「中和舊說」爲背景〈答何叔京〉書云：「但因其**良心發現之微**，猛省提撕，使心不昧，則是**做工夫底本領**。本領既立，自然下學而上達矣。若不察於良心發見處，即渺渺茫茫，恐無下手處也。」此亦是本孟子以覺悟爲「做工夫底本領」，即爲復其本心之本質的關鍵。惟朱子不能眞切乎此義，在此用不上力，故瞬即**放棄矣**，既以「覺悟」爲大忌，而力斥之爲禪，復以「先致察於良心發見」爲非是而極力攻擊之。此其終不解孟子可知。至于張南軒本其師胡五峰之〈知言〉，猶主「學者須先**察識端倪**之發，然後可加存養之功」，此亦本孟子覺悟求放心之義，本不誤，而朱子必以察識涵養配屬于已發與未發，而竭力反對之，遂離孟子學愈遠矣。胡五峰「須先識仁之體」以及「齊王見牛而不忍殺，此良心之苗裔，因利欲之間而見者也」等義，固有承于明道，亦不悖于孟子。至于明道之一本論，「當處便認取，更不可外求」，更是覺悟復本心之孟子學之精神。張橫渠「大其心體天下之物」，「心能盡性，人能宏道也」，亦不悖孟子之本心義及盡心知性知天義。象山直承**本心之坦然沛然而說話**，雖不常言覺悟求放心，然其實早已跨過此關而直至**承體而說**之境矣。〈語錄〉云：「吾於踐履，未能純一，然纔自**警策，便與天地相似。**」此已直下至**圓頓之悟**矣。「心之體甚大。若能盡我之心，便與天同」。此亦由覺悟而至**圓頓之悟**，即「盡我

之心」之盡的悟。「萬物森然於方寸之間。滿心而發,充塞宇宙,無非此理」。此明是孟子「萬物皆備於我」之**另一種表示**。「滿心而發」,不但是頓悟,而且由頓悟而至**一體之沛然**。此皆明是**孟子學之基本大義**,根本**與禪無關涉**,而朱子必以覺悟、大悟、頓悟為忌何耶?此豈是空口迷離恍惚說大話之謂耶?徒見其不能真切乎**本心之義**而已矣。覺悟、頓悟之詞容或來自佛家,然名者公器,豈必不可使用耶?佛家自竺道生講「頓悟成佛」以來,天臺、華嚴皆講圓、頓之教,至禪而盛言頓教,然佛家自是佛家義,豈是因一講覺悟、頓悟,便是禪耶?如此忌諱,勢必日趨卑下瑣碎而不敢自處於**高明**與**切要**,豈是善紹孔孟之教者耶?故朱子此種忌諱與逃避全屬無謂。禪不禪只當看**義理骨幹**,豈決定於**名言**耶?儒釋道講到心性之學,自有其**共通處**。蓋同以**主體性**為主,故其表現之**方式、思路**,以及**發展之形態**自不能免乎有**相似**也。只要真能見到其**義理內容不同**斯可矣。通乎學術之原委者,自可不以**忌諱累其心也**。

7.〈答諸葛誠之〉書云:

> 示諭競辨之端,三復憫然。愚意比來深欲勸同志者,**兼取兩家之長**,不可輕相詆訾。就有未合,亦且置勿論,而姑勉力於吾之所急。不謂乃以〈曹表〉之故,〔朱子曾為曹立之作墓表〕,反有所激,如來諭之云也。不敏之故,深以自咎。然吾人所學喫緊著力處,止在天理人欲二者相去之間耳。如今所論,則彼之因激而起者,於二者之間果何處也。子靜平日所以自任,正欲**身率學者一於天理,而不以一毫人欲雜於其間**,恐決不至如賢者之所疑也。義理,天下之公。而人之

所見有未能盡同者，正當虛心平氣，相與熟講，而徐究之，以歸於是，乃是吾黨之責。而向來講論之際，見諸賢往往皆有立我自是之意。厲色忿詞，如對仇敵，無復長少之節、禮遜之容。蓋常竊笑，以爲正使眞是仇敵，亦何至此？但觀諸賢之氣方盛，未可遽以片辭取信，因默不言，至今常不滿也。〔此書，《朱子年譜》繫于五十六歲「辨陸學之非」下。〕

案：此書亦仍表示「兼取兩家之長」，並肯認象山「正欲身率學者一於天理，而不以一毫人欲雜於其間，恐決不至如賢者之所疑」，此亦大君子之雅量。蓋朱子歷來本甚敬重象山之人品，惟不以其學爲然耳。是則由于朱子之心態與孟子有距離故。附和朱子者，如諸葛誠之之類，施以不堪之臆測，朱子類能止之，正見惺惺惜惺惺之意。〈象山年譜〉五十一歲下亦略繫朱子此書，並隨之復繫云：「包顯道侍晦庵。有學者因無極之辯，貽書詆先生者，晦庵復其書云：南渡以來，八字著脚，理會著實工夫者，惟某與陸子靜二人而已。某實敬其爲人，老兄未可以輕議之也。」無極之辯，雙方極不愉快，而朱子仍如此稱之，且禁止浮薄者之「輕議」，此可見君子之克己。惜乎「敬其爲人」，而不解其學，此亦一間之未達。而所謂「兼取兩家之長」亦成浮泛不著實之虛語。而著實者唯在譏其爲禪耳。然禪學之譏實亦無謂之聯想，毫無相應處也。「著實」者主觀幻結之堅執耳。象山〈與路彥彬〉書：「竊不自揆，區區之學，自謂孟子之後，至是而始一明也。」（《象山全集》卷十）。象山之學明是「因讀孟子而自得之」，孟子之道至是而始一明，而朱子必幻想其爲禪，是則不能說不離題太遠也。是亦孟子所慨嘆之「智

之於賢者也，〔……〕命也，有性焉，君子不謂命也。」雖不謂命，而畢竟為「命」所限。朱子雖常克己，欲取兩家之長，而究未能盡性以相喻。此賢者之智之受限也。孟子，象山學之精神，雖在「自汩沒中求放心」之超拔，自有其警策精當處，而沈潛委順以漸磨者不易受也。朱子亦終限于此，自安于習熟，自信于條畫，而不能有警悟，故亦終不相喻也。象山之提撕振拔，自感動得人。後生為其所感動者，稍有洞悟，張皇不遜處自不能免。此非朱子所能堪也。既不能由正視孟子學以契之，復不能**具幽默**以容之，終于因附和者之不遜而益增其反感，並堅其禪學之聯想，遂亦終于不能**含忍**，而「誦言以攻之」矣。至于象山之不以朱學之支離歧出為然，蓋時在表露中，且亦從未有改變。其不以為然而譏斥之，決不如諸葛誠之之所猜想，因〈曹表〉之故而「有所激」也。此則王懋竑之《考異》已辨明之矣。（參看《朱子年譜考異》卷之三，「五十六歲，辨陸學之非」一條下）。據吾人今日平情觀之，象山方面似並無激情，只是實見得如此，故斥其為「**議論之途**」。而朱子之「誦言攻之」卻顯得**心情之激動躍然于紙上**。蓋象山之氣盛，「自信太過」，以及附和者之不遜，「立我自是」，朱子**甚受氣**，非其**所能堪**。始也含忍、自制，欲取兩長，而取兩長**不能落實**，終也暴發，攻其為禪，而**攻不相應**。總不順適調暢，故不免激情于中也。顯然象山不以禪學之譏為意，而朱子卻不能忘懷于支離之斥也。

　　以下試觀其「誦言以攻之」。

第七節　朱子之「誦言以攻之」

1.王懋竑謂「朱子誦言攻之,亦在乙巳、丙午之後,知其必不可合也。」案:丙午年,象山四十八,朱子五十七。是年,朱子〈答程正思〉書云:

> 所論皆正當確實,而衛道之意又甚嚴,深慰懷抱。祝汀洲見責之意,敢不敬承。蓋緣舊日曾學禪宗,故於彼說〔指象山說〕,雖知其非,而不免有私嗜之意;亦是被渠〔象山〕說得**遮前掩後**,未盡見其底蘊。譬如楊、墨,但知其爲我兼愛,而不知其至於無父無君,亦不知其便是禽獸也。去冬,因其徒來此,狂妄凶狠,手足盡露,自此乃始顯然鳴鼓攻之,不復爲前日之唯阿矣。

案:此即「誦言攻之」之開始。朱子自謂「舊日曾學禪宗」,故于象山之說,「雖知其非,而不免有私嗜之意。」又謂:因象山「說得遮前掩後,未盡見其底蘊。」實則彼亦究未絲毫見其底蘊。此不可以孟子闢楊墨爲類比。爲我、兼愛是**思想內容問題**,而象山之駁落意見、議論、定本,以及一切支離歧出,以復本心,則是表現呈**露眞實心之超拔**,是**表現眞實義理**之方式問題,此固有類于禪宗之精神或風格,但凡肯認超越之本心者,于求放心中,此乃必然應有之**共同方式**,顯然不得因爲有此即爲禪,更不得因其徒之狂妄不遜,便謂「盡見其底蘊」,而謂其學可以類比于楊墨之「無父無

君，是禽獸也」之惡果，而斷定其必是禪。朱子之所謂禪顯然乃不相干者。

2.〈答趙幾道〉書云：

> 所論時學之弊甚善。但所謂冷淡生活者，亦恐反遲而禍大耳。孟子所以舍申商而距楊墨者，正爲此也。向來正以吾黨孤弱，不欲於中自相矛盾，亦厭繳紛競辨，若可羞者，故一切容忍，不能極論。近乃深覺其弊，全然不曾略見天理，彷彿一味只將私意東作西捺，做出許多詖淫邪遁之說；又且空腹高心，妄自尊大，俯視聖賢，蔑棄禮法，只此一節，尤爲學者心術之害，故不免直截與之說破。渠輩家計已成，決不肯舍。然此說既明，庶幾後來者免墮邪見坑中，亦是一事耳。

案：象山辨志、明本心，正在去私意、求放心，以見本心之天理，而謂其「全然不曾略見天理」，「只將私意東作西捺，做出許多詖邪淫遁之說」，此能得象山之實乎？朱子與象山之異，亦猶海德格所說柏拉圖傳統之「**本質倫理**」與康德傳統之「**方向倫理**」之不同。（見《心體與性體‧綜論部》）。此兩型心態常不易相契。然康德傳統之「方向倫理」確是由深入「本質倫理」見其有不足而轉出者，此是推進一步之高級型態。象山確是比朱子更推進了一步，朱子不能知也。

3.〈答趙子欽〉書云：

子靜後來得書，愈甚於前。大抵其學於心地工夫，不爲無所見。但便欲恃此陵跨古今，更不下**窮理細密**工夫，卒並與其所得者而失之。人欲橫流，不自知覺，而高談大論，以爲天理盡在是也。則其所謂心地工夫者，又安在哉？

案：只曰「其學於心地工夫，不爲無所見」，何不曰其學**本自孟子**？若于此眞見得到，則以下之批評皆可不作。今只浮泛過去，輕輕許以「於心地工夫不爲無所見」，則其不能得象山之實亦明矣。「人欲橫流」云云，顯屬輕忽之甚！前謂其徒「多持守可觀」，今何忽變如此？

　　4.〈答劉公度〉書云：

　　　臨川近說愈肆。〈荆舒祠記〉，曾見之否？此等議論，皆**學問偏枯、見識昏昧**之故，而私意又從而激之。若公度之說行，則此等事，都無人管，恣意橫流矣。試思之如何！

案：象山〈荆國王文公祠堂記〉作于五十歲，乃其平生得意之筆，亦成熟之筆，自以爲「乃是斷百餘年未了底大公案。自謂聖人復起，不易吾言。」（〈與胡季隨〉書，《象山全集》卷一）。而朱子則因學問之不契而如此**陋視之**，寧謂**平情之論**乎？此方是「私意」潛于激情之中而不自知耳。

　　5.〈答項平父〉書云：

　　　告子之病，蓋不知心之慊處即是義之所安，其不慊處，即是

不合於義，故直以義為外而不求。今人因孟子之言，卻有見得此意，而識義之在內者，然又不知心之慊與不慊，亦必有待**講學省察**而後能察其精微者，故於**學聚問辨**之所得皆指為外，而以為非義之所在，遂一切棄置而不為。此與告子之言雖若小異，然其實則百步五十步之間耳。以此相笑，是同浴而譏裸裎也。由其所見之偏如此，故於**義理之精微，氣質之偏蔽**，皆所不**察**，而其發之暴悍狂率無所不至，其所慨然自任，以為義之所在者，**或未必不出於人欲之私也**。

案：孟子以仁義內在明本心，以本心明性善。本心不失，則仁不可勝用，義不可勝用，若決江河，沛然莫之能禦。此是自律自主之本心之立體直貫型的義理。此為內聖之學之第一義。義不義之第一義惟在此**自律自主之本心**所自決之無條件之**義理之當然**，此即為**義之內在**。內在者，內在于本心之自發、自決也。孟子說：「長者義乎？長之者義乎？」此一疑問，即由自外在之「長者」處（即他處）說義扭轉而自內在之「長之者」處（即己處）說義。此種自發自決之決斷，不為某某，而唯是義理之當然，即為**本心之自律**。一為什麼某某而為，便不是真正的道德，便是失其本心。承本心之自律而為，便曰**承體起用**。此種承體起用顯是**道德的當然之創造性**之表現，即**道德的目的性之實現**。孟子主仁義內在而明**本心之沛然**，即在點醒此義。必見到此種立體直貫型之創造（承體起用），即「方向倫理」，方是真見到**仁義內在**之**實義與切義**。象山是真能見到此義者，而朱子則落于「**本質倫理**」之他律。其所謂「心之慊處」與「不慊處」即浮泛不切之語，並不真能切于仁義之內在。蓋

心之慊與不慊可由**自律而見，亦可由他律而見**。由他律而見之義是
「義者**宜也**」之義。此可完全**受決于外在者**。如合于風俗習慣、合
于外在之禮法、合乎外在之本質秩序、合于知識上之是非，皆可以
使吾人得到**心之慊**。一字一句若有不對，便覺心不安，一典出處不
明或弄錯，亦覺心不安。心之慊（快足）是合于義（義之所安），
心之不慊即是不合于義（義之所不安）。但此種義不義卻正是外在
者，正是**他律者**；而心之慊不慊亦正是因關聯于**他律**而足不足，此
是**認知之明之足不足**。此不是真正「**第一義道德**」之**自律**。亦不是
本心自律上之安不安。而朱子卻正是向「**關聯于他律以定足不足**」
而趨，而象山卻是向「**本心自律之安不安**」而趨。此仍是**一縱一
橫**，第一義與第二義之別也。

　　若真見到「**本心自律上之安不安**」為內聖之學之第一義，則只
有**補充**，而無**對遮**，亦無所謂禪之聯想。象山之揮斥意見、議論、
定本，其目的惟在**遮撥他律之歧出**，而使人收回來**向裡深入、透顯
本心之自律**。而朱子卻一概**聯想為禪**，又**誤會**為對于「**講學省察**」
與「**學聚問辨**」之忽視與抹殺。象山自謂其學「**不過切己自反，改
過遷善**」，此正是省察之要者，如何能謂其輕忽省察，「**棄置而不
為**」？惟此省察是扣緊**念慮之微**而省察：是利欲、意見之私乎？是
本心之所發乎？是歧出之他律乎？是本心之自律乎？此正是道德**省
察之第一義**，而不是省察于**文字義理之精微**也。象山〈語錄〉：
「有士人上詩云：**手扶浮翳開東明**。先生頗取其語，因云：吾與學
者言，真所謂**取日虞淵，洗光咸池**。」此其講學惟在自人之汩沒陷
溺中啓迪開悟其**本心之自律**，如何能謂其輕忽講學，「**棄置而不
為**」？惟其講學不以讀書、理會文字為主耳。並非不讀書，讀時亦

並非不理會文字也。尅就啓迪開悟**本心之自律**言,讀書、理會文字
正非**本質的相干者**,甚至是**歧出之不相干**。「學聚問辨」亦然。不
以讀典籍之學聚問辨爲主,而以開啓本心之學聚問辨爲主也。孟子
言「集義」豈只限于讀典籍之學聚問辨耶?就開啓本心之自律言,
讀典籍之學聚問辨、客觀研究之義理精微,正非**本質的相干者**,甚
至是**歧出的不相干者**。縱十分精微,亦只是他律。此豈道德行爲之
本性乎?

至於「氣質之偏蔽」,此乃朱子責象山之切要處,以爲只講一
本心之沛然,而不察「氣質之偏蔽」,正有不能沛然處。好底壞底
「一齊滾將去」,「都把做心之妙理」,豈不害事!

朱子《語錄》云:

> 陸子靜之學,千般萬般病只在**不知有氣稟之雜**,把許多粗惡
> 底氣,都把做心之妙理,合當恁地自然做將去。向在鉛山,
> 得他書云:「看見佛之所以與儒異者,止是他底**全在利**,吾
> 儒止是**全在義**。」某答他云:「公亦只見得第二著。」看他
> 意只說儒者絕斷得許多利欲,便是千了百當,一向任意做
> 出,都不妨。不知初自受得這氣稟不好,今纔任意發出許多
> 不好底,也只都做好商量了,只道這是**胸中流出自然天理**,
> 不知氣有不好底夾雜在裏,一齊滾將去,道害事不害事!看
> 子靜書,只見他許多粗暴底意思,可畏。其徒都是這樣。纔
> 說得幾句,便無大無小,無父無兄。只我胸中流出底是天
> 理,全不著得些工夫。看來這錯處,只在不知有**氣稟之性**。

又有一條云：

> 陸子靜之學，只管說一個心本來是好底物事，上面著不得一
> 個字。只是人被私欲遮了。若識得一個心了，萬法流出，更
> 都無許多事。他卻是**實見得個道理恁地**，所以不怕天、不怕
> 地，一向胡叫胡喊！又曰：如東萊便是如何云云，不似他見
> 得恁地**直拔俊偉**。下梢東萊學者，一人自執一說，更無一人
> 守其師說，亦不知其師緊要處是在那裏，都只恁地衰塌不起
> 了。其害小。他學者是見得個物事，便都恁地胡叫胡說，**實
> 是卒動他不得**。一齊恁地無大無小。便是天上天下，惟我獨
> 尊。若我見得，我父不見得，便是父不似我。兄不見得，便
> 是兄不似我。更無大小。其害甚大。不待後世，即今便是！

案：開悟本心之自律正所以取以為準則藉以化除「氣質之偏蔽」，
以至**本心之沛然與坦然**。此所謂「自誠明謂之性」。若氣質之偏蔽
難化，不能至本心之沛然，則正須「**切己自反，遷善改過**」，以漸
使之沛然，此所謂「自明誠謂之教」。焉有唯在發明本心自律之第
一義者，尚天理人欲不分，「把許多粗惡底氣都把做心之妙理」
耶？孟子、象山所說之本心之沛然，豈是蘇東坡之「任吾情即性，
率吾性即道」之**直情逕行**耶？嚴守「本心之自律」正是天理人欲分
得太嚴，故一切意見、議論、定本皆須**刊落**，方能扭轉、**迴機就
己**。故如此「直拔俊偉」，唯是一**義理之當然**挺立**在前**。此所謂壁
立千仞，八風吹不動，故「實是卒動他不得」。此亦有見於真而
然。若見處不諦不實，焉能「動他不得」耶？只因自己不能正視此

義，**繫念於他律之義不義**而不肯**暫時放下**，故見其揮斥意見、議論、定本，便視之為「粗惡底氣」、「粗暴底意思可畏」、「暴悍狂率無所不至」；見其「實見得個道理恁地」，「見得恁地直拔俊偉」，便視之為「不怕天、不怕地、一向胡叫胡喊」，「無大無小」。此豈非**離題太遠乎**？前稱之為「操持謹質，表裏不二」，「氣象皆甚好」，何以忽爾竟至「胡叫胡喊」，「無大無小、無父無兄」耶？此種責難，顯是**心中有蔽**，故流於**激情**而不**自知**。若自家已見得「本心之自律」，在此第一義處與象山同，則再進一步說到體現問題，正視氣質之偏蔽，以此警戒象山，則象山必欣然受教，決無話說。今自己之細密精微，工夫磨練，全走向他律之道德而不自知，在第一義處並未把握得住，而復如此相責，則顯然不對題，宜象山不受也。若忽視見道不見道之根本，或以為朱陸在見道上為同一，而覺得朱子切實，象山粗淺，此則非是，此正有不知根本之異之過，或故意泯真實問題之嫌。

前言若真見到本心自律上之安不安為內聖之學之第一義，則只有補充，而無對遮。何謂「只有補充，而無對遮」？蓋緣本心自律只表示**存心之純正**，亦只表示一**道德目的性之方向**。此心不失，一處不忍，到處不忍，此為**仁之不可勝用**。一處羞惡，到處羞惡，此為**義之不可勝用**。一處辭讓恭敬，到處辭讓恭敬，此為**禮之不可勝用**。一處是非炯然，到處是非炯然，此為**智之不可勝用**。此即「此心炯然，此理坦然」、「若決江河，沛然莫之能禦」，亦是「溥博淵泉而時出之」、「盈科而後進，有本者若是」。此剋就道德之本性言，亦無不足。但若處於一特殊之境遇，一存在之決斷固有賴於本心之自律，但亦有待於**對此境遇之照察**。照察清澈不謬，亦有助

於**本心自律**之**明確**以及**其方向之實現**。照察不謬是智之事，此即是以**智輔仁**。推之，朱子所謂「講學省察」、「學聚問辨」上之「義理之精微」，客觀研究乃至文字理會上之「義理之精微」，皆有其意義與作用，此皆是「**認知之明**」上之**慊不慊**。此種慊不慊皆足輔助本心自律上之慊不慊。但不能停滯於此認知之明上之慊不慊而不進，以此**他律**之**第二義上的「義」**為自足而對遮**本心自律之第一義上的「義」**，並對之施以種種之攻擊與無謂之聯想。朱子正是**滯於本質倫理之他律**，而不能正視**方向倫理之自律**者。此問題至王陽明由本心而進至講良知時，尤顯。俟至該處，將再詳辨而深明之。

6.最後，朱子〈答方王〉書云：

> 所論近世識心之弊，則深中其失。古人之學所貴於存心者，蓋將推此以窮天下之理。今之所謂識心者，乃欲恃此而外天下之理。是以古人知益崇而禮益卑，今人則論愈高，而其狂妄恣睢也愈甚。得失亦可見矣。

案：「古人之學所貴於存心者，蓋將推此以窮天下之理」，此至少**非孟子之「存心」義**。「推此以窮天下之理」，此正是朱子之**靜攝型態**，而非孔孟之**立體直貫之型態**。當然孔孟亦並不廢博文約禮，以窮天下之理，然而其所謂仁，其所謂本心，亦決不止於在**認知之明**上表現其**窮天下之理**之用，此則非朱子之所及知矣。「今之所謂識心者，乃欲恃此而外天下之理」，案此「所謂識心」正是指象山之啟悟「**本心之自律**」言，此正是孟子之**盡心知性、存心養性之立體直貫之型態**，識心者察識良心發見之**端倪**以復其**本心之沛然**之謂

也。此正是扭轉他律而歸自律,以正視道德行爲之本性,成就內聖之學之第一義也。此亦非「外天下之理」。「萬物皆備於我」,無一理之能外,此是**勝義**之**一本論**,立體直貫之**遍體天下之物而不遺之統攝義**。然而「其次致曲」,則是**本末義**,此亦非「外天下之理」而不究,然而有本有末,有縱有橫,象山亦不廢也。至於「知益崇而禮益卑」,則有認知上之謙卑與本心自律上之謙卑,謙卑豈盡限於「窮天下之理」耶?知有內在德性之知、有外在窮究之知,豈盡於「窮天下之理」上顯其崇高博富耶?故「今人所論愈高,而其狂妄恣睢也愈甚」,此非相應之責難。總之,朱子停滯於**靜攝型態**而不能正視孟子、象山之**直貫型態**。故種種責難皆**不相應**,此可慨也。

第八節　朱子之攻其爲禪

以下試觀其如何攻其爲禪。

1.朱子《語錄》云:

> 陸氏之學只是禪。初聞猶自以吾儒之說蓋覆,如今一向說得熾,不復遮護了。渠自說有見於理,到得做處,一向任私意做去,全不睹是。人同之則喜,異之則怒。至任喜怒,胡亂便打人罵人。後生纔登其門,便學得不遜無禮出來。極可畏。世道衰微,千變百怪如此。可畏可畏!

2.《語錄》又云:

陸子靜之學，自是胸中無奈許多禪何！看是甚文字！不過假
借以說其胸中所見者耳。據其所見，本不須聖人文字得。他
卻須要聖人文字說者，此正如販鹽者，上面須得數片鯗魚遮
蓋，方過得關津，不被人捉了耳。

案：朱子說象山爲禪，不過是由象山之揮斥「議論之途」中意見、
議論、定本，而不正視其所以揮斥之實義切義，聯想而來。顯然不
能以揮斥意見、議論、定本，即認爲是禪。**勝義樸實**，「**此心炯
然，此理坦然**」，（〈與趙監〉書，《象山全集》卷一），自無意
見、議論、定本可言。「默而識之，不言而信，存乎德行」，寧有
意見、議論、定本可說乎？「發憤忘食，樂以忘憂，不知老之將
至」，寧有意見、議論、定本可說乎？「文王之德之純，純亦不
已」寧有意見、議論、定本可說乎？「若決江河，沛然莫之能
禦」，「溥博淵泉，而時出之」，「肫肫其仁，淵淵其淵，浩浩其
天」，此正是「自誠明謂之性」，亦是「不怨天、不尤人，下學而
上達，知我者其天乎」，總之是踐仁以知天，盡心知性以知天，此
種實理實事寧有粘牙嚼舌、咬文嚼字、膠著於文字義理之間，翻騰
出許多意見、議論、定本之「平地起土堆」乎？直接相應此實理實
事而開悟出此「本心之沛然」，而刊落一切意見、議論、定本之歧
出與支離，而唯是一**本心自律之義理之當然挺立在前**，即謂爲「**勝
義樸實**」。此種勝義樸實之實事實理如何不可以「聖人文字」表
示，而必謂爲是「如販私鹽者」之「遮蓋」、「蓋覆」以求「過得
關津，不被人捉了」耶？吾以爲此正是**消化、通透了孔孟踐仁知天
之大中至正之弘規**而轉出的**勝義樸實之地道的儒家之義理**——相應

道德本性而為道德實踐之**徹底的唯是一道德意識之挺立之義理**。此如何能說為是禪？豈是只准蜷伏於六經典籍之**文字義理**之間，**逐旋磨將去**，方可**為儒者、為聖人之道**乎？若如此滯礙封限，正是聖人之道之**死板化**，適應於初學下乘，未始不可，豈得**專以此為「定本」**乎？然則其視之為禪者正是未能消化通透孔孟之教之**驚怖心理**耳。至於由其揮斥意見、議論、定本，而驚怖，由驚怖而誤會為「胡亂便打人罵人」，更是離題太遠，亦不必言矣。

　　3.朱子《語錄》又云：

> 因看金溪〈與胡季隨〉書中說顏子克己處，曰：看此兩行議論，其宗旨是禪尤分曉。此乃捉著**真臟正賊**。惜方見之，不及與之痛辯。其說以**忿欲等皆未是己私**，而思索講習卻是大病，乃所**當克治**者。如禪家說乾屎橛等語，其上更**無意義**，又不得別思義理，將此心都禁遏定，久久忽自有**明快處**，方謂之得。此之謂**失其本心**！故下梢忿欲紛起，恣意猖獗，如劉淳叟輩所為，皆彼自謂不妨者也。又曰：金溪學問**真正是禪**。欽夫、伯恭，緣不曾看佛書，所以看他不破，只某**便識得他**。試將《楞嚴》、《圓覺》之類一觀，亦可粗見大意。

案：此條謂象山〈與胡季隨〉書中說顏子克己處，其宗旨是禪。「其說以忿欲等皆未是己私，而思索講習卻是大病，乃所當克治者。」茲查《象山全集》卷一〈與胡季隨〉書中，都無此意，不知朱子何以如此置斷。朱子最重平心理會人文字，何以於此便不平心順人語脈理會人文字？書云：

學者之難得，所從來久矣。道不遠人，人自遠之耳。人心不能無蒙蔽。蒙蔽之未澈，則日以陷溺。諸子百家往往以聖賢自期，仁義道德自命。然其所以卒畔於皇極，而不能自拔者，蓋蒙蔽而不自覺，陷溺而不自知耳。顏子之賢，夫子所屢歎。氣質之美，固絕人甚遠。子貢非能知顏子者，然亦自知非儔偶。《論語》所載：顏淵喟然之歎，當在問仁之前；爲邦之問，當在問仁之後；請事斯語之時，乃其知之始至，善之始明時也。以顏子之賢，雖其知之未至，善之未明，亦必不至有聲色貨利之累，忿狠縱肆之失。夫子答其問仁，乃有克己復禮之說，所謂己私者，非必如常人所見之過惡，而後爲己私也。己之未克，雖自命以仁義道德，自期以可至聖賢之地者，皆其私也。〔朱子所謂「看此兩行議論，其宗旨是禪尤分曉。此乃捉著眞贓正賊。」所謂「此兩行議論」當即指此數語言。試看此數語有如朱子所理解者乎？有「以忿欲未是己私」之意乎？又與禪有何關係？「眞贓正賊」之語尤其鄙曲。〕顏子之所以異乎眾人者，爲其不安乎此，極鑽仰之力，而不能自已，故卒能踐克己復禮之言，而知遂以至，善遂以明也。若子貢之明達，固居游夏之右。見禮知政，聞樂知德之識，絕凡民遠矣。從夫子遊如彼其久，尊信夫子之道如彼其至。夫子既歿，其傳乃不在子貢，顧在曾子。私見之錮人，難於自知如此！曾子得之以魯，子貢失之以達。天德、己見，消長之驗，莫著於此矣。〔朱子所謂「而思索講習卻是大病」當是指此處象山之嘆惜子貢而爲料度之言。試看此處象山之嘆惜子貢有以「思索講習」爲「大

病」者乎？象山謂「私見之錮人，難於自知如此」。「天德、己見，消長之驗莫著於此」。此豈以「思索講習」為「大病」者乎？〕學問之初，切磋之次，必有**自疑之兆**。及其至也，必有**自克之實**。此古人**物格知至之功**也。己實未能**自克**，而不以**自疑**，方憑之以決是非，定可否，縱其標末如子貢之屢中，適重夫子之憂耳。況又未能也？**物則所在，非達天德，未易輕言也**。所惡於智者，為其鑿也。如智者，若禹之行水也，則無惡於智矣。禹之行水也，行其所無事也。如智者亦行其所無事，則智亦大矣。宰我、子貢、有若，智足以知聖人。三子之智，蓋其英爽足以有所精別，異乎陳子禽、叔孫武叔之流耳。若責之以大智，望之以**真知聖人**，非其任也。顏子請事斯語之後，**真知聖人**矣。曾子雖未及顏子，若其**真知聖人**，則與顏子同。學未知止，則其知必不能至。知之未至，聖賢地位未易輕言也。

案：此書自「〈王文公祀記〉乃是斷百餘年未了底大公案，自謂聖人復起，不易吾言」說起，故知此書亦寫於五十歲之時，亦**義理精熟**之筆，故言之如此**精透正大**。而朱子竟謂其「**真正是禪**」，甚矣「智之於賢者」之「有命」也！

象山之謂「己私」，由粗入細，由淺入深，層層深入觀察，「忿欲」固是私，即「意見」亦是私也。故〈與鄧文範〉書云：「愚不肖者之蔽在於物欲，賢者智者之蔽在於意見。高下汙潔雖不同，其為蔽理溺心而不得其正，則一也。然蔽溺在汙下者，往往易解，而患其安焉而不求解，自暴自棄者是也。蔽溺在高潔者，大抵

自是而難解，諸子百家是也」。（《象山全集》卷一）。上錄〈與
胡季隨〉書中「所謂己私者，非必如常人所見之過惡而後爲己
私」，此非言過惡、忿欲等不是己私，乃言己私不必止於此也。
「己之未克，雖自命以仁義道德，自期以可至聖賢之地者，皆其私
也」，此即深入一層而言「意見」之爲己私。此種微細深隱之己
私，不覺不化，「雖自命以仁義道德，自期以可至聖賢之地者，皆
其私也」。此承此書前文「諸子百家，往往以聖賢自期，仁義道德
自命，然其所以卒畔於皇極而不能自拔者，蓋蒙蔽而不自覺、陷溺
而不自知耳」而言。此非言：其所表露於外面之「以聖賢自期，仁
義道德自命」之事本身爲己私、爲不當有，乃言：雖自命、自期，
而眞實生命之仁不透露，此心不炯然，此理不坦然，天德不暢達，
而爲意見、議論、曲說所蒙蔽，日陷溺於其中而爲其所**固結**，其生
命全部爲一**意見固結之生命**，其心全部爲一意見固結之**私心**，故雖
自命、自期，而其期、命之根（發源）卻是植於**意見之私**，故聖
賢、仁義、道德只成空話，簸弄於頰舌紙筆之間而成爲粘牙嚼舌之
資料，故卒遠違於聖賢，而仁義道德亦不能至，而亦終不能眞知聖
賢之生命是如何，眞實之仁義道德是如何也。因意見固結之私，其
隔聖賢仁義道德不知有幾重山也。此種意見之私最難克，最難自知
自覺，蓋有觀念系統爲之**固結**，足以自安、自信、自是也。實則皆
是虛妄，皆是幻結，如蜘蛛之結網以自寄託其固結之生命者也。故
「克己復禮爲仁」，最後關頭之「克己」即在化此**意見固結之私**而
使**眞實生命呈露**耳。眞實生命之「**純亦不已**」即仁也。此之謂「**天
德**」。顏淵請事斯語之後，至少可說已至知「**眞實生命何所是**」之
境。知此謂之**知至**，明此謂之**明善**。

象山謂：「若子貢之明達，固居游、夏之右。見禮知政，聞樂知德之識，絕凡民遠矣。從夫子游，如彼其久。尊信夫子之道，如彼其至。夫子既歿，其傳乃不在子貢，顧在曾子。私見之錮人，難於自知如此！曾子得之以魯，子貢失之以達。天德己見消長之驗，莫著於此。」此言深遠正大，一眼洞澈子貢生命之體段矣。難說子貢還有什麼「私見」、「己見」！子貢並非如諸子百家之有觀念系統。然而象山竟謂「私見之錮人難於自知如此！」又謂「天德己見消長之驗莫著於此！」子貢之私見、己見，誠難言也。然而子貢之生命畢竟是停於私見己見之中，畢竟是滯於某種固結之習中而未能真知（不要說真至）天德之生命。此種固結之習何耶？曰：即以其「明達」定！子貢很有世智之明達，亦很有其原始生命之才華，亦自有其聞見之博雅，耳聰目明之速捷，此即所謂天資之「英爽」。然而就是一間未達，未能達夫子「純亦不已」之真實生命之坦然與沛然，其自己亦未能撥開其天資之英爽而深進一步至乎此真實生命之體當，故終不免只停於揮洒於世智之明達中而成其為平面的外部的明達之格局（體段）。此一世智明達之格局、天資英爽之體段、原始生命才華之體段、博雅速捷之體段，揮洒既久，即固結而為生命之習氣，成為一己生命之底據，此即是其生命之私見、己見，而足以蒙蔽其「天德」而有礙於其呈露。封於此格局中，而無「自疑之兆」，即無「自克之實」，故亦不能化除此固結而升進一步，而至乎本心自律之坦然與沛然，而達乎「天德」之純亦不已也。其「從夫子游如彼其久，尊信夫子之道如彼其至」，然其所習聞習見以及其所尊信大體恐只是夫子外部之風範，至於夫子所體現之內在真實生命之純亦不已，（此即是生命之源、德性之門、天德之

實），彼恐未有**絲毫體悟**也。此而不能體悟體當，即無由傳夫子之道。傳道者，道豈真可傳？亦只是**德慧生命**之**前後相輝映、相啓悟**，故能**相續不斷**耳。外部之風範，過則寂然，豈能相續？自己之生命停滯於世智之明達，**體盡於形**，亦過則逝焉，只留遺迹於人間，並無真實生命之**相啓悟**，又焉能傳夫子之道耶？故「曾子得之以魯，子貢失之以達，天德己見消長之驗莫著於此」，**旨深哉此言也！正大哉此言也！**而朱子謂其是禪何哉？此中並無「思索講習卻是大病」之意。亦無「如禪家說乾屎橛等語，其上更無意義，又不得別思義理，將此心都禁遏定，久久忽自有明快處」之意。「學問之初，切磋之次，必有自疑之兆。及其至也，必有自克之實」。此正是思索講習，化除**己見**，以**達天德**。豈是如此便是禪耶？若問曾子何以能「得之以魯」？則答曰：不「**體盡於形**」，守約慎獨是也。

　　4.朱子《語錄》又云：

　　　　陸子靜說克己復禮云：不是克去己私利欲之類，別自有個克
　　　　處。又卻不肯說破。某常代之下語云：不過是要言語道斷，
　　　　心行路絕耳。因言此是陷溺人之深坑，學者切不可不戒。

案：試看〈與胡季隨〉書中曾有此意否？忿欲固是己私，意見、私見、己見亦是己私。「別自有個克處」，非謂「己私利欲之類」不當克，乃是推進一步說。推進一步，即是化除己見，又有何「不肯說破」耶？此與「言語道斷，心行路絕」有何關涉？

　　5.《語錄》又云：

或說象山說克己復禮，不但只是欲克去那利欲念慮之私，只是有一念要做聖賢便不可。〔案：此是歪曲之傳說，〈與胡〉書中並無此意。乃故借「非心非佛」以便誣其為禪耳。〕曰：此等議論，卻如小兒則劇一般，只管要高去。聖門何嘗有這般說話！人要去學聖賢，此是好底念慮，有何不可？若以為不得，則堯、舜之兢兢業業，周公之思兼三王，孔子之好古敏求，顏子之有為若是，孟子之願學孔子之念，皆當克去矣。看他意思只是禪。誌公云：不起纖毫修學心，無相光中常自在。他只是要如此。然豈有此理？只如孔子答顏子克己復禮為仁，據他說時，只這一句已多了！又何況有下頭一落索？只是顏子才問仁，便與打出方是！及至恁地說他，他又卻諱。某嘗謂人要學禪時，不如分明去學他禪和，一棒一喝便了。今乃以聖賢之言夾雜了說，道是龍又無角，道是蛇又有足。子靜舊年也不如此，後來弄得直恁地差異！如今都教壞了後生，個個不肯去讀書，一味顛蹶，沒理會處。可惜可惜！正如荀子不睹是，逞快胡罵，教得個李斯出來，遂至焚書坑儒。若使荀卿不死，見斯所為如此，必須自悔。使子靜今猶在，見後生輩如此顛蹶，亦須自悔其前日之非。又曰：子靜說話，常是兩頭明，中間暗，或問暗是如何？曰：他是那不說破處。他所以不說破，便是禪。所謂「鴛鴦繡出從君看，莫把金針度與人。」他禪家自愛如此。

案：象山〈與胡季隨〉書中並無「只是有一念要做聖賢便不可」之意，統觀《象山全集》亦無此語句。這只是「或說」之人憑其所聞

於禪家之風光所加之**誣枉之聯想**，藉以為譏笑之資。而朱子即藉此「或說」之言，說了一大套禪家奇詭之風光而加之於**象山**。此亦全是誣枉之**聯想**。禪家之「不起纖毫修學心，無相光中常自在」，以及「一棒一喝」與「不說破」之姿態，皆是本「般若掃相」、「涅槃寂靜」、六祖惠能所謂「即心是佛」、「無心為道」而**來**。最後歸於平平，如是如是。象山本孟子本心之沛然，《中庸》之「溥博淵泉而時出之」，而言「此心炯然，此理坦然」，而主**勝義樸實**，雖亦只是**平平**，實理實事之**平平**，實理實事之**如是**，然卻正不須禪家那些**奇詭姿態**，不是有所忌諱而不須如此，乃是本義理之自然，正根本**不須如此**，自然**不須如此**。順破執之路以顯空寂，禪家之奇詭姿態乃**必然者**。道家之由玄智以顯無為之自然，亦類乎此，故道家亦有奇詭之辭。此道家之玄智與佛家之般若智之相通者，雖其義理內容之底據有不同。而儒家則自道德義理之當然、道德的悱惻之心之沛然而立言，自不須有此奇詭之姿態，而自然貞定平平，亦自然刊落一切執著，而不得有一毫之**精采**。（象山〈語錄〉云：「若是聖人，亦逞一些子**精采**不得。」）此是實事實理之**平平**，悱惻的**真實心之直、方、大**，沛然**莫之能禦**。只有一義理之當然，只有一仁心之感潤：感是感通，潤是朗潤。何用奇詭為！

推進一步，若偏就本心之大、久、虛、靈、圓、明、平、實，體現而至「**大而化之**」之境，「**不言而信**」之境，纖波不起，光景不存，化一切相，忘一切念，純在一超自覺之「**於穆不已**」之境，則此時亦容不得「要做聖賢」之念。凡有念，則有凸起，有意有心，有作有為，便不是**本心之平平**，亦不是**無言之化境**。象山所謂「平地起土堆」者是也。在此，容不得任何「起」、任何「念」。

明道所謂「天地之常，以其心普萬物而無心，聖人之常，以其情順萬事而無情」；陽明所謂「眼中固容不得砂礫，即金玉屑亦容不得」；蕺山嚴分意與念，而言「化念還心」：凡此等等皆是就此**本心之平平**或**聖心之化境**而**平說**。在道家，則即說爲「絕聖而後聖功全，棄仁而後仁德厚」（王弼語），「後其身而身先，外其身而身存」（《老子》）；在佛家，則即說爲「非般若波羅蜜，是之謂般若波羅蜜」，「若人執有空，大聖所不化」，此即所謂「空」空，亦即「不起纖毫修學心，無相光中常自在」，總之乃是「**無心爲道**」也。此種化境或本心之平平，**平說亦可**，用**詭辭顯之亦可**。儒者喜就化境而平說，而佛老則喜用詭辭。其意相通，平說與詭辭不相礙也。人或以爲儒者言此，係來自佛老，朱子於此力斥象山爲禪，而吾以爲此是**內聖之學**之所固有，即佛老發之，吾亦發之，此亦只是**共法**，非佛老所**專有**。儒者順大而化之、不言而信，自能**內在地自然發出**，非必**來自佛老**也。若必以爲來自佛老，則亦何不可謂佛老**來自儒聖耶**？孔子不亦言「**毋意毋必毋固毋我**」乎？實則說**誰來自誰，皆無意義**。凡有實心實得者皆能**自契**也。此其所以爲**共法**，焉能因此即謂之是禪耶？禪不禪，孔佛老之別，**不在此也**。而朱子於此斤斤，亦云陋矣。若必專推給佛老，而予以堵截，是則無異自絕於**高明**，而亦永不能有**會於聖心**也。夫儒者之學豈專在**沿門乞火耶**？

　　6.《語錄》又云：

　　　　問陸象山道當下便是。曰：看聖賢教人曾有此等語無？聖人
　　　　教人，皆從平**實地**上做去，所謂克己復禮，天下歸仁，須是

先克去己私方得。孟子雖云人皆可以爲堯舜，也須是服堯之
服，言堯之言，行堯之行方得。聖人告顏子以克己復禮；告
仲弓以出門如見大賓，使民如承大祭；告樊遲以居處恭，執
事敬，與人忠；告子張以言忠信，行篤敬，這個是説甚底
話？又平時告弟子也須道是學而時習，行有餘力，則以學
文。又豈曾説個當下便是底語？

案：此段反對「當下便是」。聖賢教人固無此語，然豈無**此意乎**？
「仁遠乎哉？我欲仁，斯仁至矣」。此豈非當下便是乎？「萬物皆
備於我矣。反身而誠，樂莫大焉」。此豈非當下便是乎？「道不遠
人，人之爲道而遠人，不可以爲道。」此豈非當下便是乎？象山言
「當下便是」，㈠本「道在邇而求諸遠，事在易而求諸難」兩語所
反示之簡易言，㈡本本心之呈露、「若決江河，沛然莫之能禦」
言。此皆當下便是，不容**歧出而外求**者也，亦所謂**勝義樸實者**是。
朱子所舉聖賢之言，豈必有礙於「當下便是」乎？明道不云乎？
「居處恭、執事敬、與人忠，此是徹上徹下語，聖人原無二語。」
恭、敬、忠、誠正是本心之呈露，「當處便認取，更不可外求。」
（明道語）。豈必如朱子之所意想乎？克己復禮，固須克去己私，
象山未曾反對，不但不反對，而且私之意推至其極隱微處，皆須澈
底淨盡。然「一日克己復禮，天下歸仁」，此正面之言，豈非「當
下便是」乎？「服堯之服，言堯之言，行堯之行」，若不只是外部
的裝飾，虛僞的模倣，而出之以本心之至誠，則本心之沛然豈非
「當下便是」乎？聖人不廢學。「學而時習之，不亦說乎？」然亦
是隨時學、隨時消化，而轉爲自己之德慧，方能「學而不厭，誨人

不倦」，而唯是一「於穆不已」之仁體之呈露。是則聖人之學，**目擊而道存**，隨時是學，亦隨時當下便是道也。故能「不怨天不尤人，下學而上達，知我者其天乎？」此豈是純然知解之學乎？明道云：「但得道在，不繫今與後，己與人。」今後、己人，乃至枝節、曲折，彼此、分別，皆**不礙當下便是道**也。若必執著於今後、己人、乃至枝節、曲折、彼此、分別，而反對「當下便是」，則亦終於**支離無道**而已矣。朱子於此**不徹**，每造成無謂之**滯礙，亦形成無謂之拘蔽與禁忌**，是亦內聖之學之**不得沛然**也。有象山沛然而發之，朗然而暢之，豈不甚善？而必斥之爲禪何哉？

7.《語錄》又云：

> 一便如**一條索**，那貫底物事，便如許多散錢。須是積累得這許多散錢了，卻將那**一條索**來**一串穿**。這便是**一貫**。若陸氏之學，只是要尋這一條索，卻不知道都無可得穿！且其爲說，喫緊是不肯教人讀書，只恁地**摸索悟處**。譬如前面有一個關，纔跳得過這一個關便是了。此煞壞學者。某老矣！日月無多。方待不說破來，又恐後人錯以某之學亦與他相似。今不奈何，苦口說破。某道他**斷然是異端、斷然是曲學、斷然非聖人之道**！但學者稍肯低心向平實處下工夫，那病痛亦不難見。

案：此段復從一貫說起。但問題是在「這一條索」卻並不眞像一條索那樣現成擺在那裡，待吾人積累多了，便取來一串穿。這一條索豈眞如一條索那樣**現成**擺在**手邊**可以**任意去取**耶？若如是，則一條

索處便無關汝事，乃人替你預備好，我不必在此**著力**，我只在**積累錢上著力**便是了。如是，積累縱多，亦只是**錢的事**，而不關**道的事**。結果，亦只成**一大富翁**，而不是**成聖也**。這一條索實只是本心之**沛然不禦**，須要你就其當下呈露而當下認取、不令放失，方能日充日擴，如火之始然，泉之始達，而至沛然莫之能禦之境。此處正須要你**著力**，正是**自己之事**，正須自己**努力預備**，開出**這條索來**，豈有如朱子說的那麼容易，可以**取現成耶**？此開源暢流之功，豈可待他人預備好，而自己取來行船運貨以便經商耶？朱子之著力正落在**經商方便之第二義**，而**開源暢流之實**功則**卻忽而不為**，此豈聖人第一義之道乎？復次，本心之沛然不禦正自然能創生富有日新之大業，無量德業、無量知識、無量義理，皆**從此生**。若必取一條索一串穿之喻，則亦是**如此穿**，非如朱子之取現成之索以穿其所積累之多也。正有無量德業可穿，亦非如朱子所云「都無得穿」也。象山豈是「只是要尋這一條索，卻不知道都無得穿」耶？是故象山之「本心沛然，開而出之」之**勝義樸實**之學，非只如普通所謂之一與多之統一關係也，因一與多之貫穿統一可有各層面之說法；亦非只空尋一條寡頭的索，而空無內容可穿也。此一貫之喻未能恰合象山學之精神也。此非**先博後約**，或**先約後博**之問題也。又求其放心，使本心呈現，亦非所謂「只恁地摸索悟處」也。此既非可以**瞎摸索**而得，亦非只教人讀書即能**使之呈露也**。如是，朱子「道他斷然是異端、斷然是曲學、斷然非聖人之道」，此種「斷然」決無**相應處**，只表示其**靜攝系統**之確實有實得與甘苦，而卻一生總不契亦不解象山之**立體的直貫系統**耳。**勝義樸實**與**靜攝平實**固有間也。此與禪有何關係哉？「恐後人錯以某之學亦與他相似」，故「苦口說

破」。然自吾觀之，實並未「說破」也。朱學固不似陸學，然此「不似」乃在其為靜攝系統，為他律道德，而此顯非先秦儒家之正宗，顯不優於陸學之為直貫系統，為自律道德（方向倫理）。吾今承朱子意證成此「不相似」，無背於朱子處。然朱子見結果如此，恐亦爽然若失矣，非其所始料也。然朱子既自信如此其堅，吾亦未背其意，則雖如此，當亦無憾。為之彌縫而躲閃此根本不相似者，朱子亦未必感激也。

8.又《文集》中〈答孫敬甫〉書云：

> 陸氏之學，在近年一種浮淺頗僻議論中，固自卓然非其儔匹。其徒傳習，亦有能修其身，能齊其家，以施之政事之間者。但其宗旨本自禪學中來，不可揜諱。當時若只如晁文元、陳忠肅諸人，分明招認，著實受用，亦自有得力處。不必如此隱諱遮藏，改名換姓，欲以欺人，而人不可欺，徒以自欺，而自陷於不誠之域也。然在吾輩，須但知其如此，而勿為所惑。若於吾學果有所見，則彼之言，釘釘膠粘，一切假合處，自然解拆破散，收拾不來矣。切勿與辨，以啟其紛拏不遜之端，而反為卞莊子所乘也。少時喜讀禪學文字，見杲老〔案：即大慧杲〕〈與張侍郎〉書云：「左右既得此把柄入手，便可改頭換面，卻用儒家語，說向士大夫，接引後來學者。」後見張公〔案：即張侍郎橫浦〕經解文字，一用此策。但其遮藏不密，漏露處多，故讀之者一見便知其所自來，難以純自託於儒者。若近年則其為術益精，為說浸巧，拋閃出沒，頃刻萬變，而幾不可辨矣。然自明者觀之，亦見

其徒爾自勞，而卒不足以欺人也。

案：此書寫於丙辰，朱子六十七歲，時象山已卒四年矣。而猶如此議論故舊，豈不可傷？學問縱不相契，何至億及**心術**！象山豈是巧偽遮飾，自欺以欺人者乎？試觀象山文字，真是充沛正大，有一毫是「釘釘膠粘」，有一毫是「假合處」乎？象山〈語錄〉云：「天下之理無窮。若以吾平生所經歷者言之，真所謂**伐南山之竹，不足以受我辭**。然其會歸，總在於此。」象山自謂若此，實非自誇。彼其充實不可以已。確能造乎此境。而朱子竟謂其「釘釘膠粘，一切假合處，自然解拆破散，收拾不來矣。」此有一毫相應者乎？象山〈語錄〉又載「吳君玉〔……〕再三稱嘆云：天下皆說先生是**禪學**，獨某見得先生是**聖學**。」此人曾在象山處親聞講授，其言當有實感。而朱子卻終生無此實感，自始至終，一口咬其為禪，至晚年尤甚，且憾恨之情溢於言表，其忌嫉之亦甚矣。此已超出禪不禪之**範圍**矣。朱子〈答詹元善〉書云：「子靜旅櫬經由，聞甚周旋之。此殊可傷。見其平日**大拍頭、胡叫喚**，豈謂遽至此哉！然其說頗行於**江湖間**，損賢者之志，而益愚者之過，不知**此禍**又何時而已耳。」又〈答趙然道〉書云：「荊門之訃，聞之慘怛，故舊凋落，自為可傷，不計平日議論之同異也。來喻謂恨未及見其與熹論辨有所底止，此尤可笑。蓋老拙之學，雖極淺近，然求之甚艱，而察之甚審。視世之道聽塗說於佛老之餘，而遽自謂有得者，蓋嘗笑其陋而譏其僭。豈今垂老而肯以**千金易人之敝帚**者哉？」此兩書氣象皆不佳。後書直以「敝帚」視人，以「千金」自居。其**靜攝（靜涵）系統**固足成家，然象山開源暢流之本體論的**立體直貫系統**豈非

聖學之**宏規**？惡得邊視為敝帚也哉？於以知其見識之不廣，而總因則在其不解孟子也。種種不佳之表現，亦不足論矣。

以上所引朱子書札及《語錄》共八條，俱見王懋竑《朱子年譜》五十六歲「辨陸學之非」項下。

吾所以不厭其煩，詳為徵引，逐條疏解，其主旨非專為象山辯護，乃意在去朱子之**禁忌**，明**聖學之宏規**，顯**靜涵系統**與**直貫系統**之**面貌**，不因其主觀不相契之蔽而泯此中「**真問題所在**」之實，且進而祛除流俗對於宋明儒概視為「**陽儒陰釋**」之**誣枉也**。（此種誣枉極為愚陋，極其無聊，根本不知學術之艱苦。歷來流俗妄言不足聽，然未有如中國之幾以妄言為普遍之定論。此道喪其統、學失其軌之故也。吾故詳言切言，徹底論之，以解此中之惑。）

象山〈與侄孫濬〉書云：

> 由孟子而來，千有五百餘年之間，以儒名者甚眾，而荀、楊、王、韓獨著，專場蓋代，天下歸之，非止朋遊黨與之私也。若曰傳堯舜之道，續孔孟之統，則不容以形似假借，天下萬世之公，亦終不可厚誣也。至於近時伊、洛諸賢，研道益深，講道益詳；志向之專，踐行之篤，乃漢唐所無有，其所植立成就，可謂盛矣。然「江漢以濯之，秋陽以暴之」，未見其如曾子之能信其「皜皜」；「肫肫其仁，淵淵其淵」，未見其如子思之能達其「浩浩」；「正人心、息邪說、距詖行、放淫辭」，未見其如孟子之長於「知言」，而有以承三聖也。故道之不明，天下雖有美材厚德，而不能以自成自達，困於聞見之支離，窮年卒歲，而無所至止。若其

氣質之不美，志念之不正，而假竊傅會，蠹食蛆長於經傳文
字之間者，何可勝道？方今熟爛敗壞如齊威秦皇之尸，誠有
大學之志者，敢不少自強乎？於此有志，於此有勇，於此有
立，然後能克己復禮，遜志時敏，眞地中有山謙也。不然，
則凡爲謙遜者，亦徒爲假竊緣飾，而其實崇私務勝而已。比
有一輩沉吟堅忍以師心，婉變夸毗以媚世，朝四暮三，以悅
眾狙，尤可惡也。不爲此等所眩，則自求多福，何遠之有？
道非難知，亦非難行，患人無志耳。及其有志，又患無眞實
師友，反相眩惑，則爲可惜耳。凡今所以爲汝言者，爲此
耳。蔽解惑去，此心此理我固有之，所謂萬物皆備於我。昔
之聖賢，先得我心之所同然者耳。故曰：周公豈欺我哉？
（《象山全集》卷一）

讀者試觀此書，焉有如此**正大光暢**之**志識**而可謂爲禪乎？伊、洛諸
賢成就固不凡，然「未見其如曾子之能信其嚆嚆」，「未見其如子
思之能達其浩浩」，「未見其如孟子之長於知言而有以承三聖」。
此數語可謂**千古絕唱**，實已達嚆嚆浩浩之境。北宋諸儒實未至如此
「**直拔俊偉**」。（朱子譏諷象山語）。儒聖「**踐仁知天**」之敎，正
大光暢之弘規，以其直拔俊偉之生命，**一念相應**，**全部道出**。焉有
如此相應之儒者生命而可謂爲「隱諱遮藏改名換姓」之禪乎？「方
今熟爛敗壞」云云，乃在表示當時學者「時文之見」與「議論」之
途之虛浮。彼對於時代風氣自有其存在之實感，故力主辨志而開
「樸實」之途。「仰首攀南斗，翻身倚北辰。舉頭天外望，無我這
般人。」（見《象山全集》，卷三十五〈語錄〉）。撥開時文之**惡**

習，挑破虛說、議論、意見、定本之**陋風**，直從**生命之源上立根**，而達**皜皜浩浩**之境，此即象山所謂「**樸實**」，「**此心炯然，此理坦然**」之樸實，此乃所謂「**勝義樸實**」。不固結於虛僞不眞實之惡習陋風中以自安，而敢於直下面對**眞心實理**以立根，以**暢達**其生命，此即爲**大勇**，此即爲**有志**，此即爲**眞實有立處**。「於此有志，於此有勇，於此有立，然後能克己復禮、遜志時敏，**眞地中有山謙也**。」若非眞見到諦處，實有所得，焉能有**如此貼體落實之貞定**，說出**如此坦蕩之謙遜實理**？蓋彼一眼看破不貞定於「**眞地**」中之謙遜皆是虛僞不實之謙遜，「**徒爲假竊緣飾，而其實崇私務勝而已**。」夫**謙遜豈眞易言哉**？焉有**如此相應之儒者襟懷**，而可斥爲「**大拍頭胡叫喚**」乎？美哉乎「**眞地中有山謙**」之言也！（案：謙卦爲艮下坤上。艮爲山，坤爲地。象曰：「地中有山：謙」。象山於「地」上加「眞」字，明地爲眞實地也，即本心實理爲「眞地」。朱子注云：「以卑蘊高，謙之象也。」）

再看其〈與王順伯〉之書：

> 某嘗以義利二字判儒釋，又曰公私，其實即義利也。儒者以人生天地之間，靈於萬物，貴於萬物，與天地並而爲三極。天有天道，地有地道，人有人道。人而不盡人道，不足與天地並。人有五官，官有其事。於是有是非得失，於是有教有學。其教之所從立者如此，故曰義曰公。釋氏以人生天地間，有生死、有輪迴、有煩惱，以爲甚苦，而求所以免之。其有得道明悟者，則知本無生死，本無輪迴，本無煩惱。故其言曰：**生死事大**。如兄所謂菩薩發心者，亦只爲此一大

事。其教之所從立者如此，故曰利曰私。惟義惟公，故經世。惟利惟私，故出世。儒者雖至於**無聲無臭**，**無方無體**，皆主於經世。釋氏雖**盡未來際普渡之**，皆主於出世。今習釋氏者，皆人也。彼既爲人，亦安能盡棄吾儒之仁義？彼雖出家，亦上報四恩。日用之間，此理之根諸心，而不可泯滅者，彼固或存之也。然其爲教，非爲欲存此而起也。故其存不存，不足爲深造其道者輕重。若吾儒，則曰：人之所以異於禽獸者幾希？庶民去之，君子存之。釋氏之所憐憫者，爲未出輪迴；生死相續，謂之生死海裡浮沈。若吾儒中聖賢，豈皆只在他生死海裡浮沈也？彼之所憐憫者，吾之聖賢無有也。然其教不爲欲免此而起，故其説不主此也。故釋氏之所憐憫者，吾儒之聖賢無之。吾儒之所病者，釋氏之聖賢則有之。試使釋氏之聖賢，而繩以春秋之法，童子知其不免矣。從其教之所**由起者觀之**，則儒釋之辨，公私義利之別，判然截然，有不可同者矣。〔……〕（《象山全集》卷二）

同卷又〈與王順伯〉書云：

〔……〕若尊兄初心，不爲生死，不知因何趨向其道？來書：「實際理地，雖不受一塵，而佛事門中，不捨一法。」若論不捨一法，則虎穴魔宮**實**爲佛事，淫房酒肆盡是道場。維摩使須菩提置**缽**欲去之地，乃其極則。當是時十地菩薩猶被呵斥，以爲**取舍未忘**，染淨心在。彼其視吾詩禮春秋，何嘗以爲緒餘土苴？唯其教之所從起者如此，故其道之所極亦

如此。故某嘗謂儒爲大中，釋爲大偏。以釋與其他百家論，則百家爲不及，釋爲過之。原其始，要其終，則私與利而已。來教謂：「佛說出世，非舍此世而於天地外別有樂處。」某本非謂其如此。獨謂其不主於經世，非三極之道耳。又謂：「若衆聖所以經世者，不由自心建立，方可言經世異於出世而別有妙道也。」吾儒之道，乃天下之常道，豈是別有妙道？謂之典常，謂之彝倫。蓋天下之所共由，斯民之所曰用。此道一而已矣，不可改頭換面。前書固謂：今之爲釋氏者，亦豈能盡捨吾道？特其不主於是，而其違順得失，不足以爲深造者之輕重耳。〔……〕

〈語錄〉亦云：

釋氏立教本欲脫離生死，唯主於成其私耳。此其病根也。且如世界如此，忽然生一個謂之禪，已自是無風起浪，平地起土堆了！（《象山全集》卷三十四）

〈語錄〉又云：

我說一貫，彼亦說一貫，只是不然。天秩、天敘、天命、天討，皆是實理，彼豈有此？〔案：此中之「彼」即指釋氏言。〕（卷三十五）

佛老高一世人，只是道偏，不是。（卷三十五）

其判儒佛如此肯要精切，而謂其「眞正是禪」，「以聖賢之言夾雜
了說，道是龍又無角，道是蛇又有足」，此豈能服人之心乎？前引
朱子《語錄》云：「向在鉛山得他書云：『看見佛之所以與儒異
者，止是他底全在利，吾儒止是全在義。』某答他云：『公亦只見
得第二著』。」就判儒佛言，義利公私之別正是第一著。而朱子卻
謂爲第二著，又岔出去說別的了。見前第七節。此本質之辨別本是
本明道而來。明道云：「佛學只是以生死恐動人」；又曰：「皆利
心也」。此肯要點，明眼人皆可看出，而象山言之最精透。其於儒
家**道德意識守之最堅、相應最諦**，而又**發之**如此光暢正大，而朱子
竟謂其是禪，**不亦太陋矣**乎？「儒爲大中，釋爲大偏」；「佛老高
一世人，只是道偏。」此眞能**正視佛老**而以儒者**眞實生命頂上去**，
調適上遂，以立定**自己**，而弘揚儒聖「**踐仁知天**」之弘規者也。豈
可以其揮斥意見、議論、定本，而即斥之爲禪乎？佛老影響如此之
大且久，其義理如此深遠，而若不能予以正視，採鴕鳥之策以**自
護**，視彼方若**不可觸**者然，造作禁忌，動輒斥人爲禪，則其斥責之
無謂與**不相應**蓋不可免。此即爲**淺陋**。自此而言，朱子之造詣不及
象山遠甚。

第三章　王學之分化與發展

　　二十年前吾曾寫《王陽明致良知教》一小冊，大體是就《傳習錄》中之文獻隨文領義。悟解雖不致太差，然當時於前乎王學者，如朱子，以及北宋四家，無透徹明確之理解，於後乎王學者，如劉蕺山，亦無透徹明確之理解，甚至於屬於王學而爲王學之繼承者如浙中派之王龍溪，泰州派之羅近溪，以及江右派之聶雙江與羅念菴，亦無脈絡分明之了解，遂致凡有涉及皆不能有諦當之判斷。王學雖可獨立地講，然如想於限制中了解其義理系統之獨特性格，則亦究不能割截其他而不顧也。近十年來，措心於北宋諸儒以及南宋之朱子與胡五峰，並明末最後一個理學家劉蕺山，鑽研結果，乃寫成《心體與性體》一書。設以王學爲中心，則覺於王學之前後諸牽連似有較明確之理解，不像以前之恍惚與模糊。茲綜括敘述如下，不能詳盡其中之委曲。

第一節　王學是孟子學

　　1.王陽明於三十七歲時在貴州龍場驛悟良知。人們對於其悟良知之現實主觀機緣雖可根據其生活之發展而加以敘述，並於文獻不

足徵處而加以種種猜測,然根據其所自道,其主要問題是對朱子而發則無疑,因此,不管其悟良知之主觀機緣為如何,其學之義理系統客觀地說乃屬於孟子學者亦無疑。

孟子之犖犖大才確定了內聖之學之弘規,然自孟子後,除陸象山與王陽明外,很少有能接得上者。孟子言性善,其言性善之關鍵唯在反對告子之「生之謂性」,其正面之進路唯在「仁義內在」。「內在」者是內在於心。「內在於心」者不是把那外在的仁義吸納於心,心與之合而為一,乃是此心即是仁義之心,仁義即是此心之自發。如果把仁義視為理,例如說道德法則,則此理即是此心之所自發,此即象山陽明所說之「心即理」。「心即理」不是心合理,乃是心就是理;「心理為一」不是心與理合而為一,乃是此心自身之自一。此心就是孟子所謂「本心」。孟子云:「非獨賢者有是心也。人皆有之。賢者能勿喪耳。」此所謂本心顯然不是心理學的心,乃是超越的本然的道德心。孟子說性善,是就此道德心說吾人之性,那就是說,是以每人皆有的那能自發仁義之理的道德本心為吾人之本性,此本性亦可以說就是人所本有的「內在的道德性」。既是以「內在的道德性」為吾人之本性,則「人之性是善」乃是一分析命題。

陽明言「良知」本於孟子「人之所不學而能者,其良能也。所不慮而知者,其良知也。孩提之童,無不知愛其親也。及其長也,無不知敬其兄也。親親仁也。敬長義也。無他,達之天下也。」(〈盡心〉)。孟子這樣言良知只是就人之幼時與長時而指點,其真實的意指卻實是在言人之知仁知義之本心。本心能自發地知仁知義,此就是人之良知。推而廣之,不但是知仁知義是良知,知禮知

是非（道德上的是非）亦是人之良知。陽明即依此義而把良知提升上來以之代表本心，以之綜括孟子所言的四端之心。故陽明云：「良知只是個**是非之心**。是非只**是個好惡**。只好惡**就盡了是非**，只是非就**盡了萬事萬變**。是非兩字是個大規矩。巧處則存乎其人。」（《傳習錄》卷三）。這是把孟子所說的「是非之心智也，羞惡之心義也」兩者合一而收於良知上講，一起皆是良知之表現。良知底是非之智就是其羞惡之義。陽明說「好惡」就是孟子所說的「羞惡」。是非是道德上的是非，不是我們現在所熟知的認知上的是非，因此，它就是羞惡上或好惡上義不義的是非。故是非與好惡其義一也。陽明又云：「良知只是一個天理自然明覺發見處，只是一個真誠惻怛，便是他本體。故致此良知之真誠惻怛以事親便是孝，致此良知之真誠惻怛以從兄便是弟，致此良知之真誠惻怛以事君便是忠。只是一個良知，一個真誠惻怛。」（《傳習錄》卷二，〈答聶文蔚〉）。此是以「真誠惻怛」說良知。真誠惻怛，從「惻怛」方面說是仁心，從「真誠」方面說，則恭敬之心亦含攝於其中。如是，孟子所並列說的四端之心一起皆收於良知，因而亦只是一個良知之心。而「真誠惻怛」便就是他的本體。「他的本體」意即他的自體，他的當體自己，他的最內在的自性本性。他這個最內在的自性本性在種種特殊的機緣上，便自然而自發地表現而為各種不同的「天理」，如在事親便表現為孝，在從兄便表現為弟，在事君便表現而為忠。孝、弟、忠、便是所謂「天理」（道德法則）。這些天理不是外在的，而是良知本身所自然明覺之而且是自發之者。良知不只是一個光板的鏡照之心，而且因其真誠惻怛而是有道德內容者，此即陽明之所以終屬儒家而不同於佛老者。因此之故，故陽明

總說「良知之天理」。此「天理」二字不能割掉。但天理不是良知底對象，乃即在良知本身之真誠惻怛處。天理就是良知之自然明覺之所呈現，明覺之即呈現之，故云「良知只是**一個天理自然明覺發見處**」，此語若詳細以今語說之，便等於說：「良知就只是**天理之自然明覺底一個發見處**」。此言「天理之自然明覺」在什麼地方可以發見呢？答曰：即在良知處可以發見之。在良知處發見之，亦函著說在良知處表現之——自發地表現之。「天理之自然明覺」一語頗不好講，意即「天理之自然地而非造作地，昭昭明明而即在本心靈覺中之具體地而非抽象地呈現」。天理之這樣的呈現無處可以發見，只有在良知處可以發見。凡陽明說「明覺」皆是就本心之虛靈不昧而說。其直指當然就是良知本身，惟良知才可以說「明覺」。但關聯著別的說，如關聯著「天理」說，關聯著心之發動之意說，關聯著「行」說，亦可以將明覺移於天理，心之發動之意，或行而說。如此處說「天理之自然明覺」，天理本身本無所謂「明覺」，然天理不是外在的抽象之理，而是即內在於本心之真誠惻怛，而即由此真誠惻怛之本心而昭明地具體地而且自然地呈現出來，故亦可說「天理之自然明覺」矣。在〈答羅整菴少宰書〉中有云：「理一而已。以其理之凝聚而言，則謂之性；以其凝聚之主宰而言，則謂之心；以其主宰之發動而言，則謂之意；以其**發動之明覺**而言，則**謂之知**；以其明覺之感應而言，則謂之物。」（《傳習錄》卷二）。此處言「明覺」是就主宰之發動而言。發動本身是意，**發動得昭昭明明便是良知**。又他處言：「知之真切篤實處即是行，行之**明覺精察處即是知**」（《傳習錄》卷二，〈答顧東橋書〉）。此**明覺**即移於「行」處說。行是行動或活動。**行動得明覺精察**而不盲爽

發狂即是知。「即是知」者明覺之知即在行中也。此之謂知行合一。故凡陽明言明覺皆是內斂地主宰貫徹地言其存有論的意義，而非外指地及物地言其認知的意義。故「天理之自然明覺」即是「天理之自然而非造作地，昭昭明明而即在本心靈覺中之具體地非抽象地呈現」，天理之這樣的呈現即在良知處發見。故良知之心即是存有論的創發原則，它不是一認知心。它不是認知一客觀而外在的理，它的明覺不是認知地及物的或外指的，它是內斂地昭昭明明之不昧，它這一昭昭明明之不昧即隱然給吾人決定一方向，決定一應當如何之原則（天理）。當其決定之，你可以說它即覺識之，但它覺識的不是外在的理，乃即是它自身所決定者，不，乃即是它自身底決定活動之自己，此決定活動之自己即呈現一個理，故它覺此理即是呈現此理，它是存有論地呈現之，而不是橫列地認知之。而就此決定活動本身說，它是活動，它同時亦即是存有。良知是即活動即存有的。我們可以把陽明這句話更收緊一點說：良知是**天理之自然而明覺處**（《傳習錄》卷二，陽明〈答歐陽崇一書〉云：「良知是**天理之昭明靈覺處，故良知即是天理。**」），天理是良知之必然而不可移處。良知是**天理之自然而明覺處**，則**天理雖客觀而亦主觀**；天理是**良知之必然而不可移處**，則**良知雖主觀而亦客觀**。此是「心即理」、「心外無理」、「良知之天理」諸語之實義。

　　2.以上是良知一概念之分解的表象。這樣的良知雖可追源於孟子，但王陽明卻不必是由於精研《孟子》而得之。若由於精研《孟子》而得之，則是學者之常分，不必是其一生中之大事。古人無不自幼而熟讀四書五經。然習焉而不察，不必能了解其中之實義。一個道理之實得於心須賴自己之獨悟。當其一旦獨悟而自得之時，其

前所素習者好像不相干然。惟由於獨悟才是一生中之大事。此中國往賢所以常喜說實理所在，千聖同契，不是經由研究某某人而得也。然其所素習者亦不能說默默中無影響。故一經獨悟而實得，事後一經反省，便覺與往聖所說無不符契，就良知而言，便自然合於孟子也。孟子所說之本心、所說之良知，亦只有如陽明之所悟者始能定得住，而孟子之實義亦實如此也。若謂孟子所說之良知良能，由孩提之童而指點者，乃是自然之習性，或自然之本能，則大悖。此定如康德所說，乃是超越的道德本心。

有人說唐朝圭峰宗密曾說「知是心之本體」，今陽明亦說「知是心之本體」（《傳習錄》卷一），陽明之悟良知或許是由圭峰宗密而來。此完全是考據家之湊字，不知義理之學之甘苦。思想義理之發展自有其規範與法度，人人皆能實得而自說出，何待假借他人？圭峰宗密所說之「知」是來自神會和尚之「立知見」之知，即於無住心空寂之體上有靈知之用。此一念靈知乃是菩提覺之根據。故神會亦云：「知之一字眾妙之門。」圭峰宗密承之而言靈知眞性，與如來藏自性清淨心會合。彼亦判性宗與空宗之不同。其言「靈知」者是性宗也。（華嚴宗禪宗皆是其所謂性宗）。王陽明之言良知乃自始即是道德的，故必然是孟子學，與圭峰宗密有何關係？如謂孟子並未說「知是心之本體」，故陽明必不同於孟子。其實孟子亦根本無「本體」字樣，然此有何相干？孟子所無者多矣。後人隨義立詞，展轉增加，多不勝舉。豈可以此判同異？陽明不但說「知是心之本體」，亦說「定者心之本體，天理也」（《傳習錄》卷一），亦說「樂是心之本體」，「雖哭，此心安處即是樂也，本體未嘗有動。」（《傳習錄》卷三）。凡此皆是就超越的道

德本心展轉引申，實皆是分析的辭語。凡言「本體」皆是當體自己之實性之義，每一實性皆滲透於其他實性而徹盡一切實性。舉一可，無窮無盡說之亦可。如見言「定者心之本體」，而謂其來自佛家之禪定可乎？

　　本心具有種種實性，每一實性皆是其當體自己。但是你不要抽象地想那個心體自己，因此，陽明便說「心無體」。本心並沒有一個隔離的自體擺在那裏。此只是遮撥那抽象地懸空想一個心體自己，並不是真沒有本心自體也。故曰：「目無體，以萬物之色為體。耳無體，以萬物之聲為體。鼻無體，以萬物之臭為體。口無體，以萬物之味為體。心無體，以天地萬物感應之是非為體。」（《傳習錄》卷三）。心除以「感應之是非」為其本質的內容以外，並無任何其他內容。它的全部感應之是非之決定就是它的體，就是它的當體自己，它以是非之決定為本質的內容即以是非之決定為其自己。除此以外，並沒有一個隔離的寡頭的本體，亦即再找不到一個它自己。此亦類乎禪家「作用見性」之義矣。良知本體就在當下感應之是非之決定處見。由此亦可言「當下即是」。此只是叫人不要停在那抽象的光景中。分解地言之，言良知本體，言超越的道德本心，具體地言之，則言「當下即是」，然不要看成是形上形下不分也。（江右派的羅念菴說：「〔陽明先生只說〕『知者意之體，物者意之用。』未嘗以物為知之體也。而緒山乃曰：『知無體，以人情事物之感應為體，無人情事物之感應則無知矣。』夫人情事物感應之於知猶色之於視、聲之於聽也。謂視不離色，固有視於無形者，而曰『色即為視之體，無色則無視也』可乎？謂聽不離聲，固有聽於無聲者，而曰『聲即為聽之體，無聲則無聽也』可

乎？」（《明儒學案》卷十八）。錢緒山之言明是本陽明之言而來，而羅念菴不解何耶？念菴亦明提到「猶色之於視，聲之於聽」。則似不得謂其未曾見陽明此段話。然則其駁緒山即駁陽明也。可見其對於陽明思路之隔膜。在此一提，須注意。後講江右派時再詳。）

3.不特此也，良知感應無外，必與天地萬物全體相感應。此即函著良知之絕對普遍性。心外無理，心外無物。此即佛家所謂圓教。必如此，方能圓滿。由此，良知不但是道德實踐之根據，而且亦是一切存在之存有論的根據。由此，良知亦有其形而上的實體之意義。在此，吾人說「道德的形上學」。這不是西方哲學傳統中客觀分解的以及觀解的形上學，乃是實踐的形上學，亦可曰圓教下的實踐形上學。因為陽明由「明覺之感應」說物（「以其明覺之感應而言，則曰物」，見上）。道德實踐中良知感應所及之物與存有論的存在之物兩者之間並無距離。當然如果我們割離道德實踐而單客觀地看存在之物，自可講出一套存有論，而不必能說它是道德的形上學。但這樣割離地客觀地看存在之物不是儒家之所注意，而且即使這樣講出一套存有論，亦不是究竟的，儒家可以把它看成是知解層上的觀解形上學，此則是沒有定準的，由康德的批判即可知之。因此，說到究竟，只有這麼一個圓教下的實踐的形上學，此則乃是必然的。儒家自孔子講仁起，（踐仁以知天），通過孟子講本心即性（盡心知性知天），即已函著向此圓教下的道德形上學走之趨勢。至乎通過《中庸》之天命之性以及至誠盡性，而至《易傳》之窮神知化，則此圓教下的道德形上學在先秦儒家已有初步之完成。宋明儒繼起，則是充分地完成之。象山陽明是單由孔子之仁與孟子

之本心而直接完成之者。北宋濂溪、橫渠、明道下開胡五峰以及明末之劉蕺山則是兼顧《論》、《孟》與《中庸》、《易傳》有一回旋而完成之者。伊川朱子則歧出而未能及。時人大都不甚解何以能有一道德的形上學。此不必說由於不解儒家內聖之學之傳統（旁及道家與佛教），即就時人之自以爲熟習於西方哲學（實不必熟習，只是崇尙而已）而言之，亦由於不讀不解康德故也。拜克（Lewis White Beck）在其《康德實踐理性批判之疏解》中，當論及「實踐理性之辯證」時，即說康德以上帝之存在一設準保證最高善（圓善）之可能乃是一「實踐的獨斷形上學」，此完全不同於「道德底形上學」。（參看其書245頁）。拜克亦用「實踐的形上學」一詞，不過就康德而言，加上一個「獨斷的」形容詞而已。依拜克，在康德所以是「獨斷的」，因爲他的「最高善不是一個實踐的概念，但只是理性底一個辯證的理想。」拜克此意，康德不必承認，因爲他亦視「最高善」爲意志底一個必然對象。可是，無論如何，在儒家總不是獨斷的，故說爲「圓教下的實踐形上學」。此中問題甚爲深微，我在這裡不討論此問題，不過讀者至少由康德的道德哲學可以知「道德的（實踐的）形上學」一詞並非不可理解。

陽明從良知（明覺）之感應說萬物一體，與明道從仁心之感通說萬物一體完全相同，這是儒家所共同承認的，無人能有異議。從明覺感應說物，這個「物」同時是道德實踐的，同時也是存有論的，兩者間並無距離，亦並非兩個路頭。這個物當該不是康德所謂現象，乃是其所謂物自身。從明覺感應說萬物一體，仁心無外，我們不能原則上說仁心之感通或明覺之感應到何處爲止，我們不能從原則上給它畫一個界限，其極必是以天地萬物爲一體。這個「一

體」同時是道德實踐的,同時也是存有論的——圓敎下的存有論的。聖人或大人與天地合德,與日月合明,與鬼神合吉凶,乃必然如此。「感應」或「感通」不是感性中之接受或被影響,亦不是心理學中的刺激與反應。實乃是即寂即感,神感神應之超越的、創生的、如如實現之的感應,這必是康德所說的人類所不能有的「智的直覺」之感應(康德不承認人類能有此種直覺,但良知之明覺,仁心之感通就含有這種直覺,這是中西哲學之最大而又最本質的差異點。)

試看以下的問答:

> 問:人心與物同體。如吾身原是血氣流通的,所以謂之同體。若於人〔他人〕,便異體了。禽獸草木益遠矣。而何謂之同體?
>
> 先生曰:你只在感應之幾上看。豈但禽獸草木?雖天地也與我同體的,鬼神也與我同體的。
>
> 請問。
>
> 先生曰:你看這個天地中間什麼是天地的心?
>
> 對曰:嘗聞人是天地的心。
>
> 曰:人又什麼敎做心?
>
> 對曰:只是一個靈明。
>
> 曰:可知充天塞地中間只有這個靈明,人只爲形體自間隔了。我的靈明便是天地鬼神的主宰。天沒有我的靈明,誰去仰他高?地沒有我的靈明,誰去俯他深?鬼神沒有我的靈明,誰去辨他吉凶災祥?天地鬼神萬物離卻我的靈明便沒有

天地鬼神萬物了。我的靈明離卻天地鬼神萬物亦沒有我的靈
明。如此，便是一氣流通的，如何與他間隔得？

又問：天地鬼神萬物千古見在，何沒了我的靈明，便俱無
了？

曰：今看死的人，他這些精靈遊散了，他的天地萬物尚在何
處？（《傳習錄》卷三）

案：良知靈明是實現原理，亦如老子所說「天得一以清，地得一以
寧」云云。一切存在皆在靈明中存在。離卻我的靈明（不但是我
的，亦是你的、他的，總之，乃是整個的，這只是一個超越而普遍
的靈明），一切皆歸於無。你說天地萬物千古見在，這是你站在知
性底立場上說，而知性不是這個靈明。

再看以下的問答：

先生遊南鎮。一友指岩中花樹問曰：

天下無心外之物。如此花樹在深山中自開自落，於我心亦何
相關？

先生曰：你未看此花時，此花與汝心同歸於寂。你來看此花
時，則此花顏色一時明白起來，便知此花不在你的心外。
（同上）

案：這不是認識論上的「存在即被知」，既不是柏克萊的獨斷的觀
念論，亦不是笛卡爾的懷疑的觀念論，亦不是康德的超越的觀念
論。這也是「存在依於心」，但卻不是有限心認知的層次，而乃是

相當於柏克萊的最後依於神心之層次。「依於神心」是存有論的、縱貫的;「依於有限心」是認識的、橫列的。這是兩個不同的層次,其度向亦不同。

最後,陽明曰:

> 良知是造化的精靈。這些精靈生天生地、成鬼成帝,皆從此出。真是與物無對。人若復得他完完全全,無少虧欠,自不覺手舞足蹈。不知天地間更有何樂可代?(同上)

案:「良知是造化的精靈」,這是存有論地說。「人若復得他」以下是實踐地說。「復得他完完全全,無少虧欠」,即函著圓頓之教。這同於孟子所說「萬物皆備於我矣。反身而誠,樂莫大焉。」從「復」轉下「致良知」。

4.陽明言「致」字,直接地是「向前推致」底意思,等於孟子所謂「擴充」。「致良知」是把良知之天理或良知所覺之是非善惡不讓它為私欲所間隔而充分地把它呈現出來以使之見於行事,即成道德行為。直接的意思是如此,再進而不間斷地如此,在此機緣上是如此,在彼機緣上亦如此,隨事所覺皆如此,今日如此,明日亦如此,時時皆如此,這便是孟子所謂「擴而充之」,或「達之天下」。能如此擴而充之,則吾之全部生命便全體皆是良知天理之流行,此即是羅近溪所謂「抬頭舉目,渾全只是知體著見,啟口容聲,纖悉盡是知體發揮」(《盱壇直詮》卷下),亦孟子所謂「睟然見於面,盎於背,施於四體,四體不言而喻」也。(〈盡心〉)到此,便是把良知「復得完完全全,無少虧欠。」故「致」字亦含

有「復」字義。但「復」必須在「致」中復。復是復其本有，有後返的意思，但後返之復必須在向前推致中見，是積極地動態地復，不只是消極地靜態地復。後來江右派在此見不清，遂鬧出許多歧出。見下。

「致」表示行動，見於行事。但如何能「致」呢？此並無繞出去的巧妙方法。只因良知人人本有，它雖是超越的，亦時時不自覺地呈露。致良知底致字，在此致中即含有警覺底意思，而即以警覺開始其致。警覺亦名曰「逆覺」，即隨其呈露反而自覺地意識及之，不令其滑過。故逆覺中即含有一種肯認或體證，此名曰「逆覺體證」。此體證是在其於日常生活中隨時呈露而體證，故此體證亦曰「內在的逆覺體證」，言其即日常生活而不隔離，此有別於隔離者，隔離者則名曰「超越的逆覺體證」。不隔離者是儒家實踐底定然之則，隔離者則是一時之權機。此兩者不可混同，亦不可於此起爭端。後來江右派於此鬧不清，遂致有許多纏夾。見下。

人人有此良知，然為私欲蒙蔽，則雖有而不露。即或隨時可有不自覺的呈露，所謂透露一點端倪，然為私欲、氣質，以及內外種種主觀感性條件所阻隔，亦不能使其必然有呈露而又可以縮回去。要想自覺地使其必然有呈露，則必須通過逆覺體證而肯認之。若問：即使已通過逆覺體證而肯認之矣，然而私欲氣質以及種種主觀感性條件仍阻隔之，而它亦仍不能順適調暢地貫通下來，則又如何？曰：此亦無繞出去的巧妙辦法。此中本質的關鍵仍在良知本身之力量。良知明覺若真通過逆覺體證而被肯認，則它本身即是私欲氣質等之大剋星，其本身就有一種不容已地要湧現出來的力量。此即陽明所以言知行合一之故，亦即孟子所言之良知良能也。良知固

即是理，然此理字是從良知明覺說，不是離開良知明覺而與心為二的那個空懸的寡頭的理。「心理是一」（不是合一）的心（良知明覺）才有那種不容已地要湧現出來的力量。若與心為二的那個空頭的理，則無此力量，因此，要想使理能夠通貫下來，則必須繞出去而講其他的工夫，如居敬（後天的敬）、涵養、格物、窮理等等，此便是朱子之一套。這一些工夫並非不重要，但依王學看來，則只能是助緣，而不是本質的功夫。本質的工夫唯在逆覺體證，所依靠的本質的根據唯在良知本身之力量。此就道德實踐說乃是必然的。以助緣為主力乃是本末顛倒。凡順孟子下來者，如象山、如陽明，皆並非不知氣質之病痛，亦並非不知教育、學問等之重要，但此等後天的工夫並非本質的。故就內聖之學之道德實踐說，必從先天開工夫，而言逆覺體證也。

又，逆覺之覺，亦不是把良知明覺擺在那裏，而用一個外來的無根的另一個覺去覺它。這逆覺之覺只是那良知明覺隨時呈露時之震動，通過此震動而反照其自己。故此逆覺之覺就是那良知明覺之自照。自己覺其自己，其根據即是此良知明覺之自身。說時有能所，實處只是通過其自己之震動而自認其自己，故最後能所消融而為一，只是其自己之真切地貞定與朗現（不滑過去）。

5.以上是「致良知」之本義。然而因為自朱子後，《大學》成了討論底中心，故陽明之致良知亦套在《大學》裏說，以扭轉朱子之本末顛倒。《大學》中有正心、誠意、致知、格物。故言良知亦須在心意知物之整套關聯中而言之。即使不落在《大學》上說，而從「致良知」本身之分析，亦定須分析出心、意、知、物等概念。如是，吾人可進而看陽明如何就《大學》之致知格物而言致良知。

陽明曰：

> 若鄙人所謂致知格物者，致吾心之良知於事事物物也。吾心
> 之良知即所謂天理也。致吾心良知之天理於事事物物，則事
> 事物物皆得其理矣。致吾心之良知者致知也。事事物物皆得
> 其理者格物也。（《傳習錄》卷二，〈答顧東橋書〉）

是則所謂「致知」者是對於「吾心之良知」不讓其為私欲所間隔而
把它推致擴充到事事物物上。而所謂把良知推致擴充到事事物物
上，並不是把良知之認知活動推致到事事物物上而認知事事物物之
理，乃是把「良知之天理」（良知自身即天理）推致擴充到事事物
物上而使之「得其理」，「得其理」是得其合於「良知天理」之
理。如是，陽明必訓「格物」之格為「正」。「格物」者是以良知
之天理來正物，並不是以吾人心知之認知活動來窮究事物本身之
理。窮究事物本身之理是朱子的說法，而心知之知亦不是良知之
知，而乃是認知之知，這是認知心之活動。這樣，認知心下之「致
知究物」是認識論的能所為二之橫列的，而良知下之「致知正物」
則是道德實踐的攝物歸心心以宰物之縱貫的，擴大說，則是本體宇
宙論的攝物歸心心以成物之縱貫的。

　　「格」字原初意思為降神，故直接意思為「來」為「至」，引
申而為「正」。陽明取「正」底意思是以義理系統定，不是以字義
究如何而定。格是正，物是事。事是行為，故吾亦曾以「行為物」
說之。擴大言之，亦可以是「存有物」。如是，吾人須看陽明如何
說「物」。

> 心者身之主也。而心之虛靈明覺即所謂本然之良知也。其虛
> 靈明覺之良知應感而動者謂之意。有知而後有意，無知則無
> 意矣。知非意之體乎？意之所用必有其物。物即事也。如意
> 用於事親，即事親為一物。意用於治民，即治民為一物。意
> 用於讀書，即讀書為一物。意用於聽訟，即聽訟為一物。凡
> 意之所用無有無物者。有是意，即有是物。無是意，即無是
> 物矣。物非意之用乎？（同上）

事親、治民、讀書、聽訟，皆是事，亦即是行為物。此就道德實踐
說。此處說「良知應感而動謂之意」，此意是從良知發，亦即是順
從良知明覺之意，故以知為意之體。但意之發亦可有善有惡，如
是，則意亦可順從良知，亦可不順從良知。是則良知為意之體乃是
以良知為意之超越的評判標準之意。此處的說法稍欠簡別，亦嫌急
促，當以別處說法為準。試看以下的說法：

> 理一而已。以其理之凝聚而言，則謂之性。以其凝聚之主宰
> 而言，則謂之心。以其主宰之發動而言，則謂之意。以其發
> 動之明覺而言，則謂之知。以其明覺之感應而言，則謂之
> 物。（〈答羅整菴少宰書〉）

據此，則心之發動為意，發動之明覺為知，明覺之感應為物。發動
得明覺，則意即是從知之意。但有時為感性條件所影響，亦可發動
得不明覺，此便不是從知之意。從知不從知，良知皆知之。故必須
致良知以誠其意。意之所用為物。意之所用固有時可是中性的，只

是一件事,如事親、治民、讀書、聽訟等,作得合良知之天理為好,否則為不好。但有時亦可起一惡念,此時意之所用便是惡。當然亦可起一善念。意之發動總是有種種顏色的。故必須通過致良知皆使之成為善者。及其皆成為善者,則意之發動皆是順從良知明覺而發,如是,則說意之所用為物即等於說明覺之感應為物,而物亦皆在明覺之天理中而無不正者。從明覺之感應說物,嚴格講,與從意之所用說物,是不同其層次的。後者的說法,意與物是有種種顏色的,故必有待於致良知以誠之與正之。而前者的說法,則無如許參差,唯是良知天理之流行,意不待誠而自誠,物不待正而自正。後來王龍溪即喜從此處著眼,所謂四無,所謂先天之學,皆是從此處說。由後者的說法,則有四有句。

〔……〕只要知身心意知物是一件。

九川疑曰:物在外,如何與身心意知是一件?

先生曰:耳目口鼻四肢身也。非心安能視聽言動?心欲視聽言動,無耳目口鼻四肢亦不能。故無心則無身,無身則無心。但指其充塞處言之,謂之身。指其主宰處言之,謂之心。指心之發動處謂之意。指意之靈明處謂之知。指意之涉著處謂之物。只是一件。意,未有懸空的,必著事物。故欲誠意,則隨意所在某事而格之,去其人欲,而歸於天理,則良知之在此事者無蔽,而得致矣。此便是誠意的工夫。(《傳習錄》卷三)

案:此即從意之**所用處**或**所在處**或**涉著處**說物。此即四有句也。最

完整的說法如下：

> 先生曰：先儒解格物爲格天下之物。天下之物如何格得？且
> 謂一草一木亦皆有理，今如何去格？縱格得草木來，如何反
> 來誠得自家意？我解格作正字義、物作事字義。《大學》之
> 所謂身即耳目口鼻四肢是也。欲修身，便是要目非禮勿視，
> 耳非禮勿聽，口非禮勿言，四肢非禮勿動。要修這個身，身
> 上如何用得工夫？心者身之主宰。目雖視，而所以視者心
> 也。耳雖聽，而所以聽者心也。口與四肢雖言動，而所以言
> 動者心也。故欲修身，在於體當自家心體，常令廓然大公，
> 無有些子不正處。主宰一正，則發竅於目，自無非禮之視；
> 發竅於耳，自無非禮之聽；發竅於口與四肢，自無非禮之言
> 動。此便是修身在正其心。
> 然至善者心之本體也。心之本體那有不善？如今要正心，本
> 體上何處用得功？必就心之發動處才可著力也。心之發動，
> 不能無不善。故須就此處著力，便是在誠意。如一念發在好
> 善上，便實實落落去好善，一念發在惡惡上，便實實落落去
> 惡惡，意之所發，既無不誠，則其本體如何有不正的？故欲
> 正其心，在誠意。工夫到誠意，始有著落處。
> 然誠意之本又在於致知也。所謂人雖不知，而己所獨知者，
> 此正是吾心良知處。然知得善，卻不依這個良知便做去，知
> 得不善，卻不依這個良知便不去做，則這個良知便遮蔽了，
> 是不能致知也。吾心良知既不能擴充到底，則善雖知好，不
> 能著實好了，惡雖知惡，不能著實惡了，如何得意誠？故致

知者意誠之本也。

　　然亦不是懸空的致知。致知在實事上格。如意在於爲善，便就這件事上去爲；意在於去惡，便就這件事上去不爲。去惡固是格不正以歸於正，爲善，則不善正了，亦是格不正以歸於正也。如此，則吾心良知無私欲蔽了，得以致其極，而意之所發，好善去惡，無有不誠矣。誠意工夫實下手處，在格物也。若如此格物，人人便做得。人皆可以爲堯舜，正在此也。（《傳習錄》卷三）

案：此段解說最爲清楚而明確，不煩再釋。這一完整的解說，簡縮之，即是四有句：「無善無惡心之體，有善有惡意之動，知善知惡是良知，爲善去惡是格物。」此即所謂徹上徹下的四句教也。「無善無惡心之體」是就「至善者心之本體」而說。無善無惡是謂至善。然則無善無惡者是「無有作好，無有作惡」之意。善惡相對的謂詞俱用不上，只是一自然之靈昭明覺亭亭當當地自持其自己，此即爲心之自體實相。至善是心之本體，猶言是心之自體實相，簡言之，就是心之當體自己也。此心須當下即認爲是超越之本心，不是中性的氣之靈之心也。心之自體是如此，然其發動不能不受私欲氣質之阻隔或影響因而被歪曲，因此「有善有惡意之動」。其發動即得名曰「意」。故「意」可以說是經驗層上的。然發動的或善或惡，此心之自體即其靈昭明覺之自己未嘗不知之，此即所謂良知。如是，這良知即越在經驗層上的意之上而照臨之。意有善惡兩歧，而照臨此意的良知則是絕對的純一，故它是判斷底標準。它是那抽象地說的心之自體自己之具體地彰用，彰其超越的照臨之用，因而

即轉而形著那心之自體之為至善。故「至善是心之本體」是虛說，即籠綜地先一提，而由良知之超越的照臨之用，反而形著其為至善，則是實說，即具體地決定其定然如此。故至善是心之本體實即等於說良知明覺是其本體，故陽明亦云：「知是心之本體。」至於「定是心之本體」、「樂是心之本體」，乃至「真誠惻怛是心之本體」，皆是由「知是心之本體」展轉引申而來的種種說法，而一是皆是實說。然良知之照臨不只是空頭地一覺，而且即在其照臨的一覺中隱然自決一應當如何之方向，此即所謂良知之天理。而且又不只是決定一方向，它本身的真誠惻怛就具有一種不容已地要實現其方向（天理）於意念乃至意念之所在（物）以誠之與正之之力量。由此始能說誠意乃至格物，此即「為善去惡是格物」之一句，亦即「致吾心良知之天理於事事物物，則事事物物皆得其理」之謂。

6.這樣的致知誠意，為善去惡（格物），人人皆能作。及至致得久而自然，良知完全作得主，則意純從知起，絲毫不從軀殼起念，（即不為私欲氣質所影響，不為感性條件所制約）。如是，則意念之動（一切作意）皆是良知天理之流行，而意之所在之物（行為物）亦皆無不合乎良知之天理而為吾人之德行，此即是文王之德之純，而純亦不已也。同時，意之所在為物即是良知明覺之感應為物，而在此明覺之感應中，有事亦有物，如是，則物字既可是事（行為物），亦可是物（存在物或個體物），如是，則訓物為事，不免稍狹，蓋此只就意之所在為物而言也。實則陽明所謂「事事物物」不必是籠統地泛說而一是皆歸於事，很可即就此「事事物物」而事物兩指。蓋就明覺之感應而言物，則物必兩指也。試就此而詳言之。例如前引〈答聶文蔚書〉：「致此良知之真誠惻怛以事親，

便是孝；致此良知之眞誠惻怛以從兄，便是弟；致此良知之眞誠惻怛以事君，便是忠。」事親，從兄、事君，都是事（行爲物）。推之，〈答顧東橋書〉中所謂事親、治民、讀書、聽訟，皆是意之所用或所在，亦皆是事。但若提升至明覺之感應而言之，則實可事物兩彰而皆備。感應於親，而有事親之行（事）；感應於兄、民、書、君、訟等等，而有從兄、治民、讀書、事君、聽訟等等之事。親、兄、民、書、君、訟等，則所謂物也（存在物或個體物。視親、兄、民、君等爲物好像有點不敬或不雅，但此只就其爲一獨立的存在而言。訟本亦是事，但對聽訟而言，則訟即指兩造之對質）。事親、從兄、治民、讀書等，則所謂事也。事是感應於物而有以對之或處之之態度或方式。這些態度或方式便就是我的行爲。眞誠惻怛之良知，良知之天理，不能只限於事，而不可應用於物。心外無事，心外亦無物。一切蓋皆在吾良知明覺之貫徹與涵潤中。事在良知之貫徹中而爲合天理之事，一是皆爲吾之德行之純亦不已。而物亦在良知之涵潤中而如如地成其爲物，一是皆得其位育而無失所之差。此可就〈大學問〉而明之。「陽明子曰：大人者以天地萬物爲一體者也。〔……〕大人之能以天地萬物爲一體也，非意之也，其心之仁本若是其與天地萬物而爲一也。豈惟大人，雖小人之心亦莫不然，彼顧自小之耳。是故見孺子之入井而必有怵惕惻隱之心焉，是其仁之與孺子而爲一體也。孺子猶同類者也。見鳥獸之哀鳴觳觫而必有不忍之心焉，是其仁之與鳥獸而爲一體也。鳥獸猶有知覺者也。見草木之摧折而必有憫恤之心焉，是其仁之與草木而爲一體也。草木猶有生意者也。見瓦石之毀壞而必有顧惜之心焉，是其仁之與瓦石而爲一體也。是其一體之仁也，雖小人之心亦必有

之。是乃根於天命之性而自然靈昭不昧者也。」（《陽明全集》卷二十六）。由眞誠惻怛之仁心之感通，或良知明覺之感應，而與天地萬物爲一體。感應於孺子，即與孺子爲一體，而孺子得其所；感應於鳥獸、草木、瓦石、亦皆然。「親親而仁民，仁民而愛物」，亦皆然。「老者安之，少者懷之，朋友信之」，亦皆然。感應於物而物皆得其所，則吾之行事亦皆純而事亦得其理。就事言，良知明覺是吾實踐德行之根據；就物言，良知明覺是天地萬物之存有論的根據。故主觀地說，是由仁心之感通而爲一體，而客觀地說，則此一體之仁心頓時即是天地萬物之生化之理。仁心如此，良知明覺亦如此。蓋良知之眞誠惻怛即此眞誠惻怛之仁心也。《中庸》言「誠者物之終始，不誠無物。」此物字亦可概事與物兩者而言。一切事與物皆是誠體之所貫而使之成始而成終。此明是本體宇宙論的縱貫語句。《中庸》又言：「誠者非自成己而已也，所以成物也。成己仁也，成物智也，性之德也，合外內之道也。」誠體既成己，亦成物。「成己」是就事言，「成物」則是就物言。成己是內，成物是外。就此內外而言，則有仁智分屬之權說。然仁與智皆是性之德（本質的內容），亦即皆是誠體之內容，故此成己成物之誠體便是合內外而爲一之道。《中庸》言誠，至明道而由仁說，至陽明而由良知明覺說，其實皆是說的這同一本體。是故就成己與成物之分而有事與物之不同，然而其根據則是一本而無二。就成己而言，是道德實踐；就成物而言，是形上學，然而是在合內外之道之實踐下，亦即是在圓敎下的形上學，故是實踐的形上學，亦曰道德的形上學。（然非「獨斷的」，乃是有必然的確定性的。若與康德相比，則牽連的太多。主要的關鍵乃在「智的直覺」之有無。在此不

論）。是故陽明落於《大學》上言「格物」，訓物爲事，訓格爲正，是就意之所在爲物而言。若就明覺之感應而言，則事物兼賅，而「格」字之「正」義在事在物俱轉而爲「成」義，格者成也。格物者成己成物之謂也。「成」者實現之之謂也。即良知明覺是「實現原理」也。就成己言，是道德創造之原理，即引生德行之「純亦不已」。就成物言，是宇宙生化之原理，亦即道德形上學之存有論的原理，使物物皆如如地得其所而然其然，即良知明覺之同於天命實體而「於穆不已」也。在圓敎下，道德創造與宇宙生化是一，一是皆在明覺之感應中朗現。

　　7.在此，若依康德底哲學而問：此明覺感應中之物與事是何身分的物與事？陽明必答曰：物是「物之在其自己」的物，事亦是「事之在其自己」的事。前者易解，後者似有疑。蓋在明覺感應之貫徹中，物物，從孺子，到鳥獸、草木、瓦石，一切皆如如地得其所而然其然，此如如地然其然即是依「物之在其自己」而然其然。明覺感應之知之即實現之，此知是無知而無不知之知。若依康德，此必是智的直覺之知，而不是通過感觸的直覺而依範疇去作判斷的知性之知，因此，物亦不是對感性知性而爲對象的物，即，不是作爲現象的物，因此，必是作爲「物之在其自己」的物。作爲「物之在其自己」的物不是認知之對象，但可是明覺感應之非對象的如相，亦即智的直覺之所照之非對象的如相。依康德，上帝之創造萬物，是當作「物之在其自己」而創造之。上帝並不創造現象。現象是對人之感性與知性而言。而上帝之創造即是其智的直覺之創造。是故在智的直覺面前，物只能是物之在其自己，而不能是現象。在良知明覺面前，物亦是如此。但可惜的是康德並不認爲吾人可有此

智的直覺，然陽明從良知明覺之感應則必承認此智的直覺。人從感性與知性來看是有限的存在，儒者並不妄自尊大，但若從良知明覺來看，則雖有限而亦無限，亦不妄自菲薄。此當是東西哲學之最大而亦最本質的差異點。

就成己之事言，事是行爲物，是吾人之活動。依康德，意志自由可在智思界（睿智界），而其所創生之結果則在感觸界。如是，行爲物似乎當是現象，而不是事之在其自己。依中國哲學詞語說，作爲行爲物的活動是屬於氣，似亦當該說爲現象，何以說爲「事之在其自己」？一般籠統地這樣說，似亦可許。但若依康德現象與物之在其自己之超越的區分，此行爲物並不必是現象。須知屬於氣並非即是現象義。物亦並非無氣。著迹著相是現象。著相而排列之於時空中並依範疇去思解之，它便是現象。但明覺感應中成己之事不著相，它是在明覺感應中而爲合天理之實德，而不是對感性與知性而爲吾人所認知之對象。因此，它是「事之在其自己」之事，而不是現象之事。在明覺感應中之一切活動皆是知體之流行，誠如羅近溪所謂「抬頭舉目渾全只是知體著見，啓口容聲纖悉盡是知體發揮。」此時之「抬頭舉目」、「啓口容聲」，便不可以作現象看，而只是「在其自己」之如相。如相無相，是即實相：不但無善惡相，並亦無生滅來去一異常斷相，焉得視爲現象？它是知體之著見，即是如如地在知體中呈現。此時全知體是事用，全事用是知體。全知體是事用，則知體即在用；全事用是知體，則事用即在體。儒者所謂體用，所謂即體即用，所謂體用不二等，並不可以康德的現象與物自身之分而視之，蓋此用並非康德所說的現象，倒正是康德所說的「物之在其自己」之用也。其所以爲「事之在其自

己」正因爲它繫屬於知體而爲知體之著見。若對於感性與知性而爲
認知之對象，則它即轉成現象矣。

　　中國哲學，儒釋道三家，皆可證成康德的現象與物自身之分。
在佛家，對識心而言即爲現象，對智心而言即爲物之在其自己。在
道家，對成心而言即爲現象，對玄智而言即爲物之在其自己。在儒
家，對見聞之知而言即爲現象，對德性之知而言即爲物之在其自
己。惟三家在以前皆未像康德那樣就現象擺出一個知識論，蓋其言
學之重點不在此故也。然今日要可依康德之規模而開出之，而使之
套於智的直覺中，如是，則康德之不足處亦可得其調適上遂之發
展。此則在乎學者之深思，吾在此不欲多論。詳見《現象與物自
身》。

附錄：致知疑難

> 意之所在便是物。如意在於事親，即事親便是一物。意在於
> 事君，即事君便是一物。意在於仁民愛物，即仁民愛物便是
> 一物。意在於視聽言動，即視聽言動便是一物。所以某說無
> 心外之理，無心外之物。（《傳習錄》卷一）

案：此段言物是就意之所在，即四有句中之物也。對於致良知之疑
難，全在此「物」字之訓解上發，亦全有賴於此物字之詳細考慮而
得決。陽明在此所謂「物」是吾日常生活所牽連之種種行爲也，實
即具體之種種生活相也。既是生活相或生活行爲，自必繫於吾之心
意。吾之每一生活、每一行爲，吾自必對之負全部責任。吾既對之
負全責，自必統於吾之心意。吾之心正意誠，則吾之生活行爲自必

一歸於正，而無有不正。無有不正者即一是皆爲吾心良知天理之所
潤澤而貫徹也，亦即皆爲心律所主宰也。心律即在天心中，故心外
無理也。而心不懸空，必及於種種生活行爲。生活行爲對心而言，
雖是客物，不似心律之即在天心中，然旣云生活行爲，則自與桌子
椅子電子原子不同其義，是以雖客物而實在心律之主宰中，故曰心
外無物也。此言離「心之意及」，無可言生活行爲也。是以生活行
爲不能離心而獨在。（此與「心外無理」義異）。此蓋可以極成而
無復可疑者。惟是生活行爲固物也。除此即無物可言乎？事親爲一
物，而此物即行爲也。陽明在此訓物不指「親」言，而指「事親」
言，事親固爲一件事，以此而亦爲一物。然則「親」是否亦可以是
一物。親自不是吾之一件生活行爲。然「親」竟不可以實是一物
耶？親是父母，父母是關係詞。然此關係詞所指之對象究不是一物
耶？吾意他終究不是個非有（虛無）。如不是非有，它即是個
「有」矣。如是個有，它即是個物矣。「用桌子」是一件生活行
爲，而「桌子」究是一個物。若把物只限於生活行爲，則凡桌子椅
子等等豈即非物耶？若亦是物，此將如何亦可云心外無物耶？此物
豈非與吾心爲對而爲二乎？此將如何亦可順致良知之敎而正之耶？
若指作聖賢言，則物限於生活行爲上說，自已足矣。然而不礙尙有
桌子椅子等等一種物。此將如何統攝之於致良知之敎中？復次，此
物如其爲一物，有理乎？無理乎？如有理也，將何以窮之？此自非
窮良知之天理即可盡。良知之天理流於生活行爲中而貫之，亦流於
桌子椅子中而成其爲桌子椅子耶？此固甚難矣。然則，吾將如何對
付此一種物？此自是知識之問題，而爲先哲所不措意者。然在今
日，則不能不有以疏解之。關於桌子椅子之一套與陽明子致良知之

一套完全兩會事，然而不能不通而歸於一。桌子椅子亦在天心天理
之貫徹中，此將亦為可成之命題。然徒由吾人日常生活之致良知上
則不能成立之。如成立此命題，不知要經多少曲折。蓋此為一形上
學之命題，繫於客觀而絕對之唯心論之成立，即「乾坤知能」之成
立，亦即「無聲無臭獨知時，此是乾坤萬有基」一主斷之成立。然
無論將來如何，即使此命題成立矣，而在眼前致良知中，總有桌子
椅子一種物間隔而度不過，因而總有此遺漏而不能盡。吾人須有以
說明之。看它如何能進入致良知之教義中。此是知識問題也。至
「乾坤知能」一層，則是形上學問題，尤非一二言所能了。茲先順
致良知，看如何能攝進對于桌子椅子之知識。

道之大端易於明白。此語誠然。顧後之學者，忽其易於明白
者而弗由，而求其難於明白者以為學。此其所以道在邇而求
諸遠，事在易而求諸難也。孟子曰：「夫道若大路然。豈難
知哉？人病不由耳。」良知良能，愚夫愚婦，與聖人同。但
惟聖人能致其良知，而愚夫愚婦不能致，此聖愚之所由分
也。節目時變，聖人夫豈不知？但不專以此為學。而其所謂
學者，正惟致其良知以精察此心之天理，而與後世之學不同
耳。〔……〕夫良知之於節目時變，猶規矩尺度之於方圓長
短也。節目時變之不可預定，猶方圓長短之不可勝窮也。故
規矩誠立，則不可欺以方圓，而天下之方圓不可勝用矣。尺
度誠陳，則不可欺以長短，而天下之長短不可勝用矣。良知
誠致，則不可欺以節目時變，而天下之節目時變不可勝應
矣。毫釐千里之謬，不於吾心良知一念之微而察之，亦將何

所用其學乎？〔……〕吾子謂「語孝於溫凊定省孰不知之」。然而能致其知者鮮矣。若謂粗知溫凊定省之儀節，而遂謂之能致其知，則凡知君之當仁者，皆可謂之能致其仁之知，知臣之當忠者，皆可謂之能致其忠之知，則天下孰非致知者耶？〔……〕夫舜之不告而娶，豈舜之前已有不告而娶者為之準則，故舜得以考之何典，問諸何人，而為此邪？抑亦求諸其心一念之良知，權輕重之宜，不得已而為此邪？武之不葬而興師，豈武之前，已有不葬而興師者為之準則，故武得以考之何典，問諸何人，而為此邪？抑亦求諸其心一念之良知，權輕重之宜，不得已而為此邪？使舜之心而非誠於為無後，武之心而非誠於為救民，則其不告而娶與不葬而興師，乃不孝不忠之大者。而後之人不務致其良知以精察義理於此心感應酬酢之間，顧欲懸空討論此等變常之事。執之以為制事之本，以求臨事之無失，其亦遠矣。（《傳習錄》卷二，〈答顧東橋書〉）

案：顧東橋以為節目時變之詳、毫釐千里之謬，必待學而後知。如舜之不告而娶、武之不葬而興師，以及養志養口、小杖大杖、割股廬墓等事，處常處變，過與不及之間，必須討論是非為制事之本。然後心體無弊、臨事無失。此種節目時變，固不足以難陽明。故陽明解其惑如是其易也。蓋此種節目時變亦皆吾人所自負責所自作為之生活行為也。將考之何典耶？問諸何人耶？夫既云時變，則縱有何典可考，何人可問，亦不可拘以為典要，惟有求諸吾心一念之良知以決之耳。參以典要、預以定本，則良知之純之直早已喪失而無

餘。故云此種節目時變不足以難陽明。亦不可以此等時變以判良知之不足，而有待於學問之外知。夫真有待於學問而外知者，惟桌子椅子等物耳。良知之天理所斷制者生活行為也。其是非善惡，宜不宜之辨，乃道德的、行為的也。吾人有行為之宇宙，有知識之宇宙。全宇宙可攝於吾之行為宇宙中，故云以言乎天地之間則備矣。參天地贊化育，則天地亦不外吾心之良知。一念蔽塞，則天地閉，賢人隱。一念靈明，則天地變化草木蕃。此固吾之行為宇宙之蓋天蓋地。然而吾人亦復有知識之宇宙。全宇宙亦可攝入吾之知識宇宙中。然此必待學問而外知的萬物之何所是，非良知之斷制行為者之所能斷制也。良知能斷制「用桌子」之行為，而不能斷制「桌子」之何所是。然則桌子之何所是，亦將何以攝入致良知中有以解之而予以安置耶？良知斷制吾「用桌子」之行為，亦斷制吾「造桌子」之行為。試就此例而明之。在吾之發念造此桌子也，吾之良知必自知吾此行為之是非善惡而斷制之。若知之而不為，則汝對此行為須負責，負此行為之未成為行為之責，因而自愧於意不誠心不正。若此負責之念起，自愧之心生，則必須致良知而成就此行為，以求於無愧、無自欺。此良知天理之所貫徹也。然在此行為之成就中，不能不於桌子有知識。汝當知此桌子之結構本性之何所是，汝當知造桌子之手術程序之何所是。否則，汝將無所措手足。雖有造桌子之誠意，而意不能達；雖有良知天理之判決此行為之必應作，然終無由以施其作。此不得咎良知天理之不足，蓋良知天理所負之責任不在此。此應歸咎於對造桌子之無知識也。就此觀之，造桌子之行為要貫徹而實現，除良知天理以及致良知之天理外，還須有造桌子之知識為條件。一切行為皆須有此知識之條件。是以在致良知中，此

「致」字不單表示吾人作此行爲之修養工夫之一套，（就此套言，一切工夫皆集中於致），且亦表示須有知識之一套以補充之。此知識之一套，非良知天理所可給，須知之於外物而待學。因此，每一行爲實是行爲宇宙與知識宇宙兩者之融一。（此亦是知行合一原則之一例）。良知天理決定行爲之當作，致良知則是由意志律而實現此行爲。然在「致」字上，亦復當有知識所知之事物律以實現此行爲。吾人可曰：意志律是此行爲之形式因，事物律則是其材質因。依是，就在「致」字上，吾人不單有天理之貫徹以正當此行爲，且即於此而透露出一「物理」以實現此行爲。（實現不只靠物理，而物理卻也是實現之一具）。是以在致字上，吾人可攝進知識而融於致良知之教義中。要致良知，此「致」字迫使吾人吸收知識。一切活動皆行爲。依是，致良知乃是超越之一套，乃是籠罩者。在此籠罩而超越之一套中，知識是其中之一分。就此全套言，皆繫於良知之天理，猶網之繫於綱。從此言之，心外無物，心外無理。然而此全套中單單那一分卻是全套之出氣筒，卻是一個通孔。由此而可以通於外。在此而有內外之別、心理之二。此個通孔是不可少的。沒有它，吾人不能完成吾人之行爲，不能達致良知之天理於陽明所說之事事物物上而正之。是以此知識之外乃所以成就行爲宇宙之統於內。由孔而出之，始能自外而至之。（自外至者無主不止。）

此言將知識攝入致良知教義中。然知識雖待外，而亦必有待於吾心之領取。領取是了別。了別之用仍是吾心之所發。徒說知識攝入致良知，尚不足以盡此融攝之眞實義。蓋此不過將一現成之知識參入其中耳。此融攝之眞實義，須如此說：吾心之良知決定此行爲之當否，在實現此行爲中，固須一面致此良知，但即在致字上，吾

心之良知亦須決定自己轉而爲了別。此種轉化是良知自己決定坎陷
其自己：此亦是其天理中之一環。坎陷其自己而爲了別以從物。從
物始能知物，知物始能宰物。及其可以宰也，它復自坎陷中湧出其
自己而復會物以歸己，成爲自己之所統與所攝。如是它無不自足，
它自足而欣悅其自己。此入虎穴得虎子之本領也。此方是融攝知識
之眞實義。在行爲宇宙中成就了知識宇宙，而復統攝了知識宇宙。
在知識宇宙中，物暫爲外，而心因其是識心，是良知自己決定之坎
陷，故亦暫時與物而爲二。然及其會歸於行爲宇宙而爲行爲宇宙之
一員，則即隨行爲宇宙之統攝於良知之天心天理而亦帶進來。「造
桌子」之行爲爲一超越而整全之行爲。在此整全行爲中，「知桌
子」爲一其中部分之行爲。是以每一行爲必帶著一個知識中之物的
知識而爲其一員。譬如，依陽明，「事親」爲一物，實即一行爲。
在此「行爲物」中，必有「親」一個物爲其中之一員。「事親」這
個行爲物，必帶著「親」這個知識物。既帶著這個物，則對於這個
物自必有一個了當才行。是以在致良知而成就「事親」這件「行爲
物」中，必有一套致良知而成就「知親」這件事爲其一副套。「知
親」這件事就是一種「知識的行爲」。「知親」中的親是這個知識
中的對象。知親固是一種知識，而要去知親，則亦表示是一種行
爲。這行爲就是成就知識或使吾獲得知識的行爲。既是一種行爲，
則亦必由於吾良知天理之所決定。良知天理決定去事親，同時亦須
決定去知親。故云：在致良知而成就「事親」這件行爲物中必有一
套致良知而成就「知親」這件事（亦是一行爲物）爲其一副套。
「知親」這件行爲既在成就知識，故「知親」中的親就是知識中之
對象，亦就是「知識物」也。是以副套之致良知的行爲皆是成就知

識或獲得知識之行爲。在良知天理決定去成就「知親」這件行爲中，良知天心即須同時決定坎陷其自己而爲了別心以從事去了別「親」這個「知識物」。就在此副套之致良知行爲中，天心即轉化爲了別心。既爲了別心，必有了別心之所對。故即在此時，心與物爲二，且爲內外。「知親」這件行爲，爲良知天理之所決，故不能外於良知之天理，故曰心外無物。然在「知親」這件行爲中，要去實實了解「親」這個知識物，則天心轉化爲了別心，了別心即與「親」這個知識物爲二爲內外。了別心是天心之坎陷，而二與內外即因此坎陷而置定。

吾甚至且可說：即在成就「事親」這件行爲中，同時亦必有致良知而決定去成就「知事親」這件知識行爲。即「事親」固爲一行爲物，而同時亦爲一「知識物」。既爲一「知識物」，吾良知天心在決定事親中亦須決定坎陷其自己而了解此知識物。此即是知什麼是事親，如何去事親也。「知事親」爲一知識行爲，亦是良知天心之所決。而在此知識行爲中，實實知道什麼是事親，則天心即須轉化爲了別心。是以每一致良知行爲中不但有一副套之致良知行爲而去了別知識物，且每一致良知行爲自身即可轉化爲一知識物因而發出一致良知之行爲而去知道這個知識物。是以每一致良知行爲自身有一雙重性：一是天心天理所決定斷制之行爲系統，一是天心自己決定坎陷其自己所轉化之了別心所成之知識系統。此兩者在每一致良知之行爲中是凝一的。譬如「事親」既爲一行爲系統，而其自身亦復爲一知識系統。蓋既要從事「事親」這件事，則必須知道什麼是事親、如何去事親。這一個知道，便表示一個知識系統。在知識系統中，「事親」便是一客物，而與了別心爲內外。此時良知之天

心即決定坎陷其自己而爲了別心。此種坎陷亦是良知天理之不容已，是良知天理發而爲決定去知什麼是事親如何去事親這個知識行爲中必然有的坎陷。坎陷後而了解什麼是事親如何去事親，然後才能實現「事親」這件行爲。至於我爲什麼應當事親，卻是良知天心所自決，此是屬於行爲系統者。又事親爲什麼應當孝，這亦是良知天心所自定之天理而無可外求者，此亦是屬於行爲系統者。是以陽明所言之良知只是決定道德行爲之天心天理，而致亦是只致此。而對於良知自己決定坎陷其自己而成了別心，因之而成知識系統則忽而不察矣。殊不知「事親」這一件行爲自身同時即是一知識系統也。譬如溫凊之定省、奉養之節目，即是一個知識系統也。此皆含在「事親」行爲中。至於事親爲什麼便當溫凊定省，那卻是道德天心所自決，而無可外求者。大凡一成知識系統，便須客化而靜化，靜化而置定之爲一「是」。既爲一「是」矣，便須與心對而爲外，而此時之心亦爲了別心。一成行爲系統，便須主體化動態化，動態化而提之屬於主屬於能。既屬於能矣，自不能與心爲對也，而此時之心即爲一天心。原來天心與了別心只是一心。只爲要成就這件事，天心不能一於天心，而必須坎陷其自己而爲一了別心。而若此坎陷亦爲良知天理之不容已，則了別心亦天心矣。每一致良知之行爲皆可如此論。「行事親」與「知事親」是同時並起的。惟「知事親」是一知識行爲，由此行爲可以成知識系統。「知事親」既爲一知識行爲，亦發於良知天心所自決。惟此「知事親」一知識行爲不必再言其雙重性，即不必再言知「知事親」也。蓋此「知」只爲一自覺，不能成一知識系統也。因此，無無窮後退過。但雖不能向後作無窮的自覺，而可以反而作一步的反省。此一步的反省就是知識

論。譬如，在「知事親」一知識行爲中，我既知道什麼是事親、如何去事親，我亦可反而再問什麼是知，如何成知。我作此步考量時，即成功知識論。惟此知識論之一步，可以截斷無窮之後退。即此步反省，並非無窮的自覺之謂也。此步成功知識論之反省惟在知識行爲中表現。知識行爲見於兩處：一在致良知之整全行爲中之副套之成知識之致良知行爲，一在每一致良知行爲自身即是一知識系統。前者如「事親」中之知「親」，「造桌子」中之知「桌子」。後者如「事親」自身即爲一知識系統，即必須知什麼是事親，如何去事親也。前者成功知「親」知「桌子」之知識系統，後者成功知「事親」之知識系統。對於此兩種知識行爲，再加以反省，便成功知識論，而知識論並非一知識系統也。是以對於知識行爲作一步知識論之反省，即可停止無窮的追溯，而不必對知識行爲再言雙重性也。雙重性只可就行的行爲如「事親」「造桌子」言，不可就知的行爲如知「親」、知「事親」言。在知「親」、知「事親」，乃至知「桌子」、知「造桌子」之知識行爲中，吾人一方獲得對象之知識，而成功知識之系統，一方對此「知識行爲」加以反省而明白如何成知，此就是知識論。在此步反省中，知識方法、邏輯、數學、純幾何，乃至一切知識條件，皆有安頓。而同時此知識行爲既是一行爲，則致良知之敎義仍可用其上。即「知識行爲」亦是良知天心所自決。既決定有此行爲，便須貫徹此良知之決定而成就此件行爲。吾人由對於一切行爲之反省而知其皆源於良知天心之決定，皆統屬於良知之天理，則此步反省即成功道德形上學。而在此形上學中，吾人點出天心天理之實體，以爲人生宇宙之大本，此就是孔孟以及理學家之所一線相傳，而直至於陽明之致良知敎亦不過就是此

線之結集。吾人處於今日，則又提出知識行為而融納知識系統於此
骨幹中，因而亦即融納一知識論於此形上學中。此亦是一線相傳之
結集。必如此而後可以無遺漏。

　　陽明所言之良知常有取現成之知識，好似不言而喻或世間極成
之知識，以為良知。此在當時順所舉例，方便說出，亦無不可。又
因先哲講學，只在期於為人為聖賢，至於吾人有生以來，所知所學
之種種知識學問以及本領，彼自不甚措意，故亦不曾提出而考論
之。陽明常曰：「如何不講求，只是要有個頭腦。」說到頭腦，便
又是期在作人作聖。然吾人此時不可不提出而注意之。前既言如何
統攝知識矣。茲再指明，不可取世間極成之知識以為良知。此須在
原則上予以簡別出。那怕是最簡單的例子，亦可在原則上去指別
之。譬如「知如何而為溫凊之節，知如何而為奉養之宜者，所謂知
也。」此所謂「知」自是良知。然嚴格言之，此種知實是屬於知識
系統者。奉養之宜、溫凊之節，是「事親」這件行為系統中之知識
系統。什麼是奉養之宜，什麼是溫凊之節，須有以知之，知之，即
知識系統也。惟獨為什麼當事親，事親為什麼應當孝，此種「應
當」之決定，方是良知天心之所決定。即在奉養之宜、溫凊之節上
說，到了親饑餓時，為什麼應當奉養，此是良知之決定。念念在親
之身體變化以及幾不爽失而以甘旨以適應之，此都是汝之良知天理
之充塞流行。假若有一毫昏墮而不能常惺惺，則汝之心意即被隔
斷，則對於奉養甘旨便忘了或助了。凡屬於提起而不從物，自發自
動而常惺惺以決定自己之作為者，皆屬良知之天心。至於身體變化
與甘旨奉養之相順相違的那一套事物歷程卻是屬於知識系統者。在
此最簡易而於自己又最親切之例子上，良知與知識常易混而不辨。

實則原則上是可以辨別的。此義既明，則良知天理只是一個應當不應當之先天的決定。是非善惡則只是這個應當不應當，而此皆發之於良知天心之不昧，故亦云良知之天理也。常惺惺而無間隔（或忘或助即是間隔），便是天理流行也。是以良知，說到最後，只是一個天心之靈明，故它自能知是知非知善知惡，對於何者應當何者不應當作一先天的應當之決定，而作爲吾身動作之主宰。後來二溪皆從此靈明處說話矣。對物欲言，爲提起爲常惺惺，而自此常惺惺之天心之本身言，則一體平鋪，所謂天理流行，自無所謂提起不提起。此卻須仔細認取。

良知既只是一個天心靈明，所以到致良知時，知識便必須含其中。知識是良知之貫徹中逼出來的。否則，無通氣處，便要窒死。良知天理自然要貫徹。不貫徹，只是物欲之間隔。若自其本性言，或吾人良知天理眞實湧發時，它必然要貫徹，不待致而自致。致良知原爲有物欲間隔者說。去其間隔而一旦發現出本性之眞實無妄，則良知天理之眞誠惻怛，或良知天理之善，自能不容已其湧發而貫徹於事事物物。其湧發不容已，則其坎陷其自己而爲了別心亦不容已，蓋此即其湧發貫徹歷程中之一迴環。若缺少此一迴環，它還是貫徹不下來。一有迴環，便成知識。知識便有物對。有物對便有物之理而在外。此問題若予以形上之解析，便是「個體」問題。靈知是一，吾的靈知便是蓋天蓋地的那個靈知。然蓋天蓋地那個靈知是乾坤之知能，是總攝全宇宙而言之的。而吾的知能雖就是那個乾坤之知能，而「我」卻是一個體。良知在「我」這個個體，亦在「他」那個個體。說到個體便有對，有對便有殊。有對，此其所以與我爲二而爲內外；有殊，此其所以彼此個體皆有其自理，（此理

是形下的），因而必須從物而知之。所以知識系統在個體上成立。
良知雖一，而不能不有分殊。個體便在分殊上說。乾坤知能既成就
了全宇宙以及萬萬個體，所以在「我」這個個體上要致良知而成行
為宇宙，而將全宇宙攝於吾之行為宇宙中，便不能不有一知識宇
宙，而復將全宇宙攝於知識系統中。吾人於此知識宇宙只在說明知
識之融納為已足。此所說之知識之融納，不惟陽明無此義，即朱子
亦無此義也。蓋朱子之格物窮理義，雖可以順而至於含有知識義，
而其本意實不在言知識。其所謂格物窮理，意在當機體察，乃含於
動察之中：察之於念慮之微，求之於文字之中，驗之於事物之著，
索之於講論之際，皆是格物，亦皆是窮理。而此格物窮理卻是去病
存體，旨在求得普遍而超越之一貫之理，所以仍是一套道德工夫，
不在成知識也。吾人現在既順致良知教而融納知識，則朱子此一套
在整個系統之關鍵上自不甚肯要，然於慮的工夫上，則亦無甚可譏
議也。吾人將在知識系統之統於行為系統上說明知識義之窮理，將
在行為系統之發於良知天心上說明陽明義之窮理盡性，將在慮的心
之工夫上吸納朱子之動察靜養。而若識得良知天心之大本原，握得
致良知之大頭腦，則動察靜養皆無不可，亦無所謂支離矣。

　　吾以上就「致知疑難」開出「心與物」之知識問題以及「乾坤
知能」之天心形上學問題，並從知識中簡別出「良知天理只是一個
應當不應當之先天的決定」。故良知之心是指導並統攝行為宇宙
的。「行為」，在陽明即說為人心感應之所及，對于天地萬物之感
應、日常酬酢云為之事變，俱在內；而格物之「物」亦在此處說。
酬酢感應之萬事萬變皆物也。故前云此物即為「行為物」。對于一
一事變如何感應酬酢之「當然之理」，良知自能先天地知之，亦即

皆內在于良知之心中。良知之先天地知之即先天地決定之。良知之知並決定當然之理，即曰「良知之天理」。此是一個最後的決定是非善惡之標準。此即是透露最內在的價值之源、價值之主體，而一切價值判斷之標準不能自外取明矣。除此良知之知與決定外，不能有任何外在的典要與格套可資襲取以為標準。此種良知之知與決定，當然是指最根本而超越處言。吾人酬酢感應中之辨別當然常有亦必有知識夾雜參與于其內。然指導吾人行為之「當然之理」，其最後之源必在良知天理之心，而不在知識。因為知識是實然，而成知識之「認識心」亦了別「實然」，而不能決定當然也。孟子即心言性，心理亦一，而且亦充分彰著出此心性即是指導吾人行為之道德的心性。然而孟子尚是仁義禮智並列地言之，而陽明則就其所言之是非之心之智而言良知，將智冒上來而通徹于仁義禮中，通徹于心德之全部，以彰著並保住心之超越性、涵蓋性、主宰性、純粹至善無對性。就此而言之，吾人可說：仁義禮是心之實，而智是實亦是用。（用就靈明言。）心惟有此「既實亦用」之一德，始能先天地知而決定是非善惡之當然之理。而是非善惡既是當然之理，故必通于仁義禮之實而表現：發心動念（即意）之仁不仁、義不義、禮不禮，即是是不是、善不善，而是非善惡之當然之理存焉。甚至智不智、明不明，亦是是不是、善不善之所在。而此是非善惡之當然之理俱賴「良知之明」之知與決定。故良知之知與決定即一方引生出仁義禮（甚至智）之實，一方既越乎仁義禮（甚至智）之上而通徹于仁義禮智，以彰明心之為仁義禮智四德甚至無量德俱備之心，以保住心之純粹至善無對性。心之純粹至善無對性以良知之純粹至善無對性而印證而保住。良知之知與決定越乎仁義禮智之上而通徹

于仁義禮智，而引生仁義禮智，故陽明總說「良知之天理」也。而心之純粹至善無對性以良知之天理而印證而保住，故亦說「心即理也」。故將智冒上來而通徹于仁義禮中，而言良知之知與決定，則心之全德乃至全體大用一時俱活，而知善知惡、爲善去惡之致良知工夫始可得而言。若言良知而忽略或忘卻「天理」二字，只言一寡頭之靈明，則遠離而蕩矣。此非儒家精神，亦非陽明之本旨也。陽明後對于良知教致誹議者，如李見羅之類，皆由于寡頭靈明而起，而此誤會大抵由王龍溪之不愼不密，好孤言靈明以及口耳之輩之吠影吠聲所引起。試看陽明之言：

> 良知只是個是非之心。是非只是個好惡，只好惡，就盡了是非。只是非，就盡了萬事萬變。又曰：是非兩字是個大規矩。巧處則存乎其人。（《傳習錄》卷三）

此是非當然不是「知識命題之眞假」之是非，而是當然之理之是非。故云：「是非只是個好惡」，而好惡是好善惡惡。良知通徹於心德之全，通徹於仁義禮智之實，故能超越地先天地知是知非、知善知惡，因而始能好善惡惡，而若眞是發之於良知之好之惡之，則自能爲善去惡，而至於純善無惡也。在孟子，是非之心，智也，羞惡（即好惡）之心，義也。兩者並列而言。而此則是非好惡縮於一而言之，是則良知非寡頭之靈明，而有天理含其中矣。故云「良知之天理」。普通以「義」表示道德的當然之理。此只表示「當然」不能求之於外在的實然中，而須求之於內在主體中。此所表示的「當然之理」尚是一般的、抽象的，尚不能表示道德的眞實心之具

體創發性與泛應曲當性。孟子以仁義禮智四德言心,即已能表示道德的眞實心之具體創發性與泛應曲當性,而當然之理又不只是那一般的抽象的當然(義),而是由仁義禮智之心之感應於一一事變之曲當而爲具體而特殊之表現。然在孟子猶是並列而言,尚未彰著出心之表現當然之理之於是非善惡上之內在地自樹立其標準性或準則性。至陽明,將智冒上來言良知,通徹於心德之全部,則不但能彰著道德的眞實心之具體創發性與泛應曲當性,而且能彰著其於是非善惡上之內在地自樹立其準則性:即,良知之點出,則當然之理不只是泛然的「應當」,而且於感應事變上、發心動念,良知自能超越地先天地知而且決定何者爲是、何者爲非、何者爲善、何者爲惡,而內在地自作斷制、自立準則。此在此學問之講明上,自是推進一大步。此準則性一立,則價值之源與價值主體乃爲不可搖動者。故孟子有功於聖門,而後來王陽明又是進一步有功於聖門也。

> 聖人無所不知,只是知個天理,無所不能,只是能個天理。聖人本體明白,故事事知個天理所在,便去盡個天理。不是本體明後,卻於天下事物,都便知得,便做得來也。天下事物,如名物度數、草木鳥獸之類,不勝其煩。聖人須是本體明了,亦何緣盡能知得?但不必知的,聖人自不消求知。其所當知的,聖人自能問人。如子入太廟每事問之類,先儒謂雖知亦問,敬謹之至。此說不可通。聖人於禮樂名物不必盡知。然他知得一個天理,便自有許多節文度數出來。不知能問,亦即是天理節文所在。(《傳習錄》卷三)

案：此明區別良知天理與知識之不同。聖人之所以爲聖，只在其知天理、能天理，不在經驗知識之多寡也。在人心中點出良知之天理，便是開闢價值之源、樹立價值主體，而成人成聖，創造各人自己之人格與境界，俱以此爲關鍵也。

　　良知之天理旣經與知識區別開，則良知之于表現當然之理之準則性，即可易明也。關此，吾友唐君毅先生言之甚透。茲錄之以代吾之說明，且爲讀者進一解也。

　　　　然吾人道德生活中最大之問題，蓋在吾人如何知一至當不易的表現仁義禮智之特殊方式。具體特殊之事物，萬變不窮。吾人所以應之之或是或非之方式，亦萬變不窮。吾將何自而盡知之？具體特殊之事物之散陳於吾前者，吾又將如何權衡其輕重，而知所先後以作斷制？故人恆欲求知一普遍之道德規律或行爲之法則，以御萬變不窮之事物。然實則剋就具體特殊事物之具體特殊性而言，吾人乃永不能有一固定之規律法則，可以先知之而一勞永逸，以之應事，而即永無錯誤者。世之言道德規律者，亦如吾人上所言之仁義禮智。仁義禮智或其他道德規律之爲普遍，皆在其只規定吾人之存心，而不規定吾人在當機之如何表現吾人存心之道德行爲方式。此吾人上所以言實際之道德生活必爲吾人精神上之一新新不已之創闢也。然吾人不能先知此當機而應之至當不易之道德行爲方式，並不礙吾人之能行道德。而吾人旣有仁義禮智之心，能以仁義禮智存心，吾人自能當機而知所當爲並擇其所當爲。此即爲吾人之良知。西方人言良心，多只自其具備各

種道德原理或道德情操言。中國先哲如王陽明言良知，則重
在言人之本來能知如何應當下之具體事物之當然之理，而依
之以行。自中國儒家人生思想以觀，人如原不能知如何應當
下之具體事物之當然之理，而依之以行，則人亦將無處而求
得此道。人如不能自信其能知善，能行善，則人將唯以奉行
他人之命令，襲取世俗之陳言，或傚效他人之行為，以定其
行為之方式。則一切道德行為皆為向外襲取，而非自發，亦
即失其道德性。故人必須先自信其性之本善，心本來能知
善，本來能知在當下之特殊具體之事物前，如何應之之「當
然之道」也。（《中國文化之精神價值》，第八章第七節，頁15
8-159。）

案：唐先生此處所言「人本來能知如何應當下之具體事物之當然之
理」，即陽明所說之「良知之天理」一語之註解。「本來能知」，
即內在地自作斷制、自立準則也。讀者細體此意，則于良知之理解
庶可無憾矣。

（此文為吾前作《王陽明致良知教》一小冊中之一章，今摘取
以為附錄，該書可作廢。）

第二節　王學底分派

以上所述七端是王學之大綱脈。必先有此了解，而後可以評判
王門之紛歧。否則順其競辯而支離，難知其本也。

當時王學遍天下，然重要者不過三支：一曰浙中派，二曰泰州

派，三曰江右派。此所謂分派不是以義理系統有何不同而分，乃是
以地區而分。每一地區有許多人，各人所得，畸輕畸重，亦不一
致。然皆是本於陽明而發揮。浙中派以錢緒山與王龍溪為主，然錢
緒山平實，而引起爭論者則在王龍溪，故以王龍溪為主。泰州派始
自王艮，流傳甚久，人物多駁雜，亦多倜儻不羈，三傳而有羅近溪
為精純，故以羅近溪為主。江右派人物尤多，以鄒東廓、聶雙江、
羅念菴為主。鄒東廓順適，持異議者為聶雙江與羅念菴，故以此二
人為主。本文重義理之疏導，非歷史考索之工作，故刪繁從簡。而
評判此四人孰得孰失，孰精熟於王學，孰不精熟於王學，孰相應於
王學，孰不相應於王學，必以陽明本人之義理為根據，否則難的當
也。

(1)先說王龍溪

　　王龍溪以倡「四無」著名。吾前言陽明言「物」本有兩方式，
一是從意之所在或所用言物，一是從明覺之感應言物。由前者即有
四有句，由後者即有四無句。然則龍溪所言非無本也，亦非不相應
於陽明之義理也。

　　何謂四有？何謂四無？本只是四句：「無善無惡心之體，有善
有惡意之動，知善知惡是良知，為善去惡是格物。」這四句是陽明
致良知教落於《大學》上對於正心誠意致知格物之解釋之綜括。人
或謂這是錢緒山綜括成的，但無論如何亦不背於陽明之意旨，故
《傳習錄》卷三以及〈陽明年譜〉與《王龍溪語錄》卷一皆記載此
事而直說為是陽明之教言。即使是錢緒山綜括成的，陽明亦首肯
也。但王龍溪心思靈活、穎悟過人，以為此四句是：

夫子立教隨時，謂之權法，未可執定。體用顯微只是一機，**心意知物只是一事**。若悟得心是無善無惡之心，意即是無善無惡之意，知即是無善無惡之知，物即是無善無惡之物。蓋無心之心則藏密，無意之意則應圓，無知之知則體寂，無物之物則用神。天命之性粹然至善，神感神應，其機自不容已，無善可名，惡固本無，善亦不可得而有也。是謂**無善無惡**。若有善有惡，則**意動於物**，非**自然之流行**，**着于有矣**。自性流行者，動而無動；着於有者，動而動也。意是心之所發。若是有善有惡之意，則**知與物一齊皆有，心亦不可謂之無矣**。（《王龍溪語錄》卷一，〈天泉證道記〉）

此解說較《傳習錄》與〈年譜〉所載為詳，故以此為準。但末句「若是有善有惡之意，則知與物一齊皆有，心亦不可謂之無矣」，此所謂「一齊皆有」，「不可謂之無」，究竟是什麼意思？此則須予以解釋。其所謂「無」一面，如「無心之心」、「無意之意」、「無知之知」、「無物之物」云云，其言雖玄，其義似較明確，亦易領悟，此蓋是作用上「無相」之意。亦如禪家所謂「即心是佛，無心為道」。前句是有，後句是無。如「無」義既定，則其所謂「一齊皆有」亦可得而定矣。惟頗費分疏，未可儱侗過去。

首先，意之所在為物。意之發動有善有惡，則其所意在之物亦必有善有惡，有正有不正。但吾人不能說知善知惡之知亦有善有惡，如云善的知與惡的知，此則不成話，乃成為良知之否定，亦不能說無善無惡是謂至善之「心之體」亦有善有惡，如云善的心之體與惡的心之體，此亦不成話，蓋亦成為至善的「心之體」之否定。

然則心之體與良知之爲有，與意物有善有惡之有，其意不同矣。有善有惡是說意與物有好的有壞的。對此有好有壞而說心之體與良知一齊皆有，並不是說有好的心之體與不好的心之體，有好的良知與不好的良知，其意義必轉進一層而爲另一意義的「有」。若說意是心之所發動的，所發動出的既有善有惡，則發動出此意的根亦必不能純淨，亦必有可善可惡的傾向或種子。此是直線而推。如是，則心之體成善惡混的中性，不過未經發動而分化出來而已。但，這不是陽明說無善無惡是謂至善之「心之體」之意，亦不是王龍溪之意。因王龍溪明說「天命之性，粹然至善，神感神應，其機自不容已，無善可名，惡固本無，善亦不可得而有。」然則自心之發動言意，必不是直線地推說，乃是曲折地說。在這曲折地說中，必認定心之體爲超越的本心自己，發動而爲意是在感性條件下不守自性歧出而著于物或蔽于物，因而成爲意。如是，則意自意，而心體自心體，不能因意有善惡，而心體亦有善惡也。若云既如此，則兩者不相干，如何要說是心之發動？此蓋因意究竟亦是屬于心的，此猶波浪究竟屬于水。意蓋是憑依心體而起的波浪，只因爲私欲氣質所影響而逐于物，因此遂脫離了心體而獨自成爲意。若無此憑依關係，則意將不可化而使之歸于心矣。所謂「化」，譬如風止，則波浪即無，而仍只是水。此憑依關係即是一曲折。因此，必顯出心之體爲超越的，意之動爲感性的，而不是直線的推說也。

　　此義既定，則所謂心之體與良知以及物「一齊皆有」，此所謂「有」亦可得而定矣。此「有」蓋即是本分解地說的正面的「有」而各顯其相也。蓋對有善有惡的意而言，欲想作道德實踐以化其不善以歸於善，則必須有一超越的標準與一能化除之之內在的動力，

此即是心之體與良知之肯定。這一肯定是超越地分解地對應意而建立。意是依實然的分解觀點而被表示（邏輯地說亦可以說被建立，但道德地說則不能說被建立，只能說被表示），物亦然。這四者皆是各別地正面說，這是「是什麼」底問題。凡是「是什麼」的問題都是屬於「有」的：意是這樣地有，物是那樣地有，而心之體與良知又是另樣地有。此「有」是存有之有，與有善有惡之有不同。意與物是經驗層上的感性的有，而心之體與良知則是超越層上的睿智的有。有之層次不同，然皆是有也。凡正面分解地說者皆欲建立或表示有也。建立有或表示有即有「有」相，有「有」相，就實踐之對治說，即各就其為有而顯其「相」。良知之為知善知惡的有即順意之有善有惡而顯其知善知惡之知相而非無知之知矣。「無知之知則體寂」，此顯一知相之有知之知即顯一浮動之決定相，或凸現一決定之知相，而其體不寂矣。此即知之亦為有也。此有是有「相」之有。同理，心之體之為無善無惡是謂至善的有即順意之有善有惡而顯其至善之相而不同於意，因而亦非無心之心矣。「無心之心則藏密」，此顯一至善之相之心即凸顯一決定之至善心相而其藏不密矣。此即心之亦為有也。此有亦是有「相」之有。物之為有是隨意之為有而有，而且其為有是有正有不正之有，正的物有物相，不正的物亦有物相，而非無物之物矣。「無物之物則用神」，此有物相之物其為意之所用之用即多滯礙而不神矣。此而不神即反顯有善有惡之意為有意相之意，而非無意之意矣。「無意之意則應圓」，此有意相之意即為動於物而滯於物而不能圓應無方矣。是以若從意之動著眼，則因對治關係，心與知物亦隨意之為有相而一齊皆有相也。此蓋是王龍溪所以說四句教為四有之實義。他那簡略的幾句話

藏有許多曲折與分際，這些曲折是不容易表達出來。然其實義卻可由其文義而烘托出必須是如此。

　　四有之所以為有既如此，則「無」義如何了解亦顯然矣。此由王龍溪之解說而可知也。其意義蓋即是「無心為道」之意義。心意知物，分解地說，是那樣的有，則就心之體與良知說，我們在實踐上即須如其本性而朗現之。既如其本性而朗現之，即不能著於其有而有此有之「有」相。有此有之「有」相，即是有「相」，有「相」即不能如其無相之有而朗現之。體現此有之工夫上的心既有相，那無相的實體性的有便等於潛隱而未顯，而吾人工夫上的心即等於是識心。必工夫上的心全如那無相的實體性的心之無相，那實體性的無相心始全部朗現，此時工夫的心與實體性的心全合而為一，而只是那事先分解地肯認的無相心之如如朗現而無一毫沾滯。如是，此所謂「無」乃是工夫上作用地無執無著無相之無，與那存有上的實體性的無相之有不同層次也。此如分解地說般若如何如何，此是般若之為有也。然如果要想真體現此般若，則必須「般若非般若，是之謂般若。」「非般若」即是體現上之作用的無。若無此作用，般若便不能朗現。故「即心是佛」，是正面說，是有，但他們（禪家）又說「非心非佛」，此即是「無心為道」，亦即是般若，此是從體現那「即心是佛」這體現上的無相說，因而亦就是無。必須是這樣的「無」，這樣的「般若非般若是之謂般若」，這樣的「以不住法住般若」，那才真正是佛，即如來藏自性清淨心才全部朗現而為佛。此亦如明道所說「天地之常以其心普萬物而無心，聖人之常以其情順萬事而無情」。「以其心」是有，「普萬物而無心」，無心于普而自普，是無。必須這樣的無，那才是天地之

心。此是就心與知說。若就意與物說,則須有層次上的轉進。蓋意與物起初是有善有惡,通過致良知,化意歸心,純從知起,則本是經驗層上者即提升而為超越層,如是則意亦是「無意之意」,而亦為粹然至善無相之意矣。不但是那有善惡兩歧的意已化而為純善的意,而即此純善的意亦如心之無相而亦無意相矣。意既如此,則意之所在之物亦如此。物無物相即為「無物之物」,無物之物亦至善而純是「知體著見」也。焉有所謂善惡相對之差別相?不但無此差別相,即「物」相亦無矣。不著于物即無物相。一方它是「知體著見」,一方它是絕對的「如」相。當然事親從兄還是事親從兄,乃至草木瓦石還是草木瓦石,這還是差別,但這不是有善有惡的差別。差別之物皆是如相之物,則即差而無差。如相之物純是知體著見,純是良知天理之所貫徹,純是明覺之感應,則物不為礙矣。物不為礙,則意之所用即為不可測度之神矣。意用之神即明覺感應之神也。

是故王龍溪云:「無心之心則藏密,無意之意則應圓,無知之知則體寂,無物之物則用神。」這層意思雖十分詭密,然亦十分明確,亦不難領悟。此是儒釋道三家之所共者,並非來自禪而又與禪不分也。儒釋之分不在此。

是故若從**意之所在說物**,便須步步對治,心意知物亦須分別彰顯,即各別地予以省察與反照(對意與物言曰省察,對心與知言曰反照),如是,吾人之心境自然落于有中,不能**一體而化**。此即四句教之所以**為有也**。若從**明覺之感應說物**,則良知明覺是心之本體,明覺感應自無不**順適**;意從知起,自無善惡之**兩歧**;物循良知之天理而現,自無正與不正之**駁雜**。如是,明覺**無所對治**,心意知

物一體而化，一切皆是如如呈現。明覺無知無不知，無任何相可著，此即所謂四無，四無實即一無。此兩種方式，若從解說上說，前者是經驗的方式，後者是超越的方式。若從工夫上說，前者是從後天入手，對治之標準是先天的，此是漸教；後者是從先天入手，無所對治，此則必須頓悟，蓋無有可以容漸之處。依前者之方式作工夫，則致久純熟，私欲淨盡，亦可至四無之境，此即所謂「即工夫便是本體」。（此所謂「便是」，若在對治過程中，則永遠是部份地「便是」，而且永遠是在有相中的「便是」。必須無所對治時，才是全體「便是」，才是無相地「便是」，而此時工夫亦無工夫相。）依後者之方式作工夫，則直悟本體，一悟全悟，良知本體一時頓現，其所感應之事與物亦一時全現，此即所謂圓頓之教（頓必函著圓，圓必函著頓），亦即所謂「即本體便是工夫」，而本體亦無本體相，工夫亦無工夫相，只是一於穆不已純亦不已也。依前者之方式作工夫者自是中下根人，一般說來，大體皆然。依後者之方式作工夫者自是上上根器，世間少有。所謂上下根不單是聰明與否的問題，最重要者還是私欲氣質的問題。上根人似乎合下私欲少，不易于為感性所影響，所謂「堯舜性之也」，故易于自然順明覺走。中下根人私欲多，牽繞重，良知總不容易貫下來，故須痛下省察與反照底工夫。

是故王龍溪記載陽明對于四有四無之會通云：

> 吾教法原有此兩種。四無之說為上根人立教，四有之說為中根以下人立教。上根之人悟得無善無惡心體，便從無處立根基，意與知物皆從無生，一了百當，即本體便是工夫。易簡

> 直截，更無剩欠，頓悟之學也。中根以下之人未嘗悟得本
> 體，未免在**有善有惡**上立根基，心與知物皆從有生，須用爲
> 善去惡工夫，隨處對治，使之漸漸入悟，從有以歸於無，復
> 還本體，及其成功一也。（《王龍溪語錄》卷一，〈天泉證道
> 記〉。）

《傳習錄》卷三所記，上下根與此相同，但無「從無處立根基，意
與知物皆從無生」，「從有善有惡處立根基，心與知物皆從有生」
等話頭。此等話頭自是王龍溪的解說，但不能說錯。惟其意義須照
上文的疏解來了解。所謂「從無處立根基」即「立足」義。此是一
體而化，亦無對治。「即本體便是工夫」，本體無本體相，而工夫
亦無工夫相，只是一「純亦不已」也。因既無對治，則致良知以誠
意之致底工夫便無可言。此當然是頓悟之學，一了百當也。但是所
謂「中根以下之人未嘗悟得本體」，此所謂「未嘗悟得本體」並不
是說對于無善無惡的心之體或良知本體壓根無悟解或無有肯認，因
爲四有句明亦有「無善無惡心之體」，「知善知惡是良知」，兩
語，而王陽明亦云「乃若致知則存乎心悟」。若未曾悟得，如何能
致？是以此所謂「未嘗悟得」當該是沒有頓悟得或達到無善無惡一
體而化的化境。既未至此而須從對治入手，故分別地就**其爲有而顯
其「相」**，此即所謂「**心與知物皆從有生**」。「未免在有善有惡上
立根基」此語不甚妥，容易生誤會。此所謂「立根基」亦當是「立
足」義，實即是從有善有惡之意上著眼或下手之意。意有善有惡即
表示意是這樣的有（存有）。此**存有之有**與**有善有惡之有**不同。意
既是這樣的「有」，物之有亦如之，然而心與知卻仍是**至善的有**，

即超感性的純智思的有。此四種有雖有不同，然皆是有也。只因有善有惡的意一經凸出而爲這樣的有，未至純從知起，化而爲無意之意，故心與知物亦各自分別凸出而爲各如其相的「有」，是即所謂「皆從有生」也。此「皆從有生」即王龍溪所謂「後天之學」。「在有善有惡上立根基」一語實函著兩語，即：㈠從意上著眼或下手，㈡從「有」上立根基即立足。如是，那頓悟之學（亦曰先天之學）中「從無處立根基」一語亦當函著兩語：㈠從先天心體上著眼或下手，㈡從無處立根基即立足。如此，方成對稱。

　　王龍溪另有一段即從先天後天說此兩種學問：

　　　　先生謂遵巖子〔王遵巖〕曰：「正心先天之學也，誠意後天之學也。」遵巖子曰：「必以先天後天分心與意者何也？」先生曰：「吾人一切世情嗜欲皆從意生。心本至善，動於意始有不善。若能在先天心體上立根，則意所動自無不善，一切世情嗜欲自無所容，致知工夫自然易簡省力，所謂後天而奉天時也。

　　　　若在後天動意上立根，未免有世情嗜欲之雜。纏落牽纏，便費斬截，致知工夫轉覺繁難；欲復先天心體便有許多費力處〔……〕。」（《王龍溪語錄》卷一，〈三山麗澤錄〉。）

案：此處以「正心」爲先天之學，此「正心」之「正」實無意義，只是借用「正心」表示頓悟，不是《大學》語脈中的「正心」，亦不是陽明解說正心誠意致知格物係絡中的「正心」。依陽明，正心底工夫在誠意。「工夫到誠意，始有著落處。」「正心」只是虛

說，其工夫實處在誠意。誠意是焦點。誠意底根據是致知。龍溪單提正心是先天之學，顯然不是陽明解說係絡中的正心。陽明底解說係絡是四有句，而龍溪底先天之學則意在說四無，「正心」實即直下頓悟本體也。若「悟得本體，便從無處立根基，意與知物皆從無生」，自然隨著來，故「易簡直截，更無剩欠。」而此處亦云：「若能在先天心體上立根，則意所動自無不善，一切世情嗜欲自無所容，致知工夫自然易簡省力。」此兩說法意義大致相同。只說「在先天心體上立根」，正心之「正」字便無意義。若問如何「能在先天心體上立根」，則其根據自是頓悟，心意知物皆一體而化，不但是「致知工夫自然易簡省力」，而且實亦根本無「致」底工夫可言，蓋無對治故也。故在此再說「致知工夫易簡省力」便成多餘，而且易生誤會，因爲可令人想到有兩套致知工夫也。一套是省力的，一套是繁難的。其實在頓悟四無之下，便無「致知」可言。要說致知，只有一套，便是四有句。王龍溪在此先天後天對翻，把四有句說爲「在後天動意上立根」，與前〈天泉證道記〉所說同。此語亦當含有兩語：㈠在動意上著眼或下手，㈡在「有」上立根即立足。此處的致知工夫對頓悟之四無而言自「轉覺繁雜」。理上自有此兩境，但于此說難易，便可令人有捨難趨易的想法，因爲既有易簡省力之路，爲什麼不走呢？這便是毛病，這毛病就是蕩越。須知頓悟談何容易，亦並不是人人可走的路，即使是上上根器，亦不能無世情嗜欲之雜，不過少而易化而已。（人總是有限的存在，亦總是有感性的存在）。如是，這先天後天底對翻，並于此置難易底估價，這是不妥當的。致良知，嚴格講，只有在四有句上成立，在四無上，便無「致」之可言。如是，先天後天對翻，頓漸對翻，顯

得籠統而含混。四有句爲漸是怎樣的漸呢？是否是徹底的漸呢？是否是徹底的後天之學呢？這需要我們仔細檢查一下。

　　四有句之通過致良知以誠意雖在動意上著眼，在「有」上立根，然誠意底工夫卻不是後天地展轉對治。說誠意是工夫底著落處，這只是說意之動是問題底所在處，而解決問題底根據，即誠意所以可能底超越根據，卻在良知。意之動是後天的，而良知卻是先天的。是則雖是對治，而對治底根據卻是先天的。立根于動意是說在動意上著眼，在「有」上立根。若從對治底工夫說，則此對治底工夫是立根于良知的。故「在後天動意上立根」之語不函著誠意底工夫是後天地展轉對治。因爲依良知教，道德實踐底本質工夫在致良知，並不在繞出去有待于問學（道問學只是助緣）；而致良知之工夫所以可能之根據亦正在良知之本身，並不是把良知空擺在那裡而繞出去取一套外在的工夫以致那良知。良知並不是朱子所說的心性爲二、心理爲二的性或理也。良知本身是理亦是心，是心理爲一者。它本身就有一種不容已地要湧現出來的力量。此只有心才可。若只是理，則無此力量。因爲有活動義故。（此活動不是氣之動）。此亦如佛家言如來藏自性清淨心者，心眞如，眞如心，眞如與心是一，故可言眞如熏習，即眞如心有熏無明而使之微弱的力量，但只言阿賴耶者，則眞如是「但理」，是「凝然眞如」，它既不可被熏，亦無能熏之力，故宗奘傳唯識者必力反《起信論》之眞如熏習也。（在此，朱子與唯識宗是同一形態，故皆是徹底的漸教，純是後天地展轉對治，故亦是徹底的後天之學。）但良知是心理爲一者，它自有不容已地要湧現出來的力量。對誠意而言，說致良知。就良知之「致」言，實只是良知之自致，而非他致。故必肯

認良知可不自覺地隨時隨處有呈露。逆覺體證亦必就其呈露而當下體證之，而逆覺之覺亦不是用一個與它無關的覺來覺它，乃即是其本身之震動力驚醒吾人而使吾人反照以肯認之，故此逆覺之覺，實即是其本身震動力之反照其自己也。是故良知之致是自致，非他致。故當言致良知以誠意時，必先認定對此良知已有證悟。否則致良知根本無從說起，故王陽明云：「乃若致知則存乎心悟，致知焉盡矣。」（〈大學古本序〉，《陽明全集》卷七）。是則雖在四有句之致知亦須對于**良知本體**有一種「**心悟**」。只因有**對治關係**，心與**知物**始一齊皆有。是則四有句之所以為有，其關鍵唯在**有對治**。**無對治即是四無**。因此〈天泉證道記〉中所記陽明和會之言如「上根之人悟得無善無惡心體，便從無處立根基」云云，「中根以下之人未嘗悟得本體，未免在有善有惡上立根基」云云，只以「**悟得**」與「**未悟得**」來**對翻**，這是不妥當的。如果四有句是屬于中根以下之人，則如果他們「未嘗悟得本體」，則他們如何能致良知？而且與「致知存乎心悟」這句話亦相矛盾！是以四有四無俱須悟得本體（悟得良知即是悟得心之本體），上下根之分不在**悟得與未悟得**，而在**有無對治**。因此，那個和會底說法似乎當該這樣修改，即：「上根之人頓悟得無善無惡心體，便從無處立根基，**一體而化，無所對治。意與知物皆從無生**」云云。「中根以下之人雖亦悟得本體，然因**有所對治**，不免在有善有惡上著眼或下手，因而在有上**立根即立足，是以心與知物皆從有生**」云云。這樣，便清楚明確。因此，四有句便不是**徹底的漸教**，亦不是**徹底的後天之學**。著眼於動意是後天，然其對治底根據是良知，則又是先天。其為漸是只因**有所對治而為漸**。這種漸是有超越的根據的，因而亦含有頓之可能之

根據。（頓教必承認有本心始可能。無超越的本心，便只有是徹底的漸教與後天之學，此如朱子與唯識宗。）這種漸就好像《起信論》之為漸，其函著頓就好像華嚴宗根據《起信論》而進一步就《華嚴經》言圓頓。這樣說，四句教雖是漸，亦含有頓之可能而可通於頓。因此，王龍溪**說四無**，於陽明學中並**非無本**。而同時四句教亦可以說是**徹上徹下的教法**，是實踐之**常則**，因縱使是上根人亦不能**無對治**，亦不能無**世情嗜欲之雜**，不過**少而易化而已**。因此，四無乃是實踐對治所至之**化境**，似不可作一客觀之**教法**。四句教既含有頓之根據，則頓時即化境，不頓即漸境。（徹底的漸教與純粹的後天之學永不能有頓）。上根人亦可以一下子即頓，中下根人亦有頓之可能之根據。對上下根而言，似乎可說是**兩種教法**，然自法而言，則只是**四句教一教法**，四無並不能獨自成一教法。其為一教法似乎只是對上根人之「**性之**」而說，所謂**天縱之聖**。然既是「性之」，又是天縱，如何可說是教法？（天臺宗說頓是化儀，非化法。我們在此則說頓是利根人的頓，或四句中教中頓時之頓。）但是，王龍溪只以先天後天對**翻**，好像教人捨後天趨先天，這便有病；把先天之學看得太容易，又把四句教只看為後天，而忽略了其致良知之先天義，這便成了**蕩越**。但是除這四無之說外，其他處他亦只就良知說。他常說，如信得良知過時，便如何如何。這樣，於致良知之四有中亦即可以通於無矣，這便可無病。

　　王龍溪那些閃爍模稜的話頭，因思之不審，措辭之疏闊不盡與不諦，故多有蕩越處，而招致人之譏議。王陽明亦為其穎悟所聳動，以上下根和會之，未能詳予疏導。而依《傳習錄》之記載，他又說四句教「原是徹上徹下工夫」（王龍溪的記載不提此義，蓋視

之為權法故），此又不只限於中下根矣；但又未明其所以，不足以解龍溪之蔽。

吾以上的疏解，把王龍溪那些閃爍話頭使之澄清落實，糾正其不諦，如是，則四有四無皆可說，頓漸亦可說，四句教是徹上徹下工夫亦可說。這些辭語皆有其諦義，只在把分際弄清楚。我的判斷是如此，即：王龍溪之穎悟並非無本，他大體是守著陽明底規範而發揮，他可以說是陽明底嫡系；只要去其蕩越與疏忽不諦處，他所說的大體皆是陽明所本有；他比當時其他王門任何人較能精熟于陽明之思路，凡陽明所有的主張他皆遵守而不渝，而亦不另立新說，他專主于陽明而不參雜以其他（此其他可只限于宋儒說）；他只在四無上把境界推至其究竟處，表現了他的穎悟，同時亦表現了他的疏闊，然若去其不諦與疏忽，這亦是良知教底調適而上遂，並非是錯。

黃宗羲《明儒學案》卷十二論龍溪處有云：「先生親承陽明末命，其微言往往而在。」又云：「先生疏河導源，於文成之學，固多所發明也。」此亦是實情。但說他的四無「是不得不近於禪」，「於儒者之矩矱未免有出入」，則非是。蓋黃梨洲于禪非禪之關鍵亦並未弄清楚也。

⑵再看泰州派底羅近溪

泰州派始自王艮（王心齋）。王艮比王龍溪怪誕多了。他講學立義並不遵守陽明底軌範；他的一些新說，如對于格物的講法，也只是一說而已，並無什麼義理上的軌道。但黃宗羲論之云：「陽明而下，以辯才推龍溪，然有信有不信。唯先生于眉睫之間，省覺人

最多。謂百姓日用即道。雖僮僕往來動作處，指其不假安排者以示之，聞者爽然。」（《明儒學案》卷三十二，〈泰州學案一〉，述王艮處。）此數語可以表示泰州派特殊風格。他以爲道眼前即是，主平常、主自然，全無學究氣，講學大眾化，故其門下有樵夫、有陶匠，亦有田夫。他又特別重視了陽明「樂是心之本體」一語，因此，他作了一首〈樂學歌〉：「人心本自樂，自將私欲縛。私欲一萌時，良知還自覺。一覺便消除，人心依舊樂。樂是樂此學，學是學此樂。不樂不是學，不學不是樂。樂便然後學，學便然後樂。樂是學，學是樂。嗚呼！天下之樂何如此學？天下之學何如此樂？」因此，平常、自然、洒脫、樂，這種似平常而實是最高的境界便成了泰州派底特殊風格，亦即成了它的傳統宗旨。

他的兒子王襞（王東崖）師事龍溪與緒山。從他父親處繼承了平常、洒脫、自然、樂之宗旨，又從龍溪處繼承了「見在良知」之指點（眼前呈現的良知與分解地說的良知本體無二無別）。如是，他說：「鳥啼花落，山峙川流，饑食渴飲，夏葛冬裘，至道無餘蘊矣。充拓得開，則天地變化草木蕃，充拓不去，則天地閉賢人隱。」又說：「纔提起一個學字，卻似便要起幾層意思。不知原無一物，原自現成，順明覺自然之應而已。自朝至暮，動作施爲，何者非道？更要如何，便是與蛇畫足！」又說：「人之性，天命是已。視聽言動，初無一毫計度，而自無不知不能者，是曰天聰明。於茲不能自得，自昧其日用流行之眞，是謂不智而不巧，則其學不過出於念慮億度、展轉相尋之私而已矣，豈天命之謂乎？將議論講說之間，規矩戒嚴之際，工焉而心日勞，勤焉而動日拙，忍欲希名而誇好善，持念藏穢而謂改過，據此爲學，百慮交錮，血氣靡

寧。」又有:「問:『學何以乎?』曰:『樂。』再問之,則曰:
『樂者心之本體也。有不樂焉,非心之初也。吾求以復其初而已
矣。』『然則必如何而後樂乎?』曰:『本體未嘗不樂,今曰必如
何而後能,是欲有加於本體之外也。』『然則遂無事於學乎?』
曰:『何爲其然也?莫非學也,而皆所以求此樂也。樂者樂此學,
學者學此樂。吾先子蓋嘗言之也。』『如是,則樂亦有辨乎?』
曰:『有。有所倚而後樂者,樂以人者也。一失其所倚,則慊然若
不足也。無所倚而自樂者,樂以天者也。舒慘欣戚,榮悴得喪,無
適而不可也。』『旣無所倚,則樂者果何物乎?道乎心乎?』曰:
『無物故樂,有物則否矣。且樂即道,樂即心也。而曰所樂者道,
所樂者心,是床上之床也。〔……〕』」(以上皆見《明儒學案》
卷三十二,〈泰州學案一〉,東崖語錄。)

黃宗羲論之曰:

> 白沙云:「色色信他本來,何用爾腳勞手攘?舞雩三三兩
> 兩,正在勿忘勿助之間。曾點些兒活計,被孟子打併出來,
> 便都是鳶飛魚躍。若無孟子工夫,驟而語之以曾點見趣,一
> 似說夢!」〔案:此是陳白沙〈與林緝熙〉書中之語。〕
> 蓋自夫子川上一歎,已將天理流行之體一口併出。曾點見之
> 而爲暮春,康節見之而爲元會運世。故言學不至於樂,不可
> 謂之學。至明而爲白沙之藤蓑,心齋父子之提唱,是皆有味
> 乎其言之。然而此處最難理會。稍差便入狂蕩一路。所以朱
> 子言曾點不可學;明道說康節豪傑之士,根本不貼地;白沙
> 亦有「說夢」之戒。細詳先生之學未免猶在光景作活計也。

（〈泰州學案〉，論王東崖處。）

案：《論語》子路、曾晳、冉有、公西華侍坐章（〈先進〉），孔子問諸弟子之志，及至問到曾晳（名點）曰：「『點，爾何如？』鼓瑟希，鏗爾，舍瑟而作，對曰：『異乎三子者之撰。』子曰：『何傷乎？亦各言其志也。』曰：『莫春者，春服既成，冠者五六人，童子六七人，浴乎沂，風乎舞雩，詠而歸。』夫子喟然嘆曰：『吾與點也。』」曾點所說即表示一種輕鬆的樂趣，其志不在作什麼事業。此是一時獨出彩頭。孔子喟然嘆曰「吾與點也」，這亦不過是一時的幽默。他們師弟二人都不是在此想表示道體流行之境界。此由子路、冉有、公西華三子離開後，曾晳復與孔子正式討論三子之所說，即可知之。及至宋儒才把這種樂趣與道體流行之境界打併一起說。《論語·子罕》記載「子在川上曰：逝者如是夫！不舍晝夜。」這孤零零的一句，很難決定孔子心中究竟是在想什麼。但是到了二程，伊川就說：「言道之體如此」；明道就說：「此見聖人之心純亦不已也」，他是以「純亦不已」、「於穆不已」去想孔子這句話。想到道體，道體流行于形形色色，眼前即是，自然有一種洒脫，因此，道體流行遂與輕鬆的樂趣打併在一起，成了一點雖平常而實極高的境界。當然聖人都有這種境界，亦實能達至此境。但《論語》這兩段文獻不必能表示此義。宋儒既這樣聯想在一起，我們即作一體道之境界看。這種境界可以說是儒家內聖之學中所共同承認的，亦是應有的一種義理，亦可以說是儒釋道所共同的，禪家尤喜歡這樣表示。（若云喜歡多說此，便流于禪，則非是。）宋儒周濂溪亦有這種風格。故二程自見周茂叔後，吟風弄月

而歸。而二程講學有一重要課題便是「識孔顏樂趣」。邵堯夫（康節）亦喜歡在這裡出彩，但他是以道家的意味表現，又轉而以數學推算來籠罩往古來今，故黃宗羲說「康節見之而爲元會運世」，此則與術數家的窺破造化的曠達相聯合。但既是一種共同的境界，又須看個人的造詣，便不是關鍵的所在，多說亦無意思。因此，朱夫子很不喜歡這一套。所以他說「曾點不可學」。其不可學倒不在那一時的「風乎舞雩」，根本是在不可把學問（實踐的工夫）當作四時景緻來玩弄。正好因爲曾點說了這暮春底景緻，遂把這一路向由他來代表（當然曾點本人亦有些狂蕩氣）。至明而有陳白沙「學宗自然」，亦特別喜愛這一套。他雖知道「若無孟子工夫，驟而語之以曾點見趣，一似說夢」，然其本人實並無眞正孟子工夫也。至乎心齋父子，特別著重此義，成爲家風，成了泰州派底特殊風格，遂演變而爲狂蕩一路，所謂狂禪，劉蕺山所謂「情識而肆」。當然王東崖說道理亦並不錯，譬如說樂是「無所倚而自樂」，這「無所倚」亦如莊子之言「無待」爲逍遙，這當然不容易，不但不容易而且是極高的神境。此義，以往凡言此境界者大都能知之，故現在人若見了這種境界底描畫，決不可以西方的自然主義、快樂主義，來聯想，因爲這雖然說平常、自然、洒脫、樂，卻不是感性的，而乃是超越與內在之打成一片的。至道不離「鳥啼花落，山峙川流，饑食渴飲，夏葛冬裘」，然而並不是說穿衣吃飯之生理的感受就是道。此絕不可誤解。然而吾前說既是共同的境界，又須看個人的造詣，這便不是關鍵底所在，多說亦無意思。因此，歷來言學重點都不在此義上多加宣揚。因此，若專以此爲宗旨，（此既是一共同境界，實不可作宗旨），成了此派底特殊風格，人家便說這只是玩弄

光景。依此義而言，我們可名這一傳統曰**曾點傳統**。

　　然旣是一光景，而此光景又粘附著良知說，則就良知教說，良知本身亦最足以使吾人對此良知本身起一種光景。良知自須在日用間流行，但若無眞切工夫以支持之，則此**流行**只是**一種光景**，此是光景之廣義；而若不能使良知眞實地具體地流行于日用之間，而只懸空地去描畫它如何如何，則**良知本身亦成了光景**，此是光景之狹義。我們旣須拆穿那**流行底光景**（即空描畫流行），亦須拆穿**良知本身底光景**（空描畫良知本身）。這裡便有**眞實工夫**可言。順泰州派家風作眞實工夫以拆穿良知本身之光景使之眞流行于日用之間，而言平常、自然、洒脫與樂者，乃是羅近溪，故羅近溪是泰州派中唯一特出者。

　　羅近溪是顏山農底弟子。從王艮到近溪已是四代（王艮—徐波石—顏山農—羅近溪）。如果以羅近溪與王龍溪相比，王龍溪較爲**高曠超潔**，而羅近溪則更爲**清新俊逸、通透圓熟**。其所以能如此，一因本泰州派之**傳統風格**，二因特重**光景之拆穿**，三因**歸宗于仁**，**知體與仁體全然是一**，以言**生化與萬物一體**。陽明後，能調適上遂而完成王學之風格者是在龍溪與近溪，世稱二溪。

　　《明儒學案》卷三十四，黃宗羲論述羅近溪云：

　　　　少時，讀薛文清〔薛敬軒〕語，謂：「萬起萬滅之私亂吾心久矣。今當一切決去，以全吾澄然湛然之體。」決志行之，閉關臨田寺，置水、鏡几上，對之默坐，使心與水、鏡無二。久之而病心火。偶過僧寺，見有榜急救心火者，以爲名醫，訪之，則聚而講學者也。先生從眾中聽良久，喜曰：

「此眞能救我心火。」問之,爲顏山農。山農者名鈞,吉安人也,得泰州心齋之傳。先生自述其不動心於生死得失之故,山農曰:「是制欲,非體仁也。」先生曰:「克去己私,復還天理,非制欲,安能體仁?」山農曰:「子不觀孟子之論四端乎?知皆擴而充之,若火之始然,泉之始達。如此體仁,何等直截?故子患當下日用而不知,勿妄疑天性生生之或息也。」先生時如大夢得醒。明日五鼓,即往納拜稱弟子,盡受其學。〔……〕

又嘗過臨清,劇病,恍惚見老人語之曰:「君自有生以來,觸而氣每不動,倦而目輒不瞑,擾攘而意自不分,夢寐而境悉不忘,此皆心之痼疾也。」先生愕然曰:「是則予之心得,豈病乎?」老人曰:「人之心體出自天常,隨物感通,原無定執。君以夙生操持,強力太甚。一念耿光,遂成結習。不悟天體漸失,豈惟心病?而身亦隨之矣!」先生驚起叩首,流汗如雨。從此執念漸消,**血脈循軌**。〔……〕

先生之學以赤子良心不學不慮爲的。以天地萬物同體,徹形骸、忘物我爲大。此理生生不息,不須把持,不須**接續**,當下**渾淪順適**。工夫難得湊泊,即以不屑湊泊爲工夫。胸次茫**無畔岸**,便以不依畔岸爲胸次。解纜放船,順風張棹,無之非是。學人不省,妄以澄然湛然爲心之本體。**沈滯胸膈,留戀景光**,是爲**鬼窟活計**,非天明也。論者謂龍溪筆勝舌,近溪舌勝筆。微談劇論,所觸若春行雷動;雖素不識學之人,俄頃之間,能令其心地開明,道在眼前;一洗**理學**膚淺套括之氣,當下便有受用,顧未有如先生者也。

案：據此三段敘述，可以得知近溪之工夫經歷以及其造詣之輪廓。當然黃宗羲下文還有評論，但其評論不見得中肯，吾今不取，故不錄。

羅近溪何以如此重視破光景？蓋因道體平常，即在眼前故也。道體平常實即道體之既超越而又內在，此本是儒家之通義，何以他人不于此重視破除光景之義，而唯近溪特重視之？此非他人不重視，亦非他人不知光景之須破除，只因在展現此學之過程上，他人多重義理之分解以立綱維，故心思遂為此分解所吸住，而無暇正視光景問題矣。但自北宋開始，發展而至陽明，分解已到盡頭。依陽明，天也、道也、理也、性也，皆是虛說，唯一本心才是實說。即使本心亦是虛說，唯良知才是實說。問題到此，只收縮成一知體，只是一知體之流行，知體之無所不在。欲說天，良知即是天；欲說道，良知即是道；欲說理，良知即是理；欲說性，良知即是性；欲說心，良知即是心（不但即是心，而且是本心）。如關聯著其他如意與物乃至其他種種工夫（除致良知工夫外）說，陽明亦皆分解無餘蘊矣。故順王學下來者，問題只剩**一光景之問題**：如何破除光景而使知體天明亦即天常能具體而真實地流行于日用之間耶？此蓋是**歷史發展之必然**，而近溪即**承當了此必然**，故其學問之風格即專以**此為勝場**。此亦如禪宗之出現乃承當了佛教發展史之必然，蓋義理分解，綱維張施，前人已言之備矣，到禪宗實已無可再言者。近溪決不就每一概念之分解以立新說，他的一切話頭與講說皆是就「道體之順適平常與渾然一體而現」而說，並無新說可立。然此順適與渾淪，就吾人之體現（所謂受用）說，實非容易，光是一「致良知」亦並不足以盡其蘊。（從立綱維說，足以概括，然從真實體現

上說，實不足以盡其蘊。）此「當下渾淪順適」，「工夫難得湊泊，即以不屑湊泊為工夫」。此「不屑湊泊」之工夫必須通過光景之破除，以**無工夫之姿態而呈現**，並非真不需要工夫也。此是一**絕大之工夫、弔詭之工夫**。此不是義理分解中之立新說，而是無說可立，甚至亦無工夫可立，而唯是求一當下呈現也。此一勝場乃不期而為羅近溪所代表。至于他個人作到什麼程度，那是另一問題，要之其特殊風格確在此則無可疑。必如此，才能了解泰州派下的羅近溪。人或以歸宗于仁，以言一體與生化，為其學之特點，此則顢頇，未得其要也。

良知心體圓而神，譬如一露水珠，真難把握。然如不悟此良知，還講什麼順適平常，眼前即是？眼前即是者，焉知其非情識之放縱恣肆耶？故必須先對于良知本身有所悟解。但一經悟解，良知即凸起而被投置于彼，成了一個對象或意念，而不復是天明，這便是良知本身所起的光景。**光景者影子之謂也**。認此影子為良知則大誤也。人人皆欲悟良知，然何以終不得受用呢？正因工夫勁道在僵持中，未得全體放下故也。展轉于支撐對治底虛妄架構之中永無了期，如何能得渾淪順適眼前即是耶？是故羅近溪底工夫即在此處用心，其一切講說亦在點明此義。以此為工夫底中心，則一切分解的講說，如正心誠意致知格物之層層關係底解說，皆只是立綱維，立實踐底軌轍，而真正地作起來，卻無分解的軌轍可言，而卻是須進一步達至那**無工夫的工夫**，亦即**弔詭的工夫**。此若說是軌轍，則乃是**弔詭的軌轍**，而非**分解的軌轍**也。對此而言，那一切分解的綱維皆成外在的、表面的，只是立教之方便也。真實切要之工夫唯在此一步。此羅近溪之所以能「一洗**理學**膚淺套括之氣，當下**便有受**

用」之故也，亦吾之所以謂其「更爲**清新俊逸通透圓熟**」之故也。

試看以下的文字：

> 人生天地間，原是一團靈氣，萬感萬應，而莫究〔其〕根源，渾渾淪淪而初無名色。只一心字亦是強立。後人不省，緣此起個念頭，就會生做見識。因識露個光景，便謂吾心實有如是本體，實有如是朗照，實有如是澄湛，實有如是自在寬舒。不知此段光景原從妄起，必隨妄滅。及來應事接物，還是用著天然靈妙渾淪的心。此心儘在爲他作主幹事，他卻嫌其不見光景形色，回頭只去想念前段心體，甚至欲把捉終身以爲純一不已，望顯發靈通以爲宇泰天光，用力愈勞，而違心愈遠矣。（《盱壇直詮》上卷）

又有：

> 此心之體極是微妙輕清，纖塵也容不得。世人苦不解事，卻使著許多粗重手腳，要去把捉搜尋。譬之一泓定水，本可鑑天徹地。纔一動手，便波起明昏。世人惟怪水體難澄，而不知自家亂去動手也。（同上）

又有：

> 會中一友用工，每坐便閉目觀心。子問之曰：「君今相對，見得心中何如？」曰：「炯炯然也。但恐不能保守，奈

何？」曰：「且莫論保守，只恐未是耳。」曰：「此處更無
虛假。」曰：「可知烔烔有落處。」其友頗不豫。久之，稍
及他事。隨歌詩一首，乃徐徐謂曰：「乃適來酬酢，自我觀
之，儘是明覺不爽，何必以烔烔在心爲乎？況聖人之學本諸
赤子，又徵諸庶民。若坐下心中烔烔，卻赤子原未帶來，而
與大眾亦不一般也。蓋渾非天性，而出自人爲。今日天人之
分，便是將來神鬼之關。能以天明爲明，則言動條暢，意氣
舒展，不爲神明者無幾。若只沈滯胸襟，留戀景光，幽陰既
久，不爲鬼者亦無幾。噫！豈知此一念烔烔翻爲鬼種，其中
藏乃鬼窟也耶？」（同上）

又有：

子因一友謂吾儕今日只合時時照管本心，事事歸依本性者，
反復訂之而未解。時一二童子捧茶方至。子指而歎之曰：
「君視此時與捧茶童子何如？」曰：「信得更無兩樣。」頃
之，子復問曰：「不知君此時何所用功？」曰：「此時覺心
中光光晶晶，無有沾滯。」子曰：「君前云與捧茶童子一
般，說得儘是。至曰心中覺光光晶晶，無有沾滯，說得又自
己翻帳也。」此友沈思久之，遽然起曰：「我看來並未翻
帳。先生何爲此言？」子曰：「童子現在，請君問他心中有
此光景否？若無此光景，則分明與他兩樣矣。」曰：「此果
似兩樣。不知先生心中工夫卻是何如？」子曰：「我底心也
無個中，也無個外，所用工夫也不在心中，也不在心外。只

說童子獻茶來時，隨眾起而受之。已而從容啜畢，童子來接茶甌時，又隨眾而與之。君必以心相求，則此無非是心；以工夫相求，則此無非工夫；若以聖賢格言相求，則此亦可說動靜不失其時，而其道光明也。」其友乃恍然有省。（同上）

又有：

子按騰越，州衛及諸鄉大夫士，請大舉鄉約。迨講聖諭畢，父老各率子弟以萬計，咸依戀環聽，不能舍去。子呼晉講林生問曰：「適遶汝為眾人講演鄉約，善矣！不知汝所自受用者復是何如？」林生曰：「自領教來，常持此心不敢放下。」子顧諸士夫歎曰：「只恐林生所持者未必是心也。」林生竦然曰：「不知心是何物耶？」子乃徧指面前所有示曰：「汝看此時環侍老小，林林總總，個個仄著足而立，傾著耳而聽，睜著目而視，一段精神果待他去持否？豈惟人哉？兩邊車馬之旁列，上下禽鳥之交飛，遠近園花之芳馥，亦共此段精神，果待他去持否？豈惟物哉？方今高如天日之明熙，和如風氣之暄煦，藹如雲烟之霏密，亦共此段精神，果待他去持否？」林生未及對，諸老幼咸躍然前曰：「我百姓們此時懽忻的意思，真覺得同鳥兒一般活動，花兒一般開發，風兒日兒一般和暢，也不曉得要怎麼去持，也不曉得怎麼是不持，但只恨不早來聽得，又只怕上司去後，無由再聽得也。」〔……〕

> 林生復同諸士夫再三進曰：「公祖謂諸老幼所言既皆渾是本
> 心，則林生所言者何獨不是心耶？」子復歎曰：「謂之是心
> 亦可，謂之不是心亦可。蓋天下無心外之事，何獨所持而不
> 是心？但既有所持，則必有一物矣。諸君試看許多老幼在此
> 講談一段精神，千千萬萬，變變化化，倏然而聚，倏然而
> 散；倏然而喜，倏然而悲。彼既不可得而知，我亦不可得而
> 測，非惟無待於持，而亦無所容其持也。林生於此心渾淪圓
> 活處，曾未見得，遽去持守，而不放下，則其所執者或只意
> 念之端倪，或只聞見之想像，持守益堅，而去心益遠矣。故
> 謂之不是心亦可也。」（《盱壇直詮》下卷）

近溪此類話頭甚多，不必多引。上錄五段甚為清楚明確，亦不煩再
釋。人唯有如此作工夫，始能使知體具體地流行于日用之間而眼前
即是，亦始能「一洗理學膚淺套括之氣，而當下便有受用。」黃梨
洲以此語用之于羅近溪非常恰當，未見其可以用來說他人者。此即
足以示羅近溪之特殊風格當從拆穿光景說，不當從其歸宗于仁，言
生化與一體說也。此後者明道早已盡之矣。「理學膚淺套括之氣」
是表示庸俗。（套括猶言八股）。「一洗……」之語不可用來說別
人，並非說程朱陸王等亦庸俗。只因他們分解義理、立綱維、有主
斷，故成理學大家，而不可以用此語說。但須知此學本不同于一般
的專學。只當分解地說之時，始有系統、有軌道、有格套，亦因而
好像是一專學。然而當付之于踐履時，則那些系統相、軌道相、格
套相、專學相，便一齊消化而不見，此時除那本有而現成的知體流
行于日用之間外，便什麼也沒有，它能使你成一個真人，但不能使

你成一個專家。以此學為專家，如今敎授之類，就此學言，乃是下乘而又下乘者。羅近溪在此學之發展中消化了此學之專學相，故能「一洗理學膚淺套括之氣」，而表現一「清新俊逸」之風格。但欲作此工夫、達此境界，亦必須預設那些義理分際而不可亂，亦如禪家雖敎外別傳，而仍不能不預設那些敎理也。故羅近溪仍是理學家也。

　　陽明後，唯王龍溪與羅近溪是王學之調適而上遂者，此可說是眞正屬于王學者。順王龍溪之風格，可誤引至「虛玄而蕩」，順羅近溪之風格（嚴格言之，當說順泰州派之風格），可誤引至「情識而肆」。然這是人病，並非法病。欲對治此種人病，一須義理分際清楚，二須眞切作無工夫的工夫。若是義理分際混亂（即不精熟于王學之義理），則雖不蕩不肆，亦非眞正的王學也。依是，吾人須進而看江右派之聶雙江與羅念菴。

(3)江右派之聶雙江與羅念菴

　　江右派人物甚多，然無獨特的統一風格。鄒東廓、歐陽南野、陳明水、黃洛村、劉兩峰、劉師泉等皆陽明之及門弟子，此中前三人大體守師說而無踰越，尤以鄒東廓為最純正，恰如浙中之錢緒山。後三人，則因受聶雙江羅念菴之影響而已不能守師說而無踰越矣。聶雙江與羅念菴是江右中首發難端者，故凡論及江右者皆注目于此二人。但此二人皆非及門而親炙者。聶雙江于陽明歿後，自設位拜師稱弟子。羅念菴未曾見陽明。陽明歿後，校訂〈陽明年譜〉猶自稱後學，不稱門人。錢緒山勸其改稱，其改稱蓋甚勉強也。人可曰其勉強是勉強于禮（于禮不合稱門人），非勉強于學。又可

曰：未及門者未必不能了解陽明之學，私淑而勝于及門者多矣。然此二人畢竟于陽明之思路未能熟習，其本人皆沿襲一些傳統之觀念，而又未能瞭然傳統發展中義理之各種分際以及陽明言良知之所以獨特。故此二人于陽明生前未執弟子禮，或因無緣見面，或因無緣多見（雙江只一見），或亦因根本上未能相契，猶有隔膜，或簡單言之，根本未能了解。徵諸其後來之議論，雖皆已稱門人，而實未能了解陽明之思路。

黃宗羲《明儒學案》卷十六論〈江右王門學案〉云：「姚江之學惟江右爲得其傳，東廓、念菴、兩峰、雙江其選也。〔……〕是時越中流弊錯出，挾師說以杜學者之口，而江右獨能破之，陽明之道賴以不墜。」此總斷未見其是。說東廓、兩峰能得陽明之傳尚可，（兩峰晚而信雙江，已不能無問題），說雙江念菴亦能得其傳，則非，說其獨能破越中之囂張亦非。雙江念菴所不滿者主要是在王龍溪。王龍溪與錢緒山是王門底嫡系，而又親炙于陽明之日久，尤以王龍溪天資高爽，穎悟過人，恐不免有盛氣凌人之處，即無盛氣凌人之處，同門輩亦不必盡服，而何況念菴與雙江未得及門，此中更不能無委曲，故首唱異議也。此或以俗情度人，然人非聖賢，此輩學人恐亦未能盡免俗情也。

茲先綜論聶雙江與羅念菴。後有〈致知議辯疏解〉章詳明聶雙江之思路之非王學。更後有專章論劉兩峰、劉師泉與王塘南。

雙江與念菴底主要論點是以已發未發之格式想良知，把良知亦分成有已發與未發，以爲表現爲知善知惡之良知是已發的良知，尚不足恃，必須通過致虛守寂底工夫，歸到那未發之寂體，方是真良知；若於此未發之體見得諦，養得真而純，則自發而無不中節矣，

此是以未發寂體之良知主宰乎已發之良知，而所謂致知者即致虛歸寂以致那寂體之良知以為主宰也；又以為「致知如磨鏡，格物如鏡之照，格物無工夫者以此」，「致知之功要在於**意欲之不動**，非以**周乎物而不過之為致也**」。（見《王龍溪語錄》卷六，〈致知議辯〉）。

　　此一想法幾乎全非王學之思路。人或以為此種「致虛守寂」或「歸寂」之路是近乎陽明初期講學之方式，陽明自悟良知後，在南京時「以默坐澄心為學的，收斂為主，發散是不得已。有未發之中，始能有中節之和。其後學者有喜靜厭動之弊，故以致良知救之。」須知默坐澄心，收斂為主，是欲存養**良知之體**。此是人隨時當有之常行，此不能決定義理系統之方向。良知是未發之中。已發未發，若依《中庸》原義解之，這是說在喜怒哀樂未被激發起的時候，我們體認**良知為中體**。有此中體不昧，始能使喜怒哀樂有發而中節之和。已發未發是就**情**說，並不說**良知本身有已發未發也**。此是伊川、龜山、延平、朱子相傳的本乎《中庸》言已發未發之老方式。但後來陽明〈答陸原靜書〉，隨原靜之問，亦將已發未發收于良知本身上講。此不合《中庸》原義。人滑口說久，遂忘其原義，不期而有此使用。但若如此使用，自有如此使用之講法，義理精熟者自不會有差謬。陽明答陸原靜之問云：

　　　　未發之中即良知也，無前後內外而渾然一體者也。有事無
　　　　事，可以言動靜，而良知無分於有事無事也。寂然感通可以
　　　　言動靜，而良知無分於寂然感通也。動靜者所遇之時，心之
　　　　本體固無分於動靜也。理無動者也。動即為欲。循理，則雖

酬酢萬變，而未嘗動也。從欲，則雖槁心一念，而未嘗靜
也。動中有靜，靜中有動，又何疑乎？有事而感通，固可以
言動，然而寂然者未嘗有增也。無事而寂然，固可以言靜，
然而感通者未嘗有減也。動而無動，靜而無靜，又何疑乎？

又答云：

知此，則知未發之中，寂然不動之體，而有發而中節之和，
感而遂通之妙矣。

此言寂感俱從良知本身上講，而已發與未發亦相應寂感而收于良知
本身上講。此發是發用或顯見底意思。與《中庸》就情講不同。就
情講，是激發之發。良知，若關聯于私欲說，則只有隱顯，而不可
說發與未發。若就良知本身說發與未發，則不是激發，而是顯發或
顯現。就人之有事無事說寂感，則寂感可分動靜。但就良知本身
說，則既不可以分有事無事，亦不可以把寂感分動靜。良知之寂感
是即寂即感的，亦如《中庸》《易傳》言誠體神體是即寂即感的。
我們不能把良知本身分成有寂然不動時、有感應或感通時。是以若
在良知本身說發與未發，這也是即發即未發而無分于發與未發的，
是即中即和而亦可說是無分于中與和的。中是就其自體說，和是就
感應說。我們可以抽象地單思那中體自己，把那感應暫時撇開，但
良知中體本身卻不能停在那抽象地思之之狀態中，它是分析地必然
地要在感應中。故它本身既無分于有事無事，亦無分于寂感，更無
分于動靜。陽明已言之透矣。而聶雙江似乎若不知然，或雖知之，

而完全不解也。是即明其于陽明言良知之思路完全未能把握得住。
王龍溪說：

> 良知者本心之明，不由學慮而得，先天之學也。〔……〕良
> 知即是未發之中，即是發而中節之和。此是千聖斬關第一
> 義，所謂「無前後內外渾然一體者也」。若良知之前別求未
> 發，即是二乘沈空之學。良知之外別求已發，即是世儒依識
> 之學。或攝感以歸寂，或緣寂以起感，受症雖若不同，其為
> 未得良知之宗，則一而已。（《王龍溪語錄》卷六，〈致知議
> 略〉）

王龍溪說「良知即是未發之中，即是發而中節之和」，這明是本陽
明〈答陸原靜書〉而說。「無前後內外而渾然一體」明是陽明語。
「良知之前別求未發」云云明是對雙江念菴而發。因為「良知即是
未發之中，即是發而中節之和」，而實亦無分于中與和，則良知即
是最後的，自不能猶有在良知之前者，若再於良知之前求未發之
中，則即是沈空；良知之感應即是和，其感應即使不離喜怒哀樂，
而喜怒哀樂亦上提而內在于良知之感應，故不能于良知以外別求
和，若在良知以外別求和，則是依識說和，而不是依良知明覺之感
應說和。此明是本陽明而來，並無過差。然而聶雙江則辯之云：
「良知是未發之中，先師嘗有是言。若曰良知亦即是發而中節之
和，詞涉迫促」此雖駁龍溪，實亦未解陽明之意也。又云：「良知
之前無未發，良知之外無已發，似是渾沌未判之前語。設曰良知之
前無性，良知之外無情，即謂良知之前與外無心，語雖玄，而意則

舛矣。〔案：良知即是本心，說良知之前與外無心，並不乖舛〕。尊兄高明過人。自來論學，只是混沌初生，無所汙壞者而言。而以見在為具足，不犯做手為妙悟，以此自娛可也，恐非中人以下之所能及也。」（《王龍溪語錄》卷六，〈致知議辯〉）王龍溪所言皆本于陽明，而曰「混沌未判之前語」，蓋亦對于陽明所言之良知未有諦解也。夫點出良知即是**判開混沌**。設再以**此為混沌**，將如**何再判耶**？豈必就良知再分**未發與已發**始得**為判耶**？

　　依陽明，「無聲無臭獨知時，此是乾坤萬有基。」「獨知」時之「知」即是良知。同樣，知善知惡之知亦即是良知。然而聶雙江則以為「**獨知是良知的萌芽處**，與**良知似隔一塵**。此處著功，雖與**半路修行不同**，要亦是**半路的路頭也**。**致虛守寂**方是**不睹不聞之學**、**歸根復命之要**。」何以如此說？蓋因獨知已是已發，尚不是未發之寂體。同樣，知善知惡之知亦是已發之知，尚不是未發之寂體。此完全非陽明意。依陽明，獨知是良知，知善知惡是良知，良知隨時有表現，即就其表現當下肯認而致之，故眼前呈現之良知與良知自體本質上無二無別，因此有王龍溪之「**以見在為具足**」。然而聶雙江則以「見在」者為已發，此不能算數，必致虛守寂而歸於未發之寂體才算真良知。此亦非陽明義，蓋因把良知分成已發與未發之兩截故。依陽明，「**致**」是**擴充義**，前進地推致之於事事物物上以使事事物物皆得其理。然而聶雙江則以為**歸寂才算致良知，是則致字是向後返**，此亦非陽明義。王龍溪本陽明義而說「**格物是致知日可見之行**，**隨事致此良知使不至於昏蔽也**。」（〈致知議略〉）。而聶雙江駁之曰：「今曰格物是致知日可見之行，隨在**致此良知**，周乎**物而不過**，是以**推而行之為致**，全**屬人為**，終日**與物**

作對，能免**牽己而從之乎**？」（〈致知議辯〉）。龍溪答之曰：
「公見吾人爲格致之學者，認知識爲良知，不能入微，致其自然之
覺，終日在應迹上執泥有象，安排湊泊，以求其是當，故苦口拈出
虛寂話頭以救學者之蔽，固非欲**求異於師門**也。然因此遂斬然謂格
物無工夫，雖以不肖『**隨在致此良知，周乎物而不過**』之說，亦以
爲『**全屬人爲，終日與物作對，牽己而從之**』，恐亦不免於**懲羹吹
虀之過耳**。」（〈致知議辯〉）。龍溪此答亦甚能原其意而諒其
情。說其「固非欲**求異於師門**」，而吾今日實可說其根本未了解於
師門之義理也。否則何以有如是之乖違？縱使王龍溪有病，然其言
本於陽明則無病。何以不加察乎？或者根本未讀陽明之語，或者讀
之而根本未解，或者其不滿龍溪實不滿陽明也。三者有一，即不能
說爲得陽明之傳。又焉能破龍溪耶？吾觀〈致知議辯〉，見雙方往
復論難，龍溪一本於師門而頭頭是道，雙江則記聞雜博，其引語發
義皆不本於陽明，縱有所當，亦非陽明之學，故處處睽隔，總覺不
通，固不契於龍溪，實亦乖於陽明也。黃宗羲之斷語顯然非是。其
如此說，亦或因激矯而然。然要不可因激矯時弊而有背於陽明。

　　雙江之唱異議，王門中皆不贊同，「唯羅念菴深相契合。謂雙
江所言眞是霹靂手段，許多英雄瞞昧，被他一口道著，如康莊大
道，更無可疑。」（《明儒學案》卷十七，〈江右王門學案二〉，
黃宗羲論述聶雙江中之語）。羅念菴之稱讚實誇奢過分，故作驚人
之筆。即不論王學，「致虛守寂」亦不過延平觀未發氣象，求未發
之中之老路，有何霹靂手段？又有何英雄曾瞞昧之而不之知？故知
是秀才漫發大言以驚人也。然就王學而論，則念菴稱之，是足明念
菴亦根本不熟悉陽明之思路也。

念菴曰：

> 往年見談學者皆曰知善知惡即是良知，依此行之，即是致
> 知。予嘗從此用力，竟無所入。久而後悔之。夫良知者言乎
> **不學不慮自然之明覺**，蓋即至善之謂也。吾心之善吾知之，
> 吾心之惡吾知之，不可謂非知也。**善惡交雜，豈有爲主於中**
> **者乎**？中無所主，而謂**知本常明，恐未可也**。知有未明，依
> 此行之，而謂無乖戾於旣發之後，能順應於事物之來，恐未
> 可也。故知善知惡之知隨出隨泯，特一時之**發見焉耳**。一時
> 之發見未可盡指爲本體，則自然之明覺固當反求其根源。
> （〈甲寅夏遊記〉見《明儒學案》卷十八，〈念菴學案〉）

案：此所言與聶雙江爲同一思路，以「獨知」之知、「知善知惡」
之知，爲良知之萌芽，爲一時之發見，尚不是眞正之良知，即不是
寂體之良知，此種已發之知作不得主，必須反求其根源以主之。此
種想法完全不合陽明之思路。念菴把這知善知惡之知既看成是**已**
發，又看成是普通**中性的知覺**，隨善惡念而**追逐**，故云「善惡交
雜，豈有爲主於中者乎？中無所主，而謂**知本常明，恐未可也。**」
此則以此知不是**良知**，不是**常明之明覺**。但依陽明，獨知之知即是
良知，即是**常明之明覺**，即是**寂體**，即是**主宰**，何可此外更求**主**
宰？知善知惡之知即是**良知**，即是**主宰**，即是即寂即感之寂體、常
明之明覺，它不是**隨逐的不足爲準的知覺**，它是**駕臨於善惡念之上**
的超越標準，善惡念在下，可說交雜，而此知在上只是**純一**，何可
言**交雜**？它即是主，更何可再爲之**求主**？既有此爲主之知，則自可

依此知而行以成己成物，此即所謂**致知以格物**（正物）也。陽明言
之旣詳且備，而念菴卻謂「予嘗從此**用力，竟無所入**」，此豈非旣
無所知於陽明之義理，亦未曾眞識得良知耶？如是，乃悔之，別求
一認良知之路，是則從雙江，非從陽明也。雙江曰：「先師良知之
教本於孟子。孟子言孩提之童，**不學不慮，知愛知敬**，蓋言其中**有
物以主之，愛敬則主之所發也**。今不從事於所主，以充滿乎本體之
量，而欲坐享其不學不慮之成，難矣。」王龍溪答之曰：「先師良
知之說做於孟子不學不慮，乃天所爲自然之良知也。惟其自然之
良，不待學慮，故愛親敬兄觸機而發，神感神應。惟其觸機而發，
神感神應，然後爲不學不慮自然之良也。**自然之良即是愛敬之主**，
即是**寂**，即是**虛**，即是**無聲無臭**，天之所爲也。若更於其中**有物以
主之**，欲從事於所主以充滿其本然之量，而不學不慮爲坐享之成，
不幾於**測度淵微之過乎？**」（〈致知議辯〉）。龍溪之言陽明義
也，而雙江念菴之言則別是一思路也。孟子就孩提之童知愛知敬，
指點人人本有之良知，而雙江念菴則必以爲此尙不過癮，尙不是最
後的知體，必以爲此知愛知敬之知以上更有一物以主之始能使其爲
如此之不學不慮，此豈非不學不慮爲最後者反成非最後乎？此豈孟
子之意乎？此眞落于穿鑿矣。

　　念菴又把「良知」一詞拆開，先單看知只是知覺，因此，知覺
有良有不良，如是，必求那使之所以爲良者以爲之主。這樣七拆八
拆，把陽明良知教弄成面目全非的古怪樣子，而又自稱爲王學，此
豈非別扭之甚乎？及門不及門誠有別也。其不熟于師門之義理甚顯
然也。

　　錢緒山曰：「心之本體純粹無雜，至善也。良知者至善之著察

也，良知即至善也。心無體，以知爲體，無知即無心也。知無體，以感應之是非爲體，無是非即無知也。意有動靜，此知之體不因意之動靜有明暗也。物有去來，此知之體不因物之去來爲有無也〔……〕。」（《明儒學案》卷十一，〈緒山學案〉，〈會語〉。）此本陽明之義而說也。就中「知無體，以感應之是非爲體，無是非即無知也」，此明是本陽明「目無體，以萬物之色爲體。耳無體，以萬物之聲爲體。〔……〕心無體，以天地萬物感應之是非爲體。」（《傳習錄》卷三）一段話而來。然而羅念菴駁之曰：「陽明先生又曰：『知者意之體，物者意之用。』未嘗以物爲知之體也。而緒山乃曰：『知無體，以人情事物之感應爲體，無人情事物之感應，則無知矣。』夫人情事物感應之於知，猶色之於視、聲之於聽也。謂視不離於色，固有視於無形者，而曰色即爲視之體，無色則無視也，可乎？謂聽不離聲，固有聽於無聲者，而曰聲即爲聽之體，無聲則無聽也，可乎？」（《明儒學案》卷十八，〈念菴學案〉，〈戊申夏遊記〉。）若謂念菴不曾見陽明《傳習錄》中那一段話，則其忽視師門之文獻已甚矣。觀其以視聽爲例，似乎又不是不知者。如知之，而又如此反駁錢緒山，則其不解陽明之語亦顯然矣。其駁緒山即駁陽明也。如此滯笨而又不虛心切認原語之意義，爲能讀王學？陽明原語是「心無體，以天地萬物感應之是非爲體」。緒山原語是「知無體，以感應之是非爲體」。而念菴之引述則爲「知無體，以人情事物之感應爲體」，略「是非」二字，此猶可也，而謂陽明「未嘗以物爲知之體」，好像錢緒山始「以物爲知之體」，此不但略是非，亦略感應，直說「以物爲知之體」以誣人，此大不可也。總之，是根本不解而已矣，故上下其辭

而妄辯也。念菴雙江之辯破王龍溪大抵皆此類也。故讀之極不順適，亦極難董理。今不暇一一致辯，只舉以上最顯豁而重要者指明之，即可知其想法之為另一套。

　　他們因不熟習于陽明之義理，而自己鑽研，當然都有其個人之體會處。惟又依附陽明之一二話頭而夾雜以致辯，把陽明之義理弄得七零八碎，則大不可。

　　大抵自陽明悟得良知並提出致良知後，其後學用功皆落在如何能保任而守住這良知，即以此「保任而守住」以為致，故工夫皆落在此起碼之最初步。如鄒東廓之「得力於敬」，以戒懼為主；錢緒山之唯求「無動於動」；季彭山之主龍惕不主自然，此皆為的使良知能保任守住而常呈現也。此本是常行，不影響陽明之義理。雙江念菴之致虛守寂，若亦是如此，如陽明初期講學以收斂為主，則亦不影響陽明之義理。經過枯槁寂寞之後，一切退聽，而後天理烱然，此等于閉關，亦等于主靜立人極，等于靜坐以觀未發氣象。然經過此一關以體認寂體或良知真體，並不能一了百當，這不過是抽象地單顯知體之自己，並不能表示其即能順適地貫徹下來。故延平經過觀未發氣象後，必言冰解凍釋，始能天理流行。用于良知亦復如此。一切退聽而歸寂矣，及出來應事，仍不免有意念之私、私欲氣質之雜，良知天理還是下不來。陽明言致良知是從此能否貫下來處著眼以言致，致即使其貫下來之謂。如何能貫下來，還須靠良知本身有不容已地要湧現出來之力量，並無其他繞出去的巧妙辦法。說起來，是一個圈子。為打斷這循環的圈子，必就**良知當下呈現**而指點之，指點以肯認之即是逆覺，步步逆覺體證之即步步致以擴充之。故只言**致良知**即足矣。並不須停止這致良知，回頭枯槁一番以

後返地致此良知之寂體。你若以爲需要或願意有此枯槁，你就去作好了，這只是隨個人而定。及至眞要使良知寂體流行于日用之間，還是要作陽明所說的那一套。若如此，則不影響陽明之義理。乃雙江念菴爲講枯槁而支解陽明之義理，弄得面目全非，而最後又未能跳出陽明之圈套，此眞亂動手腳空勞擾攘矣。

依以上疏解，王龍溪與羅近溪是順王學而調適上遂者，江右之雙江與念菴則不得其門而入，恐勞擾攘一番而已。順龍溪與近溪之路走，若無眞切工夫與確當的理解，亦可有病。然這病是人病，非法病。而即此人病亦是王學下的人病，病亦各從其類也。孔子曰：「人之過也，各於其黨。」此誠然矣。

就王學下之人病（所謂虛玄而蕩，情識而肆）而從新消融王學以獨成一義理系統者乃是劉蕺山。此非本章之所能及。

第四章 〈致知議辯〉疏解

甲、引言

　　前章對於江右派之聶雙江與羅念菴之思路有綜括之評述，然而未及詳引。今再取聶雙江與王龍溪之辯論所成之〈致知議辯〉（見《王龍溪語錄》）而疏解之，以見其詳。蓋在雙方對辯中易見一人之思路究為如何也。王龍溪原有〈致知議略〉。聶雙江即對此〈議略〉起疑難，故有龍溪之答，因而遂輯成〈致知議辯〉。此辯凡九難九答，乃王門中一重要之論辯，故須予以疏通。惟在疏解〈致知議辯〉以前，須先有以下之文獻以引之。

　　《王龍溪語錄》卷一，〈撫州擬峴臺會語〉中有一段云：

　　　先師首揭良知之教以覺天下，學者靡然宗之，此道似大明於世。凡在同門得於見聞之所及者，雖良知宗說不敢有違，未免各以其性之所近擬議攙和，紛成異見。有謂良知非覺照，須本於歸寂而始得。如鏡之照物，明體寂然而妍媸自辨。滯於照，則明反眩矣。有謂良知無見成，由於修證而始全。如

> 金之在鑛，非火符鍊鍛，則金不可得而成也。有謂良知是從
> 已發立教，非未發無知之本旨。〔……〕此皆論學同異之
> 見。差若毫釐，而其繆乃至千里，不容以不辨者也。寂者心
> 之本體。寂以照為用，守其空知〔寂〕而遺照，是乖其用
> 也。見入井之孺子而惻隱，見嘑蹴之食而羞惡，仁義之心本
> 來完具，感觸神應，不學而能也。若謂良知由修而後全，撓
> 其體也。良知原是未發之中，無知而無不知。若良知之前復
> 求未發，即為沈空之見矣。

案：此三「有謂」實只指聶雙江而說。聶雙江首發此異議，羅念菴
從而和之。而三「有謂」之義其實只一義耳。即視「獨知」之良
知、「知是知非」之良知為已發，此不足恃，故須更求未發之寂體
以為主宰。因此而謂「良知無見成」，因此而主「歸寂」。

所謂「良知非覺照，須本於歸寂而始得。」此兩語是何意義？
若說良知不是覺照，覺照了便不是良知，把良知與覺照分開，這似
乎很難索解。這分開看是何意義？蓋即是把良知分成已發與未發之
意。依雙江，「獨知」之知、「知善知惡」之知，都屬於可睹可聞
之已發。依是，知、覺、照都是可睹可聞之已發，因此，遂有「覺
無未發，亦不可以寂言」之說。既屬已發，當然不是未發。既發動
而為知、覺、照，當然不是未發之寂體。以已發與未發分良知，又
把良知之呈現視為已發，這根本是詞語之誤用，這且不言，因為可
方便借用故。而且雙江認為知、覺、照都是發動出來而與感性混雜
的，而且是汙壞了的，而且成了氣性的、中性的、自然生命的知覺
運動，這不是真良知，這是完全不可靠的。這種自然生命的知覺運

動不可靠,即不保其必良,故這現在的現成良知並不是具足的,而且亦根本無現成的良知、當下具足的良知。人所誤認爲現在現成的良知實只是氣性的知覺運動,並不眞正是良知。眞正的良知必在未發前求之,必是無知、無覺、無照之寂體。此則必須「歸寂而始得」之。但依陽明,「無聲無臭獨知時」,此獨知之知即是人所不睹不聞之眞良知。把這知視爲已發,而又別求未發,這根本是不對的。假若再別求未發,則那無知、無覺、無照的寂體究竟是什麼呢?若還名之曰良知,則是自相矛盾,因爲既是良知,必有知故。若眞可名之曰良知而必有知有覺有照,這又成已發,又須另爲之求未發,這便成無窮追溯。是以把良知與覺照分開,這是不通的。若說這寂體只是一虛明不動之體,則既是虛明而又不覺不照,這亦是不通的。把當下呈現的良知視爲氣性的、中性的知覺運動之知覺,而且是汙壞了的,必待修整而後全,故無現成的良知,這亦根本非是。若如此,則不學不慮者變成有待於學慮,而且良知將根本不可呈現。此既非孟子意,亦非陽明意,亦非龍溪意。種種不通,龍溪辨之是也。

又,卷一〈三山麗澤錄〉中有一段云:

> 遵巖子問曰:荆川謂吾人終日擾攘,嗜欲相混,精神不得歸根,須閉關靜坐一二年,養成無欲之體,方爲聖學。此意何如?
> 先生曰:吾人未嘗廢靜坐。若必藉此爲了手,未免等待,非究竟法。聖人之學主於經世,原與世界不相離。古者教人只言藏修游息,未嘗專說閉關靜坐。若日日應感,時時收攝,

精神和暢充周，不動於欲，便與靜坐一般。況欲根潛藏，非
對境則不易發。如金體被銅鉛混雜，非遇烈火，則不易銷。
若以見在感應不得力，必待閉關靜坐，養成無欲之體，始為
了手，不惟蹉卻見在功夫，未免喜靜厭動，與世間已無交
涉，如何復經得世？〔……〕

案：此雖對唐荊川（唐順之）而發，亦可用於聶雙江與羅念菴。蓋
他們主歸寂，即是閉關歸寂以復未發寂體。羅念菴且閉關三年，所
謂「枯槁寂寞一番，一切退聽，而後天理烔然」也。此本是權法。
此只是默識良知自體自己。王龍溪說「未免等待」。如果願意或需
要等待一番，即等待一下亦未嘗不可。然要不可以此而影響陽明義
理。但聶羅之主歸寂，卻支解陽明之義理，此則非是。

又〈三山麗澤錄〉中復有一段云：

遵巖子曰：千古聖賢之學只一知字盡之。《大學》誠正修身
以齊家治國平天下，只在致知。《中庸》誠身以悅親、信
友、獲上、治民，只在明善。明善即致知也。雙江云：「格
物無工夫」，吾有取焉。
先生曰：此正毫釐之辨。若謂格物有工夫，何以曰盡於致
知？若謂格物無工夫，何以曰在於格物？物是天下國家之實
事，由良知感應而始有。致知在格物，猶云欲致良知，在天
下國家實事上致之云爾。知外無物，物外無知。如離了悅
親、信友、獲上、治民，更無明善用力處。亦非外了明善，
另有獲上、治民、悅親、信友之功也。以意逆之，可不言而

喻矣。

案：聶雙江以歸寂見未發之寂體爲致知之功，故云「致知如磨鏡，格物如鏡之照，謬謂格物無工夫者以此」。把鏡體磨明了，自然會照。工夫全在磨，而照處無工夫可言也。此由歸寂言致知，非陽明義。陽明言致知是擴充義。「致知在格物」猶言在意之所在之事事物物上以致其知使事事物物皆得其理也。亦非言於格物本身專有其一套工夫也。（朱子在格物上有工夫，因以格物爲窮究物之理故）。工夫只在致知。而致知亦是知之自致，亦非另有一套巧妙工夫以致之也。依此，即在陽明，說格物無工夫，亦未嘗不可。致知在格物，是說在實事上致，致之以正物，非謂格物（正物）自身有一套工夫也。如此而言無工夫，與聶雙江之言無工夫異。雙江言致知，是閉關歸寂，如磨鏡。鏡明自然照，故照無工夫。此是形式地作分析命題看。然閉關歸寂所見之寂體，所謂天理烔然，只是抽象地單顯寂體之自己，亦很可只是一光景。一旦落於實際踐履上，此寂體並不一定能自然照，即是說，並不一定能自然地貫徹於意與物上而誠之與正之。出關以後，七顛八倒者多矣。要想能貫下來，還是陽明所說之一套，即：在事事物物上自致地致之以誠意與正物。雙江所說根本是在反對陽明擴充義的致知，重點倒不在格物有工夫無工夫也。歸寂以致知，則離倫物之感應矣，此非陽明言致知之精神。依陽明，此只是致知前之收歛工夫，尙根本說不上致知；尙根本未接觸到物字，如何言格物有工夫無工夫？格物本身無工夫，言非於致知外別有格物一套工夫。格物有工夫，言在事物上致知以正物，能正物即是工夫。「致知以正物」這一整語既見致知之眞工

夫,亦見爲善去惡(正物)之眞工夫。陽明在廣西征思田時,〈答
聶文蔚(雙江)書〉,即爲之盛言「必有事焉」,如:

> 我此間講學卻只說個「必有事焉」,不說「勿忘勿助」。
> 「必有事焉」者,只是時時去集義。若時時去用「必有事」
> 的工夫,而或有時間斷,此便是忘了,即須勿忘;時時去用
> 「必有事」的工夫,而或有時欲速求效,此便是助了,即須
> 勿助。其工夫全在「必有事焉」上用。「勿忘勿助」只就其
> 間提撕警覺而已。若是工夫原不間斷,即不須更說勿忘;原
> 不欲速求效,即不須更說勿助。此其工夫何等明白簡易,何
> 等洒脫自在!今卻不去「必有事」上用工,而乃懸空守著一
> 個「勿忘勿助」,此正如燒鍋煮飯,鍋內不曾漬水下米,而
> 乃專去添柴放火,不知畢竟煮出個甚麼物來?吾恐火候未及
> 調停,而鍋已先破裂矣。近日一種專在「勿忘勿助」上用功
> 者,其病正是如此。終日懸空去做個勿忘,又懸空去做個勿
> 助,濟濟蕩蕩,全無實落下手處。究竟工夫只做得個沉空守
> 寂,學成一個癡騃漢。才遇著些子事來,即便牽滯紛擾,不
> 復能經綸宰制。此皆有志之士,而乃使之勞苦纏縛,擔擱一
> 生,皆由學術誤人之故,甚可憫矣!
> 夫「必有事焉」只是集義,集義只是致良知。說集義,則一
> 時未見頭腦。說致良知,即當下便有實地步可用工。故區區
> 專說致良知。隨時就事上致其良知,便是格物。著實去致良
> 知,便是誠意。著實致其良知,而無一毫意必固我,便是正
> 心。著實致良知,則自無「忘」之病。無一毫意必固我,則

自無「助」之病。故說格致誠正，則不必更說個忘助。

陽明此書言之極爲眞切警策。此年冬，陽明于歸途中即卒。此眞可謂晚年定論矣。惜乎雙江未能領會。雖于陽明卒後，自設神位拜師，稱弟子，然而終身不入，亦可謂辜負其師矣。其歸寂求未發，雖與此處空說勿忘勿助稍有不同，然亦是「沈空守寂，學成一個癡騃漢」。其說背于其師之矩矱，而且支解其師之義理，其于陽明之致良知教未能相應，甚顯然矣。

至若羅念菴則尤悖謬。竟謂順陽明所說之致良知「用力，竟無所入」。（詳見前章）。蓋必枯槁寂寞一番，始有所入也。

《王龍溪語錄》卷二，〈松原晤語〉云：

> 予不類，辱交於念菴子三十餘年。兄與荆川子齊雲別後，不出戶者三年於兹矣。海內同志，欲窺見顏色，而不可得，皆疑其或偏於枯靜。予念之不能忘。因兄屢書期會，壬戌冬仲，往赴松原新廬，共訂所學。至則見其身任均役之事，日與閭役之人執册布算，交涉紛紛，其門如市，耐煩忘倦，略無一毫厭動之意；夜則與予聯床趺坐，往復證悟，意超如也。自謂終日紛紛，未嘗敢憎厭、未嘗敢執著、未嘗敢放縱、未嘗敢褻侮，自朝至暮，惟恐一人不得其所。是心康濟天下可也，尚何枯靜之足慮乎？
> 因舉乍見孺子入井怵惕未嘗有三念之雜，乃不動於欲之眞心，所謂良知也，與堯舜未嘗有異者也。若於此不能自信，亦幾於自誣矣。苟不用致知之功，不能時時保任此心，時時

無雜念,徒認現成虛見,附和欲根,而謂即與堯舜相對未嘗
不同者,亦幾於自欺矣。

蓋兄自謂終日應酬,終日收欲安靜,無少奔放馳逐,不涉二
境〔動靜二境〕,不使習氣乘機潛發。難道功夫不得力?然
終是有收有制之功,非究竟無爲之旨也。

至謂世間無有現成良知,非萬死功夫,斷不能生。以此較勘
世間虛見附和之輩,未必非對病之藥。若必以現在良知與堯
舜不同,必待功夫修整而後可得,則未免於矯枉之過。曾謂
昭昭之天與廣大之天有差別否?此區區每欲就正之苦心也。

案:羅念菴思路同於聶雙江。其所謂「無現成良知」乃是因爲體現
工夫之艱難與無有現成之聖人,遂誤認當下呈現之良知本身亦不現
成也。故謂眼前呈現之良知、知善知惡之良知,乃是已發的良知,
甚至亦不能必其是良,而只是一可良可不良之知覺耳,此即非眞良
知,故眞良知必待修整而後得。修整之道即在歸寂以求未發之寂體
也。殊不知良知只可以隱顯說,不可以已發未發說。若眼前呈現者
不足恃,則將永無可恃者。是故王龍溪云:「乍見孺子入井怵惕未
嘗有三念之雜,乃不動於欲之眞心,所謂良知也。若於此不能自
信,亦幾於自誣矣。」既是「不動於欲之眞心」,便就是眞良知,
便不可以可良可不良之「知覺」視之。是見羅念菴之想法與陽明之
致良知教未能相應,而龍溪則相應也。

乙、王龍溪〈致知議略〉原文

徐生時舉將督學敬所君之命，奉奠陽明先師遺像於天真，因就予而問學。臨別，出雙江、東廓、念菴三公所書贈言卷，祈予一言以證所學。三公言若人殊，無非參互演繹，以明師門致知之宗要。予雖有所言，亦不能外於此也。

1. 綜綱

①夫良知之與知識差若毫釐，究實千里。同一知也，如是則為良，如是則為識，如是則為德性之知，如是則為聞見之知，不可以不早辨也。良知者本心之明，不由學慮而得，先天之學也。知識則不能自信其心，未免假於多學億中之助，而已入於後天矣。

②良知即是未發之中，即是發而中節之和，此是千聖斬關第一義，所謂無前後內外渾然一體者也。若良知之前別求未發，即是二乘沉空之學；良知之外別求已發，即是世儒依識之學。或攝感以歸寂，或緣寂以起感，受症雖若不同，其為未得良知之宗則一而已。爰述一得之見，釐為數條，用以就正於三公，並質諸敬所君，且以答生來學之意。

2. 條舉

①獨知無有不良。不睹不聞，良知之體。顯微體用通一無二者，此也。戒慎恐懼，致知格物之功，視於無形，聽於無

聲，日用倫物之感應而致其明察者，此也。知體本空，著體
即爲沉空。知本無知，離體即爲依識。

②《易》曰：「乾知大始」。乾知即良知，乃渾沌初開第一
竅。爲萬物之始，不與萬物作對，故謂之獨。以其自知，故
謂之獨知。乾知者，剛健中正純粹精也。七德不備，不可以
語良知。中和位育皆從此出。統天之學，「首出庶物，萬國
咸寧」者也。

③良知者無所思爲，自然之明覺。即寂而感行焉，寂非內也。
即感而寂存焉，感非外也。動而未形，有無之間，幾之微
也。動而未形，發而未嘗發也。有無之間，不可以致詰。此
幾無前後，無內外。聖人知幾，賢人庶幾，學者審幾。故
曰：幾者動之微，吉之先見者也。知幾故純吉而無凶，庶幾
故恆吉而寡凶，審幾故趨吉而避凶，過之則爲忘幾，不及則
爲失幾。忘與失所趨雖異，其爲不足以成務均也。

④顏子有不善未嘗不知，未嘗復行，正是德性之知。孔門致知
之學，所謂不學不慮之良知也。纔動即覺，纔覺即化，未嘗
有一毫凝滯之迹，故曰「不遠復，無祇悔」。子貢務於多
學，以億而中，與顏子正相反。顏子歿而聖學亡。子貢學術
易於湊泊，積習漸染，至千百年而未已也。先師憂憫後學，
將此兩字信手拈出，乃是千聖絕學。世儒不自省悟，反闇然
指以爲異學而非之。夜光之珠，視者按劍，亦無怪其然也。
孔子曰：「吾有知乎哉？無知也。」言良知之外別無知也。
鄙夫之空空與聖人之空空無異，故叩其兩端而竭。兩端者是
與非而已。空空者道之體也。口惟空，故能辨甘苦；目惟

空,故能辨黑白;耳惟空,故能辨清濁;心惟空,故能辨是非。世儒不能自信其心,謂空空不足以盡道,必假於多學而識以助發之,是疑口之不足以辨味,而先漓以甜酸,目之不足以別色,而先泥以鉛粉,耳之不足以審音,而先淆以宮羽,其不至於爽失而眩瞀者幾希矣。

⑤學,覺而已,自然之覺,良知也。覺是性體。良知即是天命之性。良知二字性命之宗。格物是致知日可見之行,隨事致此良知,使不至於昏蔽也。吾人今日之學,謂知識非良知,則可,謂良知外於知覺,則不可;謂格物正所以致知則可,謂在物上求正,而遂以格物為義襲,則不可。後儒謂纔知即是已發,而別求未發之時,所以未免於動靜之分,入於支離而不自覺也。

⑥良知無奇特相,無委曲相。心本平安,以直而動。愚夫愚婦未動於意欲之時,與聖人同。纔起於意,萌於欲,不能致其良知,始與聖人異耳。若謂愚夫愚婦不足以語聖,幾於自誣而自棄矣。

丙、龍溪雙江〈致知議辯〉:雙江難,龍溪答

第一辯 關於先後天、良知即中即和、良知即寂即感,以及現成良知等之論辯

雙江難

雙江子曰：

邵子云：「先天之學心也，後天之學迹也。」先天言其體，後天言其用。蓋以體用分先後，而初非以美惡分也。〔案：此難綜綱①先後天。〕

良知是未發之中，先師嘗有是言。若曰良知亦即是發而中節之和，詞涉迫促。〔案：此難綜綱②〕。

寂，性之體，天地之根也，而曰「非內」，果在外乎？感，情之用，形器之迹也，而曰「非外」，果在內乎？抑豈內外之間別有一片地界可安頓之手？「即寂而感存〔行〕焉，即感而寂行〔存〕焉」，以此論見成似也。若爲學者立法，恐當更下一轉語。《易》言內外，《中庸》亦言內外，今曰無內外。《易》言先後，《大學》亦言先後，今曰無先後。是皆以統體言工夫，如以百尺一貫論種樹，而不原枝葉之碩茂由於根本之盛大，根本之盛大由於培灌之積累。此鄙人內外先後之說也。〔案：此難條舉中之③寂感無內外〕。

「良知之前無未發，良知之外無已發」，似是渾沌未判之前語。設曰良知之前無性，良知之外無情，即謂良知之前與外無心，語雖玄，而意則舛矣。〔案：此難綜綱中之②沉空與依識〕。

尊兄高明過人。自來論學，只是〔自〕混沌初生無所汙壞者而言。而以見在爲具足，不犯做手爲妙悟，以此自惧可也，恐非中人以下之所能及也。〔案：此綜論龍溪言學之風

格。〕

龍溪答

先生曰：

寂之一字千古聖學之宗。感生於寂，寂不離感。舍寂而緣
感，謂之逐物。離感而守寂，謂之泥虛。夫寂者未發之中，
先天之學也。未發之功卻在發上用，先天之功卻在後天上
用。明道云：「此是日用本領工夫，卻於已發處觀之。」
〔案：此非明道語，乃截取伊川言中和之語〕。康節〈先天
吟〉云：「若說先天無個字，後天須用著工夫。」可謂得其
旨矣。先天是心，後天是意。至善是心之本體。心體本正，
纔正心便有正心之病。纔要正心，便已屬於意。欲正其心先
誠其意，猶云舍了誠意，更無正心工夫可用也。良知是寂然
之體，物是所感之用，意則其寂感所乘之機也。知之與物無
復先後可分，故曰致知在格物。致知工夫在格物上用，猶云
《大學》明德在親民上用，離了親民更無學也。良知是天然
之則。格者正也，物猶事也。格物云者致此良知之天則於事
事物物也。物得其則，則謂之格。非於天則之外別有一段格
之之功也。前謂未發之功只在發上用者，非謂矯強矜飾於喜
怒之末，徒以制之於外也。節是天則，即所謂未發之中也。
中節云者循其天則而不過也。養於未發之豫，先天之學是
矣。後天而奉時者，乘天時行，人力不得而與。曰奉曰乘，
正是養之之功。若外此而別求所養之豫，即是遺物而遠於人

情，與聖門復性之旨，爲有間矣。

案：此答雙江先後天之難。雙江根據邵子之語，以爲先天後天是以體用分，非以美惡分。龍溪〈議略〉原以良知與知識（亦簡稱識）分先後天，此自有美惡意。顏子「纔動即覺，纔覺即化」，是德性之知。子貢多學億中是聞見之知。聞見之知是知識，從識上立根，故爲後天之學。德性之知是良知，從心體上立根，故爲先天之學。前者自不如後者爲得其要。此亦可以說是以美惡分。邵子云「先天之學心也，後天之學迹也。」此固可以體用說，然亦無礙於以美惡分。但一說到迹，籠統地說是用，而實際地落於實踐上說，則迹不能無善惡。善者可謂用，惡者不可謂用也。必化其惡而一於善，方可成體用。從知識上立根是不好，但順良知而多學，亦可以成體用。故體用與美惡兩不相妨也。

就道德實踐說，「先天是心，後天是意」。「先天工夫在後天上用」，此本陽明致知誠意格物之解說而言也。意既是後天，故有善惡。以有善惡，故須「著工夫」，化其惡而一於善，如是方可成體用。非可籠統地直以體用言也。龍溪之答即就此「著工夫」言。正心工夫只在誠意，「舍了誠意更無正心工夫可用」。「良知是寂然之體，物是所感之用，意則其寂感所乘之機。」此本陽明而變換一種說法。陽明本說意之所用或所在爲物，又說明覺之感應爲物。直從意之所用或所在說物，則意有善惡，物亦有正與不正。從明覺之感應說物，則物無不正；然其中仍然藏著一個意，一個無意之意。若從明覺之感應說物，則物固無不正，而意從明覺，亦無不誠。如是，便是一體而化，即王龍溪所謂四無。但意總是問題所

在，故須言「誠」。它亦可以從明覺，亦可以不從明覺。如不從，故須致知以誠之。及其誠也，則仍是一體而化。這裡有一個跌宕。故以良知之寂感為準，則說意是「寂感所乘之機」。「所乘之機」一語來自朱子。朱子謂動靜是太極之理所乘之機，並不是太極之用。龍溪此處說「意是良知寂感所乘之機」。「良知是寂然之體，物是所感之用」。此是從明覺感應說物。這也是本陽明而來的。（陽明說物有兩方式：一是自明覺感應說，一是自意之所在或所用說）。這樣，則良知明覺即寂即感。「即寂而感行焉，寂非內也。即感而寂存焉，感非外也。」此種寂感為一中的物是無有不正的，亦是王龍溪所謂「無物之物」。此是從超越之體上說。然畢竟還有一個經驗意義的意，或說感性層上的意。此意即是「良知寂感所乘之機」。機者機竅，即是良知明覺乘之以見其為寂感之實並見其寂感之實踐上的超越作用也。此作為機的意，其動有善有惡。如從此說物，（意之所在為），則物亦有正與不正。當意動時，無論其為善為惡，良知皆知之，是即良知乘其動而顯感應之相。致知以誠之，使其動一於善而無惡，則意即為「無意之意」。無意之意純從知起，而亦起而無起。如是，物亦成為明覺感應中之物。此時，良知是即寂即感而寂感為一的，而意之「機」義亦泯。當意之動有動相（即有善有惡）時，寂感可分別地說。動時，良知知之，顯良知感應之相。不動，所謂「不起意」，則見良知為寂然之體。雖顯感應之相，而寂體未嘗不存焉，以良知明覺不浮動故也。雖於意不動時見良知為寂然之體，而感應未嘗不行焉，以良知明覺非空懸也。故當意動時，良知即乘之以見其為寂為感之實，並見其寂感為一之實，並見其寂感為一之實於實踐上（誠意上）之超越的作用也。惟

此時可以逐步分別地說而已。此即四句教之所以為「有」也。當意誠物正，意從知起，起而無起之時，則意為「無意之意」（此是積極地說），或根本「不起意」（此是消極地說）。無意之意或根本不起意即示此時純是一知體之流行，而即寂即感，寂感為一，亦不可分別說，此即王龍溪所謂「寂非內」，「感非外」等辭語之所示，而意之為「所乘之機」一義亦泯。不但此也。此時心意知物一體而化。意為「無意之意」，物為「無物之物」，則心亦為「無心之心」，而知亦為「無知之知」矣。此即王龍溪所謂「四無」。（在此四無中，心意知三者之分別可無，只是一知體明覺之流行。如是，只剩下無知之知與無物之物之一體呈現。）

「致知在格物」，並不說欲致其知者先格其物，故龍溪云：「知之與物無復先後可言」意即致知與格物無先後可言。致知只在正物亦即成己成物上致。物不必只訓事。就成己說，是事。就成物說，實仍是物。故意之所在說是事，就明覺之感應說，則事物兩賅。陽明之致知以格物即《中庸》之由誠以成己與成物。致知之致是擴充義，必須在事事物物上擴充，亦即孟子「必有事焉」之義。陽明曾以此義詳答聶雙江（見《傳習錄》〈答聶文蔚書〉），惜乎雙江終未領悟也。「致知工夫在格物上用」，是即表示「格物云者致此良知之天則於事事物物也。物得其則謂之格，非於天則之外別有一段格之之功也。」故言格物無獨特工夫亦可。然與雙江所說之「格物無工夫」（見下）不同。雙江是以後返的歸寂為致，（此亦見下），而陽明則是前進地擴充以為致，故必須必有事焉在格物上用。龍溪之解說本陽明而來，不誤也。後返歸寂以為致，則致知者是閉關離物單顯寂體自己也。雙江以為必如此始可說致知工夫。這

種工夫，他以為如磨鏡。鏡體明，則自照物。鏡之照即格物，故云「格物無工夫」。形式地說是如此。然從實踐上說，閉關離物單顯寂體自己，此只是抽象的隔離，從嗜欲混雜中顯出寂體自己來。這是寂體之在抽象狀態中、在懸隔狀態中。若停於此，即在光景中。單顯寂體之明，這明只是一個概念，並非天明。及其應事接事，並不眞能自然照，手忙腳亂者多矣。如是，要想眞能把那寂體貫下來，還須前進地擴充以為致，仍須歸於陽明之所說。依此而言，雙江之後返地歸寂以為致實未眞正地致，只是致之預備耳。此步預備工夫亦並非不可，先澄清一下亦是好的。此即陽明早期講學以默坐澄心為學的之說也。然這樣作預備，卻不要影響陽明致良知之義理規範。而雙江之誤處卻正在影響陽明之義理規範。雖駁龍溪，實不解陽明也。見下自明。這裡先一提。

問題是：依陽明之致良知教，此種閉關離物之歸寂工夫是否必要？依陽明，此不必要。龍溪亦說「此未免等待」。此現實上不是人人所能作的，而原則上亦不是必須作的。就立教之常則言，既肯認人人有良知，而良知亦不是一不能呈現的抽象概念之預定，所以只就其當下呈現或呈露而指點之或警覺之，即是「致」之工夫之下手處。此一下手處即含有悟（陽明云：「乃若致知則存乎心悟」），同時亦含有前進的擴充，同時亦含有後返的復。「復」是使良知朗現，是在擴充中復。既擴充而復，則意自誠而物自正，並不是後返離物以為復也。人隨時默坐澄心，減淡嗜欲，則是常行。若言致底工夫，則不須如此。若言眼前呈現或呈露的良知不是眞良知，必別求未發（未呈現）之寂體以主之，則此寂體是什麼呢？又依何而知其足以為作主之寂體？此眞沈空渺茫之見矣。若言眼前呈

露之良知是良知之萌芽,即由此萌芽以追溯其寂體,而可以爲眼前呈現者之主,則良知只是一良知,並不可分拆而爲主與被主。若分拆之,則其爲被主者不但不是良知之萌芽,而且亦根本不可說爲良知矣。因爲良知不能被主故。被主者既非良知,則作主之寂體是什麼吾人亦無由而知,此即沈空而渺茫,亦不必能知其爲良知矣。故必認眼前呈現的眞心即是良知,不睹不聞的「獨知」亦即是良知,此就是寂感爲一的寂體。良知本身無分於有事無事,無分於未發已發,亦未分於動靜,無分於中和。陽明於〈答陸原靜書〉中已言之備矣。雙江不解何耶?若問眼前呈現的何以知其即是良知,此則以孟子就孺子入井怵惕無三念之雜所指點的爲準,亦即依道德行爲之爲無條件而斷定,外此沒有答覆可言。

良知之本性以及其被肯認既如此,則直就其本性而養之,不待其對境(對意與物)而發爲知相而始「致」之,則即是王龍溪此處所說「養於未發之豫,先天之學是矣。後天而奉天時者,乘天時行,人力不得而與。曰奉曰乘,正是養之之功也。」此處所謂「養於未發之豫」即是〈天泉證道記〉中所謂從心體著眼,在無處立根,一了百當,頓悟之學也。「乘天時行,人力不得而與」,即表示意與物皆順明覺之感應一體而化,後天者亦一起超升而爲先天矣。此種養既從「奉」從「乘」而說,自是完全從心體著眼,在「無」處立根,自亦必函著頓悟也。如此用功,即是四無。若就對境而「致」,則是四有。雙江不信眼前呈現者爲良知,以爲不足恃,必閉關歸寂別求未發之寂體以主之,此即是王龍溪此處最後所說「若外此而別求所養之豫〔別求所養以爲豫〕,即是遺物而遠於人情,與聖門復性之旨爲有間矣。」此則既非四無之頓,亦非四有

之漸，非王學之所有也。（四有之漸不是純粹的漸，亦含有頓之可能之根據）。

以上疏解是大綱脈。必先有如此之了解，始能分判其辯論之是非。

> 即寂而感行焉，即感而寂存焉，正是合本體之工夫。無時不感，無時不歸於寂也。若以此為見成，而未及學問之功，又將何如其為用〔功〕也？寂非內，而感非外，蓋因世儒認寂為內、感為外，故言此以見「寂感無內外」之學，非故以寂為外，以感為內，而於內外之間別有一片地界可安頓也。既云寂是性之體，性無內外之分，則寂無內外可不辨而明矣。

案：此答雙江對於無內外先後之難。雙江之難自無道理。其主有內外先後，雖根據《易傳》《中庸》與《大學》而說，然並不可因彼等經典說內外先後，遂認良知之寂感亦必有內外先後。是故若據之以破無內外先後之說，此不但不解龍溪，亦與陽明不相應也。龍溪此說明本陽明而來。雙江橫施辯難何也？然雙江可說，即使如此，此亦只是說良知之自體相是如此，此何關於工夫耶？關此，則可這樣答：既肯認良知自體相是如此，則或頓悟以順之，此即先天四無之學，即本體便是工夫，（此處龍溪說「正是合本體之工夫」），或對境以致之，此即後天四有之學，即工夫便是本體，而致亦是良知之自致（其本身即有不容已地要湧現出來之力量），並無其他巧妙的辦法以致之，故對境致知還須對於良知有一種心悟以及信得及之肯認，它始能自致地朗現出來以誠意與正物（成物）。就其自體

相說，是見成，就致之之工夫說，亦須靠此現成者當下呈現之自力，即通過對於此當下呈現者之逆覺體證（心悟）而由其本身之力量以自致，並不是把它擺在那裡，我可以用一套外在的工夫把它致出來。無論從四無用功或從四有用功，俱須對於良知本體有此寂感為一而無內外的體悟。龍溪原語本是就良知本身說此義。雙江以為「以此論見成似也，若為學者立法，恐當更下一轉語。」自然須更下一轉語。但這轉語亦只能如上四無四有而轉。龍溪下文言幾，正是用工夫處。聖人知幾是四無。賢人庶幾，學者審幾，是四有。工夫不過如此。惟龍溪不就知幾、庶幾、審幾答雙江，而只就寂感無內外（即寂而感行，即感而寂存）說這「正是合本體之工夫」，義涉疏闊，不足以解雙江之薇。故須作如上之疏解始能暢通。惟雙江輕忽這種「現成」之體悟，以為必把良知之寂感為一而無內外，分拆而為有內外有先後，以閉關歸寂，然後始可為致知之工夫，則非但對於陽明所說之良知無相應之理解，亦違反其致良知教之軌範也。

> 良知之前無未發者，良知即是未發之中，若復求未發，則所謂沉空也。良知之外無已發者，致此良知即是發而中節之和，若別有已發，即所謂依識也。語意似亦了然。「設為良知之前無性，良知之後無情，即謂之無心」，而斷以為混沌未判之前語，則幾於推測之過矣。

案：此答雙江對於「良知即是未發之中，即是發而中節之和」之難。龍溪此說本於陽明。陽明於〈答陸原靜書〉中說：「未發之中

即良知也,無前後內外而渾然一體者也。有事無事可以言動靜,而良知無分於有事無事也。寂然感通可以言動靜,而良知無分於寂然感通也。動靜者所遇之時,心之本體固無分於動靜也。〔……〕有事而感通,固可以言動,然而寂然者未嘗有增也。無事而寂然,固可以言靜,然而感通者未嘗有減也。動而無動,靜而無靜,有何疑乎?〔……〕未發在已發之中,而已發之中未嘗別有未發者在。已發在未發之中,而未發之中未嘗別有已發者在。是未嘗無動靜,而不可以動靜分者也。」良知無分於有事無事,無分於寂然感通,無分於動靜。其言有事無事是就寂然感通說。其言動靜亦是就有事而感通與無事而寂然說。其言未發已發亦是就寂然與感通說。依是,亦可以說良知無分於未發已發,良知無分於中與和。有事無事,寂然感通,未發已發,動靜中和,其義一也。依是,良知即未發即已發而無分於未發已發,良知即中即和而無分於中與和。依是而說「良知即是未發之中,即是發而中節之和」,其詞不算「迫促」,這當然是可以說的。陽明這些「無分於某某」的說法都是就良知本身來體會,道理自如此。惟說良知即未發即已發可,即中即和可,而說「即是未發之中,即是發而中節之和」,則有歧義。良知就是中,就是節(天理天則),無所謂中節不中節。說「中節之和」乃是順經典原語而不自覺地帶上去的。若已自覺而如此說,則中節之和可指意與物說。意與物中節之和即在良知感應流行之內,而不在良知之外。王龍溪解說云:「良知之外無已發者,致此良知即是發而中節之和。」此是就「致此良知」說,而不是就良知本身說矣。致此良知而貫徹於意與物中即是「發而中節之和」矣。是則「發而中節之和」當該是就意與物說。此是合於《中庸》原義的。致此良

知而有此結果，則發而中節之和是依順良知而在良知之內，不在良知以外。如是而謂「良知即是發而中節之和」是綜和地說，是通過致而帶著意與物說。若在良知之外別有已發，則是依識。此顯然是說已發之和是只能在良知以內求，不能在良知以外求。但依陽明，良知即未發即已發，而無分於未發已發，良知即中即和，而無分於中與和，此和是就良知自身之感通說，亦即就良知明覺之感應說。此是分析地說，自非綜和地說，而亦不可再說「中節之和」矣，而亦不須通過「致」而始然也。良知即寂即感而無分於寂然感通，良知即有事即無事而無分於有事無事，良知即動即靜而無分於動與靜，良知即未發即已發而無分於未發已發，良知即中即和而無分於中與和：凡此皆是就良知自身之體段而分析地說，非綜和地說。「動靜者所遇之時」，則可以言動靜之寂然感通與有事無事亦皆是隨所遇之時而作分別說耳。然而良知本身則無分於動靜，無分於有事無事，無分於寂然感通也。如是，說良知即是未發之中，即是已發之和，可有兩說：一是分析地說，一是綜和地說。依前者，不可說中節，即使明覺之感應不離意與物，而此時所帶上的意與物亦是無意之意，無物之物，純是明覺感應之流行，如此說已發之和仍是分析地說，而已發即在未發之中，未發即在已發之中，是即已發即未發而無分於未發與已發而一體而化也。依後者，則可說中節，但此是就意與物之依知不依識說，又須通過「致」而始然。綜和地說者，若確定地擺出來，當該如此說：良知即是發而中節之和者，其意乃是良知即是使意與物可以為中節之和者，致此良知於意與物，則意與物即現實地成中節之和矣，如是，良知之外別無已發之和，若別有已發，即所謂依識也，而不必真能和矣。當然，此綜和地說

者最後仍可歸於分析地說。是則說「良知即是發而中節之和」總當是可以說的，惟須把其歧義分別清楚而已。龍溪未加分別，遂致雙江有「詞涉迫促」之疑。依陽明之分析地說，非迫促也。若以此爲「見成」，則此現成之體悟是必要的。依龍溪之綜和地說，亦非迫促，因依知不依識故也。問題倒不在迫促不迫促，而在「中節」兩字，故作如上之分疏。

　　聶雙江以爲「良知之前無未發，良知之外無已發，似是混沌未判之前語。設曰良知之前無性，良知之外無情，即謂良知之前與外無心，語雖玄，而意則舛矣。」夫良知即是未發之中體，即是最後的，如何可再于良知之前求未發？然則說「良知之前無未發」，不誤也。「良知之外無已發」，依分析與綜和兩義說，亦不誤也。依分析義而說，良知自身即未發即已發而無分于未發已發，如何能于良知之外有已發？良知之外的已發是情識之激發，非就良知自身之感通而說的已發也。依綜和義而說，則良知統攝意與物而使之爲中節之和，是意與物之已發依知不依識，而良知之外亦無已發也。若再有已發，則是依識而不依知也。點出如此之良知即是判開混沌，非混沌未判之前語也。若以爲如此無前無外之良知即是混沌未判前之大混沌，則良知無分于已發未發，無分於于寂然感通，如何可再予以分判而謂其有前有外？然則此不可再分判之混沌正是判開混沌之紅輪也。此所以王龍溪常喜說「自混沌立根」也。此紅輪是整一，如何再能分拆而爲有已發之良知，此不算數，又有未發之寂體，此方是眞良知？此種分拆對于陽明所說之良知未有諦解也。聶雙江所以說那是混沌未判之前語，正想對于良知欲施以分拆也。（見下）龍溪謂其「幾於推測之過」，顯然已甚客氣矣。至于「設

曰良知之前無性，良知之外無情，即謂良知之前與外無心，語雖玄，而意則舛矣」，此尤不通，真所謂「推測之過矣」！良知即是本心。若良知之前與外尚有心，那心必是識心。若如此，則良知之外亦可有情（激情之情）。既承認良知之前無性，良知之外無情，而謂「良知之前與外無心」為乖舛，其不通甚顯。此有何乖舛處！不比「良知之外無情」為更乖舛也。見理不明，故語多穿鑿而錯亂。

> 公謂不肖「高明過人，自來論學只從混沌初生無所汙壞者而言，而以見在為具足，不犯做手為妙悟」。不肖何敢當？然竊窺立言之意，卻實以為混淪無歸著，且非汙壞者所宜妄意而認也。觀後條於告子身上發例可見矣。愚則謂良知在人本無汙壞。雖昏蔽之極，苟能一念自反，即得本心。譬之日月之明，偶為雲霧之翳，謂之晦耳。雲霧一開，明體即見，原未嘗有所傷也。此原是人人見在具足不犯做手本領工夫。人之可以為堯舜，小人之可使為君子，舍此更無從入之路，可變之幾。固非以為妙悟而妄意自信，亦未嘗謂非中人以下所能及也。

案：此答雙江最後綜論龍溪言學之風格，實即答雙江對于「見在具足不犯做手」之疑難。蓋雙江認為無現成良知。眼前呈現的良知實不足恃，並非無所汙壞。他把眼前呈現的良知視為與告子之「生之謂性」同。他于後面第八辯中，即提到此意。他說：「告子曰生之謂性，亦是認氣為性，而不知係於所養之善否。杞柳湍水食色之喻

亦以當下爲具足。勿求於心、勿求於氣之論，亦以不犯做手爲妙悟。」此大誤也。此蓋受朱子之影響。朱子視象山爲告子，以「生之謂性」中之知覺運動視象山所言之本心。以心爲性等於「生之謂性」，等於以自然生命之中性的知覺運動爲性。朱子心性爲二，心理爲二，以理爲性，並不以心爲性，彼視心爲氣之靈，並無孟子象山所說之本心。彼之誤解尚可說。今聶雙江自認是王學，而亦認言見在現成良知者爲告子，則大不可解也。如此，焉得可稱爲王門之弟子？眼前呈現或呈露的良知固可與利欲混雜，然混雜是一義，呈露的良知其自身是現成的、是最後的、是具足的，又是一義。否則焉得說良知？孟子就眼前呈露的本心而指點之，令人逆覺而體證之、肯認之，利欲歸利欲，本心歸本心，此本心仍是現成而具足的。吾人能認此本心爲「生之謂性」乎？爲自然生命之中性的知覺運動乎？孟子力闢告子之「生之謂性」，不應如此顛倒又落於告子之窠臼也。良知亦復如此，蓋良知即本心也。焉可以告子之「生之謂性」視眼前呈現的良知？良知雖與利欲混雜，然因著混雜，利欲只能蒙蔽它，不能汙壞它，亦不能損傷它。它亦不是中性的知覺運動須待做手從事做作一番始成爲善。「苟得其養，無物不長，苟失其養，無物不消。」以此原則用於本心，養本心而使之常常呈現，此養並不是對之從事做作一番也。若待做手而始爲善，焉得說是本心？焉得說是良知？故與利欲混雜，不礙其眼前呈現（見在）爲現成具足也。只因其隨時可以呈現，故有可以下手之處，從入之路，此即所謂「逆覺體證」也。由此而有道德實踐，致良知以成己而成物。王龍溪所說不誤也。因此，所謂現成良知，見在具足，是就呈露的良知自身說，並不是說人在隨時不自覺地混雜呈現這個現實的

狀態中就是聖人，現成具足不是就這個現實狀態說。道在眼前流行。這個現實狀態當然亦有道，但必須經過逆覺體證始能成聖賢。說滿街都是聖人，這等於說愚夫愚婦都是潛在的聖人，因為他亦有隨時呈現的良知故。故如指點之而使自覺，他亦可以為堯舜，可以為君子。這等於佛教《華嚴經》所說「心佛與衆生，是三無差別。」這本不是難了悟的道理。龍溪如此說，陽明本亦如此說也。否則道德實踐便無直接可行的入路，而成聖亦無必然的根據。聶雙江把就良知自身說的「見在具足」與一個人的現實狀態混而為一，視此現實狀態為現成具足，因而遂致疑見在具足的良知，而說無現成的良知，此大誤也。人的現實狀態可不具足，而見在良知可具足。無現成的聖人，但並非無現成的良知。兩者焉可混同視之而混亂致疑？只因這一混亂，遂致與陽明全部義理不能相應。

第二辯　關於「乾知」之論辯

雙江難

雙江子曰：

《本義》云：「乾主始物，而坤作成之」。已似於經旨本明白。知字原屬下文。今提知字屬乾字，遂謂乾知為良知，不與萬物作對為獨知，七德咸備為統天。〈彖〉曰：「大哉乾元，萬物資始，乃統天。」是以「統天」贊「乾元」，非贊「乾」也。及以下文照之，則曰「乾以易知，坤以簡能」。又以易簡為乾坤之德，而知能則其用也。人法乾坤之德，至於易簡，則「天下之理得，而成位乎其中。」他〔處〕又

曰:「夫乾,天下之至健也,德行恆易以知險。夫坤,天下之至順也,德行恆簡以知阻。」健順言其體,易簡言其德,知言其才,阻險言其變,能說能研言聖人之學,定吉凶成亹亹,言聖人之功用。六經之言,各有攸當,難以一例牽合也。

龍溪答

先生曰:

「乾知大始」,大始之知混沌初開之竅,萬物所資以始。知之爲義本明,不須更訓「主」字。下文證之曰「乾以易知」,以「易知」爲易主可乎?此是統天之學,贊元即所以贊乾,非二義也。其言以體、以德、以才、以變、以學、以功用,雖《經》、《傳》所有,屑屑分疏,亦涉意象,恐非易簡之旨。公將復以不肖爲混沌語矣。

案:此辯,雙江之難是難龍溪原文條舉中之②關于「乾知」者。其所引《本義》之語,《本義》是朱子《周易本義》。朱子以主訓「乾知大始」之知字。「乾知大始」猶言乾主始。主始者主爲萬物之始也。故〈乾彖〉云:「大哉乾元,萬物資始。」乾即元,萬物資以爲始。「大」是贊詞。乾主始,主者主管義、充當義,是自動詞。乾即是萬物之始,因而爲元,故曰「乾元」。若云「乾知道大始」,則不通也。蓋若如此,則知字便成爲他動詞(及物動詞)。它知道始,而它本身不是始。然它本身就是始,故知字只應作主

解，不應作知解，即只應內轉，不應外及。知本有主義。如言知縣知府，知一縣之事即主管一縣之事，知府亦然。此知字即知主兩通。但「乾知大始」之知則只應作主解，因「大始」非對象也。

「乾知大始」既如此，則直接承之而來的「乾以易知」，此知亦應作主解。「以易知」者，此言乾之主始甚易而無所難也。蓋以其健行之德（主動地創生萬物這創生之德）自然而可為萬物之大始也。「坤以簡能」，言坤之作成萬物（終成萬物）甚簡而不煩也。蓋以其順承乾元之創始萬物而自能終成之也。「能」者效其終成萬物之能也。朱子注此兩語云：「乾健而動。即其所知，便能始物而無所難，故為以易而知大始。」此則便模稜，未能扣緊「主」字而措辭。「坤順而靜。凡其所能皆從乎陽而不自作，故為以簡而能成物。」此則順適。總之，乾主始，坤主終。乾之創始也易，坤之終成也簡。此言乾坤之德也。

《繫辭‧上傳》下文順易簡而言：「易則易知，簡則易從」云云，則是離乾坤之德就人事一般而泛言之也，亦可以說此是「言人法乾坤之道」（朱子注語）也。故《繫辭‧下傳》又云：「夫乾確然示人易矣。夫坤隤然示人簡矣。」此言以「易知簡能」之易簡之道示人，人當所取以為法者也。〈下傳〉又云：「夫乾，天下之至健也，德行恆易以知險。夫坤，天下之至順也，德行恆簡以知阻。」就乾言，德行是「以其健行之德而主始」之德行，此雖易而未嘗不知險也。就坤言，德行是「以其順承之德而主終」之德行，此雖簡而未嘗不知阻也。此雖言乾坤之德，然而視作一般原則而喻之以人事之理，故可言「恆易以知險」，「恆簡以知阻」也。此知字即只應作知解，不可復有他訓矣。

　　龍溪于「乾知」言良知，把原爲自動詞之知轉爲名詞，此不合原句之語意。然義理自可通。蓋良知本有三義：一、主觀義，知是知非之「獨知」是也；二、客觀義，良知即天理是也；三、絕對義，良知是「乾坤萬有之基」是也。（此言「乾坤萬有」猶言天地萬物）。龍溪言「乾知」即是此絕對義。此亦曰存有論的意義，即，良知充作大始而居乾元之地位也。故龍溪云：「大始之知，混沌初開之竅，萬物所資以始。」「大始之知」意即作爲大始的良知。此明以良知作乾元而爲萬物之始也。此義固可說，然不能直接由「乾知大始」之知字說。乾健主始，爲創造原則。而創造之所以爲創造即心也。故以良知爲創造原則，視作乾元，自無不可。此則引申其義，非由「乾知大始」之知直接滑轉而爲名詞之「乾知」也。龍溪所言之「乾知」即是乾元地位之良知，即作爲大始之良知也。此非可由「乾知之始」句直接截取也。龍溪直接由此截取，乃是其疏闊。理學家多有此病，故遺人以口實。李見羅謂「前輩中有以乾知爲良知者，令人失笑。」（見《明儒學案‧止修學案》）。此所云前輩即指王龍溪而言。實則亦無可笑處。依良知教通之其可矣。李見羅不但以此爲可笑！且並陽明之良知教而亦反對之，謂：「從古立教，未聞以知爲體者」（〈止修學案〉）。此則不足與言矣。

第三辯　關於「獨知」之論辯

雙江難

雙江子曰：

程子云：「不睹不聞便是未發之中。說發便屬睹聞。」
〔案：此意引伊川言中和之語〕。獨知是良知的萌芽處，與
良知似隔一塵。此處著功，雖與半路修行不同，要亦是半路
的路頭也。致虛守寂方是不睹不聞之學、歸根復命之要。蓋
嘗以學之未能為憂，而乃謂偏於虛寂，不足以該乎倫物之明
察，則過矣。夫明物察倫，由仁義行，方是性體自然之覺，
非以明察為格物之功也。如以明察為格物之功，是行仁義而
襲焉者矣。此以言自然之覺，誤也。〔意即「由此以言自然
之覺，誤也」〕。其曰「視於無形，聽於無聲」，不知指何
者為無形聲而視之聽之？〔豈〕非以日用倫物之內別有一個
虛明不動之體以主宰之，而後明察之形聲俱泯〔乎〕？是則
寂以主夫感，靜以御乎動，顯微隱見通一無二是也。夫子於
咸卦特地提出虛寂二字，以立感應之本，而以至神贊之，蓋
本卦之「止而說」以發其蘊。二氏得之而絕念，吾儒得之以
通感。毫釐千里之差又是可見。

龍溪答

先生曰：

公謂夫子於咸卦提出虛寂二字以立感應之本，本卦德之「止
而悅」以發其蘊，是矣。〔案：〈咸·彖〉曰：「止而
悅。」〈象〉曰：「君子以虛受人。」有虛字，無寂字。〕
而謂「獨知是良知的萌芽，纔發便屬睹聞，要亦是半路修行
的路頭。明察是行仁義而襲，非格物之功。致虛守寂方是不

睹不聞之學。日用倫物之內別有一個虛明不動之體以主宰之，而後明察之形聲俱泯。」似於先師致知之旨或有所未盡契也。

良知即所謂未發之中，原是不睹不聞，原是莫見莫顯。明物察倫，性體之覺。由仁義行，覺之自然也。顯微隱見，通一無二。在舜所謂玄德。自然之覺即是虛，即是寂，即是無形無聲，即是虛明不動之體，即為易之蘊。致者致此而已，守者守此而已，視聽於無者視聽此而已，主宰者主宰此而已。〔案：此最後一句是順上句例滑口說來，實則不諦。當為：「主宰者此即主宰而已」。不是「主宰此」也。〕「止則感之專，悅則應之至」。〔案：此朱子注〈咸卦〉卦辭語〕。不離感應而常寂然。故曰「觀其所感而天地萬物之情可見矣」。〔案：此〈咸‧彖〉語〕

今若以獨知為發，而屬於睹聞，別求一個虛明不動之體以為主宰，然後為歸復之學，則其疑致知不足以盡聖學之蘊，特未之明言耳。

其曰「二氏得之以絕念，吾儒得之以通感」，恐亦非所以議上乘而語大成也。

案：此第三答是答雙江對龍溪原文條舉中之①之難。此第三辯論最為重要。雙江之一切辯說其主要根據是在此第三難中所說之義，即以獨知之知為已發，屬於睹聞，此不足恃，必致虛守寂，別求一個虛明不動之體以為之主。此而分歧，一切皆異。但此點卻是錯的，即對於陽明所說之「良知」未有了解也。

　　陽明〈詠良知〉詩云：「無聲無臭獨知時，此是乾坤萬有基。」獨知之知即是無聲無臭，即是不睹不聞，即是喜怒哀樂未發前或未發時所欲體證之中體。豈因它一知便為已發，便屬睹聞耶？它的這一知只是它自身之明覺。這明覺本身是無所謂已發未發的（陽明已說無分于有事無事，無分于寂然感通，無分于動靜）。依《中庸》，已發未發是就情說，並不就中體自身說。今若將發與未發移于良知中體上說，亦是即發即未發，發而無發的。濂溪云：「動而無動，靜而無靜，神也。動而無靜，靜而無動，物也。」前句正好可用于良知，後句正好可用于喜怒哀樂。動而無靜，靜而無動，等于說發即不是未發，未發即不是已發，這是氣物之事，而良知不是氣物也。今聶雙江把獨知這一知看成是已發，而又要想別求一未發者以為之主，這是把這良知之明覺看成是形而下的氣物也。如果這一知之明覺是形而下的。則它便不是良知。但王陽明說它就是良知。豈王陽明亦混形而下為形而上者乎？又，如果這是形而下的，則那為之主的形而上者又是什麼呢？說它是虛明不動之體，則此虛明不動之體豈永在冥夜之中而永不可有一知之覺耶？如是，焉得可說為虛明？其虛明之所以為虛明究何在？若它一有知之明覺，則它復成形而下的，如是復又求一形而上者以為之主。如是，則無窮後返，而良知永不可得。這形而上之主者究在何處呢？這樣，便把陽明所說之良知教完全衝破！但依陽明，這獨知之一知即是良知，即是虛明不動之體，即是寂，即是即寂即感，寂感為一而無分于寂感的，即是主宰，而不能再為之求主宰，它即是最後的，現成的，具足的：它不允許再被分拆拉開。王龍溪所說皆陽明義也。可謂得之矣。而雙江之思路則全不相應，可謂愧對師門矣。

　　依《中庸》，不睹不聞而莫見莫顯的隱微之體是就天命之性這性體說。這性體是客觀地形式地說的性體。如果這性體就是那於穆不已之體之具于個體，則還是只有形式的意義。這是《中庸》一路之存有論地說的性體。若順孟子一路之心學之道德實踐地說，這個性體就是本心，就是良知。故王陽明得以套在不睹不聞莫見莫顯底方式中說良知、說慎獨。「慎獨」者即戒慎乎不睹不聞而自己所獨知這一知之明覺也。戒慎云者即不要瞞昧它而正視它——視於無形，聽于無聲，而與之覿面相當也。這一知之明覺就是「莫見乎隱莫顯乎微」之隱微之體，就是康德所說的「這根源的純智的而且是道德的能力」，他名這能力曰「良心」。（良知具有康德所說的良心義，但不只是這良心義。詳見《現象與物自身》第三章。）當我們的意念一發動時或好或壞（這是形而下的，可睹可聞的），良知皆知之。這一知是形而上的，超越的，是不睹不聞莫見莫顯的，故須戒慎而不要瞞昧它。不可因為它莫見莫顯，便把它套在那說喜怒哀樂或說意念之動的已發未發中而說它是已發。它本身是貞定一如而無分于已發未發的。它之這一知只是它本身之如如地呈現，常寂寂即常惺惺。它就是隱微之體。這是以心體、知體說性體，外此更無性體可言。《中庸》是存有論地說，故是客觀地形式地說，而此則是道德實踐地說，故是主觀地具體地說。形式地說那性體，則性體只有形式的實體性的意義，即使說個於穆不已，也是形式的實體性的意義，我們只能理會它是一個奧體（胡五峰云「性也者天地鬼神之奧」），是無窮的深奧，無窮的神秘，無窮的秘密藏，今以心體知體說之，則其無窮的深奧即全幅在此心體知體中。此完全是具體地說。但因是具體地說，所以雖是無窮的深奧，卻是全部朗現

（如如呈現）的深奧。此即是心學之所以爲顯教。因爲它只是一心體一知體，而此即是性體，它並不先客觀地存有論地說一形式意義的性體。這就是心學底圓足處。

然而這裡卻可有另一思路，即，良知敎自身雖可以圓足，然而我們可權且不讓它圓足。這「權且不讓它圓足」之步驟如下：㈠必須先客觀地存有論地說一形式意義的性體即奧體；㈡把道德實踐地說的這獨知之明覺視爲對于這奧體之形著；㈢把這明覺步步向這奧體緊吸緊收，歸顯于密；㈣這緊吸緊收底步驟是先通過把明覺緊吸于那作爲「心之所存」而非「心之所發」之「意」（主宰的實體性的淵然有定向的意），「知藏於意」，然後再把意體與知體一起緊吸于性體這個奧體；㈤意知之緊吸于奧體是無限的進程，這裡說步步緊吸，這步步是無限的步步，然而亦可以頓時與奧體爲一，此時全知體是性體，全性體是知體，兩者之距離即泯，而形著關係亦泯，此時即主客觀之統一。此大體是胡五峰劉蕺山之思路。

現在所亟需要說明的就是：知體與性體何以開始必有距離而又能終歸于一？這是因爲先有一客觀地說的形式意義的性體奧體之故（這個性體不只是朱子所說的理）。主觀地說的（亦即道德實踐地說的）具體意義的良知體，首先單在其對于意念之發動而其所以爲具知其爲善或爲惡，或一般地言之，對于特殊的機緣（所謂對境）而顯其決定方向之明覺之用，如對事親而顯爲知孝，對從兄而顯爲知弟等等。這種知或決定方向的明覺之用雖不是聶雙江所說的屬于睹聞之已發，因它是現成的具足的故，然而卻必爲特殊機緣所限，而顯一孝弟相，因而亦爲孝弟相所限。當機而顯其爲具體的明覺即爲其所當之機所限，此即劉蕺山所說的「囿於形」。每一所當之機

是一氣物之形，這形即賦予之以限制，其當機而顯的孝弟亦賦予之以限制。這並不是因爲它著于形、著于孝弟，它根本上仍是不著的，所以它常能保持其超越性。然而正因其當機而具體，所以它纔受限。良知心用（或說知體）總是當機而具體地這樣如如呈現，因此，遂顯一散殊相，亦即是其具體相。因此，它不能等同于那性體奧體，它與那奧體總有一距離。但是那形式意義的奧體，其內容的意義（具體的意義）是什麼呢？我們離開了這良知心用，我們對于這奧體不能有任何具體的直覺。這就是說，這奧體之內容的意義即在此良知心用中彰顯，而良知心用即反而形著這奧體。可是這良知心用是當機的、散殊的，因此而顯其爲具體的，因此，它是步步形著那奧體，因而那奧體亦是步步彰顯的。良知之每一當機呈用即對于那奧體有一步形著，那奧體之內容的意義即有一步彰顯。這種彰顯形著可以是一個無限的進程，因爲那奧體是無窮無盡的。奧體於穆不已生化萬物（這是就其爲道體說），純亦不已引生德行（這是就其爲性體說），其具體處而見其爲如此者全在良知心用處見，以良知心用能形著而彰顯之。然而就良知之當機呈用說，這形著而彰顯之是一無限進程，亦可以說永不能全幅彰顯之。此就是良知心用與奧體之間必有一距離。這樣說，良知雖可以圓足而實不能圓足。這樣，在形著彰顯底關係中，良知形著奧體，而我們同時亦即把良知緊吸于奧體，如是，良知可以不至于氾濫而無收煞。可是亦正因這一收煞，良知敎遂不能得其圓足。此非良知敎之所能安。

　　如是，良知之超越性必含一圓頓之可能。從無限進程上說，它永不能全顯那奧體而與之爲一。可是它的超越性可使它之圍于形超脫而不圍于形。其所當之機圍限之，然而因爲它不著于形，它即可

躍起而通于他。它的每一步具體呈用，如果不執不著，亦不捨不離，它即步步具足，亦可以說即是絕對、當下圓成。但此你可以說尚有步步相，即使無時間相，無空間相，無生滅常斷一異相，然而似乎仍有一虛的步步相，因為步步具足當下圓成，雖步步相無步步相，亦仍可說一虛的步步相。實則此虛的步步相只是那「步步」這一名言所起的影子。當它當下具足，步步相無步步相時，即含著一圓頓朗現：一步具足即一切步皆具足，一步圓成即一切步皆圓成。如是，那無限進程義之進程即泯而為一時頓現。只有在此一時頓現上，那良知心用始能脫化了那形限之圍而全幅朗現了那奧體而與之完全為一。此時全知體是性體，全性體是知體，而只是一知體之朗現，帶著其全部內容而朗現。此時良知教即得其最後的圓足。此蓋就是王龍溪所說的四無之境。就良知教自身說，其圓足是在四無。這是純從良知心用之主體說，亦即是純從主體而主觀地說。上面套在形著關係上說者，是主客觀統一地說，亦仍可由王龍溪所說的四無而達到這全幅的形著與性體之全幅朗現，但這卻是另一個義理間架，這就是胡五峰與劉蕺山底義理系統。這一系統收攝了良知教而堵絕其流弊。若保持良知教之自足性，則此兩系統可各自獨立而不相礙，亦可以合而為一，成為一圓圈之兩來往。我相信胡五峰與劉蕺山底義理間架可更有其優越性與凝斂性，因為它保持了性天底超越性——這是儒家底古義、老傳統，不容易輕忽的。（子貢曰：「夫子之言性與天道不可得而聞。」「性」字是一個客觀意義的詞語。即陽明亦不悖。如「理一而已。自其理之凝聚而言則謂之性，以其凝聚之主宰而言則謂之心」云云。心是主觀地說者，性是客觀地說者。但如此說的性亦只有客觀而形式的意義。其具體而真實的

意義全在心處見。故自孟子即以心言性。陽明則全從心體知體立教，而性天只是稍帶著一提，終於良知即是性，心體即是天。象山亦如此。明道亦有此義。）當然，良知教到圓足處，知體即性體，心即天，但天與性體底客觀而獨立的意義從開始到最後是從不獨立地說的，亦不是預定在那裡的，但卻又隨時捎帶著性字，天則不常說，（天代表道體，良知之絕對性即是天），這便成了不予正視而捎帶著說。這裡便顯稍輕。這是從孟子起，心學底通性。當然這亦有好處，因爲它自始即扣緊道德實踐說。可是同時這亦有其局限吾人處，即可使吾人把良知只限于道德界，而不涉及存有界。但這不是良知底本義。良知是萬有之基，它不能不通于存有界。可是自始即扣緊道德實踐說，這實踐必達到四無之圓足處，知體底絕對性成立，然後它即是那客觀地說的性與天始能顯。因此，良知教亦不能抹掉性天。然則性天之不能被捎帶著說而予以正視，這是必然的。良知教是顯教，歸顯于密也許有其好處。只要知這兩系並不相礙而是一圓圈之兩來往即可。視良知教是自足的固可，把良知緊吸于性天而言良知與性天間之形著關係而爲劉蕺山亦可。

　　王龍溪是緊守良知教自足底立場，而聶雙江則兩不著邊，既不解于良知教，而又不能歸于劉蕺山。他因襲了一些朱子的觀念，他又走不上朱子的路。他把良知分拆，是第一誤；他要爲已發的獨知求主宰，這是第二誤；而又認此主宰是眞良知，良知而不獨知，這是自相矛盾，如一獨知，便又不是良知，這是陷于無窮追溯，這是第三誤。他所求的主宰既仍認是良知，所以他又不能走上劉蕺山的路，結果是到處纏夾，似是而非。其無所得于師門甚顯然也。王龍溪此第三答甚明暢而顯豁，無滯義。吾故就聶雙江之疑難以疏解出

劉蕺山之路，以爲此方是對題者。王門中江右之劉獅泉以及受學于劉兩峰之王塘南皆想向性體奧體（所謂性宗）走，是已開脫離王學（心宗）之機，而未能成熟。此見下章。

第四辯　關於「幾」之論辯

雙江難

雙江子曰：

兄謂聖學只在幾上用功。有無之間是人心眞體用，當下具足。〔案：龍溪原文無此語〕。是以見成作工夫看。

夫寂然不動者誠也，感而遂通者神也。今不謂誠神爲學問眞工夫，而以有無之間爲人心眞體用，不幾於舍筏求岸，能免望洋之歎乎？誠精而明寂，而疑於無也，而萬象森然已具，無而未嘗無也。神應而妙感，而疑於有也，而本體寂然不動，有而未嘗有也。即是爲有無之間，亦何不可？〔案：龍溪即是如此言，而亦即依如此言之有無之間而言幾。此根本非是。就誠神而言有無，不可言「有無之間」。這裡並無「間」。濂溪亦不如此言。濂溪就「幾」言有無之間，不就誠神言也。〕

老子曰：「無無既無，湛然常寂。常寂常應，眞常得性。常應常定，常清淨矣。」〔案：此數語不知見於何處。〕則是以無爲有之幾，寂爲感之幾。非以寂感有無隱度其文，故令人不可致詰，爲幾也。〔案：「常寂常應」，非「以無爲有之幾，以寂爲感〔應〕之幾」之謂。〕

知幾之訓，《通書》得之。《易傳》，子曰：「知幾其神乎？幾者動之微，吉之先見者也。」即《通書》之「動而未形，有無之間」之謂。〔案：此是幾之本義，此與「常寂常應」，「以寂爲感之幾」，不同也。〕

《易》曰：「介如石焉，寧用終日，斷可識矣。」此夫子之斷案也。〔此是《易·繫辭·下傳》解豫卦六二爻辭「介於石，不終日，貞吉」語。傳統觀點以爲〈繫辭傳〉，甚至《易傳》全部，爲孔子所作，故云是「夫子之斷案」〕蓋六二以中正自守，其介如石，故能不溺於豫。「上交不諂，下交不瀆」，知幾也。〔案：《易·繫辭·下傳》云：「上交不諂，下交不瀆，其知幾乎？」〕盱豫之悔，諂也。冥，貞之疾，瀆也。〔案：豫卦六三「盱豫悔。」朱子注云：「盱上視也。陰不中正而近於四。四爲卦主，故六三上視於四而下溺於豫，宜有悔者也。」又豫卦六五「貞疾。」朱子注云：「當豫之時，以柔居尊，沈溺於豫，又乘九四之剛，衆不附而勢危，故爲貞疾之象。」又，豫卦上六「冥豫。」朱子注云：「以陰柔居豫極，爲昏冥於豫之象。」〕幾在介，而非以不諂不瀆爲幾也。《易》曰：「憂悔吝者存乎介。」〔案：此《繫辭·上傳》語〕。介非寂然不動之誠乎？《中庸》曰：「至誠如神。」又曰：「誠則明。」言幾也。舍誠而求幾，失幾遠矣。內外先後，混逐忘助之病，當有能辨之者。

案：此就條舉中③言幾者而難。雙江以無爲幾，以寂爲幾，以介爲

幾,以誠爲幾,皆非是。濂溪不如是,《易傳》亦不如是。

龍溪答

先生曰:

周子云:「誠神幾曰聖人。」良知者自然之覺,微而顯,隱
而見,所謂幾也。良知之實體爲誠,良知之妙用爲神。幾則
通乎體用而寂感一貫,故曰有無之間者幾也。有與無正指誠
與神而言。此是千聖從入之中道。過之則墮於無,不及則滯
於有,多少精義在!非謂以見成作工夫,且隱度其文,令人
不可致詰,爲幾也。豫之六二以中正自守,不溺於豫,故能
觸幾而應,不俟終日而吉。良知是未發之中,良知自能知
幾。非良知之外,別有介石以爲能守,而後幾可見也。《大
學》所謂誠意,《中庸》所謂復性,皆以慎獨爲要,獨即幾
也。

案:龍溪此答亦嫌疏闊,不合《易傳》《通書》言幾之原意。《易
傳》言:「幾者動之微,吉〔凶〕之先見者也」。《通書》言「寂
然不動者誠也,感而遂通者神也。動而未形、有無之間者幾也。」
又說「誠無爲,幾善惡。」又說:「幾動於彼,誠動於此。」幾既
可以吉凶言,又可以善惡言,顯屬形而下的,有時亦說屬感性層,
或經驗層。「有無之間」是就「動而未形」說。動不可說無,未形
不可說有。故在有無之間也。此蓋只就「動之微」而形容之耳。
「有善有惡意之動」就是這種「動之微」。故可就「意之動」說

幾，而不可就誠神說幾，亦不可就良知之寂感說幾。誠神與幾是屬于上下兩層者。良知之寂感與意之動亦是屬于上下兩層者。「幾動於彼誠動於此」。以誠體之神，知幾化幾，故工夫全在「幾」上用。就有吉凶善惡之動之微說幾，不就動而無動之誠神說幾也。但條舉③則直接從良知之寂感之間說幾，本屬感性層者，今收于體上說，此即顯得滑轉顢頇而不妥。（幾屬事，不屬體。）條舉③云：「良知者無所思爲，自然之明覺。即寂而感行焉，寂非內也；即感而寂存焉，感非外也。（案：此無問題，因只是分析地說良知明覺之自身）。動而未形，有無之間，幾之微也。動而未形，發而未嘗發也。有無之間，不可以致詰。此幾無前後，無內外。」此明是就良知自身之寂感而說「動而未形，有無之間」以爲幾。故聶雙江致疑云：「兄謂聖學只在幾上用功，有無之間是人心眞體用，當下具足。是以現成作工夫看。」現成者即是吾所說的「分析地說良知明覺自身」，因爲只就良知自身之寂感而說「動而未形，有無之間」以爲幾故，此當然是現成具足。在幾上用功並不錯。然而現成具足者（即人心之眞體用）並無工夫義。如何恢復此具足者才是工夫。說此中「多少精義在」，此並不能算工夫。此皆是分析地說良知明覺寂感之自身也。就良知自身寂感說幾，若說此是借用濂溪語則可。若說此即是濂溪言幾之原意，則爲誤用。在濂溪「誠、神、幾」是三個並列的概念。誠神是就超越之體說，幾是感性層上者。今視三者爲一層，皆就良知自身之寂感說，顯爲誤用。

此第四答云：「良知者自然之覺，微而顯，隱而見，所謂幾也。」《中庸》云：「莫見乎隱，莫顯乎微」，此是形容獨體之森然，由此以言戒愼恐懼。吾人並不能以此種「微而顯，隱而見」來

說「幾」。「動而未形，有無之間」，這是實說，可以鋪得下的。良知自身之寂然感通亦是實說，可以鋪得下。然而此「莫見乎隱，莫顯乎微」之「微而顯，隱而見」只是說隱微中體之森然，此種微隱顯見之相對並不能落實而為可以平鋪得下的體用或寂感。

此第四答又云：「良知之實體為誠，良知之妙用為神。幾則通乎體用而寂感一貫，故曰有無之間者幾也。」此體用寂感是實說。由此體用寂感說「動而未形，有無之間」以為幾，明是就良知明覺自身之寂感而分析地說。這當然字面上可以說個「有無之間」。然而實則良知之實體之誠與良知之妙用之神實無間可言，亦無分于有無，乃是有而不有，無而不無的，亦無分于寂感，乃是即寂即感的。這裡不能分拆出一個「間」而備吾人說幾。那些迴環弔詭的說法只是表示良知明覺之如如。在這裡說「動而未形，有無之間，幾之微也」是不妥當的；說「動而未形，發而未嘗發，有無之間不可以致詰」亦是不妥當的；在這裡說「此幾無內外無前後」亦是不妥當的；在這裡說「幾則通乎體〔誠〕用〔神〕而寂感一貫」亦是不妥當的。

王龍溪把那「動而未形，有無之間」的幾移于寂感誠神上說，明是混感性層上的為超越層上的，混形而下的為形而上的，而知幾、庶幾、審幾之工夫義亦全不顯，故有聶雙江之「以見成作工夫」之難。

濂溪說「動而未形，有無之間者，幾也」，這是「幾」之定義，亦可以說是原則地說，或形式地說。「幾善惡」是實際地說，明與誠體乃至誠神上下兩屬。幾有善惡、有吉凶，誠體乃至誠神為一並無吉凶善惡可言也。「幾動於彼，誠動於此」，正是意念一

動，誠體之神即知之，以超越者化那感性者而使之爲順誠體而動，爲純吉而無凶、純善而無惡也。此即是聖功之所在。濂溪固說：「誠精故明，神應故妙，幾微故幽」，此好像是平等平列地看，但「幾微故幽」並不可與前兩者平等一律看，視爲體上之玄義也。「幾微故幽」只是因其雖動而未形，而在有無之間，故幽隱而未見，人易忽之也。人即須于此作最內在的細審工夫，以思通之。王龍溪是把它與前兩者一律看，亦視之爲體上之玄義，故混淪顢頇也。王龍溪蓋合下有此渾淪顢頇病，此亦聰明人快速之過也。故于義理多不精密，此處亦正須作工夫也。

　　前第一答中說意是良知寂感所乘之「機」。此機與「動之微」之幾不同。動之微之幾即是意念之動。意念剛發動而未形，故曰微、曰幽、曰有無之間。然雖幽微而未形，而吉凶善惡已先見于此，故曰「幾」也，即是後來定吉定凶定善定惡之先兆也。幾即朕兆義。此朕兆之動之微，落實即是意念之動，此即是良知寂感所乘之機竅以見其爲寂感之實也。

　　四句教中「有善有惡意之動」，此合于《易傳》與濂溪《通書》所說之「幾」之意旨，故幾就「意之動」說甚爲恰當。剛要發動而尚未表現出來（動而未形），這就叫做「動之微」。這幾因爲尚未表現出來，故甚幽隱。說它是有，又未表現出來；說它是無，它又有發動之勢。故云「有無之間」。此處最須仔細用功。這只要每人體察自己的意念就可知道。《大學》說誠意、說愼獨，就從這裡說。（《中庸》說愼獨就性體說）。意才可以用「動而未形，有無之間」去說，亦即可以用「幾」字去說。良知之誠神寂感是不可以用動靜去說的，要勉強借用此兩字去形容，也是動而無動，靜而

無靜而無分于動靜的，因而亦不可以用「有無之間」去說，要勉強
借用有無去形容也是有而不有，無而不無而無分于有無的（這是對
于體之玄悟實悟，與說幾的那「動而未形有無之間」不同），因而
亦不可以用幾字去說。王龍溪把說幾的「動而未形，有無之間」與
良知之無分于動靜，無分于寂感，無分于有無，混而爲一，而視爲
對于體之玄悟實悟，則大錯；把那「有無之間」底格式用于體之誠
神或寂感，而說成誠神之間或寂感之間，或把誠神或寂感說成有無
之間，在此有無之間上說一個幾，這亦是大錯的。把「動而未形」
說成「發而未嘗發」，以此見良知之無分于已發與未發，此亦是大
錯。

　　誠神寂感是說良知本身之體段，這些都是分析的詞語。若只從
明覺之感應方面說，則只是一體之如如，甚至寂無寂相，寂亦不可
說，感無感相，感亦不可說，要說，則即寂即感，即誠即神，皆是
分析的辭語，亦即皆是同語重複而亦一無所說，只是一體之朗現，
此眞所謂混沌也，亦即只是一如相。如相即實相，（對于此實相之
體悟曰玄悟實悟），而實相一相所謂無相，此即王龍溪所謂四無之
境：此誠神寂感如說心，即是無心之心；如說意，即是無意之意；
如說知，即是無知之知；如就其感應處說物，即是無物之物。這四
者一體而化，而一切這些辭語亦皆是分析的。焉可容得下一個幾
字？王龍溪在此說個幾字，而說「不可致詰」，說「此幾無前後無
內外」，便成大混亂（不是混沌，是混亂）。

　　但是對體之實悟雖是如此，而自道德實踐之致知以誠意上說，
則良知之誠神寂感即要顯相，因意之動之插進來而顯寂感之相。意
之動有善有惡，這無異對于那一體而化成了一種間隔，因此，良知

神用不能分析地順通下來。但是良知自身有一種不容已地要湧現出來的力量。只因意之動這一間隔，它的感通暫時得一停頓而縮回去。因此，它的寂感之分析地為一，在此一間隔上，如果要通出來，似乎要顯一綜和相，即其寂然不動與感而遂通似乎不是分析的一，而是綜和的二。在此綜和的二上，我們有寂底意識，亦有感底意識，因而良知自體亦乘著這個機，顯出了一個寂相與感相這二者底分別說。良知要湧現出來以通化這意之動，因此，這意之動就成了良知底寂感所乘之機。乘著這個機，寂成其為寂，感成其為感（對應意之動而感）；及其致出來以通化這個意，則其寂感為一之實即具體地彰顯出來。在這致而彰顯的過程上，即有機可乘的過程上，它的寂感顯綜和相；因此綜和相，亦顯它的寂相與感相，以及寂感為一相。及其已致而彰顯，意全化而從知，間隔之作用泯，則「機」義亦泯，綜和相亦泯，而歸于其一體而化之分析相；在此分析相中，仍是如相無相，而寂感相乃至寂感為一相亦泯。故「意是良知寂感所乘之機」即是良知得以由之以成其為寂為感並寂感為一之實。及意全化而從知之明覺而為無意之意時，則「機」義即泯，而動而未形而有善惡的「幾」義亦泯。

因此，工夫乃全在知幾、庶幾，與審幾，亦即致知以誠意。如是，則聶雙江「以見成作工夫」之難即無可得而施。聖人知幾，一時頓化也。子曰：「知幾其神乎？」故能「純吉而無凶」。賢人庶幾，「不遠復，無祇悔」也。子曰：「顏氏之子其殆庶幾乎？有不善未嘗不知，知之未嘗復行也。」亦王龍溪所謂「纔動即覺，纔覺即化。」故能「恆吉而寡凶」。學者審幾，博學審問慎思明辨，故能「趨吉而避凶」。造境有異，而致知以誠意則一也。王龍溪云：

「良知是未發之中。良知自能知幾。」即知這個「意之動」之幾
也。若幾移于良知寂感上說，則知幾即知其自己也。此則全失知幾
庶幾審幾之工夫義。語意不可隨意滑轉也。說《中庸》慎獨，「獨
即幾」亦非。

至于聶雙江「以寂爲感之幾」，「以無爲有之幾」，以介爲
幾，以誠爲幾，則根本非是。此不過是將良知分拆爲已發與未發，
而由「致虛守寂」以求「虛明不動之體」之思路。王龍溪將「動而
未形，有無之間」移于體上，即移于良知之寂感誠神上說，固非
是，然尚有個「有無之間」，而聶雙江則直以誠爲幾、以寂爲幾，
則根本不合《易傳》與《通書》之所說。從古無如此說「幾」者。
以誠爲幾，以寂爲幾，致虛守寂以歸于寂體（誠體）即是「知幾」
之工夫。有誠而後有已發之神，有寂而後有已發之感。故以「誠神
爲學問眞工夫」，實即以歸寂爲學問眞工夫。而不知良知根本不容
許分拆爲已發與未發，其寂感誠神亦根本不容許分拆爲已發與未
發。他又走不上劉蕺山之思路。故旣違反陽明之良知敎，而又兩不
著邊也。此如前第三辯中所案。

第五辯　關於「不學不慮」之論辯

雙江難

雙江子曰：

克己復禮，三月不違，是顏子不遠於復，竭才之功也。「復
以自知」，蓋言天德之剛復全於我，而非羣陰之所能亂，卻
是自家做主宰定，故曰「自知」，猶自主也。子貢多識億中

為學，誠與顏子相反。至領一貫之訓，而聞性與天道，當亦有見於具足之體，要未可以易視之也。〔案：此不相干〕。先師良知之教本於孟子。孟子言孩提之童不學不慮，知愛知敬，蓋言其中有物以主之，愛敬則主之所發也。今不從事於所主，以充滿乎本體之量，而欲坐享其不學不慮之成，難矣！〔案：此同于第三辯，此是雙江之根本思路，亦是其根本差謬處。〕

龍溪答

先生曰：

顏子德性之知與子貢之多學以億而中，學術同異不得不辯。非因其有優劣而易視之也。

先師良知之說倣於孟子。不學不慮乃天所為自然之良知也。惟其自然之良，不待學慮，故愛親敬兄，觸機而發，神感神應。惟其觸機而發，神感神應，然後為不學不慮，自然之良也。自然之良即是愛敬之主，即是寂，即是虛，即是無聲無臭，天之所為也。若更於其中有物以主之，欲從事於所主以充滿其本然之量，而不學不慮為坐享之成，不幾於測度淵微之過乎？

孟子曰：「凡有四端於我，知皆擴而充之，若火之始然，泉之始達」，天機所感，人力弗得而與。不聞於知之上，復求有物以為之主也。

公平時篤信白沙子「靜中養出端倪」與「欛柄在手」之說。

若舍了自然之良，別有所謂端倪欛柄，非愚之所知也。吾人
致知之學不能入微，未免攙入意見知識，無以充其自然之
良，則誠有所不免。若謂自然之良未足以盡學，復求有物以
主之，且謂「覺無未發，亦不可以寂言」，將使人並其自然
之覺而疑之，是謂矯枉之過，而復爲偏，不可以不察也。

案：龍溪此答是也。蓋雙江以「獨知」爲已發，不是眞良知。獨知
猶如此，則孟子所謂不學不慮之知愛知敬當更屬已發矣。其所以能
發而爲如此之不學不慮是因爲有寂體以主之。是則于良知以外別有
一個「不發而爲知」的寂體以爲主宰也。此自然之良既屬已發，即
不可說未發，亦不可以寂言。此王龍溪答語中所以有「且謂覺無未
發，亦不可以寂言」之引述。（案：此語不見雙江之難中，也許別
處有此語；要之雙江之本意是如此）。然則那「不發而爲知」的寂
體是什麼呢？如永不發而爲知而又說是良知，則是自相矛盾。如已
發而爲知，則又須求寂體以主之，此則成無窮之追溯。

　　依孟子與陽明，知愛知敬以及惻隱羞惡等即是良知。此固是當
機的特殊表現，然雙江把這當機的表現看成是已發，尚不是眞良
知，遂抽象地思那無任何表現的良知以爲寂體，視此寂體爲主宰，
以思此寂體自己爲「從事於所主，以充滿乎本體之量」，此是以抽
象體當作眞寂體、眞主宰。殊不知對于良知不可如此思維。即使可
以如此思維，亦不可以如此之抽象體爲眞寂體眞主宰，此犯以抽象
爲具體之過。良知隨事表現，不是已發。此就是眞良知、良知自
己。它就是寂、就是虛、就是主宰；它就是最後的、現成具足的。
一事上表現是如此，擴而充之，事事上表現亦是如此。「充滿乎其

本體之量」即是擴而充之，使之事事上有表現，並不是歸寂以求那永不表現的寂體為「充滿乎其本體之量」也。只因聶雙江以抽象體為寂體，誤虛為實，遂把良知分拆而為已發與未發，縱使是「獨知」，猶不算數，其謬誤顯然可見。

第六辯 關於「空空」之論辯

雙江難

雙江子曰：

時人以夫子多學而識，知足以待問也，故凡問者必之焉。夫子不欲以知教人也，故曰：「吾有知乎哉？無知也。」至於告人，則不敢不盡。「有鄙夫問於我，空空焉無所知，我必叩兩端而竭焉。」兩端之竭，非知之盡者不能。於是見夫子待物之洪，教人不倦之仁也。今謂良知之外別無知，疑於本文為贅。而又以空為道體，聖人與鄙夫無異。則鄙夫已具聖人體段，聖人告之，但與其空，如稱顏子之「庶乎」足矣，復何兩端之竭耶？心與耳目口鼻以空為體是也。但不知空空與虛寂何所別？

龍溪答

先生曰：

空空原是道體。象山云：「與有意見人說話最難入」，以其不空也。鄙夫之空與聖人同，故能叩其兩端而竭。蓋是非本

> 心人所固有。雖聖人亦增減他一毫不得。若有一毫意見填實，即不能叩而竭矣。心口耳目皆以空爲體。空空即是虛寂，此學脈也。

案：此第六辯是就條舉中之④龍溪所引孔子「吾有知乎哉？無知也」之語而辯。此辯無關重要。龍溪之說亦只是借孔子語之一說，亦可通。「有鄙夫問於我，空空如也。」「空空」，有說與「悾悾」通，乃誠慤貌。此亦可通。惟這裡似乎顯出有兩種知底意味：一是多學而識之知，一是良知知是非之知。孔子不以多知多能爲足多（爲足尙），故言「吾有知乎哉？無知也。」雖儘多知，而無足尙也。這亦可以是謙詞，亦可以不必是謙詞，只是不足尙之意，猶言算不了什麼。然則所足尙的是什麼？君子重德，自然以德爲尙，重德就得明白道理。明白道理自然以道德上的是非爲主。「子入太廟，每事問。」朱子以爲雖知亦問，敬謹之至也。而陽明則以爲名物度數豈能盡知？不知而問，無傷于聖。聖人無所不知只是無所不知個天理。不知而問亦是天理也。時時依良知天理之決定而行即是無所不知。至于名物度數之經驗知識豈能無所不知？此解于理較順。王龍溪之說即本此而來也。說「吾有知乎哉？無知也」爲「良知之外別無知」。語雖陡截，而指歸于良知之無所不知個天理亦不算錯。良知之知是知敬知愛，知是非、知惻隱、知羞惡、知恭敬、知孝知弟等等，不是知名物度數。依此而言，亦可以說「空空如也」。空卻那些經驗知識，良知之知即顯。而良知之知本身即是虛寂而又感而遂通也。鄙夫可無名物度數之經驗知識，即多學而識之知識，然不能無良知。就此而言，其空空雖與聖人有程度不同，

（鄙夫可實無名物度數之知，而聖人雖有亦不以此爲多），然其爲「空空」則一也；而其良知之虛寂明覺雖有覺與不覺之異，然其本有之虛寂明覺則一也。因爲鄙夫亦有良知，故孔子得就其良知之知是知非而「叩其兩端而竭焉」，即以是非兩端而叩問之，即可竭盡其良知之所知，而其良知之知亦得因而朗現矣。此亦如蘇格拉底問奴僕以幾何知識，問來問去，全部幾何知識，奴僕都可知道。依此，蘇格拉底說人心本有這些知識。但這些知識是幾何知識，而幾何知識是先驗的理性知識，故可說本有。至若經驗知識則不能說本有，亦不能說通過反問即可知之。孔子所言「叩其兩端而竭焉」亦似有類乎此。若就名物度數之經驗知識說，焉能叩其兩端即可竭之？故王龍溪之說可通也。

聶雙江旣知「夫子不欲以知敎人」，而于告人之時，則又就多學而識之知說。夫就多學而識之知說，焉能叩其兩端而竭？「兩端之竭非知之盡者不能」。此言孔子于多學而識之知已「知之盡」。即使「知之盡」矣，亦焉能以「叩其兩端」之方式即可使鄙夫亦竭盡之？是以若不就良知說，不可通也。雙江說「今謂良知之外別無知，疑於本文爲贅。」本文所說之知不是贅，乃因不足多而撤開矣。旣撤開矣，則即可不就此種知說，而就良知說。

雙江又謂「而又以空爲道〔之〕體，聖人與鄙夫無異，則鄙夫已具聖人體段，聖人告之，但與其空，如稱顏子之庶乎，足矣，復何兩端之竭耶？」（案：此難無理）。夫言鄙夫亦有良知，並非言其已到具體而微的聖人體段，如稱顏子之庶乎。說「滿街都是聖人」，是就潛在的聖人說，並不是說他們已到具體而微的聖人體段。良知朗現出來才可以說是聖人，或具聖人底體段。因其有良

知，故可以「叩其兩端而竭」。

至于王龍溪直說「空空原是道體」，「空空者道之體也」，或「空空即是虛寂」，此似是說的稍快，不必合孔子說「空空如也」之原意，然亦未嘗不可如此說。聖人雖多學多能，然不以此為多，此即是其心之虛也。鄙夫雖無多學而識之知，然亦因此而無成見，故其心亦較虛朗，亦容易顯其良知之是非。道心本即是虛寂也。空空之虛寂即是道心之自體（本質）也。

第七辯　關於「格物有工夫無工夫」等之論辯

雙江難

雙江子曰：

良知是性體自然之覺是也。故欲致知，當先養性。盍不觀《易》言蓍卦之神知乎？要聖人體《易》之功，則歸重於洗心藏密之一語。洗心藏密所以神明其德也，而後神明之用隨感而應。明天道，察民故，興神物以前民用，皆原於此。由是觀之，則致知格物之功當有所歸。〔案：此言致知格物之功當在歸寂〕。

「日可見之」云者，《易》言潛龍之學務修德以成其身，德成自信，則不疑於所行，日可見於外也。潛之為言也，非退藏於密之謂乎？知之善物也，受命如響，神應而妙，不待至之而自無不至。今曰「格物是致知日可見之行，隨在致此良知，周乎物而不過」，是以推而行之為政，全屬人為，終日

與物作對，能免牽己而從之乎？其視性體自然之覺何啻千里？〔案：此駁龍溪之說。然龍溪之說正本陽明「致吾心良知之天理於事事物物」之說而來，如何駁之？駁之是駁陽明也。〕

兄謂「覺無未發，亦不可以寂言，求覺於未發之前，不免於動靜之分，入於茫昧支離而不自覺」云云，疑於先師之言又不類。師曰：「良知是未發之中，寂然大公的本體，便自能發而中節，便自能感而遂通。」感生於寂，和蘊於中，體用一原也。磨鏡種樹之喻，歷歷可考。而謂之茫昧支離，則所未解。〔案：陽明之言只能證成龍溪之說，不能證成雙江歸寂之說。〕

動靜之分亦原於《易》。《易》曰：靜專動直，靜翕動闢。周子曰：「靜無而動有。」程子曰：「動亦定，靜亦定。」周程深於《易》者。一曰主靜，一曰主定。又曰：「不專一則不能直遂，不翕聚則不能發散，是以廣大生焉。」廣大之生原於專翕，而直與闢則專翕之發也。必如此而後可以言潛龍之學。〔案：如此引述並無礙于良知之無分于動靜。〕

愚夫愚婦之知未動於意欲之時，與聖人同，是也。則夫致知之功要在於意欲之不動，非以「周乎物而不過」之為致也。鏡懸於此而物自照，則所照者廣。若執鏡隨物以鑒其形，所照幾何？延平此喻未為無見。致知如磨鏡，格物如鏡之照。謬謂格物無工夫者，以此。〔案：如此言致與陽明所言相反。〕

案：此難是就龍溪原文條舉中之⑤與⑥而辯。

龍溪答

先生曰：

欲致其知，在於格物。若曰「當先養性」，良知即是性體自然之覺，又孰從而先之耶？

《易》言蓍之神，卦之知，神知即是良知。良知者心之靈也。洗心退藏於密只是良知潔潔淨淨，無一塵之累，不論有事無事，常是湛然的，常是肅然的，是謂齋戒以神明其德。神知即是神明。非洗心藏密之後而後有神知之用也。公云：「致知格物之功當有所歸。」良知即是神明之德、即是寂，復將何所歸乎？

案：此是答首段之難。雙江曰：「故欲致知，當先養性。」龍溪本陽明直駁之曰：「欲致其知，在於格物」，此本《大學》「致知在格物」而言也。雙江說「當先養性」，此語或可有分性與知為二之病。「良知是性體自然之覺」，意言良知是由性體發出的自然之覺，「故欲致知，當先養性。」此即分性體與良知為二層。此非龍溪之原意。龍溪條舉⑤云：「自然之覺，良知也。覺是性體。良知即是天命之性。良知二字性命之宗。」並不說「良知是性體自然之覺」。若此語是嚴格地貼合龍溪之原語，不解成兩層，則不能說「欲致知，當先養性」，而只能說養性即是後返地歸寂以致知，致知與養性兩者無先後可言。此亦是聶雙江所應有之意，蓋雙江以歸

寂爲致知也。而所以自然地說成「良知是性體自然之覺」者蓋亦是
本其自己之思路而說。如是，便必有兩層意。因雙江認自然之覺
（不學不慮）爲已發、屬下層，須別有一物以主之故也。此別有一
物即是他所說的寂體，此亦或可虛說爲性體。此寂體即是他所說的
未發的良知自己。（須知這良知自己既說它是良知，而又不許說
覺，這是自相矛盾。如說覺，則又成已發，此即成無窮追溯。此前
已明）。對已發的自然之覺說，致知是後返地致那未發之寂體以主
那自然之覺，然後始能發出這自然之覺。此致知即是養性，故無先
後也。今說「良知是性體自然之覺，故欲致知，當先養性」，如眞
有先後可言，則當是欲致那已發的自然之覺必須先後返地歸寂以養
性或致那未發之寂體而後可。是則其所說之「致知」是關聯著後果
（已發的自然之覺）與原因（未發的良知自己即寂體）而說，即，
在後果處說致知，致那已發的自然之覺，在原因處說養性，養那未
發的寂體。此是順龍溪原語而依其自己之思路說成的。通常雙江說
致知即是歸寂以致那寂體，相當于此處所說之養性。彼以爲有此寂
體，自然有照（後果），照處無工夫也。

　　此一思路固非龍溪意，亦非陽明意。他這一攪合，弄得極難清
理，因爲詞語相似而意指俱不同也。

　　依龍溪，良知即是天命之性，即是性體自然之覺，這是作一層
看，故云「孰從而先之」？致知在格物，即是在事事物物上前進地
擴充此自然之覺以誠意正物也。這是陽明底本義。即使致虛守寂，
一切退聽，亦是在保任此自然之覺，此是常行，自無不可，但對意
與物而言致時，仍是擴充地致此自然之覺于事事物物，仍是陽明之
一套，此則便無過。然聶雙江則不如此，他把良知支解而爲已發與

未發，如是他的歸寂便成另一套，而不能復歸于陽明。這樣疏解之，庶可通其情而解其蔽。龍溪之直駁，則于順通上無益也。

其直駁而無益者尤見之于「洗心退藏於密」之解說。致虛守寂，一切退聽，並非完全不可說也。

《繫辭·上傳》云：「蓍之德圓而神，卦之德方以知，六爻之義易以貢。聖人以此洗心，退藏於密，吉凶與民同患。神以知來，知以藏往，其孰能與於此哉？古之聰明叡知神武而不殺者夫！是以明於天之道，而察於民之故，是興神物以前民用。聖人以此齋戒以神明其德夫！」此是雙江所引文獻之全段。「聖人以此洗心」，「此」是指蓍之德、卦之德、六爻之義，這三者而說。這本是就卜筮而說。卜筮之時須誠敬。誠敬以見「蓍之德圓而神，卦之德方以知〔智〕。」聖人以蓍之神、卦之智，以及六爻之義，這三者來洗練其心，使心地乾淨，純乎誠敬，「退藏於密」而不浮露，如是，始能與于蓍卦之神、智，以及六爻之變易，因此而能「吉凶與民同患」。進一步，「神以知來，智以藏往」，這只有「聰明叡智神武而不殺者」（朱注「得其理而不假其物之謂」）始能「與於此」。此聰明叡智者之所以能與于此，亦正因其能以蓍、卦、易三者洗心退藏，故能知來藏往以顯其神智之明也。蓍、卦、易既有此效應，所以聖人「明於天之道而察於民之故，〔由〕是〔而〕興神物以前民用。」神物即蓍龜也。即在用之之前，作為卜筮之法以教人也。「聖人以此齋戒以神明其德」，同于前「以此洗心，退藏於密」。「此」指蓍龜神物說。此是借卜筮以說其（聖人）神明之德，以及其與于神智之用。神智從蓍與卦說，是象徵地說。神明其德是落實于聖人之心說。若撤開卜筮，則象徵地說的神智亦就是聖人底神

智。有神明之德即有神智之用。「吉凶與民同患」，以及「神以知來，智以藏往」者是也。如是，把神明之德與神智之用即實之以良知明覺亦未嘗不可。不但聖人有此神明之德與此神智之用，即任何人亦皆有之。然而洗心退藏于密以復此神明之德與神智之用，即復此良知明覺之神明與神智，亦仍可說。此是從良知明覺繞出來作預備工夫，亦未嘗不可。此是陽明早期所說的「默坐澄心，以收斂爲主」，亦是其後期所說的「乃若致知，則存乎心悟」之「心悟」，也就是吾所說的常行。聶雙江特重此義，本未嘗不可。這一點須予以承認，不必直抹之也。其病只在因重視此義而支解了良知，違反了陽明之義理規範。若這樣順通而指點之，聶雙江未必不因而省悟而悔其支解穿鑿之非也。但王龍溪于此則顯疏闊陡截，故于雙江無益也。人在爭辯之時，各順自己之思路以前進。心思窒塞，遂成膠著。此時若直駁，則愈駁愈促其膠著也。

龍溪曰：「神知即是良知。良知者心之靈也。〔案：此無問題〕。洗心退藏於密只是良知潔潔淨淨，無一塵之累，不論有事無事，常是湛然的，常是肅然的，是謂齋戒以神明其德。神知即是神明。非洗心藏密之後而有神知之用也。」案：此即少一曲折，不足以服雙江也。因爲只就良知自身說，「洗心退藏」底工夫義不顯故也。而「洗心退藏之後而後有神知之用」亦何嘗不可？此亦猶如常常少私寡欲，默坐澄心，以保任良知使之不昧，而後良知始易呈現，致之于事事物物亦較易也。此種常行須予承認。否則「存乎心悟」一語便成虛辭。雙江說此義不能算錯。其錯是在因洗心退藏而支解良知也。故其洗心退藏之歸寂乃成另一套，而不復是默坐澄心以保任良知而使之不昧也。人以其類于陽明初期講學之旨，故稱贊

之，實則非陽明初期講學之意也，乃似之而非也。龍溪駁之是也，惟少一疏通耳。龍溪熟于陽明之說，而不免于疏闊。雙江則根本不相應也。

> 格物者《大學》到頭實下手處，故曰「致知在格物」。若曰格物無工夫，則《大學》爲贅詞、師門爲勦説，求之於心，實所未解。理一而已。性則理之凝聚，心則凝聚之主宰，意則主宰之發動，知則其明覺之體，而物則應感之用也。〔案：此本陽明〈答羅整菴少宰書〉而說〕。天下無性外之理，豈復有性外之物手？公見吾人爲格致之學者，認知識爲良知，不能入微，致其自然之覺，終日在應迹上執泥有象，安排湊泊，以求其是當，故苦口拈出虛寂話頭以救學者之弊，固非欲求異於師門也。然因此遂斬然謂格物無工夫，雖以不肖「隨在致此良知，周乎物而不過」之說，亦以爲「全屬人爲，終日與物作對，牽己而從之」，恐亦不免於懲羹吹齏之過耳。

案：此答雙江難辭之第二段。龍溪此答非常條暢，而不滿之意亦溢于言表，故不與之解說義理，而只諒其情以明其陷于「懲羹吹齏」之過。但格物有工夫無工夫，此與陽明之致知格物說有關，而王龍溪所說「格物是致知日可見之行」之語亦是本陽明之說而來。然則聶雙江何以如此不解而謂其「全屬人爲，終日與物作對」？此仍須從義理上疏導之以解其蔽，徒謂「天下無性外之物」不足也。

依陽明，致是擴充義。欲誠其意者，先致其知，而致知在格

物。是則致知以誠意格物（正物）也。這三者合起來只是一個工夫。致是工夫字，誠亦是工夫字，格（正）亦是工夫字，但這三個工夫字卻並不表示各代表一套工夫，即並不表示致自身有一套工夫，誠自身有一套工夫，正自身又有一套工夫。這只表示對應意念之發動與意念之所在或所用致其良知以使之誠與正耳。這只是一個完整的工夫，致知是條件，意之誠與物之正是後果。而致知亦不是用一套外在的工夫去致那良知，而實是依據良知自身有不容已地要湧出來之力量而來的良知之自致，並不是他致。因此，這三者若各自獨立地看，說工夫都是工夫，因為合起來是一整工夫；說不是工夫，都不是工夫，因為三者各自本身皆無獨特的一套工夫。這三者，甚至加上正心，是四者，只是步步逼緊而集中於一點而又互相關聯著說，因此，只能是一個工夫。在朱子，是步步逼緊而集中於格物，而格物是即物而窮其理。能窮理則知自致、意自誠、心自正。在陽明，是步步逼緊而集中於致知，而致知是致良知。吾心良知之天理一旦擴充出來，則物自正、意自誠、心自正。因此，並不是分別說各自有一套工夫也。然而既是三者合起來是一整工夫，則此三者一個也不可離。因此，說三者都是工夫亦可，因合起來而為一整工夫而為工夫也。所以致知即帶著誠意，同時亦帶著正物即成物（成就一件行為物），固不能離開「對應意」而致，亦不能離開「行為物之正」而致也。此是就四句教有所對治而說。若從明覺之感應說物，則意從知起，意藏於知，意是無意之意，而物亦是事物兼賅，純是良知天理之著見，物亦是無物之物，此即進至於四無，無所對治故也。而吾人是有感性的存在，所以若說工夫，必就四有句而說。依此，王龍溪說「格物是致知日可見之行，隨事致此良

知，使不至於昏蔽也」，或「隨在此致良知，周乎物而不過」，這不能算錯。蓋明是本陽明四句教而說也。「日可見之行」出自〈乾・文言〉：「君子以成德爲行，日可見之行也。」「日可見之行」意即日常現於外而可見之行也。此若用之於致良知，便是意之所在之物（行爲物）。致知爲的是誠意與正物，也就是在成德，所以說「格物〔正物〕是致知日可見之行，隨在致此良知，周乎物而不過也。」此是說：格物（正物）就是致知于日可見之行，也就是說，隨在或隨事（隨可見之行）致此良知，周遍乎事事物物而不過也。「周乎物而不過」一語是本《易傳》「範圍天地之化而不過，曲成萬物而不遺」之語法而說。《易傳》說此兩語是就易道說，是本體宇宙論的說法。若從明覺之感應說物，亦可說良知之明覺感應「範圍天地之化而不過，曲成萬物而不遺」。今就四句教之有所對治而說，則是意之所在或所用爲物，物是行爲物，「周乎物而不過」便是周遍乎日可見之行而不踰越或不蕩越之謂，亦即「知（智）周乎萬物而道濟天下，故不過」之意。致良知之天理於日可見之行亦就是「智周乎萬物而道濟天下，故不過」。此語中之「不過」是無過舉之意，亦與「範圍天地之化而不過」中之「不過」相呼應。過與不及相對。蕩越與過舉皆過也。「智者過之，愚者不及焉。」智周乎萬物而以道成濟天下，所以智亦不過也。（過即過分或蕩越義）。致良知之天理於日可見之行，則日可見之行皆得其天理，是即正物，亦即道濟天下也。「隨在致此良知，周乎物而不過」，即周乎日可見之行而不過也。此「不過」之「過」取蕩越義。不蕩越即是在事事物物上致此良知也。此是陽明致良知之本義。聶雙江所言之「致」是後返地致那永不表現爲知的寂體，此與陽明義相違

也。其言「格物無工夫」正是離「日可見之行」而言之也。暫時離
一下亦未嘗不可，此所謂超越的逆覺體證也。但所逆覺而體證的，
還是那個良知，即「獨知」所表示的那個良知。逆覺而體證之並不
表示其就能流行於日用之間。如是，要想致之於日用之間，還是不
能不致之於「日可見之行」，還是不能離物而言致。此所謂仍歸於
陽明之一套也。但聶雙江之後返地言「致」卻不只是暫時離一下，
逆覺體證那良知，而卻將良知支解為已發與未發。「獨知」猶屬已
發，尚不能算是良知。是則其所謂良知者是永不表現而為知的良
知。不表現而為知，即不得曰良知，而又名之曰良知，是則自相矛
盾。又如果表現而為知，則又屬已發，又須求其未發之寂體，如
是，則成無窮追溯。無窮追溯與自相矛盾輾轉循環，無有底止，是
成大過。故暫時離一下而歸寂可，但支解良知而歸寂則不可。獨知
之知即是無聲無臭不睹不聞之寂體，離此，復將安所歸乎？我們一
切退聽，致虛守寂，即是守此獨知之知體即寂體也。離此，復將安
所求寂乎？復又將安所另求一寂體以主宰之乎？此皆雙江之謬誤
處，可疏解而明也。

　　寂是心之本體，不可以時言。時有動靜，寂則無分於動靜。
　　濂溪云：「無欲故靜。」明道云：「動亦定靜亦定。」先師
　　云：「定者心之本體」，「動靜，所遇之時」。靜與定即寂
　　也。良知如鏡之明，格物如鏡之照。鏡之在匣在臺可以言動
　　靜，鏡體之明無時不照，無分於在匣在臺也。故吾儒格物之
　　功無間於動靜，故曰「必有事焉」，是動靜皆有事。廣大之
　　生原於專翕，專翕即寂也。直與闢即是寂體之流行，非有二

也。自然之知即是未發之中。後儒認纏知即是已發,而別求未發之時,故謂之茫昧支離,非以寂感爲支離也。

案:此答雙江難語中第三第四兩段。無問題。以上疏解明,此皆可明矣。

「致知之功〔要〕在〔於〕意欲之不動」是矣。「周乎物而不過」是性體之流行,便以爲意欲之動,恐亦求情之過也。

案:此答雙江難語中之第五段。無問題。雙江以爲「格物是致知〔於〕日可見之行,隨在致此良知,周乎物而不過」,爲「全屬人爲,終日與物作對」,此乃「牽己而從之」,又以爲「致知要在於意欲之不動,非以周乎物而不過之爲致也」,皆非。故龍溪不欲詳答,吾代爲疏解如上。夫意之動有善有惡,意之所在之物有正有不正,就此而言致知以誠之與正之,即說「人爲」亦無不可。「人爲」者自強實踐之謂也。否則何以見工夫?夫意與物是所對治者,即說「與物作對」亦無不可,否則何以見對治之功乎?既是對治,則不是「牽己而從之」,乃是轉化之使之從于己也,何可致「牽己而從之」之難?既須自強,又是有所對治,此顯人爲,亦顯工夫。及知致而意誠物正,意與物純從明覺,則自天理流行而不與物作對矣,而工夫相亦泯,而轉成「即本體便是工夫」矣。雙江只言歸寂,而從不提對治意與物,是根本忽視陽明之言致知以誠意與正物。又以爲「致知要在於意欲之不動」,此就歸寂而言也。夫致虛守寂,一切退聽,此時,意欲固不動矣,然能保其出關後于日用之

間亦不動耶？如彼時仍有意之動，則「致知於日可見之行」以誠意而正物不爲誤矣。此所謂仍須歸于陽明之所說也。雙江之所見者淺矣，亦未得良知教之門徑也。

第八辯　關於「誤現成良知爲告子生之謂性」之論辯

雙江難

雙江子曰：

仁是生理，亦是生氣，理與氣一也。但終當有別。告子曰：「生之謂性」，亦是認氣爲性，而不知係於所養之善否。杞柳、湍水、食色之喻，亦以當下爲具足。「勿求於心，勿求於氣」之論，亦以不犯做手爲妙悟。孟子曰：「苟得其養，無物不長。苟失其養，無物不消。」是從學問上驗消長，非以天地見成之息冒認爲己有，而息之也。「仁者與物同體」，亦惟體仁者而後能與物同之。馭氣攝靈，與定息以接天地之根，諸說，恐是養生家所秘，與吾儒之息未可強同。而要以收斂爲主，則一而已。

案：此所論難者不見〈致知議略〉。當時有此論點，故亦列之于此〈致知議辯〉中。下龍溪之答亦簡略。惟此中雙江有一大誤解，此與致知問題有關，前文第一辯中龍溪已提及之。此即認告子之「生之謂性」亦爲「以當下爲具足」，認其「勿求於心，勿求於氣」之論亦爲「以不犯做手爲妙悟」。其如此說，是將告子與認眼前呈現

的良知爲具足，爲不犯做手者，一律看，而視眼前呈現的良知爲已
發、爲不足恃，而與「生之謂性」中之中性的知覺運動爲同一也。
此則大誤。其如此看，完全是承襲朱子的說法，不惟不解龍溪，亦
全不解陽明所說之良知也。不知雙江何以如此陋劣！

龍溪答

先生曰：

仁是生理，息即其生化之元。理與氣未嘗離也。人之息與天
地之息原是一體，相資而生。《陰符》有三盜之說。非故冒
認爲己物而息之也。取氣攝靈與呼吸定息之義，不可謂養生
家之言而遂非之。方外私之以襲氣母，吾儒公之以資化元。
但取用不同耳。公謂「仁者與物同體，亦惟體仁者而後能與
物同之」，卻是名言，不敢不深省也。

案：此答無問題。關于告子者，未有答辯，只前第一辯中提及。龍
溪當然不會贊成，但亦須詳爲辨解，不知何以放過。詳見吾《心體
與性體》第二冊〈明道章〉論「生之謂性」處。

第九辯　餘辯

雙江難

雙江子曰：

息有二義，生滅之謂也。攻取之氣息，則湛一之氣復。此氣
化升降之機，無與於學問也。予之所謂息者，蓋主得其所
養，則氣命於性；配義與道，塞乎天地，生生之機也。
《傳》曰：「虛者氣之府，寂者生之機。」今以虛寂爲禪
定，謂非致知之旨，則異矣！佛氏以虛寂爲性，亦以覺爲
性。又有皇覺、正覺、圓覺、明覺之異。佛學養覺而齒於
用，時儒用覺而失所養，此又是其大異處。

案：此論難亦不見〈致知議略〉中。末後一語即指王龍溪一類人而
言。故彼欲歸寂以養覺也。

龍溪答

先生曰：
性體自然之覺不離倫物感應，而機常生生。性定則息自定，
所謂盡性以至於命也。虛寂原是性體。歸是歸藏之義。而以
爲「有所歸」，與生生之機微若有待，故疑其入於禪定。儒
家亦是二乘証果之學，非即以虛寂爲禪定也。「佛學養覺而
齒於用，時儒用覺而失所養」，末流之異則然。恐亦非所以
別儒佛之宗也。

案：「有所歸」恐即第七辯中雙江所謂「致知格物之功當有所歸」
之語。「有所歸」者即歸于寂體也。「與生生之機微若有待」意即
比于生生之機微若有待也。「微若有待」即似乎稍有等待之意，即

王龍溪說「靜坐」「未免等待」也。見前甲、引言。因此，龍溪遂疑雙江歸寂之說為類于禪定。禪定，依龍溪，于佛家亦是二乘證果之學，非究竟也。「虛寂原是性體」，「非即以虛寂為禪定也」。雙江言虛寂與龍溪所言者自不同。雙江自辯其所言之虛寂非禪定，而龍溪則「疑其入於禪定」也。

佛家菩薩道亦非「養覺而嗇於用」。故龍溪云「末流則然，非所以別儒佛之宗也」。

〈致知議辯〉至此止。此是王門中之重要議論，故詳為疏解如上。藉此可以了解王龍溪之造詣，亦可以了解聶雙江與羅念菴之異議，並可以確定陽明學之本色。此文，《明儒學案》中未載，故須讀《王龍溪語錄》也。黃梨洲與劉蕺山之評判王龍溪皆非是。黃之評江右之聶、羅亦非是。王門中大綱脈之疏導，吾人今日尚須重作。必此而知其詳，而後可以知劉蕺山。

又，黃宗羲《明儒學案》述羅近溪處有云：「論者謂龍溪筆勝舌，近溪舌勝筆。」所謂「筆勝舌」即是與江右辯也。此非徒以文筆勝。必義理明，而後文辯可暢。雙江顯不及龍溪也。

第五章　兩峰、師泉與王塘南

第一節　自雙江、念菴橫生枝節後首判誰爲王學之嫡傳

《明儒學案》卷十六，黃梨洲總論〈江右王門學案〉云：

> 姚江之學，惟江右爲得其傳，東廓、念菴、兩峰、雙江，其選也。再傳而爲塘南、思默，皆能推原陽明未盡之旨。是時，越中流弊錯出，挾師說以杜學者之口，而江右獨能破之，陽明之道賴以不墜。蓋陽明一生精神俱在江右，亦其感應之理宜也。

案：此論語未見諦當。江右王門其人甚多，言鄒東廓、歐陽南野、陳明水，爲得其傳，可也。其餘皆不眞切于王學而橫生枝節，或已離王學而歧出矣。

〈江右王門學案〉首述鄒東廓云：

其時雙江從寂處體處用工夫，以感應運用處為效驗。先生言其倚於內，是裂心體而二之也。彭山惡自然而標警惕。先生言其滯而不化，非行所無事也。夫子之後，源遠而流分。陽明之沒，不失其傳者，不得不以先生為宗子也。

卷十七，述歐陽南野云：

當時同門之言良知者，雖有淺深詳略之不同，而緒山、龍溪、東廓、洛村、明水，皆守已發未發非有二候，致和即所以致中。獨聶雙江以歸寂為宗，工夫在於致中，而和即應之。故同門環起難端，雙江往復良苦。微念菴，則雙江自傷其孤另矣。

卷十七，復述聶雙江云：

是時同門為良知之學者，以為未發即在已發之中。蓋發而未嘗發，故未發之功卻在發上用，先天之功卻在後天上用。其疑先生之說者有三：其一謂道不可須臾離也，今日動處無功，是離之也；其一謂道無分於動靜也，今日工夫只是主靜，是二之也；其一謂心事合一，心體事而無不在，今日感應流行著不得力，是脫略事為，類於禪悟也。〔案：此三疑難是雙江自己所分〕。王龍溪、黃洛村、陳明水、鄒東廓、劉兩峰，各致難端，先生一一申之。唯羅念菴深相契合，謂「雙江所言真是霹靂手段，許多英雄瞞昧，被他一口道著，

如康莊大道，更無可疑。」兩峰晚乃信之，曰「雙江之言是
也。」

案：雙江、念菴非及門者也，于王學根本有隔，故首發難端。錢緒
山、王龍溪、鄒東廓、歐陽南野、陳明水、劉兩峰、黃洛村，皆及
門之高弟，較熟于師說，故覺雙江之發難似與良知教爲不類，故環
而攻之。然劉兩峰晚而信之，則亦不能終其持守矣。是信雙江，不
信陽明也。至於黃洛村，則卷十九述之云：

> 陽明之良知原即周子誠一無僞之本體。然其與學者言，多在
> 發用上要人從「知是知非」處轉個路頭，此方便法門也。而
> 及門之承其說者，遂以意念之善者爲良知。先生曰：「以意
> 念之善爲良知，終非天然自有之良。知爲有意之知，覺爲有
> 意之覺，胎骨未淨，卒成凡體。」於是而知陽明有善有惡之
> 意，知善知惡之知，皆非定本。意既有善有惡，則知不得不
> 逐於善惡。只在念起念滅上，工夫一世合不上本體矣。四句
> 教法，先生所不用也。

據此，則知黃洛村亦未眞切於師門之敎也。黃梨洲開頭之語亦不
諦。說良知即誠一無僞之本體，可；說「即周子誠一無僞之本
體」，則離矣。前語以良知爲主，「誠一無僞之本體」則指而目之
耳。後語則以周濂溪所體悟之道體爲主，而濂溪並未言良知也。又
「知是知非」亦非方便法門。若以「知是知非」爲「發用」，從此
立言爲「轉個路頭」，爲「方便法門」，則誠一無僞之本體必不顯

其「知是知非」之用始為究竟真實法門乎？然則該本體是何物耶？「而及門之承其說者遂以意念之善者為良知」。無人作此說也。真有作此說者，則亦根本不足與言矣。良知「知是知非」〔知善知惡〕非「以意念之善者為良知」也，焉得以「遂」字為言？「有善有惡意之動」，則意念之或善或惡屬經驗層（感性層）甚顯。「知善知惡是良知」，則良知之知為超越層亦甚顯。焉得以此「知是知非〔知善知惡〕」之發用之超越層者滑轉而為意念之善者？黃洛村云：「自先師提揭良知，莫不知有良知之說，亦莫不以意念之善者為良知。〔下接梨洲所引云云〕。」此洛村自己之誤解滑轉而成耳。若真如此，則四句教豈但非「定本」，乃根本是差謬！其不用四句教法非因四句教法非定本，乃因其自己頭腦混亂全誤解耳。於以知及門者亦未必真能了解師門之說也。陽明弟子多矣，望風而從之學者亦多矣，然能稍真切於師門之說而緊守不渝者亦唯錢緒山、王龍溪、鄒東廓、歐陽南野、陳明水五人而已，雖于自己作工夫或得力處不無畸輕畸重之偏差，雖于王學興起之原委以及其與宋儒界脈之分野亦不必真能透徹而分明。

第二節　劉兩峰之「以虛為宗」

茲再正式看劉兩峰為如何。

《明儒學案》卷十九，述兩峰云：

> 雙江主於歸寂，同門辯說，動盈卷軸，而先生言：「發與未發本無二致，戒懼慎獨本無二事。若云未發不足以兼已發，

致中之外別有一段致和之功，是不知順其自然之體而加損焉，以學而能，以慮而知者也。」又言：「事上用功，雖愈於事上講求道理，均之無益於得也。涵養本源愈精愈一，愈一愈精，始是心事合一。」又言：「默坐澄心，反觀內照，庶幾外好日少，知慧日著，生理亦生生不已，所謂集義也。」又言：「吾心之體本止本寂。參之以意念，飾之以道理，侑之以聞見，遂以感通為心之體，而不知吾心雖千酬萬應，紛紜變化之無已，而其體本自常止常寂。彼以靜病云者，似涉靜景，非為物不貳生物不測之體之靜也。」凡此所言，與雙江相視莫逆。故人謂雙江得先生而不傷孤另者，非虛言也。然先生謂「吾性本自常生、本自常止。往來起伏非常生也，專寂凝固非常止也。生而不逐，是謂常止。止而不住，是謂常生。主宰即流行之主宰，流行即主宰之流行。」其於師門之旨未必盡同於雙江。

案：依良知教，說致和與致中本是一事可。在致良知中誠意格物即是致和，同時亦即是致良知之中體。然若說未發即足兼已發。致中外別無致和之功，則便不諦，蓋歸寂之說，將良知拆為已發未發，由未發統已發，此非良知教之本旨也。又說「於事上用功〔……〕無益於得」，則陽明晚年答聶文蔚盛說「必有事焉」豈誤耶？此蓋由於「晚而信雙江」而然也。信雙江，則必以「見在良知」為不足恃，以「知是知非」之知為逐物而無主。此皆非王學也。自雙江念菴言歸寂，誤解良知，拆良知為已發與未發，將本自喜怒哀樂之情言者移于良知本身言之，人皆隨之而誤墮，遂就寂感，或寂照，或

主宰與流行，而馳騁妙談，或爲輕重說，或爲不二說，而皆不切于四句敎于道德實踐上（即致知誠意以格物）之警策，如是，遂亦漸啓離王學而歸于北宋之先言道體性命者，以道體性命範域良知，非以良知籠罩道體性命也。如是，遂由陸、王之心學復漸歸于北宋濂溪、橫渠、明道之「由《中庸》《易傳》而回歸于《論》《孟》」之「以心著性」之一路，此一路由胡五峰明言之，而集大成于劉蕺山。王學本自是王學，以良知爲首出。此與言「以心著性」者最後本爲同一圓圈之兩來往而可合爲一，然自立敎入路言之，則固各自有其義理之間架而不可泯同以混亂者。王學之歸于非王學自雙江念菴之誤解始。雙江念菴猶在良知內糾纏也。自兩峰師泉以至王塘南則歸于以道體性命爲首出，以之範域良知，由此，遂顯向劉蕺山之「以心著性，歸顯於密」之路而趨之趨勢。（據下文，師泉可趨至之，而塘南之分解卻反近于朱子。）如是，焉得謂「姚江之學惟江右爲得其傳」？實則乃是除東廓、南野、明水外，自江右而始乖戾起誤解，亦自江右而漸引歸于非王學也。就引歸于非王學言，劉兩峰尚不甚顯，然晚而信雙江，則亦**啓其機**也。晚年「謂其門人王時槐、陳嘉謨、賀涇曰：『知體本虛，虛乃生生。虛者天地萬物之原也。吾道以**虛爲宗**，汝曹念哉！』」（黃梨洲述語，見《明儒學案》卷十九）。言「以虛爲宗」，此能決定什麼呢？何不言以致良知爲宗、以四句敎爲宗？雖其言「虛」乃就「知體」而言，然而重在「生生」，則只顯良知之絕對性，歸于對于**道體之存有論的體悟**，良知敎雖函此境，然直以此爲宗，則亦漸離良知敎致知誠意以格物之**道德實踐之警策**矣。

此種離歸始機顯于兩峰，而顯著于劉師泉之「悟性修命」，大

顯著于王塘南（王時槐字子植號塘南）之「以透性爲宗研幾爲要」。劉兩峰尙只就知體言虛，「虛能生生」，只就良知之絕對性以言「天地萬物之原」，此猶是王學本有之旨。然不言「見在良知」（知是知非之知），而以雙江之歸寂爲致知，則失致良知教（四句教）道德實踐之功之警策。至劉師泉而言「悟性修命」，如自其可近于「以心著性」之一路而言，則已離王學矣。至王塘南，則又走不上此路，其分解（見下第四節）倒反近于朱子。王塘南者劉兩峰之門人，而實更密近于劉師泉。其言「以透性爲宗研幾爲要」即承師泉之「悟性修命」而言也。然王塘南之言「悟性修命」亦非盡師泉原有之義，乃承之而爲轉解者也。此一轉解亦可能是由師泉之不信「見在良知」而有以啓之。夫自北宋以來，誰不言悟性透性？若眞是王學，何不言以良知爲宗？良知即是性也。即言悟性，亦是由良知而悟，此是以良知爲首出者也。然師泉之言「悟性修命」，則是以性命爲首出。以天道性命爲首出，則可有兩路之歸：一是視道體性體爲即存有即活動者，一是視道體性體爲只存有而不活動者。前者必歸于「以心著性」之一路，胡五峰劉蕺山即代表此一路。後者必歸于伊川朱子之格物窮理而心性不能一。劉師泉之「悟性修命」，其地位甚爲模稜，既可歸于「以心著性」，亦可啓塘南之分解，復亦可予以提醒使之重歸于王門。其所以如此模稜，蓋亦由於不眞切于師教橫生曲折而然也，大體是在不成熟之境。如其「悟性修命」可重歸于師門，則仍是心即是性、心即是理。如歸于「以心著性」之一路，則最後心性仍是一，雖其始也分設心性而對揚；復亦不能反對「見在良知」，蓋孔子之仁以及孟子之本心皆可當下見在者也，皆就當下而指點之者也。如可啓塘南之

分解而歸于塘南所轉解之「悟性修命」，以及其所說之「以透性爲宗研幾爲要」，則心性不能是一矣。故反近于朱子。

　　以上爲一總說，以下試詳爲展示之。

第三節　劉師泉之「悟性修命」

　　《明儒學案》卷十九，黃宗羲述劉師泉（劉邦采字君亮號師泉）云：

　　　　陽明亡後，學者承襲口脗，浸失其眞，以揣摩爲妙悟，縱恣
　　　　爲樂地，情愛爲仁體，因循爲自然，混同爲歸一。先生愀然
　　　　憂之。謂「夫人之生有性有命。**性妙於無爲，命雜於有質。**
　　　　故必兼修而後可以爲學。蓋吾心主宰謂之性，性無爲者也，
　　　　故須首出庶物以立其體。吾心流行謂之命，命有質者也，故
　　　　須隨時運化以致其用。**常知不落念，是吾立體之功。常運不**
　　　　成念，是吾致用之功。二者不可相離。常知常止，而愈常微
　　　　也。是說也，吾爲『見在良知』所誤，極探而得之。」龍溪
　　　　問：「見在良知與聖人同異？」先生曰：「不同。赤子之
　　　　心，孩提之知，愚夫婦之知能，如頑鑛未經煅煉，不可名
　　　　金。其視無聲無臭自然之明覺何啻千里。是何也？爲其純陰
　　　　無眞陽也。復眞陽者，更須開天闢地，鼎立乾坤，乃能得
　　　　之。以見在良知爲主，決無入道之期矣。」龍溪曰：「以一
　　　　隙之光謂非照臨四表之光不可。今日之日非本不光，雲氣掩
　　　　之耳。以愚夫愚婦爲純陰者何以異此？」念菴曰：「聖賢只

要人從見在尋源頭，不是別將一心換卻此心。師泉欲創業，不享見在。豈是懸空做得？亦只是時時收攝此見在者，使之凝一耳。」

〔……〕

乃先生之言心意知物，較四有四無之說最爲諦當。謂「有感無動，無感無靜，心也。常感而通，常應而順，意也。常往而來，常化而生，物也。常定而明，常運而照，知也。見聞之知，其糟粕也。象著之物，其凝滬也。念慮之意，其流澌也。動靜之心，其游塵也。心不失無體之心，則心正矣。意不失無欲之意，則意誠矣。物不失無住之物，則物格矣。知不失無動之知，則知致矣。」夫心無體，意無欲，知無動，物無住，則皆是有善無惡矣。劉念臺夫子欲於龍溪之四無易一字：心是有善無惡之心，意亦是有善無惡之意，知亦是有善無惡之知，物亦是有善無惡之物。何其相符合也！

案：梨洲所引兩段，前一段即「悟性修命」之旨，後一段即四無之說之變換語而泛而失分際。自「悟性修命」而言，性命若以良知爲主而說之，則不離良知教。若以性命爲首出，而以心知形著之，則非良知教。如言：「人之生也，有性有命。性妙於無爲，命雜於有質，故必兼修而後可以爲學。」此是先客觀地提出性命，而言其形式的意義，本《中庸》《易傳》而言也。「蓋吾心主宰謂之性，性無爲者也，故須首出庶物以立其體。吾心流行謂之命，命有質者也，故須隨時運化以致其用。」此落于心上就其主宰義與流行義而言性與命也。（案：就「心之流行」而言命，非《中庸》《易傳》

之原義,乃師泉之轉解。)「吾心主宰謂之性」,猶言就吾心之為主宰而言,則謂之性。性是天下之大本,妙于無為,「故須首出庶物以立其體」,即立性之為體也。性以無作無為、無聲臭、不容說,而成其為妙,故只可云「悟」,不可言「修」。「吾心流行謂之命」,猶言就吾心之流行而言,則謂之命。流行即不離氣而與氣相雜,因此而有質。若無質,則亦無具體的表現,因而亦無所謂馴致之命。既有質,則不免隨時成滯,「故須隨時運化以致其用」,即致命之用也,命即用也,但必須修而致之,「運化」即修也。故言「修命」,而卻不言「至命」(《易傳》言「窮理盡性以至於命」)或「立命」(孟子言「夭壽不二,修身以俟之,所以立命也。」)命而言修,知非古義也。

若問:于心上如何能成「吾立體之功」以見心之為主宰義,則答曰:「常知不落念是吾立體之功」。此就良知之明以明心之所以為主宰也。「常知不落念」猶言若常常總是知明呈現而不落于意念中,此即是「吾立體之功」也。此明是由良知以立體也。由良知以立體,即由良知以悟性也。良知與性為一乎?為二乎?若是一,則是良知教。若為二,則良知在覺用中,不純無為,亦不純有為,亦無為,亦有為。如是,則有兩歧路可走。㈠是走向塘南之分解:良知為先天之發竅,屬後天,在體用之間,而性則是先天未發之理——性只是理,如是,心性總是二,不能是一。㈡是其始也,暫設為二,其終也總歸是一,此即走上「以心著性」之一路。師泉究向何走,很難定。若經點示(如下文所引王龍溪語所表示之點示),則其仍歸于王學乃是順適而自然者。若自其不真切于良知教,不信「見在良知」,繞出去立「悟性修命」之說而言,則虛籠地亦可走

向「以心著性」之一路。若向此走，仍須信「見在良知」。若自其分設「悟性修命」而言，雖由良知以立體，而良知總在覺用中，因此，亦可說良知總亦是屬于心之流行者，總不能即是無為之性體，如是，便亦可很自然地開出塘南之分解，而心性不能是一。若重歸于王學，則心即是性、即是理，「良知即是主宰，即是流行」（見下王龍溪語），即吾所謂「即存有即活動」，不能見其有活動義，便謂之屬已發，而另覓未發之性。若走向「以心著性」之一路，則無論心或性亦然，即皆是「即存有即活動」者，不過一是主觀地說，一是客觀地說，故可「以心著性」也。塘南之分解乃誤解也。然由師泉之分設「悟性修命」，本亦可啟此分解也。

其次，若問：于心上，如何能成「吾致用之功」以見心之流行義，則答曰：「常運不成念，是吾致用之功。」此若依良知敎，即隱函說：由致良知以運化，故心之流行雖有質而不成念，此即成「吾致用之功」也。而劉師泉只云：「常運不成念是吾致用之功」，卻不提吾何以能常運而不成念。本是只一「致良知」同時即立體，同時即成用，此則其可矣。「悟性修命」之分設既造成工夫之支解，又造成繞出良知以外而言性命，此眞王龍溪所謂工夫「不能歸一」，「只成意象紛紛」耳。

其所以繞出良知以外而言悟性修命乃因不信「見在良知」之故。故云：「是說也，吾為見在良知所誤，極探而得之。」因不信「見在良知」，極探而歸于「悟性修命」，此好似既可以「立體」，又可以「致用」，面面俱到矣。然殊不知既不信「見在良知」，將如何尋得眞良知耶？凡見在者皆不足恃，將永無良知之見在。然則吾人又如何能「常知不落念」以立體耶？汝扭曲糅造而成

者,豈眞是良知耶?豈非無中生有乎?否則便不能否認見在良知也。其否認而不信者,乃由于誤解而然也。因此誤解,遂使工夫不能歸一,徒成意象之紛紛。故王龍溪單就此點與之辯。

《王龍溪語錄》卷四,〈與師泉劉子問答〉云:

> 先生曰:兄之〈易蘊〉未必一一準《易》,間以己意參錯發明。其間儘有格言,然尚未能離億說。虛懷觀之自見。
>
> 劉子曰:人之生有命有性。吾心主宰謂之性,性無爲者也,故須出脫。吾心流行謂之命,命有質者也,故須運化。常知不落念,所以立體也。常運不成念,所以致用也。二者不可相離,必兼修而後可爲學。見在良知似與聖人良知不可得而同也。
>
> 先生曰:向在玄潭,念菴曾亦紀其涯略。先師提出良知二字,正指見在而言。見在良知與聖人未嘗不同。所不同者,能致與不能致耳。且如昭昭之天與廣大之天原無差別。但限於所見,故有小大之殊。若謂見在良知與聖人不同,便有汙染,便須修證方能入聖。良知即是主宰、即是流行。良知原是性命合一之宗。故致知工夫只有一處用。若說要出脫運化,要不落念、不成念,如此分疏,即是二用。二即是支離,只成意象紛紛,到底不能歸一,到底未有脫手之期。
>
> 劉子曰:近來亦覺破此病。但用得慣熟,以爲得力,一時未忘得在。〔案:此即示原不眞切于師教,故常繞出去。〕

案:此問答中,劉子所云與梨洲所引者同,只辭句稍異。此既不信

見在良知，復繞出去以性命為首出，故非良知教也。如王龍溪所云方是良知教。赤子、孩提、愚夫愚婦之「見在良知」與聖人良知原無不同，只是一個良知。不同者是眾人與聖人之不同，非良知有不同也。眾人與聖人不同之關鍵即在能致與不能致，因此，亦就是能致與不能致之不同。此猶如佛家天臺宗所謂「理即佛」與「觀行即佛」乃至「究竟即佛」之不同。此分判甚為清楚，原無問題。乃雙江、念菴、師泉等于此橫生枝節何耶？若不信「見在良知」，則孟子之就齊宣王之以羊易牛之不忍之心而指點之便成無意義之舉矣。夫「見在良知」之語原只示**良知本有**，可**隨時呈露**。孟子就孩提之知愛其親，及其長也，知敬其兄，指點良知良能，亦是此義。象山之兄復齋詩云：「孩提知愛長知欽，古聖相傳只此心」，象山詩云：「墟墓興哀宗廟欽，斯人千古不磨心」，皆示此義。原不是心理學上小孩之反應或一般人之知覺本能問題。劉師泉視之為純陰無陽，如金鑛不名金，乃誤解也，誤以人病為法病。金鑛不名金固也。然金鑛是指眾人之生命而言。眾人之生命純陰無陽，固蔽深故，非其良知純陰無陽也。其良知正是其純陰生命中一點真陽也，故雖固蔽如此其深，亦總有覺醒之一日。金鑛中之金與清水中之金，其為金同也。眾人生命中之良知猶如金鑛中之金也。聖人生命中之良知猶如清水中之金也。金同，良知焉得不同？「見在良知」本是良知之存有論的存有之問題。若反對「見在良知」，則是允其存有，而不允其見在呈現也。若永不允其見在呈現，則其存有亦成問題。「見在良知」即是承認良知本有同時亦承認其可隨時呈現。若不承認金鑛中之金是金，則亦永淘濾不出金來。既可淘濾出金來，即須承認金鑛中金子見在。（梨洲述語中引念菴曰：「聖賢只

要人從見在尋源頭,不須別將一心換卻此心。師泉欲創業,不享見在,豈是懸空做得?亦只是時時收攝此見在者使之凝一耳。」)此語看似甚好,實有病,終歸「別將一心換卻此心」也。良知是最後的,如何復言就見在者尋其源頭?依良知教,只云就見在者致而使之朗現耳,不云尋其源頭也。良知本凝一,那散亂而待「使之凝一」者必非良知也。如果「見在良知」不是良知,(猶如金鑛中金子不是金子),將如何收攝扭曲而擰出良知來?此只示不真切于良知教而紛繞多事耳。)

　　既只是同一良知,故工夫唯在致良知。致良知亦不是憑空致,唯就良知之隨時呈現而當機指點之,使人覺醒,不令放失,以成其致耳。隨時呈現即所謂「見在良知」也。若無此義,如何致得?故王陽明云致良知人人做得,自孩童以至聖人皆如此做。而雙江念菴等不真切此義,橫生枝節何耶?致良知即所以立體,致知誠意以格物即所以致用。故王龍溪云:「良知原是性命合一之宗,故致知工夫只有一處用。」為何不言「致良知」,而卻言「悟性修命」耶?王龍溪言:「如此分疏即是二用,二即是支離。」實則不是二不二的問題,乃根本是從良知教繞出去,不自覺地以性命為首出,而歸于「以心著性」也。「以心著性」非必不是。此乃是「北宋從《中庸》《易傳》開始而漸回歸于《論》《孟》」所必函有之思路。此路與陸王之依孟子而言者本不相違,最後必歸于一,故吾言是一圓圈之兩來往,因此,亦是最易相出入者,故一般見之,以為言歸寂者,言悟性修命者,似亦可以無過也,而黃梨洲復以為此是姚江之學之「得其傳」者,「陽明之道賴以不墜」者,然自教路言之,自問題之演進與義理之原委言之,此兩路確有其不同之義理間架,而

不容混同，而良知教之提出亦確有其問題演進上之必然，亦確有其
義理原委之自足處。若不知此，則依雙江念菴之橫生曲折而言，良
知教必有**缺陷**；依兩峰、師泉、塘南之**趨勢**而可歸于劉蕺山（指師
泉）或較近于朱子（指塘南）而言，則良知教必不能**自足**。此兩種
態度皆非良知教也，而以雙江念菴爲尤劣。黃梨洲不足以知此也。
（其言多浮泛而不切，看似漂亮，實無眞知見。）

　　黃梨洲述劉師泉學案中錄有劉師泉〈易蘊〉，〈易蘊〉中有
云：

> 夫學何爲者也？**悟性修命**，知天地之化育者也。往來交錯，
> 庶物露生，寂者無失其一也。沖廓無爲，淵穆其容，賾者無
> 失其精也。惟悟也，故能成**天地之大**。惟修也，故能體**天地**
> **之塞**。悟實者，非修性陽而弗駁也。修達者，非悟命陰而弗
> 窒也。性隱於命，精儲於魄。是故命也有性焉，君子不淆諸
> 命也。性也有命焉，君子不伏諸性也。原始反終，知之至
> 也。

彼離良知教而著〈易蘊〉，由此以立「悟性修命」之說，可知其傾
向矣。梨洲述語中所引「夫人之生有性有命」一段，不見此〈易
蘊〉中，可能是師泉答王龍溪者之原文，《王龍溪語錄》中所記者
乃略辭也。順〈易蘊〉說，可走向「以心著性」之一路。經過王龍
溪之點示，則仍可歸于師門之良知教。提出悟性修命，原是多此一
舉。可見其不成熟也。

　　以上爲關于「悟性修命」者，茲再看其言心意知物。〈易蘊〉

云：

> 有感無動，無感無靜，心也。常感而通，常應而順，意也。
> 常往而來，常化而生，物也。常定而明，常運而照，知也。
> 見聞之知，其糟粕也。象著之物，其凝溫也。念慮之意，其
> 流漸也。動靜之心，其游塵也。心不失無體之心，則心正
> 矣。意不失無欲之意，則意誠矣。物不失無住之物，則物格
> 矣。知不失無動之知，則知致矣。〔……〕

案：梨洲述語中所引言心意知物而視之「最為諦當」者即此文也。
此文看似甚好，實失分際。良知敎不如此之泛也，于心意知物不如
此之一律說也。首先，「有感無動〔動而無動之無動〕，無感無靜
〔靜而無靜之無靜〕，心也」云云，如此所言之心意知物乃是格致
誠正以後之心意知物，乃屬本體界者，而云「……心也」，「……
意也」，「……物也」，「……知也」，則是說心意知物一般之語
勢。一般之心意知物能一律皆如此乎？于法疏矣。依良知敎，「無
善無惡心之體」，「知善知惡是良知」，此兩者是屬于本體界者，
亦即是超越者；「有善有惡意之動」，「為善去惡是格物」，此兩
句中之意與物是感觸界者，亦即是經驗者。心之體無善無惡即是
「有感無動」之動而無動、「無感無靜」之靜而無靜。「動而無
動」，動無動相；「靜而無靜」，靜無靜相。既無動靜相，焉有善
惡相？「無善無惡」即無相對的善惡相義，故「無善無惡是為至
善」，即是「有善無惡」也。以前的人怕說「無」字，于此斤斤實
為多餘。依良知敎，心之體既如此，則「正心」無實工夫義，

「正」云者只是通過「致知誠意以格物」以復其本然之體耳。工夫之實唯在「致良知」。知善知惡之良知是超越者，它本身即是「常定而明，常運而照」，不待致而後如此也。因爲它本身是如此，故一旦致出來，即能轉化意而使之誠，轉化物而使之正。物本不是「常往而來，常化而生」者，然可致知誠意以正之而使之轉爲「常往而來，常化而生」者。轉至此，則物亦屬于本體界矣，即爲「物自身」身分之物。意亦本不是「常感而通，常應而順」者，然可致知格物以誠之而使之轉爲「常感而通，常應而順」者。轉至此，則意亦屬于本體界而爲「物自身」身分之意矣。此爲意與物因致知而一起登法界也。今云：「心不失無體之心，則心正矣。意不失無欲之意，則意誠矣。物不失無住之物，則物格矣。知不失無動之知，則知致矣。」如此一律平說，而且皆可上下搖擺說，即虛擬說，工夫如何著手耶？前三句可也，因待正待誠待格故（心之待正是虛，因本體無可用功故；意之待誠與物之待格是實，而意之待誠又是實中之實，因意之所在爲物，意誠物自正）。「知不失無動之知，則知致矣」，此語則悖。若如此言，則知亦可失其無動之知也。失其無動之知非良知也。待致而始不失者亦非良知也。良知之致與意之誠、物之正非同一作用也，良知是標準，只在能致與不能致，不在對其本身施手術而後爲「無動之知」也。今師泉如此一律說，于法疏矣，其不眞切于師門之說甚顯然也。人若問：知如何能不失其爲無動之知？則必爽然若失矣。蓋必須另覓一致之之訣竅也。此則便成工夫無下手處，使誠意格物之實工夫無所以可能之超越的關鍵（超越的根據）。此其所以失分際而泛也。

　　彼又曰：「見聞之知，其糟粕也。象著之物，其凝漚也。念慮

之意，其流漸也。動靜之心，其游塵也。」此所言之心意知物顯是
現象界者。彼于心意知物分兩觀點看。即既可一律視為屬于現象界
者，亦可一律視為屬于本體界者。而現象界者又可一律轉為本體界
者：心無體、意無欲、知無動、物無住，即為本體界之心意知物。
如此機械地兩界敵翻，于可轉處說格致誠正，視「致」與正誠格為
同一作用，遂使工夫無著手處，此為工夫之泛言與空言。在此情形
下，「知不失無動之知，則知致矣」，如此之「致知」必歸于雙江
念菴之「歸寂」而後可，蓋彼等視知善知惡（知是知非）之知為已
發之知覺，為逐于意念善惡之交雜而無主，為不足恃，故須歸寂而
使之常明，此乃以歸寂為致知。師泉言「知不失無動之知則知致
矣」豈非此意乎？然此非陽明言「致知」之意也。陽明言「致知」
是前擴地說，即顯露出來之意，非後返地說，即非待後返歸寂以修
正之。

　　依以上分疏，師泉言心意知物焉能「較四有四無之說最為諦
當」？依良知教而言，正不諦當也。即不說違背師門，只依理而
言，若此而諦當，則必陽明為不諦當也。雙江念菴師泉超過陽明遠
矣！然則何必附庸師門而師之耶？青出于藍，豈不甚好？然恐未必
能青出于藍而勝于藍也。其勝于藍者乃不解師旨而橫生支節耳。夫
四有句乃陽明教法之定本，龍溪之四無乃依四有句而實踐者所至之
化境，本不可視之為教法。龍溪之言容有激進處、太快處，然大體
仍是遵守師門矩矱而發揮，不違良知教者也。至于師泉之言心意知
物，則泛而失分際矣。其言「無體之心，無欲之意，無住之物，無
動之知」，泛而觀之，本即是四無之境。然龍溪之言四無是就先天
之學說，乃適用于上上根器者，陽明所謂「上根之人悟得無善無惡

心體，便從無處立根基，意與知物皆從無生，一了百當，即本體便是工夫，易簡直截，更無剩欠，頓悟之學也。」彼不于此處言格致誠正也，實亦因此處無格致誠正之實義。格致誠正之實義仍在四有處見。彼一般通常宣說良知，光大師門，仍就四有句而言也。蓋吾人總有感性欲望故，雖上上根人亦不能全無，故四有句之工夫乃是「徹上徹下工夫」。今師泉卻只說「心不失無體之心則心正矣，意不失無欲之意，則意誠矣，物不失無住之物則物格矣，知不失無動之知則知致矣。」如此言格致誠正，于法疏失，非師門之旨也。再加上「悟性修命」之說，則是良知教為不自足也。再加上不信「見在良知」，以及由「知不失無動之知則知致矣」一語之失旨，因而必歸于歸寂而後能至此，如此，則已非良知教矣。

　　至於黃梨洲言其「言心意知物較四有四無之說最為諦當」，乃只因其所言之「心無體、意無欲、知無動、物無住」為「皆是有善而無惡」，而非無善無惡也。實則「無體、無欲、無動、無住」即是無善無惡之心意知物也。蓋王龍溪即以「無心之心則藏密，無意之意則應圓，無知之知則體寂，無物之物則用神」說無善無惡之心意知物也。夫「無心之心」非即「心無體」乎？「無意之意」非即「意無欲」乎？「無知之知」非即「知無動」乎？「無物之物」非即「物無住」乎？說「至善」可，說「有善無惡」可，說「無善無惡」亦可也。于此斤斤實無意趣。

　　以上言劉師泉。

第四節　王塘南之「以透性爲宗研幾爲要」

茲再看王塘南之「以透性爲宗，研幾爲要」。

《明儒學案》卷二十，〈江右五〉，黃梨洲述王塘南云：

> 王時槐字子植，號塘南，吉之安福人。〔……〕先生弱冠，師事同邑劉兩峰，刻意爲學。仕而求質於四方之言學者，未之或息，終不敢自以爲得。五十罷官，屏絕外務，反躬密體，如是三年，有見於空寂之體；又十年，漸悟生生眞機無有停息，不從念慮起滅。學從收斂而入，方能入微。故以透性爲宗，研幾爲要。陽明歿後，致良知一語，學者不深究其旨，多以情識承當；見諸行事，殊不得力。雙江念菴舉未發以救其弊。中流一壺，王學賴以不墜。先生謂「知者先天之發竅也。謂之發竅，則已屬後天矣。雖屬後天，而形氣不足以干之。故知之一字內不倚於空寂，外不墮於形氣，此孔門之所謂中也。」言良知者，未有如此諦當。

案：劉兩峰與劉師泉皆陽明之及門弟子，而已不能眞切于良知敎，因雙江念菴之橫生曲折而言歸寂，逐漸趨於「以性命爲首出，以之範域良知，而復以心知形著性命」之一路。此一路啟機于劉兩峰，顯著于劉師泉，至王塘南則又不能走上此一路而卻較近于朱子之分解。王塘南弱冠師事劉兩峰，而其後來之思路卻更接近于劉師泉而

卻歧引之：劉師泉言「悟性修命」，而王塘南則言「透性研幾」，于「悟性修命」復有歧解也。是則江右王門除鄒東廓、歐陽南野、陳明水外，大抵皆因雙江念菴之言歸寂，一傳再傳，漸離良知教而走向另一路矣，即復歸于北宋初期周、張、明道以《中庸》《易傳》為首出，首言天道性命也。北宋初期開始于《中庸》《易傳》，逐漸回歸于《論》《孟》，五峰承之而言以心著性，此宋儒之嫡系也。伊川朱子歧出而言格物窮理，以《大學》為中心，以之決定《論》《孟》與《中庸》《易傳》，此又一系也。自象山出，直承孟子，下開王陽明，此是以本心或良知為首出由之而決定一切，而無不足憑者也，此又是獨立之一系。王學盛後，人不真切于良知教之無缺陷與無不自足，遂首有雙江念菴之橫生曲折，此則示良知教之有缺陷，四句教為不可行；繼之復有兩峰師泉下逮塘南之悟性修命，透性研幾，以性命範域良知，此則示良知教不能自足，而必將良知歸本于「密體」而後可也。此兩態度中，視良知教為有缺陷者，大抵以良知之知是知非知善知惡為已發，為逐于意念而無主，故不足憑，必歸寂以立寂體方為真良知，而不知良知即是寂體，亦即是照用，其「知是知非」並不可以已發言，此而不足憑，將何所求以為足憑者？此所謂橫生曲折也，全成誤解矣。至于視良知教為不能自足者，亦以良知之「知是知非」為已發，雖已發而非不足憑，然既屬已發，則不能無未發無為之密體妙體（性體）以範域之。既非不足憑，則亦可由之以立體（師泉云「常知不落念是吾立體之功」），此可走上「以心著性」之一路，或經點示而仍可重歸于師門。然至王塘南之分解，對于師泉之「悟性修命」有一轉解，如是，則以為良知「雖屬後天，而形氣不足以干之」，如是，

遂又說良知是在「體用之間」，而卻不說由之以立體，蓋眞正性體
乃是未發、無爲之先天之理，「體用之間」之體與此眞正性體並不
同也，一屬命、一屬性故也。此則便較近于朱子，而走不上「以心
著性」之路矣。是則師泉塘南雖對于良知之知之了解較之雙江念菴
爲諦當，然而卻不能如黃梨洲所云「最爲諦當」或「未有如此諦
當」。若謂「未有如此諦當」，則陽明不如此言，是陽明所言亦不
若師泉塘南之諦當也。依陽明，良知即是密體、妙體，即是性體、
心體、道體、中體、仁體、誠體、神體，即是「生生之眞機」（生
天生地神鬼神帝），即是寂體，即是照體；其「知是知非」之知即
是超越者，本不可以已發未發言（已發未發指喜怒哀樂之情言，良
知不屬于情）。依此，旣不須由知以立體，以心著性，蓋心即性即
理故，知即體故；復亦不可視知爲「先天之發竅，謂之發竅，則已
屬後天矣。」若捨良知而別有未發之「先天」，將以何爲「先天」
耶？是則象山陽明經過許多曲折發展後，辛苦憤力以透顯之心體知
體，至此復又退縮回去，爲不自足，而須歸于密體，以性命範域之
也。（師泉塘南所言性與命之分別非古義。吾茲性命連言依《中
庸》《易傳》原義言）。此一傾向，若就劉師泉而言，則亦可歸于
五峰蕺山之「以心著性」之一路。歸于此路，至少可不喪失良知敎
之本旨而彰其著性成性之作用，雖經過一迴環，最後仍可心性是
一。若就王塘南而言，則本是更顯明地應向此路而趨，以彼必肯認
一先天未發之理以爲性，而良知必屬已發故。然順其分解之極，反
喪失良知敎之本旨，而不能至此路，倒反而更近于朱子。依胡五峰
與劉蕺山之思路，心知之覺照或感通（形著性體之形著作用）在具
體表現中必當機，因而必囿于形、必受限（此不可以「有質」之命

說之，于此言命是違反原義的）。然而其自體仍是超越的，雖受限
而不滯于限，故仍能超脫出來而隨時當其他之機以為具體的表現，
此所謂「常運不成念」。因此，就形著性體言，亦可以說在無限歷
程中著之而永不能全著之，亦可以說一時頓著而全著之。及其頓著
而全著之，則心性是一。因此，說「以心著性」可，最後說「心性
是一」亦可。及至心性是一，則象山陽明之只言心體知體，並認心
體知體即是性體，而無須有「以心著性」之迴環，而並無不足處，
此亦無不可也。故吾言此兩路是同一圓圈之兩種畫法。一是只是一
無限心之申展無外，從其為主體主觀地說出去，主體即是客觀地說
的道體性體，無二無別。另一是先由客觀地說的道體性體說起，然
後復歸于《論》《孟》而以仁體與心體以著成之。此著成之之迴
環，其始也，心與性有距離，性是超越的密體、奧體，總在心之覺
照活動以上而為超自覺者，總有為覺照活動所不及盡者；其終也，
心性是一，而無限歷程與頓著不衝突，蓋仁體心體亦是超越的、無
限的故也。仁體心體在具體的覺照活動中雖受限，因而可成一無限
歷程，然而因已預認其為超越的、無限的，故雖受限而可不滯于
限，因而仍可頓現全現而頓著全著乎性體也。及其頓著而全著乎性
體，則性體之為超越的即變為內在的，而心性是一矣。此一路比較
迴環多、曲折多，然北宋諸儒由《中庸》《易傳》開始者，必歸至
此一路。及至王學出後，由王學而歸此者，則必先自「良知之當機
表現為受限者」說起。然在歸此之過程中，如劉師泉之所表現者，
雖亦把「良知之當機表現為受限者」誤視為「見在良知為不足
恃」，然因其言「常知不落念」以立體，則猶可近此路，或經點示
之而使之重歸于師門亦無不可。至于王塘南，則因把「良知之當機

表現爲受限者」誤視良知爲已發、爲後天，屬命，故只顯出先天未發之理爲性，性無爲，不可言，故只能言「悟性修命」，「透性研幾」，而不能言「以心著性」也。此則近于朱子。故江右王門自雙江念菴起以至兩峰、師泉與王塘南止，只示其由不解王學而橫生枝節與曲折，而漸離乎王學。其離之之恰當歸宿當該是「以心著性」之一路，而皆未能至之，故曲折多而皆不成熟也。此路之成熟而集大成者爲劉蕺山。

以下引王塘南之〈論學書〉與〈語錄〉以明其所謂「透性研幾」之意義。

> 1.所論去念守心，念不可去，心不可守。眞念本無念也，何去之有？眞心本無相也，何守之有？惟寂而常照即是本體，即是工夫，原無許多歧路費講說也。（〈答王水卿〉）

案：此點示眞心本心甚好。眞心「寂而常照即是本體，即是工夫」，此並非說「寂」是本體，「照」是工夫。此乃是說即寂照之眞心自己便是本體，而且也是「即本體便是工夫」。此若依良知教而言，此「寂而常照」之眞心即是良知之流行，如此之良知流行即是本體，亦即是工夫。良知或眞心即是性體。但依下文觀之，王塘南卻並不以此眞心爲性，正是有「許多歧路費講說也」。

> 2.知者先天之發竅也。謂之發竅，則已屬後天矣。雖屬後天，而形氣不足以干之。故知之一字，内不倚於空寂，外不墜於形氣，此孔門之所謂中也。末世學者往往以墜於形氣之靈識

為知，此聖學之所以晦也。（〈答朱易菴〉）

案：前條原說「原無許多歧路費講說」，今此條卻正是落在歧路中而費講說。既云：「知者先天之發竅」，「屬後天」，則後天以上有先天。此先天是什麼呢？依王塘南之分解，即是未發而不容言之性（見下5條），而不是上條所說的無相之真心、寂而常照之真心。然依陽明，無相真心寂而常照即是良知，即是本體，亦即是性體、中體。如何又分先天後天耶？良知已即是先天矣，乃所以證實彼無相之真心者。無相真心（無善無惡心之體）是虛提，其實處全在「知」處見。知即無相之知，即先天也，非可以已發視之也，其「知是知非」之知亦非已發也，焉可說為後天？說為後天，乃由「寂而常照」起誤解，誤解「寂照」為已發、為「性之呈露」（見下第3條）。殊不知「寂而常照」乃只是其自體之神用（妙用），用即是體，本不可以已發未發說，即使就神用強說為發，亦是發而未嘗發，猶如說「動而無動」。若于此定說為已發之後天，則是有無照用之先天也。（依王塘南，實如此。蓋彼視性為先天未發之理，本無照用可言。又依下第5條，無相真心，即就寂言之真心，亦不是性，亦是性之呈露，亦是發。）故說知為先天之發竅、為後天，全是不諦之辭。此種歧說，依良知教而言，乃無意義者。如有意義，便須流于朱子之思路。

既說為後天矣，而又說它是「形氣不足以干之」，因此，又說它「內不倚於空寂，外不墮於形氣，此孔門之所謂中也。」既是中，則良知明即是最後之中體、性體。但塘南卻又說它不是先天未發之性，此非陽明旨也，更不是孔門所謂中。然則此作為先天之發

竅的知之中義是下降在第二層上，是屬于已發者，是下條所說之
「性體之呈露」，屬命者。「內不倚於空寂」者，就其爲已發之
「寂而常照」而說。「不倚」者不偏倚也，言不偏于眞心之空寂一
邊也，意即不偏滯于空寂（此空寂指眞心之寂言，不指先天未發之
性言）。蓋已爲先天之發竅而有照用之發用故。「外不墮於形氣」
者，就其「雖屬後天，而形氣不足以干之」而說，意即又不墮于形
氣一邊也。不著兩邊，故爲中道。然其上復有先天，則此中道之中
爲最後的而又不能爲最後的，爲獨立自足的而又不能爲獨立自足
的，蓋必依待于未發無爲而不容說之先天之性故。（此依是依止依
待義，依先天而發也，與塘南所說「內不倚於空寂」之「不倚」中
之「倚」不同，蓋彼所說之倚是偏滯義，「不倚」是不偏滯于眞心
之空寂之一邊。蓋「知」已爲發用故。）陽明何嘗如此言中體？
「中也者天下之大本」，即《中庸》亦不如此言中也。依《中
庸》，中即是性體。依陽明，良知即是中體、即是性體、即是心體
等等。（詳見前〈王學分派〉章第三節論江右派之聶雙江與羅念菴
處，不重錄。讀者讀至此須重看。）塘南于此作如此之歧說遂示其
已離良知敎矣。黃梨洲謂「言良知者未有如此諦當」，誤也。

3. 性之一字本**不容言**，無可致力。**知**覺意念總是性之呈露，皆
   命也。性者先天之理。**知**屬發竅，是先天之子、後天之母
   也。此知在**體用之間**。若知前求體，則著空；知後求用，則
   逐物。知前更無未發，知後更無已發，合下一齊俱了，更無
   二功，故曰獨。獨者無對也。無對則一，故曰不貳。**意者知**
   之默運，非與之對立而爲二也。是故**性**不假修，只可云悟。

命則性之呈露，不無習氣隱伏其中，此則有可修矣。修命者
盡性之功。（〈答蕭勿菴〉）

案：此言「悟性修命」是承劉師泉而來者。夫既言「性者先天之
理，知屬發竅，是先天之子、後天之母」，為何不可言「知前求
體」？若就悟性而言，依如此分疏，則悟性正是知前悟性，知前求
先天未發之體。豈因「知在體用之間」，而不可如此言耶？所謂
「體用之間」者，意即知既是先天之子，已屬後天之發用，故它雖
是「形氣不足以干之」，有體的意味，然而亦不即是體，而亦是
用；又，雖是用，然而因其「不墮於形氣」，故又不只是用，而又
有體的意味。雖是如此，然而「知」畢竟不是性也。既不是性，如
何不是「知前求體」、知前悟性？不離知以悟性，此是圓融地說，
並非不可分解地知前求體也。「體用之間」的體非即作為「先天之
理」的性體也。「知前求體則著空，知後求用則逐物」。王龍溪依
陽明之旨而如此言則可，蓋「良知即是未發之中，即是發而中節之
和，感而遂通之妙，無前後內外而渾然一體者也。」良知即是最後
的性體。今王塘南依「悟性修命」之旨，先後天之分（有許多歧路
費講說），而復于此中套用王龍溪之言，則顯得悖理。

又，陽明〈詠良知〉詩云：「無聲無臭獨知時，此是乾坤萬有
基。」獨知之知即是無對之一、不貳之體，不云此知體以前更有先
天未發之性也。今王塘南既于「獨」言無對、言不貳，而復視之為
後天之已發，于其前更說一性體（先天未發之理），非頭上安頭
乎？故知此說非良知敎也。

「性不假修，只可云悟。命則性之呈露，不無習氣隱伏其中，

此則有可修矣。修命者盡性之功。」若問如何悟性？塘南必應答曰：即在修命中悟，亦即在盡性中悟性。「知覺意念總是性之呈露，皆命也。」劉師泉謂「吾心流行謂之命」，而王塘南則云「命則性之呈露」「呈露」即「發用」之義也，與「心之流行」不同。（師泉扣緊心字言性命：「吾心主宰謂之性，吾心流行謂之命。」塘南于此直標性體為先天之理，而言命為性之呈露，此已非師泉意。師泉猶近王學。「吾心主宰謂之性，性無為者也，故須首出庶物以立其體。」「常知不落念是吾立體之功。」此既可重歸于王學，亦可走上「以心著性」之路。而塘南則不能。）「知者先天之發竅」。「意者知之默運，非與之對立而為二也。」至于「念」，此條未說及，見下條：

> 4. 意不可以動靜言也。動靜者念也，非意也。意者生生之密機。有性，則常生而為意。有意，則漸著而為念。未有性而不意者，性而不意則為頑空。亦未有意而不念者，意而不念則為滯機。（〈答楊晉山〉）

案：此即性體呈露或發用之經過。此經過是由性體起而籠統地分析地以說出者。知是先天之發竅，雖屬發竅，而形氣不足以干之，故「內不倚於空寂，外不墮於形氣」，故在體用之間：此是好的。「意者生生之密機」，「知之默運」，「不可以動靜言」：此亦是好的。但念既不同于意，而可以動靜言，則似不能說：「未有意而不念者，意而不念則為滯機。」意既是生生之密機，知之默運，焉得因有念而始不滯。劉師泉言「常知不落念，常運不成念」，此則

念正是不好的，而須化掉。後來劉蕺山嚴分意念，而主化念還心，此正符合師泉之旨。今王塘南把念亦看成是好的。但既云「動靜者念也，非意也」，則念正是「滯機」之所在，不能是純善的。焉得云「未有意而不念者，意而不念則爲滯機」？順現實下滾說，有意則常有念。但常有念，不保念爲純善。念爲純善必須念而無念始可。而念而無念，即歸于意矣，正是意之所以爲默運、爲密機。焉得直說「意而不念，則爲滯機」，因有念始爲不滯耶？此則于法疏矣。故此籠統地一往分析說爲不諦。分析地說至意可。至于念，則須綜和地說。劉師泉云：「命有質者也，故須隨時運化以致其用。」命之所以有質，正因心之流行而至念爲綜和的，因有感性之雜故。故須「常知不落念」以立體，「常運不成念」以致用，此即所謂「悟性修命」也。而王塘南則說：「命則性之呈露〔注意，不是心之流行〕，不無習氣隱伏於其中，此則有可修矣。」念爲綜和的，即「習氣」之所在也。是則「修命」惟在「念」上說。知與意雖屬後天，然因一是「在體用之間」，一是「生生之密機，知之默運」，故爲純善，無可修也。

　　劉師泉只說「吾心流行謂之命」，不說「知覺意念總是**性之呈露**，皆命也」。只說「常知不落念是吾立體之功，常運不成念是吾致用之功。」前句是悟性，後句是修命。是則修命唯在「常運」上說。今言「知覺意念皆命也」，于知與意如何言修耶？是則塘南之說不如其前輩所說者爲諦當矣。劉師泉所言猶近良知敎（良知不落念以立體，致良知則常運不成念以致用）；若自其漸啓離良知敎而言，則彼猶可近胡五峰劉蕺山「以心著性」之一路。而王塘南則既遠離良知敎，亦不能至「以心著性」之一路。蓋彼走上「由性體下

衍知覺意念,復由知覺意念上溯性體」之思路。此種思路乃籠統地從未發說已發,又從已發溯未發,此並不見佳。雖云「透性研幾」,而于工夫實不警策,眉目分際亦不顯豁。

> 5. 澄然無念,是謂一念。非無念也,乃念之至微至微者也。此正所謂生生之**真幾**,所謂「動之微,吉之先見者也」。此幾更無一息之停,正所謂發也。〔案:如此言「幾」非周子義,亦非《易傳》原義,蓋只就「真幾故專於吉」而言。〕若至於念頭斷續,轉換不一,則又是發之標末矣。譬之澄潭之水也,非不流也,乃流之至平至細者也。若至急灘迅波,則又是流之奔放者矣。然則所謂**未發者安在**?此尤難言矣。澄潭之水固發也,山下源泉亦發也,水之性乃未發也。離水而求水性曰支,即水以為性曰混,以水與性為二物曰歧。惟時時冥念,研精入微,固道之所存也。(〈答錢啟新〉)
>
> 5.1 舍發而別求未發,恐無是理。既曰戒慎曰恐懼,非發而何?但今人將**發**字看得粗了,故以**澄然無念**時為**未發**。不知**澄然無念正是發也**。(同上)
>
> 5.2 未發之中固是性。〔案:性為未發之中,在體用之間的知則為已發之中。此是分解地說。〕然天下無性外之物,則視聽言動,百行萬事,皆性矣,皆**中**矣。若謂中只是性,性無過不及,則此性反為枯寂之物,只可謂之偏,不可謂之中也。〔案:如此言中是圓融地說。〕(同上)

案:此三條須貫通看,故寫在一起。首二條就發與未發說性體呈露

或發用，亦即說性與命。此仍是分解地說之也。知覺意念皆是發，澄然無念亦是發，不但「念頭斷續，轉換不一」爲發也，猶如「澄潭之水，流之至平至細者」亦是發，不但「急灘迅波，流之奔放者」爲發也。如是，則凡**實然呈現**而**可說者**皆發也。實然之**所以然之理**無形相無聲臭而**不可說者**則爲**未發之性**。澄然無念（念之至微至微者，亦如流之至平至細者），無相之眞心，此本即是「生生之眞幾」，「此幾更無一息之停」，即是實然之呈現，故亦正是發也。（發不必粗。然《中庸》說發與未發是就喜怒哀樂之情言，不是移于性體上就性之呈露或發用言，發是激發之發，正是粗，而于其未被激發時見一超越之體，即見一異于情者之中體即性體，並不是以未發爲性，以已發爲性之發也。自王學後，皆將發與未發移於中體上說，此爲發與未發之移位，亦即是誤置，因此有許多妙談，亦有許多糾纏。）既已是發，便屬後天。如是，知與意（知在體用之間，意即知之默運、生生之密機）亦是發，亦是後天。「然則所謂未發者安在？此尤難言矣。澄潭之水固發也，山下源泉亦發也。水之性乃未發也。」此言「水之性」即水之所以爲澄潭、爲源泉、爲急灘迅波：總之，具體的心之所以爲水之理。此正是不可說不可說之先天之理。就發與未發，如此言性，正是落于以「**然與所以然**」**之方式說性**。就「**然**」（實然呈現者）**存有論地推證其所以然**以爲**性**，就「**所以然**」之性**分析地推衍其實然**，即推衍其呈露或發用之經過，以爲**命**。水之與性無論說得如何不即不離（不支不混不歧），而此種**分解方式**總是被預設著。而因不即不離，故進一步有**圓融地說**。上錄5.2條即是**圓融地說**。「天下無性外之物」，連性與其所含攝之一切，通而爲一以言「性」與「中」正是**圓融地說**，

此不礙**分解地**說，亦不能代替那分解地說下對于性界定爲先天之理。此種圓融地說者甚多，如下：

6. 生幾者天地萬物之所從出，不屬有無，不分體用。此幾以前更無未發，此幾以後更無已發。若謂生幾以前更有無生之本體，便落二見。陽明曰：「《大學》之要誠意而已矣。格物致知者誠意之功也。知者意之體，非意之外有知也。物者意之用，非意之外有物也。」但舉意之一字，則寂感體用悉具矣。意非念慮起滅之謂也，是生幾之動而未形，有無之間也。獨即意之入微。非有二也。意本生生，惟造化之機不克〔案：克字不明〕，則不能生。故學貴從收欲入。收欲即爲慎獨，此凝道之樞要也。孟子言不學不慮乃指孩提愛敬而言。今人以孩提愛敬便屬後天〔案：依分解說塘南本人亦如此，不但「今人」爲然也〕，而擴充四端皆爲下乘，只欲人直悟未有天地之先，言語道斷，心行處滅，乃爲不學不慮之體，此正邪說淫辭。〔案：此破斥是依不即不離而爲圓融地說，蓋即於流行發用之命而悟性也，離之則爲邪說淫辭。然依分解地說，亦可不即而離之，塘南本人亦如此。〕彼蓋不知盈宇宙間一氣也。即使天地混沌，人物消盡，只一空虛，亦屬氣耳。此至眞之氣本無終始，不可以先後天言，故曰「一陰一陽之謂道」。若謂別有先天在形氣之外，不知此理安頓何處？通乎此，則知「洒掃應對便是形而上者」。〔案：圓融地說，此固不錯。然此只是水與水性不離耳。然彼不亦有不即不混之說乎？〕（〈與賀汝定〉）

6.1 宇宙萬古不息，只此**生生之理**，無體用可分，無聲臭可即，亦非可以強探力索而得之。故後學往往到此無可捉摸處，便謂此理只是**空寂**，原無生幾，而以念頭動轉爲生機，謂是第二義，遂使體用爲二，空有頓分，本末不貫，而孔門求仁眞脈遂不明於天下矣。（同上）

6.2 此心之**生理**本無聲臭，而非枯槁，實爲天地萬物所從出之原，所謂性也。生理之呈露脈脈不息，亦本無聲臭，所謂**意**也。凡有聲臭可睹聞皆形氣也。形氣云者，非血肉粗質之謂。凡一切光景閃爍、變換不常、滯礙不化者皆可睹聞，即形氣也。形氣無時無之，不可著亦不可厭也。不著不厭，亦無能不著不厭之體。若外不著不厭，而內更有能不著不厭之體，則此體亦屬聲臭，亦爲形氣矣。於此有契，則終日無分動靜，皆**眞性**用事，不隨境轉，而習氣自銷，亦不見有**眞性之可執**，不言收歛，自得其本然之眞收歛矣。（〈寄汝定〉）

6.3 夫本心常生者也。自其生生而言，即謂之事。故心無一刻不生，即無一刻無事，事即本心。故視聽言動、子臣弟友、辭受取予，皆心也。「洒掃應對便是形而上者」。學者終日乾乾只默識此心之生理而已。時時默識，內不落空，外不逐物，一了百了，無有零碎本領之分也。（〈答周時卿〉）

6.4 此理，至大而至約，惟「**虛而生**」三字盡之。其虛也，包六合以無外，而無虛之相也。其生也，徹萬古以不息，而無生之迹。只此謂之**本心**。時時刻刻還他本來，即謂之學。（〈與歐克敏〉）

6.5 太虛之中，萬古一息綿綿不絕，原無應感與不應感之分。識
得此理，雖瞑目獨坐，亦應感也。時時應感即時時是動也，
常動即常靜也。一切有相即是無相。山河大地、草木叢林，
皆無相也。**眞性本無杳冥**，時時呈露即有相也。相於無相，
了不可得。言思路絕，強名之曰**本心**。（同上）

6.6 本性眞覺原無靈明一點之相。此性遍滿十方，貫徹古今。蓋
覺本無覺。孔子之無知，文王之不識不知，乃眞知也。若有
一點靈明不化，即是識神。放下識神，則渾然先天境界，非
思議所及也。（〈答鄒子〉）

〔案：本性眞覺是由本性而發眞覺。眞覺無覺相，連一點靈
明相亦無。此「渾然先天境界」。此先天是已發之先天，不
是性之為先天。「非思議之所及」，是眞心無相之不思議，
尚非性體之不思議。〕

案：以上七條皆是圓融地說。明道喜言此，皆甚美也。然同時亦有
分解地說，而分解地說則有多端，皆可至此圓融之境。明道善言
此，象山陽明而至近溪皆善言此，甚至朱子亦可言此。然而不礙分
解地說之異。今王塘南亦作此圓融之妙談，然而其分解地說卻非良
知教，最後倒反近于朱子，以採用「然與所以然」之方式分發與未
發，由未發以說性故也。性不容言，只是一生之理。而呈露則是生
之實。所謂「生生之密機」、所謂「默運」、所謂「萬古一息綿綿
不絕」、所謂「澄然無念生生之眞幾」，皆呈露也、皆發也，即言
思路絕而「強名本心」的相于無相之呈露之發也，無相眞心、澄然
無念，皆發也。凡發皆後天。若以此廣義之發籠統概括心之一切

（知覺意念），則此一切，依朱子，馬上可視之為氣、為形而下者；惟未發之性為理、為先天、為形而上者。然依塘南之受薰于王學之門下，本心、知、意，似乎又不能視為氣。可是依「知覺意念總是性之呈靈，皆命也，不無習氣隱伏於其中」，「命有質者也」（師泉語）諸語而觀，則似乎又不能視之為不是氣，如是，凡心之流行（性之呈露之實、生機之默運）皆發也、皆氣也，亦即皆一氣之流行。言至此，塘南當有模稜（尷尬）之感矣。歸陽明乎？陽明不受也。歸朱子乎？而又不明說本心、知、意為氣。然發與未發分得如此顯豁，其亦必終歸于朱子而已矣，至少亦與朱子為近，只差不言格物窮理，而言透性研幾。透性研幾，則「**本體宇宙論的體悟**」之意味重，而致良知教之**道德實踐**之勁力全減殺矣。「收斂入微，反躬密體，漸悟生生真機」，此一思路即示遠離良知教，儘管良知教非不函此義。正是「發屬心，未發屬性」之分之過也。而陽明之**心即理，心即性**，良知即性體即中體即道體即生理，即首出庶物者，凡此已大白者復又縮回去而不能言矣。是故圓融地說者雖妙，而又不能無分解地說，而分解地說者卻正是問題之所在。是故：

7. 性命雖云不二，而亦不容**混稱**，蓋自其**真常不變之理**而言曰性，自其**默運不息之機**而言曰命。一而二、二而一者也。《中庸》「天命之謂性」，正恐人於命外求性，則離體用而二之，故特發此一言。若執此語，遂謂性命果無分辨，則言性便剩一命字，言命便剩一性字。而盡性至命等語皆贅矣。故曰性命雖不二，而亦不容**混稱**也。盡性者完我**本來真常不**

> 變之體，至命者極我純一不息之用。而造化在我，神變無
> 方，此神聖之極致也。（〈答鄒子尹〉）

案：性命自其不離而言，則有圓融地說，自其不即（不容混稱）而
言，則有分解地說。而此分解地說卻正是問題之所在。如此分性
命，視命爲性體之發用（呈露）亦非《中庸》《易傳》言性命之原
義，此只可視爲師泉塘南對于原義之誤轉（滑轉）或新規定。此不
要緊，因爲他有對于詞語賦予以新義之自由，但須自覺。至于視
「知」亦爲命，則非陽明之旨，此所謂正是問題之所在也。

8. 朱子格物之說本於程子。程子以窮至物理爲格物。性即理
   也。性無內外，理無內外，即我之知識念慮與天地日月、
   山河草木鳥獸，皆物也，皆理也。天下無性外之物，無理
   外之物。故窮此理至於物物皆一理之貫徹，則充塞宇宙，
   綿亘古今，總之一理而已矣。此之謂窮理盡性之學，與陽
   明致良知之旨又何異乎？蓋自此理之昭明而言謂之良知。
   良知非情識之謂，即程門所謂理也、性也。良知貫徹於天
   地萬物，不可以內外言也。通乎此，則朱子之格物非逐
   外，而陽明之良知非專內明矣。〔……〕（〈答楊晉山〉）

案：此種和會不能決定什麼。若如此顢頇，則皆無異，又豈但朱子
與陽明無異乎？

9.《易》曰「乾知大始」，此「知」即天之明命，是謂性體，

非以此知彼之謂也。

《易》曰「坤作成物」，此「作」即**明命**之**流形**，是謂**性之用**，非造作強爲之謂也。〔……〕（〈答龔修默〉）

案：此又以「知」爲性體。此正陽明之旨也。但卻又說知是先天之發竅，屬後天，是性體之呈露。即使視之爲「天之明命」而言之爲性體，此體亦當是「體用之間」之體，而不能直視之爲先天未發之性體也。

10. 性不容言。知者性之靈也。知非識察、照了、分別之謂也，是性之虛圓瑩徹、清通淨妙、不落有無，能爲天地萬物之根，彌六合、亙萬古，而炳然獨存者也。性不可得而分合增減，知亦不可得而分合增減也。而聖凡與禽獸草木異者，惟在明與蔽耳。是故學莫大於「致知」。（〈語錄〉）

案：縱使如此言知，亦非良知教之本旨，乃套于「悟性修命」、「透性研幾」而言者也。說「知是性之靈」可，說是「心之靈」亦可。說是「**心之靈**」是**分析地**說，說是「**性之靈**」是**綜和地**說。心、知屬命，總不是性；雖密切爲一，亦不是性。如是，總說心、知是**氣之靈**，亦無不可。如是，則歸于朱子。摭拾陽明之言而範域于性命中者也。

11. 心體之知非作意而覺以爲知，亦非頑空而無知也。是謂天

德之良知。致者極也，還其本然而無虧欠之謂。（同上）

案：此即所謂「知在體用之間」，總屬先天之發竅者也，是性之呈露，屬于命，而非即性也。「收歛入微，反躬密體，慚悟生生眞機」，所謂「極深研幾」，即就此呈露而言也，知意俱在內。然依陽明，良知即是性、即是中、即是理，並無如此之分疏也。又依良知敎，「致良知」亦不是「研幾」中還體用之間的良知（雖亦云天德良知）之「本然無虧欠」之謂，（蓋若如此，則良知亦可有虧欠，有虧欠即非良知），乃是推致之于意與物以誠意與正物而使之全體朗現之謂。

12. 問：陽明以知善知惡爲良知，此與情識何別？曰：善惡爲情識。知者天聰明也，不隨善惡之念而遷轉者也。（同上）

案：此分別諦當。以知善惡之知爲情識是誤解。塘南雖知此爲誤解，然其言良知非依良知敎而言，乃依悟性修命、透性研幾而言。

13. 問：情識既非良知，而孟子所言孩提之愛敬、見入井之怵惕、平旦之好惡、嘑蹴之不受不屑，皆指情上言之何也？曰：**性不容言**，姑即情以驗性，猶如即煙以驗火，即苗以驗種。後學不達此旨，遂認定愛敬怵惕好惡等以爲**眞性在是**，則未免執情而障性矣。（同上）

案：此依性命之分別而言，與上錄第6條中所言者不同，那是圓融地說。又，依孟子，愛敬、怵惕、好惡等即是性。後學如此認定不誤也。塘南之所達者非孟子義。蓋再于此分別情與性，然與所以然，那是無意義者，徒為重疊，頭上安頭，至少亦是另一套，而非孟子義，亦非陸、王義，走上「性即理，而非心即理」之一路，此乃就存有論的體悟以言性，體悟之為一「只存有而不活動」之理（先天、未發、無為而不容言之理），而非就道德實踐之可能以言性。

14. 或謂只將一念之愛，擴而充之，至於無不愛，便是仁，不必深探性體之仁，此與執知善知惡為良知，而不深探性體之知者無異。噫！性學之晦久矣！（〈仁知說〉）
自本性之中涵生理曰仁，自本性之中涵靈通曰知。此仁知皆無聲臭，故曰性之德也。若惻隱是非乃仁知之端倪，發用於外者，是情也，所謂性之用也。後儒以愛言仁，以照言知，遂執此以為學，是徒認情之流行，而不達性之蘊奧矣。（同上）

案：仁知必統攝于性而為性體之仁、性體之知。雖是性體之仁、性體之知，亦屬先天之發竅，不過在體用之間而已。至若惻隱是非之心（愛與照）則只是情、只是用。如此分疏非孟子義，亦非陽明義。

15. 斷續可以言念，不可以言意。生機可以言意，不可以言

心。虛明可以言心，不可以言性。至於性，則不容言矣。
（〈語錄〉）

16. 性之生而後有氣有形，則直悟其性足矣，何必後天之修手？曰非然也。夫徹古今，彌宇宙，皆後天也。先天無體，舍後天亦無所謂先天矣。故必修於後天，正所以完先天之性也。（同上）

17. 性無為，而後天有修。然則性為兀然無用之物手？曰非然也。性無體，而天地萬物由之以生。通乎此，則謂一塵一毛皆先天可也。一切皆性，性之外，豈更有天地萬物哉？（同上）

案：以上三條有分解說，有圓融說，終歸于「悟性修命」。此一系統非王學，順其分解地言性之思路說，卻近于朱子，只差「知在體用之間」之一語，由此而言悟性修命、透性研幾，而不言格物窮理。「知在體用之間」使此系統既非王學，以依王學，知即是體故；亦非全為朱學，以朱子無如此之知故，朱子不言「知覺意念總是性之呈露」故；亦走不上「以心著性」（盡心化氣以成性）之一路，以「以心著性」與良知首出終歸為一故，心即是性之主觀地說，性即是心之客觀地說，最後心性皆是體，心即是性即是理，並不言心為性之發竅屬後天故。此一系統是由誤解良知（不但以「知善知惡之知為情識為不足恃」為誤解，即視之為體用之間、為先天之發竅，亦是誤解），而復攟拾良知，扭曲而成。全部〈江右學案〉其中除東廓、南野、明水外，皆如龔定菴〈病梅館〉所說對于梅施以扭曲以求美，而實病梅而不美，焉得謂為「得王學之傳」

乎？在「悟性修命」之系統中，性爲未發之理，爲無爲，爲不可說。其餘皆是發，皆屬于命。無相眞心，澄然無念，作爲「生生之密機」之意，作爲先天之發竅而在體用之間之知，皆是發，因此，凡屬「心」者皆是發。如是，則性體或性理乃只是理，只是一存有論的存有，而不能是即存有即活動者，即此，遂使此一系統近于朱子，而卻不如朱子之清楚一貫。它把性體之活動義全劃爲性體之呈露，屬後天，而不復即是性體之自己。故既非王學，亦走不上「以心著性」之一路。蓋不能通貫先秦儒家之舊以眞切于濂溪橫渠明道之體悟之故也。

　　以下試言「以心著性」一路之集大成者之劉蕺山。

第六章 劉蕺山的慎獨之學

第一節 綜述

1.劉蕺山之學乃乘王學之流弊而起者。其言王學之弊云:「今天下爭言良知矣。及其弊也,猖狂者參之以情識,而一是皆良;超潔者蕩之以玄虛,而夷良於賊。」(《劉子全書》卷六,〈證學雜解〉解二十五。)此數語,吾前曾屢引過,並謂此是人病,非法病。但何以王學偏有此人病?蓋王學者顯教也。凡心學皆顯教。若無真實工夫以貞定得住,稍有偏差,便流于此人病。良知之妙用是圓而神者。雖云「良知之天理」,然天理在良知之妙用中呈現,則亦隨從良知妙用之圓而神而亦為圓而神地呈現。圓而神者即于人倫日用,隨機流行,而一現全現也。良知為一圓瑩之純動用,而無所謂隱曲者,此即所謂「顯」。其隨機流行,如珠走盤,而無方所,然而又能泛應曲當,而無滯礙,此即所謂圓而神,而亦是「顯」義也。順「本心即理」而行,直方大,不習无不利,沛然莫之能禦,實事實理坦然明白,自應如此。此蓋即康德所謂神聖意志:他所應當是的即是他所必然地自會是的。若依象山的話頭說,即是「當惻

隱自會惻隱」。這是一條鞭地順「本心即理」之本心為一呈現而說，故為顯教也。但人亦有感性之雜。所謂「即于人倫日用，隨機流行，而一現全現」，其一現全現者豈真是良知之天理乎？得無情識之雜乎？混情識為良知而不自覺者多矣。此即所謂「猖狂者參之以情識，而一是皆良」也。此流弊大體見之于泰州派。至于專講那圓而神以為本體，而不知切于人倫日用，通過篤行，以成己成物，則乃所謂「超潔者蕩之以玄虛，而夷良於賊」也。此流弊大抵是順王龍溪而來。然流弊自是流弊，教法自是教法。言本心即理、言良知，這只是如象山所謂先辨端緒得失。並非一言本心即理、一言良知，便保你能「沛然莫之能禦」也。故進一步須言「致良知」，而象山亦言「遷善改過，切己自反」，須時時有賴于「博學、審問、謹思、明辨、篤行」也。若真能依四句教從事「致良知」之篤行工夫，則亦可無此流弊。猖狂者自是猖狂，混雜者自是混雜，何與于良知教耶？故云是人病，非法病也。

　　2.然既隨此教法而有如此之流弊（人病），則乘此流弊之機而重新反省，亦可重開一新學路。乘此機雖可重開一新學路，然並非因此即能證明王學之為非是。此不過更端別起（不是象山所說的「異端」），重新予以調整，直下能堵住那種流弊而已。

　　此更端別起，重開一新學路者，即是「歸顯于密」，即，將心學之顯教歸于慎獨之密教是也。《大學》、《中庸》俱言慎獨。依劉蕺山，《大學》之言慎獨是從心體說，《中庸》之言慎獨是從性體說。依此而有心宗性宗之分。從心體言慎獨，則獨字所指之體即好善惡惡之「意」是也。「意蘊於心，非心之所發也。」是以意與念不同。「意之好惡一機而互見」，好善即惡惡，反之亦然，故互

見，雖有好惡，而實爲一機，此顯意爲超越層。「念之好惡兩在而異情」，有善有惡爲兩在，兩在即異情，此顯念爲感性層。故「意根最微，誠體本天。」蘊于心，淵然有定向者，即意也。「誠」就意之實言，故意根即誠體。誠者眞實无妄之謂。如「意之好惡一機而互見」之實而實之而不自欺，即爲誠。將動字轉爲形容詞即曰誠體。此誠體之好善惡惡之中即藏有知善知惡之良知，此即意之不可欺。故「知藏於意，非意之所起。」此即第一步先將良知之顯教歸于「意根最微」之密敎也。然意與知俱屬于心，而心則在自覺活動範圍內，劉蕺山所謂「心本人者也」。自覺必有超自覺者以爲其體，此即「隱乎微乎穆穆乎不已者乎」之性體。劉蕺山云：「性本天者也」。「天非人不盡，性非心不體。」盡者充盡而實現之之謂，體者體驗體現而體證之之謂。「天非人不盡」者，意即天若離開人能即無以充盡而實現之者。「性非心不體」者，意即性體若離開心體即無以體驗體現而體證之者。體證之即所以彰著之。是則心與性之關係乃是一形著之關係，亦是一自覺與超自覺之關係。自形著關係言，則性體之具體而眞實的內容與意義盡在心體中見，心體即足以彰著之。若非然者，則性體即只有客觀而形式的意義，其具體而眞實的意義不可見。是以在形著關係中，性體要逐步主觀化、內在化。然在自覺與超自覺之關係中，則心體之主觀活動亦步步要融攝于超越之性體中，而得其客觀之貞定——通過其形著作用而性體內在化主觀化即是心體之超越化與客觀化，即因此而得其客觀之貞定，既可堵住其「情識而肆」，亦可堵住其「虛玄而蕩」。此是第二步將心體之顯教復攝歸於性體之密敎也。經過以上兩步歸顯于密，最後仍可心性是一。是故劉蕺山云：

> 性情之德有即心而見者，有離心而見者。即心而言，則寂然
> 不動，感而遂通，當喜而喜，當怒而怒，當哀而哀，當樂而
> 樂，由中導和，有前後際，而實非判然分為二時。離心而
> 言，則維天於穆，一氣流行，自喜而樂，自樂而怒，自怒而
> 哀，自哀而復喜，由中導和，有顯微際，而亦非截然分為兩
> 在。然即心離心，總見此心之妙，而心之與性不可以分合言
> 也。（〈學言中〉）

「即心離心總見此心之妙」即見此心之形著作用也。「而心之與性
不可以分合言」即最後總歸是一也。然既有即心離心，則亦可以分
合言。「即心」即合，「離心」即分。然此分合只是為的「先作心
性之分設，以便明其形著之關係以及自覺與超自覺之關係」之過程
中的方便之言，而最真實的洞見實在那最後不可以分合言而總歸是
一也。此中有一獨特之機竅，此可從兩面而見。㈠心性之所以能總
歸是一者，因劉蕺山所說之心，不是朱子所說之形而下的「氣之
靈」之心，乃是「意根最微」之意與良知之知，除繼承陸、王所說
之心外，復特標出作為「心之所存」之意，此種心仍是超越的道德
的自由自律之真心，而非與理為二之格物窮理之心（認知意義的
心）；又，其所言之性亦不是朱子「性即理」之性，即作為「只是
理」之性，只存有而不活動之性，乃是本「於穆不已」而言之性，
乃是「即存有即活動」之性，其內容與自心體而說者完全相同，不
過一是客觀而形式地說，一是主觀而具體地說，故兩者既顯形著之
關係以及自覺與超自覺之關係，復能不可以分合言而總歸是一也。
若如朱子所了解之心與理（性）則不能是一也。㈡象山本孟子言本

心即性，以為「情、性、心、才都只是一般物事，言偶不同耳。」
（《孟子·告子》〈公都子問性善〉章以及〈牛山之木〉章都涉及
情字才字。情，實也，指性之實言，非情感之情。才亦指性之能
言，非一般之才能。情與才不是兩個獨立的概念。故象山說「都只
是一般物事」是對的。）然當李伯敏再問時，則答曰：「若必欲說
時，則在天者為性，在人者為心。此蓋隨吾友而言，其實不須如
此。」（參看第一章）。象山以為只就它們「都只是一般物事」著
實「理會實處，就心上理會」，便自能通曉。否則徒「騰口說，為
人不為己。」雖然如此，然性與心究竟是兩個字眼。「為人」的方
便亦是需要的。是故「若必欲說時，則在天者為性，在人者為
心。」象山此說亦劉蕺山所謂「性本天者也，心本人者也」之意。
對于此種字眼，基本處蓋有共同之理解，不會相差太遠。「在天者
為性」，「天」是自然義、定然如此義，亦含有客觀地說之之意。
故就其自然而客觀如此而言，則謂之性。「在人者為心」，人是人
能義、主觀的自覺活動之意。故就其能自覺活動而呈現其為如此如
此者，則謂之心。實即是一也。象山雖如此分說，然彼特重在心，
只就心說，而且一說便說到極，並不分別地特說性天之尊，此其所
以為心學，亦為顯教也。象山如此，陽明亦如此。彼于〈答羅整菴
少宰書〉中亦言：「理一而已。以其理之凝聚而言，則謂之性；以
其凝聚之主宰而言，則謂之心」云云。所謂「理之凝聚」意即理之
收歛凝聚于個體，即謂之為性。理之散開而統攝天地萬物，則謂之
為道。性與道（天）皆是客觀地說，此亦是「本天者也」。「以其
凝聚之主宰而言，則謂之心」，心之自覺活動為知為意即能彰顯並
定住性之主宰義，心即是性、即是主宰。心是主觀地說，此亦是

「本人者也」。胡五峰《知言》云：「氣之流行，性為之主；性之流行，心為之主。」前句是客觀地說，本天者也。後句是主觀地說，本人者也。「性之流行，心為之主」，此通于陽明所說「以其凝聚之主宰而言則謂之心」也。性之所以能流行而成其為性全靠「心為之主」。故胡五峰又云：「心也者知天地宰萬物以成性者也」。「心為之主」，此主即是心之自覺活動能彰顯而形著之以成其為性。「成性」之成是形著之成，故其為性之主亦是形著之主。心性之別只是同一實體之主客地說之異。象山、陽明、五峰、蕺山皆如此理解也。唯陽明雖亦如此分說性與心兩字眼，然彼與象山同，亦是特重心體、知體，且只就良知說，而且亦是一說便說到極，並不分別地特說性天之尊，性天只是捎帶著說，終于良知即是性，心體即是天（重看前第四章丙中之第三辯），此其所以為心學，亦為顯教也。但蕺山歸顯于密，則必先特設性天之尊，分設心性，以言形著關係以及自覺與超自覺之關係，以「見此心之妙，而心之與性不可以分合言」，而總歸是一也。及其總歸是一，則與心學亦無以異矣。故吾在《心體與性體》中總說此兩系為同一圓圈之兩來往，而可合為一大系也。雖可合為一大系，而在進路上畢竟有不同，是故義理間架亦不同，一為顯教，一為歸顯于密也。由以上兩面，既與伊川、朱子不同，又與陸、王不同，而見其為一獨特之間架，故我總說宋明儒當分為三系也。

　　蕺山與胡五峰為同一義理間架，此蓋承「北宋初三家之由《中庸》《易傳》回歸于《論》《孟》」而來者。此一承之而來乃必然者。先由《中庸》《易傳》回歸于《論》《孟》（回歸至明道而圓），故繼之必有以《論》《孟》來形著《中庸》與《易傳》者。

胡五峰是南宋初期直接承北宋三家而言形著者；劉蕺山則是經過陸、王之特尊《論》《孟》，而由歸顯于密，再言此形著者。宋明儒講學恢復儒家，其所依據經典不過《論語》、《孟子》、《中庸》、《易傳》，與《大學》。自北宋濂溪起，至明末最後一個理學家劉蕺山止，以九人（濂溪、橫渠、明道、伊川、五峰、朱子、象山、陽明、蕺山）為支柱，其發展乃實是一息息相關有機之發展。于中，伊川、朱子乃歧出者，以《大學》為中心，不自覺走上「以知識之路講道德」之途徑，遂轉成橫攝系統，有類于西方所謂本質倫理，已非先秦儒家之縱貫系統矣。象山興起，特尊《論》《孟》，先辨端緒之得失，乃將伊川、朱子之歧出扭轉過來，重見先秦儒家縱貫系統之舊。北宋前三家由《中庸》《易傳》回歸于《論》《孟》，亦是縱貫系統者。五峰、蕺山繼之，言以心著性，亦仍是縱貫系統者。故此一系可與陸、王合而為一大系也。必如此了解，則宋明儒之發展，雖如此其繁富，亦可瞭如指掌矣，而蕺山慎獨之學亦可得其定位矣。

3.吾人依三系之分，定蕺山學之位；依「歸顯于密」了解其慎獨之學之性格。如此了解，方能大體得之而不謬。蕺山所留文獻甚多，重重複複，其旨歸不過是以心著性，歸顯于密。此種間架脈絡，很少人能見出，即黃梨洲亦不真能懂其師也。其《明儒學案》中〈蕺山學案〉顯得無綱領而雜亂。彼固亦知其師之學之特點為誠意慎獨，然「以心著性，歸顯于密」之全譜，慎獨之學之獨特的精神與獨特的義理間架，則不能知。因此，雖鈔錄一大堆，而無頭緒，顯得凌亂，而軟疲無力。又加上蕺山之辯駁言論多不如理，或多無實義，時不免明末秀才故作驚人之筆之陋習；其說法多滯辭，

自不如象山陽明之精熟與通暢。若于此不加簡別，而無輕重地集鈔于一起，則必覺其為一團混亂。吾曾就《劉子全書》，卷一〈人譜〉，卷二〈讀易圖說〉，卷五〈聖學宗要〉，卷六〈證學雜解〉（二十五則），卷七〈原旨〉（共七篇），卷八〈說〉（二十四首），卷九〈問答〉，卷十、十一、十二、〈學言〉上中下，卷十九〈論學書〉，各重要部分，或全錄，或選錄。因此，得窺其義理之全豹，瑕瑜互見，知其中何者是主旨，何者是糠粃，何者是險語，何者是實語，何者不如理，何者無實義。若能不為其所眩惑，則立可以有簡別而予以抉擇矣。

蕺山子劉汋作〈蕺山年譜〉（《全書》卷四十上下），于六十六歲下，十二月書〈存疑雜著〉，繫之云：

> 先生平日所見，一一與先儒牴牾。晚年信筆直書，姑存疑案，仍不越誠意、已未發、氣質義理、無極太極之說。於是斷言之曰：「從來學問只有一個工夫。凡分內分外、分動分靜、說有說無，劈成兩下，總屬支離。」又曰：「夫道一而已矣。知行分言，自子思子始；誠明分言，亦自子思子始；已未發分言，亦自子思子始。仁義分言，自孟子始；心性分言，亦自孟子始。動靜有無分言，自周子始。氣質義理分言，自程子始。存心致知分言，自朱子始。聞見德性分言，自陽明子始；頓漸分言，亦自陽明子始。凡此，皆吾夫子所不道也。嗚乎！吾舍仲尼奚適乎？」

案：此種說法即無實義，乃故作驚人之筆之險語，而且亦有不合事

實者。故此類話可置之也。劉汋在此段文下，復附注云：

> 按先儒言道分析者，至先生悉統而一之。先儒心與性對，先生曰：「性者心之性」；性與情對，先生曰：「情者性之情」；心統性情，先生曰：「心之性情」；分人欲爲人心，天理爲道心，先生曰：「心只有人心，道心者人心之所以爲心」；分性爲氣質義理，先生曰：「性只有氣質，義理者氣質之所以爲性」；未發爲靜，已發爲動，先生曰：「存發只是一機，動靜只是一理」；推之，存心致知，聞見德性之知，莫不歸之於一。

案：此亦無實義。即使可以這樣一之，又何礙於分別說耶？若膠著於此而講其學之性格，必迷失旨歸而至於面目全非。劉汋非能知其父者也。

又〈年譜〉於六十六歲下，冬十一月著〈證學雜解〉及〈良知說〉，劉汋於此作附注云：

> 按先生於陽明之學凡三變，始疑之，中信之，終而辨難不遺餘力。始疑之，疑其近禪也。中信之，信其爲聖學也。終而辨難不遺餘力，謂其言良知以《孟子》合《大學》，專在念起念滅用工夫，而於知止一關全未勘入，失之粗且淺也。夫惟有所疑，然後有所信。夫惟信之篤，故其辨之切。而世之競以玄渺稱陽明者，烏足以知陽明也歟？

茲查《劉子全書》卷八，〈良知說〉云：

> 陽明子言良知，最有功於後學。然只是傳孟子教法，於《大學》之說終有分合。〈古本序〉曰：「大學之道誠意而已矣。誠意之功格物而已矣。格物之極止至善而已矣。止至善之則致良知而已矣。」宛轉說來，頗傷氣脈。〔案：傳孟子教法有何不好？以孟子講《大學》，雖不必合《大學》本義，然自「管歸一路」而言，如此講之，亦自是正大之儒家義理。只應就良知教之義理而了解良知斯可矣，不必以《大學》為主而看輕孟子，且斤斤較量於不明確之《大學》本義而橫難良知教也。〕
>
> 至龍溪所傳天泉問答〔案：即〈天泉證道記〉〕，則曰：「無善無惡者心之體，有善有惡者意之動，知善知惡是良知，為善去惡是格物。」益增割裂矣。即所云良知，亦非究竟義也。〔案：四有句是良知教全部系統之濃縮，有何割裂可言？此即心中以《大學》為主而看輕孟子，並斤斤較量於不明確之《大學》本義而橫難良知教也。又，所云良知有何不究竟處？良知是孟子所言，孟子亦不究竟耶？此足見蕺山於《孟子》並無實得。何不暫將《大學》與陽明放下，虛曠其心，回頭就實處重新理會《孟子》耶？〕
>
> 「知善知惡」與「知愛知敬」相似而實不同。知愛知敬，知在愛敬之中。知善知惡，知在善惡之外。知在愛敬中，更無不愛不敬者以參之，是以謂之良知。知在善惡外，第取分別見，謂之良知所發則可，而已落第二義矣。〔案：此真成虛

妄分別，全無是處。又，「落第二義」，此復陷於聶雙江、羅念菴之窩臼。〕且所謂知善知惡，蓋從「有善有惡」而言者也。因有善有惡而後知善知惡，是知為意奴也，良在何處？又反無善無惡而言者也。本無善無惡，而又知善知惡，是知為心祟也，良在何處？〔案：此則完全穿鑿，無一是處。如此「辨難不遺餘力」，有何益哉？〕

且《大學》所謂致知，亦只是致其「知止」之知。「知止」之知即「知先」之知，「知先」之知即「知本」之知。惟其知止、知先、知本也，則謂之良知亦得。知在止中，良因止見。故言知止，則不必更言良知。若曰以良知之知知止，又以良知之知知先而知本，豈不架屋疊牀之甚乎？〔案：知止、知先、知本之知是虛位字，而良知是實體字，如何可混？此皆是穿鑿，不通之甚！此即是斤斤於《大學》之文字來橫施纏夾也。〕

且《大學》明言「止於至善」矣，則惡又從何處來？〔案：此問無理。〕心意知物總是至善中全副家當，而必事事以善惡兩糾之！若曰去其惡而善乃至，姑為下根人說法，如此，則又不當有「無善無惡」之說矣。有則一齊俱有，既以惡而疑善，無則一齊俱無，且將以善而疑惡。更從何處討「知善知惡」之分曉？〔案：此即纏夾，橫施疑難。心中如此不明徹，則所謂「中信之」，信何耶？豈信一如此不通之良知教耶？良知教若如此不通，焉得「為聖學」？〕

只因陽明將「意」字認壞，故不得不進而求良於知。仍將「知」字認粗，又不得不進而求精於心。種種矛盾，固已不

待龍溪駁正，而知其非《大學》之本旨矣。〔案：並無矛盾
可言。龍溪亦未駁正。《大學》之本旨亦難定。蕺山並未切
實了解良知教。只以本旨不明確之《大學》為定準有何益
哉？自伊川、朱子特重《大學》後，繼起者皆集中于《大
學》，本末顛倒，甚可怪也。〕

《大學》開口言明德。因明起照，良知自不待言。而又曰：
「良知即至善，即未發之中」，亦既恍然有見於「知」之消
息，惜轉多此「良」字耳。然則良知何知乎？「知愛」而已
矣，「知敬」而已矣，「知皆擴而充之，達之天下」而已
矣。〔案：此後一知與知愛知敬兩者並不可一律。〕格此之
謂格物，誠此之謂誠意，正此之謂正心，舉而措之謂之平天
下。〔案：此又大類象山。〕陽明曰：「致知焉盡之矣」。
余亦曰：「致知焉盡之矣」。〔案：若如此，則以上諸辨駁
皆成廢辭。汝之「致知焉盡之矣」又將是何一套？《大學》
知止知本之知不可以良知言，其中亦無知愛知敬之良知，汝
將良知參進來作甚？此即是纏夾不順，而又曰「致知焉盡之
矣」！〕

觀此〈說〉，知其辨駁完全不行，此即其不如理、多滯辭，不可以
為準也。《全書》卷十二〈學言下〉亦有一條類乎此說中之辨駁，
如：

「有善有惡意之動，知善知惡知之良」，二語決不能相入，
則知與意分明是兩事矣。將意先動而知隨之耶？抑知先主而

意繼之耶？如意先動而知隨之，則知落後著，不得爲良。如
知先主而意繼之，則離照之下安得更留鬼魅？若或驅意於心
之外，獨以知與心，則法唯有除意，不當誠意矣。且自來經
傳無有以意爲心外者。求其說而不得，無乃即知即意乎？果
即知即意，則知良意亦良，更不待言。

案：此辨駁亦不通。依陽明，知與意本屬兩事。意爲意念，屬感性
層者；知爲良知，屬超越層者。如此方可有「致知以誠意而正物」
之功，安得有「如意先動而知隨之，則知落後著，不得爲良；如知
先主而意繼之，則離照之下安得更留鬼魅」之難？意本可上下其
講，汝能確定《大學》之「意」必是汝所說之「意根最微」（心之
所存）之意乎？致知誠意格物是從四有句說。實然的意本是受感性
影響的意，及其被誠以後，則即轉化而爲純善，亦如劉蕺山所謂
「化念還心」也。此時說「即知即意」，或「即意即知」，皆無不
可。蓋陽明所說之良知本是統攝四端而言者，「良知只是個是非之
心，是非只是個好惡，只好惡就盡了是非，只是非就盡了萬事萬
變。」（見前第三章第一節）。蕺山把「意」上提于這個好惡處
講，把「知」即藏于這個好惡處，這皆無不可，這亦爲陽明說之所
函或所許，只是陽明未先點出這超越意義的「意」而已，汝今點出
之，自是佳事。但縱點出之，吾人仍有現實上受感性影響的意——
意念之意。陽明說「誠意」即誠這個意也。誠者使其不實而有自欺
者純歸于實而無一毫自欺者之謂。及其歸于實而無自欺，則即轉爲
超越層純善之意，亦即無意之意。在此，說意爲心之所存，淵然有
定向，意根最微，誠體本天等等，皆無不可。但如此言意，則

「誠」字即無對治之實功義，只是如其實而還之而已。只專一在此講慎獨以見道德實踐之實功，這當然也可以；但本此以化那受感性影響的意念之意豈不也是實功，而且是更切實之實功？故蕺山之說自可成立，但不必辨難良知教。其穿鑿辨難大抵皆無謂，不可以為準。若據其辨難，以為良知教真有問題，則全成誤解。

又《全書》卷十九，〈答史子復二〉中有云：

> 竊嘗論之，據僕所窺，《大學》之道誠意而已矣。陽明子之學致良知而已矣。而陽明子亦曰：「《大學》之道誠意而已矣。」凡以亟復古本以破朱子之支離，則不得不遵「古本以誠意為首傳」之意，而提倡之。至篇終乃曰：「致知焉盡之矣」，又鄭重之曰：「致知存乎心悟。」亦何怪後人有矛盾之疑乎？〔案：何矛盾之有？〕前之既重正心，而曰：「眼中著不得金玉屑。」後之又尊致良知，而以「知是知非」為極則。於學問宗旨已是一了百當，又何取此黍稗雙行之種子，而姑存之，而且力矯而誠之？誠其有善，固可斷然為君子；誠其有惡，豈不斷然為小人？卒乃授之「知善知惡」，而又「為善而去惡」，將置「《大學》之道誠意而已矣」一語於何地乎？僕不敏，不足以窺王門宗旨。抑聊以存所疑，竊附於整菴、東橋二君子之後。倘陽明子而在，未必不有以告我也。

案：此書所言尤荒謬！致知以誠意，誠意是「誠其有善」，「誠其有惡」乎？有如此講者乎？誠「未窺王門宗旨」者也。「《大學》

之道誠意而已矣」，是說工夫總歸結在誠意，亦因意之誠不誠乃是總關鍵所在也。「欲誠其意，先致其知。」「致知焉盡之矣」，蓋此正是實現此「誠其意」者。此有何矛盾可言？儘管《大學》之致知不必是「致良知」，但致知以誠意，致知是所依以達到誠意者，這語脈總是對的。爾乃作無謂之周納，究何益哉？

〈學言下〉有一條與此書所說相類而較詳，不厭煩，仍錄之如下：

古本聖經而後，首傳誠意，前不及「先致知」，後不及「欲正心」，直是單提直指，以一義總攝諸義。至末又云：「故君子必誠其意。」何等鄭重。故陽明先生〈古本序〉曰：「《大學》之道誠意而已矣。」豈非言誠意而格致包舉其中，言誠意而正心以下更無餘事乎？乃陽明宛轉歸到致良知為《大學》宗旨。大抵以誠意為主意，以致良知為工夫之則。蓋曰誠意無工夫，工夫只在致知，以合乎「明善是誠身工夫，博文是約禮工夫，惟精是惟一工夫」之說，豈不直截簡要？乃質之誠意本傳，終不打合。及考之修身章「好而知其惡，惡而知其美」只此便是良知。〔案：〈修身章〉此兩語中之「知」並不表示良知，焉可如此牽合？〕然則致知工夫不是另一項，仍只就誠意中看出。如離卻意根一步，更無致知可言。予嘗謂好善惡惡是良知。舍好善惡惡，別無所謂知善知惡者。好即是知好，惡即是知惡。非謂既知了善，方去好善；既知了惡，方去惡惡。審如此，亦安見其所謂良者？乃知知之與意只是一合相，分不得精粗動靜。且陽明既

以誠意配誠身、約禮、唯一，則莫一於意，莫約於誠意一
關。今云「有善有惡意之動」，善惡雜揉，向何處討歸宿？
抑豈《大學》知本之謂乎？如謂誠意即誠其「有善有惡」之
意，誠其有善固可斷然爲君子，誠其有惡豈不斷然爲小人？
吾不意良知既致之後，只落得做半個小人！若云致知之始有
善有惡，致知之終無善無惡，則當云：「《大學》之道正心
而已矣」始得。前之既欲提宗於致知，後之又欲收功於正
心，視誠意之關直是過路斷橋，使人放步不得，主要在何
處？

案：陽明之致良知教自是獨立一套，不過依附《大學》說之而已。
《大學》之致知固不必是致良知，然其所說之誠意卻未必不是《大
學》之原義。汝能確定《大學》之「意」必是汝所說之「意根最
微」之意，而決不是意念之意乎？說意是「心之所存」固好，說
「知藏於意」亦不錯，這只是另一套。在汝說誠意，在陽明即說致
良知，兩者之地位及層次皆相等，而「知之與意」既「只是一合
相」，又云「即知即意」，則說誠意豈不與致知等乎？在陽明，致
知以誠意（轉化意念），即等于蕺山之「誠意」以化念還心也。如
此消融豈不兩得？何苦穿鑿周納以橫破之？（破不如理爲橫破。）
陽明致知以誠意是將良知關聯著感性層之意念而期有以轉化之，此
開綜和領域。蕺山亦說念，復說治念，又說化念還心，但不說誠意
以化念，此則誠意格致以及正心等等都只成分析的，開不出綜和領
域（詳見下），反橫破陽明何耶？此示其窒塞不通，本可含有善消
融，而反成不消融！

〈學言下〉又有兩條云：

> 知在善不善之先，故能使善端充長，而惡自不起。若知在善
> 不善之後，無論知不善無救於短長，勢必至遂非文過，即知
> 善反多此一知，雖善亦惡。今人非全不知，只是稍後耳，視
> 聖人霄壤！知只是良知，而先後之間所爭致與不致耳。
> 起一善念，吾從而知之。知之之後，如何頓放此念？若頓放
> 不妥，吾慮其剜肉成瘡。起一惡念，吾從而知之。知之之
> 後，如何消化此念？若消化不去，吾恐其養虎遺患。總為多
> 此一起；纔有起處，雖善亦惡。轉為多此一念；纔屬念緣，
> 無滅非起。今人言致良知者如是。

案：此完全不解「知善知惡是良知」一語之意義，真不知其想到那
裏去了！大抵又落于聶雙江、羅念菴之圈套！然則汝言「知藏於
意」，「意知是一」之知又何用乎？總為不解良知與意念乃上下兩
層之綜和關係，致知以誠意（念）乃以超越層者化轉感性層者，遂
有此謬妄之疑難。

　4.吾歷舉此類文獻旨在明蕺山之辨駁多不如理，不可以為準。
此類文字置之可也。然其好處自不可掩。吾人只應就其正面實義而
觀其學之性格與踐履工夫之深微。辨駁之無實義者不暇一一舉正。

　蕺山生當明朝末年亡國之時，年六十八歲，于崇禎縊死煤山，
福王繼位南京不及一年被俘後，即「絕食二十日，勺水不入口者十
有三日」，殉國而死。彼是最後一位理學家，亦是為此學作見證
者，殊不易也，不能不令人起欽敬之心。

〈年譜〉于六十八歲絕食而死下，其子劉汋作綜結云：

> 先君子學聖人之誠者也。始致力於主敬，中操功於慎獨，而
> 晚歸本於誠意。誠由敬入，誠之者人之道也。「意」也者，
> 至善棲真之地，物在此，知亦在此。〔案：此語並不好講，
> 詳見下。〕意誠，則止於至善，物格而知至矣。〔詳見
> 下〕。意誠而後心完其心焉，而後人完其人焉。是故可以扶
> 皇綱、植人極、參天地，而爲三才也。〔……〕
> 先君子盛年用功過於嚴毅，平居齋莊端肅，見之者不寒而
> 栗。及晚年，造履益醇，涵養益粹，又如坐春風中，不覺浹
> 於肌膚之深也。
> 竊嘗論之，道統之傳，自孔孟以來，晦蝕者千五百年。有宋
> 諸儒起而承之，濂溪、明道獨契聖真。其言道也，合內外動
> 靜而一致之。至晦菴、象山而始分。陽明子言良知謂即心即
> 理，兩收朱、陸，〔案：此語不諦〕，畢竟偏內而遺外，其
> 分彌甚。〔案：亦不見得「彌甚」〕。至先君子而復合。先
> 君子之學以誠意爲宗，而攝格致於中。曰：「知本，斯知誠
> 意之爲本而本之；本之，斯止之矣。知止，斯知誠意之爲止
> 而止之；止之，斯至之矣。」（原注：見〈大學參疑〉。）
> 即內而即外，即動而即靜。體用一原，顯微無間。蓋自濂
> 溪、明道之後，一人而已。其餘諸子不能及也。

而〈年譜錄遺〉（《全書》卷四十下）云：

先生望之凜然，有不可犯之色；即之溫如，有可親就之容。
聽其言，則方嚴靜正，復肅而凝凝。

先生晚年德彌高，恭彌甚，節彌勁，氣彌和。

先生京兆里居，姚現聞希孟曰：「方今鳳翔千仞，爲萬鳥所
環歸，而弋人無所容其慕者，海内以劉先生爲第一人。其一
種退藏微密之妙，從深根寧極中證入，非吾輩可望其項背者
也。」

　　黄梨洲撰〈行狀〉（《全書》卷三十九），總論其學術，首
云：

先生宗旨爲愼獨，始從主敬入門，中年專用愼獨工夫。愼則
敬，敬則誠。晚年愈精微，愈平實。本體只是些子，工夫只
是些子，仍不分此爲本體，彼爲工夫，亦並無這些子可指，
合於無聲無臭之本然。從嚴毅清苦之中發爲光風霽月。

案：據此等評語，則蕺山學之風格大體可窺。首言其誠意愼獨之
學。誠意愼獨，此詞本身並不難解。但說「意也者，至善棲眞之
地，知在此，物亦在此」，此後兩語並不易解，因此，「意誠，則
止於至善，物格而知至矣」，以及「以誠意爲宗，而攝格致於
中」，凡此亦並不易解。蕺山于「知」于「物」糅合得極爲幽深曲
折而又隱晦。他說「知藏於意，非意之所起」，此知若繼陽明而爲
良知，則亦不難解。好善惡惡即是知善知惡，故知善知惡之良知即
藏于好善惡惡之意中。此無難也。但他同時又根據《大學》，把這

知滑轉而等同于知止、知本、知先之知，此則錯雜而難矣。蓋良知
是實體字，而知止、知本、知先之知則是虛位字，如何可等同耶？
他說物是「物有本末」之物，天下、國、家、身、心、意六項皆物
也。格物致知者格這六物而知意之為本，天下、國、家、身、心
為末也。如就「事」說，則「事有先後」，亦可說「格知誠意之為
本，而正、修、齊、治、平之為末。」如是，他說：「又就知中指
出最初之機，則僅有體物不遺之物而已，此所謂獨也。故物即是
知，非知之所照也。」（〈學言上〉）。「體物不遺之物所謂
獨」，此語難解。依其用語之習慣，獨即慎獨之獨、獨體之體，即
「意根最微」之意也。然意之為物只是六項中之一項，尚有作為末
之物，即天下、國、家、身、心是也。就知之「最初之機」而言，
則「體物不遺」之物，如此物字有實義，則似乎不能只是「獨」，
當該是六項之物。如此，始可說「物即是知，非知之所照也。」蓋
「非知之所照」一語意在對遮陽明。六項之物何以能說「即是知，
非知之所照」？蓋蕺山云：「身者天下國家之統體，而心又其體
也。意則心之所以為心也。知則意之所以為意也。物則知之所以為
知也，體而體者也。物無體，又即天下國家身心意知以為體。是之
謂體用一原，顯微無間。」（〈學言上〉）。又云：「心無體，以
意為體；意無體，以知為體；知無體，以物為體。物無用，以知為
用；知無用，以意為用；意無用，以心為用。此之謂體用一原，顯
微無間。」（〈學言下〉）。依此兩段話，可理解其所謂「物即是
知，非知之所照」一語之意。蓋「知無體，以物為體」，「物則知
之所以為知也，體而體者也。」此似是以能所之融一，攝所從能，
以物為知之體，為知之所以為知者，故云「物即是知，非知之所照

也。」然旣是能所融一，則「知無體，以物爲體」，此亦可函著說：散知歸物，知即是物，知即在物處見也。全物是知，全知是物。此是實踐的存有論的凝一說，非認知的關聯說。亦猶天臺家言「智與智處俱名爲般若，處與處智俱名爲所諦，是非智之智而言爲智，非境之境而言爲境。」蓋就蕺山學而言，知與六項之物俱在誠正修齊治平之實踐中而一起凝一地呈現也。如此說，則言「物即是知，非知之所照」似亦可通。蓋物只限于六項本末之物，亦即誠正修齊治平六種實踐中之物也。

但這是否是蕺山說該語之本意呢？蕺山何以說「就知中指出**最初**之機，則僅有體物不遺之物而已，此所謂**獨**也」，單就意根獨體說物呢？此若把「知」字只限於知本、知止、知先而說（此或可即是「最初之機」中「最初」字之所示），則此知即與意根獨體爲凝一；如是，則「物即是知，非知之所照」中之物即意根獨體之物。但若如此，則與「知藏於意，非意之所起」，「知則意之所以爲意」，爲同義之轉換語或循環語，「物」字爲多餘，六項之物成虛說。蕺山以誠意愼獨爲極功，其本意恐亦實是歸于此。如云：「《大學》之敎只要人知本。天下國家之本在身，身之本在心，心之本在意。意者至善之所止也。而工夫則從格致始。正**致**其**知止**之**知**，而**格**其**物**有本末之**物**，歸於**止至善**云耳。格致者誠意之功。功夫結在主意中，方爲眞功夫。如離卻**意根**一步，亦**更無格致可言**。故**格致**與**誠意二而一、一而二**者也。知止而定、靜、安、慮、得，所謂知至而後意誠也。意誠，則正心以上**一以貫之矣**。」（〈學言上〉）。如是，則格物致知即格意本之物，而致「知止」之知也。如是，則「就知中指出**最初**之機，僅有體物不遺之物，所謂獨

也」，正是知與意本之物相凝一，而非知與六項本末之物相凝一，故云「物〔意本之物〕即是知，非知之所照也。」「意誠，則正心以上一以貫之矣」，即由格知意本而誠之以貫其餘正修齊治平五項也。如是，知與意本之物為凝一，即是知與意為凝一，而「非知之所照」一語亦失對遮義，蓋此物字與陽明所說之「物」根本不同故也。同指者可對遮，不同指者，不成對遮。或者說，蕺山說此類語亦根本不必有對遮義，只是另一套說法耳。「意是心之所存，非心之所發」，亦不必有對遮義，蓋意若指意念而言，正亦可是心之所發也。「知藏於意，非意之所起」，亦不必有對遮義，蓋此語是表示意知為一，陽明亦可同意，蓋在蕺山說意，而在陽明則說知也，知之地位正同于意。同樣，「物即是知，非知之所照」，亦無對遮義。如是，此三聯只表示另一套說法，而不是對於同指者之否定判斷。對遮者只是表示吾之說法不同於汝所說者而已。但即使如此，若知只與意本之物相凝一，而說「意本之物即是知，非知之所照」，則物字終成贅詞，無實義，此只是將工夫向上提、向裡收，以言工夫之極則耳。蕺山該段話蓋即是說此義也。故該段總結云：「《大學》之教一層切一層，真是水窮山盡學問。原不以誠意為主，以致良知為用神者〔如陽明之所說〕。」（〈學言上〉）。

若如此，則只說意是知之「最初之機」即可，何必定說「物」字，而又說此物即「所謂獨也」耶？既必如此說，「物」字似不必為贅詞，亦可有實義。然則此實義將如何了解呢？曰：「物」字即示意之另一身分也。蓋依蕺山，物即是「物有本末」之物。如是，意是本物，心身家國天下即是末物。自這一系而言，意亦是物。此意本之物即知之「最初之機」，是「知之所以為知」，是「體而體

者也」。蓋前已言「知則意之所以爲意也」，即是意之體（「意無體，以知爲體」）。今又云意本之物是知之所以爲知，故此意本之物亦可以說是「體而體者也」。知既爲體矣（爲意之體），而此意本之物又是此知體底體，此豈非「體而體」者耶？此只是循環說，好像是玩弄字眼。然此種循環說，綜和起來似亦能啓發一實義。意本之物既是知之所以爲知（知之體），故此意本之物即是知，非知之所照。意本之物是終窮者，不可再有體。若必說其體，則必此一物散而爲天下、國、家、身、心、意、知之七項，而即以此七項爲其體，故曰「物無體，又即天下、國、家、身、心、意、知以爲體。」此意本之物若只轉過來復即知以爲體，則只是循環；若再加上天下、國、家、身、心、意，而說「即天下、國、家、身、心、意、知以爲體」，則不是循環，蓋只是意本之物這一「物」字之散開說，說之而示其內容而已，即本末之物這一全系再加上知本知止知先之知以爲此「意本之物」之體也──縱貫地本末說之，意爲本物，意同於知，賅括其他五項（一以貫之），綜體地內容地說之，則七項皆是「物」字之內容（其體）也。此即所謂幽深曲折，甚爲繳繞而又隱晦，而又有錯雜也。然而如此疏之，深固深矣，而其思理似亦甚爲明白，雖是有錯雜。

　　依以上之疏解，蕺山本《大學》講誠意慎獨之學，一切工夫全集中在誠意，故云「《大學》之道誠意而已矣。」「欲誠其意者，先致其知，致知在格物。」「格物」者即格究此意本之物而明之也。「致知」者即致「如其所究明之意本之物而知之」之知也，故云「物格而后知至。」這所至之知即是「知本」之知。意本之物是「至善棲眞之地」，是至善之所止處。故知本即知「止於至善」，

知本之知即知止之知也。「格致是誠意之功，故格致與誠意二而一、一而二者也。」此亦如象山所謂「格者格此，知者知此。」如此說格致並不歧出而為「即物而窮其理」，如朱子之所說；亦非「致良知之天理於事事物物，則事事物物皆得其理」，如陽明之所說。此誠意慎獨之學並非「致良知」教，此中並無「良知」字樣。「誠意」者即如格致所知之「意本之物」之為「心之所存」，「淵然有定向」，而如之也，而還之也，即如其實而實之也，即恢復意體之實而呈現之也，故動詞之「誠」字亦可轉為形容詞而名此意體曰「誠體」，即真實无妄之體，因而得曰：「意根最微，誠體本天」也。如此界定之「誠意」並非就「心之所發」之意念之有善有惡加誠之之功而使之為純善，如陽明之所說。蓋蕺山已將意與念分開矣，將《大學》之意提升至超越層，定為「心之所存之主」，而非視為受感性影響的「心之所發」之念也。如此界定之「誠意」，誠之之功首先在格致，此則從「知」說；其次在「慎獨」，此則從「行」說。只有戒慎恐懼于獨居閒居之時，而無一毫之自欺，此誠體始真能時時呈現。因此，此誠體亦曰「獨體」，即獨時不自欺不瞞昧所呈現之真實无妄之體也。此種工夫當然極其凝斂、極其寧靜。故姚希孟稱其有「一種退藏微密之妙，從深根寧極中證入。」吾謂之為「歸顯于密」並不誤也。如此講，亦甚簡單明了。然則何以又鬧成如蕺山所表達者那樣錯綜紛歧，幽深曲折，繳繞而又隱晦呢？此其故唯在混雜良知于其內，混良知與知本知止之知而為一，如此，遂鬧成許多不順適，以及許多無謂之循環與繳繞。以下試檢查之。

　　5.蕺山欲吸收良知教于誠意慎獨之學中而期作到歸顯于密，這

並不錯。就好善惡惡之意（心之所存以為主之意）而說知善知惡之良知（良知即是意之不可欺），好善惡惡即是知善知惡，故云「知藏於意，非意之所起」，此亦甚善，而且如此言良知，良知與意亦甚融洽。蓋意為實體字，良知在陽明亦為實體字也。如是，說意知是一亦得；說「知則意之所以為意」亦得，蓋因意之好善惡惡正因其知善知惡也；說「意則知之所以為知」亦得，（蕺山原無此語，就「物則知之所以為知」推之，可如此說），蓋知藏於意，好善惡惡即是知善知惡，好善惡惡以為「心之所存以為主」之意正所以使良知成為良知也，亦正使良知之知之所以成其為良也。蓋意與知是一，如此迴環說並無不可。又，推之，從體用方面說，亦可說：「心無體，以意為體；意無體，以知為體；『知無體，以意為體』〔蕺山原無此說，就其所以說之「知無體，以物為體」而意推如此說〕；『意無用，以知為用』〔蕺山原無此語，就其所說之「物無用，以知為用」而意推如此說〕；知無用，以意為用；意無用，以心為用〔亦可說「意知無用，以心為用」〕。」蓋知既是實體性的良知，則將之收在誠意學中，如此迴環說亦無不可。但如蕺山原文之所說，則不無問題。問題即在「就知中指出最初之機，則僅有體物不遺之物而已，此所謂獨也」，以及「物則知之所以為知」，「知無體，以物為體」，「物無用，以知為用」等語。蓋「意是心之所存，非心之所發」，「知藏於意，非意之所起」，這是一系；而「物即是知，非知之所照」，這又是另一系。此兩系並不能相入，而蕺山混而為一。蓋從知說到物，說「物即是知，非知之所照」，此中之「知」字並不必即是實體性的良知；縱使你把這「物」字規定為意本之物，所謂獨也，而此「知」字卻不必是以前

所說之「知藏於意」，意知是一之「知」。蓋此「知」字是由格物致知而說，而你所說之格物致知並不是良知教中之格物致知（致良知之天理於事事物物，使事事物物皆得其正）。你所說之格物是格究「物有本末」之物，致知是致那「物有本末，事有終始，知所先後，則近道矣」之知。歸本言之，致知是致那知本、知止、知先之知。此知是虛位字，並不是孟子陽明所說之實體性之良知，代表本心之良知。蕺山亦云：「且《大學》所謂致知亦只是致其知止之知。知止之知即知先之知，知先之知即知本之知。惟其知止，知先，知本也，則謂之良知亦得。知在止中，良因止見，故言知止，則不必更言良知。若曰以良知之知知止，又以良知之知知先而知本，豈不架屋疊床之甚乎？」（〈良知說〉，見前錄。）因知止知先知本而「謂之良知亦得」，實則並不得也。「知在止中，良因止見」，此豈孟子陽明說良知之意乎？「故言知止，則不必更言良知」，實亦無可以使吾人說良知者。「若曰以良知之知知止」云云，正好是表示不可說良知也，說良知實不通也。但蕺山卻把知止之知混同良知，以為知止之知即是良知，只是不必言耳，言之即成架屋疊床，而且不但架屋疊床，實根本不通也。把這虛位字的知止之知混同「知藏於意，意知是一」之實體字的知，遂一氣滾下，「一層切一層」，而說「物即是知，非知之所照」，又說「知無體，以物為體」（「物則知之所以為知」），「物無用，以知為用」，「物無體，又即天下、國、家、身、心、意、知以為體」。凡此數語皆是由混同「知止」之知與「知藏於意」之知而為一，滑轉混雜而說成者，故如此之不順而又迴環繳繞也。看似幽深曲折，而實繳繞隱晦；其所以然之故即在混雜也。若想收進良知教而說良

知，則不能說知止知本之知是良知。此猶肯定良知爲本體，而肯定良知之「肯定」不是本體；良知是良知，而知良知之知不是良知；上帝是上帝，而知上帝之「知」、信上帝之「信」，不是上帝。上帝是實字，知與信是虛字。良知是實字，知良知之知是虛字。意是實字，知止知本之知是虛字。若去此混同之混雜，只就「知藏於意」，意知是一說，則只能說：吾人若格致此意知是一以爲本，意誠而知亦呈現，則心亦正，身亦修，家亦齊，國亦治，而天下亦平，一以貫之矣。在此系義理下，亦可以說「知是意之所以爲意」，是意之體，蓋「意無體，以知爲體。」復可進而迴環說「意是知之所以爲知」，是知之體，蓋「知無體，以意爲體。」此是依據意知是一而爲如此迴環地說。此迴環地說是分解地迴環地說。在此系義理下，收進良知敎，復可以良知爲準，進而說「知無體，以天地萬物感應之是非爲體」云云，如陽明之所說。此種說「知無體」是作用地說。復可攝進四有句以化念還心，還爲純善之意。再進而復可說「明覺之感應爲物」，明覺與物是存有論地一體呈現。此時，明覺之知是無知之知，意是無意之意，心是無心之心，而物亦是無物之物，如四無句之所說。此即收攝良知敎而歸顯於密也。但在此融攝之下，決不能說「物即是知，非知之所照」。你只能終窮地說知與物爲存有論地一體呈現，全物是知，全知是物，此是圓融地說。在此圓融地說之之下，物亦是「知之所照」，而照之即實現之，此明良知明覺是存有論的實體性的良知，是創生直貫之良知，而非認知關係之照也；而物無物相（無物之物），亦非認知關係中作爲對象之物也。蕺山說「物即是知，非知之所照」，並非此圓融地說。他乃是混雜知止知本之知與「知藏於意」之知而爲一而

如此說者。知既是知止知本這虛位字的知，而其所知之止處與作為本者即是意本之物，所謂獨也。此意本之物即是知之「最初之機」，蓋格致之知重點在知本也。故就知之「最初之機」而言，則僅有「體物不遺」之物，所謂獨也。所謂「體物不遺」中之體字蓋即由格致之知之而說，知之即體之；而所體之物而不可遺者即是此意本之物之為獨體也。（「體物不遺」是借用《中庸》語，非其原意）。若知是「知藏於意」之知（實體性的良知），意知是一，則決不能說「僅有體物不遺之物，所謂獨也」之語。此語顯是由格致之知止知本而說至者。既由知止知本而說至此知所體之物而不可遺者即是意本之物之為獨體，而又將此知混同為良知，故云「知無體，以物為體」，又云「物即是知，非知之所照。」此兩語若真能表意，則只有根據「知藏於意」、意知是一而說，始能表意。若由格致之知止知本而說，則決不能表意。蓋就格致之知而言，則意本之物（所謂獨）決不能即是知，而且正是格致所究知者，正是認知地所照者。但蕺山卻正是混同此兩系而為一，而來回滑轉而說成此類幽深曲折，繳繞而又隱晦之語句。此正是急欲緊吸於一起，骨肉皮毛一把抓，而太緊吸之過也。蕺山好為緊吸於一起之說，所謂將分析為二者皆使一之，有是順適而極精采者，亦有不順適而混雜者，亦有無實義者。而此處之緊吸正是混雜者。

　　6.蕺山「物即是知，非知之所照」一語，我對之好久不能得其確解。初看之，覺其為驚人之筆；繼看之，覺其似有精義，而尋義難得；最後，將其有關之觀念彙集於一起而統觀之，每一觀念予以仔細認知，遂覺此一語之似有精義實由於混雜而成，故作如上之疏解。先順其語脈而順通其語意，然後再檢查其混雜。如去其混雜，

則皆暢通而順適矣，而此語亦可以不說。此語之實義只在「意知是一，意爲知之體」之一義；而在格致係絡裡說成「物即是知，非知之所照」，則由混雜滑轉而成，故可以解消也。解消已，則攝知於意，歸顯於密，即全部暢通矣。

如是，《大學》之格物致知，因蕺山誠意學之參入，可有三系之說法：

㈠格究「物有本末」之物而致知本知止之知。象山、王艮、蕺山皆屬此義。象山以「管歸一路」之精神說格者格此，知者知此，即格知孟子所說之本心以爲本也。王艮說「格知身之爲本，而家國天下之爲末」（淮南格物說），此直接本《大學》「修身爲本」而言也。蕺山說「格知誠意之爲本，而正修齊治平之爲末」，此即格知「意」以爲本也。依此系之說法，格物致知即在知本。「知」爲一般認知意義之虛位字，無實義，即不在成知識，而在知本也。而「物」字亦無實義。

㈡陽明之說法：格物是正物，致知是致良知。「知」是實體字，無認知的意義。致知以誠意而正物即成物也。「物」字有實義，或爲行爲物，或爲存在物；存在物或認知地知之，或存有論地成之。此是獨立之一套，不過依附《大學》來說而已。

㈢朱子「即物而窮其理」之說法：此是典型的認知意義的格物窮理以致知。致知即成知識也。此知字有實義。此是以知識之路講道德，故爲歧出，然最適合一般人之口味。

前兩系可以合爲一系，故旣可陸、王連稱，其被連稱，重點並不在象山所說之格致可以與陽明通也，因象山所說之格致其本身無實義故；又可與誠意學合而爲一，其可合而爲一，重點亦不在蕺山

所說之格致可以與陽明通也，因蕺山所說之格致其本身亦無實義也。格致既無實義，則只就「知藏於意」，而歸顯於密，便可使兩者合而爲一。不必就格致混知本之知之虛位字與良知之實體字而爲一，而說「物即是知，非知之所照」等不通順之語也。縱使《大學》之格致誠如蕺山之所說，然亦只是初步。既知意之爲本，攝良知於意本，進而仍可獨立地講陽明之一套，而不見有刺謬處。在此，既可恢復「意根最微，誠體本天」之誠體或獨體而呈現之，而使之主宰吾人之行爲，亦可致良知之天理（即意根之定則）於事事物物，使事事物物皆得其理，而化念還心也。良知天理之貫徹即意根誠體之貫徹。若物只限於天下、國、家、身、心、意六項本末之物，只要意根誠體一誠，則心自正、身自修、家自齊、國自治，而天下自平，此則一往爲分析的，此則太緊；而念無交待，而天地萬物亦進不來，此則太狹。若攝進良知教，此便撐得開，在「分析的」之下復撐開一綜和的領域。意根誠體與良知這兩者對於感性層之念即爲綜和的；而吾人亦總有感性層之念這一事實，此必須有以轉化之。在感性層之念上帶進正不正之「行爲物」；在「行爲物」中帶進天地萬物之「存在物」。對此存在物，既須認知地知之，又須存有論地成之；前者吸攝朱子之「道問學」，後者仍歸直貫系統之創生，如前〈王學章〉之所說。如此，門庭始廣大。若如蕺山誠意慎獨之太緊與太狹，則念無交待，而天地萬物亦進不來，心譜即不全。然而性宗中確有天地萬物也。兩者必須相應，然後方能言形著關係，而總歸心性是一也。

　　以上屬於心宗之誠意慎獨極爲糾結難解，故詳疏如上。此而暢通，則心宗與性宗之關係即易明矣，此在下節順蕺山原文即可明

白，在此不須詳釋。

　　7.現在再就其踐履造詣境界略說幾句。在此方面，其齋莊端
肅、凝斂寧靜之風格大類朱子。但不同於朱子者，朱子是外延型
的，而蕺山是內容型的。朱子之底子是即物窮理，心靜理明。蕺山
之底子是誠意慎獨，「從深根寧極中證入」。黃梨洲說他「從嚴毅
清苦之中發爲光風霽月」，其嚴毅清苦類朱子，而底子不同也。劉
汋亦說其父「盛年用功過於嚴毅，平居齋莊端肅，見之者不寒而
栗。及晚年造履益醇，涵養益粹，又如坐春風中，不覺浹於肌膚之
深也。」凡此皆類朱子，而底子不同。姚希孟說其「退藏微密之
妙，從深根寧極中證入，非吾輩可望其項背。」此則說的最爲恰
當。此即其歸顯於密，所以爲內容型者也。正因爲歸顯於密，故顯
得太緊。「從嚴毅清苦之中發爲光風霽月」，正顯緊相也。此雖可
以堵絕情識而肆，虛玄而蕩，然而亦太清苦矣，未至化境。若再能
以顯教化脫之，則當大成。王學門下，如泰州派所重視者，正嚮往
此化境。汝以歸顯於密救其弊，彼亦可以顯教救汝之緊。此中展轉
對治，正顯工夫之無窮無盡；任一路皆是聖路，亦皆可有偏。未至
聖人，皆不免有偏。然而劉蕺山亦不可及。其〈人譜〉所述工夫歷
程，如一曰微過，獨知主之；二曰隱過，七情主之；三曰顯過，九
容主之；四曰大過，五倫主之；五曰叢過，百行主之：此工夫歷程
可謂深遠矣。無人敢說能作至何境，此所以成聖之不易也。在佛
家，斷無明成佛亦同樣不易。關此，可參看《佛性與般若》〈天臺
部・位居五品〉章。吾在該處最後亦引及劉蕺山之〈人譜〉，藉以
互明。讀者取而比觀，可知工夫之無窮無盡，而且不只是一籠統之
無窮無盡，且可知此中之切實關節，使吾人可遵循以歷至者。是以

吾人亦可以說成聖成佛乃永不能至者，只是一向之而趨之理想；但同時亦可以說成聖成佛乃當下頓時可至者，非永不能企及者。此中問題深遠，盡見該處，此處不論。

〈人譜續篇三〉、〈改過說一〉中有云：

> 天命流行，物與无妄，人得之以爲心，是謂本心，何過之有？惟是氣機乘除之際，有不能無過不及之差者。有過而後有不及，雖不及亦過也。過也，而妄乘之，爲厥心病矣。乃其造端甚微，去無過之地所爭不能毫釐，而其究甚大。譬之木，自本而根而幹而標，水自源而後及於流，盈科放海。故曰：涓涓不息，將成江河。綿綿不絕，將尋斧柯。是以君子**慎防其微**也。防微則時時知過，時時改過。俄而授之**隱過**矣，當念過，便從當念改。又授之**顯過**矣，當身過，便從當身改。又授之**大過**矣，當境過，當境改。又授之**叢過**矣，隨事過，隨事改。改之，則復於無過，可喜也。過而不改，是謂過矣。雖然，且得無改乎？凡此，皆卻妄還眞之路，而工夫喫緊總在微處得力云。

案：此從誠意慎獨處卻微過、隱過、顯過、大過、叢過之妄而歸於无妄之眞也。儒家曰過曰妄，佛家曰無明，教路異，名言異，而義類則一也。儒家微過處之妄，獨體主之者，即類於佛家之同體無明也。隱過、顯過、大過、叢過則類乎佛家之見思惑與塵沙惑矣。象山明本心，陽明致良知，蕺山講誠意慎獨，皆只略舉工夫之端緒，然大要皆是切實可行者。只要一念自反，著手進行，便可洁機徐

引，放流致海。豈是渺茫無端涯而徒爲玄談者乎？

第二節　引文獻以作系統的陳述

1.《劉子全書》卷二，〈語類二・易衍〉第七章：

> 君子仰觀於天而得先天之《易》焉。「維天之命，於穆不已」，蓋曰天之所以爲天也。「是故君子戒慎乎其所不睹，恐懼乎其所不聞」，此慎獨之說也。至哉獨乎！隱乎，微乎，穆穆乎不已者乎！蓋曰心之所以爲心也，則心一天也。獨體不息之中而一元常運，喜怒哀樂四氣周流。存此之謂中，發此之謂和，陰陽之象也。四氣一陰陽也，陰陽一獨也，「其爲物不貳，則其生物也不測。」故中爲天下之大本，而和爲天下之達道。「及其至也，察乎天地。」至隱至微，至顯至見也。故曰體用一原，顯微無間，君子所以必慎其獨也。此**性宗**也。

案：〈易衍〉共四十二章，此第七章合《中庸》《易傳》而爲「先天之易」，由此而言性宗之慎獨，戒慎恐懼於不睹不聞之獨時而呈現性體也。於獨時呈現性體，故此性體亦曰「獨體」。此性體以「維天之命於穆不已」來規定，「至哉獨乎！隱乎，微乎，穆穆乎不已者乎！」《中庸》說此爲「天之所以爲天」。統天地萬物而言曰「天」，即道體也，即創造的實體也，吾亦名之曰「創造性之自己」。對個體而言，則曰性體。性體與道體，立名之分際有異，而

其內容的意義則一也。說「性體」，乃自其為固有而無假於外鑠，為自然而定然者而言，故象山云：「在天者為性，在人者為心。」而蕺山亦云：「性本天者也，心本人者也。」（〈易衍〉第八章，見下）。此所謂「在天」或「本天」，即自然而定然義。吾亦說性體與道體是客觀地言之，即就其為自然而定然者而客觀地言之也。說此「隱乎，微乎，穆穆乎不已者乎」之性體乃是分解地顯體以言之，然此性體不空懸，必與「喜怒哀樂四氣周流」為一體而運，此是具體地融即地言之；而喜怒哀樂亦是自其自然者而言，故亦屬於性宗也。「存此之謂中，發此之謂和」，此言中和亦自性宗而言也，順性體而來之自然之中和也，亦客觀地說之之中和也。

　　2.〈易衍〉第八章：

> 君子俯察於地而得後天之易焉。夫性本天者也，心本人者也。天非人不盡，性非心不體也。心也者覺而已矣。覺故能照。照心常寂而常感。感之以可喜而喜，感之以可怒而怒，其大端也。喜之變為欲、為愛；怒之變為惡、為哀。而懼則立於四者之中，喜得之而不至於淫，怒得之而不至於傷者。合而觀之，即人心之七政也。七者皆照心所發也。而發則馳矣。眾人溺焉。惟君子時發而時止，時返其照心而不逐於感，得易之逆數焉。此之謂後天而奉天時，蓋慎獨之實功也。

　　案：此為**心宗**之慎獨，慎獨之實功。實功在心處見，其要即誠意，此為《大學》之慎獨。「先天之易」從「天命不已」處說起，是超

越地客觀地言之，由之以言道體性體也。性體本天，即本乎其自然而定然如此而無增損於人爲者也。人爲雖不能增損之，然而卻可以盡而體之。盡而體之者是心，故「心本人者也」，言本乎人之自覺活動反顯超越的意根誠體與良知，從事於誠意致知（照蕺山系統理解），以彰著乎性體也，即盡而體之也。性本天，心本人，天人對舉，即示性體固有，自然而定然，而心體則表現人能也。橫渠云：「心能盡性，人能弘道也。」以心成性，以心著性，橫渠首言之，五峰繼而特言之，至蕺山分性宗與心宗，歸顯於密，而大顯。此一系義理乃承北宋首三家之規模，經過伊川、朱子之歧出，陸、王心學之扭轉，而爲綜和地開出者。

又，由「先天之易」說性體，由「後天之易」說心體，此先後天非如康德所說之「超越的」與「經驗的」之對反，乃大類其所說之「超絕的」與「內在的」（內處的）之對反。因爲蕺山所說之心體並非是經驗的心或感性的心，或形而下的氣之靈之心。說「後天」只表示心之自覺活動之能是「囿於形」者，是後於個體之形成而彰其用者，然而其好善惡惡之意與知善知惡之知（良知）本身卻是超越的、形而上的，並非是經驗的或感性的或形而下的。性體道體是客觀言之的「創造性自己」（創造的實體），是本體宇宙論地創生過程中之創生個體者（乾道變化各正性命），故由「先天之易」說性體，此「先天」即表示性體是超絕的、客觀的，是超越地創生萬物者，即〈性宗章〉所謂「獨體不息之中而一元常運」也。此超絕的「創生實體」（即超越地創生萬物之「創生實體」），當通過心體之自覺活動以形著之之時，即轉爲內在的（內處的），意即主觀化。

又，此由「後天之易」而說的心即是「照心常寂而常感」之心，即「本心」也，故是超越的心。此由其意與知底作用而見。順此超越的本心之意體與知體而發動，則喜、怒、哀、樂（欲）、愛（好）、惡與懼之七政皆合當然之理之度，而不溺，而不逐於感。然而不皆能順本心之意體與知體而發動也。吾人有感性，常受感性之影響，故七政之發動常不免於「馳」。若陷溺於馳中，則七政皆亂矣。故「眾人溺焉。惟君子時發而時止，時返其照心而不逐於感，得《易》之逆數焉。」其所以能逆回來，即在其有超越的本心（意與知）以為主，故能不逐於感而且不馳也。故實功唯在誠意慎獨。

又，心宗之慎獨猶在自覺活動範圍內。在此自覺活動範圍內，意知是終極的，故意曰意體，知曰知體，因此得名曰超越的本心。此本心之所以為本心正在其類乎超絕而客觀的性體，由性體之然而然也。故前〈性宗章〉說性體是「心之所以為心」。此即由自覺者而進至超自覺者。由自覺說心，由超自覺說性。性是心之性，心是性之心。性是心之性，「則心一天也」──心形著性而融即於性，則人也而亦天也，自覺即超自覺也，故陸王逕直說心就是性。心是性之心，則性一人也，超自覺者即由自覺而見，性內在於心而主觀化，則天也而亦人也。是故性與心之別只是同一實體之客觀地言之與主觀地言之之別耳。客觀地言之之性即是「心之所以為心」，言心雖活動而不流也，流則馳而逐於感，即非心也，是則性即是心之客觀性，即活動即存有也。主觀地言之之心即是性之所以得其具體而真實的意義者，言性雖超絕而客觀而卻不蕩也，蕩則空洞而不知其為何物也，即非性矣，是則心即是性之主觀性，即存有即活動

也。是故「心性不可以分合言」，而總歸是一也。

　　蕺山就意是心之所存以及知藏於意而亦說意與知是「心之所以為心」，此「所以」是內處的所以，即內在於心而說其所存以為主也，即說其自身之超越的本質也。說性是「心之所以為心」，此「所以」是超絕的所以，統就意知之心而言其超自覺的超絕性與客觀性也。

　　以上〈易衍〉兩章，點出性宗與心宗，是蕺山慎獨學之綱領。其他千言萬語皆是順此綱領而展轉引申者。

　　3.《劉子全書》卷七，〈語類七・原性〉云：

　　　告子曰：「性無善無不善也。」此言似之而非也。夫性無性也，況可以善惡言？然則性善之說蓋為時人下藥云。

　　　夫性無性也，前人言之略矣。自學術不明，戰國諸人始紛紛言性。立一說，復矯一說，宜有當時三者之論。故孟子不得已而標一善字以明宗。後之人猶或不能無疑焉。於是，又導而為荀、揚、韓；下至宋儒之說益支。

　　　然則性果無性乎？夫性，因心而名者也。盈天地間一性也，而在人則專以心言。性者心之性也。「心之所同然者理也」，〔案：此是借用孟子語，非其本義〕，生而有此理之謂性，非性為心之理也。〔案：性就於穆不已之獨體理解，生而有此獨體創生之理也。〕如謂：心但一物而已，得性之理以貯之而後靈，則心之與性斷然不能為一物矣。吾不知徑寸之中，從何處貯得如許性理，如客子之投懷而不終從吐棄乎？〔案：此隱指朱子而言。〕

盈天地間，一氣而已矣。氣聚而有形，形載而有質，質具而有體，體列而有官，官呈而性著焉。於是，有仁義禮智之名。仁非他也，即惻隱之心是；義非他也，即羞惡之心是；禮非他也，即辭讓之心是：智非他也，即是非之心是也。是孟子明以心言性也。而後之人必曰心自心，性自性，一之不可，二之不得，又展轉和會之不得，無乃遁己乎？〔案：此就心宗說。孟子「以心言性」與蕺山之「以心著性」因而主「以心言性」稍有不同也，亦可說大有不同。〕

至《中庸》，則直以喜怒哀樂逗出中和之名，言天命之性即此而在也。此非有異指也。惻隱之心，喜之變也；羞惡之心，怒之變也；辭讓之心，樂之變也；是非之心，哀之變也。是子思子又明以心之氣言性也。子曰：「性相近也。」此其所本也。而後之人必曰理自理，氣自氣，一之不可，二之不得，又展轉和會之不得，無乃遁己乎？嗚乎！此性學之所以晦也。〔案：此就性宗說。就性宗說，則說理與氣，即性體之理與喜怒哀樂之氣融即於一起，一體呈現也。如此融即於一起，性體之理即在喜怒哀樂之中和處見（即此而在）。如此融即，亦不礙仍可以分合言。朱子之病不在其以分合言，而在其「性即理」之理為只是理，為只存有而不活動者，為不就於穆不已之體而言者。在性宗處說喜怒哀樂，在心宗處則說四端之心，或說七政如〈易衍〉第八章之所說。在心宗處，雖「以心言性」，甚至可說心即是性，而心性仍可以分合言。朱子之病不在其以分合言，而在其心性不能是一也。〕

然則尊心而賤性可乎？夫心囿於形者也。〔案：此其所以由
「後天之易」而說。〕形而上者謂之道〔道體性體〕，形而
下者謂之器也。上與下一體而兩分，而性若踞於形骸之表，
則已分有常尊矣。〔案：此性之所以由「先天之易」而說，
而爲超絕而客觀的。〕故將自其分者而觀之，燦然四端，物
物一太極；又將自其合者而觀之，渾然一理，統體一太極。
此性之所以爲上，而心其形之者與？〔案：心形著性。「形
之」之形是動詞，非「囿於形」之形。〕即形而觀，無不上
也。〔案：「即形」之形是「囿於形」之形，形而上下之
形。即形而觀，性與心皆形而上也。〕離心而觀，上在何
所？懸想而已！〔案：若離開心，則性之上亦不可見，即不
知其爲何物也。〕我故曰：告子不知性，以其外心也。
〔案：此句不相干。實不必就告子說。告子說性無善無不
善，是就生之謂性說，此與就於穆不已之獨體說性，因而說
「性無性」，完全不相干。古人於此等處大體皆疏闊。不獨
蕺山爲然也。〕

先儒之言曰：「孟子以後，道不明只是性不明。」又曰：
「明此性，行此性。」夫性何物也，而可以明之？但恐明之
盡，已非性之本然矣。爲此說者，皆外心言性者也。外心言
性，非徒病在性，並病在心。心與性兩病，而吾道始爲天下
裂。子貢曰：「夫子之言性與天道不可得聞也。」則謂「性
本無性焉」亦可。雖然，吾固將以存性也。

案：此〈原性〉文主旨甚佳，其言心與性之關係亦甚明。雖極言心

之妙用，仍保住性天之尊。心圈於形，而「性踞於形骸之表，分有常尊。」性自於穆不已之獨體而言，故「性無性，況可以善惡言？」無性而不可以善惡言，即不可以任何特定謂詞（特性）說之，即不可思議之「隱乎，微乎，穆穆乎不已者乎」之奧體也，而亦可以說它是粹然至善。此與胡五峰為同一思路。（五峰云：「性也者天地鬼神之奧也。善不足以言之，況惡乎哉？」又云：「性也者天地所以立也。」參看《心體與性體》第二冊〈五峰章〉。）然則王陽明言「無善無惡心之體」又何怪哉？蕺山於〈人極圖說〉開頭亦云：「無善而至善心之體也。」又云：「大哉人乎！無知而無不知，無能而無不能，其惟心之所為乎？《易》曰：天下何思何慮？天下同歸而殊塗，一致而百慮。天下何思何慮？無知之知，不慮而知；無能之能，不學而能。是之謂無善之善。」此豈非同於王龍溪所謂四無乎？於心尚可言「無善而至善」（無善之善），況性體乎？然蕺山於他處又時極力辨駁「無善無惡」之說，此心病之滯礙也。到真落實下來，自己復又明言之矣，而且直言「性無性」，王學尚未說到此也。

性無性，故不可言「明性」，只可言「存性」。如何存？曰：即由誠意慎獨形著而存之也。此意甚徹。

4.同卷〈原學中〉云：

極天下之尊而無以尚，體〔新本作「享」〕天下之潔淨精微，純粹至善，而一物莫之或攖者，其惟人心乎？向也，委其道而去之，歸之曰性，人乃眩鶩於性之說，而倀倀以從事焉，至畢世而不可遇，終坐此不解之惑以死，可不為之大哀

乎？

自良知之説倡，而人皆知此心此理之可貴，約言之曰：「天下無心外之理。」舉數千年以來晦昧之本心，一朝而恢復之，可謂取日虞淵，洗光咸池。然其於性猶未辨也。

予請一言以進之曰：天下無心外之性。惟天下無心外之性，所以天下無心外之理也。惟天下無心外之理，所以天下無心外之學也。而千古心性之統可歸於一，於是，天下始有還心之人矣。

向之妄意以爲性者，孰知即此心是；而其共指以爲心者，非心也，氣血之屬也。向也，以氣血爲心，幾至仇視其心而不可邇；今也，以性爲心，又以非心者分之爲血氣之屬，而心之體乃見其至尊而無以尚，且如是其潔淨精微，純粹至善，而一物莫之或攖也。唯其至尊而無以尚也，故天高地下，萬物散殊，惟心之所位置，而不見其迹。惟其潔淨精微，純粹至善，而一物莫之或攖也，故大人與天地合德，日月合明，四時合序，鬼神合吉凶，惟心之所統體，而不尸其能。此良知之蘊也。然而不能不囿於氣血之中，而其爲幾希之著察有時而薄蝕焉。或相什百，或相千萬，或相倍蓰而無算，不能致其知者也。是以君子貴學焉。學維何？亦曰與心以權而反之知，則氣血不足治也。（原注：舊鈔「惟心之所統體」句下，作「其有不然者，氣血病之也。夫氣血則亦何所不至乎？以天下之至尊而乘以天下之至紛，則尊者有時而辱也；以天下之至潔而乘以天下之至汙，則潔者有時而染也。此亦心之至變也。君子曰：心不離氣血而不雜於氣血者也，吾第

心還其心焉。心得其職,而氣血俯首聽命,惟吾之所治云爾。」)

於是順致之以治情,而其爲感應酬酢之交可得而順也;於是逆致之以治欲,而其爲天人貞勝之幾可得而決也;於是精致之以治識,而其爲耳目見聞之地可得而清也;於是雜致之以治形、治器,而其爲吉凶修悖之途可得而準也。(原注:舊鈔「於是順致之」等語作「其微者以治念,而動靜起伏之端可得而辨也;其著者以治欲,而天人貞勝之幾可得而決也;其精者以治識,而耳目見聞之地可得而推也;其粗者以治形、治器,而吉凶修悖之途可得而準也。」)

凡此皆氣血之屬,而吾既一一有以治之,則氣血皆化爲性矣。性化而知之良乃致,心愈尊,此學之所以爲至也與?(原注:舊鈔「一一有以治之」下,作「則氣血皆化爲心矣。吾既以氣血化爲一心,而心之力量於是乎愈大,則天地之大,萬物之廣,又安往而不體備於一心?此心之所以爲妙,而學之所以爲至也。此之謂天下無心外之學也。」)

孟子曰:「人之所不學而能者,其良能也;所不慮而知者,其良知也。」古人全舉之,而陽明子偏舉之也。

案:此〈原學中〉一文甚佳,前半可賅括陸王心學以扭轉朱子之歧出與支離,後半則專就致良知言。若如此,則其〈良知說〉之辨難良知亦可以不作矣。據〈年譜〉,〈良知說〉作於六十六歲。劉汋於此附注云:「按先生於陽明之學凡三變,始疑之,中信之,終而辨難不遺餘力。」則此〈原學中〉一文蓋在〈良知說〉以前,「中

信之」之時所作。據〈年譜〉，六十五歲著〈原旨〉。〈原旨〉共七篇，〈原學〉上中下是其中之三篇。是則〈良知說〉與此〈原學中〉之作相差只一年。一年之間似不應有如此重大之轉變。依蕺山誠意慎獨之學，如作〈原學〉，當就誠意立言，不當專就致良知立言。其六十六歲所作之〈證學雜解〉第〈二十五解〉述學見志，即完全就誠意說，而同時亦辯駁良知也。其五十九歲、六十歲時所作之〈學言〉亦多有辨駁良知教者，其辨駁與六十六歲後所作者大致相同。不知何故於六十五歲作〈原學〉又專就致良知立言，對於良知教有如此之崇信。如以此代表「中信之」，則〈學言〉為「始疑」乎？六十六歲後為「終而辨難不遺餘力」乎？「終而辨難」又重歸於「始疑」乎？我觀其辨難多無理，實不如此〈原學中〉之能得其眞。誠意之學亦實可融攝良知教而不見有睽隔。然則其辨駁者蓋一時之糾結狀態所成之窒礙，未可視爲定論也。

　　5.同卷〈原學下〉云：

> 或問曰：均是人也，或爲聖人，或爲凡人，何居？曰：人則猶是，其心或異耳。曰：均是心也，或爲道心，或爲人心，何居？曰；心則猶是，其學或異耳。
>
> 何言乎學也？人生之初固不甚相遠矣。孩而笑，咈而啼，饑渴嗜欲有同然也。及夫習於齊而齊，習於楚而楚，始有或相徑庭者矣。生長於齊，既而習爲楚語焉，無弗楚也。生長於楚，既而習爲齊語焉，無弗齊也。此學之說也。心者齊楚之會也。而其知齊而知楚者，則心之所以爲道也。知齊之爲善也，而習於齊，又知楚之爲不善也，而益習於齊，則雖有之

楚焉者,蓋亦寡矣。然而當是時,心方居齊楚之會,忽有導
我以楚者,吾亦從而楚之矣。既楚之矣,仍導我以齊,弗顧
也。習於楚,安於楚矣。楚之人又相與咻之而變其善否之情
也,則亦唯知有楚而已矣。人之可使為不善,其性亦猶是
也。

然則善反吾習焉可乎?曰:奚為而不可也?前日之失足於楚
也,悮以楚為齊故也。果悟耳,一日而憬然,一日而齊之人
矣。今而後第謀所以習乎齊者。吾耳習於聽,而何以聽無不
聽?非能益吾以聰也,吾知吾聽而已矣。吾目習於視,而何
以視無不明?非能益吾以明也,吾知吾視而已矣。吾口習於
言,而何以言無不從?非能益吾以從也,吾知吾言而已矣。
吾貌習於動,而何以動無不恭?非能益吾以恭也,吾知吾動
而已矣。吾知吾聽,而天下之聲皆習於聰矣。吾知吾視,而
天下之色皆習於明矣。吾知吾言,而天下之言皆習於從矣。
吾知吾動,而天下之動皆習於恭矣。吾知吾知,而天下之知
皆習於獨矣。

雖然,猶未離乎習也。請進而性焉。靜而與陰俱閉,不欲其
淪於偷也。動而與陽俱開,不欲其流於蕩也。又調之為喜怒
哀樂之節,盎然而春也,殷然而夏也,肅然而秋也,慘然而
冬也,無所待而習,無所待而知也。此之謂通乎晝夜之道而
知,則時習之竟義也。或聞之曰:旨哉聖人之學也!而無以
加於習,習其可以不慎乎?(原注:「請進而性焉」下,新
本作「吾何以知視聽言動之必出於齊乎?習於齊,忘於齊
矣。忘於齊,並無楚矣。並無齊若楚之圍吾知矣,而吾之心

　　乃渾然而得全於天，則時習之竟義也。故學以盡性爲極則，
　　而厥功則在愼習始焉。」）

案：此〈原學下〉亦專就致良知而言也。知吾視聽言動，則視無不
明、聽無不聰、言無不從、動無不恭。知即良知之知也。以良知之
知超越乎視聽言動之上，超越地順適而調節之，即貞定之，則視聽
言動無不明、聰、從、恭也。依此類推，知善知惡是良知也，知吾
良知之知，則良知之知皆習於獨矣。「習於獨」，則良知之知不逐
境而遷，乃越乎所知者之上而爲主並且能化惡而一於善也。依陽
明，良知之知即是獨知，不必「知吾知」，始「習於獨」；良知是
不習无不利者，否則焉得稱爲良？今說「知吾知」，則知善知惡是
在不自覺狀態中；順此不自覺狀態，反而知之，則是自覺。「知吾
知」即是良知明覺之迴光返照也。反照而挺立其自己，即是反於獨
時之知之不昧也。此即爲「習於獨」。如此說亦可。「習於獨」，
猶未離乎習。習而久之，則良知之體如如呈現，歸於「無知之知」
之自然流行，則心也而亦即是天，習而進於性矣。此完全就心學良
知教而言，攝於誠意亦無不可也。然則其於良知「辨難不遺餘力」
不亦多餘乎？

　　6.《劉子全書》卷八，〈中庸首章說〉云：

　　或問《中庸》首章大旨。先生曰：盈天地間皆道也，而統之
　　不外乎人心。〔案：此猶胡五峰言：「性體流行，心爲之
　　主。」〕人之所以爲心者，性而已矣。以其出於固有而無假
　　於外鑠也，故表之爲天命云。「維天之命，於穆不已」，天

之所以爲天也。天即理之別名。此理生生不已處，即是命。以爲別有蒼蒼之天、諄諄之命者，非也。率此性而道在是，道即性也。修此性而教立焉，性至此有全能也。此三言者，子思子從大道紛紜，薄蝕之後，爲之探本窮源，一路指點，以清萬世之學脈，可謂取日虞淵，洗光咸池。然則由教入道者，必自復性始矣。道不可離，性不可離也。

君子求道於所性之中，直從耳目不交處，時致吾戒愼恐懼之功，而自此以往，有不待言者矣。其指此道而言道「所」不睹不聞處〔案：「所」字上當有「於」字〕，正獨知之地也。戒愼恐懼四字，下得十分鄭重，而實未嘗妄參意見於其間。獨體惺惺本無須臾之間，吾亦與之爲無間而已。惟其本是惺惺也，故一念未起之中，耳目有所不及加，而天下之可睹可聞者即於此而在，沖漠無朕之中萬象森然已備也。故曰：「莫見莫顯」。君子烏得不戒愼恐懼，兢兢愼之？

愼獨而見獨之妙焉。「喜怒哀樂之未發謂之中」，此獨體也，亦隱且微矣。及夫發皆中節，而中即是和，所謂「莫見乎隱，莫顯乎微」也。未發而常發，此獨之所以妙也。

中爲天下之大本，非即所謂天命之性乎？和爲天下之達道，非即所謂率性之道乎？君子由愼獨以致吾中和，而天地萬物無所不本、無所不達矣。達於天地，天地有不位乎？達於萬物，萬物有不育乎？天地此中和，萬物此中和，吾心此中和。致則俱致，一體無間。極之至於光岳效靈，百昌遂性，亦道中自有之徵應，得之所性之固然，而非有待於外者。此修道之教所以爲至也。合而觀之，溯道之所自來既已通於天

命之微，而極教之所由致又兼舉夫天地萬物之大，推之而不見其始，引之而不見其終，體之動靜顯微之交而不見其有罅隙之可言，亦可謂奧衍神奇，極天下之至妙者矣。而約其旨，不過曰慎獨。獨之外別無本體，慎獨之外別無工夫，此所以為中庸之道也。

〔此下多評往賢，略。〕

案：此言性宗之慎獨，同於前錄〈易衍〉第七章。此文據〈年譜〉作於五十四歲。

　　7.《劉子全書》卷十，〈學言上〉有以下諸條：

① 一元生生之理亙萬古常存。先天地而無始，後天地而無終。渾沌者元之復，開闢者元之通。推之至於一榮一瘁、一往一來、一晝一夜、一呼一吸，莫非此理。天得之以為命，人得之以為性，性率而為道，道修而為教，一而已矣，而實管攝於吾之一心。此心在人亦與之無始無終，不以生存，不以死亡，故曰：「堯舜其心至今在。」

② 喜怒哀樂性之發也；因感而動，天之為也。忿懥、恐懼、好樂、憂患，心之發也；逐物而遷，人之為也。眾人以人而汩天，聖人盡人以達天。

③《中庸》之慎獨與《大學》之慎獨不同。《中庸》從不睹不聞說來，《大學》從意根上說來。

④ 獨是虛位。從性體看來，則曰莫見莫顯，是思慮未起鬼神莫知時也。從心體看來，則曰十目十手，是思慮既起，吾心獨

知時也。然性體即在心體中看出。

⑤心一也，合性而言，則曰仁；離性而言，則曰覺。覺即仁之親切痛癢處。然不可以覺為仁，正謂不可以心為性也。〔案：此「不可」與伊川、朱子言不可不同。伊川、朱子言不可是真不可，而此不可卻亦可。〕又總而言之，則曰心；析而言之，則曰天下國家身心意知物。惟心，精之合意知物，粗之合天下國家與身，而後成其為覺。為覺，其為仁也。（原注：新本無此六字。）若單言心，則心亦一物而已。凡聖賢言心皆合八條目而言者也，或止合意知物言。維《大學》列在八目之中，而血脈仍是一貫，正是此心之全譜，又特表之曰明德。

⑥身者天下國家之統體，而心又其體也。意則心之所以為心也。知則意之所以為意也。物則知之所以為知也。體而體者也。物無體，又即天下國家身心意知以為體，是之謂體用一原，顯微無間。

⑦《大學》之言心也，曰忿懥、恐懼、好樂、憂患而已。此四者心之體也。其言意也，則曰好好色、惡惡臭。好惡者此心最初之機，即四者之所自來，所謂意也。故意蘊於心，非心之所發也。又就意中指出最初之機，則僅有知好知惡之知而已，此即意之不可欺者也。故知藏於意，非意之所起也。又就知中指出最初之機，則僅有「體物不遺」之物而已，此所謂獨也。故物即是知，非知之所照也。

⑧《大學》言心，到極至處便是盡性之功，故其要歸之慎獨。《中庸》言性，到極至處只是盡心之功，故其要亦歸之慎

獨。獨一也，形而上者謂之性，形而下者謂之心。〔案：此言形而下與普通所意謂者不同。形而下猶言形而後或有生而後也，即「心囿於形」之意。此與由「後天之易」說心體同。與朱子所說形而下者指氣言不同也。性是形而上者，此與由「先天之易」說性體同。詳見前錄〈易衍〉第八章。〕

⑨《大學》之教只要人知本。天下國家之本在身，身之本在心，心之本在意。意者至善之所止也。而工夫則從格致始，正致其「知止」之知，而格其「物有本末」之物，歸於「止至善」云耳。格致者誠意之功。功夫結在主意中方爲眞功夫。如離卻意根一步，亦更無格致可言。故格致與誠意二而一，一而二者也。

⑩知止而定靜安慮得，所謂「知至而后意誠」也。意誠，則正心以上一以貫之矣。今必謂知止一節是一項工夫，致知又是一項工夫，則聖學斷不如是之支離，而古人之教亦何至架屋疊床如是乎？

案：以上俱見於〈學言上〉。此諸條之義理詳解見前第一節。今集錄於此，讀者當反覆仔細看，先謹記於心中，而後知吾第一節之疏解爲不謬。如果此諸條尚不足以使人充分了解，則再進而看以下諸條，當可助解。

8.《劉子全書》卷十一，〈學言中〉有以下諸條：

①人心徑寸耳，而空中四達，有太虛之象。〔案：此由血氣之心作象徵地說。〕虛故生靈，靈生覺，覺有主是曰意。此天

命之體，而性道教所從出也。〔案：此由心宗說天命之體，乃至性道教。〕

②合心意知物，乃見心之全體；更合身與家國天下，乃見此心之全量。今之言心者舉一而廢八也。舉一而廢八，而心學歧。即淮南格物、新建致知、慈湖無意，猶偏旨也。〔案：「合心意知物」之物即指意根獨體言，即本物也。非天地萬物之物。此物字無實義。〕

③心體渾然至善，以其氣而言，謂之虛；以其理而言，謂之無。至虛，故能含萬象；至無，故能造萬有。〔……〕

④陽明先生言「無善無惡者心之體」，原與「性無善無不善」之意不同。性以理言，理無不善，安得云無？〔案：豈不亦言「性無性，況可以善惡言」？〕心以氣言，氣之動有善有不善，而當其藏體於寂之時，獨知湛然而已，亦安得謂有善有惡乎？〔案：此時心以理言，便不可說心屬於氣，是形而下者。〕

⑤心無善惡，而一點獨知知善知惡。知善知惡之知即是好善惡惡之意；好善惡惡之意即是無善無惡之體，此之謂無極而太極。

⑥意者心之所存，非所發也。或曰：好善惡惡非發乎？曰：意之好惡與起念之好惡不同。意之好惡一機而互見。起念之好惡兩在而異情。以念為意，何啻千里？〔案：「意之好惡一機而互見」，好善即見惡惡，惡惡即見好善，故互見也，雖有好惡兩用而實為一機。「念之好惡兩在而異情」，念有生滅、有住著，住著於其好之所好即在於其所好處，住著於其

惡之所惡即在於其所惡處，故兩在也；其好之所好不必善，其惡之所惡亦不必惡，然而所好所惡內容總不同，故異情也。「異情」即異其實（內容）也。〕

⑦性情之德有即心而見者，有離心而見者。即心而言，則寂然不動，感而遂通，當喜而喜，當怒而怒，當哀而哀，當樂而樂，由中導和，有前後際，而實非判然分為二時。離心而言，則維天於穆，一氣流行，自喜而樂，自樂而怒，自怒而哀，自哀而復喜，由中導和，有顯微際，而亦非截然分為兩在。然即心離心總見此心之妙，而心之與性不可以分合言也。〔……〕

⑧《中庸》言喜怒哀樂專指四德言，非以七情言也。喜仁之德也，怒義之德也，樂禮之德也，哀智之德也，而其所謂中即信之德也。一心耳，而氣機流行之際，自其盎然而起也，謂之喜，於所性為仁，於心為惻隱之心，於天道則「元者善之長也」，而於時為春；自其油然而暢也，謂之樂，於所性為禮，於心為辭讓之心，於天道則「亨者嘉之會也」，而於時為夏；自其肅然而斂也，謂之怒，於所性為義，於心為羞惡之心，於天道則「利者義之和也」，而於時為秋；自其寂然而止也，謂之哀，於所性為智，於心為是非之心，於天道則「貞者事之幹也」，而於時為冬。乃四時之氣所以循環而不窮者，獨賴有中氣存乎其間，而發之即謂之太和元氣，是以謂之中、謂之和，於所性為信，於心為真實無妄之心，於天道為「乾元亨利貞」，而於時為四季。故自喜怒哀樂之存諸中而言，謂之中，不必其未發之前別有氣象也，即天道之元

亨利貞運於於穆者是也。自喜怒哀樂之發於外而言，謂之和，不必其已發之時又有氣象也，即**天道之元亨利貞呈於化育者**是也。惟存發總是一機，故中和渾是一性。如內有陽舒之心，爲喜爲樂，外即有陽舒之色，動作態度無不陽舒者。內有陰慘之心，爲怒爲哀，外即有陰慘之色，動作態度無不陰慘者。推之一動一靜，一語一默，莫不皆然。此獨體之妙所以即隱即見，即微即顯，而慎獨之學即中和，即位育，此千聖學脈也。自喜怒哀樂之說不明於後世，而性學晦矣。千載以下特爲拈出。〔案：此自是一說，而且亦甚美，但不必是《中庸》原義。此說之美即是體用顯微緊吸於一起而一體呈現也。此是蕺山好爲緊吸說之最精采者，然不礙分解說。〕

⑨心中有意，意中有知，知中有物，物有身與家國天下，是**心之無盡藏處**。性中有命，命中有天，天合道，道合教，教合天地萬物，是**性之無盡藏處**。〔案：前聯中「知中有物」之物即意本之物。而一說本物即賅括末物，故繼之云「物有身與家國天下」。詳解參看第一節。〕

⑩心意知物是一路，不知此外何以又容一念字？今心爲念，蓋心之餘氣也。餘氣也者，動氣也。動而遠乎天，故念起念滅，爲厥心病。（原注：新本下云：「還爲意病，爲知病，爲物病。」）故念有善惡，而物即與之爲善惡，物本無善惡也。念有昏明，而知即與之爲昏明，知本無昏明也。念有真妄，而意即與之爲真妄，意本無真妄也。念有起滅，而心即與之爲起滅，心本無起滅也。故聖人化念歸心。（原注：

「歸」，新本作「還」，下云：「要于主靜」。）

案：蕺山既嚴分意與念，故上錄之第⑩條即正式言念，視念爲「心之餘氣」，「餘氣也者動氣也，動而遠乎天，故念起念滅，爲厥心病，還爲意病，爲知病，爲物病。」此種講法亦不錯，而且甚有體會；但只是這樣直接從心動而說，顯得太緊。既只是心動，何以有此餘氣？又何以「動而遠乎天」？此顯然不能只由心動而直接地分析出。此中含有一綜和領域尚未開出。此則不能不提到感性。人心受感性影響而蔽於物，則轉成此作爲動氣的餘氣，交引日下，遂致「動而遠乎天，念起念滅，爲厥心病，還爲意病，爲知病，爲物病。」是則只由心動說餘氣，不如直接說「有善有惡意〔念〕之動」爲能開出感性層；心意知物（蕺山所說之物）對此感性層之念之關係爲綜和的。因此，若格致以誠意（依蕺山所說），即化此感性層之念；若依陽明所說，則是致良知以化此念。若只說「聖人化念還心，要於主靜」，亦是說得太緊而太泛，並開不出綜和領域中之切實工夫。

9.《劉子全書》卷八，〈治念說〉云：

予嘗有無念之說以示學者。或曰：「念不可無也。何以故？凡人之欲爲善而必果，欲爲不善而必不果，皆念也。此而可無乎？」曰：「爲善而取辨於動念之間，則已入於僞，何善之果爲？」「然則爲善去惡奈何？」曰：「欲爲善，則爲之而已矣，不必舉念以爲之也。欲去惡，則去之而已矣，不必舉念以去之也。舉念以爲善，念已焉，如善何？舉念以不爲

惡，念已焉，如惡何？」「又舉一念焉可乎？」曰：「念念
以爲善，窮於善矣，如念何？念念以不爲惡，窮於惡矣，又
如念何？」「然則不思善不思惡可乎？」曰：「思者心之官
也。思則得之，得無所得，此謂思善。不思而得，失無所
失，此謂至善。夫佛氏之言，似之而非者也。吾病其以念爲
思也。」「然則念與思何別」？曰：「念有起滅，思無起滅
也。或合之，或離之，一而二者也。慎思者，化念歸思；罔
念者，轉引思以歸念。毫釐之差，千里之謬也。」「然則念
可屛乎？」曰：「不可屛也。當是事有是心，而念隨焉，即
思之警發地也；與時而舉，即與時而化矣。故曰：今心爲
念，又轉一念焉，轉轉不已，今是而昨非矣；又屛一念焉，
屛之不得，今非而愈非矣。

夫學所以治念也。與思以權，而不干之以浮氣，則化念歸思
矣。化念歸思，化思歸虛，學之至也。夫思且不可得，而況
於念乎？此爲善去惡之眞法門也。上蔡舉『天下何思何
慮』，程子曰：『尚說得早在』。已而曰：『正好用工夫
也。』」

案：此〈治念說〉作於六十五歲，與〈原旨〉諸篇爲同時作。此
〈說〉說得較詳，亦甚美，並說到佛家（禪宗）之「無念」，並由
六祖惠能之「不思善不思惡」，而提出孟子之「思」以對遮之。佛
家之無念（不思善不思惡即無念），乃是以般若之不捨不著而通化
於念，因而始達至無念。念屬識，般若屬智。蕺山提出孟子之
「思」以分思與念之不同，對遮佛氏之「以念爲思」，是則「思」

乃相當於佛家之般若，故曰：「思則得之，得無所得，此謂思善；不思而得，失無所失，此謂至善。」思顯然為超越層者。然則說誠意以化念，或依陽明說致良知以化念，豈不更有系統的一貫性而且有更為嚴整的法度乎？「化念歸思，化思歸虛，學之至也」，大類周濂溪由〈洪範〉「思曰睿，睿作聖」，說到「無思而無不通」為工夫之極則。此一「為善去惡之真法門」，固是一真法門，但此法門是一隨機方便說之法門，蓋因太通泛故也。雖有《易傳》「何思何慮」之語以及孟子「思誠」之語作依據，然「思」字畢竟嫌通泛，而「何思何慮」是一種境界語，「夫思且不可得，而況於念乎」，此亦嫌玄巧，雖不必因忌諱禪而避免，而於教法上說究嫌不嚴整。是故若自法門而言之，誠不若言誠意以化念，或依陽明言致良知以化念，為更嚴整，而且於自家誠意慎獨之學亦為更有系統的一貫性，而非隨意更端也。而且意蘊於心，知藏於意，心意知物是一路，何須離開此已有之概念而別拾「思」以說之乎？此則嫌零碎而足以紛歧人之心思也。古人不重系統性，然此等處，若重視一點系統性，豈不更簡潔而足以使人易於理解乎？

　　總之，吾所重視者是開出綜和領域，依嚴整之法門，化念以還心，以廣大誠意慎獨學之門庭也。蓋治念究是道德實踐中一重大問題也。

　　10.《劉子全書》卷十二，〈學言下〉，又有以下諸條：

①天穆然無為，而乾道所謂「剛健中正，純粹以精」，盡在帝中見。心渾然無體，而心體所謂四端萬善，參天地而贊化育，盡在意中見。離帝無所謂天者，離意無所謂心者。

〔案：此亦性宗心宗之別。〕

②心無體，以意爲體；意無體，以知爲體；知無體，以物爲體。物無用，以知爲用；知無用，以意爲用；意無用，以心爲用。此之謂體用一原，此之謂顯微無間。〔案：此條當與7中所錄〈學言上〉⑥、⑦兩條合觀，詳解見第一節，務必注意蕺山所說「物」字之殊特。〕

③意根最微，誠體本天。本天者至善者也。以其至善還之至微，乃見眞止。定靜安慮次第俱到，以歸之得。得無所得，乃爲眞得。此處圓滿，無處不圓滿；此處虧欠，無處不虧欠。故君子起戒於微以克完其天心焉。欺之爲言欠也，所自者欠也。自處一動，便有夾雜；因無夾雜，故無虧欠，而端倪在好惡之地。性光呈露，善必好，惡必惡；彼此兩關，乃呈至善。故謂之「如好好色，如惡惡臭。」此時渾然天體用事，不著人力絲毫。於此尋個下手工夫，惟有慎之一法，乃得還他本位曰獨；仍不許亂動手腳一毫，所謂誠之者也。此是堯舜以來相傳心法，學者勿得草草放過。

④好惡從主意而決，故就心宗指點。喜怒從氣機而流，故就性宗指點。畢竟有好惡而後有喜怒，不無標本之辨。故喜怒有情可狀，而好惡托體最微。〔案：從性宗說，喜怒哀樂四氣周流，存發只是一機，中和渾是一性，皆只是一體而運，本天者也。從心宗說，由托體最微之好惡爲主，而後當喜而喜，當怒而怒，依此而言有標本之辨，然而亦是心宗之中和，乃所以彰著乎性者。心意知物渾然天體用事，則心也而亦性也，人也而亦天也。〕

⑤《大學》言心不言性，心外無性也。《中庸》言性不言心，
　性即心之所以爲心也。有說乎？曰：善非性乎？〔案：意根
　至善即是性，故上條云：「性光呈露，善必好，惡必惡。」
　此是主觀地說的性也。〕天非心乎？〔案：於穆不已即天心
　也，此是客觀地超絕地說的心。〕故以之歸宗於慎獨一也。

案：此五條俱見於〈學言下〉，仍不出心宗性宗之綱領，皆是慎獨
學中之實義也。〈學言下〉復有數條駁陽明，皆穿鑿無謂，已見前
第一節，故此處不錄。蕺山之思想至此大體已備。《劉子全書》卷
九〈問答〉以及卷十九〈論學書〉，大抵不過反覆辯論以上所說
者，故亦不煩再述。卷六有〈證學雜解〉共二十五則，大體不錯，
亦深有體會，然反覆申說者亦不出以上之規模，以辭繁，故亦不
錄。

　　11.蕺山復有〈人譜〉之作，列於《劉子全書》卷一。蕺山於六
十八歲年閏六月絕食而死，五月時尚改訂〈人譜〉，可見此亦晚年
之定論也。〈人譜〉者乃倣濂溪〈太極圖〉與〈太極圖說〉而作成
〈人極圖〉與〈人極圖說〉，將其慎獨之學納入此圖說之規模中，
藉以明實踐工夫之歷程，以證人之所以爲人也，亦即是立「人極
也」。故〈人極圖〉與〈人極圖說〉爲〈人譜正篇〉；〈證人要
旨〉爲〈人譜續篇一〉；〈紀過格〉、〈訟過法〉、〈改過說〉
（共三篇）爲〈人譜續篇二〉。此人極之譜當然十分精練而切實，
但畫圖則顯得無趣味。第一圖爲無極太極，第二圖爲動而無動，第
三圖爲靜而無靜，第四圖爲五行攸敘，第五圖爲物物太極，第六圖
爲其要无咎。但〈人極圖說〉之解釋此圖則是從心宗說。如〈證人

要旨〉中，依無極太極一圖，則說「凜閒居以體獨」；於此說過，則曰「物先兆：微過，獨知主之。」依動而無動一圖，則說「卜動念以知幾」；於此說過則曰「動而有動：隱過，七情主之。」依靜而無靜一圖，則說「謹威儀以定命」；於此說過，則曰「靜而有靜：顯過，九容主之。」依五行攸叙一圖，則曰「敦大倫以凝道」；於此說過，則曰「五行不叙：大過，五倫主之。」依物物太極一圖，則曰「備百行以考旋」（《易・履卦》上九「視履考祥，其旋元吉」）；於此說過，則曰「物物不極：叢過，百行主之。」依其要无咎一圖，則曰「遷善改過以作聖」；於此說過，則曰「迷復：成過為衆惡門，以克念終焉。」克念作聖，罔念作狂。作狂者即是「迷復」而已有之五重過俱真成為過而為衆惡之門也。衆惡門者即微過成過曰微惡，此為崇門；隱過成過曰隱惡，此為妖門；顯過成過曰顯惡，此為戾門；大過成過曰大惡，此為獸門；叢過成過曰叢惡，此為賊門：此五惡門也。「以克念終焉」者，「諸過成過還以成過得改地，一一進以訟法〔訟過法〕，立登聖域」，即是「克念作聖」，而仍歸於「其要无咎」也。

以上〈證人要旨〉依圖所說的六步實踐即是成聖底歷程，即，通過格致誠意使心意知物順適調暢地一體呈現也。然於六步實踐中必隨時有反面之過惡以隨之。化此反面者，正面者始顯。故〈紀過格〉即依圖而檢查六重過惡。根本處是獨體，獨體處之過曰微過。由微過而外轉曰隱過、顯過、大過、叢過，以及最後之五惡門。此一正反兩面所成之實踐歷程為從來所未有，而蕺山獨發之。此大類於佛家之修行位次以斷無明也；而獨體處之微過即有類於同體無明所謂根本惑也。蕺山於此微過體會甚深，言之最切，斷無明不

易，化此微過亦不易。此足見蕺山誠意慎獨工夫之深也。儒家內聖
之學成德之教之道德意識至此而完成焉。茲錄其〈人譜續篇一〉，
〈證人要旨〉如下：

○ 無極
太極 一曰：凜閒居以體獨。

學以學爲人，則必證其所以爲人。證其所以爲人，證其所以
爲心而已。自昔孔門相傳心法，一則曰慎獨，再則曰慎獨。
夫人心有獨體焉，即天命之性，而率性之道所從出也。慎獨
而中和位育，天下之能事畢矣。然獨體最微，安所容慎？惟
有一獨處之時可爲下手法。而在小人，仍謂之「閒居爲不
善，無所不至」，至念及揜著無益之時，而已不覺其爽然自
失矣。君子曰：閒居之地可懼也，而轉可圖也。吾姑即閒居
以證此心。此時一念未起，無善可著，更何不善可爲，止有
一眞无妄在不睹不聞之地，無所容吾自欺也，吾亦與之「毋
自欺」而已。則雖一善不立之中，而已具有渾然至善之極，
君子所爲必慎其獨也。夫一閒居耳，小人得之爲萬惡淵藪，
而君子善反之，即是證性之路。蓋敬肆之分也。敬肆之分人
禽之辨也。此證人第一義也。

● 動而
無動 二曰：卜動念以知幾。

獨體本無動靜，而動念其端倪也。**動而生陽**，七情著焉。念
如其初，則情返乎性。動無不善，**動亦靜也**。轉一念，而不

善隨之，動而動矣。是以君子有「慎動」之學。七情之動不
勝窮，而約之爲累心之物，則嗜慾忿懥居其大者。〈損〉之
象曰：「君子以懲忿窒慾。」懲窒之功正就動念時一加提
醒，不使復流於過而爲不善。纔有不善，未嘗不知之而止
之，止之而復其初矣。過此以往，便有蔓不及圖者。昔人
云：「懲忿如推山，窒慾如填壑。」直如此難，亦爲圖之於
其蔓故耳。學不本之慎獨，則心無所主，滋爲物化。雖終日
懲忿，只是以忿懲忿；終日窒慾，只是以慾窒慾。以忿懲
忿，忿愈增；以慾窒慾，慾愈潰。宜其有取於推山填壑之
象。豈知人心本自無忿，忽焉有忿，吾知之；本自無慾，忽
焉有慾，吾知之。只此知之之時即是懲之窒之之時，當下廓
清，可不費絲毫氣力。後來徐加保任而已。《易》曰：「知
幾其神乎？」此之謂也。謂非獨體之至神不足以與於此也。

⊙ 靜而
無靜三曰：謹威儀以定命。

慎獨之學既於動念上卜貞邪，已足端本澄源。而誠於中者形
於外，容貌辭氣之間有爲之符者矣。所謂「**靜而生陰**」也。
於焉官雖止而神自行。仍一一以獨體閑之，**靜而妙合於動**
矣。如足容當重，無以輕佻心失之；手容當恭，無以弛慢心
失之；目容當端，無以淫僻心失之；口容當止，無以煩易心
失之；聲容當靜，無以暴厲心失之；頭容當直，無以邪曲心
失之；氣容當肅，無以浮蕩心失之；立容當德，無以徒倚心
失之；色容當莊，無以表暴心失之。此《記》之所謂九容

也。天命之性不可見，而見於容貌辭氣之間，莫不各有當然之則，是即所謂性也。故曰：「威儀所以定命。」昔橫渠教人專以「知禮成性，變化氣質」爲先，殆謂是與？

㊐ 五行收叙 四曰：敦大倫以凝道。

人生七尺，墮地後，便爲五大倫關切之身，而所性之理與之一齊俱到。分寄五行，天然定位。父子有親，屬少陽之木，喜之性也；君臣有義；屬少陰之金，怒之性也；長幼有序，屬太陽之火，樂之性也；夫婦有別，屬太陰之水，哀之性也；朋友有信，屬陰陽會合之土，中之性也。此五者天下之達道也。「率性之謂道」是也。然必待其人而後行。故學者工夫，自慎獨以來，根心生色，暢於四肢，自當發於事業，而其大者先授之五倫。於此尤加致力，外之何以極其規模之大，內之何以究其節目之詳，總期踐履敦篤，愷愷君子以無忝此率性之道而已。昔人之言曰：「五倫間有多少不盡處」。〔案：此爲明道語。〕夫惟常懷不盡之心，而黽黽以從事焉，庶幾其逭於責乎？

㊐ 物物太極 五曰：備百行以考旋

孟子曰：「萬物皆備於我矣。」此非意言之也。只由五大倫推之，盈天地間皆吾父子兄弟夫婦君臣朋友也。其間知之明、處之當，無不一一責備於君子之身，大是一體關切痛

癢。然而其間有一處缺陷，便如一體中傷殘了一肢一節，不成其爲我。又曰：「細行不矜，終累大德。」安見肢節受傷非即腹心之痛？故君子言仁，則無所不愛；言義，則無所不宜；言別，則無所不辨；言序，則無所不讓；言信，則無所不實。至此，乃見盡性之學，盡倫盡物一以貫之。《易》稱：「視履考祥，其旋元吉。」〔案：此爲〈履〉卦上九爻辭。〕吉祥之地正是不廢查考耳。今學者動言萬物備我，恐只是鏡中花，略見得光景如此。若是眞見得，便須一一與之踐履過。故曰：「反身而誠，樂莫大焉。」又曰：「強恕而行，求仁莫近焉。」「反身而誠」，統體一極也。「強恕而行」，物物付極也。

○ 其要无咎 **六曰：遷善改過以作聖。**

自古無現成的聖人，即堯、舜不廢兢業；其次，只一味遷善改過，便做成聖人，如孔子自道可見。學者未歷過上五條公案，通身都是罪過；即已歷過上五條公案，通身仍是罪過。纔舉一公案，如此是善，不如此便是過。即如此是善，而善無窮；以善進善亦無窮。不如此是過，而過無窮；因過改過亦無窮。一遷一改，時遷時改，忽不覺其入於聖人之域。此證人之極則也。然所謂是善是不善，本心原自歷落分明。學者但就本心明處一決，決定如此，不如彼，便時時有遷改工夫可做。更須小心窮理，使本心愈明，則查簡愈細。全靠不得今日已是見得如此如此，而即以爲了手地也。故曰：「君

子無所不用其極。」

案：第一圖，獨體至善，無極而太極也。第二圖，動而生陽，動念順乎性，則雖動亦靜，此即「動而無動」也。第三圖，由動念之七情形於外而為九容，「靜而生陰」也；而獨體至善之神行乎其間，則雖靜而妙合於動，此即「靜而無靜」也。第四圖，五行象徵五倫，「敦大倫以凝道」，則「五行攸叙」。第五圖，由五倫含百行，百行考祥，周旋運轉無不合理，則「物物一太極」也。第六圖，「遷善改過以作聖」，其要无咎，復歸於「無極而太極」，統體是至善也。

〈人譜續篇二〉，〈紀過格〉如下：

 物先兆 **一曰微過，獨知主之。**

妄：獨而離其天者是。

以上一過實函後來種種諸過，而藏在未起念以前，彷彿不可名狀，故曰微，原從無過中看出過來者。「妄」字最難解，直是無病痛可指。如人元氣偶虛耳，然百邪從此易入。人犯此者，便一生受虧，無藥可療，最可畏也。程子曰：「无妄之謂誠。」誠尚在无妄之後。誠與偽對，妄乃生偽也。妄無面目，只一點浮氣所中，如履霜之象，微乎微乎！妄根所中曰惑：為利、為名、為生死；其粗者為酒色財氣。

◎ ^{動而}_{有動}二曰隱過，七情主之。

溢喜：損者三樂之類。

遷怒：尤忌藏怒。

傷哀：長戚戚。

多懼：憂讒畏譏，或遇事變而失其所守。

溺愛：多坐妻子。

作惡：多坐疏賤。

縱欲：耳目口體之屬。

以上諸過，過在心藏而未露，故曰隱。仍坐前微過來，一過積二過。微過不可見，但感之以喜，則侈然而溢；感之以怒，則怫然而遷。七情皆如是。而微過之眞面目於此斯見。今須將微者先行消煞一下，然後可議及此耳。

◉ ^{靜而}_{有靜}三曰顯過，九容主之。

箕踞，交股（大交小交），趨，蹶：以上足容。

擎拳，攘臂，高卑任意：以上手容。

偷視，邪視，視非禮：以上目容。

貌言，易言，煩言：以上口容。

高聲，謔笑，詈罵：以上聲容。

岸冠，脫幘，搖首，側耳：以上頭容。

好剛使氣，怠惰：以上氣容。

跛倚，當門，履閾：以上立容。

令色，遽色，作色：以上色容。

以上諸過授於身，故曰顯。仍坐前微隱二過來，一過積三過。九容之地即七情穿插其中。每容都有七種情狀伏在裡許。今姑言其略，如箕踞，喜也會箕踞，怒也會箕踞，其他可以類推。

五行不叙**四曰大過，五倫主之。**

非道事親。〔……〕

非道事君。〔……〕

交警不時。〔……〕

非道事兄。〔……〕

勢交利交。〔……〕

以上諸過，過在家國天下，故曰大。仍坐前微隱顯三過來，一過積四過。諸大過總在容貌辭氣上見。如高聲一語，以之事父則不孝，以之事兄則不友，其他可以類推。爲是心上生出來者。

物物不極**五曰叢過，百行主之。**

〔舉有百種，略。〕

以上諸過，自微而著，分大而小，各以其類相從，略以百爲則，故曰叢。仍坐前微隱顯大四過來，一過積五過。百過所

舉，先之以謹獨一關，而綱紀之以色食財氣，終之以學而畔
道者，大抵皆從五倫不敘生來。

迷復六曰成過為眾惡門，以克念終焉。

崇門：微過成過曰微惡。〔訟法解過略〕。
妖門：隱過成過曰隱惡。〔……〕
戾門：顯過成過曰顯惡。〔……〕
獸門：大過成過曰大惡。〔……〕
賊門：叢過成過曰叢惡。〔……〕
聖域：諸過成過還以成過得改地。一一進以訟法，立登聖
域。
以上一過准一惡，惡不可縱，故終之以聖域。人雖犯極惡大
罪，其良心仍是不泯，依然與聖人一樣。只為習染所引，壞
了事。若纔提起此心，耿耿小明，火然泉達，滿盤已是聖
人。或曰：「其如積惡蒙頭何？」曰：「說在孟子訓惡人齋
沐矣。且既已如此，又怎地去，可奈何？正恐直是不由人，
不如此不得。」

案：此中言微過之妄最為深透，蓋與獨體並行，「獨而離其天者」
即是「妄」。「妄無面目，只是一點浮氣所中」，「直是無病痛可
指」，「原從無過中看出過來者」，故曰微過。蓋即「同體無明」
也。誠與妄對，一真便是誠體，一虛欠便是妄根浮氣。其旨深矣。
誠體深至何處，妄浮隨之；誠體達至無限，妄浮隨之；誠體是終極

的，妄浮隨之爲終極。此其所以爲「同體無明」也。佛家「同體無明」屬界外，亦曰「無始無明」。十信位猶不能斷，十住位始開始斷，至佛始究竟斷。詳參看《佛性與般若》〈天臺部・位居五品〉章。

〈人譜續篇二〉復有〈訟過法〉，錄之如下：

> 一炷香，一盂水，置之淨几，布一蒲團座子於下。方會平旦以後，一躬就坐，交趺齊手，屏息正容。正儼威間，鑒臨有赫，呈我宿疚，炳如也。乃進而勑之曰：「爾固儼然人耳，一朝跌足，乃獸乃禽，種種墮落，嗟何及矣！」應曰：「唯唯。」復出十目十手，共指共視，皆作如是言。應曰：「唯唯。」於是，方寸兀兀，痛汗微星，赤光發頰，若身親三木者。已乃躍然而奮曰：「是予之罪也夫！」則又勑之曰：「莫得姑且供認！」又應曰：「否否。」頃之，一線清明之氣徐徐來，若向太虛然，此心便與太虛同體。乃知從前都是妄緣，妄則非眞。一眞，自若湛湛澄澄，迎之無來，隨之無去，卻是本來眞面目也。此時正好與之葆任；忽有一塵起，輒吹落。又葆任一回；忽有一塵起，輒吹落。如此數番，勿忘勿助，勿問效驗如何。一霍間，整身而起，閉閤終日。

案：此大類天臺家之行法華懺儀。如此訟過亦是內聖之學之道德實踐所應有者。如所謂遷善改過不是虛言，而且要落實去作，而且要作至透體至極，則亦必應有此常常自訟自反，常自警覺，覺至獨體之源；如是妄根方可漸漸化去，乃至頓時化去；如是乃可直承自由

自律之心體而行，所謂當惻隱自會惻隱云云，沛然莫之能禦也。不得以其類乎禪而諱言也。禪自是禪，儒自是儒。行法華懺儀者旨在徹悟實相般若，行此訟過法則旨在使自律道德為可具體地呈現者。

〈人譜續篇二〉復有〈改過說〉三篇，其一云：

> 天命流行，物與无妄。人得之以為心，是謂本心，何過之有？唯是氣機乘除之際，有不能無過不及之差者。有過而後有不及。雖不及，亦過也。過也，而妄乘之，為厥心病矣。乃其造端甚微，去無過之地所爭不能毫釐，而其究甚大。譬之木，自本而根而幹而標，水自源而後及於流，盈科放海。故曰：「涓涓不息，將成江河。綿綿不絕，將尋斧柯。」是以君子慎防其微也。防微，則時時知過，時時改過。俄而授之隱過矣，當念過，便從當念改。又授之顯過矣，當身過，便從當身改。又授之大過矣，當境過，當境改。又授之叢過矣，隨事過，隨事改。改之，則復於無過，可喜也。過而不改，是謂過矣。雖然，且得無改乎？凡此，皆卻妄還真之路，而工夫喫緊總在微處得力云。〔……〕

其二云：

> 人心自真而之妄，非有妄也，但自明而之暗耳。暗則成妄，如魃魅不能晝見。然人無有過而不自知者。其為本體之明固未嘗息也。一面明，一面暗。究也，明不勝暗，故真不勝妄，則過始有不及改者矣。非惟不改，又從而文之，是暗中

加暗，妄中加妄也。故學在去蔽，不必除妄。孟子言：「君子之過如日月之食」，以喻人心明暗之機極爲親切。蓋本心常明，而不能不受暗於過。明處是心，暗處是過。明中有暗，暗中有明。明中之暗即是過，暗中之明即是改。手勢如此親切。但常人之心雖明亦暗，故知過而歸之文過，病不在暗中，反在明中。君子之心雖暗亦明，故就明中用個提醒法，立地與之擴充去，得力仍在明中也。〔……〕

案：以上爲〈人譜續篇二〉中者，茲再錄《劉子全書》卷六，〈證學雜解・解二〉以助解：

天命流行，物與无妄，此所爲「人生而靜以上不容說」也。此處並難著誠字，或妄焉亦不容說。妄者眞之似者也。古人惡似而非。似者非之微者也。道心惟微，妄即依焉。依眞而立，即托眞而行。官骸性命之地，猶是人也，而生意有弗貫焉者。是人非人之間不可方物，強名之曰妄。有妄心，斯有妄形，因有妄解識、妄名理、妄言說、妄事功，以此造成妄世界，一切妄也，則亦謂之妄人而已矣。妄者亡也，故曰「罔之生也幸而免」。一生一死，眞罔乃見。是故君子欲辨之早也。一念未起之先，生死關頭最爲喫緊。於此合下清楚，則一眞既立，群妄皆消。即妄求眞，無妄非眞。以心還心，以聰明還耳目，以恭重還四體，以道德性命還其固然，以上天下地往古來今還宇宙，而吾乃儼然人還其人。自此一了百當，日用間更有何事？通身仍得個靜氣而已。

案：此〈證學雜解〉之〈解二〉無以異於〈改過說一〉及〈二〉之所說也。依劉蕺山之〈人譜〉，可清楚地使吾人見到心體性體之真與過惡之妄皆在誠意慎獨之道德實踐中被意識到，抑且不只被意識到，而且心體性體之真可實踐地被呈現，過惡之妄可清楚地被照察到而且可實踐地被化除掉。自孔子提出改過一觀念後，人皆說改過，說過惡，蓋過惡是日常現實生活中很容易意識到者，然大皆是就現實生活之皮面現象學地說此改、說此過。自劉蕺山之〈人譜〉始能完整地徹底而透體地說之，因而可使吾人有一確定之概念。從氣質之偏說過惡亦將收於此而確定之。其實氣質之偏本身無所謂過惡。個體存在自有各種不同的氣質。偏者只是「各種不同」之謂、多姿多采之謂、特殊各別之謂，亦猶如說才性。其本身無所謂過惡也。順其特殊各別之偏，通過感性之影響，使心體不能清明作主，以致行為乖妄，心術不正，始成為過惡。是則過惡是吾人之行為離其真體之天而不真依順於真體之理者，是感性、氣質、真體三者相交會所成之虛幻物。是則感性、動物性其本身亦無所謂過惡。依「生之謂性」之原則說氣性之性是無善無不善（中性說），或有善有不善，或可善可不善，或直說是惡，此是善惡應用於氣性或才性一論題上說。氣性才性本身亦無所謂過惡。說其或好或壞者亦是就其是否能體現真體之天而言；即使能體現，亦有難不難之異、易不易之別。能體現真體之天，則無過惡，因此說其為善。否則說其為不善或惡。能之中有難易，難者說其較不好，易者說其較好。不能之中亦有程度之別。不能之甚者為更不好，不能之不太甚者其不好較差。而無論如何，其本身好壞（善惡）之好與真體之善不同，壞（惡）亦與過惡不同。是故真體須呈現，過惡須化除，而動物性、

氣性、才性、氣質則只能說變化或轉化而不能說化除。因此，凡從此等方面論善惡皆得消融於〈人譜〉中而與過惡有簡別，使吾人對於此等方面有恰當之安排，並對於過惡有確定之了解。佛家說無明是由智與識之分別而照出，其底子是苦、空、無常與無我，此固已具體而真切矣，然不如儒家之由道德意識入為更具體而真切。佛家猶如此，而何況基督教之神話式或象徵式地說原罪乎？順柏拉圖傳統下來，以存有之圓滿說善，惡是善之缺無，其本身非是一正面之存有，此種從存有之圓滿否說善惡，善惡只是一思解之概念，使人無真切之實踐上的感受，徒為一可喜之議論而已。是故這一切說法皆當消融於〈人譜〉中而得其實義。罪過、過惡，是道德意識中的觀念。道德意識愈強，罪惡觀念愈深而切，而且亦只有在道德意識中始能真切地化除罪惡。儒聖立教自道德意識入。自曾子講守約慎獨後，通過宋明儒的發展，這道德意識中的內聖之學、成德之教，至蕺山而為更深度更完備地完成。是故道德實踐中正反兩面更為真切而深入，而過惡意識亦更為徹底而窮源，此為內聖之學所應有之文章。相應真體之天而化除此徹底窮源之過惡之妄乃是道德實踐之本分，故對於過惡能有如此徹底窮源清楚明確而且真切之理解，其他教皆不及也。勿謂儒家偏於樂觀，對於人生之負面感受不深。此皆世俗之論，無真正之道德意識者也。焉有自道德意識入而無深切之罪惡感乎？俗儒自是俗儒，焉可為憑？以往因重視當下道德實踐，又顧及風教故，故多講正面話，反面者多引而不發，然不發非無深入之感也。豈在言之多少乎？真有道德意識而作道德實踐者，若非徒為世俗之好人，或徒為具道德之文貌而無道德之精神者，則必正反兩面皆深入，正面必透悟至心體與性體，反面必透悟至知險

與知阻。其多言正面者重在立體立本，而險阻則在實踐中隨時遭遇之，即隨時本正面以化除之，此並非可爭辯之問題，故無暇多言也。豈在視作專題而分析之，如存在主義者之所爲，多言而詳言之以挑動人乎？當然多言而詳言之亦自有價值。然必在道德實踐中隨吾人之意識及之，多言而詳言之，此多言而詳言始有眞切而痛切之價值；否則徒爲挑動人而爲文學性之戲論，此則理學家所不欲而亦不忍多言者也。世人多怕理學家。若非怕面對過惡，而又怕道德法則之拘束吾人之放縱，則理學家又何怕之有？世人又多喜談佛老，又喜妄談禪，又喜言存在主義，又喜戲論《易經》，而卻厭《論》《孟》，厭理學，此其故蓋可深思矣，蓋亦無眞正之道德意識而已。其喜言此等等蓋只馳騁其理智興趣與滿足其浪漫情調。即於人生之負面亦然。若無眞正之道德意識，雖多炫染之，有何益哉？故吾人若不言負面則已，若欲言之，則必套於道德意識中始能徹底而窮源，清楚明確而眞切，而且眞能實踐地化除之。以往言之不及，亦只是一時之不及，非其本質不能入也。故云至蕺山而完備。

12.以上從1至10爲誠意愼獨學之系統的展示，11介紹〈人譜〉以明實踐之歷程，此亦解行雙彰也。自孔、孟立教即已解行雙彰，有本體有工夫，扣緊實踐以明道理。故孔子踐仁知天，孟子盡心知性知天，《中庸》自性體言愼獨，《大學》自心體言愼獨，《易傳》窮神知化，窮理盡性以至於命，其教路固一系相承也。至乎宋明重講此學，濂溪首先默契道妙，而亦必由「思曰睿，睿作聖」，言「幾動於彼，誠動於此」，以誠體通化那可善可惡之幾（「幾善惡」）。橫渠思參造化，天道性命通而爲一，而亦必由「聖人盡道其間兼體而無累」之存神以言「盡心化氣以成性。」明道盛言「一

本」，而亦必由識仁定性入。至伊川、朱子重格物窮理，言「涵養須用敬，進學在致知」，學路之端緒遂稍轉向而歧出，轉爲靜涵橫攝之系統，而靜涵亦爲外延型。南宋胡五峰承北宋前三家（濂溪、橫渠、明道）首言「盡心成性，以心著性」之形著義，不走伊川、朱子之路也。象山興起，本孟子明本心，辨端緒之得失，遂扭轉朱子之歧出，而歸於正。陽明承之言致良知，使「明本心」更爲確切可行者。至蕺山「歸顯於密」，言慎獨，明標心宗與性宗，不期然而自然走上胡五峰「以心著性」之義理間架，而又著〈人譜〉以明實踐之歷程，如是，內聖之學、成德之敎之全譜至此遂徹底窮源而完備，而三系之分亦成爲顯然可見者，而陸、王系與胡、劉系總可合而爲一大系，同一圓圈之兩來往，亦成爲顯然可見者。自實踐規模言，象山提綱挈領，略舉端緒；至陽明而較詳；至蕺山而尤詳。然而學者用心亦可迴環參用，不可執一。如若順蕺山〈人譜〉作實踐，覺得太緊、太淸苦，則可參詳致良知以稍活之，又可參詳象山之明本心以更活之。反之，如若覺得象山之明本心太疏闊，無下手處，則可參之以致良知。如若覺得致良知仍稍疏，則再詳之以〈人譜〉。

　　自實踐規模言，濂溪、橫渠、明道俱有其實踐之規模，何以單自象山說起？曰：彼三人之言實踐工夫亦不過是明本心耳，故可收攝於象山，單自象山說。蕺山之所以詳而完備者，於本體方面，兼言心宗與性宗，濂溪、橫渠、明道所言之道體性體盡攝於其所說之性宗中，而心與性不可以分合言，而總歸是一，則陸、王之只由心言亦無礙，而伊川、朱子所言之道體性體（理）只存有而不活動者，則必須放棄而令歸於即存有即活動，如是，本體方面一矣；本

體既一，則於工夫方面決不能走伊川、朱子格物窮理之順取之路而必扭轉而為逆覺之路，其餘七人皆逆覺之路也，如是，則工夫亦一矣，而詳而完備於蕺山。正因工夫為逆覺，所以本體方面，無論自心體言，或自道體性體言，必為即存有即活動者。正因本體為即存有即活動，故工夫必為逆覺。本體者道德實踐中之本體，即自由自律之無限心是也，客觀而超絕地言之即為道體性體。工夫者道德實踐中之工夫也，故必由逆覺呈本體以化過惡，此焉能取決於外在的格物窮理耶？如此言本體與工夫正是依自律原則而行之內聖之學成德之教之所必函，此乃是必然者，決無其他交替之可能。異乎此者即為異端、即為歧出，不自覺而落於他律道德矣。伊川與朱子正是不自覺而落於他律道德者，此不可諱也，亦不必為之曲辯也。然而本體與工夫既得其正矣，則格物窮理中所含之知識義的道問學即只可為助緣，非基要（本質）之工夫。人生全體固不只道德，然必以道德為本。如是，若進而再以道德融攝知識，則道問學亦可得其分矣。此為朱、陸同異之解消，亦是宋明儒三系之大通。吾以四冊之巨幅，費二十餘年之時間，最後之評判不過如此。

又，關於本章所述，務請讀者取《心體與性體》第二冊講胡五峰章合觀，有許多更為哲學性的深微義理盡發之於該章第十一節。兩者合而讀之，可更熟練此一系義理間架之所以不同於伊川、朱子以及陸、王者。

明亡，蕺山絕食而死，此學亦隨而音歇響絕。此後，中國之民族生命與文化生命即陷於劫運，直劫至今日而猶末已。噫！亦可傷矣！

牟宗三先生全集⑧

王陽明致良知教

牟宗三　著

《王陽明致良知教》全集本編校說明

楊祖漢

　　《王陽明致良知教》於1954年4月由臺北中央文物供應社出版，1980年4月再版。本書的正文曾分兩部分先後刊載於《歷史與文化》第3期（1947年8月）及《理想歷史文化》第1期（1948年3月）。本書的第三章〈致知疑難〉後收入《從陸象山到劉蕺山》，作爲該書第三章第一節之附錄。爲避免重複，〈致知疑難〉不再收入本書。又由於牟先生後來對宋明儒學的見解有所精進，對本書並不滿意，在《從陸象山到劉蕺山》的〈序〉中表示此書「可作廢」。其實此書見解精闢，且可據此了解牟先生中期（四十歲）之思想，並不可廢也。

　　本書之編校工作以1980年再版本爲依據。但再版本爲重排本，間有錯誤（如「保任」多誤作「保住」），均據初版改正。

目　次

引言

一

　　西方的傳統哲學大體是以邏輯思考爲其進路。邏輯思考首先表現爲邏輯定義。由邏輯定義，把握一物之「體性」（本質），此即柏拉圖、亞里士多德等人所說之理型、形式，或共理。由此前進，即成功「形式體性學」（formal ontology）。但是邏輯定義所把握之一物之體性或本質，並不函一物之存在：有一物即有一物之體性，但有一物之體性不必函有一物之存在。如是，要想說明體性與存在之結合，即必須說明一物之實現，而此又必須進而講「實現原理」（principle of actualization）。由實現原理的討論所形成的，便可名曰宇宙論。邏輯定義所把握之「體性」，吾人可名之曰「形成之理」（principle of formation）。形成之理與實現之理兩者，大體可以窮盡西方形上學之規模。由此兩種理之討論所成功之形上學，吾人可名曰外在的、觀解的形上學（theoretical meta-physics）。（「觀解的」，普通亦曰「理論的」。而此詞在拉丁原義，爲觀解。故譯「觀解的」爲較恰。「理論的」，則是其引申

義。而此兩詞亦皆與「實踐的」爲對立。）即中世紀的神學，亦還是由此種進路而建立，即以觀解的形上學爲其根據也。進入近世，如笛卡爾、來布尼茲、斯頻諾薩等人的大系統，也還是此種觀解形上學。此種觀解形上學，雖也可以提出最後的眞實、本體、神等概念，然只是理論的，爲邏輯圓滿而立的概念，並不眞能印證其眞實性。是以此種形上學的責任似乎只在滿足知識的條件，而不在滿足「實踐」的條件。

然而即在西方這種傳統中，也有一個例外，那便是康德。他不從這種觀解的形上學來講最後的本體，如神，他是從實踐理性上來講。這便是由觀解的形上學轉到「道德的形上學」，亦可曰「實踐的形上學」。然而康德也只是理論地這樣指點出，這樣分解出，並未能進而再從工夫實踐上這樣講出。宗教乃至宗教中的上帝究竟是生活或實踐中的事，而不只是哲學理論的事。所以還須扣緊生活或實踐而講學問或理論。此點，哲學家的康德尚不能作得到。譬如他講實踐理性，他已充分地指出：要建立道德律，必須假定意志自由；要建立至善，必須假定靈魂不滅；要綜攝一切以圓滿現實宇宙，必須肯定上帝存在，這都在實踐理性上得到其意義，得到其客觀妥實性。然這也只是原則地、理論地如此講，而並未從心性上，經由工夫實踐以全幅呈露、印證，或實現此種眞實世界也。他把意志自由、靈魂不滅、上帝存在，都看成是實踐理性上的「設準」，即由此「設準」一詞，即可看出其並未能從心性上，經由工夫實踐以全幅呈露、印證或實現此眞實世界也。這就表示西方學術中缺乏了一種工夫實踐上的心性之學。康德在輪廓上、扭轉上，他已由「觀解的」轉到「實踐的」，由外在的客體上轉到內在的主體上。

但尚未從工夫實踐上實現此種主體。勿以爲只要從原則上、理論上這樣分解出即足夠，至於實際作工夫，則不必講矣。因爲這工夫實踐中也正有一套理論過程與原理系統也，譬如佛教經論之所說，宋明儒者之所說。此即所謂扣緊工夫實踐而講學問理論，而透露全幅真實世界也。若只是理論地、原則地分解出，而未落到工夫實踐上，則於實踐上，於自己之心性中，仍是一片空虛、黑暗，而不著邊際。

繼康德後，十九世紀中葉，又有一個特出的人物，那便是契爾克伽德（Kierkegaard）。這是個丹麥的哲人，稍後於黑格爾。他被埋沒了很久。他的著作直至近十幾年來才流行，我也是最近才讀到他的書。這是西方學術文化傳統裡一個最特出的人物，可謂獨一無二。以他這樣獨特而有真知灼見的心靈，當然要開出一派思想來，那便是近時流行的「存在主義」（existentialism）。可惜現在這些存在主義者無一能繼承契氏的真精神而開出真實的學問。契氏是一個真能扣緊基督教之爲生活或實踐中的事而講學問的人。所以他在扭轉上，是非常之精采、非常之透徹、非常之警策。他不但從觀解的轉到實踐的，從客觀的轉到「主觀的」（即轉于主體上），而且已從康德之理論地、原則地講法、形式地講法，轉到具體地實際地講法，歸到具體「存在的」個人上講。此即是「存在主義」一詞之由來。「存在地」觀人生，即是「實踐地」觀人生，亦即非邏輯地、非觀解地觀人生。他在講宗教上、講真實的人生上，講歸依於上帝，講欣趣於「永恆之福」上，力反客觀主義，力反觀解理性的系統主義，即是力反觀解形上學的老路子。（這個老路子是希臘的傳統，吾亦名之曰智的系統。這個路向實只是就滿足知識的條件

說話，不就滿足實踐的條件說話。）而他這種新路向倒是眞能契合
耶穌的精神，契合宗敎的傳統，而不是中世紀以觀解形上學爲底子
的那個傳統。所以他說基督敎是內在性的東西，所以必須轉至主體
上，而眞理就是「主體性」（truth is subjectivity）。因爲主體才
有決斷、才有肯定、才有態度。從這裡才能見眞實的人生，才能保
住善與罪惡之辨、是非之辨，因而才能保住「價値」。宗敎即是
「以無限的熱情欣趣於個人的永恆之福」。這是一個「無限的成爲
過程」（infinite becoming process）。所以他說：「我不敢自居爲
基督徒，我只想如何成爲基督徒。」要把握這種眞理，自然非歸到
個人自己的主體上不可，非從具體存在的個人上說不可。他對於這
種扭轉是非常之透徹的。請參看他的《非科學的附啓》（*Con-
cluding unscientific postscript*）。

二

　　契氏在扭轉的輪廓上比康德又進了一步。但是他究竟還只就宗
敎情緒而說話。他表現這個輪廓是集中在以下幾個概念：不安、失
望、痛苦、怖慄、病至於死、放棄、深淵、皈依、敎義之爲詭詞
等。這一個輪廓誠足以表示宗敎皈依，向上一機中的諸關節。但這
些關節猶只是外面的話，尚未能進入心性之骨幹以積極地說明並實
現此向上一機之超轉。這只是從負面的人生以爲情緒上的逼顯，故
謂其尚是外面的話，尚未能進入心性內部以正面實現之。他表述人
生途程之階段爲：美學的、道德的（他名曰宗敎 A）、宗敎的（此
曰宗敎 B）。「美學的」一階段，相當於孔子所說的「興於詩」。

此是感性的，本質上是一種感覺的享受，沈淪之途（the path of perdition），在一種無限的交引追逐中，陶醉與不安的無限交引中沈淪。「道德的」一階段，則相當於孔子所說的「立於禮」。此是通過自覺而起扭轉作用的一階段，本質上是奮鬥與勝利。而「宗敎的」一階段，則相當於孔子所說的「成於樂」。就宗敎說，其本質是「忍受」（suffering）。這個忍受含有無限的犧牲、無限的放棄、意志的否決、絕對的相信諸義。契氏陳述此義，是以耶敎聖經上的亞布拉罕（Abraham）爲典型。其主要意義就是道德階段與宗敎階段之衝擊。道德階段以意志爲主，而這裡就要放棄你的意志。在服從上帝中、在恐懼與怖慄中、在無限的放棄中，亞布拉罕以其信仰之大勇，將其兒子獻祭於上帝。只有因其無限的信仰，他可以將他兒子接受回來。因爲在上帝，一切事是可能的。依是，宗敎的生活是停止並吞沒了道德的生活。在這裡，亞布拉罕沒有意志。因信仰之跳進，宗敎給他的存在之有限性與時間性以無限而永恆的意義。自此以後，他的生活之每一方面都爲他的對於上帝之關係所決定。當一個人在上帝面前自處於有罪之自我否定中，他是在宗敎 A（道德）的境界中。在他的有限性裡，他已進入了「存在的失望」之恐怖中，「病至於死」中。但是這個精神上的病，不似身體上可以致死的病那樣，它是可以因「存在的信仰」而得治。契氏說：「失望即含在人絕望地要成爲他自己中，失望不能解除自我的要求。」而當失望轉至其反面，即信仰時，一個人可以在永恆及無限中得到其眞實的自我。他躍入一種一無所有中。在此一無所有裡，罪惡底深淵轉成信仰底深淵。當你失望時，你是在沈淪中。當你相信時，你爲上帝底力量所提起。一個人在人的分上愈弱，上帝在其

身上即愈強，而在人的分上愈強，上帝在其身上即愈弱。在信仰中，人進入宗教 B 之門。他放棄一切，犧牲一切，但是最後他所得回的比他所能放棄的多得多。他與上帝之愛爲一。他已得到眞實的存在。

　　這一切，就西方宗教傳統中所決定的宗教生活之超轉上說，都是對的。但是這畢竟還是就宗教情緒而說話，所以其超轉之關節尚是外面的。這一個關節輪廓，我們可以說，還是一個外部的輪廓。契氏仍未能進入內部心性之骨幹，以明道德一階段如何可能，道德的意志、道德的心性，是如何樣的意志，如何樣的心性，奮鬥勝利中的意志、心性，與超奮鬥勝利中的意志、心性，有何不同，是否衝突，意志是否只是戰鬥中的意志，放棄意志是否即是無意，放棄意志時的意志，心性是如何樣的意志心性。這一切，他都未能進入講明。他只是就宗教情緒在外面說。人的存在之有限性、罪惡性、失望性，西方人能把握得淸楚，但是正面的心性之骨幹，則始終不能悟入。如是，這方面仍是空虛。如何能實現眞實的自我，仍是不著邊際的，仍是無以自處。他們所能說的只是從罪惡的深淵轉到信仰的深淵，這還是外在的、依他的，故仍是外面的無把柄的話。他們不能進入自己內部之心性，依之以轉化而消除那「罪惡的」與「非理性的」。所以契氏所表述的關節輪廓之眞理性，一方只是外面的，一方亦是在他的宗教傳統的習氣裡而表現出。此尚未能鞭辟入裡，四無傍依，直承心性而開出。故猶須進一步也。

三

　　這鞭辟入裡、四無傍依、直承心性而開出之進一步的境界即是儒家學術之起落點，發展至宋明儒者而彰著，而由宋儒程、朱發展至王陽明之致良知敎，則尤透徹焉。所以從觀解的形上學轉至道德的形上學，轉至康德的輪廓，再轉至契爾克伽德的輪廓，我們都承認，都深致其讚嘆。但我們不能停於此，我們必須再進一步而歸到儒家的學術上。這一步如果透徹了，我深信必能給西方宗敎以開展、以轉進。現在由契爾克伽德而開出的存在主義，如能善紹契氏的精神，如能留意這一部學問，我亦深信必能對於他們的意向與思想有大助益。我在本書裡，將陽明的致良知敎，盡力之所可能，不失其原義而表出。我所根據的只是《陽明全書》中的《傳習錄》。我所錄的已不少，以期讀者多就原文以解義。

　　自民初以來，我們開始眞正與西方文化接觸。學術界大體是以學習西方思考路數爲主。在我們文化傳統中，儒家學術裡，沒有科學，也沒有西方那種表現「智」的思考路數。因此盡量學習這一套，並不算錯。但是寖假以爲這一套便是學術的一切，幾乎忘掉還有另一個學問骨幹的存在。甚至以爲除希臘傳統外，除那種觀解路數以及其所派生的外，一切都不能算學問。因此中國文化生命所結晶成的那套實踐的學問，便眞斬絕了，成了一無所有了。這並不是中國之福，甚至也並不是人類文化之福。我個人二十餘年來，除學習西方那一套外，始終未忘記中國這一面。因此，我常感覺到這二三十年來，凡以西方那種外在的、觀解的思考路數，以及其所派生

的一切,來解析中國學問,甚至整個道德宗教的,俱是差謬不相應。人們都知中國文化傳統裡,沒有科學、沒有宗教,此誠然。但是有希臘傳統的、有科學的,有那種外在的、觀解的思考路數的,其結果卻並不能保住「價值」。凡是那種外在的、觀解的思考路數所決定的學問,對於人性俱無善解。因此,不能知性盡性,即不能開價值之源,樹立價值之主體。而價值主體,如契爾克伽德所說,就是眞理所在。這是人生以及一切文化活動的一個本源形態。如何能忽而不顧?至於宗教方面,中國誠然沒有基督教那樣的宗教,但是最高明而圓融的宗教意識、宗教精神、宗教境界,實已含於儒家學術中。而基督教的宗教形態,在人生裡,卻並不能於個人自己之最內部心性中樹立價值之主體,即並不能於內部心性中樹立道德宗教之根。康德言宗教,必自實踐理性入,即已明內部心性之價值主體為成立道德宗教所必不可少之根據。而此點西方卻並不能實現之。此由上文言康德及契爾克伽德即可知。是以西方宗教之成立只是發之於人類的宗教本能,而關於宗教情緒之關節輪廓之表述,也只是就這種本能習氣而說成,尚未能進至鞭辟入裡,四無傍依,直就實踐理性上而說出。由此即可看出基督教之必須再轉進再開展,乃為不移之理。於此,儒者由內部心性以言道德實踐之學,正有其最大之文化上之作用。西方基督教如不能進至此部學問以活轉其自己,藉以轉進開展其自己,而仍停滯於其既成之形態中,則決難恢復其文化生命上之鼓舞作用與領導作用。希臘傳統演變的結果是物本,基督教是神本,而人這一本是空虛。故西方人以其自己之空虛地位,乃急轉跌宕,傾注搖擺於神本物本之間,而人的生命乃被牽扯分裂以舛馳。人,以其自己空虛之地位,與神間之關係,亦是處

於情緒上急轉跌宕傾注搖擺之境況中，而毫無理之必然性以通之。此吾上文所以謂契氏所表述之「關節輪廓」猶是外面之話也。人與神完全隔離。神之超越性自可承認，但人與神若完全隔離，而無心性之學之「理之途徑」以實現向上一機之超轉，則徒憑「依他之信」乃為不足者。人極立，則神極與物極俱可得其所，人極不立，則神極與物極俱不得其所。此中國儒者心性之學之「立人極」之所以大也。

　　現在有人謂儒家學術非科學、非民主、非宗教，然不反科學、不反民主，亦不反宗教。此說甚善。非科學，以其學問之用心不在此。不反科學，因儒者本主「明倫察物」，若能開出，正是善事。何須反之？非民主，因其在歷史發展中，於政治形態上未開出民主制。不反民主，開出亦正善耳。何反之有？非宗教，因其攝宗教精神於人文。不反宗教，因其立人極而使神極與物極俱得其所，正所以善化宗教，何可反耶？（西方宗教上之殘酷愚昧正是惡化。）是以吾人現在不必單看中國沒有什麼，而須看西方所有的什麼，其本質如何，其貢獻如何，中國所沒有而特有的，其本質如何，其貢獻何在。如此拆而觀之，則由西方之所有，正見其所缺的是什麼，由中國之所無，正見其所備的是什麼。如此而見其會通，則人類文化始有其前進之途徑與向上一機之超轉。是以吾常說：察業識莫若佛，觀事變莫若道，而知性盡性，開價值之源，樹立價值之主體，莫若儒。此即是中國儒家學術之特色，足以善化一切消融一切之學也。故為人間之大本。

四

斯賓格勒（Oswald Spengler）謂：「從多方面觀之，中國文化實近似於吾西方者。然彼有一特異性質，即善的形式之堅持是也。以是其神魂之全部雖逝，其軀殼猶能續存千數百年。」（見張蔭麟《西方文化論衡》頁44，中華文化出版事業委員會出版。）又曰：「中國文化集中於社會的義務，其哲學及宗教皆聚精會神於人類關係之外的方面。中國文學與美術，其可羨慕之處固多，然大抵淺薄，其意義在表面上已顯露無遺，不需更向深處探索。然以中國人社會的感情之強，故雖其文化之精神確已死滅，其文化猶能勉強支撐，不致崩潰，而其遺緒不獨至於今日，且有復蘇之狀焉。中國文化有一種特殊空氣，即側重人與人間之責任及義務是也。中國人今猶溫浸於此空氣之中。此種理想原爲一切文化之基礎，惟在中國，此種理想，有變態之強力。以是中國文明雖腐壞，而中國人依然保持其極高之地位。」（同書頁70。）斯氏確有其理解。「善的形式」一詞之提出，即示其理解之智慧。然謂中國之哲學及宗教皆聚精會神於人類關係之外的方面，則大謬。彼謂「善的形式」，當然是指「禮樂型的敎化」而言。禮樂之廣被於人群而形成人與人間之責任與義務，此固是善的形式之外在化。然而自孔子開始，即已由禮文以點出仁義，孟子由「仁義內在」以言性善，宋明儒者承之以開出心性之學。此皆是將「善的形式」向裡收攝，以立善的形式之根。是則「善的形式」不徒是外在的，且亦是內在的，是則徹上徹下，徹裡徹外，已至通透之境。此方是中國文化之靈魂。而謂只

有軀殼，徒賴外在的善的形式以維持，可乎？善的形式，若無其內在之靈魂，則只空殼之墮性耳。此則決不能久。斯氏所了解之中國文化之靈魂，大概只限於不自覺的原始的構造綜和之夏商周一階段。此後，他便謂靈魂已失。實則靈魂之自覺的點醒正自孔子始開始耳。此後所以能維持其善的形式，能延續民族生命於不墜，正賴此靈魂之點醒，因而文化生命不喪耳。今日且有復甦之狀，亦賴此也。斯氏若能於此有透徹之了解，則必能明文化之所以悠久不息之道，而其文化之循環斷滅論，亦可重新考慮矣。蓋由儒者之學，決不主文化之循環斷滅論也。循環斷滅論惟自赤裸之生命所發洩之才情氣以觀文化耳。此則自不能久。然而中國文化之智慧惟在能自生命之內部以翻出心性之理性以安頓原始赤裸之生命，以潤澤其才情氣，並由之能進而「以理生氣」也。此即所以悠久不息之道。人類不斷滅之道，亦賴此也。任何民族之文化生命，吾皆願進之以此學以悠久之。

　　吾今將陽明致良知教，爰爲表出，以使讀者了解中國儒者心性之學之底蘊。至於其他方面之牽連，則存乎讀者之心悟。而唐君毅先生《中國文化之精神價值》一書，已發其蘊。讀者取而讀之，亦足以廣其悟也。

　　　　　　　　　　　民國四十三年元月 牟宗三 序於台北

第一章　致知格物窮理盡性

朱子所謂格物云者，在即物而窮其理也。即物窮理是就事事物物上求其所謂定理者也。是以吾心而求理於事事物物之中，析心與理而爲二矣。夫求理於事事物物之中，如求孝之理於其親之謂也。求孝之理於其親，則孝之理其果在於吾之心耶？抑果在於親之身耶？假而果在於親之身，則親沒之後，吾心遂無孝之理與？見孺子入井，必有惻隱之理。是惻隱之理，果在於孺子之身與？抑在於吾心之良知與？〔……〕以是例之，萬事萬物之理莫不皆然。是可以知析心與理爲二之非矣。夫析心與理而爲二，此告子義外之説，孟子之所深闢也。務外遺内，博而寡要，吾子既已知之矣。是果何謂而然哉？謂之玩物喪志，尚猶以爲不可與？（《傳習錄中》，〈答顧東橋書〉）

案：此疏解朱子系統也。尚不可以如此簡單斷定。依朱子，在物爲理，在人爲性。故云性即理也。理超越而普遍，亦在内亦在外。是則即物而窮理，求之于外亦無妨。故窮理即所以盡性。涵養察識，内外並進，而皆以敬貫之。是即一切工夫皆匯歸於性理。孰謂窮理

而喪志哉？亦非務外遺內，博而寡要之謂也。天下事莫不為超越而普遍之理所貫注，當幾而窮之（即「即物窮理」義），即在明理一分殊之「理」。非所謂求孝之理于其親身之謂也。「當幾而窮之」之格物攝于動察之中，而動察為「敬」所貫徹。居處恭、執事敬、與人忠，是徹上徹下事，此程門之心要也。朱子承之而不背。一說「敬」字，便歸到「心」上來。敬是天理人欲之關鍵。「敬是心之貞」（朱子語），實亦即是心之提撕警覺。故在「敬的心」中，天理呈露，而不敬的心，則人欲熾張，是不敬的心即人欲也。敬貫動靜，則一切工夫皆天理流行，一切工夫亦在匯歸於天理。吾人名此系統曰敬的系統。惟敬的系統匯歸意味重。即在顯一超越之體也，此即性也理也。致良知系統，則承體起用意味重，故超越之體內在而與心一，故曰心即理也。在敬的系統中，理大而心小，心未能充其量，稍嫌不足（此義乃友人唐君毅先生告予者）。在朱子形上學中，理超越而普遍，甚能充其量，而心未能成為宇宙的心（形上的心），是即未能如理之普遍而普遍，如理之超越而超越，而不能與理為一也。故理大而心小。心未能充分透露出。陽明即於此而興起。故主「心即理」。攝理歸心，心冒乎理。雖非心大而理小，而天心天理卻永遠相融而為一。故不獨言「人的知能」，且人的知能即乾坤的知能，故宇宙心與宇宙理相融而皆充其極，頓時呈現，頓時即普也。陽明之致良知教即在將敬的系統中之「敬的心」上提而充其極，使之全部透露出。由此以往，自然與朱子不同矣。所謂將「敬的心」上提而充其極，即是由此推進一步，點出人人具足個個圓成之「良知」也。此良知是不慮而知，其知屬之天，乃本諸先天德性者。只言「敬的心」，則是以慮而知，其知屬之人，乃出諸後

天工夫者。故「敬」只是提醒。靜養動察皆是念念提醒，慮而反之。若在陽明，則慮而反之是反諸德性之天，所謂「良知之天理」也。（此語即示心與理一。）而在朱子，則反諸超越而普遍之性理，而此性理卻未自始即縮心而論之，是以敬的心只停在人分上，而未能進至於天，即只屬於慮的人心而未能點出不慮的天心，只屬於工夫的心，而未至於本體的心（更不必言即工夫即本體）。故曰理大而心小。既理大而心小，則心的地位不穩定，其為道心須因理之提，而未能直至「心即理」之天心。既未能至「心即理」，故心與理為二，而言敬的工夫，亦有外在之嫌。此其本源處不足也。陽明即在此處進一步。若只就「慮的心」而言之，則朱子之靜養動察（格物含在動察中）亦無甚可議也。唯本源處既足，則此一套即不甚重要耳。此致良知教之所以提出也。

　　若鄙人所謂致知格物者，致吾心之良知於事事物物也。吾心之良知即所謂天理也。致吾心良知之天理於事事物物，則事事物物皆得其理矣。致吾心之良知者，致知也。事事物物皆得其理者，格物也。是合心與理而為一者也。（同上）

案：良知本明，知是知非。良知是個起點。良知以外無有起點。此直指玉連環而為可解之竅也。良知既是個起點，故不待「復」而待「致」。致者至也、充也、推也、通也，「復」是致以後的事，或從致上說。非良知全隱而待復也。如全隱而待復，則能復之機何在耶？是則良知不可為起點矣。如復之機即在覺，則覺即良知矣。是復之機即良知之自己，則良知固不能全隱也。是以復在致字上說，

乃屬致以後者。復者致其本有之良而充其極耳，全顯之謂也。既致其良，則必先有良而後可致。是以良知爲起點，不能全隱而待復，故致良知者皆必以當下一念爲入手。無論交引日下，下至何極，而必隨時有一念之不泯。捉住此念，不要瞞它，不要曲它，則以前之種種交引便一齊刊落。才動即覺，才覺即化。一念迴機，儼同本得。雖有此一念之不泯，而若瞞之雜之，則終於交引，所謂不能致也。不致則不復，離禽獸不遠矣。

又案：格物，正物也。正其不正以歸于正也。（陽明訓格爲正，見下。）物者事也。意之所及也，知之所知也。意之所及之種種事爲，良知本覺無不知之。是非之宜，該如何不該如何之義，盡在良知之本覺中。此良知所覺之是非宜義即良知中之天理也。格物者即以良知中之天理而正意之所及之種種事爲也。以天理而正之，則種種事爲無不得其理矣。然良知之天理必待致而後能正物。若徒有本覺而不致，則知與物離，意與事隔，知不得謂之至，意不得謂之誠，而物亦不得謂之正。故「致」爲一切工夫之切要者，此是關頭所在也。「致吾心之良知於事事物物」者，即將良知之天理推致到事事物物上而正以則之也。亦即：在意之所及之事事物物上推致吾之良知而貫徹於事事物物，使事事物物皆得良知之潤澤而各正其爲事事物物也。各正即各成也。是以此語之訓，當以由良知之致而貫物爲得其義。非云在事事物物上提撕警覺以復其良也。此義若在致良知工夫之勿忘勿助處說則可。（此義參看〈答聶文蔚書〉）所謂「復」亦當在致字上說。

又案：吾心之良知即天理，「致吾心良知之天理於事事物物，則事事物物皆得其理」，此即致知正物也。此義亦與致吾心之良知

於事事物物同。知至意誠，則內則心正，外則物正。成己成物，各正性命也。故云「致知焉盡矣」。（〈大學古本序〉）致知即致吾心良知之天理。此天理必繫於意與知（皆心之發用）而言之，故知其必爲道德形上學中之道德實體之意志律也，即心律也。古人曰天理。天理不外吾心。故曰心外無理，理爲天理，心即爲天心。天心即道心。天心無不盡，故心外亦無物。一切事物皆在天理之涵蓋成就中。無天心無天理，則事物亦不成其爲事物，而人亦不復成其爲人矣。是以成己即成物，一成一切成。無物即無己，一壞一切壞。

又案：良知，知也。致良知，篤行也。故致良知必知行合一之教。知行合一即理與事融。此義下文明之。

> 蓋鄙人之見，則謂意欲溫凊，意欲奉養者，所謂意也。而未可謂之誠意。必實行其溫凊奉養之意，務求自慊而無自欺，然後謂之誠意。知如何而爲溫凊之節，知如何而爲奉養之宜者，所謂知也，而未可謂之致知。必致其知如何爲溫凊之節者之知，而實以之溫凊，致其知如何爲奉養之宜者之知，而實以之奉養，然後謂之致知。溫凊之事，奉養之事，所謂物也。而未可謂之格物。必其於溫凊之事也，一如其良知之所知當如何爲溫凊之節者，而爲之無一毫之不盡；於奉養之事也，一如其良知之所知當如何爲奉養之宜者，而爲之無一毫之不盡，然後謂之格物。溫凊之物格，然後知溫凊之良知始致。奉養之物格，然後知奉養之良知始致。故曰：物格而後知至。致其知溫凊之良知，而後溫凊之意始誠。致其知奉養之良知，而後奉養之意始誠。故曰知至而後意誠。（同上）

案：說誠意致知格物之義無細密清晰確定於此者。學者每忽而不察，故多影響之談，有溫凊奉養之意，實行之務求自慊而無自欺，曰誠意。因實行而誠其意矣，同時卻亦即因實行而成就溫凊奉養之事。不實行而自欺，則雖有意而意不誠，而溫凊奉養之事亦不成其為實事。是則意為虛意非實意，而事為意象非實事。意自意而事自事，是謂間離。間則不貫，離則不盈。不貫不盈，故不誠無物也。無物亦無意。故誠意即成物，不誠意即不成物；成物因誠意，不成物因不誠意。此兩者形式地言之，有等價關係，而不必為同一。因等價關係而可統於一，非謂彼兩者即同一也。

意在溫凊，必知如何而為溫凊之節，是良知也。但未可謂致良知。必致其知如何為溫凊之節而實以之溫凊，然後謂之致知。意在溫凊，實行其意，則意誠而溫凊之事成。然意在一事，同時即是知及一事。蓋知是意之體，意是知之發。知為本心故也。本心之虛靈明覺即良知，故云知為體也。知為體而意為用，故意之所在，知亦及之。意之發用是知之特殊化，知隨意之特殊化而特殊化。意之特殊化即意之發必及一殊事。意及一殊事而特殊化。故知亦隨之及一殊事而特殊化。良知無動靜，動靜時也。意之發用即動之時也。故知隨意之發用而亦在動時，自必及一殊事而特殊化。故知意合一實是虛靈明覺之特殊化而及一殊事也。前既就意之誠以言事之成，今再就知之致以言事之成。須知此言知之特殊化而及一殊事，此知非知識之知。「必知如何而為溫凊之節」，此只是一舉例。此知有知識之知之嫌，實則非也。關此詳辨見下〈致知疑難〉章。適言知及一殊事。惟知之而不能致，則知自知，而事自事，知為空知非實知，而事為意念非實事。此則知與事離。離則有間，間則有雜。雜

則不純，不純則不一，不一則不直。不直則知不能致，而單如此而不如彼之溫凊之事不能成，而此特殊之意亦掛空而不誠。此處之致，即誠意處之行。行則意事兩成，致則知事兩成。故能致知則此殊事正，正即成，成即成為如此而不如彼之實事。不能致知則亦不能正殊事，因而亦不能成殊事。不成即毀也。是以致知與成事兩者，形式地言之，亦有等價關係。因此關係而可統於一，非謂彼兩者即同一也。吾心良知之天理，因「致」之工夫而貫徹於事物上。事物因天理而成而正，因致（行）而實而現。故致知焉盡矣。

　　溫凊之事，物也。而非格物。必其於溫凊之事，一如其良知之所知如何為溫凊之節者，而為之無一毫之不盡，然後謂之格物。知之，良知之覺也。致此知而不使之與事離，即知之而復充此知之極，充其極而貫徹於事而不離。依此而曰致知。然致字亦函實行義。致之所在即行之所在，致之所至即行之所至。致者充此良知也，行則順此良知之所知而「成為」（流行）也。順良知所知而成為（流行）即實現一事，而且成其為一如此而不如彼之一事。成此殊事即正此殊事也。此之謂格物。能致其知則物自格，不致其知，則物亦不能格。不格即不正，不正即不成。致知與格物，形式地言之，有等價關係。因此關係而可說統於一。非謂彼兩者即同一也。統于一，即示：良知之天理為一「實現原理」，而其為心即道體之心，而非認識之心也。故其靈覺之及一殊事，覺之即因「致」而實現之也。「致」自人之實踐工夫言。若在乾坤知能，則其為實現原理也，覺之即實現之，亦不必言「致」矣。

　　致知在格物，言知之致也，即在物正之處也。故下即云物格而後知至，言物正而知自必至也。從致知到格物為等價的因果關係，

即能致知則物自正。依此言之，聶雙江所謂致知有工夫，格物無工夫，是也。本立而道生固如此也。然如此，則「物格而後知至」必只是返溯之注語，非有因果在。「致知在格物」言「致知在乎正物」也。此或可云：「致知者正所以在正其物也。」如此，「在」是目的意。亦或可云：「知之致即在物之正處也。」如此，「在」字是逗住之注解。亦或可云：「要致知必在事物之成正上見，離卻事物之成正，無可言致。」如此，「在」字是表示虛說之條件。在陽明之說法中，若順大學本文之語脈而觀之，「在」字爲目的意，稍欠妥。蓋致知目的若在正物，則是爲正物而致知也。然致知實應是理之不容已，並非爲什麼。一言爲什麼，則致知即有逆億之私心，非聖賢言良知充塞之本意也。故曰不妥。若曰：良知之天理致，則物自正，則可矣。逗住之疏解與虛說之條件兩者合之似得其義。然如此，則格物正成煞尾語，故雙江云無工夫也。非若朱子義之煞有事情作。而陽明子亦曰「致知焉盡矣」，其意亦是工夫盡統攝於此也。至物格而後知至，知至而後意誠，意誠而後心正等等，則皆是倒溯反顯之注語，不表示因果也，非工夫上之眞實因果也。從致知到成物（格物），則是實現之因果關係，此方是工夫上之眞實因果也。

> 區區論致知格物正所以窮理。未嘗戒人窮理，使之深居端坐，而一無所事也。若謂即物窮理，如前所云，務外而遺內者，則有所不可耳。昏闇之士，果能隨事隨物，精察此心之天理，以致其本然之良知，則雖愚必明，雖柔必強。大本立而達道行，九經之屬可一以貫之而無遺矣。尚何患其無致用

之實乎？彼頑空虛靜之徒，正惟不能隨事隨物精察此心之天理，以致其本然之良知。而遺棄倫理，寂滅虛無以爲常，是以要之不可以治家國天下。孰謂聖人窮理盡性之學而亦有是弊哉？（同上）

案：以上論三種人：一、務外而遺內，不可謂窮理。二、昏闇之士，可以雖愚必明，雖柔必強。三、頑空虛靜不能致其本然之良知。

心者身之主也。心之虛靈明覺，即所謂本然之良知也。其虛靈明覺之良知，應感而動者謂之意。有知而後有意，無知則無意矣。知非意之體乎？意之所用，必有其物。物即事也。如意用於事親，即事親爲一物。意用於治民，即治民爲一物。意用於讀書，即讀書爲一物。意用於聽訟，即聽訟爲一物。凡意之所用，無有無物者。有是意即有是物，無是意即無是物矣。物非意之用乎？格字之義有以至字訓者，如「格於文祖」、「有苗來格」是以至訓者也。然格於文祖，必純存誠敬，幽明之間，無一不得其理，而後謂之格。有苗之頑，實以文德誕敷而後格，則亦兼有正字之義在其間，未可專以至字盡之也。如「格其非心」、「大臣格君心之非」之類，是則一皆正其不正以歸於正之義，而不可以「至」字爲訓矣。

案：以上訓心、知、意、物、格，五字之義。

且《大學》格物之訓，又安知其不以正字爲訓，而必以至字爲義乎？如以至字爲義者，必曰窮至事物之理而後其説始通。是其用功之要全在一窮字，用功之地全在一理字也。若上去一窮字，下去一理字，而直曰致知在至物，其可通乎？〔案：此駁無甚道理。〕夫窮理盡性，聖人之成訓見於〈繫辭〉者也。苟格物之説而果即窮理之義，則聖人何不直曰致知在窮理，而必爲此轉折不完之語以啓後世之弊耶？〔案：此問亦無甚理。〕蓋《大學》格物之説，自與〈繫辭〉窮理大旨相同，而微有分辨。窮理者兼格致誠正而爲功也。故言窮理，則格致誠正之功皆在其中。言格物，則必兼舉致知誠意正心，而後其功始備而密。今偏舉格物而遂謂窮理，此所以專以窮理爲屬知，而謂格物未嘗有行，非謂不得格物之旨，並窮理之義而失之矣。此後世之學所以析知行爲先後兩截，日以支離決裂，而聖學並以殘晦者，其端實始於此。（同上）

案：此窮理與格物之辨，實朱子與陽明兩大系統之不同處。窮理須兼格致誠正而爲功是也。然朱子涵養察識敬貫動靜，則格物窮理非空頭單行矣。既非空頭，則窮理亦有助于盡性矣。惟此一系統以反顯「超越之體」爲重。而陽明之「格致誠正兼備」所成之窮理，實即致吾心良知之天理而使之充塞流行也。窮盡其良知之天理而無一毫之隱曲也。是則窮理亦致理也。理之全體呈露而充其極之義也。非窮外在之事物之理也。故窮良知之天理即盡自己之性也。此有前擴義亦是單線直貫義。此緊扣良知天理之爲實現原理而言也。而朱

子則有反顯義。亦有迴環歧出義。朱王最後之異即在此。蓋朱子言格物為即物窮理，字義之訓雖若恰當而不越，然其窮理即窮外在之事物之理，是亦因而歧出矣。而涵養察識敬貫動靜之一大套工夫，即示其內外兼修，故歧出而迴環也。此不可不察矣。朱子之格物窮理是含在察識中，此是動時之外功，而涵養則是靜時之內功。此惟是以內外兼修歧出迴環之慮的工夫而反顯超越而普遍之理也。而陽明之兼舉致誠正而言格物，乃至兼舉格致誠正而言窮理盡性，則惟是扣緊良知天理之為實現原理而言之。故朱王之異，只在一由慮的工夫而反顯超越之體，一由超越之良知天理因致而直貫。反顯超越，則迴環委曲多，內在而直貫，則直而無曲，故主當下矣。迴環委曲，則分解密而照應多，工夫重而門庭廣，敬心肅而超越之體尊而嚴。然迴環委曲總當歸於直而無曲也。是以王學乃歷程之推進一步，而不必視為與朱並立之兩統。

　　先儒解格物為格天下之物。天下之物如何格得？且謂一草一木，亦皆有理。今如何去格？縱格得草木來，如何反來誠得自家意？我解格作正字義，物作事字義。《大學》之所謂身即耳目口鼻四肢是也。欲修身便是要目非禮勿視、耳非禮勿聽、口非禮勿言、四肢非禮勿動。要修這個身，身上如何用得工夫。心者身之主宰。目雖視，而所以視者心也。耳雖聽，而所以聽者心也。口與四肢雖言動，而所以言動者心也。故欲修身在於體當自家心體，常令廓然大公，無有些子不正處。主宰一正，則發竅於目，自無非禮之視。發竅於耳，自無非禮之聽。發竅於口與四肢，自無非禮之言動。此

便是修身在正其心。然至善者心之本體也。心之本體,那有
不善?如今要正心,本體上何處用得功?必就心之發動處,
纔可著力也。心之發動,不能無不善。故須就此處著力。便
是在誠意。如一念發在好善上,便實實落落去好善;一念發
在惡惡上,便實實落落去惡惡。意之所發,既無不誠,則其
本體如何有不正的?「故正其心在誠其意」。工夫到誠意,
始有著落處。然誠意之本又在於致知也。所謂人所不知而己
所獨知者,此正是吾心良知處。然知得善,卻不依這個良知
去做。知得不善,卻不依這個良知便不去做,則這個良知便
遮蔽了。是不能致知也。吾心良知,既不能擴充到底,則善
雖知好,不能著實好了;惡雖知惡,不能著實惡了;如何得
意誠?故致知者意誠之本也。然亦不是懸空的致知。致知在
實事上格。如意在於為善,便就這件事上去為;意在於去
惡,便就這件事上去不為。去惡,固是格不正以歸於正,為
善則不善正了,亦是格不正以歸於正也。如此,則吾心良知
無私欲蔽了,得以致其極,而意之所發,無有不誠矣。誠意
工夫,實下手處,在格物也。若如此格物,人人便做得。人
皆可以為堯舜,正在此也。(《傳習錄下》)

案:此段解說格致誠正全部歷程亦極親切詳密。身上用不得工夫,
心體至善亦用不得工夫。工夫惟在心之所發處說。故曰工夫到誠意
始有著落處。而致知者,意誠之本也。故致知焉盡矣。致知又不是
懸空可以致得的。必在實事上格物(即正物)而致之。正物豈是憑
空可以正得的。要必本於良知天理之充其極而貫徹於事物。依此兩

義觀之，則「致知在格物」正是前文所說之逗住之疏解與反溯而成之條件之義也。

> 《大學》之要誠意而已矣。誠意之功格物而已矣。誠意之極，止至善而已矣。止至善之則，致知而已矣。正心復其體也。修身著其用也。以言乎己，謂之明德。以言乎人，謂之親民。以言乎天地之間則備矣。是故至善也者，心之本體也。動而後有不善，而本體之知未嘗不知也。意者其動也，物者其事也。致其本體之知，而動無不善。然非即其事而格之，則亦無以致其知。故致知者誠意之本也。格物者致知之實也。格物則知致意誠，而有以復其本體，是之謂止至善。〔……〕是故不務於誠意，而徒以格物者謂之支。不事於格物而徒以誠意者，謂之虛。不本於致知，而徒以格物誠意者，謂之妄。支與虛與妄，其於至善也遠矣。合之以敬而益綴。補之以傳而益離。〔……〕噫！乃若致知，則存乎心悟。致知焉盡矣。（〈大學古本序〉）

案：此亦綜括全部大旨之文也。然而有本有末，而本末一貫。有撮要，而要可以馭繁。有點睛，而睛可以神全體。致知是點睛。誠意是撮要。格物是致知之實而不蹈空。有實之致知是誠意之本，而誠意不溺虛。正心是歸宗。止至善即止於此也。而其則，則在致知之睛也。則者法度也，立教之眼目，循持之規矩也。是以心正意誠知至物格，家國天下盡在其中，而非佛之遺物棄倫也。學而至此至矣。成己成物各正性命之學也。亦窮理盡性而至於命之全幅聖功

也。

> 《大學》工夫即是明明德。明明德只是個誠意。誠意的工夫
> 只是格物致知。若以誠意爲主，去用格物致知的工夫，即工
> 夫始有下落。即爲善去惡無非是誠意的事。如〈新本〉先去
> 窮格事物之理。即茫茫蕩蕩都無著落處。須用添個敬字方才
> 牽扯得向身心上來。然終是沒根源。〔……〕正謂以誠意爲
> 主，即不須添敬字。所以提出個誠意來說，正是學問的大頭
> 腦處。〔……〕大抵《中庸》工夫只是誠身。誠身之極，便
> 是至誠。《大學》工夫只是誠意。誠意之極，便是至善。工
> 夫總是一般。今說這裡補個敬字，那裏補個誠字。未免畫蛇
> 添足。（《傳習錄上》）

> 身之主宰便是心。心之所發便是意。意之本體便是知。意之
> 所在便是物。〔……〕所以某說無心外之理，無心外之物。
> 《中庸》言不誠無物。《大學》明明德之功只是個誠意。誠
> 意之功只是個格物。（《傳習錄上》）

> 格物是誠意的工夫。明善是誠身的工夫。窮理是盡性的工
> 夫，道問學是尊德性的工夫。博文是約禮的工夫。惟精是惟
> 一的工夫。（《傳習錄上》，徐愛記述語）

案：此言格物是誠意的工夫，格物須帶致知說。普通說格物致知，
而在陽明則當說致知格物。「致知焉盡矣」，則一切工夫只是個致
知。致知是致吾心良知之天理於事事物物以成事成物，是以格物處
無工夫。蓋陽明之格物實是本良知天理以成用，而與成己成物各正
性命之義相通。此格物義是形上學的，非認識論的。朱子之格物則

可以順而至於含有認識義。陽明之一轉遂不期而將此義全泯矣。此是區別兩大系統最顯明之標誌。學者順此認取，便可不生滋擾。否則，若以含有認識義之格物考量陽明，或講陽明者而不自覺亦以含有認識義之格物之陳說陽明之格物，則未有不啓人之惑者。心與理一、心外無物、心外無理，此皆是形上的命題，故格物即成物正物，亦是形上的直貫。後來羅近溪門人楊復所尙能識得此意而揮發之。《證學編》云：「格亦有通徹之義。通而謂之格，猶治而謂之亂也。格物者，己與物通一無二也。如此則無物矣。有則滯，滯則不通。無則虛，虛則通。物本自無，人見其有。格物者除其妄有，而歸其本無也。歸其本無，此謂知本。」此皆形上的直貫，無認識論之意義，承陽明而來也。歸其本無，即攝物歸心，而爲心所貫徹也。爲心所貫，即只見有心，不見有物，全體是一知能呈現，故己與物通一無二也。羅近溪一切話頭無非詮明此義。黃道周云：「人有己便不仁。有己便傲，傲便無禮。無禮便與天下間隔。無己便細，細便盡禮。盡禮便與天下相通。克己者，只把己聰明才智，一一竭盡，精神力量，一一抖擻，要到極細極微所在。事事物物，俱從理路鍊得清明，視聽言動，無一是我自家氣質。如此便是格物物格，致知知至耳。所以天下更無間隔，更無人說我無禮。便是天下歸仁。」（〈榕檀問業〉，《明儒學案》載）此段話亦暗合全部王學。亦是以形上的直貫說致知格物天下歸仁也。

第二章 知行合一

夫問思辨行，皆所以爲學。未有學而不行者也。如言學孝，則必服勞奉養，躬行孝道。然後謂之學。豈徒懸空口耳講說，而遂可以謂之學孝手？學射則必張弓挾矢，引滿中的。學書則必伸紙執筆，操觚染翰。盡天下之學無有不行而可以言學者。則學之始固已即是行矣。篤者敦實篤厚之意。已行矣，而敦篤其行，不息其功之謂爾。蓋學之不能以無疑，則有問。問即學也，即行也。又不能無疑，則有思。思即學也，即行也。又不能無疑，則有辨。辨即學也，即行也。辨既明矣，思既慎矣，問既審矣，學既能矣，〔案：依《中庸》原文當爲「學既博矣。」〕又從而不息其功焉，斯之謂篤行。非謂學問思辨之後，而始措之於行也。是故以求能其事而言，謂之學；以求解其惑而言，謂之問；以求通其說而言，謂之思；以求精其察而言，謂之辨；以求履其實而言，謂之行。蓋析其功而言則有五，合其事而言則一而已。此區區心理合一之體，知行並進之功，所以異於後世之說者，正在於是。今吾子特舉學問思辨以窮天下之理，而不及篤行，是專以學問思辨爲知，而謂窮理爲無行也已。天下豈有不行

而學者耶？豈有不行而遂可謂之窮理者耶？明道云：「只窮
理，便盡性至命。」故必仁極仁，而後謂之能窮仁之理。義
極義，而後謂之能窮義之理。仁極仁，則盡仁之性矣。義極
義，則盡義之性矣。學至於窮理至矣。而尚未措之於行，天
下寧有是耶？是故知不行之不可以爲學，則知不行之不可以
爲窮理矣。知不行之不可以爲窮理，則知知行之合一並進，
而不可以分爲兩節事矣。夫萬事萬物之理，不外於吾心。而
必曰窮天下之理，是殆以吾心之良知爲未足，而必外求於天
下之廣，以禆補增益之。是猶析心與理而爲二也。夫學問思
辨篤行之功，雖其困勉至於人一己百。而擴充之極，至於盡
性知天，亦不過致吾心之良知而已。良知之外，豈復有加於
毫末乎？今必曰窮天下之理，而不知反求諸其心，則凡所謂
善惡之幾，眞妄之辨者，舍吾心之良知，亦將何所致其體察
乎？吾子所謂氣拘物蔽者，拘此蔽此而已。今欲去此之蔽，
不知致力於此，而欲以外求，是猶目之不明者，不務服藥調
理以治其目，而徒悵悵然求明於其外，明豈可以自外而得
哉？〔至吾子所謂〕〔筆者補〕任情恣意之害，亦以不能精
察天理於此心之良知而已。（《傳習錄中》，〈答顧東橋
書〉）

案：此論知行合一及辨相沿舊習之非，最爲親切。先由實際事例以
明學行合一，後歸於致良知，自根本上以明知行合一。惟所言之學
行合一，其意似與致良知中之知行合一不甚相同。問、思、辨，皆
即學即行。等於說：問，即要實際去問，此即行其問矣。故云：

問，即學也，即行也。推之，思、辨亦然。此意，朱子與其所答之
顧東橋皆不會有異議。此意雖可以明學問思辨與行合一，然仍不礙
朱子及顧東橋將學問思辨之窮理與道德實踐之篤行分開說。蓋學問
思辨之窮理中之「行」很可以只是認眞去作、實際去作，此是作一
種事，而道德實踐之篤行，則可只注意于道德動機之純不純，以及
道德行爲之是不是、善不善。此兩種「行」的意思固不同也。因
此，學問思辨之窮理之屬於知者，很可以有助於道德實踐之行之得
正果也。依此，朱子學問思辨之窮理之只屬於知，亦只多識前言往
行，以期有助於「心體之明」之意耳。此即內外兼修，而此則屬於
外者也。故陽明就學問思辨以言學行合一，仍不礙學問思辨之窮理
與道德實踐之篤行分開說。蓋學問思辨之窮理是屬於求知者，其中
之行固不同於道德實踐之行也。此是兩層的事。惟致良知中之知行
合一，始眞可以扭轉朱子而大不同於朱子，而亦另開闢一境界矣。
蓋此知爲良知之知，爲良知之知而且決定指導吾人行爲之是非善惡
之當然之理，故良知之知之而決定之也，行亦隨之，行即含其中
矣。此知行本不能分說。此境界爲朱子所不具備者。故云：「知行
之體本來如是。非以己意抑揚其間，姑爲是說，以苟一時之效
也。」由此，陽明亦很可以將窮理只解爲「在行中窮盡良知之天
理」。非窮外在事物之理也。此即就「道德實踐之行」而再向裡透
以言其如何可能之先天根據也。此與求知之學問思辨之窮理無關。
此就正心誠意之與聖工及道德行爲之關係言，自較朱子爲切。故立
於此立場，陽明得以批駁朱子而扭轉之也。故其言知行合一，既不
是適所言之學行合一，亦不是普通泛泛之知識與行爲問題。乃是道
德實踐之本源問題也。故既不能以學問思辨而言良知有所不足，亦

不能因良知中之知行合一而抹殺屬於求知之學問思辨之窮理也。此
而詳辨，則依陽明，知之致、意之誠、物之格、心之正，皆有俟夫
行以徹之。行以徹之，然後良知之天理窮盡而無遺。此即致良知中
之知行合一。故曰「學至於窮理至矣。」明道曰：「才窮理便盡性
至命。」此亦含有行在其中。仁極仁，始能窮仁之理，義極義，始
能窮義之理。此若依陽明義而言之，仁極仁即致其仁。致吾心之
仁，而後吾心之「仁之理」始能窮。義亦然。吾心之仁理窮，而後
吾之仁性盡。吾心之仁即吾之惻怛之心也。吾之惻怛之心，一念起
處，吾之良知即知之。致吾此知，即致吾此知之天理。致此天理，
則吾心之「仁之理」窮矣，而吾心之「仁之性」亦盡矣。故窮即
致，行必在其中矣。窮盡吾心之仁之理，則惻怛之心即貫徹於感應
之事物，而事物亦得其仁之理，而成為仁者之行事。故知行合一
者，心之靈覺天理與身之行為歷程圓融而無間以成斯全體透明而無
隱曲之天理流行也。此直而無曲、圓而無缺、盈而無虛之教也。

知之眞切篤實處即是行，行之明覺精察處，即是知。知行工
夫本不可離。只爲後世學者分作兩截用功，失卻知行本體，
故有合一並進之說。〔……〕此雖吃緊救弊而發，然知行之
體本來如是。非以己意抑揚其間，姑爲是說，以苟一時之效
者也。專求本心，遂遺物理，此蓋失其本心者也。夫物理不
外於吾心，外吾心而求物理，無物理矣。遺物理而求吾心，
吾心又何物耶？心之體性也。性即理也。故有孝親之心，即
有孝之理；無孝親之心即無孝之理也。有忠君之心即有忠之
理，無忠君之心即無忠之理矣。理豈外於吾心耶？晦菴謂：

「人之所以爲學者心與理而已。心雖主乎一身，而實管乎天下之理。理雖散在萬事，而實不外乎一人之心。」是其一分一合之間，而未免已啓學者心理爲二之弊。此後世所以有專求本心，遂遺物理之患，正由不知心即理耳。夫外心以求物理，是以有闇而不達之處。此告子義外之說，孟子所以謂之不知義也。心一而已。以其全體惻怛而言謂之仁；以其得宜而言謂之義；以其條理而言謂之理。不可外心以求仁，不可外心以求義，獨可外心以求理乎？外心以求理，此知行之所以二也。求理於吾心，此聖門知行合一之教。吾子又何疑乎？（同上）

案：知行合一非只從效驗上說，知行之體本是如此。要說知行之體本是如此，則必從理不外心，吾心即理之義上說。亦即必歸到致良知於事事物物上說。仁義皆內在，而仁義即吾心之理，則理亦必內在，而不能外心以求之矣。然則此理也何理耶？豈非道德的實體之理乎？亦即天心天理也。此純由內出，不由外鑠。本不能外也。是故有忠孝之心即有忠孝之理，無忠孝之心即無忠孝之理。形式地言之，忠孝之心與忠孝之理兩者爲等價，因而可統於一？實際地言之，忠孝之理即含在忠孝之心中，而由忠孝之心以自發。此猶吾心之仁理即由惻隱之心而見也。亦猶言有道德的自覺即有道德的律則，無亦無之。故純由內心而獨發，不外在而外與，故云「心即理也」。此心自爲形上的道體的心即天心。故天理即在其中。若自兩概念言，則心自心，理自理，兩自不同。此邏輯的嚴格言之也。然心即理之「即」非同一律之同也。故形式地言之，只能說個等價關

係因而統於一。而實際地言之,則此理即在心中也。若心非道德的天心,而為認識的心,則心之所了為理,心自不即理,不惟心理是二,而且亦分內外矣。陽明子之所謂心,天心道心也,而理亦天理道理也。心非了心,故理非物理。若以心為了心,理為物理,則兩者形式地言之,不等價。而實際地言之,亦不一矣。不可據此而駁心即理。惟有一義不可不察。夫理發於天心,而天心實即道德的自覺,天理實由此自覺中而天定之理則。故曰天命之謂性,天命者天定也,天定者無條件而定然必如此也。忠孝之理乃至善善惡惡之理皆如此。而自今日言之,固有所謂知識之物理矣。此不能內出也。將何以解之而統於一?儒者之學期在聖賢,不在科學。不惟陽明之教無此方面之知識論,即一切理學家皆不措意於此也。朱子言格物窮理雖與陽明不同,然其所注意之理,固仍是超越之天理也。唯順朱子說,於知識問題較易為解耳。雖是較易,而終不易,因其說統本不在知識也。於此而期容納客理之知識,則必於朱王說統外,別具手眼以論之,而又融於此大系統中(無論為朱為王),而不曲泯古哲之了義。此則今日之事也。在此須注意者,即陽明所謂理,決非今日所謂知識之物理也。當時疑者,常有「客理」之念橫隔胸中,遂疑吾心為不足,而陽明又專從天心天理而言之,遂以為心即理,吾心無有不足者。不能致曲於客理之探討而吸納知識,疑者將於無已時,此所以急待解清者也。(詳辨見下〈致知疑難〉章)

> 良知只是個是非之心,是非只是個好惡。只好惡就盡了是非。只是非就盡了萬事萬變。是非兩字是個大規矩。巧處則存乎其人。(《傳習錄下》)

案：此是非好惡即天心之所表現也，故亦即天理，非言識心物理
也。聖賢學問與聖賢工夫是一。自天心天理言之，則知行必一，心
理必一，故致知焉盡矣。致知是止至善之則，即成聖成賢之訣竅
也。古人問題不在知識也。

> 良知自知原是容易的。只是不能致那良知，便是知之匪艱，
> 行之惟艱。（同上）

案：知行不一，識心物理處有之，此知識問題也。若自天心天理
言，則知行之所以不一，只在不能「致」。有一念之覺，而不能致
此一念，則知自知，行自行，不能一矣。及其不一，則知不致，而
物不正。知不致等於無知。（無良知也，實非全無，欲間而蔽之，
等於無矣。）物不正等於無物。如不能致孝之良知天理，則孝之事
即無有矣。知不致，物不正，則意不誠，而心亦不正。故心理合
一，知行合一之教，純在心正意誠，而期於止至善，亦即在成一個
人也。成一個人卻亦就成了聖賢。人之所以異於禽獸者幾希。一切
聖教皆言人禽之辨，而期人之復為一人也，故曰仁者人也。致良知
亦致此仁體耳，故曰致知焉盡矣。盡者盡為聖為人之道也，此是成
人成聖成天成地之大真幾，外乎此亦不能有真生命。良知即天心即
仁也。孔門以仁為宗，千門萬教匯歸於此。至于知之匪艱，行之維
艱，則古訓即在提醒人歸于行。然而行之本源，（即先天根據）則
有待于良知之提出。至乎良知中之知行合一，則知行即無分于難易
矣。此不可不察也。

愛曰：「如今人儘有知得父當孝兄當弟者，卻不能孝，不能
弟，便是知與行分明是兩件。」先生曰：「此已被私欲隔
斷，不是知行的本體了。未有知而不行者。知而不行，只是
未知。聖賢敎人知行，正是安復那本體。不是著你只恁的便
罷。故《大學》指個眞知行與人看。說如好好色，如惡惡
臭。見好色屬知，好好色屬行。只見那好色時，已自好了。
不是見了後，又立個心去好。聞惡臭屬知，惡惡臭屬行。只
聞那惡臭時，已自惡了。不是聞了後，別立個心去惡。
〔……〕知行如何分得開。此便是知行的本體。不曾有私意
隔斷的〔……〕。」（《傳習錄上》）

案：此個眞知行就是知行的本體，其自性便是合一的。其所以合
一，是因無私欲隔斷。在別處如不合一，便是被私欲隔斷，所以需
要致的工夫以復其合一之本體。合一之敎是直而無曲之敎。隔斷就
是曲了。因爲這一曲，所以知自知，行自行，物自物，因而意亦不
誠，心亦不正，便就不成一個人了。甚至就在知識上說，識心與物
理爲二爲內外，亦是大道大本之不直，而經過了一曲折。因爲一曲
折，所以才有識心之用，才有物理可說，才有知識可成。知識實是
在一曲中而成的，此雖不礙於爲人爲聖，或甚至此個曲折的缺陷是
不可少的，然而卻亦必須會歸於大道之直。又須知此一曲，我的生
命已經是物化了。知識必在物化中行。然而對於作聖作賢甚至於作
人上說，被隔斷而不去行，此個物化，卻是大關頭。因爲這純是私
欲橫流，人不復是人而爲物矣。若是知行合一，我的眞生命之根並

不物化，則即實實落落去研究客理而成知識，此雖是一曲，而卻是
生命之凝聚，不真是物化。此是不可少的。若無合一為根，則那一
曲雖足以成知識，亦只是物化。所以曲必以直為根。致良知之教只
是直教。人之生也直，直教即是直道而行。致直教即是復其本體之
直也。直而無曲，圓而無缺，盈而無虛。此三語者誠是良知教法之
精蘊也。順此而廣之，法理無邊。此後來王龍溪、羅近溪等人所深
悟而妙應也。

> 知是心之本體。心自然會知。見父自然知孝，見兄自然知
> 弟，見孺子入井自然知惻隱。此便是良知。不假外求。若良
> 知之發更無私意障礙，即所謂充其惻隱之心，而仁不可勝用
> 矣。然在常人，不能無私意障礙，所以須用致知格物之功，
> 勝私復理。即心之良知更無障礙，得以充塞流行，便是致其
> 知。知致則意誠。（《傳習錄上》）

案：心之本性自然會知，此便是天心之靈明處。要不是死木槁灰，
則心便是一團生機，亦只是個靈明。這個靈明總是必然常在的。因
為除是死木槁灰，靈明便沒了。否則總是一團生機的。這一團生
機，從赤子落地啞啼一聲，便已彰明昭著。自此以後，更無時不
存，無處不行。只爭一個障不障、攪不攪、直不直。若是障攪而曲
之，則它便隨私欲流于邪枝僻流，而只成就一個混帳。若是不障
攪，便是直道而行。若不能無障攪，便須下一番工夫而致之。致其
知以順直，則生生化化不息真幾便充塞宇宙，渾是一團天理流行，
更無間斷。此即所謂充其惻隱之心而仁不可勝用也。若是曲，則仁

機盡，何能不可勝用。這個直道而行，行自在其中。若是間攪而曲，則就斷了。斷了就是沒有致沒有行。故行就在致字見。知行一則致，不致則不合一。

> 格物如孟子大人格君心之格。是去其心之不正，以全其本體之正。但意念所在，即要去其不正以全其正，即無時無處是不存天理，即是窮理。天理即是明德。窮理即是明明德。（《傳習錄上》）

案：此言格物是順格君心下來，格君心即是正君心，正心即是正念頭，念頭正則天理流行。此是順所舉例，方便說之。人或於此而致疑曰：格物成了格心，只是一個正念頭，何有與格物？縱然是正物，此何有於正物耶？此疑須予說破。心之所發為意，意之所在為物。天天有意念，即天天有云為。事物不待言而自含其中。既總是牽連著事物云為，則念頭正，事物自正。致知工夫實含其中。此處順所舉例方便而說，故未提到致知，亦未提到格物。而只迴向到心上來說了個正心。實則正心即正物也。豈是遺了物而懸空正心邪？若是如此則又無行矣，而何況合一？既是懸空正心，則天理何能流行，何能不可勝用？只是窒塞溺虛，成得一個死木槁灰，儼若癡騃，豈是聖賢學問？故知此處雖言正心，實函正物。徒因順例而說至此，不可拘定。而若正心即是正物，則致知乃至知行合一、心理合一亦自含其中，不言而喻。復次，致知格物亦含有正念頭在其中。念頭之不正便是私意間隔。致知工夫就是首先去此間隔。可是去了這個間隔，則良知之天理亦自流行於事事物物之中而成就真正

此事事物物矣。此即直而無曲也。若云事事物物千變萬化，曲折多矣，何能無曲？曰此是就事物云為本身說其曲，而若順良知而前進，則雖曲也而能達，亦便是直而無曲矣。順良知之無障攬言，則直而無曲；順事物云為之變化言，則曲而能達。其所以曲而能達者正因其順承良知之直而無曲而著實去成就這件事物也。故事物歷程中，雖曲折萬端，而終必達成。此就是良知天理之一體平鋪也。平鋪於事變云為之中而正之，正之即成之，無二致也。物正則心正而意誠，皆繫於致知之一關，亦無二道也。心正成己也，物正成物也，成己成物亦無二道也。致知焉盡矣。

第三章　致知疑難

（略，見《從陸象山到劉蕺山》第三章第一節〈附錄〉）

第四章　良知與中和

問：「伊川謂不當於喜怒哀樂未發之前求中，延平卻教學者
看未發之前氣象。何如？」先生曰：「皆是也。伊川恐人於
未發前討個中，把中做一物看。如吾向所謂認氣定時做中。
故令只於涵養省察上用功。延平恐人未便有下手處，故令人
時時刻刻求未發前氣象，使人正目而視惟此，傾耳而聽惟
此。即是戒慎不睹，恐懼不聞的工夫。皆古人不得已誘人之
言也。」（《傳習錄上》）

案：此是陽明通達處。向未發之前討個中，前後是時間相，亦含著
空間相。喜怒哀樂未發以前那個時候那個地方是個什麼東西。如果
中是未發之前那個時地的一個東西，他是個什麼東西。豈有孤單單
擺一個東西在那裡叫做中？此伊川所以謂不當如此求中也。然則中
在喜怒哀樂已發之後乎？已發之後又如何討個中。《中庸》亦並未
如此說。然則即在喜怒哀樂正發之時求中乎？七情總是七情，管它
中不中，卻是如此而發了。茫茫蕩蕩卻如何去說中？依是觀之，若
不切實討個中的真實義，徒糾纏於前後之際，七情之自身，總是無
著處。雖不可在未發之前討個中，然《中庸》卻又說未發之謂中，

未發之時是個什麼狀態？延平教人觀未發之前氣象。這究竟有個什麼氣象？這個時候，說有非有，說無非無。自然有一個氣象可觀。比在未發之前討中，活轉多了。討中是知解而推求之。觀氣象則有內斂而默識之的意味。朱子即於此說個涵養，便是不順知解之推求而順內斂而默識之路來。（朱子「中和舊說」尚不免知解推求之路數，故甚悔之。）然則觀未發氣象，內斂而默識之，默識個什麼？默識它將發而未發渾淪而未分，而有發有分之潛蓄的可能性含藏性乎？如其然，則潛根不正者，發亦未必正。既不正，亦無可云中和。此只是由已發返溯未發之潛藏，由潛藏而現實，此是「是其所是」的邏輯解析。並無所謂涵養的工夫在。就是說養，亦不過是生物氣機之滋養，心理生理之滋養。並無形上的道德的意味，而且此亦是個有時間歷程的發展解析。須知此不是解析事，而是想在此於工夫上有所取證的事。依此，必是想在此默識天心天理之純皎而期於吾人之行為求一覺悟上之主宰。故陽明解曰：「使人正目而視惟此，傾耳而聽惟此，只是個戒慎不睹，恐懼不聞的工夫。」因為戒慎恐懼，所以朱子才說涵養須用敬。這其中必有個「人所不知而己所獨知」之真是非，此是瞞不過的。你不能自欺，你要勿愧屋漏。天地鬼神俱在鑒臨。人於此一念不昧天良，便沛然莫之能禦，自然發而中節。說到此，戒慎恐懼才有個意義。如果一念不昧天良，發出來自然中節，則正目而視、傾耳而聽的這個內斂的敬懼工夫，便是涵養個未發之中。這個中實指天心天理言。朱子亦說，此時寂然不動之心體而天命之性全體具焉。養是養此，觀是觀此，敬是敬此。此不是時間歷程的潛能現實之來往詮表。而是當下在喜怒哀樂以外，直指本心，見體取證的事。此當不是一個潛藏的階段。（朱

子解尚不免有此意味。）而是對發出來的，討一個真是非之標準。發出來的，若是順天心天理而中節，自無可說了。若是不中節，或亦無所謂中不中，我只是這樣發了，而汝亦無可討個取證處，若是這樣，全部聖學，便無從講。是以不管你發得中不中，我只不從你發處說話，單從你念頭上人所不知而汝獨知處指點一個標準給你，使你自己取證。你不要瞞它，它自然會證明你之為是為非。這個不是潛藏的可能，乃是全幅呈露的一個天心天理之真機。此便是大本之中，順中而發，自然是達道之和。所以說致中和，天地位焉，萬物育焉。（此當亦是就行為宇宙講，存在的宇宙亦是如此。但這是從行為宇宙上證得中和以後的事。）喜怒哀樂，是發出來的，自亦是情。吾人之心不就是這個情，但亦不離這個情。要者是在情中討一個標準取證。不是說發出來的是情，未發出來的時候那個狀態是性。這又是潛藏的講法。（朱子不免於此。）人之心總是在動，只爭一個從理不從理。天心天理就是性。這個並不是一個潛藏。是以不從你發出來的說，但只從你發的念頭上人所不知汝所獨知處指點一個天心天理取證，此便是你的體你的性。性與情不是時間歷程的前後狀態或階段。而是一念起處，當下具備了的。你若是瞞它，便無中和，你若不瞞它，便就是中和，不可把性與情放在那裡平鋪作個歷程去追溯。明乎此可以知王學。

　　澄問：「喜怒哀樂之中和，其全體常人固不能有。如一件小事，當喜怒者，平時無有喜怒之心，至其臨時亦能中節，亦可謂之中和乎？」先生曰：「在一時一事，固亦可謂之中和。然未可謂之大本達道。人性皆善，中和是人人原有的，

豈可謂無？但常人之心既有所昏蔽，則其本體雖亦時時發見，終是暫明暫滅。非其全體大用矣。無所不中，然後謂之大本。無所不和，然後謂之達道。惟天下之至誠，然後能立天下之大本。」曰：「澄於中字之義尚未明。」曰：「此須自心體認出來，非言語所能喻。中只是天理。」曰：「何者爲天理？」曰：「去得人欲，便識天理。」曰：「天理何以謂之中？」曰：「無所偏倚。」曰：「無所偏倚是何等氣象？」曰：「如明鏡然，全體瑩徹，略無纖塵染著。」曰：「偏倚是有所染著。如著在好色好名好利等項上，方見得偏倚。若未發時，美色名利皆未相著，何以便知其所偏倚？」曰：「雖未相著，然平日好色好名好利之心，原未嘗無。既未嘗無，即謂之有。既謂之有，則亦不可謂無偏倚。譬之病瘧之人，雖有時不發，而病根原不曾除，則亦不得謂之無病之人矣。須是平日好色好利好名等項一應私心，掃除蕩滌，無復纖毫留滯，而此心全體廓然，純是天理，方可謂之喜怒哀樂未發之中。方是天下之大本。」（《傳習錄上》）

案：問者以爲未發時未著，便好似不可謂之有偏倚。此時他心中也許以爲這可以說「中」了。須知此是大錯。陽明指出有病根，故仍有偏倚。要者不是在此說病根之有無，而正是要顯出一個天心天理取證。無病根必須扣住天心天理說。一味順著病追溯，而不提出一個對照來，皆不能謂之知中。若不提出一個對照取證，有病根固然是業識流轉，即無所謂病根，亦是茫茫蕩蕩，成了癡騃。還是大病。此等處直須予以徹底裁破。故陽明指出「中只是天理」。問者

尚不明天理何以謂之中，此蓋是追溯的意見作怪。陽明在此須了解一般人的難處方好。

> 問：「寧靜存心時，可爲未發之中否？」先生曰：「今人存心，只定得氣。當其寧靜時，亦只是氣寧靜。不可以爲未發之中。」曰：「未便是中，莫亦是求中工夫？」曰：「只要去人欲，存天理，方是工夫。靜時念念去人欲存天理。動時念念去人欲存天理。不管寧靜不寧靜。若靠那寧靜，不惟漸有喜靜厭動之弊，中間許多病痛，只是潛伏在，終不能絕去。遇事依舊滋長。以循理爲主，何嘗不寧靜？以寧靜爲主，未必能循理。」（同上）

案：此段最顯豁明朗而懇切。若以「定得氣」爲寧靜，則一方是把持，一方便要窒死。若以此是求中工夫，則對中必茫然，而工夫亦終必決裂，蓋病根全在故。所謂病都是發在氣上。今只把氣凝住了，病根何以能化除？此於工夫固錯，於了解「中」亦錯。其錯即在順著氣一條鞭的趕將去。故陽明劈頭就說「去人欲存天理」。此是雙線交關，提出個證據來作對照。中在證據處說，不在氣機之或斂或發上說。

> 除了人情事變則無事矣。喜怒哀樂非人情乎？自視聽言動以至富貴貧賤患難死生，皆事變也。事變亦只在人情裡。其要只在致中和。致中和只在謹獨。（同上）

案：謹獨即是人所不知而己所獨知之良知，此是天心天理，中即在此。致良知便是和。

> 顏子不遷怒不貳過。亦是有未發之中始能。（同上）

案：才動即覺，才覺即化。天心不昧，天理流行。故能不遷不貳也。學者可於此識中和。

> 正之問：「戒懼是己所不知時工夫，慎獨是己所獨知時工夫。此說如何？」先生曰：「只是一個工夫。無事時固是獨知，有事時亦是獨知。人若不知於此獨知之地用力，只在人所共知處用功，便是作偽。便是見君子而後厭然。此獨知處便是誠的萌芽。此處不論善念惡念，更無虛假。一是百是，一錯百錯。正是王霸義利誠偽善惡界頭。於此一立立定，便是端本澄源，便是立誠。古人許多誠身的工夫，精神命脈，全體只在此處。真是莫見莫顯。無時無處，無終無始，只是此個工夫。今若又分戒懼爲己所不知，即工夫便支離。亦有間斷。既戒懼即是知。己若不知，是誰戒懼？如此見解，便要流入斷滅禪定。」曰：「不論善念惡念，更無虛假。則獨知之地更無無念時耶？」曰：「戒懼亦是念，戒懼之念，無時可息。若戒懼之心，稍有不存，不是昏瞶，便已流入惡念。自朝至暮，自少至老，若要無念，即是己不知。此除是昏睡，除是槁木死灰。」（同上）

案：戒懼即是慎獨，何得分己之獨知與己所不知？己若不知，不但是誰戒懼？而且戒懼個什麼？不但是支離間斷，而且亦是昏瞶茫然。即朱子亦不如此分也。戒懼慎獨都是常惺惺法。惟常惺惺始能端本澄源，亦是立誠。誠即是天理之中。除此以外，更無個中。這個中，存養亦是，察識亦是，存養不是個糊糊塗塗的養，自然就是察識。察識不是知解推求，不是穿鑿比附，自然亦就是存養。存養察識合一亦只是個戒懼慎獨。便是「戒懼之念，無時可息。」陽明云：「省察是有事時存養，存養是無事時省察。」有事無事俱是存察合一。更無兩截可分。有動時有靜時，有有事時，有無事時，然而良知天理無分於動靜，無分於有事無事。故工夫亦不因動靜而分限，不因有事無事而分屬。不能說靜時只存養不察識，蓋存養並不是昏瞶，飽食終日，無所用心。而不昏瞶亦就是察識矣。而察識並非擠眉瞪眼這看看那看看，故亦不能說動時只察識不存養，蓋察識亦只是個默識心通，而默識心通亦即是存養矣。故察識而從容，則即動時之存養。存養而昭明，則即靜時之察識。只是一個戒慎工夫。故朱子云敬貫動靜也。既敬以貫之，則察識存養暫因動靜而分者，亦終于在本體上而合矣。養只是存個毋自欺，察只是個識毛病。可是良知既是欺不得，則同時即知毛病即在欺。是即存而察矣。毛病既在欺，則同時即要歸于毋自欺。此即察而存矣。察存有自工夫上說，有自本體上說。自本體上說，即寂寂惺惺之合一，無分于有事無事也。一往是天理流行。此自良知天心之自性上說。若是自全體呈露之既中且和上說，亦是如此。自工夫上說，則存是戒慎，從毋自欺一念上取證；察是識病，從良知天理上取則。取則便是去自欺以歸于毋自欺。察者辨別之義勝，因而去病（遮撥）之用

多。存者持體之義勝，因而復正之用多。無事時戒慎恐懼常常如此，即常常持體去病，久久純熟，即察養之功也。有事時亦戒慎恐懼常常持體去病，久久純熟，亦察養之功也。至乎純熟，則即本體上之察養矣。工夫上察養是致良知。致良知無分於有事無事。故陽明云：「格物無間動靜，靜亦物也。孟子謂必有事焉，是動靜皆有事。」又云：「靜時念念去人欲存天理，動時念念去人欲存天理。」存天理即是養，去人欲即是察。故察養不因動靜而分屬也。以致良知爲教，則動靜察養皆有所統而不必斤斤矣。會得時，縱說察是在動的分上多，養是靜的分上多，亦無不可。但必須知察個什麼，養個什麼，然後可以語中和。凡朱子關于此方面所說者，如已發未發、中和、誠敬、動靜、察存，統于致良知而明之較好。

　　性無不善，故知無不良。良知即是未發之中，即是廓然大公，寂然不動之本體。人人之所同具者也。但不能不昏蔽於物欲。故須學以去其昏蔽，然於良知之本體，初不能有加損於毫末也。（《傳習錄中》，〈答陸原靜書〉）

　　未發之中即良知也。無前後內外而渾然一體者也。有事無事可以言動靜，而良知無分於有事無事也。寂然感通可以言動靜，而良知無分於寂然感通也。動靜者所遇之時，心之本體固無分於動靜也。理無動者也。動即爲欲。循理，則雖酬酢萬變而未嘗動也。從欲，則雖槁心一念而未嘗靜也。動中有靜，靜中有動，又何疑乎？有事感通，固可以言動，然而寂然者，未嘗有增也。無事而寂然，固可以言靜，然而感通者，未嘗有減也。動而無動，靜而無靜，又何疑乎？無前後

內外而渾然一體，則至誠有息之疑，不待解矣。未發在已發
之中，而已發之中未嘗別有未發者在。已發在未發之中，而
未發之中未嘗別有已發者存。是未嘗無動靜，而不可以動靜
分者也。（同上）

案：此就良知自性上說，亦即就體用合一而言之。此言「未發」即
中即良知天理也。已發即良知天理感通之用，蓋良知並非死體也。
此言中和，相應吾首段所解者。王龍溪關此所言者亦順陽明意而開
闡也。如云：「良知者本心之明，不由學慮而得，先天之學也。知
識則不能自信其心，未免假於多學億中之助，而已入後天矣。良知
即是未發之中，即是發而中節之和。此是千聖斬關第一義，所謂無
前後內外渾然一體者也。若良知之前，別求未發，即是二乘沈空之
學。良知之外別求已發即是世儒依識之學。或攝感以歸寂，或緣寂
以起感。受症雖若不同，其爲未得良知之宗，則一而已。」（《王
龍溪語錄‧致知議略》）此其所說並無狂大處，蓋亦有得之言也。

第五章　工夫指點

近歲來山中講學者，往往多說勿忘勿助工夫甚難。問之，則云才著意便是助，才不著意便是忘。所以甚難。區區因問之云，忘是忘個什麼？助是助個什麼？其人默然無對。始請問。區區因與說：我此間講學卻只說個必有事焉。不說勿忘勿助。必有事焉者，只是時時去集義。若時時去用必有事的工夫，而或有時間斷，此便是忘了，即須勿忘。時時去用必有事的工夫，而或有時欲速求效，此便是助了，即須勿助。其工夫全在必有事焉上用。勿忘勿助只就其間提撕警覺而已。若是工夫原不間斷，即不須更說勿忘。原不欲速求效，即不須更說勿助。此其工夫何等明白簡易，何等灑脫自在。今卻不去必有事上用功，而乃懸空守著一個勿忘勿助，此正如燒鍋煮飯，鍋內不曾漬水下米，而乃專去添柴放火，不知畢竟煮出個什麼物來。吾恐火候未及調停，而鍋已先破裂矣。近日一種專在勿忘勿助上用功者，其病正是如此。終日懸空去做個勿忘，又懸空去做個勿助，濟濟蕩蕩，全無實落下手處。究竟工夫只做得個沈空守寂，學成一個癡騃漢。才遇些子事來，即便牽滯紛擾，不復能經綸宰制。此皆有志之

士，而乃使之勞苦纏縛，擔閣一生。皆由學術誤人之故。甚可憫矣。夫必有事焉只是集義。集義只是致良知。說集義，則一時未見頭腦。說致良知，即當下便有實地步可用功。故區區專說致良知。隨時就事上致其良知，便是格物。著實去致良知便是誠意。著實致其良知，而無一毫意必固我，便是正心。著實致良知，則自無忘之病。無一毫意必固我，則自無助之病。故說格致誠正，則不必更說個忘助。〔……〕近時有謂集義之功，必須兼搭個致良知而後備者，則是集義之功尚未了徹也。集義之功尚未了徹，適足以爲致良知之累而已矣。謂致良知之功必須兼搭一個勿忘勿助而後明者，則是致良知之功尚未了徹也。致良知之功尚未了徹，適足以爲勿忘勿助之累而已矣。〔……〕蓋良知只是一個天理自然明覺發見處，只是一個眞誠惻怛，便是他本體。故致此良知之眞誠惻怛以事親便是孝，致此良知之眞誠惻怛以從兄便是弟，致此良知之眞誠惻怛以事君便是忠。只是一個良知，一個眞誠惻怛。若是從兄的良知不能致其眞誠惻怛，即是事親的良知不能致其眞誠惻怛矣。事君的良知不能致其眞誠惻怛，即是從兄的良知不能致其眞誠惻怛矣。故致得事君的良知，便是致卻從兄的良知。致得從兄的良知，便是致卻事親的良知。不是事君的良知不能致，卻須又從事親的良知上去擴充將來。如此，又是脫卻本原，著在支節上求了。良知只是一個。隨他發見流行處，當下具足，更無他求，不須假借。然其發見流行處，卻自有輕重厚薄，毫髮不容增減者。所謂天然自有之中也。〔……〕孟氏「堯舜之道，孝弟而已」者是

就人之良知發見得最眞切篤厚不容蔽昧處提省人。使人於事
君處友仁民愛物與凡動靜語默間，皆只是致他那一念事親從
兄眞誠惻怛的良知，即自然無不是道。〔……〕正謂其只有
此一個良知故也。事親從兄一念良知之外，更無有良知可致
得者。故曰「堯舜之道，孝弟而已矣」。此所以爲惟精惟一
之學。〔……〕明道云：「行仁自孝弟始。孝弟是仁之一
事。謂之行仁之本則可。謂是仁之本則不可。」其說是矣。
（《傳習錄中》，〈答聶文蔚書〉）

案：前半段講懸空守著個勿忘勿助之害，總因其是外面的把持，故
左右皆非。與前所說寧靜存心只定得氣一般意思。指點集義或致良
知便是自內打出。跟著一念良知，便著實去致良知，有何忘助之
病？得到要領，勿忘勿助亦只是其間的提撕警覺，故有了下落。此
自是治病的開心鑰，故何等爽快明白。

蕭惠問：「己私難克奈何？」先生曰：「將汝己私來替汝
克。」又曰：「人須有爲己之心，方能克己。能克己方能成
己。」蕭惠曰：「惠亦頗有爲己之心，不知緣何不能克
己？」先生曰：「且說汝有爲己之心是如何？」惠良久曰：
「惠亦一心要做好人，便自謂頗有爲己之心。今思之，看來
亦只是爲得個軀殼的己，不曾爲個眞己。」先生曰：「眞己
何曾離著軀殼？恐汝連那軀殼的己也不曾爲。且道汝所謂軀
殼的己，豈不是耳目口鼻四肢？」惠曰：「正是爲此。目便
要色，耳便要聲，口便要味，四肢便要逸樂，所以不能

克。」先生曰：「美色令人目盲，美聲令人耳聾，美味令人
口爽，馳騁田獵令人發狂。這都是害汝耳目口鼻四肢的。豈
得是爲汝耳目口鼻四肢？若爲著耳目口鼻四肢時，便須思量
耳如何聽，目如何視，口如何言，四肢如何動。必須非禮勿
視聽言動，方才成得個耳目口鼻四肢。這個才是爲著耳目口
鼻四肢。汝今終日向外馳求，爲名爲利，這都是爲著軀殼外
面的物事。汝若爲著耳目口鼻四肢，要非禮勿視聽言動時，
豈是汝之耳目口鼻四肢自能勿視聽言動？須由汝心。這視聽
言動皆是汝心。汝心之視，發竅於目；汝心之聽，發竅於
耳；汝心之言，發竅於口；汝心之動，發竅於四肢。若無汝
心，便無耳目口鼻。所謂汝心，亦不專是那一團血肉。若是
那一團血肉，如已死的人，那一團血肉還在。緣何不能視聽
言動？所謂汝心，是那能視聽言動的。這個便是性，便是天
理。有這個性，才能生這性之生理，便謂之仁。這性之生
理，發在目便會視，發在耳便會聽，發在口便會言，發在四
肢便會動。都只是那天理發生，以其主宰一身故謂之心。這
心之本體原只是個天理，原無非禮。這個便是汝之眞己。這
個眞己是軀殼的主宰，若無眞己，便無軀殼。眞是有之即
生，無之即死。汝若眞爲那個軀殼的己，必須用著這個眞
己。便須常常保守這個眞己的本體。戒愼不睹，恐懼不聞，
惟恐虧損了他一些。才有一毫非禮萌動，便如刀割，如針
刺，忍耐不過。必須去了刀，拔了針。這才是有爲己之心，
方能克己。汝今正是認賊作子，緣何卻説有爲己之心，不能
克己？」（《傳習錄上》）

案：此段眞是轉法輪，頑石亦得點頭。

梁日孚問：「居敬窮理是兩事。先生以爲一事。何如？」先生曰：「天地間只有此一事。安有兩事？若謂萬殊，禮儀三百，威儀三千，又何止兩？公且道居敬是如何？窮理是如何？」曰：「居敬是存養工夫，窮理是窮事物之理。」曰：「存養個甚？」曰：「是存養此心之天理。」曰：「如此亦只是窮理矣。且道如何窮事物之理？」曰：「如事親便要窮孝之理，事君便要窮忠之理。」曰：「忠與孝之理在君親身上？在自己心上？若在己心上，亦只是窮此心之理矣。且道如何是敬？」曰：「只是主一。」「如何是主一？」曰：「如讀書，便一心在讀書上，接事便一心在接事上。」曰：「如此，則飲酒便一心在飲酒上，好色便一心在好色上。卻是逐物，成甚居敬工夫？」日孚請問。曰：「一者天理。主一是一心在天理上。若只知主一，不知一即是理。有事時便是逐物。無事時便是著空。惟其有事無事，一心皆在天理上用功。所以居敬亦即是窮理。就窮理專一處説，便謂之居敬。就居敬精密處説，便謂之窮理。卻不是居敬了，別有個心窮理。窮理時別有個心居敬。名雖不同，功夫只是一事。就如《易》言：『敬以直内，義以方外。』敬即是無事時義。義即是有事時敬。兩句合説一件。如孔子言『修己以敬』，即不須言義。孟子言集義，即不須言敬。〔……〕。」問：「窮理何以即是盡性？」曰：「心之體，性也。性即理

也。窮仁之理，眞要仁極仁。窮義之理，眞要義極義。仁義
只是吾性。故窮理即是盡性。如孟子說：充其惻隱之心，則
仁不可勝用。這便是窮理工夫。」曰孚曰：「先儒謂一草一
木亦皆有理，不可不察。如何？」先生曰：「夫我則不暇。
公且先去理事會自己性情。須能盡人之性，然後能盡物之
性。」曰孚悚然有悟。（《傳習錄上》）

案：居敬窮理是一事，窮理盡性是一事。總括起來只是個致良知。
充惻隱之心，則仁不可勝用，便是窮理盡性致良知之一例。所以說
工夫只是一事。存養居敬不是外在的工夫，都要通過覺悟的。覺得
了天理，即覺得了眞己。養是養天理，敬是敬天理。若在養敬上不
透過這個覺，便是外在的工夫。所以一切工夫都在自覺。本心之明
是覺，工夫是自覺。豈有工夫而不通過覺的。自覺是覺那個本心之
靈明，是反之也。朱子於此便不顯豁。尙非居敬窮理爲一爲二之問
題也。一便屬於行爲系統，二便兼攝知識系統。自己覺悟才有工夫
可言。不覺悟，雖擺好了個虛架子，亦非聖賢學問關頭之所在。本
來面目只是心體之靈，人人具足。工夫是覺悟上的一個激盪。這便
是反或復。反之的覺悟亦是本心之呈露。呈露了再不讓它被遮蔽
了，便是存養窮理；此就是工夫。所以工夫只在這個覺悟的激盪
上。何以言激盪？因爲這一覺，便有個天理呈現，同時亦有個人欲
被刺出。天理越在人欲之上，而人欲成了被克服的。就在這超越被
超越之勢上，成就了個激盪。工夫就在此處說，本體亦在此時被印
證，而本體之名亦在此時被建立。所以說即工夫即本體。若不有覺
悟的激盪，本體只是潛流，人欲只是潛流，兩個潛流渾在一起只是

恁地流。亦無所謂本體，亦無所謂人欲。所以雖有心知之明，亦不顯他的作用，而只是任運而轉。此即是朱子所謂赤子之心，動靜無常，非寂然不動之謂，故不可謂之中也。良知是本體，卻亦因覺悟，它才成為本體。良知不假外求，單靠自己一念。此自己一念，顯本體同時亦見工夫。是以工夫的覺亦是靠自己，不假外求。外面的都是緣，是引起你的自覺的。譬如孩提之童無不知愛其親，這個知是他的良知。但這不過是經過我的覺悟而旁觀地如此說，在他自己只是個潛流的本體。你指點他說，這就是你的良知你的本體，你要保任它。在他不能有自覺時，還是不能成為他的被印證過的本體，所以在他亦不能說聖賢學問聖賢工夫。你若不管他覺不覺，只是好好教導他扶助他培養他，這亦只是外緣，不能算是他自己的涵養，亦不能算是他自己的敬而無失，他要覺得這是他自己的本體，他必須通過他自己的覺悟。這就是回頭。不回頭不能印證其為本體。一回頭而印證其為本體，他必要保持而無失。這才是他自己的存養工夫，這個回頭的覺悟是他「心知之明」之自己凸出而回來覺他自己。先覺得了良知，然後才說致良知。先覺得他的良知，然後才能說保任他的良知。可是這個回頭的覺悟，同時亦是本體呈露。呈露即在覺悟中而無失，此就是保任了。常常保任就是常常覺悟。若剎那不覺悟，本體便隱了，亦就是所謂失掉了良知，便亦不是敬而無失。是以本體只在工夫中被印證，而亦不斷地在工夫中建立其自己。（此建立對隱與失言，即呈現也。）此一義也。復次，吾雖有心知之明而不回覺，單只順其心知之明而用之，用之以求學問，以作事業，此還不能說是從致良知而來的作學問作事業。是以此處亦無聖賢工夫可言。譬如你用你心之聰明以治邏輯。若問你近來工

夫如何，你便說我治邏輯。我說不是這個工夫，而是另一個工夫。你必茫然了。所以在心思外用時，你不知什麼是工夫，你亦不感覺其重要。你此時治邏輯還是逐物，所謂「飲酒一心在飲酒上，好色一心在好色上。卻是逐物。成甚居敬工夫？」即此謂也。既是逐物，便不是順致良知而來的治邏輯。雖是斐然成章，還不能算是有安頓的事業。此是說，你這件事業還不是順天理而來的。因為他的後面並沒有個根據來安頓它。沒有通過他的覺悟來成就這件事。這件事雖是作了，卻是逐物地作了，而不是在天理中作了。所以它的意義與價值還不能在天理中佔一席。這是因為無回頭的覺悟故。心之明，不知而作之，它便只能轉成「理智」。而理智總是外向而不回頭的，不回頭就是逐物。悲以潤慧，仁以養智。要潤它、養它，必須要回頭發見本心之悲與仁，此便是吾心之本體、意義、價值之根源。所以陽明說良知只是個精誠惻怛，亦就是仁，順這個回頭的覺悟而作事，則不是逐物地作之，而是順致良知而來的天理地作之。聖賢工夫只是教你回頭順天理作之。不回頭，無此步工夫可言：一切都是逐物。回頭才能正己成物。此第二義也。復次，不回頭一切是逐物。但是逐物到了家，他會惶恐，惶恐是回頭之機也。逐物欲的人，他會一旦覺到這是為物，不是為己。及至有個為己的心，他會回頭。追逐事業的人，若無天理以正之，只是逞能。逞能久之，他會覺得有不能，他會回頭。求知識的人若只是逐物，他會覺得茫然。他知識愈多，愈不滿足。他所知的只是支離而不圓滿，他所知的只是變更而無定常。依此，他會回頭找個安身立命處。知識作用是理智，理智的作用是分解是抽象，抽象的對象在共相。你說分解是割離而不圓滿，它可以藉著共相而條條是路，四通八達，

以得到個圓滿，它可以追求到上帝，它可以得到暫時的滿足，它仍
不用回頭。我說，理智的追求雖是四通八達，但仍得不到絕對圓
滿。它雖可以提出上帝，但仍是個概念，不是你自家的實體。又須
知它之所以四通八達只在其沈醉於共相，單沈醉於共相便是隔離殊
相。你這個滿足實只是暫時寄託在共相世界裡，但你的生活是具體
的，你不能單逃避於共相裡以自滿。你一旦出離共相仍會感覺茫
然。所以理智的共相沈溺久了，仍會歸於殊相。及至歸於殊相，便
會回頭，而找具體的真實以安頓你的空虛的生命。你若終不回頭，
你的生命必枯竭，你終於死在你的共相裡。你雖是在共相裡了解了
世界之一面（尚不是全面），但你始終毫不了解你的生命。你要了
解你的生命，了解世界之全貌，你必須把你的理智轉回來，把你的
共相拉下來，轉到你自己的真實心上來，找個托命處。拉到具體
裡，以期真實世界之了解。你這一回頭，你才能了解聖賢學問聖賢
工夫真是救你的性命的。有之則生，無之則死。西方的哲學始終是
在共相裡追求上帝追求本體，終不回頭，所以上帝亦落了空，本體
亦貶了值。所以亦總不能了解聖賢學問聖賢工夫之緊要，它必然總
向崩潰的路上走。可傷哉。他們不知本體縱使在理智的共相裡提出
了，亦必須在回頭覺悟中被印證被建立，然後它才是真實的有保證
的，它才能穩得住。在工夫中建立本體，工夫在回頭中始有，在歸
於殊相上始有；本體必須在回頭上呈現，在特殊中呈用。沈在共相
裡，你暫時覺得四通八達，你不需要工夫，你自亦不需要本體。
（你在共相裡提出上帝只是你的邏輯的滿足，此時的上帝不能算是
真本體。）但是出離共相，回到殊相具體，你會覺得到處是麻煩，
隨時是阻礙，不似你在共相裡之通達。你感覺到懊惱，你自身就是

你的阻礙。因為你自身就是具體的殊相。你無法對治它，你無法安頓它。如是你惶惑，你悲切，你感覺到人生無意義，你一無所有。如是聖賢出來指點你，向你轉法輪，讓你回頭。你在此欲轉未轉之時，你可以有個悟處，你可以嚮往向上一機，向你最深的「內在性」裡轉。如是你有了解聖賢學問聖賢工夫之必要。此是第三義。工夫之意義說明如上，略補先哲之不足。至於工夫指點，則先儒言之備矣，茲再看陽明之所示。

> 九川問：「近年因厭氾濫之學，每要靜坐。求屏息念慮。非惟不能，愈覺擾擾。如何？」先生曰：「念如何可息？只是要正。」曰：「當自有無念時否？」先生曰：「實無無念時。」曰：「如此，卻如何言靜？」曰：「靜未嘗不動，動未嘗不靜。戒謹恐懼即是念。何分動靜？」曰：「周子何以言定之以中正仁義而主靜？」曰：「無欲故靜。是靜亦定，動亦定的定字，主其本體也。戒懼之念是活潑潑地，此是天機不息處，所謂『維天之命，於穆不已。』一息便是死，非本體之念，即是私念。」（《傳習錄下》）

案：常人以為靜時即是無念，故直以「戒謹恐懼即是念」以指點之。又曰：「念如何可息，只是要正。」不要從外邊窒塞，卻要從裡面開出，從裡面正而開之，的是聖學正法眼藏。戒謹恐懼亦是徹上徹下事，此是活潑的真機，亦是維天之命，於穆不已。外此，卻那裡找個靜？是以靜有二解：動靜時也，是一解。正而開之之定，又是一解。從時之靜入手而求定，所以才有求無念，而又愈覺擾

擾。若從正而開之之定入手，便只是一個戒謹恐懼，更何有無念時？無念之求是由襲取佛家坐禪而與己不相應之工夫而來。

> 又問：「用功收心時，有聲色在前，如常聞見，恐不是專一。」曰：「如何欲不聞見？除是槁木死灰，耳聾目盲則可。只是雖聞見而不流去便是。」（同上）

案：天予人以耳，便是要聽；予人以目，便是要視。如何卻要不聞不視？耳目是聞見之發竅，那所以聞見的是心。你只要從裏面正而開之，保任得心正，聞見何妨？

> 又問：靜坐用功，頗覺此心收斂。遇事又斷了。旋起個念頭去事上省察。事過又尋舊功。還覺有內外打不作一片。」先生曰：「此格物之說未透。心何嘗有內外？即如惟濬〔案：即九川〕今在此講論，又豈有一心在內照管？這聽講說時專敬，即是那靜坐時心。功夫一貫，何須更起念頭？人須在事上磨練做功夫乃有益。若只好靜，遇事便亂。終無長進。那靜時工夫，亦差似收斂，而實放溺也。」（《傳習錄下》）

案：想靜坐的，總是想從外面窒塞。若能窒塞到家，便是佛亦好。今宗旨既不如此，還要入而復出，內而復外，靜而復動。如是靜坐用功的，便有種種間隔、起滅、照顧，終歸於攪擾。如何能打作一片。所以今既不要禪定歸寂，以趨無餘涅槃，便決不要去襲取坐禪的工夫。人多為它誤事。心無內外。寫字專敬，亦只是靜時的專

敬，實亦就是這個活潑不息真幾。故敬是徹上徹下事，戒懼是徹上徹下事。從此開出，更無內外間隔可言。此是停停當當平平順順的正工夫，人卻弗由，偏要入邪。所以陽明云：「動靜只是一個，那三更時分空空靜靜的，只是存天理，即是如今應事接物的心。如今應事接物的心，亦是循此天理，便是那三更時分空空靜靜的心。故動靜只是一個，分別不得。」（《傳習錄下》）此只是個直道而行。人卻襲取佛家坐禪而與己不相應的工夫。故間隔起滅照管攪擾。大抵儒者皆能悉此意。伊川以敬代靜亦是洞曉此中大弊及儒佛之大別。朱子承之不替，說靜乃是時也之靜。陽明亦是專精對治此個不相應的工夫者。後來二溪亦承此而弗替。溯之先秦，曾子說吾日三省吾身。孟子只說集義，養心莫善於寡欲。《中庸》只言誠身明善。《易‧繫》只言默而成之，不言而信，存乎德行。蓋儒家以「敬以直內，義以方外」為大綱領。相應此綱領而言工夫，自有其坦蕩之大途。後來受佛家影響，遂有靜坐一途。此作個人受用，一時之權法，自無不可。然決不是敬以直內義以方外之開而出之之正道。若認得敬義是徹上徹下事，則儒家自有其相應之工夫。不必與佛家坐禪歸寂，轉識成智，那套工夫相混。吾從不作靜坐見道想。有人勸我，你要學理學，不可不作靜坐工夫。我說不必。靜坐不能增加人的道德感，只是一片私心。友人語塞。人只要直道而行，不要間隔它。天理是直的活的。順他作去，更無不停當，亦無許多曲折，許多麻煩。故一切工夫只是剝掉這許多曲折，恢復那個天理之直。而去掉曲折的工夫亦只須這個工夫是直道工夫，此便是致良知。

一友靜坐有見，馳問先生。答曰：「吾昔居滁時，見諸生多
務知解，口耳異同。無益於得。始教之靜坐。一時窺見光
景，頗收近效。久之，漸有喜靜厭動，流入枯槁之病。或務
爲玄解妙覺，動人聽聞。故邇來只說致良知。良知明白，隨
你去靜處體悟也好，隨你去事上磨鍊也好。良知本體原是無
動無靜的。此便是學問頭腦。我這個話頭，自滁州到今，亦
較過幾番。只是致良知三字無病。醫經折肱，方能察人病
理。（《傳習錄下》））

〔……〕此間有個訣竅。曰：請問如何？曰：只是致知。
曰：如何致？曰：爾那一點良知是爾自家底準則。爾意念著
處，它是便知是，非便知非。更瞞它一些不得。爾只不要欺
它。實實落落依著它做去。善便存，惡便去。它這裡何等穩
當快樂。此便是格物的眞訣，致知的實功。若不靠著這些眞
機，如何去格物？我亦近年體貼出來如此分明。初猶疑：只
依他，恐有不足。精細看，無些小欠闕。（同上）

案：幾經折肱，方歸到「致良知」三字無病。致知工夫是直道工
夫。

此致知二字，眞是個千古聖傳之秘。見到這裡，百世以俟聖
人而不惑。（同上）

先生問在坐之友，比來工夫何似？一友舉虛明意思。先生
曰：「此是說光景。」一友敘今昔異同。先生曰：「此是說
效驗。」二友憫然。請是。先生曰：「吾輩今日用功，只是

> 要為善之心真切。此心真切，見善即遷，有過即改。方是真
> 切工夫。如此則人欲日消，天理日明。若只管求光景，說效
> 驗，卻是助長外馳病痛，不是工夫。（《傳習錄上》）

案：前段言窺見光景，頗收近效。今復又說此是光景。陽明《傳習
錄》中說到光景，見此二處，吾前言靜坐是外面窒塞的不相應工
夫。靜坐有二趨向：一是陽明所說近人寧靜只定得氣。此是告子的
不動心。此是按住發條。一不按住，便跳起來。對治此病，只教他
存天理去人欲。此亦是歸到致良知的直道工夫。二是求無念，靜坐
觀心，離氣離心而趨虛明。此虛明是與真實心隔離的虛光景。乃是
真實心投射的影子，全不落實，好似投身於幻象，一旦出離此境，
幻象拆穿，便歸茫然，所以全不濟事。對治此病，亦是教他致良知
的直道工夫。靜坐便起這許多病痛。尤其光景是靜坐工夫中一個最
難拆穿的似是而非的東西。陽明不愧為大賢，知道此中病痛。故說
法只從正面立教，本本分分，切切實實，教人作開而出之的直道工
夫。到處只是指點一個良知。當下覺得了良知如此如此，便即順應
此念，時而出之。時出即時中。若無間隔，便是致良知。只此工
夫，別無其他。人們不反身而誠，順應這個惻怛之仁，讓它沛然莫
之能禦，而卻作出許多張致，這麼一套，那麼一套，好似真有這許
多工夫。其實這種種工夫都不是工夫，卻成了雜念。如是，我說你
這工夫有病，須是如此如此對治；你說你也有病，又須如此如此對
治。展轉對治，工夫不是工夫，而倒成了些一起須被敲破的私意鍊
子。因為這許多工夫都是湊泊猜想，所以總不相應。每一不相應的
工夫是間隔本心的一個雜念。光景即是與靜坐這個不相應工夫相連

的。是以不相應工夫不但其自身是一雜念，且也引起許多其他雜念。這一套一套，結成一個網，煞是難破，所以必須有一個破工夫的工夫。此是一個超越的工夫。在禪宗，便成棒喝：此是破工夫的工夫。在儒家之程朱便是一個「敬」字，王陽明便是致良知，這都是超越的工夫，只是個直道而行。再不能允許你於此轉念頭，你若再轉，還是就你的良知指點，教你順應此良知開而出之。如此開而出之，你便知道此方是眞工夫所在，此即是相應的工夫，相應的工夫是截斷衆流的工夫。所以朱子陽明從不斤斤於破光景，因爲他把得相應的工夫緊。後人多轉念頭，講了許多玄妙，只是沉空逐物。不肯老實作直道工夫，愈轉愈遠，所以到了羅近溪便盡量破光景。總是教人全體放下，渾是知能呈現。這個直道工夫，亦復因光景之嚴重問題而更顯得美妙飽滿，故境界亦愈進而愈爲「極高明而道中庸」。此性體平常，捧茶童子是道之所以爲羅近溪所深切著明也。嗚呼豈無故哉？故陽明致良知工夫必至羅近溪而始充其極、盡其蘊。人或謂之爲泛濫無歸則謬矣。（光景只是在靜坐觀心時，以心爲對象，心轉爲孤智，所起之虛影。故攝智歸仁，即歸于良知之天理，則智不成爲孤智，而成爲仁中之智，或良知天理中之智，則光景即拆穿矣。如是，則工夫必爲開而出之之直道工夫，而一是皆實理平鋪，而無自我分裂之光景矣。如是，便是所謂全體放下，亦便是「性體平常」，而「捧茶童子是道」也。）

　　先生嘗謂：「人但得好善如好好色，惡惡如惡惡臭，便是聖人。」直〔案：黃直也〕初時聞之覺甚易。後體驗得來，此個工夫著實是難。如一念雖知好善惡惡，然不知不覺又夾雜

去了。才有夾雜，便不是好善如好好色，惡惡如惡惡臭的
心。善能實實的好，是無念不善矣。惡能實實的惡，是無念
及惡矣。如何不是聖人？故聖人之學，只是一誠而已。
（《傳習錄下》）

案：黃直之言是也。誠即實也，一也，直也。眞實無妄，純一不
二，直而無曲，便是致良知的正工夫。

一友問工夫不切。先生曰：「學問工夫，我已曾一句道盡。
如何今日轉說轉遠，都不著根？」對曰：「致良知蓋聞教
矣。然亦須講明。」先生曰：「既知致良知，又何可講明？
良知本是明白，實落用功便是。不肯用功，只在語言上，轉
說轉糊塗。」曰：「正求講明致之之功。」先生曰：「此亦
須你自家求，我亦無別法可道。昔有禪師，人來問法，只把
塵尾提起。一日，其徒將塵尾藏過，試他如何設法。禪師尋
塵尾不見，又只空手提起。我這個良知，就是設法的塵尾。
舍了這個，有何可提得？」少間，又一友請問工夫切要。先
生旁顧曰：「我塵尾安在？」一時在坐者皆躍然。（《傳習
錄下》）

案：此就是對治工夫的那個超越工夫、相應的工夫、直道而行的工
夫。若於致良知還不切，而別求致之之功，便都是雜念，不是工
夫。終須一個直道工夫來破除這些雜念，此方是眞工夫所在。

薛尚謙、鄒謙之、馬子莘、王汝止，侍坐。因嘆先生自征寧
藩以來，天下謗議甚眾。請各言其故。有言先生功業勢位日
隆，天下忌之者日眾。有言先生之學日明，故爲宋儒爭是非
者亦日博。有言先生自南都以後，同志信從者日眾，而四方
排阻者日益力。先生曰：「諸君之言信皆有之。但吾一段自
知處，諸君俱未道及耳。」諸友請問。先生曰：「我在南都
以前，尚有些子鄉愿的意思在。我今信得這良知，眞是眞
非，信手行去。更不著些覆藏。我今才做得個狂者的胸次。
使天下之人都說我行不掩言也罷。」（《傳習錄下》）

案：願普天下人常常誦持此意，吾亦無可多說者。

門人有言邵端峰論童子不能格物，只教以洒掃應對之說。先
生曰：「洒掃應對就是一件物。童子良知只到此，便敎去洒
掃應對，就是致他這一點良知了。又如童子知畏先生長者，
此亦是他良知處。故嬉戲中，見了先生長者，便去作揖恭
敬。是他能格物，以致敬師長之良知了。童子自有童子的格
物致知。」又曰：「我這裡言格物，自童子以至聖人，皆是
此等工夫。〔……〕如此格物，雖賣柴人亦是做得。雖公卿
大夫，以至天子，皆是如此做。」（《傳習錄下》）
先生曰：「我輩致知。只是各隨分限所及。今日良知見在如
此，只隨今日所知擴充到底。明日良知又有開悟，便從明日
所知擴充到底。如此方是精一工夫。〔……〕」。（同上）

案：良知無時不在，方能隨分限所及。若有不在時，便亦無分限可言了，所以良知是個起點。

第六章　何思何慮

侃去花間草。因曰：「天地間何善難培惡難去？」先生曰：
「未培未去耳。」少間曰：「此等看善惡，皆從軀殼起念。
便會錯。」侃未達。曰：「天地生意，花草一般。何曾有善
惡之分。子欲觀花，則以花爲善，以草爲惡。如欲用草時，
復以草爲善矣。此等善惡，皆由汝心好惡所生，故知是
錯。」〔案：此言好惡所生是意氣或情感用事，故是軀殼起
念，非良知天理之好惡。〕曰：「然則無善無惡乎？」曰：
「無善無惡者理之靜。有善有惡者氣之動。不動於氣，即無
善無惡。是謂至善。」曰：「佛氏亦無善無惡，何以異？」
曰：「佛氏著在無善無惡上，便一切都不管。不可以治天
下。聖人無善無惡，只是無有作好，無有作惡，不動於氣。
然遵王之道，會其有極，便自一循天理。便有個裁成輔
相。」曰：「草既非惡，即草不宜去矣。」曰：「如此卻是
佛老意見。草若有礙，何妨汝去？」曰：「如此又是作好作
惡。」曰：「不作好惡，非是全無好惡，卻是無知覺的人。
謂之不作者，只是好惡一循於理，不去又著一分意思。如
此，即是不曾好惡一般。」曰：「去草如何是一循於理，不

著意思？」曰：「草有妨礙，理亦宜去，去之而已。偶未即去，亦不累心。若著了一分意思，即心體便有貼累，便有許多動氣處。」曰：「然則善惡全不在物？」曰：「只在汝心。循理便是善，動氣便是惡。」曰：「畢竟物無善惡？」曰：「在心如此，在物亦然。世儒惟不知此，舍心逐物，將格物之學錯看了。終日馳求於外。只做得個義襲而取。終身行不著，習不察。」〔案：此段須隨王子致知格物去分疏。〕曰：「如好好色，如惡惡臭，則如何？」曰：「此正是一循於理。是天理合如此。本無私意作好作惡。」曰：「如好好色，如惡惡臭，安得非意？」曰：「卻是誠意，不是私意。誠意只是循天理。雖是循天理，亦著不得一分意。故有所忿懥好樂，則不得其正。須是廓然大公，方是心之本體。知此，即知未發之中。」伯生曰：「先生云草有妨礙理亦宜去。緣何又是軀殼起念？」曰：「此須汝心自體當。汝要去草是什麼心？周茂叔窗前草不除是什麼心？」（《傳習錄上》）

案：此段由培善去惡說到良知天理無善無惡。良知是天理，順應作去，著不得一分意思，是謂至善。作好作惡是著了一分意思，便是動氣。此是順軀殼起念，故不是良知天理。此意並無弊。人只是不切認此是說什麼意思，隨便想去，故覺有乖張。人在善善惡惡上總要轉個念頭，便已不純。故對治此病，便就良知天理純淨不二說個無善無惡的至善。非謂良知天理為不善也，或性為不善也，亦非謂性無所謂善不善也。此無善無惡只是遮撥在良知好惡上那個動於氣

的別轉念頭，非遮撥良知天理之爲善也。告子生之謂性，以及性無
分於善惡諸說，方是遮撥良知天理之爲善，即遮撥性之本性之爲善
也。佛氏無善惡是順著他的路數而得一個清淨之極。已不是就天理
說，故與此所言無善無惡異。故陽明云：「心體上著不得一念留
滯。就如眼著不得些子塵沙。些子能得幾多，滿眼便昏天黑地
了。」又曰：「這一念不但是私念，便好的念頭亦著不得些子。如
眼中放些金玉屑，眼亦開不得了。」無善無惡只是這個意思，亦只
是一個何思何慮。凡動於氣的，無論善念惡念皆壞。善念著了意思
亦是惡。所謂「無善無惡者理之靜，有善有惡者氣之動。」理之靜
就是天理之定。氣之動與動於氣不同。下言不動於氣，即無善無惡
是謂至善。此是剋就天理之定言。氣之動有善惡可言。氣之動了而
又動於氣，便善惡一齊壞。是以言氣之動猶言意之動。本心是純善
的，即絕對善，意之動始有善惡對待可言，而意之動亦不同於「動
於意」，動於意便是著意，一「動於意」便一切皆壞。意之動有善
有惡，良知知之，順其善念而致之便謂致良知。良知一致，則意誠
而惡去，是意亦一往順良知天理之意矣。如是則誠的意亦可說無善
無惡，順天理的氣亦同樣可說無善無惡，故皆爲至善。如是四有四
無皆可說，四無只應就不著意思講，不可作他講，此本不是玄妙高
遠的事，只因陽明調解不善，說出個上根下根，遂迷了人的眼目。

　　丁亥年九月先生起復，征思田。將命行時，德洪與汝中論
學。汝中舉先生教言曰：「無善無惡是心之體，有善有惡是
意之動，知善知惡是良知，爲善去惡是格物。」德洪曰：
「此意如何？」汝中曰：「此恐未是究竟話頭。若說心體是

> 無善無惡，意亦是無善無惡的意，知亦是無善無惡的知，物
> 亦是無善無惡的物矣。若說意有善惡，畢竟心體還有善惡
> 在。」（《傳習錄下》）

案：此四無之說，關鍵只在「意」一句。因爲心體無善無惡，是陽
明四句教中原有的一句。良知是心體之呈露，其本身自亦是無「著
一分意思」的善惡相之至善，而其知善知惡是知「意之動」處之善
惡，是則善惡之對待惟在意之動處說，而良知之善非對待之善也。
至于「物亦是無善無惡的物」一句，則不關重要。蓋物是意之感應
所在。意之動處有善惡，則物自亦隨之有正不正，此即物之有善有
惡矣。若意一往是順承良知心體而發，而爲誠意善意，即一往是天
心之流露，則其感應之物自亦無往不是至善矣。故關鍵惟在「意亦
是無善無惡的意」一句。此問題很顯然。意之動有善惡，此似牽累
到心體亦有善惡。因爲意既是心之所發，究竟亦是心用。心用有善
惡，則反顯心體亦有善惡，此似很顯然者；故言誠意之前，復言
「正心」也。心之正不正，當然從「意」處見。若只是心與意來往
直接地推，則意之動有善有惡是定然的事實，則心體亦不得保持其
純粹至善之境矣，而一切工夫皆成外在的把捉，無復有內在先天之
保證，而所謂善惡亦全成漫無定準者，無復有內在的先天之標準。
（究竟什麼是善，光從「意之動」與「意爲心之所發」兩者是推不
出的。如是，善惡只成主觀的、隨境而轉的。故爲善去惡之工夫亦
成外在的把捉、隨境而轉的。）所幸有「良知」一點準則來把舵。
「良知之天理」，一方透露而且保住了心體之純粹絕對性，印證其
純粹絕對性之所以爲眞實的純粹絕對性，而不只是一假設，一方從

有善惡之「意之動」處翻上來而不使心陷溺于意之歧出兩行中，而超越于意之上，而鑒別其爲善抑爲惡，（此即人所不知己所獨知之良知所知之善惡，）同時且保住了「善之爲善」之內在的先天的標準性，因而爲善去惡之工夫亦有了內在的先天之保證。故陽明云：「工夫到誠意，始有著落處。而誠意之本又在於致知也。」（見第一章引。）致知是誠意之準則，所以於心意之直接來往中，惟靠有良知一準則而冒乎意之上，而保住了心之純。如是，則王龍溪（汝中）所謂：「若說意有善惡，畢竟心體有善惡在。」兩語有不徹矣。是于陽明言良知之意未有透徹了悟也。

　　意有善惡，而有良知以冒之，以保住心體之純，則反之，心體之純亦不保意之必無善惡之時也。如此，始有工夫可言。蓋人非即神也，亦非純然是那純淨的心體也，是則王龍溪所謂「若說心體是無善無惡，意亦是無善無惡之意」，則蹈空而不實矣。蓋在此非可作形式的直接推理也。由心體之至善，而至意之至善，正有工夫在，其工夫之內在的先天的可能，惟在良知之冒乎意之上，故致良知爲誠意之本或準則也。而「意之動」之有善惡，則正因人有軀殼一面，（即氣質一面，動物性一面），故其動也，不必其純承乎心體，而或亦可爲軀殼所引也，此即陽明所謂隨軀殼起念矣。人禽、義利、公私、善惡之辨，正在乎此也。明乎此，則有至善無對之心體與至善無對之良知，不必其有至善無對之意矣。康德言：「除善意外，世間無絕對善。」此對外在的善事善物言，故惟意之善爲絕對的、無條件的。然意之善爲絕對的，不保人之必無惡意也。冒乎意之上而保住心體之至善，而使爲善去惡的工夫爲可能，則惟在良知之準則，此點爲康德所不及。蓋康德只抽象地言意志之自由以爲

普遍道德律所以可能之基礎，而未及從工夫上（踐履上）如何實現
之也。此則宋明儒者心性之學之所以有大貢獻，而發展至陽明尤見
其爲透徹也。關此可不詳辨。

　　由上兩段辨解，可斷王龍溪四無之說之意義矣。其意，或是由
心體之至善而形式地直接推下來，此則蹈空而無實，即，未能落在
工夫上而爲言。此當不是王氏之本意。然則，其意當爲「堯舜性之
也」，或如《中庸》所說「自誠明，謂之性」，純從性上立根，一
往流行無阻，不假工夫之修持，此眞所謂天縱之聖矣，亦眞可謂上
上根器矣。然「堯舜性之也」，實只是一個人格標準之立象，全從
純理上說，而實際存在之人則根本不可能也。吾人自可于工夫上自
性分中直接開而出之，然自性分中直接開而出之，不函永是一往流
行無阻也。此惟上帝能之，因上帝無軀殼故。如是此四無之說必是
工夫純熟之結果，如孔子所謂「七十而從心所欲不踰矩。」以孔子
之聖，其根器不可謂不上，然至七十方能至此，則可見是工夫之所
致也。此四無之說只是宋儒所謂「天理流行」，已達「何思何慮」
境地。此不可謂爲工夫上之教法，亦不可謂是上根人頓悟之學，一
悟至此，並不算數，悟至此境，並不即是終身有之，亦不可視四有
之說爲非究竟話頭。若論工夫教法，則四有之說即是究竟話頭矣，
外此並無更高之教法也，四無之說非教法也。如此，則陽明之和會
有不恰矣。但陽明門人記載其和會之語亦有不同。《明儒學案》講
王龍溪中所載與《王龍溪語錄》中〈王龍溪傳〉所載，大致相同，
此蓋偏屬王龍溪或就王龍溪意而說者。而《傳習錄》與〈陽明年
譜〉中所載，則稍有不同，此蓋偏就錢德洪意而說者，而能較得陽
明之旨。茲先錄〈王龍溪傳〉中所載陽明之和會語如下：

吾教法原有此兩種。四無之說，爲上根人立教。四有之說，
爲中根以下人立教。上根者悟得無善無惡心體，便從無處立
根基，即本體便是工夫。頓悟之學也。中根以下者，未悟本
體，未免在有善有惡上立根基，須用爲善去惡工夫，以漸復
其本體。及其成功一也。吾人凡心未了，雖已得悟，仍當隨
時漸修。不如此，不足以超凡入聖。汝中須用德洪工夫，德
洪須透汝中本體。二子之見，止可相取，不可相病。若能互
相取益，使吾教法，上下皆通，始爲善學耳。

《明儒學案》中黃宗羲所述大致與此相同，吾不以爲此段話是精純
平實語，蓋在致良知教中，良知即是本體，悟得良知而致良知即是
致良知工夫之起落點。故前章云致良知工夫即是直道開而出之的工
夫，若以致良知爲誠意之本，則由良知入手，即是頓悟。若論根
器，此即是上根。良知人人皆有，隨時指點，而令其覺之，令其致
之，則雖孩童亦能。由此言之，中根下根皆是如此。由良知入手，
無分于上下根，惟上根者，則能開拓變化，如大舜之「若決江河，
沛然莫之能禦」，而中根下根則隨時有昏沈局限之可能。是則上根
下根惟在其擴充之程度，而由良知之「悟」與「致」入手，則皆同
也，此則無分于上根下根。過此謂之蕩，不及謂之習，蕩則非頓
悟，習則始漸敎耳（如朱子便是漸敎）。如是，則致良知即頓敎
也。而四無之說，則致良知純熟之境也。如是，則陽明所謂「上根
者悟得無善無惡心體，便從無處立根基，即本體便是工夫」，實當
改爲：「悟得無善無惡心體，便從良知處立根基，由此開而出之，

即工夫即本體。」若不實落在良知上，而自「無」處立根基，即本體便是工夫，則適成虛脫耳。而若落在良知上，則良知即本體也。良知即至善無對也。然而冒乎意之上而透露並保住純粹至善之心體，且亦使為善去惡或善善相續流行、純善而無惡為可能。故云即工夫即本體也。此尚不可謂為頓悟乎？若云一了百了，當下即是，此即一了百了，當下即是矣。然而不礙工夫之專而密也。至若所謂「中根以下者，未悟本體，未免在有善有惡上立根基，須用為善去惡工夫，以漸復其本體。」此尤非是。蓋此幾忘其所言之致良知教矣，良知即本體，故云「致吾心良知之天理於事事物物。」若未悟本體，則何從而致其良知？何從而能為善去惡？不悟本體，而從善惡上立根基，則工夫適成外在的，而善惡亦漫無定準，隨境而轉矣。此則漸固漸矣，然遠離其自己所執持之良知教矣。若謂良知以外別有本體以待悟，則尤非良知教中之所應有。故此處記載陽明之和會甚不妥也。

蓋此所謂天泉證道，適在陽明將有兩廣之行。王龍溪說此四無，憑其儻來之一悟，未必真能仁精義熟說出，也許還有著了一分意思處。人至興會來了，好高逞才，亦是動氣。說四有非究竟話頭，則其四無之究竟亦只成了高一面的「邊見」，仍非究竟也。陽明為其所聳動，恐亦不免有過高興處，此亦是動氣也，即著了一分意思。〈王龍溪傳〉中又有下文：

> 文成至洪都，鄒司成東郭，暨水洲、南野，率同門三百餘人來謁，請益。文成語之曰：軍旅匆匆，從何處說起？吾有向上一機，久未敢發，以待諸君自悟。近被王汝中拈出，亦是

天機該發洩時。

此則未免張皇矣。蓋當致良知教說出之時，則天理流行、何思何慮、一體平鋪（即本體便是工夫）諸義，即已全含其中。何至待王龍溪說四無時，始洩發天機耶？故疑天泉證道，實只一時之興會，或經傳說之張皇。揆之陽明平素所言、《傳習錄》中所載，皆極精熟平實，而許多勝義妙理亦俱含其中。四無之來，必可予以照察而消融之矣。

　　《傳習錄》中所載則如下：

　　是夕，侍坐天泉橋。各舉請正。先生曰：「我今將行，正要你們來講破此意。二君之見，正好相資為用。不可各執一邊。我這裡接人，原有此二種。利根之人，直從本源上悟入。人心本體原是明瑩無滯的，原是個未發之中。利根之人，一悟本體，即是工夫。人己內外，一齊俱透了。其次不免有習心在，本體受蔽。故且教在意念上實落為善去惡。工夫熟後，渣滓去得盡時，本體亦明盡了。汝中之見，是我這裡接利根人的。德洪之見，是我這裡為其次立法的。二君相取為用，則中人上下，皆可引入於道。若各執一邊，眼前便有失人，便於道體各有未盡。」既而曰：「已後與朋友講學，切不可失了我的宗旨：無善無惡是心之體，有善有惡是意之動，知善知惡的是良知，為善去惡是格物。只依我這話頭，隨人指點，自沒病痛。此原是徹上徹下工夫。利根之人，世亦難遇。本體工夫，一悟盡透，此顏子明道所不敢承

當，豈可輕易望人？〔案：豈但顏子明道？即孔子亦須至七
十始從心所欲不踰矩。故四無之說，不可以敎法看，不可謂
是接利根人的敎法。蓋眞到四無之時，豈但是利根，且已是
聖人了。〕人有習心，不敎他在良知上實用爲善去惡工夫，
只去懸空想個本體，一切事爲，俱不著實，不過養成一個虛
寂。此個病痛，不是小小，不可不早說破。

案：此爲錢德洪所錄，措辭稍妥。〈陽明年譜〉中所載如下：

先生喜曰：「正要二君有此一問。我今將行，朋友中更無有
論證及此者。二君之見，正好相取，不可相病。汝中須用德
洪工夫，德洪須透汝中本體。二君相取爲益，吾學更無遺念
矣。」德洪請問。先生曰：「有，只是你自有。良知本體原
來無有。本體只是太虛。太虛之中，日月星辰，風雨露雷，
陰霾曀氣，何物不有？而又何一物得爲太虛之障？人心本體
亦復如是。太虛無形，一過而化，亦何費纖毫氣力？德洪工
夫須要如此，便是合得本體工夫。〔案：因陽明當時提及此
意，故〈王龍溪傳〉中復記云：「文成舉佛家實相幻相之說
詔之。龍溪從旁語曰：『心非有非無，相非實非幻。纔著有
無實幻，便落斷常。辟之弄丸，不著一處，不離一處。是謂
元同。』文成亟俞之。」案：此皆透徹語。〕畿〔即汝中〕
請問。先生曰：「汝中見得此意。只好默默自修，不可執以
接人。上根之人，世亦難遇。一悟本體即見工夫，物我內外
一齊盡透，此顏子明道不敢承當。豈可輕易望人？二君以後

與學者言，務要依我四句宗旨：無善無惡是心之體，有善有惡是意之動，知善知惡是良知，爲善去惡是格物。以此自修，直躋聖位。以此接人，更無差失。」畿曰：「本體透後，於此四句宗旨何如？」〔觀此，龍溪似總以爲此四句不是究竟話頭。〕先生曰：「此是徹上徹下語。自初學以至聖人，只此工夫。初學用此，循循有入。雖至聖人，窮究無盡。堯舜精一工夫，亦只如此。」先生又重囑付曰：「二君以後再不可更此四句宗旨。此四句，中人上下無不接著。我年來立教，亦更幾番。今始立此四句。人心自有知識以來，已爲習俗所染。今不教他在良知上實用爲善去惡工夫，只去懸空想個本體，一切事爲，俱不著實。此病痛不是小小，不可不早說破。」

案：此記尤較妥貼。此當亦爲錢德洪手筆，然卻較得陽明本旨。此記中已不說有兩種教法，只說「上根之人，世亦難遇」，確有上根人，亦確可至「何思何慮」境地。但四無之說不是一教法耳。故此〈記〉中即說：「此是徹上徹下語。自初學以至聖人，只此工夫。」「堯舜精一工夫，亦只如此。」是則此四有句已爲究竟話頭，不與四無句爲並列之兩套，一接下根，一接上根矣。此意較合致良知教之本旨。《傳習錄》中所載，尚有兩種教法之說，然措辭已較〈王龍溪傳〉中爲妥。故不說：「中根以下者，未悟本體，未免在有善有惡上立根基。」而只說：「不免有習心在，本體受蔽。」「從無處立根基」云云，「在有善有惡上立根基」云云，此皆是王龍溪話頭。前句尚無所謂，「在有善有惡上立根基」一句，

則甚不好，故全改矣。然當王龍溪提出四無之說時，陽明當時恐即
有接上下根兩種敎法之語，故弄出許多張皇。此即所謂「爲其所聳
動，未免著了一分意思也。」陽明於此年去廣西，翌年於歸途中逝
世。故所記錄未必能經其作最後之審定，而只由錢德洪漸致平順
耳。而王龍溪個人此後亦並未以四無句立敎也。故知天泉證道，實
只一時之興會，不免經傳說之張皇。此一公案，旣經判定，則陽明
四句立敎，可不搖動。

　　惟王龍溪四無之說，雖不可爲敎法，實代表一種最高境界。在
此，吾願藉四有四無之分，略明西方所謂道德階段與宗敎階段之分
之意義。蓋依西方宗敎情緒言之，道德階段實以自我意志爲主徵。
故丹麥哲人契爾克伽德（Kierkegaard）說其本質上是勝利與奮鬥
也。而宗敎境界則必以放棄意志、絕對皈依（絕對相信）爲主徵。
有意志，則有堅持、有對立，即有意、必、固、我也。意必固我，
其壞的方面是邪執，其好的方面是擇善，此即從陷溺於私欲罪惡中
而躍起也，此是通過自覺而起之扭轉作用。故即好的方面，亦有堅
持相與對立相，因而其本質是在勝利與奮鬥也。然到放棄意志、絕
對皈依之時，則已超越道德境界，而至宗敎境界矣。是則西人所了
解之道德只是奮鬥中之道德，只有過渡之意義，只表示在上帝面前
自處于有罪之自我否定中，而至乎宗敎境界，則心性意志方面之道
德意義即不復言矣。此時惟說一人之生活全爲其對于上帝之關係所
決定所允許，即完全依上帝意旨而行也。然依上帝意旨而行，若依
良知敎甚至整個儒家而言，即是依天理而行，而天理不外于吾心，
是仍歸于道德心性而言之。此則不歧出，而爲西人所不及知者。即
西人始終不能於放棄奮鬥意志後而仍就道德心性以言天理也。試就

陽明四句教而言之，有善有惡意之動，意之動，一方有善惡對立，一方亦有定向存主之意義。（定向存主即含有堅持相對立相，而定向存主最深之意義，劉宗周雅言之，陽明不及言。蓋陽明由良知以言無上了義，而劉宗周則由意以言之。故劉宗周不言意為心之所發，而收回來言心之存主為意，故云淵然有定向。此不能詳。茲就陽明良知教言之亦可。）是則「意之動」一句即可代表西人所說之道德境界。（道德境界，外部言之，說其本質上是勝利與奮鬥，說其含有堅持相與對立相，皆無不可。）然陽明就道德實踐之本源即先天根據之立場，而言冒乎意而越乎意以上之良知，以消化意之動中之堅持相與對立相，一方保住心體之純粹至善無對性，一方亦使意純歸于心體之天理而亦為至善無對為可能。是則即在致良知之道德實踐中，即越乎意之動之相對境界而至絕對境界矣。而意之動之相對境界不復為一獨立而過渡之階段，而絕對境界亦非是一與道德心性無關而歧出為「依他之皈依」以為一超道德之信仰境界也。如此絕對境界可相當于西人所說之宗教境界，則此宗教境界是仍就道德心性而言之，而不歧出。故吾人于此可說儒者是將西人之宗教境界轉化而為仍扣緊道德心性而言之「何思何慮天理流行」之境界。此雖是超奮鬥對立之境界，而仍是道德的，即奮鬥對立與超奮鬥對立一往是道德的，一往保持道德意義而不失。蓋于意之動之有善有惡，而能知善知惡、好善惡惡、為善去惡，以成就其為奮鬥對立之道德的與超化而為至善無對之道德的，皆依良知天理之至善無對而可能。是則一下子敲破乾坤，徹底透出至善無對之價值主體，以為本體，而天人通矣。是即儒家攝宗教于人極，（廣之，攝宗教于人文），而善化宗教，圓融宗教之無上了義，而西方之人神之隔亦泯

矣。人神之隔泯，則神亦超越亦內在，而超越與內在之對立亦得其一矣。此義詳見下「對越上帝」章。至近人馮友蘭謂儒家只有道德境界，而無天地境界，觀此，其謬可知。

> 或問至誠前知。先生曰：「誠是實理，只是一個良知。實理之妙用流行就是神，其萌動處就是幾。誠神幾，曰聖人。〔案：此句爲周濂溪《通書》語。〕聖人不貴前知。禍福之來，雖聖人有所不免。聖人只是知幾，遇變而通耳。良知無前後。只知得現在的幾，便是一了百了。若有個前知的心，就是私心，就有趨避利害的意。邵子必於前知，終是利害心未盡處。（《傳習錄下》）

案：此亦就是何思何慮，天理流行。不思而得，不勉而中。天理流行，只是實理彌綸，而以貞勝。故無虛幻相，亦無擬議將迎相，亦無意必固我相，亦無適莫相。（孔子曰：「無適也，無莫也，義之與比。」）不希求，不怨慕。心地瑩徹，故誠、神、幾。此最高境界，只是羅近溪所謂「性體平常」。泰山雖高，不如平地。直而無曲，圓而無缺，盈而無虛。直道工夫，本無奇特。人是神，神亦是人。有限成爲無限，當下即是耳。此聖學之極致，而所以不同他教者總在此耳。

致良知工夫，到純熟境地，無一毫渣滓留滯，將自家生命徹底從隱曲迴護中翻出來，一切如如平常，隨時光明自在，便是何思何慮境界。此種境界，說難自是不易，但說易亦自不難。實則此處並不說難易，惟說精誠不息耳。此是一無休止之無限過程，關此，在

實際生活上，吾可舉王龍溪批評唐順之一段話以實之。

荊川唐子，開府維揚。邀先生往會。時已有病，遇春汛。日坐治堂，命將遣師，為防海之計。一日退食，笑謂先生曰：「公看我與老師之學，有相契否？」先生曰：「子之力量，固自不同。若說良知，還未致得在。」荊川曰：「我平生佩服陽明之教，滿口所說，滿紙所寫，那些不是良知？公豈欺我耶？」先生笑曰：「難道不是良知？只未致得真良知，未免攙和。」荊川憤然不服云：「試舉看。」先生曰：「適在堂遣將時，諸將校有所稟呈，辭意未盡，即與攔截，發揮自己方略，令其依從。此是攙入意見，心便不虛，非真良知也。將官將地方事體請問某處該如何設備，某事卻如何追攝，便引證古人做過勾當，某處如此處，某事如此處，自家一點圓明，反覺凝滯。此是攙入典要，機便不神，非真良知也。及至議論未合，定著眼睛沈思一回，又與說起。此等處認作沈幾研慮，不知此已攙入擬議安排，非真良知也。有時奮掉鼓激，厲聲抗言，使若無所容。自以為威嚴不可犯，不知此是攙入氣魄，非真良知也。有時發人隱過，有時揚人隱行，有時行不測之賞，加非法之罰。自以為得好惡之正，不知自己靈根，已為搖動，不免有所作，非真良知也。他如製木城、造銅面、畜獵犬，不論勢之所便，地之所宜，一一令其如法措置。此是攙入格套，非真良知也。嘗曰：『我一一經營，已得勝算。猛將如雲，不如著一病都堂在陣。』此是攙入能所，非真良知也。若是真致良知，只宜虛心應物，使

> 人人各得盡其情。能剛能柔，觸機而應，迎刃而解，更無些
> 子攪入。譬之明鏡當臺，妍媸自辨，方是經綸手段。纔有些
> 子才智伎倆，與之相形，自己光明，反爲所蔽。口中說得十
> 分明白，紙上寫得十分詳盡，只成播弄精魂，非眞實受用
> 也。」荆川憮然曰：「吾過矣。友道以直諒爲益，非虛言
> 也。」（《王龍溪語錄》卷一，〈維揚晤語〉）

讀者試看此段話，便可于致良知工夫得一實際用心例證。若眞是良知呈露流行，便自無意見、典要、擬議安排、氣魄、有所作、格套、能所，諸病。蓋此等病，皆非良知天理也。亦皆足以間隔阻礙良知天理者也。若于致良知時，時時精察警覺，一有此等病，便須拔而去之。此等病皆是高級的魔，比聲色貨利深得深。我見、我慢、好名、好勝、好權，皆藏其中。前文引陽明語，只說「不著一分意思」。此語是就病之極隱細、極深微處說。放大而例證之，便是意見、典要、氣魄、格套、能所，諸病。粗之，便是好名、好勝、好權、我見、我慢。再粗之，便是聲色貨利。此皆非良知，且皆足以障礙良知者。若于此等病，一一拔而去之，試想其工夫須如何嚴而密。故云此是一無休止之無限過程，不說難易，（難則使人沮，易則使人忽。）惟當精誠不息耳。丹麥哲人契爾克伽德（Kiekegaard）說：「我不敢自居爲基督徒，我只說如何成爲基督徒。」此語說出，在西方，直是不凡，可謂獨一無二。此「成爲」過程是一無限過程。彼謂此無限過程就是以無限熱情欣趣于個人的永恆之福（即道福）。此種欣趣必須歸于內在的主體，而不能向外在的客觀的路上走。故基督教是一種「內在性」（inwardness），

而眞理就是主體性（truth is subjectivity）。惟有歸于自己最內在之主體，始能保住價值、保住善惡之辨。凡此諸義，在扭轉上、在路向上，都是同于儒學。此在西方實不多見。而宋明儒者已言之有五六百年矣。宋明儒講學唯在如何成聖，如何成一眞正的人，如何保住價值，如何保住人禽、義利、公私、善惡之辨。故聖賢學問與聖賢工夫是一，而眞理、本體，俱在歸於主體以窮理盡性上透露之。契爾克伽德，雖在扭轉上、路向上，已同于儒學矣，然如何踐履實現其欣趣于個人的道福之工夫歷程，彼猶不能企及宋明儒于萬一。蓋彼只就基督教而以宗教情緒言之，尙未進至于心性之學也。故外部的大體輪廓，雖與儒學同其路向，然內部之細微過程，彼尙未接觸及也。此其宗教傳統未具備故也。然其扭轉其傳統積習中由外在的、觀解的、客觀的理性系統以把握上帝、道體、眞理之路向，而轉至歸于主體，則其功不可泯。彼再一變，則近于道矣。惜乎近時承之而發展出之「存在主義」，猶仍在摸索歧出中，而不知求敎于儒學也。

第七章　對越上帝

格物者，《大學》之實下手處。徹首徹尾，自始學至聖人，只此工夫而已。非但入門之際有此一段也。夫正心誠意致知格物，皆所以修身，而格物者，其所用力，日可見之地。故格物者格其心之物也，格其意之物也，格其知之物也。正心者，正其物之心也。誠意者，誠其物之意也。致知者，致其物之知也。此豈有內外彼此之分哉。理一而已。以其理之凝聚而言，則謂之性。以其凝聚之主宰而言，則謂之心。以其主宰之發動而言，則謂之意。以其發動之明覺而言，則謂之知。以其明覺之感應而言，則謂之物。故就物而言，謂之格。就知而言，謂之致。就意而言，謂之誠。就心而言，謂之正。正者正此也。誠者誠此也。致者致此也。格者格此也。皆所謂窮理以盡性也。天下無性外之理，無性外之物。（《傳習錄中》，〈答羅整菴少宰書〉）

案：「理一而已」之理，與正者正此也之「此」，同。蓋從本原處指目一個東西而泛言之也。這個本原處的東西就是本心，本心不能空講。就其具體而真切處指點之，便是良知。所以良知是指點本心

之靈竅也。一說良知，當下便見本心之實落處，而心、性、意、知、物亦是一事。一實落而見心、性、意、知、物之為一，則本體即具體而內在。凡中土聖哲證會本體未有不如其至眞至實之具體處而言之者。即言本體從未隔離而言之也。一隔離了，便有超越的意味。西方言上帝，正宗神學必反泛神的內在論，而主一神的超越論，必反宇宙之流出說，而主創造說。此固尊嚴上帝而予以超越之神性，然質實言之，亦是一種隔離。依隔離而言超越，則超越義有虛幻，因其並無心性之學以實之。中土聖哲從未隔離而言本體，是以本體必內在。此蓋自工夫入，而工夫必歸於具體，聖賢學問與聖賢工夫為一事，故本體總不隔離也。又工夫所至即是本體，從工夫見本體，依本體起工夫，故本體從未離越也。致良知尤是順承良知天理而起云為，而興大用，故無一刹那而可以離本體，而本體亦無一刻而不呈現於具體事象中。吾直承本體而通貫而生生，而本體未有不內在者。本體即在吾一念覺悟之承當中。承當自是承當這個本體，而承當自亦不離吾之四肢百體。離開四肢百體，又如何能說個承當。是以承當云者即是本體之呈露於具體中，而整個具體亦就渾身是個本體現行。所以陽明云：「耳目口鼻四肢百體是本心之發竅處。」又說：「良知亦只是這口說、這身行。」豈能外得氣，別有個去說去行？口說身行就是良知氣中行。氣即具體也。所以良知即天理。心性理知一也。其感應處即為物，物亦統於心也。是以無有離越之本體。一念迴機，便同本得。作個羲皇上人，自然樂趣盎然。天理流行，便是鳶飛魚躍。鳥鳴花放，山峙川流，無非妙道。所以只見可樂，無有可怖。渾是仁體於穆，一團和氣，故本體內在，堯舜性之是如此，湯武反之亦如此。人皆可以為堯舜亦無不如

此也。西人惟本體隔離，超越在上，吾身罪惡，坎陷在下，兩不相融，故超越之義特顯。回頭是父，非儒者所謂一念覺悟便同本得也。覺悟之心就是本心，故本體不離越也。在不離越之下，如何能講超越義？曰：超越不超越不在本體之離不離。超越只在意義上說，不在隔離上說。陷溺之罪惡與覺悟之本心總是有對照的，而對照不必隔。西人將此對照弄成本體與人隔，而聖人則雖有對照，本體卻不與人隔。超越是在此對照上說，不在隔離上說。是以當陷溺之時，即是罪惡之時，此落於鬼窟也。從鬼窟中覺醒便超拔矣。覺悟之心超越於罪惡之上，則本心即超越矣。驀然回頭只見那人在燈火闌珊處，此從陷溺中覺醒時欣喜之象也。遊子遠離，一旦還家，未有不驚喜而泣者。在此驚喜之際，只是一念之真，真性呈露，而與輾轉流離之對照泯。此時足見你自己超越之本領，而不見本體之超越義。可是我自己超越之本領亦就是本體呈現而超越於罪惡。是以當既得之後，小心奉持，不敢踰越。便是敬畏之象。戒慎不睹，恐懼不聞，皆敬畏也。敬畏者保任勿失義，尊重天命義。當此之時，本體之超越義便顯。是以超越者惟在保任戒懼之時而顯也。而保任戒懼總在不睹不聞之時，而不睹不聞卻是所謂靜時也。靜時即安靜肅穆之時。此時吾心內斂而不外用，（外用是動之時），所謂迴向也。在迴向內斂之時，便見天理鑒臨在上，瞻之在前，忽焉在後，上下左右，無不是道，莫顯乎隱，莫見乎微，此真人所不知而己獨知之慎獨時也。而慎獨之時正是本體超越之時。是以超越者又在安靜迴向之時見。迴向即反本，人在反本之時，始有敬仰之意。而「本」即所敬仰者也。反而對其所敬仰，則超越義顯。動時本體內在，靜時本體超越，是以超越不超越時也，而本體本身無所謂超

越不超越。西人惟將本體隔離，故其本身亦超越矣。實則非其眞也。是以超越之義繫於三時而見：一、由與罪惡對照之時而見；二、在保任戒懼之時而見；三、在安靜迴向之時而見。超越義不礙他義。

朱子系統中超越義比較顯。其所以特顯者，不在其本體之隔離，如西方之上帝者然，而在其「敬」字未通過覺悟之印證，工夫未與本體爲內在之凝一，此總義也。復此，無論其靜養動察，皆不似致良知敎之承體起用，開而出之，直道而行之，而皆是匯歸之意味重。以匯歸故，故超越也。靜養之敬，不通過覺悟之印證，則本體爲所養，敬之工夫爲外在。不似致良知中工夫之內在，故超越也。已發後有可察，察之工夫亦是克欲存理匯歸之意重，不似致良知中知行合一貫徹之意重，故超越也。（敬貫動靜皆是收斂之意重，不似良知敎中擴充之意重。）復次，格物爲即物窮理，雖可引至知識之宇宙，而朱子本意卻不在成知識，而在求豁然貫通之理。是以其格物窮理仍是匯歸之意重，而不似良知中順知起行成己以成物也。故外之窮理即內之所以盡性，窮理盡性皆匯歸而後反也。後反故超越之意重。此所謂由匯歸而顯之超越皆自朱子「中和說」中工夫一套而言也。此一整套雖有動靜，實是偏於靜態，故較超越。此靜之與超越連，無論程朱陸王，凡儒者之學皆然也。惟在良知敎中，大體屬動態，而在靜之時顯超越。（君毅兄告予言：「西人正相反，靜時顯內在，動時顯超越。」動時顯超越是也，靜時顯內在可有而不必有。祈禱之時，相當於中土之靜時，而此亦顯超越。此蓋惟在正宗之神學必以上帝隔離爲主也。而上帝之所以造成隔離，則因其宗敎精神之自我超昇中並無心性之學以實之，是以形成人與

上帝間之虛脫。）今自工夫言之，朱子致中和一套必進而歸於良知
教為安實。

復次，在中和一套中，朱子雖較超越，而自形上道體自身言，
其於穆流行仍是內在的。凡儒者言道體決不隔離，故云體用一原。
此其一。儒者言道體必在現實中，無有「可能」廣於「現實」之一
義，理與氣無廣狹之別，而實有相等之圓融，故統體一太極，物物
一太極，凡現實必在太極之貫徹中，凡太極決必在現實中而為之
主，決不能踰越而掛空。是以凡存在皆現實，凡現實皆如理，此實
儒學之究極義。此其二。

由是言之，無論程朱陸王，大處言之，超越惟在工夫處言，自
本體自身之存在言皆內在。細分之，靜時顯超越，動時顯內在。

朱子有致中和一套，亦有理氣一套。而理氣一套是其形上學
也。理氣之名固源於二程。而其理氣之一套，則實由於周濂溪之
〈太極圖〉。朱子解〈太極圖〉及《通書》真是煞費苦心也。故
云：「〈太極圖〉經許多人不與他思量出。自某逐一與他思索，方
得如此精密。」又云：「〈太極圖〉某若不分別出許多節次來，如
何看得？未知後人果能如此子細去看否？」可見其思索之密。雖是
述往，卻是創造的開發。道理只要滲透，要周密。透密而後方能立
得住。及其立也，隱變為顯，不覺的變為覺的。此就是創造的開
發。朱子理氣一套大體如此形成。此是範圍天地之化而不過，曲成
萬物而不遺的一套概念系統。到此方有形上學的思考，以前只是形
上的直覺。惟此一套形上的架子是先概念地解出，此是承受「聖教
量」而開發之。而致中和一套工夫則只是匯歸。此所以歧出迴環，
而歸於一貫之理也。因歧出迴環，故多散而不切，博而寡要。此致

良知教之所以興也。在意味上，朱子頗樸實而近古，然而問題之演進，則不能不進於王陽明。王學實自具體而眞實之良知指點本心。本心即天理所在、道體所在也。故心曰天心，理曰天理，而道亦天道也。依性起修，依修立體。其要存於心悟。及至曰天心天理，則由行爲宇宙而透出其形上學。此則不先概念地解析出，而卻由良知一中點而擴出。由良知之感應而建立人物之同體，故曰「無聲無臭獨知時，此是乾坤萬有基。」及至人的知能變成乾坤的知能，則蓋天蓋地的天心形上學便成立。

> 問：「人心與物同體。如吾身原是血氣流通的，所以謂之同體。若於人便異體了。禽獸草木益遠矣。而何謂之同體？」先生曰：「你只在感應之幾上看。豈但禽獸草木，雖天地也與我同體的。鬼神也與我同體的。」請問，先生曰：「你看這個天地中間，甚麼是天地的心？」對曰：「嘗聞人是天地的心。」曰：「人又甚麼教做心？」對曰：「只是一個靈明。」曰：「可知充天塞地中間，只有這個靈明。人只爲形體自間隔了。我的靈明，便是天地鬼神的主宰。天沒有我的靈明，誰去仰他高？地沒有我的靈明，誰去俯他深？鬼神沒有我的靈明，誰去辨他吉凶災祥？天地鬼神萬物，離卻我的靈明，便沒有天地鬼神萬物了。我的靈明，離卻天地鬼神萬物，亦沒有我的靈明。如此便是一氣流通的。如何與他間隔得？」又問：「天地鬼神萬物，千古見在。何沒了我的靈明，便俱無了。」曰：「今看死的人，他這些精靈游散了，他的天地萬物尚在何處？」（《傳習錄下》）

案：天地間個體雖萬萬不同，而靈明只有一個。這個靈明充天塞地而無不貫徹，萬萬不同之殊物亦無不潤澤於這個靈明中。靈明只是一，而日可見之地，深切而著明處，卻在我的良知。如是就說我的靈明亦不妨。我的靈明原來就是天地的靈明。因爲就只是一個靈明，並無二個。雖無二個，何以知天地萬物亦必在此靈明中？吾固不能說我有一個靈明，天地萬物又別有一個靈明，但亦何能說天地萬物亦必在此靈明中？天地萬物豈不能無所謂靈明耶？此是超越形上學之建立問題。若在認識關係中，我與物作對。故天地萬物究有靈明否不得而知。然陽明之說一體是在行爲宇宙中說，不在認識宇宙中說。在此行爲宇宙中，首先肯定靈明是一。次則此唯一無二之靈明惟由吾之良知處親切指點。是以，我的靈明首先可以從形式上建立而爲一個涵蓋乾坤的靈明。然此種涵蓋只是由我這主體而推廣出去說，此只是一種主觀的形式原則。若想建立它的客觀實際性，陽明便從感應之幾上說。感應之焦點還是在我的良知之靈明。此名曰感應原則。由此感應之幾上，可說「離卻我的靈明，沒有天地鬼神萬物；離卻天地鬼神萬物，亦沒有我的靈明。」此實函說：人與天地萬物爲同體，而且人與天地萬物俱在此靈明同體之涵蓋中。此是一個本體論的涵蓋原則。此由感應之幾而建立一個客觀的本體論原則。由此本體論的涵蓋原則復涵一天地萬物之存在原則：此即天地萬物之所以爲天地萬物必須在此靈明中而始然也。即必在此靈明之貫徹中而始得其呈現也。此存在原則亦名「實現原則」。此存在原則歸于感應上復成功一「認識原則」。「天沒有我的靈明，誰去仰他的高？地沒有我的靈明，誰去俯他的深？鬼神沒有我的靈明，誰去辨他的吉凶災祥？」天之爲高，地之爲深，鬼神之爲吉凶災

祥，是天地鬼神之如此呈現。去仰他俯他辨他如此如此呈現便是我的認識。我的認識與他的呈現同在一個靈明中表現。此認識原則確定我認識的範圍。此範圍亦實由感應原則所界劃也。本體論原則與呈現原則保證我認識的可能。科學的認識即理解的知識，是感應之幾之冷靜下來而了別感應之所及。感應原則一方面表現爲行爲宇宙之參贊，此是感應之幾之眞實原相。一方面表現爲知識宇宙之了別，此是感應之幾之冷下來。致良知教中，一方面恢復感應之原幾而透涵蓋原則與存在原則；一方面坎陷感應之幾而逐成客物之了別。此即由行爲宇宙之參贊，一方透露宇宙之本體，一方統攝知識也。統攝知識，已言之于〈致知疑難〉章。此爲前人講學所不措意者。至透露宇宙本體而言「乾坤知能」，而言「人心與物同體」，「充天塞地中間，只有這個靈明。」則是超越形上學成立問題。關此，陽明並未積極建立之。只就「感應之幾」上略予指點。除上引一段外，尙有兩段如下：

> 朱本思問：「人有虛靈，方有良知。若草木瓦石之類，亦有良知否？」先生曰：「人的良知，就是草木瓦石的良知。若草木瓦石無人的良知，不可以爲草木瓦石矣。豈惟草木瓦石爲然？天地無人的良知，亦不可爲天地矣。蓋天地萬物與人原是一體。其發竅之最精處，是人心一點靈明。風雨露雷，日月星辰，禽獸草木，山川土石，與人原只一體。故五穀禽獸之類，皆可以養人，藥石之類，皆可以療疾。只爲同此一氣，故能相通耳。（《傳習錄下》）

案：此段所說，即由感應之幾而透涵蓋原則與存在原則（即「實現原則」）也。良知說到此，只是一靈明、一生機、一實現之理，與朱子所說的理、太極，爲同一地位之「實體」。皆實現原理也。惟朱子講此意義之理與太極，只就生之理而言之，只就「所以然」（形而上的「所以然」，非邏輯的「所以然」）而陳述之。此種陳述，亦可以說是較偏于「形式的」，吾意即「心」的意義尚未含在內，而「良知」則卻是心理合一者，而「心」義尤彰著。「心」義含在內，則實現之理具體而眞實，恰符實現之理之意義。而由人之獨知之良知頓時即普而爲乾坤萬有之基，此中並無間隔，而須理論上之層層轉折也。（朱子所言之理，因其所言之心提不上，則須有此轉折。此義，吾友唐君毅先生甚能暢明之。見其所著〈朱子理氣關係論疏釋——朱子道德形上學之進路〉）此眞恰如「頓悟」一詞之意矣。然頓悟猶不只是一主觀之本領，而其關鍵實在其所言之「良知天理」同時即爲「宇宙心」也。孟子曰：「萬物皆備於我矣。反身而誠，樂莫大焉。」陸象山曰：「萬物森然於方寸之中。滿心而發，充塞宇宙，無非斯理。」此兩大靈魂之了了數語實已函有此義，而已開啓此路，而爲王陽明之良知教所彰著。由此「實現之理」而言之，尤足見從程朱到陸王是一大推進，而更能冥契孔孟立教之精神以及聖賢境界之所至。良知教所彰著之「實現之理」之眞實處，到羅近溪尤能切言之。如：「伏羲畫之一，以專其統；文王象之元，以大其生。然皆不若夫子之名之以乾知大始，而獨得乎天地人之所以爲心者也。夫始曰大始，是至虛而未見乎氣，至神而獨妙其靈，徹天徹地，貫古貫今，要皆一知以顯發而明通之者也。夫惟其顯發也，而心之外無性矣。夫惟其明通也，而心之外無命

矣。故曰:復其見天地之心乎?又曰:復以自知也。」(《盱壇直
詮》)此言「乾知大始」獨得天地人之所以爲心,又言「要皆一知
以顯發而明通之」,甚足以明實現之不只是理,而且亦是心,而且
心冒乎理,故心外無性,心外無命,而以心爲主也。陽明所言「原
只一體」、「同此一氣」,是就淺顯處輕鬆指點之。然必從原理上
悟至羅近溪之所言而後可,不可固執五穀禽獸而膠著也。

> 先生遊南鎮,一友指岩中花樹,問曰:「天下無心外之物。
> 如此花樹,在深山中自開自落,於我心亦何相關?」先生
> 曰:「你未看此花時,此花與汝心同歸於寂。你來看此花
> 時,則此花顏色一時明白起來,便知此花不在你的心外。」
> (《傳習錄下》)

案:此亦是輕鬆點出。若自西方哲學觀之,必以爲此不是嚴格的思
辨,不足爲憑。然自今日觀之,此輕鬆之指點實函一涵蓋乾坤之
「實現原理」,即:我與花俱在一靈明之感應中呈現。感則俱現,
寂則俱寂。同時,復函一由感應之幾所成功之認識原則與此原則所
確定之認識範圍,此即函:柏克萊「存在即被知」一原則。陽明所
指點之「此花不在心外」,自不是從經驗知覺上來辨論「存在即被
知」。然柏克萊「存在即被知」一主斷,徒自經驗知覺上並不能積
極完成之,即:只有認識論的證明,而無形上的證明。而柏克萊此
主斷最後亦實靠一神心來完成。靠神心來完成,即是靠一實現原理
來完成。在此,「存在即被知」即不是一認識論的主斷,而是一形
上學的主斷。故「存在即被知」之靠神心來完成實即同于「此花不

在心外」所函之意義，即同是實現原理上的思想也。良知之感應，上透即函一實現原理之肯定，冷靜下來即為「知性」之認識以了別感應之所及。關此問題之全部歷程，我曾詳辨之于《認識心之批判》中。（此書專而繁，一時不能出版。）在此，陽明既未積極言之，吾亦只簡單提示而已。蓋古人講學以及所講學問之本性，俱不以此為主，而惟是歸于自己之主體，就踐履工夫上以立言，故精察心性嚴而密也。

然既肯定實現原理以言人物同體，則復有兩義應辨。一是「親親而仁民，仁民而愛物」之差等厚薄問題，一是人禽之辨問題。關于前者，陽明有一段話如下：

問：「大人與物同體，如何《大學》又說個厚薄？」先生曰：「惟是道理自有厚薄。比如身是一體，把手足捍頭目，豈是偏要薄手足？其道理合如此。禽獸與草木同是愛的，把草木去養禽獸，又忍得？人與禽獸同是愛的，宰禽獸以養親，與供祭祀，燕賓客，心又忍得？至親與路人同是愛的，如簞食豆羹，得則生，不得則死，不能兩全，寧救至親，不救路人，心又忍得？這是道理合該如此。及至吾身與至親，更不得分別彼此厚薄。蓋以仁民愛物，皆從此出。此處可忍，更無所不忍矣。《大學》所謂厚薄，是良知上自然的條理。不可踰越，此便謂之義。順這個條理，便謂之禮。知此條理，便謂之智。始終是這條理，便謂之信。（《傳習錄下》）

這是良知上自然的條理,即是良知上內在決定的當然之理。這是先天的定然如此,故曰天理。不能於此再有致疑。如繞出去而于此致疑,便是歧出的曲教,不能保住價值之源與人文,亦未有不落于虛無主義者。歸于此,直承之而立教,便是停停當當的直教,便是無上了義,便能保住價值之源與人文。此孔孟之教之所以平常而又獨特者。願普天下人于此鄭重思之。(一般高明之士,總以爲此不過癮,總想繞出去別有個說法。此便是曲教。)

　關于人禽之辨一問題,因是儒家之通義,《傳習錄》中無明文。但因關聯于人物同體,亦有解析之必要。自實現原理而言人物同體,此是宋明儒者之通義,而皆又主嚴人禽之辨。自實現原理處言,普萬物而爲一。惟人也,得五行之秀而最靈,能繼天地之心以爲己性,而且其爲性也,能恰如天地之心之爲實現之理而開拓變化,創生不已,因而亦即爲內在于己之實現之理。然而禽獸草木則不能。彼等不能繼天地之心以爲己性,故亦不能善紹善繼而恰如天地之爲實現之理,以開拓變化,創生不已。故惟人能創造其自己之人格,而禽獸草木不能也。是則天地之心(實現之理)之爲萬物之體也,只是外在于萬物而爲其體,此時實現之理之爲體只是內處于其自身,而不能通徹于萬物以爲其性。天地之心只是實現之,實現之爲一草,即只是草而已矣,草不能即繼此心以爲己性而開拓變化也。故禽獸草木之性只是邏輯定義所表示之「形成之理」之性,而不復能有內在于其自身之「實現之理」之性。此當是人禽之辨之唯一根據。此人性之可尊可貴也。即由此而可以言「立人極」。然人與萬物同以實現之理爲本,則人能繼實現之理以爲己性,即必然當體天地之心以愛物惜物,由此而可以言盡性踐形以參贊化育也。人

之性即天地之心也，即仁也。此亦曰良知之天理。自天道說下來，則曰人能繼天地之心以為己性。自人之性說上去，則人之知性盡性，以開拓變化，創生不已，即彰著天地之心之為實現之理、生化之理，亦即為仁也。故盡心知性知天，此孔孟所傳之心要也。宋、明儒者繼之而弗替，而陽明尤透徹焉。故曰：

> 目無體，以萬物之色為體。耳無體，以萬物之聲為體。鼻無體，以萬物之臭為體。
> 口無體，以萬物之味為體。心無體，以天地萬物感應之是非為體。（《傳習錄下》）

故知己之性，盡己之性，致吾心良知之天理是非于所感應之事物，即所以彰著天地之心，亦所以提挈萬物也。此即兩間之綱維、宇宙之骨幹也。「心無體，以天地萬物感應之是非為體。」即此一語，便已說明了「為天地立心，為生民之命」之偉義，便已保住了人文與價值之源于不墜。嗚乎偉矣。故曰：「良知只是個是非之心，是非只是個好惡。只好惡，就盡了是非。只是非，就盡了萬事萬變。」又曰：「是非兩字，是個大規矩。巧處則存乎其人。」（《傳習錄下》。此段前第二章已引過。詳解見第三章。）

> 先生曰：「良知是造化的精靈。這些精靈，生天生地，成鬼成帝，皆從此出。真是與物無對。人若復得它完完全全，無少虧欠，自不覺手舞足蹈。不知天地間更有何樂可代？」
> （《傳習錄下》）

案：此即由致良知中披露感應之幾而透涵蓋原則與實現原則也。儒者之學大端是以契此爲至上了義。不向知識方面趨也。而最能契此者便是羅近溪。羅氏學大端爲二：一、從工夫方面說，拆穿光景，全體放下，渾是知能呈現。二、從本體方面說，人之知能與乾坤知能扣緊爲一而說之，以明生生化化之仁體。學問至此，便是無言之教。與天地合德，與日月合明。更無有能加于此者，亦無有可減于此者。加則爲過，減則爲不及。離則爲曲而悖，吾認羅子爲良知教之最善開發者以此。而吾亦即言至此以終篇焉。

牟宗三先生全集⑧

蕺山全書選錄

牟宗三　著

《蕺山全書選錄》全集本編校說明

江日新

　　《蕺山全書選錄》是牟宗三先生親筆選鈔的劉蕺山著作。他所根據的底本當是道光年間所刊、董瑒校訂的四十卷本，但也可能是道光十五年吳傑重刻的董瑒本。牟先生的原稿係寫在 A4大小、且沒有格子或條線的淡青藍色紙上，共用紙132張，單面書寫。頁碼標至130頁，但實際只使用了122頁，其中第11、29、42、51、86、108、129頁是空白的，總字數約十萬字。前封面是以兩張相同的紙黏貼而成。裝訂則採傳統線裝式樣，在原稿上緣打兩個洞，再穿線固定。其中，第88及89兩頁相互倒裝，另外第128頁則用來補鈔前文中原先可能不擬抄入的闕文。在前封面上有牟先生以紅筆題簽的「蕺山全書選錄」字樣。

　　此一鈔稿的抄錄日期，由於稿本上並無註記，無法繫以精確的日期，不過綜合牟先生本人在其著作中的引述情形及多位嫻熟牟先生著作的師友之看法，大約可推斷是在1959或1960年前後所抄。至於原稿的收藏及流傳，據楊祖漢先生告知，原稿原先由牟先生親自保存，直至1988年，牟先生才將它交給楊先生保管。及至《牟宗三先生全集》編輯委員會成立，楊先生又將此鈔稿交給編委會，並保存於中央研究院中國文哲研究所的當代儒學研究室。又對校所據文

本，茲並參考由中研院中國文哲研究所新出的《劉宗周全集》（台北，1997），特別是在斷句及標點上。

關於鈔稿內文，牟先生均以鋼筆工整地抄寫在紙上，並以紅筆標以新式標點符號，並加圈點，間或加以案語，以評論或發揮劉蕺山的看法。本書的編校工作原則上均以原稿格式為準，不過仍有數點須加以說明：

一、牟先生在鈔稿中對蕺山原文詳加圈點。鑒於目前的電腦排版不便處理傳統的句讀、圈點，本書代之以不同的字體變化。**書中以「明體」表示牟先生自己的說明、案語或評論，以「楷體」表示劉蕺山的原文；而在劉蕺山的原文中，牟先生旁加圈點的字句則以「黑體」表示。**

二、牟先生的圈點並不全以成詞為單位，本書一準牟先生的原稿格式，不依成詞擅作更改。

三、斷句及標點符號基本上以原稿為準。不過，牟先生偶而會混用頓號和逗號，在此情況下編者逕依文意加以調整。括號中的引文，若末句為句點時，牟先生均將句點置於括號外，今基於版面考量，一律將句點放入括號內。又目錄中，除《劉子全書》加書名號之外，其餘部分均保留原稿式樣。

四、牟先生的鈔稿在斷句或在文字校勘上與其他版本有重大出入時，編校者以當頁腳注方式加以說明。又原刊本有校注夾文，而牟先生未錄出者，茲加〔＊〕符號以明示之。若牟先生有錄出，則照排印之。

五、在劉蕺山的原文中，牟先生的鈔稿與原刻有俗、異體之不同時，編校者逕依原刻校改。

目　次

前言：年譜學思略歷

劉汋〈蕺山年譜〉（《全書・卷四十上、下》）四十九歲下，附注語曰：

> 按是時禍在不測，先生悉以平生著述寄友人。其後黨禁解，先生不索，而友人亦不來歸。故丙寅〔天啓六年〕以前筆札無一存者。其間行事之始末，學力之淺深，不可盡考。〈論語學案〉、〈曾子注〉，所存皆草本。而〈學案〉第一卷並草本遺失。戊辰〔崇禎元年，五十一歲〕續成之。丁卯〔天啓七年，五十歲〕至乙亥〔崇禎八年，五十八歲〕，九年著述，欽召時復爲人竊去。丙子〔崇禎九年，五十九歲〕汋年二十四，始留心抄錄，存者十之七八。故末後十年，行事獨詳。今見之〈文集〉，大略十年內著述。

〈年譜〉五十四歲下：

> 秋七月著〈中庸首章大義〉，發明心性之說。

五十五歲下：

> 冬十月著〈第一義〉等說九篇：一曰〈第一義〉，二曰〈求放心〉，三曰〈靜坐〉，四曰〈讀書〉，五曰〈應事〉，六曰〈處人〉，七曰〈向外馳求〉，八曰〈氣質〉，九曰〈習

靜坐〉。

五十七歲下：

夏六月輯〈聖學宗要〉。

秋八月著〈人譜〉。

五十八歲下：

春三月重①輯〈〔孔孟〕合璧〉〔附以〈吃緊三關〉〕，〈〔五子〕連珠〉。

五十九歲下：

始以大學誠意中庸已發未發之說示學者。說大都見〈學言〉。

先生在官多暇，有所得，輒次第記之，名〈獨證編〉。案：今全書不見有〈獨證編〉，蓋即〈學言〉也。

六十歲下：

冬十一月辨太極之誤。

是時先生有論學數十則（見〈學言〉內）。辨太極、理氣、氣質之性、及大中未盡之意等。

六十一歲下：

冬十月刪定〈陽明先生傳信錄〉成。駁〈天泉證道記〉。

是時諸生互辨儒釋異同，先生答王朝式書，深闢佛教之非，冀其反於正道。又有答朱昌祚等書，勉以敦篤自修。不當黨同伐異。彼此不能合。先生自解司空職歸，遇會講，多遜謝不赴。蓋白馬諸友，以所見自封，不受先生裁成。而流俗之

①原鈔漏「重」字，今案原本逕補。

士又旅進旅退，無潔己請事者。遂聽諸生自相會聚矣。然則《全書》開首弟子籍中列有王朝式，非也。

六十五歲下：

六月著〈原旨〉及〈治念説〉。

濮州葉潤山（廷秀）問學於先生。

與之論誠意之學。

六十六歲下：

春正月著〈讀易圖説〉。

冬十一月著〈大學誠意章章句〉。

著〈證學雜解〉及〈良知説〉。

附注云：「按先生於陽明之學，凡三變。**始疑，中信之，終而辨難不遺餘力。**始疑之，疑其近禪也。中信之，信其為聖學也。終而辨難不遺餘力，謂其言良知，以孟子合大學，專在念起念滅用工夫，而於知止一關，全未勘入，[2]失之粗且淺也。夫惟有所疑，然後有所信。夫惟信之篤，故其辨之切。而世之競以玄渺稱陽明者，烏足以知陽明也與？」

十二月書〈存疑雜著〉。

先生平日所見，一一與先儒牴牾。晚年信筆直書，姑存疑案。仍不越誠意、已未發、氣質義理、無極太極之説。於是斷言之曰：「從來學問只有一個工夫。凡分內分外、分動分靜、説有説無、劈成兩下，總屬支離。」又曰：「夫道一而

---

[2]「專在念起念滅用工夫，而於知止一關，全未勘入」三句之右側另有畫線。

已矣。知行分言,自子思子始。誠明分言,亦自子思子始。已未發分言,亦自子思子始。仁義分言,自孟子始。心性分言,亦自孟子始。動靜、有無分言,自周子始。氣質義理分言,自程子始。存心致知分言,自朱子始。聞見德性分言,自陽明子始。頓漸分言,亦自陽明子始。凡此,皆吾夫子所不道也。嗚呼!吾舍仲尼奚適乎?」

〔案:此段文字不見今之《全書》中。〕

此下,劉汋附注云:

按先儒言道分析者,至先生悉統而一之。先儒心與性對,先生曰:「性者心之性。」性與情對,先生曰:「情者性之情。」心統性情,先生曰:「心之性情。」分人欲為人心,天理為道心,先生曰:「心只有人心,道心者人心之所以為心。」分性為氣質義理,先生曰:「性只有氣質,義理者氣質之所以為性。」未發為靜,已發為動,先生曰:「存發只是一機,動靜只是一理。」推之,存心致知,聞見德性之知,莫不歸之於一。然約言之,則曰:心之所以為心也。又就心中指出本體工夫合并處,曰誠意。意根最微,誠體本天。此處著不得絲毫人力,惟有謹凜一法,乃得還其本位,所謂戒慎乎其所不睹,恐懼乎其所不聞,此慎獨之說也。先生曰:「誠無為,敬則所以誠之」是也。夫朱子亦言敬矣,忽誠意一關,而綴敬於格物之前,是為握燈而覓照。象山陽明亦言心矣,象山混人、道而一心,則必以血氣為性命。陽明謂妄心亦照,歸之無妄無照,則必以虛無落象罔。先生即誠言敬,而敬不失之把捉。本意言心,而心不失之玄虛。致

此之謂致知，格此之謂格物，正心以上，則舉而措之，蓋一
誠意，而天下之能事畢矣。所由合朱、陸、陽明而直追明
道、濂溪，上溯之孔孟而止。嗚呼！至矣乎！

六十八歲下：

三月，考訂〈大學參疑〉成。

先生於《大學》，既從高忠憲公所定，去年海鹽吳公麟瑞致
《大學辨》一書，備載戴記古文、明道伊川本、朱本、及曹
魏石經，先生讀而折衷之，定古文一通，名〈參疑〉。蓋積
眾疑而參之，略為詮解。首大學之道節，次古之欲明明德
節，次物格節，為正經。次物有本末節，次緡蠻黃鳥節，次
知止節，次邦畿節，次聽訟節，次自天子節，次其本亂節，
次此謂知本節，為一章，釋格物致知，以明格物未嘗缺傳。
又以君子有大道節，堯舜帥天下節，克明德章，盤銘章，穆
穆文王三節，為一章，入在平天下章後，釋明明德於天下，
以暢全經之旨。平天下章亦有更定，大抵從石本居多。前輩
楊止齋力辨石經為偽書。先生酷愛之，曰：苟言而是，雖出
於後人，何病？況其足為古人羽翼乎？遂本之更定如此。」
附注云：「臨絕，先生謂過於割裂，幷〈古小學通記〉，命
削之。」又附注云：「按〈參疑〉本，視高本更為完整，而
詮解亦更精細。雖先生命削，仍存之，以俟論定。」〔按此
〈大學參疑〉不見今之《全書》中。只《全書》卷三十七有
〈大學古記〉，仍是古本也。〕

夏四月避跡於上竈陳氏之別業。

時有〈答史孝復書〉，發明致知之知即知止之知，格物之物

即物有本末之物。

五月改訂〈人譜〉。

先生於譜中未當者，再加改正。是書凡三易稿，始定。又取古人言行，從紀過格諸款，類次，以備警，名〈人譜雜記〉。

附注云：「〈雜記〉尚未畢草，先生臨絕，命汋補之。敬受命成書。」

閏六月戊子（初八日），先生卒於秦氏〔其三婿秦祖軾〕之寓寢。

前後絕食者兩旬，勺水不入口者十有三曰。

最後作綜結曰：

先君子學聖人之誠者也。始致力於主敬，中操功於慎獨，而晚歸本於誠意。誠由敬入，誠之者人之道也。意也者，**至善樓真之地**。物在此，知亦在此，意誠，則止於至善，物格而知至矣。意誠而後心完其心焉，而後人完其人焉。是故可以**扶皇綱、植人極、參天地**，而為三才也。〔……〕

先君子盛年，用功過於嚴毅，平居齋莊端肅，見之者不寒而栗。及晚年，造履益醇，涵養益粹，又如坐春風中，不覺浹於肌膚之深也。

竊嘗論之，道統之傳，自孔孟以來，晦蝕者千五百年。有宋諸儒，起而承之，濂溪、明道獨契聖真。其言道也，合内外動靜而一致之。至晦菴、象山而始分。陽明子言良知，謂即心即理，兩收朱陸，畢竟偏内而遺外，其分彌甚。至先君子而復合。

先君子之學以誠意為宗，而攝格致於中。曰：知本斯知誠意之為本而本之。本之，斯止之矣。知止斯知誠意之為止而止之。止之，斯至之矣。（原注：見〈大學參疑〉）即內而即外，即動而即靜。體用一原，顯微無間。蓋自濂溪明道之後，一人而已。其餘諸子，不能及也。

若夫恢復心體之量，舉昔所讓棄於佛氏者，一朝還之吾儒。廓清之功，不在禹下。而即其闢邪說，距詖行，放淫辭，掃蓁蕪而開正路者，其功又豈在孟子距楊墨下哉？〔……〕

〈年譜錄遺〉（《全書》卷四十下）云：

1. 先生望之凜然，有不可犯之色。即之溫如，有可親就之容。聽其言，則方嚴靜正，復肅肅而凝凝。

2. 先生晚年德彌高，恭彌甚，節彌勁，氣彌和。

3. 先生京兆里居，姚現聞希孟曰：方今鳳翔千仞，為萬鳥所環歸，而弋人無所容其慕者，海內以劉先生為第一人。其一種退藏微密之妙，從深根寧極中證入，非吾輩可望其項背者也。

黃梨洲撰〈行狀〉（《全書》卷三十九）總論其學術，首云：

先生宗旨為慎獨。始從主敬入門，中年專用慎獨工夫。慎則敬，敬則誠。晚年愈精微，愈平實。本體只是些子，工夫只是些子，仍不分此為本體，彼為工夫，亦並無這些子可指，合於無聲無臭之本然。從嚴毅清苦之中，發為光風霽月。消息動靜，步步實歷而見。〔……〕

第一卷　《劉子全書》卷一・語類一・〈人譜〉

甲、〈人譜正篇〉

一、〈人極圖〉①

無極	動而		靜而		五行	物物	其要
○	◉	即太極圖右畔	⊙	即太極圖左畔	✿	✿	○
太極	無動		無靜		攸敘	太極	無咎

二、〈人極圖說〉

無善而至善，心之體也。

> 即周子所謂太極。太極本無極也。統三才而言，謂之極。分人
> 極而言，謂之善。其義一也。

---

① 關於劉蕺山的〈人極圖〉，牟先生在此所錄者與原圖不全相同，蓋是
取自下文〈人極圖說〉中所分列各圖及所附釋文合列而成者。其原書
中所示列圖爲如下：○ ◉ 即太極圖左畔 ⊙ 即太極圖右畔 ✿ ✿ ○。

繼之者善也。

　　動而陽也。「乾知大始」是也。

成之者性也。

　　靜而陰也。「坤作成物」是也。

由是而之焉，達於天下者，道也。放勳曰：「父子有親，君臣有義，夫婦有別，長幼有序，朋友有信。」此五者，五性之所以著也。五性既著，萬化出焉。萬化既行，萬性正矣。

　　五性之德，各有專屬。以配水火木金土。此人道之所以達也。

萬性一性也。性一至善也。至善本無善也。無善之眞，分爲二五，散爲萬善。上際爲乾，下蟠爲坤。「乾知大始」，吾易知也。「坤作成物」，吾簡能也。其俯仰於乾坤之內者，皆其與吾之知能者也。

　　乾道成男，即上際之天。坤道成女，即下蟠之地。而萬物之胞與，不言可知矣。〈西銘〉以乾坤爲父母，至此以天地爲男女，乃見人道之大。

大哉人乎？無知而無不知，無能而無不能，其惟心之所爲乎？《易》曰：天下何思何慮？天下同歸而殊塗，一致而百慮。天下何思何慮？

　　無知之知，不慮而知。無能之能，不學而能。是之謂無善之善。

君子存之，善莫積焉。小人去之，過莫加焉。吉凶悔吝，惟所感也。積善、積不善，人禽之路也。知其不善，以改於善。始於有善，終於無不善。其道至善，其要無咎。所以盡人之學也。

　　君子存之，即存此「何思何慮」之心。周子所謂「主靜立人

極」是也。然其要，歸之「善補過」。「所由」殆與不思善惡
之旨異矣。此聖學也。〔《易·繫辭傳》云：「無咎者，善補
過也。」「其要，歸之善補過」即正文「其要無咎」之轉換表
示。「所由」二字累墜。刪之，已甚通。存之，而下接「殆」
字，而又以「矣」作結，於語法不甚通順。〕

乙、〈人譜續篇二〉

證人要旨

○ 無極　一曰：凜閒居以體獨。
太極

　　學以學爲人，則必證其所以爲人。證其所以爲人，證其所以爲
心而已。自昔孔門相傳心法，一則曰愼獨，再則曰愼獨。夫人
心有獨體焉，即天命之性，而率性之道所從出也。愼獨而中和
位育，天下之能事畢矣。然獨體至微，安所容愼？惟有一獨處
之時，可爲下手法。而在小人仍謂之閒居爲不善，無所不至，
至念及揜著無益之時，而已不覺其爽然自失矣。君子曰：閒居
之地，可懼也，而轉可圖也。吾姑即閒居以證此心。此時一念
未起，無善可著，更無②不善可爲，只有一眞無妄在不睹不聞

---

② 「無」字原刊作「何」，未確知年先生是改字，抑或誤寫，校注並記
　於此。

之地，無所容吾自欺也，吾亦與之毋自欺而已。則雖**一善不立**之中，而〔＊〕已具有渾然至善之極，君子所爲**必慎其獨也**。夫一閒居耳，小人得之爲萬惡淵藪〔＊〕，而君子善反之，即是證性之路。蓋敬肆之分也。敬肆之分，人禽之辨也。此證人第一義也。

**動而
無動**　二曰：卜動念以知幾。

獨體本無動靜，而動念其端倪也。動而生陽，七情著焉。念如其初，則情反乎性，動無不善，**動亦靜也**。轉一念，而不善隨之，**動而動矣**。（原注：「轉一念」下，新本作「偶著一念，因而過矣，卒流於惡者有之。」）是以君子有愼「**動**」（原注：新本作「**獨**」）之學。七情之動不勝窮，而約之爲累心之物，則嗜欲忿懥居其大者。〈損〉之象曰：君子以懲忿窒慾。懲窒之功正在③動念時，一加提醒，不使復流於過，而爲不善。纔有不善，未嘗不知之而止之，**止之**，而**復其初矣**。過此以往，便有蔓不及圖者。昔人云：懲忿如推山，窒慾如填壑。直如此難，亦爲圖之於其蔓故耳。學不本之愼獨，則心無所主，滋爲物化。雖終日懲忿，只是以忿懲忿，終日窒慾，只是以慾窒慾。以忿懲忿，忿愈增。以慾窒慾，慾愈潰。宜其有取於推山填壑之象。豈知人〔＊〕心**本自無忿**，忽焉有忿，吾知

③「在」原刊作「就」。

之。本自無慾，忽焉有慾，吾知之。只此知之之時，即是懲之
窒之之時。〔＊〕當下廓清，可不費絲毫氣力。後來徐加保任
而已〔＊〕。《易》曰：知幾其神乎？此之謂也。謂非獨體之
至神，不足以與於此也。（原注：新本有「此與幾善惡之說不
同，學者詳之」句。）

⊙ 靜而
無靜　三曰：謹威儀以定命。

慎獨之學，既於動念上卜貞邪，已足端本澄源。而誠於中者，
形於外，容貌辭氣之間，有爲之符者矣。〔＊〕所謂「靜而生
陰」也。於焉官雖止而神自行。仍一一以獨體閒之，靜而妙合
於動矣。如足容當重，無以輕佻心失之。手容當恭，無以弛慢
心失之。目容當端，無以淫僻心失之。口容當止，無以煩易心
失之。聲容當靜，無以暴厲心失之。頭容當直，無以邪曲心失
之。氣容當肅，無以浮蕩心失之。立容當德，無以徙倚心失
之。色容當莊，無以表暴心失之。此《記》所謂九容也。天命
之性不可見，而見於容貌辭氣之間，莫不各有當然之則，是即
所謂性也。故曰：威儀所以定命。昔橫渠教人專以知禮成性、
變化氣質爲先，殆謂是與？

⊗ 五行
攸敘　四曰：敦大倫以凝道。

人生七尺墮地後，便爲五大倫關切之身，而所性之理與之一起

俱到。分寄五行，天然定位。父子有親，屬少陽之木，喜之性也。君臣有義，屬少陰之金，怒之性也。長幼有序，屬太陽之火，樂之性也。夫婦有別，屬太陰之水，哀之性也。朋友有信，屬陰陽會合之土，中之性也。此五者天下之達道也。率性之謂道是也。然必待其人而後行。故學者工夫，自慎獨以來，根心生色，暢於四肢，自當發於事業，而其大者，先授之五倫。於此尤加致力〔＊〕，外之何以極其規模之大，內之何以究其節目之詳，總期踐履敦篤〔＊〕，慥慥君子〔＊〕以無忝此率性之道而已。昔人〔明道〕之言曰：「五倫間有多少不盡分處。」夫惟常懷不盡之心，而黽黽以從事焉，庶幾其逭於責乎？

物物
太極

五曰：備百行以考旋。

孟子曰：「萬物皆備於我矣。」此非意言之也。只由五大倫推之，盈天地間，皆吾父子兄弟夫婦君臣朋友也。其間知之明、處之當，無不一一責備於君子之身，大是一體關切痛癢。然而〔＊〕其間有一處缺陷，便如一體中傷殘了一肢一節，不成其為我。又曰：「細行不矜，終累大德。」安見肢節受傷，非即腹心之痛？故君子言仁，則無所不愛。言義，則無所不宜。言別，則無所不辨。言序，則無所不讓。言信，則無所不實。至此，乃見盡性之學，盡倫盡物一以貫之。《易》稱：「視履考祥，其旋元吉。」吉祥之地，正是不廢查考耳。今學者動言萬

物備我,恐只是**鏡中花**,略見得**光景**如此。若是**真見得**,便須一一與之踐履過。〔＊〕故曰:「反身而誠,樂莫大焉。」又曰:「強恕而行,求仁莫近焉。」「反身而誠」,**統體一極**也。「強恕而行」,**物物付極**也。

○ 其要
無咎　　六曰:**遷善改過以作聖**。

自古無現成的聖人。即堯舜不廢兢業。其次,只一味**遷善改過**,便造②成聖人。如孔子自道可見。學者未歷過上**五條公案**,通身都是**罪過**。即已歷過上**五條公案**,通身仍是**罪過**。纔舉一公案,如此是善,不如此便是過。即如此是善,而善無窮,以善進善,亦無窮。不如此是過,而過無窮,因過改過,亦無窮。一遷一改,時遷時改,忽不覺其入於聖人之域。此**證人之極**則也。然所謂是善,是不善,本心原自歷落分明。學者但就本心明處一決,決定如此,不如彼,便時時有**遷改工夫**可做。更須小心窮理,使本心愈明,則查簡愈細。全靠不得今日已是見得如此如此,而即以為了手地也。故曰:「君子無所不用其極。」

丙、〈人譜續篇三〉

---

④「造」字原刊作「做」。

一、紀過格

◉ 物先
兆　一曰微過，獨知主之。

妄：獨而離其天者是。

以上一過實函後來種種諸過，而藏在未起念以前，彷彿不可名
狀，故曰微，原從無過中看出過來者。

妄字最難解，直是無病痛可指。如人元氣偶虛耳。然百邪從此
易入。人犯此者，便一生受虧，無藥可療，最可畏也。程子
曰：「無妄之謂誠。」誠尚在無妄之後。誠與妄對，妄乃生偽
也。妄無面目，只一點浮氣所中。如履霜之象，微乎微乎！妄
根所中，曰惑：為利、為名、為生死；其粗者為酒色財氣。

◎ 動而
有動　二曰隱過，七情主之。

溢喜：損者三樂之類。

遷怒：尤忌藏怒。

傷哀：長戚戚。

多懼：憂讒畏譏，或遇事變而失其所守。

溺愛：多坐妻子。

作惡：多坐疏賤。

縱欲：耳目口體之屬。

以上諸過，過在心藏而未露，故曰隱。仍坐前微過來，一過積

二過。微過不可見，但感之以喜，則佻然而溢。感之以怒，則怫然而邊。七情皆如是。而微過之眞面目，於此斯見。今須將微者先行消煞一下，然後可議及此耳。

⊙ 靜而
有靜　　三曰顯過，九容主之。

箕踞、交股（大交小交）、趨、蹶：以上足容。

攣拳、攘臂、高卑任意：以上手容。

偷視、邪視、視非禮：以上目容。

貌言、易言、煩言：以上口容。

高聲、讙、笑、詈罵：以上聲容。

岸冠、脫幘、搖首、側耳：以上頭容。

好剛使氣、怠懈：以上氣容。

跛倚、當門、履閾：以上立容。

令色、遽色、作色：以上色容。

　　以上諸過授於身，故曰顯。仍坐前微隱二過來，一過積三過。九容之地即七情穿插其中。每容都有七種情狀伏在裡許。今姑言其略，如箕踞，喜也會箕踞，怒也會箕踞。〔＊〕其他可以類推。

✪ 五行
不敛　　四曰大過，五倫主之。

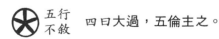

非道事親。〔……〕〔細舉，略〕：以上父子類，皆坐爲人子

者。其爲父而過,可以類推。

非道事君。〔……〕〔細舉,略〕:以上君臣類。

交警不時。〔……〕〔細舉,略〕:以上夫婦類。皆坐爲人夫
者。其爲婦而過,可以類推。

非道事兄。〔……〕〔細舉,略〕:以上長幼類。皆坐爲人幼
者。其爲長而過,可以類推。

勢交、利交。〔……〕〔細舉,略〕:以上朋友類。

　以上諸過,過在家國天下,故曰大。仍坐前微、隱、顯三
　過來、一過積四過。

　諸大過總在容貌辭氣上見。如高聲一語,以之事父則不
　孝、以之事兄則不「友」〔當作「弟」〕,其他可以類
　推。爲是〔＊〕心上生出來者。

 物物
不極　五曰叢過,百行主之。

舉有百種,略。

以上諸過,自微而著,分大而小,各以其類相從,略以百爲
則,故曰叢。仍坐前微、隱、顯、大、四過來,一過積五過。
百過所舉,先之以謹獨一關,而綱紀之以色食財氣,終之以學
而畔道者。大抵皆從五倫不敘生來。

　迷
　復　六曰成過爲眾惡門,以克念終焉。

祟門：微過成過曰微惡。〔訟法解過，略。〕

妖門：隱過成過曰隱惡。〔……〕

戾門：顯過成過曰顯惡。〔……〕

獸門：大過成過曰大惡。〔……〕

賊門：叢過成過曰叢惡。〔……〕

聖域：諸過成過，還以成過得改地。一一進以訟法，立登聖域。

以上一過准一惡。惡不可縱，故終之以聖域。

人雖犯極惡大罪，其良心仍是不泯，依然與聖人一樣。只爲習染所引，壞了事。若纔提起此心，耿耿小明，火然泉達，滿盤已是聖人。或曰：其如積惡蒙頭何？曰：說在孟子訓惡人齋沐矣。且既已如此，又恁地去，可奈何？正恐直是不由人，不如此不得。

二、訟過法（即靜坐法）

一炷香，一盂水，置之淨几，布一蒲團座子於下。方會平旦以後，一躬就坐，交趺齊手，屏息正容。正儼威間，鑒臨有赫，〔＊〕呈我宿疚，炳如也。乃進而敕之〔＊〕曰：爾固儼然人耳，一朝跌足〔＊〕，乃獸乃禽，種種墮落，嗟何及矣！應曰：唯唯。復出十目十手，共指共視，皆作如是言。應曰唯唯。於是，方寸兀兀，痛汗微星，赤光發頰，若身親三木者。已乃躍然而奮曰：是予之罪也夫！則又敕之〔＊〕曰：莫得姑且供認！又應曰：否否！〔＊〕頃之，一線〔＊〕清明之氣徐

徐來，若向太虛然，此心便與太虛同體。〔＊〕乃知從前都是妄緣。妄則非眞。一眞，自若湛湛澄澄，迎之無來，隨之無去，卻是本來眞面目也。此時正好與之葆任。忽有一塵起，輒吹落。又葆任一回，忽有一塵起，輒吹落。如此數番，勿忘勿助，勿問效驗如何。一霎間，整身而起，閉閣終日。

或咎予此說近禪者，予已廢之矣。既而思之曰：此靜坐法也。靜坐非學乎？程子每見人靜坐，便歎其善學。後人又曰：「不是教人坐禪入定，蓋借以補小學一段求放心工夫。」旨哉言乎！然則靜坐，豈一無事事？

近高忠憲有靜坐說二通：其一，是撒手懸崖伎倆；其一，是小心著地伎倆。而公終以後說爲正。

今儒者談學，每言存養省察。又曰：靜而存養，動而省察。卻教何處分動靜？無思無爲靜乎？應事接物動乎？雖無思無爲，而此心常止者，自然常運；雖應事接物，而此心常運者，自然常止。其常運者，即省察之實地。而其常止者，即存養之眞機。總是一時小心著地工夫。故存養省察二者不可截然分爲兩事，而並不可以動靜分也。

陸子曰：「涵養是主人翁，省察是奴婢。」今爲鈍根設法，請先爲其奴者得訟過法。然此外，亦別無所謂涵養一門矣。故仍存其說而不廢，因補注曰靜坐法。

〔案：文中言存養省察非朱子意。朱子以動靜言存養省察，所謂動靜，是指吾人之現實生活之動靜時言，非指心體本身之常運常止也。〕

三、改過說一

天命流行，物與無妄，人得之以爲心，是謂本心，何過之有？惟是
氣機乘除之際，有不能無過不及之差者。有過而後有不及。雖不
及，亦過也。過也，而妄乘之，爲厥心病矣。乃其造端甚微，去無
過之地所爭不能毫釐，而其究甚大。譬之木，自本而根而幹而標，
水自源而後及於流，盈科放海。故曰：涓涓不息，將成江河。綿綿
不絕，將尋斧柯。是以君子慎防其微也。防微，則時時知過，時時
改過。俄而授之隱過矣，當念過，便從當念改。又授之顯過矣，當
身過，便從當身改。又授之大過矣，當境過，當境改。又授之叢過
矣，隨事過，隨事改。改之，則復於無過，可喜也。過而不改，是
謂過矣。雖然，且得無改乎？凡此，皆卻妄還眞之路，而工夫喫緊
總在微處得力云。

「子絕四：毋意、毋必、毋固、毋我」，眞能謹微者也。專言毋
我，即顏氏之克己。然視子，則已粗矣。其次，爲原憲之「克伐怨
欲不行焉」，視顏，則又粗。故夫子僅許之曰：「可以爲難矣」。
言幾幾乎其勝之也。

張子十五年學箇恭而安不成。程子曰：「可知是學不成，有多少病
痛在。」亦爲其徒求之顯著之地耳。

司馬溫公則云：「某平生無甚過人處，但無一事不可對人言者。」
庶幾免於大過乎？若邢恕之一日三簡點，則叢過對治法也。

眞能改過者，無顯非微，無小非大，即邢恕之學未始非孔子之學，
故曰：「出則事公卿，入則事父兄，喪事不敢不勉，不爲酒困。」

不然，其自原憲而下，落一格，轉粗一格。工夫彌難，去道彌遠矣。學者須是學孔子之學。

改過説二

人心自眞而之妄，非有妄也，但自明而之暗耳。暗則成妄，如魍魅不能晝見。然人無有過而不自知者。其爲本體之明，固未嘗息也。一面明，一面暗。究也，明不勝暗，故眞不勝妄，則過始有不及改者矣。非惟不改，又從而文之，是暗中加暗，妄中加妄也。故學在去蔽，不必除妄。孟子言：「君子之過，如日月之食」，以喻人心明暗之機，極爲親切。蓋本心常明，而不能不受暗於過。明處是心，暗處是過。明中有暗，暗中有明。明中之暗，即是過。暗中之明，即是改。手勢如此親切。但常人之心，雖明亦暗，故知過而歸之文過，病不在暗中，反在明中。君子之心，雖暗亦明，故就明中用箇提醒法，立地與之擴充去，得力仍在明中也。乃夫子則曰內自訟，一似十分用力然，正謂兩造當庭，抵死仇對，止求箇十分明白，纔明白便無事也。如一事有過，直勘到事前之心，果是如何。一念有過，直勘到念後之事，更當何如。如此反覆推勘，討箇分曉，當必有怡然以冰釋者矣。大《易》言補過，亦謂此心一經缺陷，⑤立刻與之補出，歸於圓滿，正圓滿此旭日光明耳。若只是皮面補綴，頭痛救頭，足痛救足，敗缺難掩，而彌縫日甚，仍謂之文

---

⑤「立」字前原刊有「便」字。

過而已。

雖然，人固有有過而不自知者矣。昔者子路人告之以有過則喜。子曰：「丘也幸，苟有過，人必知之。」然則學者虛心遜志，時務察言觀色，以轉吾所知之不逮，尤有不容緩者。

改過説三

或曰：知過非難，改過為難。顏子有不善，未嘗不知，知之，未嘗復行也。有未嘗復行之行，而後成未嘗不知之知。今第曰知之而已，人無有過而不自知者，抑何改過者之寥寥也？

曰：知行只是一事。知者行之始，行者知之終。知者行之審，行者知之實。故言知，則不必言行，言行，亦不必言知。而**知為要**。

夫知有真知，有嘗知。昔人談虎之説近之。顏子之知，**本心之知**，即知即行，是謂**真知**。常人之知，**習心之知**，先知後行，是謂**嘗知**。真知如明鏡當懸，一徹永徹。嘗知如電光石火，轉眼即除。學者由嘗知而進於真知，所以有致知之法。《大學》言致知在格物，正言非徒知之，實允蹈之也。致之於意而意誠，致之於心而心正，致之於身而身修，致之於家而家齊，致之於國而國治，致之於天下而天下平。苟其猶有不誠、不正、不修、不齊、不治且平焉，則亦致吾之知而已矣。此格物之極功也。誰謂知過之知，非即改過之行乎？致此之知，無過不知。行此之行，無過復行。惟無過不知，故愈知而愈致。惟無過復行，故愈致而愈知。此遷善改過之學，聖人所以沒身未已，而致知之功與之俱未已也。

昔者程子見獵而喜。蓋十二年如一日也。而前此未經感發,則此心了不自知,尚於何而得改地?又安知既經感發以後,遲之數十年,不更作如是觀乎?此雖細微之惑,不足爲賢者累,亦以見改過之難,正在知過之尤不易矣。甚矣,學以致知爲要也!

學者姑於平日聲色貨利之念,逐一查簡,直用純灰三斗,蕩滌肺腸,於此露出靈明,方許商量日用過端下落——則雖謂之行到,然後知到〔＊〕,亦可。昔者子路有過,七日而不食。夫子聞之曰:「由知改過矣。」亦點化語也。若子路可謂力行矣。請取以爲吾黨勵。

案:以上爲〈人譜〉全文,錄之於《劉子全書》卷一。文末,蕺山之子劉汋記云:「按〈人譜〉作於甲戌〔崇禎七年甲戌,先生五十七歲〕,重訂於丁丑〔崇禎十年丁丑,先生六十歲〕,而是譜則乙酉五月之絕筆也。一句一字皆經再三參訂而成。」此見〈人譜〉之重要,亦蕺山珍重成熟之文字。此可爲其學術之綜綱,其他議論皆可由此而推出,亦皆可統攝於此。

蕺山〈人譜〉自序云:

> 友人有示予以袁了凡功過格者,予讀而疑之。了凡自言嘗授旨雲谷老人,及其一生轉移果報,皆取之功過。鑿鑿不爽,信有之乎!予竊以爲病於道也。子曰:道不遠人,人之爲道而遠人,不可以爲道。今之言道者,高之或淪於虛無,以爲語性,而非性也。卑之或出於功利,以爲語命,而非命也。非性非

命，非人也。則皆遠人以爲道者也。然二者同出而⑥異名，而功利之惑人爲甚。老氏以虛言道，佛氏以無言道，其說最高妙，雖吾儒亦視以爲不及。乃其意主於了生死，其要歸之自私自利。故太上有〈感應篇〉，佛氏亦多言因果。大抵從〔＊〕生死起見，而動援虛無以設教，猥云功行，實恣邪妄，與吾儒惠迪從逆之旨霄壤，是虛無之說，正功利之尤者也。了凡學儒者也，而篤信因果。輒以身示法，亦不必實有是事。傳染至今，遂爲度世津梁，則所關於道術晦明之故，有非淺鮮者。予因之有感，特本證人之意，著〈人極圖説〉，以示學者。繼之以六事功課，而紀過格終焉。言過不言功，以遠利也。總題之曰〈人譜〉。以爲譜人者莫近於是。學者誠知人之所以爲人，而於道亦思過半矣。將馴是而至於聖人之域，功崇業廣，又何疑乎？友人聞之，亟許可。遂序而傳之。時崇禎甲戌秋八月。

案：此記作〈人譜〉之機緣也。劉汋所作〈年譜〉「崇禎七年甲戌，先生五十七歲。⑦秋八月著〈人譜〉。」此項下記云：

按是時秦弘佑仿袁了凡功過冊著邊改格一書，善與過對舉：一、理性情，二、敦倫紀，三、坊流俗，四、廣利濟。陶先生〔案即奭齡〕序而行之，因以冊呈先生。先生曰：此害道之書

<hr />

⑥「而」字原刊無，衍字。

⑦「秋八月著〈人譜〉」句，原譜並非直繫於「崇禎七年甲戌，先生五十七歲。」下，於此宜有一斷續符（即…符）。

也。乃與弘佑書云⑧：來冊，廣利濟一格宜除。此意甚害道。
百善、五十善等格，書之無消煞處。不如紀過，則無善可稱。
無過即是善。若雙行，便有不通處。有過，非過也。過而不
改，是謂過矣。有善，非善也。有意爲善，亦過也。此處，頭
路不清，未有不入於邪者。至於過之分數，亦屬穿鑿。理無大
小多寡故也。平日所講**專要無善**，至此又說箇**爲善**！僕以爲論
本體，決是**有善無惡**，論工夫，則先事後得，**無善有惡可也**。
因有感而著〈人譜〉。」〔案：此〈答秦弘佑書〉，見《劉子
全書》卷十九，〈與履思〉九。〕

案：此記因秦弘祐（履思）仿袁了凡《功過冊》著《遷改格》之害
道而著〈人譜〉。茲查《劉子全書》卷十九，〈與履思〉十亦云：

> …大抵諸君子之意皆從袁了凡、顏壯其來。了凡之意本是積功
> 累行，要求功名、得功名，求子女、得子女。其題目大旨顯然
> 揭出。雖是害道，然亦自成一家言。諸君子平日豎義，本是上
> 上義，要識認求良知下落，絕不喜遷改邊事。一旦下梢頭，則
> 取袁了凡之言以爲津梁，浸入因果邊去。一上一下之間，如以
> 爲打合得一，則是道差也。以爲打合不得一，則是教差也。二
> 者宜何居焉？

當時陶奭齡（石梁）順王龍溪、周海門，一路下來，而言良知，秦

---

⑧「云」字原刊作「曰」。

弘祐等師侍之。故有〈與履思〉書中之所云。此是良知學之末流。
〈年譜〉於五十五歲下記此事云：

> 按越中自陽明先生倡學後，其門人最著者爲王龍溪。由龍溪而
> 傳及周海門。海門同時爲陶石簣〔即陶望齡，乃陶奭齡石梁之
> 兄〕，俱本良知爲宗，而遞衍遞失其旨。石梁先生固嘗從事於
> 斯而有得。是時會講，仍揭良知以示指歸。每令學者識認本
> 體，曰：識得本體，則工夫在其中。若不識本體，說恁工夫？
> 先生曰：不識本體果如何下工夫，但既識本體，即須認定本體
> 用工夫。工夫愈精密，則本體愈昭熒。今謂既識後，遂一無事
> 事，可以縱橫自如，六通無礙，勢必至猖狂縱恣，流爲無忌憚
> 之歸而後已！諸生王朝式、秦弘祐、錢永錫等，奉石梁先生爲
> 師模，糾同志數十人別會白馬巖，居日求所謂本體而識認之。
> 先生間嘗過從。一日，座中舉修悟異同，復理前說以質。弘祐
> 曰：陶先生言識認本體，識認即工夫，惡得以專談本體少之？
> 先生曰：識認終屬想像邊事，即偶有所得，亦一時恍惚之見，
> 不可據以爲了徹也。且本體只在日用常行之中。若舍日用常
> 行，以爲別有一物可以兩相湊泊，無乃索吾道於虛無影響之間
> 乎？又與弘祐書曰：學者宜時時凜乎若朽索之馭六馬，說不得
> 我且做上一截工夫，置卻第二義不問。須看作一個工夫始得。
> 數致規正，諸生自信愈堅，先生遂不復與之辨矣。

黃梨洲所作之蕺山〈行狀〉亦記云：

當是時，浙河東之學，新建一傳而爲王龍溪（畿）。再傳而爲周海門（汝登）、陶文簡〔石簣〕，則湛然澄之禪入之。三傳而爲陶石梁（奭齡），輔之以姚江之沈國謨、管宗聖、史孝咸，而密雲悟之禪又入之。會稽諸生王朝式者又以揮闔之術鼓動，以行其教。證人之會，石梁與先生分席而講。而又爲會於白馬山，雜以因果僻經妄說，而新建之傳掃地矣。（《劉子全書》，卷三十九。）

《劉子全書》開首「蕺山弟子籍」中列有秦弘祐、王朝式之名。意秦、王等原依陶石梁，後歸蕺山門下者與？然考之〈年譜〉六十一歲所記，「白馬諸友，以所見自封，不受先生裁成」，是則仍未執弟子禮也。白馬諸友以陶石梁爲中心，其所講之陽明學固有弊，然蕺山之辨難良知不遺餘力，亦實有不足以服人之心者。

第二卷　《劉子全書》卷二·語類二·〈讀易圖說〉

一、〈自序〉云：

　　余嘗著〈人極圖說〉以明聖學之要，因而得易道焉。盈天地間皆易也。盈天地間之易皆人也。人外無易，故人外無極。人極立，而天之所以爲天，此易此極也。地之所以爲地，此易此極也。故曰：六爻之動，三極之道也。又曰：易有太極。三極，一極也，人之所以爲人，心之所以爲心也。惟人心之妙，無所不至，而不可以圖像求，故聖學之妙，亦無所不至，而不可以思議入。學者苟能讀易而見吾心焉，盈天地間皆心也。任取一法以求之，安往而非學乎？因再述諸圖，而復衍其說於後，以補前說之未盡。總題之曰〈讀易圖說〉。〔…〕

　　〈讀易圖說〉，略。＜易衍＞共四十二章，茲錄其第七第八兩章如下。

二、〈易衍〉第七章：

　　君子仰觀於天而得先天之易焉。維天之命，於穆不已。蓋曰天

之所以為天也。是故君子戒慎乎其所不睹，恐懼乎其所不聞，此慎獨之說也。至哉獨乎、隱乎、微乎、穆穆乎不已者乎！蓋曰心之所以為心也。則心，一天也。獨體不息之中，而一元常運，喜怒哀樂四氣周流。存此之謂中，發此之謂和。陰陽之象也。四氣，一陰陽也。陰陽，一獨也。其為物不貳，則其生物也不測。故中為天下之大本，而和為天下之達道。及其至也，察乎天地。至隱至微，至顯至見也。故曰體用一原，顯微無間，君子所以必慎其獨也。此性宗也。〔《中庸》合《易傳》為先天之易，為性宗之慎獨。〕

喜怒哀樂即仁義禮智之別名。以氣而言，曰喜怒哀樂。以理而言，曰仁義禮智是也。理非氣不著，故《中庸》以四者指性體。〔…〕

三、〈易衍〉第八章：

君子俯察於地，而得後天之易焉。夫性本天者也，心本人者也。天非人不盡，性非心不體也。心也者，覺而已矣。覺故能照。照心常寂而常感。感之以可喜而喜，感之以可怒而怒，其大端也。喜之變為欲、為愛，怒之變為惡、為哀。而懼則立於四者之中，喜得之而不至於淫，怒得之而不至於傷者。合而觀之，即人心之七政也。七者皆照心所發也。而發則馳矣。眾人溺焉。惟君子時發而時止，時返其照心而不逐於感，得《易》之逆數焉。此之謂後天而奉天時，蓋慎獨之實功也。〔案：此為心宗之慎獨，慎獨之實功。實功在心處作。其要即誠意。此為《大學》之慎獨。先天之易是客觀地言之，言道體性體，道體性體皆天也，故曰「本天」，本乎自然而無增損于人為者也。人為雖不足以增損之，然而卻可以盡而體

之。盡而體之者是心，故「心本人者也」，言本乎人之自覺活動反顯意知，從事于誠意致知，以彰著（即盡而體）乎性體也。〕

第三卷　《劉子全書》卷七·語類七·〈原旨〉（七篇）

一、原心

　　盈天地間皆物也。人其生而最靈者也。生氣宅於虛，故靈。而心其統也，生生之主也。其常醒而不昧者，思也，心之官也。致思而得者，慮也。慮之盡，覺也。思而有見焉，識也。注識而流，想也。因感而動，念也。動之微而有主者，意也，心官之眞宅也。主而不遷，志也。生機之自然而不容已者，欲也。欲而縱，過也。甚焉，惡也。而其無過不及者，理也。其理則謂之性，謂之命，謂之天也。其著於欲者，謂之情，變而不可窮也。其負情而出，充周而不窮者，才也。或相什百，氣與質也。而其爲虛而靈者，萬古一日也。效靈於氣者，神也。效靈于質者，鬼也。又合而言之，來而伸者，神也，往而屈者，鬼也。心主神，其爲「是」乎？〔案「是」字即「此」字〕。子曰：鬼神之爲德，其盛矣乎？此夫子統言心也。而言豈一端已乎？約言之，則曰：心之官則思也。故善求心者，莫先於識官。官在，則理明氣治，而神乃尊。

　　自心學不明，學者往往以想爲思，因以念爲意。及其變也，以欲拒理，以情偶性，以性偶心，以氣質之性分義理之性，而方寸爲

之四裂。審如是,則心亦出入諸緣之幻物而已,烏乎神!物以相物,烏乎人!烏乎人!

二、原性

告子曰:性無善,無不善也。此言似之而非也。夫性無性也,況可以善惡言?然則性善之說,蓋爲時人下藥〔＊〕云。

夫性無性也,前人言之略矣。自學術不明,戰國諸人,始紛紛言性。立一說,復矯一說,宜有當時三者之論。故孟子不得已而標一善字以明宗。後之人猶或不能無疑焉。於是,又導而爲荀、揚、韓。下至宋儒之說,益支。

然則性果無性乎?夫性,因心而名者也。盈天地間,一性也。而在人,則專以心言。性者,心之性也。心之所同然者理也,生而有此理之謂性,非性爲心之理也。如謂:心但一物而已,得性之理以貯之而後靈,則心之與性斷然不能爲一物矣!吾不知徑寸中,從何處貯得如許〔＊〕性理,如客子之投懷而不終從吐棄乎?〔案此隱指朱子言〕

盈天地間,一氣而已矣。氣聚而有形,形載而有質,質具而有體,體列而有官,官呈而性著焉。於是有仁義禮智之名。仁非他也,即惻隱之心是。義非他也,即羞惡之心是。禮非他也,即辭讓之心是。智非他也,即是非之心是也。是孟子明以心言性也。而後之人必曰心自〔＊〕心,性自性,一之不可,二之不得,又展轉和會之不得,無乃遁已乎?

至《中庸》,則直以喜怒哀樂逗出中和之名,言天命之性即此而在也。此非有異指也。惻隱之心,喜之變也。羞惡之心,怒之變

也。辭讓之心，樂之變也。是非之心，哀之變也。是子思子又明以心之氣言性也。子曰：性相近也。此其所本也。而後之人必曰理自理，氣自氣，一之不可，二之不得，又展轉和會之不得，無乃遁已乎？嗚乎！此性學之所以晦也。

然則尊心而賤性可乎？夫心囿於形者也。形而上者謂之道，形而下者謂之器也。上與下一體而兩分，而性若踞於形骸之表，則已分有常尊矣。故將自其分者而觀之，燦然四端，物物一太極。又將自其合者而觀之，渾然一理，統體一太極。此性之所以為上，而心其形之者與？即形而觀，無不上也。離心而觀，上在何所？懸想而已！我故曰告子不知性，以其外心也。

先儒之言曰：孟子以後，道不明只是性不明。又曰：明此性，行此性。夫性何物也，而可以明之？但恐明之「之」盡〔「之」字衍〕，已非性之本然矣。〔案此兩句，《明儒學案·蕺山學案》作「只恐明得盡時，卻已不是性矣。」〕為此說者，皆外心言性者也。外心言性，非徒病在性，並病在心。心與性兩病，而吾道始為天下裂。子貢曰：夫子之言性與天道不可得而聞也。則謂性本無性焉，亦可。雖然，吾固將以存性也。

三、原道上

道其生於心乎？是謂道心。此道體之最真也。而惟微者，其狀耳。微而著焉，兩端見矣，立人之道仁與義是也。仁義其道之門乎？仁其體也，義其用也。一體一用立，而易行乎其間矣。生生之謂易，化而裁之謂之變，推而行之謂之通，舉而措之謂之事業。上而際謂之天，下而蟠謂之地。中而蕃殖謂之物。積而無窮謂之世。

明之爲禮樂，幽之爲鬼神，治之爲刑賞，布之爲紀綱，成之爲風俗。類而推之，莫非道也。約而反之，莫非心也。踐而實之，所以成人也。

四、原道下

夫道**常**而已矣。天地大**常**而已矣，人心大**常**而已矣。

有老氏者，起而言道德，則曰道可道非常道，名可名非常名。舉仁義而土苴之，此所謂反常者也。視楊墨之罪著矣。然猶依附於道德也。

至談天衍，雕龍奭，炙轂輠髡滑稽之莊周，與夫堅白異同三耳三足之爲公孫田駢之屬，而荒唐極矣。然猶依附於名理也。

其後有佛氏者，以天地爲塵劫，以世界爲幻妄，以形軀爲假合，以日用彝倫事理爲障礙。至此，一切無所依附，單言一心。心則猶是心也，孰從而辯之？吾儒言心，佛氏亦言心。佛氏之言心也，曰空。其進而言性也，曰覺。而究竟歸其旨於生死。其言空也，曰空無空。無空之空，乃爲眞空。其言覺也，曰覺非覺。非覺之覺，乃爲圓覺。而其言生死也，曰本無生死。無生無死，乃了生死。則吾儒所未及也。幾何不率天下而從之乎？曰：善言心者，莫佛氏若也。噫嘻危矣！君子曰：此言心而幻者也。吾請言吾**常心**焉。

常心者何？日用而已矣。居室之近，食息起居而已矣。其流行則謂之理，其凝成則謂之性，其主宰則謂之命：合而言之，皆心也。是心也，未嘗不空，而正不必空其空，懼其**病吾理也**。未嘗非覺，而正不必覺其覺，懼其**蝕吾性也**。未嘗不知生死，而正不必并

無生死，懼其衡吾命也。夫學窮理盡性至命而已矣。此修道之極則
也。

於是聖人喟然歎曰：中庸其至矣乎？民鮮能久矣。而斯道之
常，遂爲萬世鵠。彼佛氏者，方欲依附吾儒，求其心而過之。其如
天地猶是，世界猶是，一切形軀事理猶是，彼亦終不能去而逃之，
勢不得還與心違，而徒以一種恍恍之見，自爲顛倒，眞如電光之一
瞬，而水漚之不容隨指而破也。烏睹所謂⑨心者乎？食心曰蠱，殆
謂是已。乃今之與二氏辯⑩者，皆助流揚波者也。何以言之？曰：
不識心故也。

五、原學上

古之言學者，莫的於孔門，而載在《大學》爲獨詳。《大學》
首言明明德，又言明明德於天下，何也？心本明也，故曰明德。其
理，則至善是也。學者覺也，亦曰效也。效心而覺，覺此者也。故
《中庸》亦曰明善。善之理一，而散於物有萬殊。格物致知，所以
明之也。知而止之，得之於一而存之，所以誠意也。所存此善，所
發亦此善，所以正心也。所發此善，所行亦此善，所以修身也。行
之於家而家齊，行之於國而國治，行之於天下而天下平，所謂明明
德於天下也。乃格致之要則，其目有五善。通天下以爲量⑪，故不

---

⑨「謂」字原刊作「爲」。
⑩「辯」字原刊作「辨」。
⑪中研院《劉宗周全集》本，斷句作「乃格致之要，則其目有五：善通
　天下以爲量，……」，第二冊，333頁。

博不可以言學。學然後知疑,乃授之以問,問以問此善,故曰審。問然後致疑,乃授之以思,思以思此善,故曰慎。思然後致[12]疑,乃授之以辨,辨以辨此善,故曰明。辨然後明,乃授之以行,行以行此善,故曰篤。篤行,則進於德矣。

其德,則所謂「仁之於父子也,義之於君臣也,禮之於賓主也,智之於賢者也,聖人之於天道也。」是故君子求之於父子,而行吾之愛焉,所以體仁也。求之於君臣,而行吾之敬焉,所以精義也。求之於賓主,而行吾之讓焉,所以制禮也。求之於賢否,而行吾之哲焉,所以用智也。求之於天道,而行[13]吾之誠焉,所以作聖也。此明善之極功也。而德乃進於明矣,且大明於天下矣。此所以為大人之學也。

後之學聖人者如之何?亦曰致知而已矣。不致吾知,而先求之於本心,其失也荒。不致吾知,而漫求之於物理,其失也支。支且荒,皆非所以明善,則直謂之不覺焉已矣。覺不覺,學不學,聖狂之分也。毫釐之差,千里之謬也。

六、原學中

　　＊極天下之尊而無以尚,體(新本作享)天下之潔淨精微,純粹至善,而一物莫之或攖者,其惟人心乎?向也,委其道而去之,歸之曰性,人乃眩鶩於性之說,而倀倀以從事焉,至畢世而不可遇,終坐此不解之惑以死,可不為之大哀乎?

---

⑫「致」字原刊作「愈」。
⑬「行」字原刊作「至」。

　　自良知之說倡，而人皆知此心此理之可貴，約言之曰：天下無心外之理。舉數千年以來晦昧之本心，一朝而恢復之，可謂取日虞淵，洗光咸池。然其於性猶未辨也。

　　＊予請一言以進之，曰：天下無心外之性。惟天下無心外之性，所以天下無心外之理也。惟天下無心外之理，所以天下無心外之學也。而千古心性之統，可歸於一。於是，天下始有還心之人矣。

　　＊向之妄意以為性者，孰知即此心是。而其共指以為心者，非心也，氣血之屬也。向也以氣血為心，幾至仇視其心而不可邇。今也以性為心，又以非心者分之為血氣之屬，而心之體乃見其至尊而無以尚，且如是其潔淨精微，純粹至善，而一物莫之或攖也。惟其至尊而無以尚也，故天高地下，萬物散殊，惟心之所位置，而不見其跡。惟其潔淨精微，純粹至善，而一物莫之或攖也，故大人與天地合德，日月合明，四時合序，鬼神合吉凶，惟心之所統體而不尸其能。此良知之蘊也。然而不能不囿於氣血之中，而其為幾希之著察，有時而薄蝕焉。或相什百，或相千萬，或相倍蓰而無算，不能致其知者也。是以君子貴學焉。學維何？亦曰：與心以權而反之知，則氣血不足治也。（原注：舊鈔「惟心之所統體」句下，作「其有不然者，氣血病之也。夫氣血則亦何所不至乎？以天下之至尊，而乘以天下之至紛，則尊者有時而辱也。以天下之至潔，而乘以天下之至污，則潔者有時而染也。此亦心之至變也。君子曰：心不離氣血而不雜於氣血者也。吾第心還其心焉。心得其職，而氣血俯首聽命，惟吾之所治云爾」。）

　　於是順致之以治情，而其為感應酬酢之交，可得而順也。於是

逆致之以治欲，而其為天人貞勝之幾，可得而決也。於是精致之以治識，而其為耳目見聞之地，可得而清也。於是雜致之以治形治器，而其為吉凶修悖之途，可得而準也。（原注：舊鈔「於是順致之」等語，作「其微者以治念，而動靜起伏之端，可得而辨也。其著者以治欲，而天人貞勝之幾，可得而決也。其精者以治識，而耳目見聞之地，可得而推也。其粗者以治形治器，而吉凶修悖之途，可得而準也。」）

凡此皆氣血之屬，而吾既一一有以治之，則氣血皆化為性矣。性化而知之良，乃致心愈尊⑭。此學之所以為至也與？（原注：舊鈔「一一有以治之」下，作「則氣血皆化為心矣。吾既以氣血化為一心，而心之力量於是乎愈大，則天地之大，萬物之廣，又安往而不體備於一心？此心之所以為妙，而學之所以為至也。此之謂天下無心外之學也。」）

孟子曰：「人之所不學而能者，其良能也。所不慮而知者，其良知也。」〔＊〕古人全舉之，而陽明子偏舉之也。

七、原學下

或問曰：均是人也，或為聖人，或為凡人，何居？曰：人則猶是，其心或異耳。曰：均是心也，或為道心，或為人心，何居？曰：心則猶是，其學或異耳。

何言乎學也？人生之初，固不甚相遠矣。孩而笑，咈而啼，飢

----

⑭此處斷句似應如中研院文哲所《劉宗周全集》版的「性化而知之良乃致，心愈尊」為正確，見第二冊，頁336。

渴嗜欲，有同然也。及夫習於齊而齊，習於楚而楚，始有或相逕庭
者矣。生長於齊，既而習爲楚語焉，無弗楚也。生長於楚，既而習
爲齊語焉，無弗齊也。此學之説也。心者，齊楚之會也。而其知齊
而知楚者，則心之所以爲道也。知齊之爲善也，而習於齊，又知楚
之爲不善也，而益習於齊，則雖有之楚焉者，蓋亦寡矣。然而當是
時，心方居齊楚之會，忽有導我以楚者，吾亦從而楚之矣。既楚之
矣，仍導我以齊，弗顧也。習於楚，安於楚矣。楚之人又相與咻之
而變其善否之情也，則亦唯知有楚而已矣。人之可使爲不善，其性
亦猶是也。

　　然則善反吾習焉可乎？曰：奚爲而不可也。〔＊〕前日之失足
於楚也，誤以楚爲齊故也。果誤耳，一日而憬然，一日而齊之人
矣。今而後第謀所以習乎齊者。吾耳習於聽，而何以聽無不聰？非
能益吾以聰也，吾知吾聽而已矣。吾目習於視，而何以視無不明？
非能益吾以明也，吾知吾視而已矣。吾口習於言，而何以言無不
從？非能益吾以從也，吾知吾言而已矣。吾貌習於動，而何以動無
不恭？非能益吾以恭也，吾知吾動而已矣。吾知吾聽，而天下之聲
皆習於聽矣。吾知吾視，而天下之色皆習於明矣。吾知吾言，而天
下之言皆習於從矣。吾知吾動，而天下之動皆習於恭矣。吾知吾
知，而天下之知皆習於獨矣。⑮

　　雖然，猶未離乎習也。請進而性焉。靜而與陰俱閉〔闔、凝、

---

⑮此段落上，牟先生記有二批語，一論視及動：「知吾視以言動。知吾
　知。」一論知吾知與習獨：「知吾知，則知習于獨。」因難於在文中
　恰當措置其所在，故移注於此。

貞、定，較好。〕⑯，不欲其淪於偷也。動而與陽俱開，不欲其流
於蕩也。又謂之為喜怒哀樂之節，盎然而春也，殷然而夏也，肅然
而秋也，慘然而冬也。無所待而習，無所待而知也。此之謂通乎晝
夜之道而知，則時習之竟義也。或聞之曰：旨哉聖人之學也，而無
以加於習。習其可以不慎乎？（原注：「請進而性焉」下，新本作
「吾何以知視聽言動之必出於齊乎？習於齊忘於齊矣。忘於齊，並
無楚矣。並無齊若楚之圉吾知矣，而吾之心乃渾然而得全於天，則
時習之竟義也。故學以盡性為極則，而厥功則在慎習始焉。」）

習而進乎性焉，則主觀之心覺得全于客觀之天也。

---

⑯對此「開」字的夾註，牟先生是用線引出別加的。

第四卷　《劉子全書》卷八・語類八・說〔二十四首，錄以下四首〕

一、中庸首章說（一作〈天命章說〉）

　　或問《中庸》首章大旨。先生曰：盈天地間皆道也。而統之不外乎人心。人之所以爲心者，性而已矣。以其出於固有而無假於外鑠也，故表之爲天命云。「維天之命，於穆不已」，天之所以爲天也，天即理之別名。此理生生不已處，即是命。以爲別有蒼蒼之天諄諄之命者，非也。率此性而道在是，道即性也。修此性而教立焉，性至此有全能也。此三言者，子思子從大道紛紜，薄蝕之後，爲之探本窮源，一路指點，以清萬世之學脈，可謂取日虞淵，洗光咸池。然則由教入道者，必自復性始矣。道不可離，性不可離也。

　　君子求道於所性之中，直從耳目不交處，時致吾戒慎恐懼之功，而自此以往，有不待言者矣。其指此道，而言道所不睹不聞處，正獨知之地也。戒慎恐懼四字，下得十分鄭重，而實未嘗妄參意見於其間。獨體惺惺，本無須臾之間，吾亦與之爲無間而已。惟其本是惺惺也，故一念未起之中，耳目有所不及加，而天下之可睹可聞者，即於此而在，沖漠無朕之中，萬象森然已備也。故曰：莫見莫顯。君子烏得不戒慎恐懼，兢兢慎之？

　　慎獨而見獨之妙焉。喜怒哀樂之未發謂之中，此獨體也。亦隱且微矣。及夫發皆中節，而中即是和，所謂莫見乎隱，莫顯乎微也。未發而常發，此獨之所以妙也。

　　中為天下之大本，非即所謂天命之性乎？和為天下之達道，非即所謂率性之道乎？君子由慎獨以致吾中和，而天地萬物無所不本，無所不達矣。達於天地，天地有不位乎？達於萬物，萬物有不育乎？天地此中和，萬物此中和，吾心此中和。致則俱致，一體無間。極之至於光岳效靈，百昌遂性，亦道中自有之徵應，得之所性〔之〕固然，而非有待於外者。此修道之教，所以為至也。合而觀之，溯道之所自來，既已通於天命之微，而極教之所由致，又兼舉夫天地萬物之大，推之而不見其始，引之而不見其終，體之動靜顯微之交而不見其有罅隙之可言，亦可謂奧衍神奇，極天下之至妙者矣。而約其旨，不過曰慎獨。獨之外，別無本體，慎獨之外，別無工夫。此所以為中庸之道也。

　　後之儒者，謂其說昉之虞廷，信矣。乃虞廷言心，則曰人曰道。而《中庸》直指率性之道，無乃混人、道而一之乎？此言心言性之別也。虞廷言心，非分言之，則不精。不精，無以為至一之地。《中庸》言性，性一而已，何歧之有？然性是一，則心不得獨二。天命之所在，即人心之所在。人心之所在，即道心之所在，此虞廷未發之旨也。

　　或曰：有氣質之性，有義理之性。則性亦有二與？為此說者，正本之人心道心而誤焉者也。程子曰：「論性不論氣不備，論氣不論性不明。二之則不是。」若既有氣質之性，又有義理之性，將使學者任氣質而遺義理，則「可以為善，可以為不善」之說信矣。又

或遺氣質而求義理，則「無善無不善」之說信矣。又或衡氣質義理而並重，則「有性善有性不善」之說信矣。三者之說信，而性善之旨復晦。此孟氏之所憂也。

須知性只是氣質之性，而義理者氣質之本然，乃所以爲性也。心只是人心，而道者人之所當然，乃所以爲心也。人心道心只是一心，氣質義理只是一性。識得心一、性一，則工夫亦一。靜存之外，更無動察，主敬之外，更無窮理。其究也，工夫與本體亦一。此慎獨之說，而後之解者往往失之。

昔周元公著〈太極圖說〉，實本之《中庸》。至「主靜立人極」一語，尤爲慎獨兩字傳神。其後龜山門下一派，羅、李二先生相傳口訣，專教人看喜怒哀樂未發時作何氣象。朱子親受業於延平，固嘗聞此。而程子則以靜字稍偏，不若專主於敬。又以敬字未盡，益之以窮理之說，而曰：「涵養須用敬，進學在致知。」朱子從而信之，初學爲之少變。遂以之解《大》、《中》，謂慎獨之外，另有窮理工夫，以合於格致誠正之說。仍以慎獨爲動而省察邊事，前此另有一項靜存工夫。

近日陽明先生始目之爲支離，專提致良知三字爲教法。而曰：「良知只是獨知時」。又曰：「惟精是唯一工夫，博文是約禮工夫，致知是誠意工夫，明善是誠身工夫。」可謂心學獨窺一源。至他日答門人：慎獨是致知工夫，而以中爲本體，無可著力。此卻疑是權教。天下未有大本之不立，而可從事於道生者。工夫用到無可著力處，方是眞工夫。故曰：「勿忘勿助，未嘗致纖毫之力。」〔案此明道語。〕此非眞用力於獨體者，固不足以知之也。

大抵諸儒之見或同或異，多係轉相偏矯，因病立方，盡是權

教。至於反身力踐之間，未嘗不同歸一路，不謬於慎獨之旨。後之學者，無復向語言文字上生葛藤。但反求之吾心，果何處是根本一著。從此得手，方窺進步有欲罷不能者。學不知本，即動言本體，終無著落。學者但知窮理爲支離，而不知同一心耳，舍淵淵靜深之地，而從事於思慮紛起之後，泛應曲當之間，正是尋枝摘葉之大者，其爲支離之病，亦一而已。將持此爲學，又何成乎？又何成乎？

二、氣質說

聖賢教人只指點上一截事，而不及下截，觀《中庸》一書可見。蓋提起上截，則其下者不勞而自理。纔說下截事，如堂下人斷曲直，莫適爲主，誰其信之？「形而上者謂之道，形而下者謂之器」是也。

人生而有此形骸，便有此氣質。就中一點眞性命是形而上者。雖形上，不離形下，所以上下易混作一塊。學者開口說變化氣質，卻從何處討主腦來？《通書》曰：「性者剛柔善惡中而已矣。」中便是變化氣質之方。而《中庸》曰：「喜怒哀樂未發之謂中」，卻又無可著力處。從無可著力處，用得工夫來，正是性體流露時。此時，剛柔善惡果立在何處？少間便是個中節之和。這方是變化氣質工夫。

若已落在剛柔善惡上，欲自剛而克柔，自柔而克剛，自惡而之〔＊〕於善，已善而終不之於惡，便落堂下人伎倆矣。

或問孟子說「善養浩然之氣」，如何？曰：纔提起浩然之氣，便屬性命邊事。若孟施舍、北宮黝、告子之徒，只是養個蠢然之

氣，正是氣質用事處，所以與孟子差別。

三、治念說　〔作于65歲，與〈原旨〉同時作。〕

予嘗有無念之說以示學者。或曰：念不可無也。何以故？凡人之欲爲善而必果，欲爲不善而必不果，皆念也。此而可無乎？曰：爲善而取辨於動念之間，則已入於僞，何善之果爲？然者爲善去惡奈何？曰：欲爲善，則爲之而已矣，不必舉念以爲之也。欲去惡，則去之而已矣，不必舉念以去之也。舉念以爲善，念已焉，如善何？舉念以不爲惡，念已焉，如惡何？又舉一念焉，可乎？曰：念念以爲善，窮於善矣，如念何？念念以不爲惡，窮於惡矣，又如念何？然則不思善不思惡乎？曰：思者心之官也。思則得之，得無所得，此謂思善。不思而得，失無所失，此謂至善。夫佛氏之言，似之而非者也。吾病其以念爲思也。然則念與思何別？曰：念有起滅，思無起滅也。或合之，或離之，一而二者也。慎思者，化念歸思。罔念者，轉引思以歸念。毫釐之差，千里之謬也。然則念可屏乎？曰：不可屏也。當是事，有是心，而念隨焉，即思之警發地也。與時而舉，即與時而化矣。故曰：今心爲念，又轉一念焉，轉轉不已，今是而昨非矣；又屏一念焉，屏之不得，今非而愈非矣。

夫學所以治念也。與思以權，而不干之以浮氣，則化念歸思矣。化念歸思，化思歸虛，學之至也。夫思且不可得，而況於念乎？此爲善去惡之眞法門也。上蔡舉天下何思何慮，程子曰：尚說得早在。已而曰：正好用工夫也。

四、良知說

陽明子言良知，最有功於後學。然只是傳孟子教法，於《大學》之說，終有分合。〈古本序〉曰：「大學之道，誠意而已矣。誠意之功，格物而已矣。格物之極，止至善而已矣。止至善之則，致良知而已矣。」宛轉說來，頗傷氣脈。

至龍溪所傳〈天泉問答〉，則曰：「無善無惡者心之體，有善有惡者意之動，知善知惡是良知，為善去惡是格物。」益增割裂矣。即所云良知，亦非究竟義也。

「知善知惡」與「知愛知敬」相似而實不同。知愛知敬，知在愛敬之中。知善知惡，知在善惡之外。知在愛敬中，更無不愛不敬者以參之，是以謂之良知。知在善惡外，第取分別見，謂之良知所發則可，而已落第二義矣。且所謂知善知惡，蓋從有善有惡而言者也。因有善有惡，而後知善知惡，是知為意奴也。良在何處？又反無善無惡而言者也。本無善無惡，而又知善知惡，是知為心崇也。良在何處？

且《大學》所謂致知，亦只是致其「知止」之知。知止之知，即「知先」之知。知先之知，即「知本」之知。惟其知止、知先、知本也，則謂之良知亦得。知在止中，良因止見。故言知止，則不必更言良知。若曰以良知之知「知止」，又以良知之知「知先」而「知本」，豈不架屋疊床之甚乎？

且《大學》明言「止於至善」矣，則惡又從何處來？心、意、知、物，總是至善中全副家當。而必事事以善惡兩糾之！若曰去其惡而善乃至，姑為下根人說法，如此，則又不當有「無善無惡」之

說矣。有則一齊俱有，既以惡而疑善，無則一齊俱無，且將以善而疑惡。更從何處討「知善知惡」之分曉？

只因陽明將「意」字認壞，故不得不進而求良於知。仍將「知」字認粗，又不得不退而求精於心。種種矛盾，固已不待龍溪駁正，而知其非《大學》之本旨矣。

《大學》開口言明德。因明起照，良知自不待言。而又曰：良知即至善，即未發之中，亦既恍然有見於知之消息。惜轉多此良字耳。然則良知何知乎？「知愛」而已矣，「知敬」而已矣，知「皆擴而充之，達之天下」而已矣。格此之謂格物，誠此之謂誠意，正此之謂正心，舉而措之，謂之平天下。陽明曰：「致知焉盡之矣。」余亦曰：「致知焉盡之矣。」

> 知吾知，則知習于獨（〈原學中〉）
> 知愛知敬，知在愛敬之中
> 知好知惡，知在好惡之中
> 知善知惡，知在善惡之外
> 知止、知先、知本，此知是虛位字，謂之良以所知而定也。

第五卷　《劉子全書》卷十、十一、十二・語類十、十一、十二・〈學言上、中、下〉。〔茲錄其論誠意慎獨以及辨難朱子、陽明者如下〕

一、〈學言上〉〔共錄33條〕

1.龍溪四無之說：心是無善無惡之心，是謂無心，意是無善無惡之意，是謂無意；知是無善無惡之知，是謂無知；物是無善無惡之物，是謂無物。並無格致誠正，無修齊治平，無先後，無本末，無終始。畢竟如何是大學的義？曰：不思善、不思惡時，見本來面目，不更洩漏天機在？此龍溪意中事也。幾何而不為異學？〔＊〕

2.吾輩時常動一善念。細思之，總多此念。有此念，便有比偶。有比偶，便有貞勝。譬如匹絹，稱其細，即有粗者形之，又有更細者形之。故曰：「毛猶有倫」。溯流尋源，其必由學乎？學者但養得未發之中，思過半矣。

3.釋氏之學本心，吾儒之學亦本心。但吾儒自心而推之意與知，其工夫實地卻在格物，所以心與天通。釋氏言心，便言覺，合下遺卻意。無意，則無知。無知，則無物。其所謂覺，亦只是虛空圓寂之覺，與吾儒體物之知不同。其所謂心，亦只是虛空圓寂之

心，與吾儒盡物之心不同。象山言心本未嘗差。到慈湖言無意，分明是禪家機軸，一盤托出。

4.喜怒哀樂之未發謂之中。先儒教人看此氣象，正要人在慎獨上做工夫，非想像恍惚而已。〔＊〕伊川謂不當於喜怒哀樂未發之前求中。正恐人滯在氣象上，將中字作一物看，未便去做工夫，豈不辜負？昔日如溫公念個「中」字，伊川便謂他不如持戒珠。

5.隱微者未發之中，顯見者已發之和。莫見乎隱，莫顯乎微，故中為天下之大本。慎獨之功全用之以立大本，而天下之達道行焉。此亦理之易明者也。乃朱子以戒懼屬致中，慎獨屬致和，兩者分配動靜。豈不睹不聞與獨有二體乎？戒懼與慎獨有二功乎？致中之外復有致和之功乎？

6.延平教人看喜怒哀樂未發時作何氣象。此學問第一義工夫。未發時有何氣象可觀？只是查檢自己病痛到極微密處，方知時雖未發，而倚著之私隱隱已伏。纔有倚著，便來橫決。若於此處查考分明，如貫虱車輪，更無躲閃，則中體恍然在此，而已發之後不待言矣。此之謂善觀氣象者。〔＊〕

7.一元生生之理，**亙萬古常存**。先天地而無始，後天地而無終。渾沌者元之復，開闢者元之通。推之至於一榮一瘁，一往一來，一晝一夜，一呼一吸，莫非此理。天得之以為命，人得之以為性，性率而為道，道修而為教，一而已矣。而**實管攝於吾之一心**。此心在人，亦與之無始無終。不以生存，不以死亡。故曰：「**堯舜其心至今在。**」〔＊〕

8.問：未發氣象從何處看入？曰：從發處看入。如何用功夫？曰：其要只在慎獨。兼動靜否？曰：功夫只在靜，故云：「主靜立

人極」，非偏言之也。然則何以從發處看入？曰：動中求靜，是眞靜之體。靜中求動，是眞動之用。體用一源，動靜無端，心體本是如此。〔＊〕

9.動中有靜，靜中有動者，天理之所以妙合而無間也。靜以宰動，動復歸靜者，人心之所以有主而常一也。故天理**無動無靜**，而人心**惟以靜爲主**。以靜爲主，則時靜而靜，時動而動，即靜即動，無靜無動，君子盡性至命之極則也。

10.只此動靜之理，分言之是陰陽，合言之是太極。故曰「一陰一陽之謂道」。卽分卽合是太極，非分非合是無極。故曰「陰陽不測之謂神」。

11.學莫要於知性，知性則能知此身之所以始，與其所以終，時時庶有立地。知性則能知萬物之所自始，與其所自終，**處處總屬當身**。〔＊〕

12.心以物爲體，離物無知。今欲離物以求知，是程子〔＊〕所謂反鏡索照也。然則物有時而離心乎？曰：無時非物。心在外乎？曰：惟心無外。

＊13.喜怒哀樂，**性之發也**，因感而動，**天之爲也**。忿懥、恐懼、好樂、憂患，**心之發也**，逐物而遷，**人之爲也**。衆人以人而泊⑰天，聖人盡人以達天。

＊14.《中庸》之愼獨與《大學》之愼獨不同。《中庸》從**不睹不聞**說來，《大學》從**意根上**說來。

---

⑰牟氏據原刊鈔作「泊」字，中研院《劉宗周全集》據四庫全書本改作「汩」，見第二冊，448頁。

　＊15.獨是虛位。從性體看來，則曰莫見莫顯，是思慮未起，鬼神莫知時也。從心體看來，則曰十目十手，是思慮既起，吾心獨知時也。然性體即在心體中看出。

　＊16.心一也，合性而言，則曰仁，離性而言，則曰覺。覺即仁之親切痛癢處，然不可以覺為仁，正謂不可以心為性也。又總而言之，則曰心；析而言之，則曰天下國家身意知物。惟心，精之合意知物，粗之合天下國家與身，而後成其為覺。「為覺，其為仁也。」（原注：新本無六字。）若單言心，則心亦一物而已。凡聖賢言心，皆合八條目而言者也。或止合意知物言。惟《大學》列在八目之中，而血脈仍是一貫，正是此心之全譜，又特表之曰明德。

　＊17.身者天下國家之統體，而心又其體也。意則心之所以為心也。知則意之所以為意也。物則知之所以為知也，體而體者也。物無體，又即天下國家身心意知以為體，是之謂體用一源，顯微無間。〔……〕

　＊18.《大學》之言心也，曰忿懥、恐懼、好樂、憂患而已。此四者心之體也。其言意也，則曰好好色，惡惡臭。好惡者，此心最初之機，即四者之所自來，所謂意也。〔＊〕故意蘊於心，非心之所發也。又就意中指出最初之機，則僅有知好知惡之知而已，此即意之不可欺者也。故知藏於意，非意之所起也。又就知中指出最初之機，則僅有「體物不遺」之物而已，此所謂獨也。故〔＊〕物即是知，非知之所照也。〔此語難解〕《大學》之教，一層切一層，真是水窮山盡學問。原不以誠意為主，以致良知為用神者。〔＊〕

　　意知體物不遺，則所體而不遺之物即天下、國家、身心三物

也。意知即于物，物亦即于意知。即于意知即即于「至善」，即于「止」。故物止于知（意），非知之所照也。「物即是知」，此「即是」由即于止、即于至善而定。一層切一層即層層向裡收攝也。知吾知，則知嘗于獨，此以獨說知。故知即獨體，體物而不可遺者。

* 19.《大學》言心，到極至處，便是**盡性之功**，故其要，歸之**慎獨**。《中庸》言性，到極至處，只是**盡心之功**，故其要，亦歸之**慎獨**。獨一也，形而**上者謂之性**，形而**下者謂之心**。〔心囿于形，故曰形而下。形而下猶言形而後或有生而後也。故屬人之為。〕

* 20.《大學》之教，只要人**知本**〔意根為本〕。天下國家之本在身，身之本在心，心之本在意。意者**至善**之所止也。而工夫則從**格致**始。正致其「知止」之知，而格其「物有本末」之物，歸於「止至善」云耳。格致者，誠意之功。功夫結在主意中，方為真功夫。如離卻意根一步，亦更無格致可言。故**格致與誠意二而一，一而二者**也。

21.知止而定靜安慮得，所謂「**知至而後意誠**」也。意誠，則正心以上，一以貫之矣。今必謂知止一節是一項工夫，致知又是一項工夫，則聖學斷不如是之支離，而古人之教亦何至架屋疊床如是乎？

22.意者心之所存，非所發也。朱子以「所發」訓意，非是。〈傳〉曰：「如惡惡臭，如好好色」，言「自」中之好惡，一於善而不二於惡。一於善而不二於惡，正見此心之存主有善而無惡也。惡得以所發言乎？如意為心之所發，孰為所存乎？如心為所存，意

爲所發，是所發先於所存，豈《大學》知本之旨乎？

23.意爲心之所存，則至靜者莫如意。乃陽明子曰：「有善有惡意之動」，何也？意無所謂[18]善惡，〔無善無惡意之靜〕[19]但好善惡惡而已。好惡者，此心最初之機，惟微之體也。吾請折以孔子之言。《易》曰：「幾者動之微，吉之先見者也。」謂「動之微」，則「動而無動」可知。謂「先見」，則不著於吉凶可知。謂「吉之先見」，則不淪於凶可知。曰：意非幾也。意非幾也，「獨」非幾乎？〔此解非是〕[20]

＊24.有善有惡者心之動，好善惡惡者意之靜，〔其本身「無所謂善惡」，即至善也。〕知善知惡者是良知，「爲善去惡」者是物則〔當作「有善無惡」者是物則或爲善去惡者是格物〕。

25.心何以有善惡？周子所謂「形既生矣，神發知矣，五性感動，而善惡分，萬事出矣。」正指心而言。或曰：周子嘗曰：「幾善惡」，蓋言意也。今曰：好善惡惡者意之靜，則善惡者意乎？好善惡惡者意乎？曰：子以爲善惡者意乎？好善惡惡者意乎？問者默然。乃曰：然則周子非與？曰：吾請以孔子之言折之，曰：「幾者動之微，吉之先見者也。」曰「動之微」，則動而無動可知。曰「先見」，則不著於吉凶可知。曰「吉之先見」，則不淪於凶可知。此誠意真注疏也。周子曰：「幾善惡」，正所謂指心而言也。

---

[18]「謂」字，蕺山原書作「爲」。

[19]這句話原插加於手稿55頁左上角，並以一線牽引置於前句「無」字上。

[20]此評語原寫於手稿56頁右上角，此處移置文末。

〔 * 〕

26.一性也,自理而言,則曰仁義禮智。自氣而言,則曰喜怒哀樂。一理也,自性而言,則曰仁義禮智。自心而言,則曰喜怒哀樂。

* 27.程子曰:「天下之道感應而已矣。」喜怒哀樂之謂也。《易》曰:「咸感也。」天下惟感應之道爲無心,動以天也。感之以喜而喜焉,感之以怒而怒焉,絕非心所與謀也。故喜怒哀樂即天命之性,非未發以來,別有天命之性也。發對藏而言也。〔 * 〕〔此是性宗之一體而化〕。

* 28.獨者心極也。心本無極,而氣機之流行,不能無屈伸往來消長之位,是謂二儀,而中和從此名焉。中以言乎其陽之動也,和以言乎其陰之靜也。然未發爲中,而實以藏已發之和。已發爲和,而即以顯未發之中。此陰陽所以互藏其宅,而相生不已也。〔 * 〕又指其中和所蘊之情,不過喜怒哀樂四者,依然四氣之流行,而五行各司其令也。由是以無極之眞、二五之精,妙合而凝,以成乾男,則天位乎上,以成坤女,則地位乎下,以化生萬物,則萬物育於中。此之謂天命之性,率性之道。而苟非君子實有是愼獨之功,從主靜以立人極,則亦何以使二儀之不忒其位,四氣之各序其功,天地萬物之各得其所?此之謂修道之教。大哉《易》乎?斯其至矣!〔 * 〕〔此性宗之所繫。此下皆然。〕

29.或問:人心既無無喜怒哀樂之時,而藏發總一機矣。若夫〔 * 〕氣機之屈伸,畢竟有寂然不動之時,又有感而遂通之時。〔 * 〕寂然之時,此喜怒哀樂終當冥於無端。感而遂通之時,此喜怒哀樂終當造於有象。〔 * 〕則又〔 * 〕安得以未發爲動,而已發

反爲靜乎？曰：性無動靜者也，而心有寂感。當其寂然不動之時，喜怒哀樂未始淪於無。及其感而遂通之際，喜怒哀樂未始滯於有。以其未始淪於無，故當其未發，謂之陽之動。**動而無動故也**。以其未始滯於有，故及其已發，謂之陰之靜，**靜而無靜故也**。動而無動，靜而無靜，神也，性之所以爲性也。動而無靜，靜而無動，**物**也，心之所以爲心也。（原注：「舊鈔『性之所以爲性也』下，作『動中有動，靜中有靜，物』九字，『物』字復抹去。新本上無『神也』二字，『性也』下，承云：『性之所以爲性，即心之所以爲心也。』一本照舊鈔『物』下添『也』字。今從周子語訂正。」案此訂正誤，舊鈔亦誤。新本是。當依新本改回爲：「動而無動，靜而無靜，性之所以爲性也。性之所以爲性，即心之所以爲心也。」）

30.無極而太極，獨之體也。動而生陽，即喜怒哀樂未發謂之**中**。靜而生陰，即發而皆中節謂之和。纔動於中，即發於外。發於外，則無事矣。是謂動極復靜，纔發於外，即止於中。止於中，則有本矣。是謂靜極復動。一動一靜，互爲其根。分陰分陽，兩儀立焉。若謂有時而動，因感乃生，有時而靜，與感俱滅，則性有時而生滅矣。蓋時位不能無動靜，而性體不與時位爲推遷。故〔＊〕君子戒愼乎其所不睹，恐懼乎其所不聞〔＊〕，何時位動靜之有？

31.天命之謂性，此獨體也。「昊天曰明，及爾出王，昊天曰旦，及爾游衍。」故君子終日凜凜如對上帝。

32.或曰：周子既以太極之動靜生陰陽，而至於聖人立極處，偏著一靜字何也？〔＊〕曰：**循理爲靜**，非動靜對待之靜。

33.本體只是這些子，工夫只是這些子。並這些子仍不得分此爲

本體,彼爲工夫。既無本體工夫可分,則亦并無這些子可指。故曰:「上天之載,無聲無臭,至矣!」

二、〈學言中〉〔共錄26條,此中批評良知者多無謂〕

1.盈天地間,一氣而已矣。有氣斯有數,有數斯有象,有象斯有名,有名斯有物,有物斯有性,有性斯有道。故道,其後起也。而求道者,輒求之未始有氣之先,以爲道生氣,則道亦何物也,而能遂生氣乎?

2.宋儒之言曰:道不離陰陽,亦不倚陰陽。則必立於不離不倚之中,而又超於不離不倚之外,所謂離四句,絕百非也。幾何而不墮於佛氏之見乎?

3.或曰:虛生氣。夫虛卽氣也,何生之有?吾溯之未始有氣之先,亦無往而非氣也。當其屈也,自無而之有,有而未始有。及其伸也,自有而之無,無而未始無也。非有非無之間,而卽有卽無,是謂太虛,又表而尊之曰太極。

4.天者萬物之總名,非與物爲君也。道者萬器之總名,非與器爲體也。性者萬形之總名,非與形爲偶也。

5.子曰:「形而上者謂之道,形而下者謂之器。」程子曰:「上下二字截得道器最分明。」又曰:「道即器,器即道。」畢竟器在斯,道亦在斯。離器而道不可見。故道器可以上下言,不可以先後言。「有物先天地」,異端千差萬錯,總從此句來。

6.理即是氣之理,斷然不在氣先,不在氣外。知此,則知道心即人心之本心,義理之性即氣質之本性。千古支離之說可以盡掃。而學者從事於入道之路,高之不墮於虛無,卑之不淪於象數,而道

術始歸於一乎？

7.或問：理爲氣之理，乃先儒謂「理生氣」，何居？曰：有是氣，方有是理。無是氣，則理於何麗？但既有是理，則此理尊而無上，遂足以爲氣之主宰，氣若其所從出者。非理能生氣也。

8.人心徑寸耳，而空中四達，有太虛之象。虛故生靈，靈生覺〔＊〕，覺有主㉑曰意。此天命之體，而性道教所從出也。

9.合心意知物，乃見此心之全體。更合身與家國天下，乃見此心之全量。今之言心者，舉一而廢八也。舉一而廢八，而心學歧。即淮南格物、新建致知、慈湖無意，猶偏旨也。

10.心體渾然至善。以其氣言，謂之虛。以其理而言，謂之無。至虛，故能含萬象。至無，故能造萬有。而二氏者，虛而虛之，無而無之，是以蔽於一身之小，而不足以通天下之故，逃於出世之大，而不足以返性命之原，則謂之無善也亦宜。〔＊〕

＊11.陽明先生言「無善無惡者心之體」，原與「性無善無不善」之意不同。性以理言。理無不善，安得云無？心以氣言，氣之動有善、有不善，而當其藏體於寂之時〔此則非以氣言〕㉒，獨知湛然而已，亦安得謂㉓有善有惡乎？〔＊〕

＊12.心無善惡，而一點獨知，知善知惡。知善知惡之知，即是好善惡惡之意。好善惡惡之意，即是無善無惡之體。此之謂無極而

㉑「覺有主曰意」原刊作「覺有主是曰意」，牟鈔漏「是」字。

㉒此句夾註原由「藏」字下以線引出而寫記於原稿頁底中間。

㉓「亦安得謂有善有惡乎」原刊作「亦安得謂之有善有惡乎」，牟鈔漏「之」字。

太極。

　　＊13.意者心之所存，非所發也。或曰：好善惡惡非發乎？〔＊〕曰：意之好惡與起念之好惡不同。意之**好惡，一機而互見**。㉔念之好惡，兩在而異情。以念爲意，何啻千里！

　　14.自濂溪有主靜立極之說，傳之豫章、延平，遂以看喜怒哀樂未發以前氣象爲單提口訣。夫所謂未發以前氣象，即是**獨中眞消息**。但說不得前後際耳。〔＊〕蓋獨不離**中和**。延平姑**即中**以求獨**體**，而和在其中，此愼獨**眞方便門**〔＊〕也。後儒不察，謂未發以前專是**靜寂一機**，直欲求之思慮未起之先，而曰既思即是已發，〔＊〕果然心行路絕，語言道**斷矣**。故朱子終不取延平之說，遂專守程門主敬之法，以教學者。特其以獨爲動念邊事，不爲無弊。〔＊〕至湖南中和問答，轉折發明，内有「以心爲主，則性情各有統理〔＊〕，而敬之一字又所以流貫乎動靜之間」等語，庶幾不謬於愼獨之說。最後，更以察識端倪爲第一義爲誤，〔＊〕而仍歸之涵養一路，可謂善學延平者。然終未得《中庸》本旨。

　　15.孟子以惻隱、羞惡、辭讓、是非之心徵性之善，猶曰有心善，有心不善。故曰有性善與不善。〔案孟子都無此語，亦無此義。〕惟《中庸》以喜怒哀樂言之。人孰無喜怒哀樂者？當其未發謂之中，及其已發謂之和，乃所以爲善也。惻隱之心，喜之發也。羞惡之心，怒之發也。辭讓之心，樂之發也。是非之心，哀之發也。喜怒哀樂之未發，則仁義禮智之性也。〔＊〕

　　＊16.性情之德有即心而見者，有離心而見者。即心而言，則寂

㉔「念之好惡」原刊作「起念之好惡」。

然不動,感而遂通,當喜而喜,當怒而怒,當哀而哀,當樂而樂,由中導和,有前後際,而實非判然分爲二時。離心而言,則維天於穆,一氣流行,自喜而樂,自樂而怒,自怒而哀,自哀而復喜,由中導和,有顯微際,而亦非截然分爲兩在。然卽心離心,總見此心之妙。而心之與性不可以分合言也。故寂然不動之中,四氣實相爲循環,而感而遂通之際,四氣又迭以時出。即喜怒哀樂之中,各有喜怒哀樂焉,如初喜屬喜,喜之暢屬樂,喜之欲屬怒,喜之藏屬哀,餘倣此,〔＊〕是也。又有逐感而見者,如喜也而溢爲好,樂也而溢爲樂,怒也而積爲忿懥,一哀也而分爲恐爲懼爲憂爲患;非樂而淫,即哀而傷;且陽德衰,而陰慘用事,喜與樂之分數減,而忿懥恐懼憂患之分數居其偏勝,則去天愈遠,心非其心矣。

　　＊17.《中庸》言喜怒哀樂,專指四德〔＊〕言,非以七情言也。〔＊〕喜,仁之德也。怒,義之德也。樂,禮之德也。哀,智之德也。而其所謂中,即信之德也。〔＊〕一心耳,而氣機流行之際,自其盎然而起也,謂之喜,於所性爲仁,於心爲惻隱之心,於天道,則元者善之長也,而於〔＊〕時爲春。自其油然而暢也,謂之樂,於所性爲禮,於心爲辭讓之心,於天道,則亨者嘉之會也,而於時爲夏。自其肅然而斂也,謂之怒,於所性爲義,於心爲羞惡之心,於天道,則利者義之和也,而於時爲秋。自其寂然而止也〔＊〕,謂之哀,於所性爲智,於心爲是非之心,於㉕道,則貞者事之幹也,而於時爲冬。乃四時之氣所以循環而不窮者,獨賴有中氣存乎其間;而發之,即謂之太和元氣;是以謂之中、謂之和,於

㉕「於道」原刊作「於天道」。

所性爲信，於心爲眞實無妄之心，於天道爲乾元亨利貞，而於時爲四季。〔＊〕故〔＊〕自喜怒哀樂之存諸中而言，謂之中，不必其未發之前別有氣象也。即天道之元亨利貞運於於穆者是也。自喜怒哀樂之發於外而言，謂之和，不必其已發之時又有氣象也。即天道之元亨利貞呈於化育者是也。〔＊〕惟存發總是一機，故中和渾是一性。如内有陽舒之心，爲喜爲樂，外即有陽舒之色，動作態度，無不陽舒者。内有陰慘之心，爲怒爲哀，外即有陰慘之色，動作態度無不陰慘者。推之一動一靜，一語一默，莫不皆然。此獨體〔＊〕之妙，所以卽隱卽見，即微卽顯，而愼獨之學即中和、即位育，此千聖學脈也。〔＊〕自喜怒哀樂之說不明於後世，而性學晦矣。〔＊〕千載以下，特爲拈出。

案：此段文除新本字句有不同外，似有另文表示。原注分附于此文各段下，但未說明另文，只指示其連接處。茲依其指示連接爲一整文如下：

《中庸》言喜怒哀樂，原不以七情言，而以四德言。既云七情，何以減四？既云四情，何以喜樂二字犯重，而又減爲三？乃知喜怒哀樂即仁義禮智之別名。形而上者謂之道，形而下者謂之器是也。㉖

喜也者，仁之氣也，於時爲春，即天道之元。怒也者，義之氣也，於時爲秋，即天道之利。哀也者，智之氣也，於時爲冬，即天道之貞。樂也者，禮之氣也，於時爲夏，即天道之亨。而謂之中，即五常之信，如天道之有中氣。

是故於喜怒哀樂,見人心之全體。於未發之中,見天命之本性。而發而中節之和,即於此見焉。蓋曰:自其所存者而言,謂之中,謂之天下之大本。自其所發者而言,謂之和,謂之天下之達道。中外一機,中和一理,故曰:體用一原,顯微無間。並不以前後際言也。四氣流行,無物不有,無時不然,即日用間,一呼一吸,一作一止,一衣一食,皆可取証,而喜怒哀樂,其象也。

若徒以七情言,如笑啼哂恚之類,畢竟有喜時,有不喜時,有怒時,有不怒時。以是分配性情,不得不以斷滅者爲性種,而以紛然雜出者爲情緣,分明有動有靜。或又爲之調停其間曰:未發在已發之中,已發在未發之中。又曰:終古發,終古未發。種種曲解,終難合一。於是執中之見者,一有一無,動成兩胖,而作儱侗之觀者,忽有忽無,茫無下手,大道始爲天下裂矣。

　　* 18.心中有意,意中有知,知中有物,物有身與家國天下,是**心之無盡藏處**。性中有命,命中有天,**天合道,道合教,教合天地萬物**,是性之無盡藏處。

　　* 19.**心意知物是一路,不知此外何以又容一念字?**今〔 * 〕心

㉖牟鈔在此段及下段中少錄一段,其曰:「人無一時離喜怒哀樂。故道不可須臾離。若以七情〔云云至爲三,見上註。〕且聖人固畢世而無怒也。雖誅四凶,不過與以應得之罪耳。親戚既沒,雖欲哀,誰爲哀者?是喜怒哀樂不必遍人皆具,而道有時而可離也。須知一心耳。」

爲念，蓋心之餘氣也。餘氣也者，動氣也。動而遠乎天，故念起念滅，爲厥心病。（原注：新本下云：「還爲意病，爲知病，爲物病。」）故念有善惡，而物即與之爲善惡，物本無善惡也。念有昏明，而知即與之爲昏明，知本無昏明也。念有眞妄，而意即與之爲眞妄，意本無眞妄也。念有起滅，而心即與之爲起滅，心本無起滅也。故聖人化念歸心。（原注：「歸」新本作「還」，下云：「要於主靜」。）

20.程子曰：「性即氣，氣即性。」故曰：喜怒哀樂之未發謂之中。

程子又曰：「論性不論氣不備，論氣不論性不明。」是性與氣分明兩事矣。凡言性者，皆指氣質而言也。或曰：有氣質之性，有義理之性。亦非也。盈天地間，止有氣質之性，更無義理之性，如曰氣質之理即是，豈可曰義理之理乎？

21.惻隱，心動貌，即性之「生」機，故屬喜，非哀傷也。辭讓，心秩貌，即性之「長」機，故屬樂，非嚴肅也。羞惡，心克貌，即性之「收」機，故屬怒，非奮發也。是非，心湛貌，即性之「藏」機，故屬哀，非分辨也。又四德相爲表裡，生中有克，克中有生，發中有藏，藏中有發。

22.慈湖宗無意，亦以念爲意也。無意之說不辨，幷夫子毋意之學亦不明。慈湖只是死念法，禪門謂之心死神活。若意〔＊〕，則何可無者？無意則無心矣。龍溪有「無心之心則體寂，無意之意則應圓」等語，此的傳慈湖宗旨也。文成云：慈湖不免著在無意上。則龍溪之說，非師門定本可知。若夫子之毋意，正可與誠意之說相

發明。誠意乃所以無（原注：新本作「毋」）意也。毋意者，毋自欺也。

23.子絕四，首云毋意。聖人心同太虛，一疵不存，了無端倪可窺。即就其存主處，亦化而不有。大抵歸之神明不測而已。惟毋意，故幷無必、固、我。自意而積成爲我，纔說得私意。今意，云私意，是以念爲意也。

24.化念還虛，化識還虛，化氣還虛。虛中受命，德合無疆。理從此顯，數從此出。河洛天機，一齊輻輳。所謂宇宙在手，造化生心。

25.孟子言本心，言良心，言人心，言不忍人之心，言四端之心，言赤子之心，不一而足。最後又言良知良能，益勘入親切處。凡以發明性善之說。此陽明先生之教所自來也。其曰致良知亦即是「知皆擴而充之」之意。然以之解《大學》，殊非本旨。

26.《大學》言明德，即是良知，不必更言良知。明明德還其本明而止，不必更言致也。止至善者，明明德之極則也。而工夫乃始乎知止。至於定靜安慮，而得所止矣，則知至矣。知至，則明德之體渾然復完，而意於是乎誠，心於是乎正。推之修齊治平，一以貫之，而明德明於天下矣。故致知只是致其「知止」之知，格物只是格其有善無惡之物。如曰致良知，則明明德又頓在何處？而幷誠意正心之說不皆架屋而疊床乎？〔＊〕

三、〈學言下〉〔共錄52條⑰〕

1.心一而已。〔＊〕視於無形,謂之明,〔＊〕故明無不見。聽於無聲謂之聰,故聰無不聞。思於無思謂之睿,故睿無不通。慮於何慮,謂之智,故智無不知。而〔＊〕四者有遞入之象焉。然則人心其統於智乎?合聰、明、睿,以爲智,而無不知也。〔＊〕盎然而知者仁也,所以寬裕溫柔也,又謂之惻隱之心。沛然而知者義也,(原注:重載作「截然」),所以發強剛毅也,又謂之羞惡之心。〔＊〕截然而知者禮也,所以齊莊中正也,又謂之辭讓之心。(原注:重載作「秩然」,在「惻隱之心」句下)。井井然而知,歸之無所不知者,即智也,所以文理密察也,又謂之是非之心。分而言之,燦然情也,情,一〔＊〕知也。合而言之,渾然性也,性,一智也。《大學》之言明德,淵已乎?〔＊〕

2.《大學》首言「明明德」,又繼之曰「止于至善」。蓋就明德中指出主宰,有所謂至善者,而求以止之。止之,所以明之也。〔＊〕

3.陽明先生曰:「無善無惡者理之靜,有善有惡者氣之動。」〔＊〕理無動靜,氣有寂感。離氣無理。動靜有無,通一無二。今以理爲靜,以氣爲動,言有言無,則善惡之辨,輾轉悠謬矣。

---

⑰原稿記爲「共錄43條」,然實際上牟先生在此部份中所錄各條編碼已至有50之多,外又添錄有19.1及32'(本排印版改作32.1)兩條,故共計應有52條。

4.王門倡無善無惡之說，終於至善二字有礙。㉘解者曰：無善無惡斯爲至善，無乃多此一重之繞乎？善一也，而有有善之善，有無善之善，古人未之及也。即陽明先生亦偶一言之。而後人奉以爲聖書，無乃過與？

5.告子以性爲無善無不善，孟子斷斷以善折之，已是千古定案。而後人又有無善無惡之說，又以孟子爲注腳！

6.至善即性體，實無加於善之一毫。以定學宗，故表之曰「至」。猶《易》所謂「太極」也。故又曰，「無所不用其極」。

7.心是無善無惡，其如動而爲好惡，好必善，惡必惡，如火之熱，水之寒，斷斷不爽，乃見其所爲善者。孟子性善之說本此。故曰：「平旦之氣，其好惡與人相近也者幾希。」此性善第一義也。《大學》之好惡正指平旦之好惡而言，故欺曰自欺，慊曰自慊。自之爲言，由也，自之爲言，獨也。

8.致知在格物，則物必是「物有本末」之物，知必是「知所先後」之知。石本於兩節，互易先後，尤見分曉。乃後儒解者，在朱子則以物爲泛言事物之理，竟失知本之旨；在王門，則以知爲直指德性之旨，轉駕明德之上，豈《大學》訓物有二物，知有二知耶？

9.《大學》言明德，不必更言良知。知無不良，即就明德中看出。陽明特指點出來，蓋就工夫參本體耳，非全以本體言也。又曰：良知即天理，即未發之中，則全以本體言矣。將置明德於何地？至後人益張大之，搬弄此二字，益晦陽明之旨。

10.以良知爲性體，則必有知此良知者。獨不曰知得良知卻是

㉘此句中「無善無惡之說」及「至善二字有」之右側另有紅筆畫線。

誰。又曰：「此知之外更無知。」輾轉翻駁，總要開人悟門。故又曰：「致知存乎心悟。」自是陽明教法，非《大學》之本旨。《大學》是學而知之者。

11.明德之上，可加明字，工夫即本體也。良知之上，只可加致字，加不得知字，工夫之外無工夫也。

12.意者心之所發，發則有善有惡，陽明之說有自來矣。抑善惡者意乎？好善惡惡者意乎？若果以好善惡惡者爲意，則意之有善而無惡也明矣。然則誠意一關，其「止至善」之極則乎？〔＊〕

＊13.如惡惡臭，如好好色，蓋言獨體之好惡也。原來只是自好自惡。故欺曰自欺，慊曰自慊。既自好自惡，則好在善，即惡在不善，惡在不善，即好在善。故好惡雖兩意而一機。若以所感時言，則感之以可好而好，感之以可惡而惡，方有分用之機。然所好在此，所惡在彼，心體仍是一箇。一者誠也。意本一，故以誠還之。非意本有兩，而吾以誠之者一之也。

14.心可言無善無惡，而以正還心，則心之有善可知。意可言有善有惡，而以誠還意，則意之無惡可知。子能順杞柳之性而以爲桮棬乎？將戕賊杞柳以爲桮棬也？

15.心無善惡信乎？曰：乃若其「意」，則可以爲善矣，乃所以爲善也。意有善惡信乎？曰：乃若其「知」，則可以爲良矣，乃所以爲善也。若夫爲不善，非意之罪也。吾自知之，吾自蔽之。不能知所止焉耳。

＊16.天穆然無爲，而乾道所謂剛健中正，純粹以精，盡在「帝」中見。心渾然無體，而心體所謂四端萬善，參天地而贊化育，盡在「意」中見。離帝無所謂天者，離意無所謂心者。〔此亦

心宗性宗之別也。〕

　　17.古本聖經而後，首傳誠意，前不及先致知，後不及欲正心，直是單提直指，以一義總攝諸義。至末又云：故君子必誠其意。何等鄭重！故陽明先生〈古本序〉曰：「大學之道，誠意而已矣。」豈非言誠意，而格致包舉其中，言誠意，而正心以下更無餘事乎？乃陽明宛轉歸到致良知爲《大學》宗旨。大抵以誠意爲主意，以致良知爲工夫之則。蓋曰誠意無工夫，工夫只在致知，以合於「明善是誠身工夫，博文是約禮工夫，惟精是惟一工夫」之說，豈不直截簡要？乃質之誠意本〈傳〉，終不打合。〔劉亦曰格致是誠意之功。〕㉙及考之〈修身章〉「好而知其惡，惡而知其美」，只此便是良知。然則致知工夫不是另一項，仍只就誠意中看出。如離卻意根一步，更無致知可言。予嘗謂好善惡惡是良知。舍好善惡惡，別無所謂知善知惡者。好即是知好，惡即是知惡。非謂既知了善，方去好善，既知了惡，方去惡惡。審如此，亦安見其所謂良者。乃知知之與意只是一合相，分不得精粗動靜。且陽明既以誠意配誠身、約禮、惟一，則莫一於意，莫約於誠意一關。今云「有善有惡意之動」，善惡雜揉，向何處討歸宿？抑豈《大學》知本之謂乎？如謂誠意，即誠其有善有惡之意，誠其有善，固可斷然爲君子，誠其有惡，豈不斷然爲小人？㉚吾不意良知既致之後，只落得做半個小

㉙此句夾評本寫在原稿左上角，今依文脈置於此。

㉚「誠其有善，固可斷然爲君子，誠其有惡，豈不斷然爲小人？」句中，「其有善，固可斷然爲君子」及「其有惡，豈不斷然爲小人」右側另有紅筆畫線。

人！若云致知之始，有善有惡，致知之終，無善無惡，則當云：大學之道正心而已矣，始得。前之既欲提宗於致知，後之又欲收功於正心，視誠意之關直是過路斷橋，使人放步不得，主意在何處？

18.「有善有惡意之動，知善知惡知之良」，二語決不能相入，則知與意分明是兩事矣。將意先動，而知隨之耶？抑知先主，而意繼之耶？如意先動，而知隨之，則知落後著，不得爲良。如知先主，而意繼之，則離照之下，安得更留鬼魅？若或驅意於心之外，獨以知與心，則法惟有除意，不當誠意矣。且自來經傳無有以意爲心外者。求其說而不得，無乃即知即意乎？果即知即意，則知良，意亦良，更不待言！

19.如惡惡臭，如好好色，全是指點微體。過此一關，微而著矣。好而流爲好樂，惡而流爲忿懥，又再流而爲親愛之辟，爲賤惡之辟，又再流而爲民好之辟，民惡之辟，濫觴之弊，一至於此，總爲不誠意故。然則以〈正心章〉視誠意，微著之辨彰彰矣。而世儒反以意爲粗根，以心爲妙體，何耶？

19.1.心之主宰曰意，故意爲心本，不是以意生心。故曰：本猶身裡言心，心爲身本也。鄧定宇曰：心是天，意是帝。〔此條當與前16條合觀〕。

20.後儒格物之說，當以淮南爲正，曰：「格知身之爲本，而家國天下之爲末。」予請申之曰：格知誠意之爲本，而正修齊治平之爲末。

21.王門矯朱子之說言良知，復以四事立教，言無言有，言致言格，自謂儘可無弊。然宗旨本定於無，已是一了百當。故龍溪直說出意中事。但恐無之一字，不足以起教也，故就有善有惡以窮之。

仍恐一無一有，對待而不相謀也，故又指知善知惡以統之。終病其
爲虛知虛見也，又即爲善去惡以合之。可謂費盡苦心。然其如言心
而心病，言意而意傷，言知而知歧，言物而物龐，四事不相爲謀，
動成矛盾，㉛本欲易簡，反涉支離！蓋陽明先生偶一言之，而實未
嘗筆之於書，爲教人定本。龍溪輒欲以己說籠罩前人，遂有天泉一
段話柄。甚矣，陽明之不幸也。

　　＊ 22.心無體，以意爲體。意無體，以知爲體。**知無體，以物爲**
體。物無用，以知爲用。知無用，以意爲用。意無用，以心爲用。
此之謂體用一源，此之謂顯微無間。〔＊〕

　　23.念近意，識近**知**。以識爲知，賴王門而判**定**。以念爲意，錮
日甚焉。

　　24.朱子表章《大學》，於格致之說最爲喫緊，而於誠意反草
草。平日不知作何解，至易簀，乃定爲今章句，曰：「實其心之所
發」，不過是就事盟心伎倆，於法已疏矣。至慎獨二字明是盡性喫
緊工夫，與《中庸》無異指㉜，而亦以心之所發言，不更疏乎？朱
子一生學問半得力於主敬。今不從慎獨二字認取，而欲掇敬於格物
之前，眞所謂握燈而索照也。

　　25.予嘗謂學術不明，只是大學之教不明。大學之教不明，不爭
格致之辨，而實在**誠正**之辨。蓋良知與聞見之知總是一知。良知何
嘗離得聞見？聞見何嘗遺得心靈？水窮山盡，都到這裡。誠正之辨

────────

　㉛文中「言心而心病，言意而意傷，言知而知歧，言物而物龐，四事不
　　相爲謀，動成矛盾」右側另有紅筆畫線。

　㉜「指」字原刊作「旨」。

所關學術甚大。辨意不清，則以起滅爲情緣。辨心不清，則以虛無落幻相。兩者相爲表裡，言有言無，不可方物。即區區一點良知，亦終日受其顛倒播弄而不自知，適以爲濟惡之具而已。視閒見支離之病何啻霄壤！〔＊〕

＊26.意根最微，誠體本天。本天者，至善者也。以其至善還之至微，乃見真止。定、靜、安、慮、次第俱到，以歸之得。得無所得，乃爲真得。此處圓滿，無處不圓滿。此處虧欠，無處不虧欠。故君子起戒於微，以克完其天心焉。欺之爲言欠也，所自者欠也。自處一動，便有夾雜。因無夾雜，故無虧欠。而端倪在好惡之地。性光呈露，善必好，惡必惡。「彼」此兩關〔「彼」當作「破」〕，乃呈至善，故謂之如好好色，如惡惡臭。此時渾然天體用事，不著人力絲毫。於此尋個下手工夫，惟有慎之一法，乃得還他本位曰獨，仍不許亂動手腳一毫，所謂誠之者也。此是堯舜以來相傳心法，學者勿得草草放過。

＊27.好惡從主意而決，故就心宗指點。喜怒〔＊〕從氣機而流，故就性宗指點。畢竟有好惡而後有喜怒，不無標本之辨。故喜怒有情可狀，而好惡托體最微。

＊28.《大學》言心不言性，心外無性也。《中庸》言性不言心，性即心之所以爲心也。有説乎？曰：善非性乎？天非心乎？故以之歸宗於慎獨，一也。

29.知在善不善之先，故能使善端充長，而惡自不起。若知在善不善之後，無論知不善，無救於短長，勢必至遂非文過，即知善，反多此一知，雖善亦惡。今人非全不知，只是稍後耳。視聖人霄壤。知只是良知，而先後之間，所爭致與不致耳。〔＊〕

30.起一善念，吾從而知之。知之之後如何頓放此念？若頓放不妥，吾慮其剜肉成瘡。起一惡念，吾從而知之。知之之後，如何消化此念？若消化不去，吾恐其養虎遺患。總爲多此一起，纔有起處，雖善亦惡。轉爲多此一念，纔屬念緣，無滅非起。今人言致良知者如是。

31.國家將興，必有禎祥。國家將亡，必有妖孽。此興亡之先兆也。蓋人心亦有兆焉。方一念未起之先，而時操之以戒懼，即與之一立立定，不至有歧路相疑之地，則此心有善而無惡。即有介不善於善中，而吾且擇之精而守之一，若明鏡當空，不能眩我以妍媸，所謂善必先知之，不善必先知之。吾之言致知之學者如是。

32.《中庸》之道，從闇入門。〔＊〕而托體於微，操功於敬。一步步推入，至于上天之載，而乃能合天下以在宥。愈微亦愈顯，即微即顯，亦無微無顯，亦無有無無，仍舉而歸之曰微。嗚乎微乎！至矣哉！

32.1.理一也，得於心爲德。〔＊〕本於生爲性，〔＊〕蘊於性爲情，〔＊〕達於情爲才，亶於初爲命，體於自然謂之天。〔＊〕故曰：誠者天之道也。惟天無外。人得之以爲人，物得之以爲物，天得之以爲天，地得之以爲地。〔＊〕盡則俱盡，虧則俱虧。不由乎我，更由乎誰？是爲性宗，是爲人造。〔＊〕

33.孟子曰：「乃若其情，則可以爲善矣。」何故避性字而不言？只爲性不可指〔＊〕言也。蓋曰吾就性中之情蘊而言，分明見得是善。今即如此解，尚失孟子本色。況可云以情驗性乎？〔＊〕何言乎情之善也？孟子言這箇惻隱心就是仁，〔＊〕何善如之！仁義禮智皆生而有之，所謂性也，乃所以爲善也。指情言性，非因情

見性也。即心言「性」，（原注：新本作「善」），非離心言善也。後之解者曰：因所發之情，而見所存之性，因以〔＊〕情之善，而見所性之善，豈不毫釐而千里乎？

34.凡所云性，只是心之性，決不得心與性對。所云情，可云性之情，決不得性與情對。

35.「天下之言性也，則故而已矣。故者以利為本。」此孟子言性第一義也。此後纔有個善字可下。

36.智只是「故」之一端，而孟子特指以證性。此一點是非之心，尤容易起風波。少錯針鋒，無所不至。故孟子指出「鑿」字。凡叛道之人都是聰明漢。

37.「惻隱之心仁也。」又曰：「惻隱之心，仁之端也。」說者以為端緒見外耳，此中仍自不出來。與「仁也」語意稍傷。不知人皆有不忍人之心，只說得仁的一端。因就仁推義禮智去，故曰四端，如四體判下一般。孟子最說得分明。後人錯看了，又以誣仁也。因以孟子誣《中庸》未發為性，已發為情。雖喙長三尺，向誰說！

38.世儒謂因情之善見性之善。然情則必以七情為定名，如喜怒哀懼愛惡欲，將就此見性之善，則七情之善果在何處？又醫家言七情曰喜怒憂思悲恐驚，將就此見性之善，則七情之善果在何處？《中庸》以喜怒哀樂為情，則四性又屬何名？豈惻隱、羞惡、辭讓、是非之情有性，而餘者獨無性也邪？從此參入，便破一班。

39.「是豈山之性也哉？」果曰：是豈山之未發而性也哉？「是豈人之情也哉？」果曰：是豈人之已發而情也哉？山固無情，人豈無性？

40.喜怒哀樂，所性者也。未發爲中，其體也。已發爲和，其用也。合而言之，心也。

41.朱子曰：「心統性情。」張敬夫曰：「心主性情。」張說爲近，終是二物。曷不曰：「心之性情？」

42.濂溪以中言性，而本之剛柔善惡。剛柔二字即喜怒哀樂之別名。剛善，則怒中有喜，惡則只是偏於剛，一味肅殺之氣矣。柔善，則喜中有怒，惡則只是偏於柔，一味優柔之氣矣。中便是善，言於剛柔之間認個中，非是於善惡之間認個中，又非是於剛善柔善之外，另認個中也。此中字分明是喜怒哀樂未發之謂中。故即承之曰：「中也者和也，中節也，天下之達道也，〔＊〕聖人之能事也。」〈圖說〉言「仁義中正」。仁義即剛柔之別名，中正即中和之別解。變和言正者，就仁義上言也。皆酷爲《中庸》作注疏。後人不解《中庸》，并不解〈圖說〉、《通書》，遂將此道終古長夜！㉝

43.程子以水喻性，其初皆清也，而其後漸流而至於濁，則受水之地異也。蓋言氣質義理之分如此。〔＊〕但大《易》稱「各正性命」、「乃利貞」，又稱「成之者性也」，亦以誠復「時」言。（原注：一無時字。）則古人言性皆主後天。而至於人生而靜以上，所謂不容說者也。即「繼之者善」已落一班。畢竟離氣質，無

㉝編按：「後人不解《中庸》，並不解〈圖說〉、《通書》，遂將此道終古長夜！」於原書中作夾註之小字，繫於「皆酷爲《中庸》作注疏。」句下。茲按《全書》編例，若爲異文，原編者都會加按語提示，由於此處無編按，因此茲在此不遽下論斷，謹記如上，並依原鈔稿樣式排印之。

所謂性者。生而濁則濁，生而清則清。非水本清，而受制於質，故濁也。〔＊〕水與受水者終屬兩事，性與心可分兩事乎？予謂水，心也。而清者其性也。有時而濁，未離乎清也。相近者也。其終錮於濁，則習之罪也。

44.性者剛柔善惡中而已矣。故曰性相近也。此千古論性第一義。惟濂溪足以發之。

45.性相近，以**生而善者**為主。習相遠，以**習於不善者**為主。上智下愚不移，則痛下愚也。

46.《論語》二十篇語語皆言性，皆要人就「**近**」處復，仍就「**遠**」者下工夫。故曰：夫子之言性與天道，不可得而聞也。蓋曰：中人以下不可以語上云爾。

47.識得夫子言性處，方可與盡性。後人皆**以性求性**，妄意有一物可指，**終失面目**。即孟子道性善，亦是下了注腳。

48.孟子道性**善**，蓋為紛紛時人解嘲，以挽異端之流弊，其旨可謂嚴切。然他日立言並未輕惹一「**善**」字。「人性之善也」一語稍執，亦承告子之言而破之。〔＊〕

49.告子累被孟夫子鍛鍊之後，已**識性之為性也**[34]。故曰：「生之謂性」，直是**破的語**。只恐失了人分上本色，故孟夫子重加指點。蓋曰生不同而性亦不同云。孟夫子已是盡情剖露了。故告子承領而退。（原注：新本「生之謂性」下云：「孟子恐失人分上本色，故復重加指點。蓋曰生不同而性亦不同**云**。犬羊之生惟有知覺運動而已。吾人既為萬物之靈，則其生有獨得其粹然者，所謂仁義

---

[34]「也」字原刊本作「矣」。

禮智是也。告子概言之，無乃雜乎？」）

　　50.孟子論性之説，惟口之於味一章最費解説。今略爲拈出。蓋曰耳目口鼻之欲雖生而有之之性乎？然獨無所以宰制之乎？是即所謂命也。故君子言命不言性，以致遏欲存理之功。綱常倫物之則，有至有不至，雖生而若限之命乎？然孰非心之所固有乎？是則所謂性也。故君子言性不言命，以致盡人達天之學。蓋性命本無定名。合而言之，皆心也。自其權藉而言，則曰命，故常能爲耳目口鼻君。自其體蘊而言，則曰性，故可合天人，齊凡聖㉟，而歸於一。總許人在心上用功，就氣中參出理來，故兩下分疏如此。若謂命有不齊，惟聖人全處其豐，豈耳目口鼻之欲，聖人亦處其豐乎？性有不一，惟聖人全出乎理，豈耳目口鼻之性獨非天道之流行乎？審若此，既有二性，又有二命，將小人有縱惡之途，而君子沮爲善之志矣。惟提起心字，則性命各有條理，令人一一推諉不得，此孟子道性善本旨也。後之言性者，離心而言之。離之而弗能離，則曰一而二，二而一，愈玄愈遠。離性言命亦然。

㉟「齊凡聖」原刊本作「齊聖凡」。

第六卷 《劉子全書》卷九·語類九·問答

一、答董生心意十問 （標，陝西人）

問：有意之意與無意之意同否？

人心之有意也，即虞廷所謂「道心惟微」也。惟微云者，有而未始滯於有，無而未始淪於無，蓋妙於有無之間而不可以有無言者也。以爲無，則墮於空寂。以爲有，則流於習見。正如前教所云者是，而又何以語心體之本然乎？則是同是別之疑，亦可釋也已。

問：有意之時與無意之時礙否？

意既不可以有無言，則並不可以有無之時言矣。有時而有，則有時而無。有無既判爲兩意，有無又分爲兩時。時乎時乎！造物所謂逝者如斯乎！而何獨疑於人心乎？

問：心有無意時否？

意者心之所以爲心也。止言心,則心只是徑寸虛體耳。著個意字,方見了下定盤針,有子午可指。然定盤針與盤子終是兩物。意之於心,只是虛體中一點精神,仍只是一個心,非滯於有也,安得而云無?

問:意與心分本體流行否?

來示似疑心爲體,意爲流行。愚則以爲意是心之體,而流行其用也。但不可以意爲體,心爲用耳。程子曰:凡言心者皆指已發而言。既而自謂不然。愚謂程子此說雖非通論,實亦有見心不可以已發言。而《大學》之言心也,則近之。不觀㊱〈正心章〉專以忿懥、恐懼、好樂、憂患言乎?分明就發見處指點。且正之爲義,如云方方正正,有倫有脊之義,《易》所謂「效法之謂坤」也。與「中」字不同。中以心言,正以事言也。《中庸》言中和。「正」字近「和」字義。周子曰:「定之以仁義中正。」此中正二字從中和化出來。細思之自得。凡五經四書之言心也,皆合意知而言者也。獨《大學》分意知而言之。故即謂心爲用,意爲體,亦得。

問:意屬已發,心屬未發,否?

人心之體,存發一機也。心無存發,意無存發也。蓋此心中一點虛

㊱「不觀〈正心章〉」原刊本作「不觀釋《正心章》」。

靈不昧之主宰，常常存，亦常常發。所謂靜而未始淪於無，動而未始滯於有也。知此，則知《中庸》之說矣。從前解《中庸》者皆謁也。未發以所存而言者也。蓋曰自其所存者而言，一理渾然，雖無喜怒哀樂之相，而未始淪於無，是以謂之中。自其所發者而言，泛應曲當，雖有喜怒哀樂之情，而未始著於有，是以謂之和。可見中外只是一機，中和只是一理。絕不以前後際言也。後人以前後言中和，既自說不通，又卻千方回護，費許多解說，終屬遁辭。與程子「體用一源，顯微無間」之旨，相去千里矣。喜怒哀樂以四氣言，非以笑啼詈罵言。笑啼詈罵，時有去來，四氣無有去來也。不然，《中庸》何故就七情中巧巧指出四字來？破天開荒，一笑而已。

　　問：一念不起時，意在何處？

一念不起時，意恰在正當處也。念有起滅，意無起滅也。今人鮮不以念爲意者。嗚呼！道之所以常不明也。

如云生意，可云生念否？念，死道也。如云主意，可云主念否？念忽起忽滅，無主者也。如云：言不盡意，可云：言不盡念乎？如云：不以辭害意，可云：不以辭害念乎？則意之不可謁爲念也，彰彰矣。

　　問：事過應寂後，意歸何處？

意淵然在中，動而未嘗動，所以靜而未嘗靜也。本無來處，亦無歸處。

問：百姓日用不知之意與聖人不思勉之意，有分別否？

百姓日用而不知，惟其定盤針時時做得主，所以日日用得著不知之知，恍然誠體流露焉。故聖人知之，而與百姓同日用，則意於是乎誠矣。「誠無爲。」纏著思勉，則不誠。不誠，便非意之本體矣。觀誠之爲義，則益知意爲心之主宰，不屬動念矣。

問：學問思辨工夫與從容中道之天道，是一是二？

學問思辨而不本之從容中道，則事事入於人僞，學不是學，問不是問，思不是思，辨不是辨，行不是行。故曰：「思誠者，人之道也。」誠意云者，即思誠一點歸宿工夫也。

問：從心不踰，此時屬心用事，還屬意用事？

此個機緣正是意中眞消息。如定盤針在盤子中，隨盤子東西南北，此針子只是向南也。聖人學問到此得淨淨地，并將盤子打碎，針子拋棄，所以平日用無意功夫，方是至誠如神也。無聲無臭，至矣乎！
此個主宰，要它有，又要它無。惟聖人爲能有，亦惟聖人爲能無。有而無，無而有。其爲天下至妙至妙者乎？

二、商疑十則・答史子復〔即史孝復〕

卽翻董生前案

質疑云：《大學》於誠意後，復推先致知一著，而實其功於格
物者，誠恐拋卻良知，單提誠意，必有誠非所誠者。
涑水、元城疑只作得九分人物以此。

商曰：《大學》之序，原是如此。因知格致是誠意工夫，明善是誠
身工夫，其旨一也。蓋以誠意為主意，格致為工夫，工夫結在主意
中，並無先後可言，故格致無特傳。止言主意，誠不免古人之病。
然若不提起主意，而漫言工夫，將必有知非所知之病矣。陽明先生
〈古本序〉曰：「大學之道，誠意而已矣。」已是一語喝定，然
否？

質疑云：妙於有無之間，而不可以有無言者，心也，即所謂道
心惟微也。而以意當之，不啻霄壤矣。

商曰：說意仍是說心，意不在心外也。心只是個渾然之體，就中指
出端倪來，曰意，即惟微之體也。人心惟危，心也。而道心者，心
之所以為心也。非以人欲為人心，天理為道心也。「正心」之心，
人心也。而意者，心之所以為心也。非以所存為心，所發為意也。
微之為言，幾也。幾者，動之微，吉之先見者也，即意也。今人精
視幾而粗視意，則幾字放在何處？然否？

質疑云：怵惕惻隱之心，時乎？未起是無意之時，既起是有意
之時。納交、要譽、惡聲之心，時乎？未起是無意之
時，既起是有意之時。又曰：聖人有意而無意。

商曰：以此疏陽明先生「有善有惡意之動」句，最為分明。但鄙見則謂怵惕惻隱之心隨感而見，非因感始有。當其未感之先，一團生意，原是活潑潑地也。至三者之心，「初然（原注：一作「來」）原不曾有，故三非切切指點，則亦已見意之有善而無惡矣。」〔案：《明儒學案·蕺山學案》作「初來原不曾有。亦可見意之有善而無惡矣」。「故三非切切指點」句無，此句意不甚可解，似有脫誤。〕不幸而夾帶三者之心，正因此心無主，不免轉念相生，全坐不誠之病耳。此心無時而不有，是以謂之「固有」。亦無人不有，是以謂之「皆有」。有之以為心，正其有之以為意也。今以時起者為意，而又以轉念而起者為意，不特病在意，且病在心矣。聖人之心，所謂有意而無意者，正見此心之妙處。若分意於心之外，言有言無，豈（原注：一有「意」字）有時而怵惕惻隱，又有時而納交要譽惡聲耶？而且「卒歸於無」（原注：一此句作「善惡無常」，下有「是」字），不特無納交要譽惡聲之心，幷無怵惕惻隱之心，「宛轉」（原注：一作「歸」字）到無善惡之心體耶？然否？

> 質疑云：某之所謂意者，蓋言知也。心體渾然，說個知字，方見有個定盤針，有子午可指。又曰：以意為定盤針，〔＊〕則適莫信果，無所不至。

商曰：心體只是一個光明藏，謂之明德。就光明藏中討出個子午，見此一點光明原不是蕩而無歸者，愚獨以意字當之。即來教「適莫信果」，亦彷彿見得子午樣子。子午是活適莫，適莫是死子午。其

實活者是意，死者非意。以此推測去，意字漸分明了。總之，心一也，先生（原注：一作「賢」）以爲知者，即是意中之知，而僕之以爲意者，即是知中之意也。前東云：「不覺失笑，先得我心者」，以此。然否？〔＊〕

　　質疑云：《說文》：意，志也。《增韻》：心所向也。《說文》於志字下：志，意也。又曰：心之所之也。陽明先生曰：「無善無惡心之體，有善有惡意之動。」未有以意爲心者。以誠意爲正心之本，是以子爲母之本。如以天下國家身心諸先字，由末以之本，而並以概誠意一條，則《中庸》誠身之身，亦得爲心本乎？又曰：心統性情。意者情屬，故可云心性、心情。不可云意性、意情。

商曰：知此，則知意之爲意矣。心所向曰意，正如盤針之必向南也。只向南，非起身至南也。朱子曰：知止，則⊗有定向。故曰知止而后有定。凡言向者，皆指定向而言。離定字，便無向字可下。可知意爲心之主宰也。意，志也。心所之，曰志。如云志道志學，皆言必爲聖賢的心，仍以主宰言也。故曰：「志，氣之帥也。」心所之與心所往異。若以往而行路時訓「之」字，則拋卻腳跟立定一步矣。然《說文》之說，亦尚有可商者。按五臟：心藏、神，脾藏、意，腎藏、志，肝藏、魂，肺藏、魄。合之皆心之神也。而惟

⊗「則有定向」原刊本作「則志有定向」。

脾、腎，一直上中下，通心爲一體。故意、志字皆不離心字。意者，心之中氣，志者心之根氣。故宅中而有主曰意，靜深而有本曰志。今曰：意，志也，志，意也。豈誠意之說即是立志與持志之說乎？夫志與意且不可相混，況心與意又相混乎？心自心，意自意，原不可以意爲心。但不可離意求心耳。

陽明先生云云，頗經龍溪駁正，似當另論。項閱《居業錄》云：「心有專主之謂意。《大學》解以爲心之所發，恐未然。」敬齋未爲無見。意爲心，子謂長子代父，轉得本地。《大學》之教，歸之知本。何以前五條由末以之本，而誠意一條獨由本以之末？致知一條，又由末以之本，格物一條，又由本以之末。審如此錯綜顛倒，教學者如何下手？《中庸》之誠身，原該心意而言。如《大學》之修身爲本，原該格致誠正。豈可疑身爲心本乎？

心意之辨明，則性情之辨亦明。心與意爲定名，性與情爲虛位。喜怒哀樂心之情，生而有此喜怒哀樂之謂心之性。好惡意之情，生而有此好惡之謂意之性。蓋性情之名無往而不在也。即云意性、意情，亦得。意者心之意也。情者性之情也。

釋氏視意爲粗根，然根塵相合，以意合法。可知佛法都括在意中。故曰佛法大意。但佛氏推宗於覺，故尊視其心，而遁於空。以意夷之六根。豈知離意無法，離法亦無心無覺。

> 質疑云：喜怒哀樂指四氣而言，有所未解。朱子以未發屬性，已發屬情，亦無甚謬。《中庸》於天命之性後，指點出此四字者，正以未有無情之性，如未有無波之水也。

商曰：愚所謂四氣者，指春夏秋冬而言。四氣與七情少別。今姑以字義求之。喜怒哀樂止四字，而樂字又在七情之外。豈情又有八乎？若將喜怒二字推敲淺深，則喜必是樂之初機，樂必是喜之暢機，分明是自春而夏之氣。則秋爲天之怒氣，不待言矣。哀則有沍寒慘寂之象，冬之氣也。貞下起元，故《記》曰：「哀樂相生。」終不然哭罷又笑，笑罷又哭乎？又曰：「正目而視之，不可得而見。傾耳而聽之，不可得而聞。」若是一笑一啼，一詈罵，豈有不可見聞者乎？天無一刻無春夏秋冬之時，人無一刻無喜怒哀樂之時。如曰喜怒哀樂有去來，而所以喜怒哀樂者未嘗去來，是謂春夏秋冬有去來，而所以春夏秋冬者，未嘗去來也，則亦並無去來之可言矣。今曰人有絕然無喜怒哀樂之時，必待感而後有，正以笑啼詈罵爲喜怒哀樂也。以笑啼詈罵爲喜怒哀樂，則是以風雨露雷爲春夏秋冬矣。雖風雨露雷未始非春夏秋冬之氣所成，而終不可以風雨露雷爲即是春夏秋冬。雖笑啼詈罵未始非喜怒哀樂所發，而終不可以笑啼詈罵爲即是喜怒哀樂。

夫喜怒哀樂即仁義禮智之別名，春夏秋冬即元亨利貞之別名。形而下者謂之器，形而上者謂之道是也。七情之說始見漢儒。《戴記》中曰喜怒哀懼愛惡欲，七字不倫不理。其義頗該之《大學》〈正〉〈修〉兩傳中。然《大學》亦絕不露出情字。古人言情者，曰「利貞者性情也」，即性言情也。「六爻發揮旁通情也」，「乃若其情」，「無情者不得盡其辭」，「如得其情」，皆指情蘊情實而言，即情即性也。並未嘗以已發爲情，與性字對也。「乃若其情」者，惻隱羞惡辭讓是非之心是也。孟子言這惻隱心就是仁。非因惻隱之發，見所存之仁也。後人往往錯會性情之存發異，並心意之存

發亦異。一心之中，若有兩存兩發焉。將以心意爲主耶？將以性情爲主耶？任前人分解曰「心統性情」，終是泥水不清。

質疑云：意有起滅。發一善意，而忽遷焉。發一惡意，而忽悔焉。是起滅也。淺言之，人有意欲做某事，發某言，而忽忘[39]者；又有追憶而始得此者；有終忘而不復省者：其起滅何如也？又曰：念無主，意有主，心有主而無主。固不可以念爲意，尤不可以意爲心。以念爲意，不過名言之誤。以意混心，則其弊有不可言者。

商曰：來教所云起滅相，正指念而言。如云發一善念而忽遷焉。人盡皆然。念起念滅不常，所以忽忘忽憶。若主意一定，豈有遷者？心既有主而無主，正是主宰之妙處。決不是離卻意之有主，又有個心之有主而無主。果有二主，是有二心也。豈知意爲心之所向乎？然否？

質疑云：《大學》誠意後，別〔＊〕有正心工夫。《中庸》致曲有誠後，尚〔＊〕歷形著動變，以幾於〔＊〕化。若從容中道，僅爲意誠而已，〔＊〕則〔＊〕夫子從心不踰前，意尚〔＊〕有未誠耶？

商曰：竊謂《大學》誠意〔＊〕關，是學問立命靈符。雖其間工夫

---

[39]「而忽忘者」之「忘」字，原刊本作「亡」。

有生熟，然到頭只了得誠意本分。故誠意之後，更無正心工夫。〔＊〕「致曲有誠，誠則形」，形處又如何加功得？古人學問每說到易簡上，後人只喜支離。陽明先生最病支離，而亦云誠意之後，有正心工夫。譬如眼中著不得金銀屑等語。〔＊〕豈知〈誠意章〉言「德潤身」、「心廣體胖」，將身心二字，一齊俱到乎？〔＊〕後人不省，只爲將意字看壞了，不得不進而求精於心。則必欲誠其意，先正其心而可耳。惟將一意字看壞，幷誠字亦看壞。遂謂誠意非聖人從心境界。其實誠意則無意。無意則無心。但誠之之始，未便能無意耳。（原注：一「一齊俱到乎」下云：「若論聖學，三十而立，已是誠意工夫。至於知天命，則誠而天矣。故曰：誠者天之道也。子自稱亦曰：知我者其天乎？過此以往，未之或知。其實誠意則無意，無意則無心。即耳順、從心，亦由是而之焉耳。故周子曰：聖誠而已矣。又曰：誠則無事矣。知此，則知誠意矣，則知《大學》要旨在誠意之說矣。」）

　　質疑云：從心境界，全是良知全體發見，不可以意言。故聖人
　　　　　有無意之學。毋意解，恐當從朱子說。難言用工。

商曰：此箇謂是良知全體發見，誠然。豈知即是意中好消息？聖人毋意，正前教所謂有主而無主也。朱子曰：私意也。必下個私字，語意方完。畢竟意中本非有私也。有意而毋意，所謂有主而無主也。說分量得，說工夫亦得。

意與必固我相類。因無主宰心，故無執定心，故無住著心，故無私吝心。合之見聖心之妙。如以無私意爲訓，則必、固、我、難接

去。至慈湖以不起意爲宗,又當別論。不起意只是不起念。以念爲意也。

　　質疑云:原是常有,原是常無,不必要他有無。只怕自生意見,不肯依他。又曰:竊觀前後宗旨,總不出以意爲心之主宰,然某必舍良知不言,而言意者,蓋嘗深思而得之。緣陽明以後諸儒,談良知之妙,而考其致處,全不相掩,因疑良知終無憑據,不如意字確有可依耳。意之與知,毫釐千里。故《大學》誠意,必先之以致知。《中庸》「誠之者」之功,必先擇善而固執。學之不可不講,有以哉!

商曰:常有常無之說甚善。「先生」〔亦當作「賢」〕所謂心,即愚之所謂意也。若另設私意,便害事。至及近時良知之弊,直說出愚意中事,何幸先得同然!不意苦心相證乃爾!然鄙意,則謂良知原有依據。依據處,即是意。故提起誠意,用致知工夫,庶幾所知不至蕩而無歸。毫釐千里,或在此。然否?

第七卷　《劉子全書》卷十九·文編六·書上(論學)

一、答史子復(孝復)

昨小語，幸蒙批示，匆匆略讀一過，蓋亦有與鄙意互相發明者。如謂僕之所云意蓋言知，是也。則其他可以類推。知意之與知分不得兩事，則知心與意分不得兩事矣。分晰之見，後儒之誤也。意為心之所發，古來已有是疏，僕何為獨不然？第思人心之體，必有所存，而後有所發。如意為心之所發，則孰為心之所存乎？如心以所存言，而意以所發言，則心與意是對偶之物矣，而惡乎可！總之，存發只是一機。故可以所存該所發，而終不可以所發遺所存。則《大學》誠正一關，終是千古不了之公案，未可便以朱程之言為定本也。

陽明先生曰：有善有惡者意之動，僕則曰：好善惡惡者意之動〔案別處亦言「好善惡惡意之靜」〕，此〈誠意章〉本文語也。如以善惡屬意，則好之惡之者誰乎？如云：心去好之，心去惡之，則又與「無善無惡」之旨相戾。今據本文，果好惡是意，則意以所存言，而不專以所發言，明矣。好惡云者，好必於善，惡必於惡，正

言此心之體有善而無惡也。故好惡**兩在而一機**,所以**謂之獨**。如曰有善有惡,則二三甚**矣**。獨即**意也**。知獨之為意,則意以所存言,而不專以所發言,明**矣**。

　　＊**總之**,一心耳,以其**存主**而言,謂之**意**,以其存主之精明而言,謂之**知**,以其精明之地,有**善無惡**,**歸之至當**⑪,謂之**物**。識得此,方見心學一原之妙。不然,未有不墮於支離**者**。但此等分解,亦只是訓詁伎倆,與坐下了無干涉。吾輩能切己反觀於生身立命之原,時時有把柄,不復墮落影響,則此心此理自有不言而相喻於同然者**矣**。

二、答史子復二（附來書）

　　來書云:

　　細繹〈大學參疑〉,具仰衛道苦心。竊謂《大學》一書,既無的證可據,即位置精確,總屬臆說。說既無徵,何如姑置勿論?從來聖學正傳,畢竟知先而行後,經傳中有析言之者:《大學》以致知先誠意,《中庸》以明善先誠身,《論語》以知及先仁守,而孟氏則有始終條理及巧力之說,尤為明確。有專言知而不更贅一行字者:《大學》首揭明明德,他如孔子之朝聞夕死,孟氏之見知聞知,程子所謂未有真知而不能行者,是也。《大學》三綱,既首明明德矣,八目遞為先後之辭,而復以致知先誠意,亦猶《中庸》之不明乎善,不誠乎身。其示人下手緩急,若是其鑿鑿也。而後乃專

⑪牟鈔中「歸之至當」之「當」字,原刊作「善」。

以誠言，而不更及致知明善者，則先生所謂誠爲專義、了
義，致知明善爲誠意誠身而設者，是已。顧既爲誠而設，則
舍致知明善，決無能誠之理。蓋誠之爲言，無妄也。無妄，
豈易言哉？天下惟合下至誠之聖人，不必更言致知明善，其
次則未有不自明而誠者。第致知之知，初非聰明情識之卜
度。茲以尊言誠意，而猥欲抹殺其所自因。抑按致知、知止
之知，僅爲知修身爲齊治平之本，知誠意爲修身之本，而并
以《中庸》明善爲證，云云，則凡粗完《大學》訓詁者，舉
造定靜安慮等境界乎？蓋必眞知未發本體，而後謂之致知。
明善亦必致知明善之誠，而後可爲專義了義。不然，則如射
者不先中的之巧，而徒從事於貫革之力，正使登峰造極，不
過爲清、任、和之三子，下此則涑水、元誠流徇而已。非了
義，並失專義矣。

以是，竊謂功夫喫緊，不必爭辯於已發未發，而要在致力於
眞見未發是何面目。與其由敬入誠，爲伊洛正脈，固不如由
致知入誠意，由明善入誠身，先識仁體而以誠敬存之，之尤
爲洙泗正宗也。

至謂「陽明〈古本序〉中，欲遷就其致良知之旨，與首二語
自相矛盾，且以已發解意字，與《中庸》矛盾，尚欠一番玄
會」，以此判讞前人，似尚未是釋之定國奏〔案：此語不

明，待查〕㊶，當恐前人不任受此冤抑耳。

仰恃知愛，輒敢罄其狂瞽，少效他山之助。惟先生有以教
之。

承示格致之義，三復之餘，已徵同調。第其間不無手輕手重之
勢，一亦㊷時成見使然，非果相矛盾也。夫學者覺也。纔言學，已
從知字爲領路。豈惟學、此知，困、此知？㊸即生知之知，亦是此
知。則誠意之必先格致也，與誠身之必先明善也，夫人而知之，僕
亦嘗聞之矣。一日，有感於陽明子知行合一之說，曰：「知之眞切
篤實處即是行。」夫眞切篤實非徒行字之合體，實即誠字之別名。
固知知行是一，誠明亦是一。所以《中庸》一則互言道之不明不
行，一則合言誠明明誠，可謂深切著明。惟是立教之旨，必先明而
後誠，先致知而後誠意，凡以言乎下手得力之法，若因此而及彼
者，而非果有一先一後之可言也。至於所以致知之方，不離「誠
之」之目五者；而陽明子更加詮注，則曰：「博學者，學此者也。

㊶此處牟先生所作斷句：「以此判讞前人，似尚未是釋之定國奏，當恐
　前人不任受此冤抑耳。」其亦自覺不妥，並自記：「案此語不明，待
　查。」用以存疑。茲今依中央研究院中國文哲研究所新點校排印《劉
　宗周全集》（第三冊上，台北，1996，頁451）的斷句，錄列於下，
　以供參考。其斷作：「以此判讞前人，似尚未是釋之、定國奏當，恐
　前人不任受此冤抑耳。」又案文中釋之、定國實乃用漢廷尉張釋之、
　于定國故典。

㊷「一亦」原書作「亦一」，當改從原刻本爲是。

㊸中央研究院中國文哲研究所新點較排印《劉宗周全集》（第三冊上，
　台北，1996，頁452）此句斷爲「豈惟學此知、困此知？」

審問者，問此者也。慎思者，思此者也。明辨者，辨此者也。篤行者，行此者也。」可見舍此之外，更無學問思辨可言。他日又曰：「約禮是主意，博文是工夫。」又總言之曰：「道問學是尊德性工夫，惟精是惟一工夫，明善是誠身工夫，格致是誠意工夫。」將古來一切劈開兩項工夫，盡合作一事，真大有功於學者。猶恐其不能合也，直於大學工夫邊事，輕輕加一良字，以合於明德之說，以見即工夫即本體，可謂費盡苦心。凡此，皆丈妙契有日，即僕亦嘗口耳而聞之。頗見一二於〈參疑〉中，已蒙丈稍稍印可。此僕所謂自附於同調者也。

至所謂手輕手重云者，丈有見於工夫邊事重，舍工夫別無主意可覓，以自附於一先一後之本文。僕竊有見於主意邊事重，離卻主意，亦安得有工夫可下？以自附於古本諸傳首誠意，與「所謂誠意者」直指單提之本文。正如射者先操弓挾矢而後命中，與欲命中而始操弓挾矢，不能無少異。然其實同於一射而已。又如道長安者，先辨出門路程，而後入京師，與必有欲入京師之意，而始出門以取路程，不能無少異。其實同是長安道上人，則亦何害其為大同而小異乎？

此外，略有可商者。丈言致知之知，非聰明情識之知，而謂徒知修身為齊治平之本，不足以言知至，似矣。無奈經文明言「物有本末」、「修身為本」、「此謂知本」、「此謂知至」，明白直截。前人衍之，而陽明子復之。衍之者是乎？復之者是乎？復之者而誠是也，則知本之知，可易言乎？學必知止，乃能知本，知止之知，可易言乎？知止則止矣，止至善，可易言乎？由知止而定靜安慮得，所謂致知者也，即所謂誠意者也。是以謂之知本，是以謂之

知止㊹。故曰知至而後意誠。知止之知，合下求之至善之地，正所謂德性之良知也。故言知止，則不必更言良知。

陽明子之言良知，從「明德」二字換出，亦從「知止」二字落根。蓋悟後喝語也。而不必以之解《大學》。以《大學》原有「明德」、「知止」字義也。今於一章之中，必分格物之物非「物有本末」之物，必分致知之知非「知本知止」之知，且以爲猶有所不足也，必撰一「良」字以附益之，豈不畫蛇而添足乎？若曰以良知之知「知止」，以良知之知「知本」，則又架屋疊床之甚矣。《大學》言致知，原以工夫言。不特「致」字以工夫言，並「知」字亦以工夫言。乃明明德一句中上「明」字脫出，非下「明」字脫出。今若加一「良」字，則「知」字似以本體言，全是下「明」字脫出矣。所以又有知良知，悟良知之說，則又架屋疊床之尤甚矣。夫曰知良知、悟良知，則本體工夫一齊俱到，此外更有何事？宜乎誠意一關不免受後人之揄揶矣。

竊嘗論之，據僕所窺，大學之道，誠意而已矣。陽明子之學，致良知而已矣。而陽明子亦曰：「大學之道誠意而已矣。」凡以亟復《古本》以破朱子之支離，則不得不遵「《古本》以誠意爲首傳」之意，而提倡之。至篇終，乃曰：「致知焉盡之矣。」又鄭重之曰：「致知存乎心悟。」亦何怪後人有矛盾之疑乎？前之既重正心，而曰：「眼中著不得金玉屑」，後之又尊致良知，而以「知是知非」爲極則，於學問宗旨已是一了百當，又何取此黍稗雙行之種子，而姑存之，而且力矯而誠之？誠其有善，固可斷然爲君子，誠

㊹此「止」字爲筆誤，正確應作「至」。

其有惡，豈不**斷然爲小人**？卒乃授之「知善知惡」，而又「爲善而去惡」，將置「大學之道誠意而已矣」一語於何地乎？

僕不敏，不足以窺王門宗旨。抑聊以存所疑，竊附於整菴、東橋二君子之後。倘陽明子而在，未必不有以告我也。

未發之中，委是難言。姑請以誠字求之。朱子曰：「《中庸》言中、又言誠何也？曰：橫看成嶺側成峰。」至宋人看氣象之說，蓋不得已而誘人入路之法，姑當別論。陶周望曰：「虛空中大蹋一實地。」殊可思也。

道者，天下之達道。學者，天下之公言。前人呶呶而爭久矣。辨異致同，端在今日。如果同也，借寸莛之叩，以發洪鐘。如其異也，道無異，學無異，願丈指其同者而同之，僕敢獨爲異乎？然丈之啓我，亦已多矣。

三、答史子虛（孝咸）

偶有問答，爲令弟發覆，不免話長，未能歸一。伏承尊教，復披摘至此，殊切感佩。讀兄所言良知處，大是通透了澈。知近日所見之別，所養之深。則同異之見亦不必屑屑於取必矣。

然區區誠意之說，竊亦偶窺聖經而及此。一則不欲說壞「意」字，謂心意知物只是⑮一串事。不應心與知合作一事，而獨置意於膜外。若意是有善有惡之意，則心亦是有善有惡之心，知亦是有善有惡之知，並物亦是有善有惡之物。卻又如何得一一反之無？竊以自附於龍溪先生之旨，非敢爲倡也。

---

⑮此「是」字衍。

　　一則不欲說粗「意」字，謂大學之教，只是知本。不應致知之後，首入粗根，先洩此一點靈光於抹[46]梢一著。而且[47]欲正其心之本，先誠其意之末，終屬顛倒。竊以自附於陽明先生〈古本序〉「大學之道誠意而已矣」之說，亦非敢爲倡也。

　　惟是主張不免太過，語意之疵，則誠有之矣。

　　來教云[48]：動而已形者屬何物？竊謂誠則自形。形又何物？誠則形，形即是誠。其旨已見於誠意本傳。故《中庸》亦云：「莫顯乎微」。又曰：「知微之顯」。又云：「夫微之顯」。可謂深切著明。古人學問全副向靜存處用，更無一點在所發處用，並無一點在將發處用。蓋用在將發處，便著後著也。且將發又如何用功？則必爲將、爲迎、爲憧憧，而後可耳。若云慎於所發，依舊是存處工夫。

　　僕每痛古人微言，一一被後人說壞，使大道不明。高明之士，輒存見少。紛紛多歧，未能歸一。故往往不惜破荒開口，而曲折頗長，尚嫌數他珠，故不敢盡呈於有道。俟高明斧正後，再有開發，隨便請益耳。

四、答葉潤山民部（廷秀）〔附來書〕

　　來書云：「孔孟之後道不明，只是性不明。」愚意性本從心。學者不先治心，是起念已差路頭。纔欲治心，又恐墮於

---

[46]「抹梢」原刊作「末稍」。
[47]原刊「而且」後有「云」字，牟鈔漏。
[48]「來教云」原刊作「至來教云」。

虛寂。今欲講心學而黜俗學，其何道之從？是質疑者**一**。

《大學》言明德新民，愚謂明體適用，如車二輪，如鳥二翼，必不可離者**也**。然於道理重一分，定於功名輕一**分**。今欲明體適用，身世咸宜，其何道之從？是質疑者**二**。

先儒謂學，各有本領，如周子之無欲，二程之主靜，張子之體仁，朱子之讀書窮理，張南軒之辨義利是**也**。竊以讀書窮理乃俗學對症之藥，而辨義利尤爲藥中鍼**石**。不從此處理會，恐腳根不定，未有不東西易向**者**。今欲直求入手，其何道之從？是質疑者**三**。

《大學》言修身，至正心微**矣**。至誠意，微之微**矣**。而又言致知，終之格物。格物分明《大學》第一**義**，而格物之解，宋儒紛**若**。自朱子即物窮理之論出，而折衷歸**一**。但有疑於致知，已入細。而格物又涉於**跡**。今欲融格物之義，其何道之從？是質疑者**四**。

著書立言，惟見道分明者能之。廷秀非其人**也**。但無人講論，輒以筆印代口傳，便於就正有**道**。《偶言》三卷，敢呈台**覽**。倘糾正擲下，使盲人得路，此生以之。是質疑者**五**。

僕生也黯，馴至老大。平生出處，半屬憒憒，無足爲知己道**者**。獨是向學一念，老而未灰，猶幾幾乎求友而正之。此中積疑有未敢向人吐**者**。何幸來教，便先得我心之所同然乎？請姑就教所及者商之。

其一曰：學莫先於知性。只爲「天命之謂性」一句，早已看錯了，天人杳不相屬，性命仍是二理。今曰「天命謂性」，而不曰

「天命爲性」，斷然是一不是二。然則天豈外人乎？而命豈外於吾心乎？故曰：「盡其心者，知其性也。知其性，則知天矣。」故言性而不要諸天，性無是處。言天而不要諸心，天無是處。說天者，莫辨於《中庸》之卒章。正不諱言空寂也。而學者以爲佛氏也者而去之，曰：吾欲舍是而求心焉。何異舍京師，別求長安？斷無適從之路，可知矣。

其二曰：《大學》言明德新民，而其要歸於止至善。善即天命之性是也。陽明先生曰：明德以親民，而親民以明其明德。原來體用只是一個。一者何也？即至善之所在也。學不見性，而徒求之一體一用之間，曰車兩輪，鳥雙翼，不問所以轉是輪、鼓是翼者，將身世內外判然兩途，既宜此，又欲宜彼，不亦顧此而失彼乎？所以然者，止因見得學問一事是義理路頭，用世一事是功名路頭。故曰：「於義理重一分，自於功名輕一分。」觭輕觭重，世無此等性命。今僕請更其辭而曰：於明德明一分，自於親民親一分。則所謂至善之止，亦不外此而得之矣。是以孔孟急急皇皇，正是孜孜學問處。而顏子簞瓢陋巷，亦不失爲禹稷之同道。學以見性者，當作如是觀。然則吾儕終做不得獨了漢也。

其三曰：本領之說，大略不離天命之性。學者須從「闇然」處做工夫起，便是入手一著。從此浸假而上，併倫類聲塵，俱無托足，方與天體相當。此之謂無欲故靜。靜中浩浩其天，自有一團生意不容已處，即仁體也。窮此之謂窮理，而書非理也。集此之謂集義，而義非外也。今但以辨晰義利爲燕越分途，而又必專恃讀書以致其知，安知不墮於義外之意？至於中道傍徨，東西易向，而不自主，亦勢所必至也。告子求仁而不識義，與今之求義而不識仁，其

病一也。

　　＊其四曰：《大學》八條目，向來於誠意一關都看錯了。今來教曰：學至誠意，微之微矣。卓哉見也。意有**好惡**，而無**善惡**。然好惡只是一機。《易》曰：「幾者動之微，吉之先見者也」是也。故莫粗於心，莫微於意。而先儒之言曰：「無善無惡心之體，有善有惡意之動」，無乃以心爲意，以意爲心乎？知之爲言良也，以其爲此意之**眞窟宅**也，故曰：**誠意先致知**。物之爲言理也，以其爲此知之**眞條理**也，故曰：「**致知在格物**」。物有善惡，而其初則本善而無惡。理有萬殊，而其本則至一而不二。眞格物者，非粗非精，非內非外，正是天命之性一直捷津梁。故《大學》以之爲第一義，信非誣也。擇焉不精，明儒之見誠有之，不獨胡、薛也。然而道在反求，學求自得。今即將諸儒剖辨分明，孰是孰非，因而得其所歸，仍是依門傍戶之見。不願門下有此也。

　　又，其後及著述一端。大抵著述有二：有知道之言，有求道之言。知道之言，句句說本體，不妨存所信。求道之言，句句說工夫，不妨存所疑。學必有大疑，後有大悟。《偶語》三卷，大抵疑案也。故其言曰：學到有疑處，方好商量。倘由此而更求信地，必有不容思議一著工夫。此時方憑門下信口說來，是橫是豎，即本體即工夫，無非大道。勉之勉之。不侫非知道**者**。握寸莛而發洪鐘，庶幾在斯。將何以塞明問之萬**一**？惟有遙遙神往而**已**。

五、答葉潤山四（附來書）

　　《學庸膚解》，承批示，覺向來所見，種種滋疑。如〈傳〉釋誠意，《古本》原爲第一章，誠爲有見。注：「意者，心

之所發。」因〈誠意傳〉中，有好惡字面，當屬動一邊。若
以爲心之所存，豈即《中庸》言未發之中與？格物所以致
知，此本末一貫學問。先生若云向末一邊。若以爲心之所
存，博約互用與？此不得不再請益也。

意爲心之所存，正從《中庸》以未發爲天下之大本。不聞以發爲本
也。《大學》之教，只是知本。身既本於心，心安得不本於意？乃
先儒既以意爲心之所發矣，而陽明又有正心之說，曰：知此，則知
未發之中。觀此，則欲正其未發之心，在先誠其已發之意矣。通乎
不通乎？

然則來教所云好惡何解？僕則曰：此正指心之所存言也。《大
學》自「知至」而後，此心之存主必有善而無惡矣。何以見其必有
善而無惡？以好必於善，惡必於惡也。好必於善，如好好色，斷斷
乎必於此也。惡必於惡，如惡惡臭，斷斷乎必不於彼也。必於此，
而必不於彼，正見其存主之誠處。故好惡相反而相成，雖兩用而只
一機。此正所謂「幾者，動之微，吉之先見者。」蓋此之好惡，原
不到作用上看。雖能好能惡，民好民惡，總向此中流出。而但就意
中，則只指其必於此，不於彼者，非七情之好惡也。

意字看得清，則幾字纔分曉。幾字看得清，則獨字纔分曉。孟
子曰：「其好惡與人相近也者幾希？」正此之謂也。難道平旦之
時，未與物接，便是好人惡人，民好民惡之謂乎？《大學》以好惡
解誠意，分明是「微」幾。以忿懥、憂患、恐懼、好樂、決裂處解
正心，分明是發幾故也。

即以誠正二字言之，誠之理微，無思無爲是也。正之理著，有

倫有脊之謂也。此可以得誠意正心先後本末之辨矣。陽明先生惟於此解錯，所以只得提出良知二字爲主柄，以壓倒前人。至他日解《中庸》，亦有致和以致中等語。兩相遷就，以晦經旨，而聖學不明於天下矣。數年來每與朋友聚訟不已。僕反復之，而終不能強從相沿之說。門下姑留此一段話柄，徐而思之，或他日有以解我之固見乎？

至於本末一貫之說，先儒謂本末只是一物。蓋言物，則無所不該。盈天地之間惟萬物，而必有一者以爲之主。故格物之始，在萬上用功。而格物之極，在一上得力。所謂即博即約者也。博而反約，則知本矣。本者止之地。知本，則知至而知止，故授之以意誠。意誠，則心之主宰處止於至善而不遷矣。故意以所存言，非以所發言也。止〔當爲「至」〕善之量雖通乎心身家國天下，而根柢處只主在意上。此佛氏所謂一毛頭上生活也。知此，則動而省察之說可廢矣。

今非敢謂學問眞可廢省察。正爲省察只是存養中最得力處。不省不察，安得所謂常惺惺者？存又存個甚？養又養個甚？今專以存養屬之靜一邊，安得不流而爲禪？又以省察屬之動一邊，安得不流而爲偏？不特此也，又於二者之間，方動未動之際，求其所謂幾者，而謹之，安得不流而爲雜？二之已不是，況又分爲三乎？率天下之人而禍仁義者，必此其歸也。

然則學問之要，只是靜而存養乎？曰：道著靜，便不是。曰：不睹不聞非乎？曰：先儒以不睹不聞，爲己所不睹不聞。果如此，除是死時，方有此耳。然則「幾者動之微」，何以有動？有動則必有靜矣。曰：此之謂動，非以動靜之動言也。「復其見天地之心」

是也。心只是一個。心常惺而常覺,不可以動靜言。動靜者,時位也。以時位爲本體,傳注之譌也。惟《易》有「寂然不動」之說,然卻與「感而遂通」作一句看,非截然兩事也。

雖然,陰陽動靜,無處無之。時位有動靜,則心體與之俱動靜矣。但事心之功,動也是常惺惺,此時不增一些子。增一些子,則**物於動矣**。靜也是常惺惺,此時不減一些子。減一些子,則**物於靜矣**。此心極之妙,所以無方無體,而慎獨之功必於斯而爲至也。

六、答王右仲(嗣奭)州刺

辱道教,再四捧繹,種種微言,十得八九。但其間稍爲諸家之說所障,不免大費鑪錘耳。

竊謂當戰國時,諸子紛紛言性,人置一喙,而孟子一言斷之曰性善。豈徒曰「可以爲善」而已乎?他日,又曰:「天下之言性也,則故而已矣。故者以利爲本。」可見此性,**見見成成**,停停當當,不煩一毫安排造作。這便是天命流行,**物與無妄之本體**。亦即此是**無聲無臭**。所謂無聲臭,即渾然至善之別名。非無善無惡也。

告子專在「無」處立腳,與天命之性尚隔幾重!孟子姑不與之深言,而汲汲以惻隱羞惡辭讓是非指出個善字,猶然落在第二義耳。性既落於四端,則義理之外,便有氣質。紛紜雜揉,時與物搆,而善不善之差數睹。故宋儒氣質之說,亦**義理之說**有以啓之也。要而論之,氣質之性即義理之性。義理之性即天命之性。善則俱善。

子思子曰:喜怒哀樂之未發謂之中,非**氣質之粹然者乎**?其有不善者,不過只是樂而淫,哀而傷,其間差之毫釐,與差之尋丈,

同是一個過不及，則皆其自善而流者也。惟是既有過不及之分，則積此以往，容有十百千萬，倍蓰而無算者，此則習之為害，而非其性之罪也。故曰「性相近，習相遠」云爾。先正有言：「高聲一語是罪過。」類而推之，顏氏之不遷怒，猶有乖於中體者在。縱一遷怒，與世人眦睚而殺人，何以異？紾兄臂、踰東牆，只是乘於食色之見仁而過者耳。蓋事雖有徑庭之殊，而心之過不及，總之，只爭些子。此一些子，說得是偏，說不得是與善對敵之惡。而況其失之於偏者，善反之而即中乎？

故性無不善，而心則可以為善，可以為不善。即心亦本無不善，而習則有善、有不善。種種對待之名，總從後天而起。諸子不察，而概坐之以性，不已冤乎？

為善、為不善，只為處，便非性。有善有不善，只有處便非性。合虛與氣有性之名。氣本是虛，其初誰為合他來？五行不到處，父母未生前，彼家亦恐人逐在二五形氣上討頭面，故發此論。後人死在言下，又舍已生後，分外求個未生前，不免當面錯過。總之，太極陰陽只是一個。但不指點頭腦，則來路不清。故《中庸》亦每言「前定」、「前知」。「前」處正是無聲無臭一路消息。學者從此做工夫，方是真為善去惡。希聖達天，庶幾在此。文成公曰：「只於根本求生死，莫向支流辨清濁⑭。」不知門下以為何如也？

---

⑭「莫向支流辨清濁」，依《王陽明全書》及原刊俱作「莫向支流辨濁清」。

七、答王金如（朝式）三

前者草率作答，區區之衷，宜有不盡亮於足下者。茲敢進而請益焉。

竊謂斯道之傳，至吾夫子而集大成矣。其微言載在四書六經，可考而信也。學者童而習之，白首而不得其解。遂於此中，猶存乎見少，而求助於外。何異盲者處大明之下，覓微燈以索照乎？或曰：取善貴廣，學不諱博也。正謂有得於孔孟之道，而因以折衷於諸子百家，定其瑕瑜，存其去取，亦無往非證道之地耳。若其苟存一不足之見，博討旁稽，竊竊焉，取而附益之，未有不操戈還向者也。

嗟乎！孔孟而既往矣。微言日泯，求其能讀聖人之書者幾人？惟時，老莊之徒，首蔽於長生之見，崇尚虛無，絕仁棄義，各著書以垂後世。其為叛道之言，顯著，不足辯也。獨楊墨言仁義，而孔子之道蝕。故孟子辭而闢之，不遺餘力。七篇出而二氏廢，學者遂專言老莊。若堅白異同之類，皆寓言之支流也。

漢魏以來，一變而言黃老，又曰易老。合羲皇於老氏，不勝其畔援之情。然祖其說者，亦不過競標名理以資談柄。其旨淺陋易窮。此時，有聖人者出，而一倡吾道以正之，何物清談，摧枯拉朽耳！惜乎〈崇有〉之論，不足以厭，而徒以相譏，卒無補於天下之亂。

於是西方之教，乘虛而起，儼然雄據其上矣。猶是虛無之說也。而益反其本。破尊生之見，超於無生。無生亦無死，其究不離尊生。乃其功行，歸之明心見性，時有通於吾儒之說者。讀儒書

者，又從而附會之。出入變化，莫可端倪。當此聖遠言湮、學絕道喪之日，學者驟聞之而喜，以爲此吾聖人之所未嘗言及者也。又有進者曰：非禪也，即吾聖人之精言也。安得不掉首相率而趨之乎？

天不殄吾道，特起有宋諸儒，後先犄角，相與修明。孔子之學炳如也。遂惓惓以闢佛老爲己任，比於孟子之闢楊墨，其功偉矣。然當此之時，佛教大行。求其粹然獨出於儒者，濂溪明道而外，無聞焉。其他或始就而終去，或陰茹而陽吐，則其於吾聖人與佛氏毫釐似是之辨，容亦晰之有所未精矣。以故解經之際，或失之支離，舉吾聖人之眞者而歸之禪，不敢一置喙，間有置喙者，即距之爲禪，不復置辨。故雖以師友淵源，而羅、李不能驟得之。晦翁雖以一堂契晤，而鵝湖不能盡化其我見。則一彼一此之間，固已開門而揖盜矣。況末流益復弊焉者乎？夫闢佛老，美名也。辭之不勝，至貶吾聖人之道以殉之，寧不益授以柄？於是爲佛氏之徒者，私聞之而喜曰：彼之爲儒者如是如是，何以闢吾爲哉？而學聖人之學者，私聞之而恚曰：此之爲儒者如是如是，何以闢佛爲哉？此禪學之所以日新月盛而未有已也。

又三百餘年，而陽明子出。始固嘗求之二氏之說矣。久而無所得，始反而求之六經。特舉前日所讓棄於佛氏者，而恢復之，且周旋於宋儒之說，相與彌縫其際，兩收朱陸，以求至是。良知之說，有功後學，斯文賴以一光。由今讀其恢復之辭，如曰：「佛氏本來面目，即吾聖人所謂良知。」又曰：「工夫本體大略相似，只佛氏有個自私自利之心，所以不同。」又曰：「佛氏外人倫、遺物理，固不得謂之明心。」可謂良工苦心。吾意後之學聖人者，由陽明子而朱子，及於明道濂溪，溯之孔孟，如是而已矣。

　　然學陽明之學者，意不止於陽明也。讀龍溪、近溪之書，時時不滿其師說，而益啓瞿曇之秘，舉而歸之師，漸躋陽明而禪矣。則生於二溪之後者，又可知矣。至是而禪之與儒，是一是二，永不可問矣。雖使子輿氏復生，且奈之何！而其為斯道晦明絕續之關，益有不可言者矣。

　　僕嘗私慨，以為居今之世，誠欲學者學聖人之道，而不聽其出入於佛老，是欲其入而閉之門也。譬之溺者，與之以一瓠而濟，一瓠亦津梁也。學者患不真讀佛氏書耳。苟其真讀佛氏書，將必有不安於佛氏之說者，而後乃始喟然於聖人之道，直取一間而達也。審如是，佛亦何病於儒？治病者，輕則正治，甚乃從攻。熱因熱用，寒因寒用，不亦可乎？

　　僕生也晚，不得事前輩老師大儒。幸私淑諸人焉。於吾鄉得陶先生，學有淵源，養深自得。不難尊為壇坫，與二三子共繹所聞。每一與講席，輒開吾積痼，退而惘然失所據也。一時聞者興起。新建微傳，庶幾有託。其他若求如之斬截，霞標〔管霞標〕之篤實，子虛〔史子虛〕之明快，僕皆自視欲然，以為不可及。因而往還論道，十餘年如一曰。不問其為儒與禪也。

　　至僕之於足下，私心期望，更有不同於泛泛者。足下志願之大，骨力之堅，血性之熱，往往度越後進。由其所至，成就正未可量。不敢遽問其為儒與禪也。其餘諸子可知矣。

　　然而世眼悠悠，不能無疑矣。曰諸君子言禪言，行禪行，律禪律，遊禪遊，何以道學為哉？且子而與其從學佛之士，寧若從吾流俗士。僕聞之，笑而不答。諸君子自信愈堅，其教亦愈行，而其為世眼之悠悠愈甚。噫嘻！今而後將永拒人於流俗之外，不得一閱聖

人之道者，是亦諸君子之過也。

〈傳〉有之，「中道而立，能者從之。」又曰：「魯人獵較，孔子亦獵較。」諸君子而誠畏天命，憫人窮，有普濟一世之襟，期盡一世之流俗，歸之大道，上接孔孟之傳，下闢陽明之室，則心跡去就之際，宜必有以自處矣。若止就一身衡量，諸君子行履儘足自信，亦安往而不可乎？然僕有以知足下之必爲彼，而不爲此也。

僕資性不逮，人老而未聞道。猶竊願學焉，斤斤救過之不遑。苟足以匡吾之過，而進吾之不及，皆吾師也。請從而終事焉。

小學之訂，願足下勿疑。亦幷無致疑於僕。願足下終亦教我。

八、答胡嵩高（嶽）、朱緜之（昌祚）、張奠夫（應鰲）諸生

比辱手教，纏纏數千言，具見衛道苦心。於今之世，殆亦空谷之足音。而況以不佞之汶汶寡昧者當之，又不啻大聲之呼，而疾雷之破耳也。敢不拜嘉？僕於此復竊有請焉。

夫道一也，而釋氏二之。教本分也，而託於釋氏者混之。則其爲世道之病，信有如足下所言者。固已不煩更端而請矣。

今之言佛氏之學者，皆其有意於聖人之道者也。不幸當聖遠言湮之日，又無老師大儒以爲之依歸，遂不覺惑於二氏，而禪尤其甚者耳。則亦聖人所謂賢[50]智之過也。彼其於聖人之道，既嘗童而習之矣。彝倫日用、託於耳目之近者，概可知也。稍讀佛氏書而異之。其言單提性宗，離四句，絕百非，層層折入，亦復層層掃除。以視吾儒言「天載」，尚隔幾重階級，而自詫爲妙道，自歎爲希

---

[50]「賢智」原刊作「賢知」。

有，安得不去而從之乎？此厭常喜新之惑也。

夫聖人之道，不落虛無，事事有可持循，宜乎學之之易矣。乃以吾夫子之聖，竭一生功力，至七十年，而幾幾乎從心之說。及門之徒，三千七十，傳道者不過一二人，亦僅具體焉。況聞而知之者乎？蓋求道之難，而學為聖人如此其尤不易也。孰似彼佛氏者，以悟性為則，一念回機，即同本得。嘗言旬日不會，便當截取老僧頭。以故《傳燈》若干人，無不人人證聖，諦諦傳宗。吾寧不舍難而就易乎？此欲速助長之惑也。

且所貴乎學聖人之道者，為其有利於吾耳；不然，亦利於天下。而儒者首禁人以功利之說，動云無所為而為。至推之天下，中和位育，只是道理如此。倘實求施濟，堯舜猶病。縱⑤不得位，蓬累而行耳。鄉鄰之鬥者，閉戶云耳。若佛氏，性宗既透，起願即是道場。懺悔即離苦厄，滅度盡六道，冥報通三生。而身復超於三生六道之外，以了生死一大事，胡於自利利人無量乎？則尚俟一切有為法乎？此計功謀利之惑也。

凡此三惑者，一言以蔽之，「儒門淡泊，收拾不住」，彼家所為〔當作「謂」〕自供自認者也。而不知聖人之道，本如是其淡而不厭也。進必以漸，且愈進而愈無窮也⑤。出乎義而不出乎利也。此所謂惑之甚也。子曰：「素隱行怪，後世有述焉」，殆謂是與？其中儘不乏雄深警敏之士，見地往往有過人者。就其所至，舉足自成片段，自占地步。以視一輩流俗之士，藉口於聖人之道，而悠悠

---

⑤「縱」字原刊作「總」。

⑤「且愈進而愈無窮也」，原刊作「且逾進而逾無窮也」。

忽忽，漫無所據者，亦有間矣。且今之號爲學聖人之道者，即幸而偶有所見，能讀古人書，反之性地，仍自茫然。曾不敢望彼家聲聞一乘，而況問其所謂卓然有志於聖人之道，而升堂、而入室者乎？則一彼一此之間，固未有以相勝也。不相勝而相譏，猥欲以語言文字，挽其一往不返之深情，亦祇以重其惑已耳。然則奈之何哉？僕於此有說焉。

今之言佛氏之學者，大都盛言陽明子。止因良知之說，於性覺爲近，故不得不服膺其說，以廣其教門。而衲子之徒亦浸假而良知矣。嗚乎！古之爲儒者，孔孟而已矣。一傳而爲程朱，再傳而爲陽明子，人或以爲近於禪。即古之爲佛者，釋迦而已矣。一變而爲五宗禪，再變而爲陽明禪，人又以爲近於儒。則亦玄黃渾合之一會乎？而識者曰：此殆佛法將亡之候，而儒教反始之機乎？孟子曰：逃墨必歸於楊，逃楊必歸於儒。今之言佛氏學者，既莫不言陽明子，吾亦言陽明子而已矣。譬之出亡之子，猶識有父母一面，時時動其痛癢，則父母固得而招之。自禰而上，益恍惚矣。陽明子者，吾道之禰也。今之言佛氏之學者，招之以孔孟而不得，招之以程朱而又不得。請即以陽明子招之。

佛氏言宗也，而吾以陽明之宗而⑤宗之。佛氏喜頓也，而吾以陽明之頓而⑤頓之。佛氏喜言功德也，而吾以陽明之德德之，亦曰良知而已矣。孟子曰：無是非之心非人也。夫學者而不知有良知之說則已，使知有良知之說，而稍稍求之，久之而或有見焉，則雖口

---

⑤「而」字，原刊本無，衍。

⑤此「而」字，原刊本亦無，衍。

不離佛氏之說，足不離佛氏之堂，而心已醒而爲吾儒之心，從前種種迷惑一朝而破，又何患其不爲吾儒之徒乎？此僕之所以誦言陽明子而不容已也。

夫道者，天下之達道，而言道之言亦天下之公言也。孔孟言之而不足，則程朱言之。程朱言之而不足，則陽明子言之。陽明子言之而不足，則後之人又有言之者。但不許爲佛氏之徒所借言。而苟其借之而足以爲反正之機，則吾亦安得不因其借者而借之，以一伸吾道之是乎？孟子曰：楊墨之道不息，孔子之道不著。僕亦曰：陽明子之道不著，佛老之道不息。道陽明之道，言陽明之言，且獨言其異同於朱子之言，殆亦以發明朱子之蘊，善繼朱子之心，以求不得罪於孔孟焉而止耳。

僕聞之，春秋之法先自治而後治人。故曰：君子反經。僕亦與二三子共學陽明子而已矣。今而後願足下偃旗息鼓，反其分別異同之見，而告自邑焉，於以尊所聞而行所知，日進於高明廣大之地，則天下之士必有聞風而興起者。吾道之明且行，庶有日乎？僕旦暮跂之。

第八卷　《劉子全書》卷六·語類六·〈證學雜解〉（二十五則）

解一　仁體標宗

　　孔門之學，莫先於求仁。仁者人也，天地之**心**也。人得天地之心以爲心，生生不息，乃成爲人。故人與天地同體，而萬物在**宥**。〈西銘〉有之：乾吾父，坤吾母，民物吾胞與。此仁體也。即人體**也**。然踐形惟肖之說，不免以己合彼，猶二之**也**。程子云：「言體天地之化，已剩一體字。只此，便是天地之化。」「只此」云者，心即天即地即萬物。故曰：「反身而誠，樂莫大焉。」學者若無程子之見，驟而語之⑤〈西銘〉家當，一似說夢也。

解二　依眞現妄

　　天命流行，物與無妄，此所謂人生而靜以上不容說也。此處並難著誠字。或妄焉，亦不容說。妄者，眞之似者也。古人惡似而非。似者，非之微者也。道心惟微，妄即依焉。依**眞**而立，即托眞而行。官骸性命之地，猶是人也，而**生意有弗貫焉者**。是人非人之

---

　　⑤「之」字後牟先生原抄有「以」字，按原刊本爲衍字。

間，不可方物，強名之曰妄。有妄心，斯有妄形。因有妄解識，妄名理，妄言說，妄事功，以此造成妄世界，一切妄也，則亦謂之妄人已矣。妄者亡也。故曰：「罔之生也幸而免。」一生一死，眞罔乃見。是故君子欲辨之早也。一念未起之先，生死關頭最爲吃緊。於此合下清楚，則一眞既立，群妄皆消。即妄求眞，無妄非眞，以心還心，以聰明還耳目，以恭重還四體，以道德性命還其固然，以上天下地，往古來今還宇宙，而吾乃儼然人還其人。自此一了百當，日用間更有何事？通身仍得個靜氣而已。

解三　妄以自欺

　　人心自妄根受病以來，自微而著，益增洩漏，遂授之以欺。欺與慊對言，虧欠也。《大學》首嚴自欺。自欺猶云虧心。心體本是圓滿，忽有物以攖之，便覺有虧欠處。自欺之病，如寸隙當堤，江河可決。故君子愼獨。愼獨之功，只向本心呈露時，隨處體認去，便得全體瑩⑤⑥然，與天地合德，何慊如之！慊則誠。閒居之小人，揜不善而著善，費盡苦心，究竟敗缺，盡彰自供。己確誠，則從此便誠。⑤⑦僞則從此滋僞。凜乎凜乎！〈復〉云「不遠」，何衹於悔？

解四　欺以入僞。

---

⑤⑥「瑩」原刊本作「癸」。
⑤⑦中研院《劉宗周全集》本作「究竟敗缺盡彰，自供己確。誠則從此便誠」。見第二冊，頁307。

解五　立誠自不妄語始。

解六　慎獨躬行造端乎夫婦。見後補。

解七　存養以識心

　　心者，凡聖之合也。而終不能無眞妄之殊，則或存或亡之辨耳。存則聖，亡則狂。故曰：「克念作聖，罔念作狂。」後儒喜言心學，每深求一步，遂有識心之說。又曰：人須自識其眞心。或駁之曰：心自能識，誰爲識之者？余謂心自能識，而眞處不易識。眞妄雜揉處，尤不易識。正須操而存之耳。所云「存久自明」是也。若存外求識，當其識時，而心已亡矣。故識不待求，反之即是。孟子曰：「雖存乎人者，豈無仁義之心哉？」人自放之耳。乃夫子則曰：「操則存，舍則亡。出入無時，莫知其鄉。」須知此心，原自存。操則存，又何曾於存外加得些子。存無可存，故曰：「出入無時，莫知其鄉。」至此方見此心之不易存。所以孟子又言「養心」。知存養之說者，可與識心矣。

解八　求放心工夫如何可能

　　良心之放也，亦既知所以求之矣。初求之事物之交，而得營構心。其爲營與構㊲，日不知凡幾也。繼求之應感之際，而得緣著心。其爲緣與著，日不知凡幾也。又求之念慮之隱，而得起滅心。

㊲「而得營構心。其爲營與構」中兩「構」字，原刊本作「搆」。

其為起與滅，日不知凡幾也。又進求之靈覺之地，而得**通塞心**。其為通與塞，日不知凡幾也。又求之虛空，求之玄漠，而得**欣厭心**。欣與厭，又日不知凡幾也。以是五者徵心，了不可得，吾將縱求之**天地萬物**，而得心體焉，其惟天理乎？天理何理？歸之曰**用**。日用何用？歸之**自然**。吾安得操功**自然者**，而與之語**心學也哉**？

解九　覺識之分

學者最忌**識神用事**。識者載妄之官，神之有漏義也。夫心，**覺而已矣。覺動而識起**，緣物乃見。「**物交物，則引之而已矣。**」**覺離本位，情識熾然**。聰明乘之，變幻百出。其最近而似焉者為「理」識。理識之病，深則鑿，淺則浮，詭則異，僻則邪，偏則倚，支則離。六者皆賊道之媒，而妄之著焉者也。妄非真也。識非覺也。妄盡而覺還其初，神在何處？識在何處？故曰學者覺也。

解十　慎獨證本覺

甚矣，事心之難也。間嘗求之一覺之頃，而得湛然之道心焉。然未可為據也。俄而恍惚焉，俄而紛紜焉，俄而雜揉焉。向之湛然覺者，有時而迷矣。請以覺覺之，於是有**喚醒法**。朱子所謂略綽提撕是也。然已不勝其勞矣。必也求之**本覺**乎？本覺之覺，無所緣而覺，無所起而自覺。要之不離**獨位**者近是。故曰「闇然而日章。」闇則通微，通微則達性，達性則**誠**，誠則**真**，真則**常**。故君子慎獨。

解十一　　覺者心之主：一眞無妄即覺地

　　此心**一眞無妄**之體，不可端倪，乃從**覺地**指之。覺者，心之主也。心有主，則**實**。無主則虛。實則百邪不能入。無主焉，反是。有主之心，如家督在堂，群奴爲之奔走。有主之覺，如明鏡當空，妍媸於焉立獻。昔人呼心爲主人翁，以此。又曰：主人翁常惺惺否？若不是常惺惺，又安見所謂主人翁**者**？

解十二　　覺之實在好學以誠之：誠以去莽蕩與儱侗

　　由**知覺**，有心之名。心本不諱言覺。但一忌**莽蕩**，一忌**儱侗**。儱侗則無體。莽蕩則無用。斯二者皆求覺於覺，而未嘗**好學以誠之**，容有或失之似是者，仍歸之**不覺而已**。學以明理，而去其蔽，則**體物不遺**，物各付物，**物物得所**，有何二者之病？故曰：「好智不好學，其蔽也賊。」

解十三　　學、思、問、辨、行、五事以證覺。

解十四　　「思者聖功之本」。見後補。

解十五　　「性即氣，氣即性」

　　形而下者謂之氣，形而上者謂之性。故曰「性即氣，氣即性。」〔案：此爲明道語〕。人性上不可**添一物**，學者姑就形下處討個主宰，則形上之理即此而**在**。孟夫子特鄭重言之曰：善養浩然之氣，是也。然其工夫實從知言來。知言，知之至者也。知至，則

心有所主，而志常足以帥氣，故道義配焉。今之爲暴氣者，種種蹶趨之狀，還中於心，爲妄念，爲朋思，爲任情，爲多欲，皆緣神明無主。如御馬者，失其銜轡，馳驟四出，非馬之罪也，御馬者之罪也。天道積氣耳，而樞紐之地乃在北辰。故其運爲一元之妙。五行順布，無愆陽伏陰以干之。向微天樞不動者，以爲之主，則滿虛空只是一團游氣，頃刻而散，豈不人消物盡？今學者動爲暴氣所中，苦無法以治之，幾欲仇視其心，一切歸之斷滅。殊不知暴氣亦浩然之氣所化，只爭有主無主間。今若提起主人翁，一一還他條理，條理處便是義。凡過處是助，不及處是忘。忘助兩捐，一操一縱，適當其宜，義於我出。萬理無不歸根，生氣滿腔流露，何不浩然？夫**浩然仍只是澄然湛然**，⑤此中元不動些子。是以謂之「**氣卽性**」。只此是盡性工夫，更無餘事。

解十六 「無所謂惡，只有過不及」

程子曰：「人無所謂惡者，只有過不及。」此知道之言也。《中庸》言喜怒哀樂之未發謂之中。只此是天命之性。故爲天下之大本。緣有過不及，則偏至之氣獨陽不生，獨陰不成，性種遂已斷滅。如喜之過，便是淫。又進之以樂，而益淫。淫之流爲貪財、爲好色。貪財好色不已，又有無所不至者，而天下之大惡歸焉。怒之過，便是傷。又進之以哀，而益傷。傷之流爲賊人、爲害物。賊人害物不已，又有無所不至者，而天下之大惡歸焉。周子曰：「性者

---

⑤中研院《劉宗周全集》本作「生氣滿腔流露，何不浩然去？浩然仍只是澄然湛然」，見第二冊，頁315。

剛柔善惡中而已矣。」兼以惡言，始乎善，常卒乎惡也。易其惡而至於善，歸之中焉，則已矣。

　　如財色兩關是學人最峻絕處。於此跌足，更無進步可言。然使一向在財色上止截，反有不勝其扞格者，以其未嘗非性也。即使斷然止截得住，纔絕得淫心，已中乖戾心，便是傷。學者誠欲拔去病根，只教此心有主，使一元生意周流而不息，則偏至之氣自然消融。隨其所感而順應之，凡為人心之所有，總是天理流行。如此，則一病除，百病除。除卻貪財心，便除卻好色心。除卻貪財好色心，便除卻賊人害物心。除其心，而事自隨之。即事不頓除，已有日消月減之勢。此是學者入細工夫。非平日戒慎恐懼之極，時時見吾未發之中者，不足以語此。然則為善去惡，非乎？孟子曰：「人能充無欲害人之心，而仁不可勝用也。人能充無穿窬之心，而義不可勝用也。」

解十七　氣質載理義：養心和氣以至中

　　人生而有氣質之性，故理義載焉。此心之所謂同然者也。然必學焉，而後有以驗其實。學者，理義之矩也。人生而百年，未必皆百年也。百年者，先天之元氣，而培養此百年元氣，全在後天。一日寒暑之不時，飢飽之失節，而病或侵之。久之而至於傷生夭折者有之。心之於理義也，猶飢渴之於飲食也。一日不再食則飢，一息而非理非義，可以為心乎？況有甚焉者乎？而其於非理非義也，猶客氣之有寒暑也。一歲不再衣則寒，一息而不治之以理義，又可以為心乎？況又有甚焉者乎？故心不可以不養也。如培養此元氣然，時其飢飽，而達之於所欲，無令其苦而不甘也。節其寒暑，而閑之

於所感，無令其疏而授之隙也。則理義之悅我心，有不可勝用者矣。悅則樂，樂則和，和則中，中則性。

解十八　變化氣質以復性

人生而有氣質之病也，奚若？曰：氣本於天，親上者也，故或失則浮。浮之變爲輕、爲薄、爲虛誇、爲近名、爲淫佚、爲巧言令色、爲猖狂、爲無忌憚。又其變也，爲遠人而禽。質本乎地，親下者也，故或失則粗。粗之變爲重，爲濁、爲險、爲賊、爲貪戾、爲苛急、爲怙，終爲無恥，爲首鼠覦望。又其變也，爲遠人而獸。亦各從其類也。夫人也，而乃禽乃獸，抑豈天地之初乎？流失之勢，積漸然也。故曰「性相近也，習相遠也。」又曰：「或相什百，或相千萬，或相倍蓰而無算者，不能盡其才者也。」然則氣質何病？人自病之耳。

既病矣，伊何治之？浮者治之以沈，粗者治之以細。更須事事與之對治過。用此工夫既久，便見得此心從氣質託體，實有不囿於氣質者。其爲清明而上際，有天道焉。厚重而下凝，有地道焉。立天之道，陰與陽，故運而不息。以陽主之，以陰順之，無有或失之浮者。立地之道，柔與剛，故處而有常。以剛進之，以柔反之，無有或失之粗者。此之謂以心治氣質，而氣質化，且以氣質化性，而性復其初矣。

解十九　盡心知性以知天

子思子從喜怒哀樂之中和，指點天命之性。而率性之道即在其中。分明一元流行氣象。所謂「不識不知，順帝之則」，全不涉人

分上。此言性第一義也。

　　至孟子，因當時言性紛紛，不得不以善字標宗旨。單向心地覺處，指點出粹然至善之理，曰：惻隱、羞惡、辭讓、是非，全是人道邊事。最有功於學者。雖四者之心，未始非喜怒哀樂所化，然已落面目一班，直指之爲仁義禮智名色，去人生而靜之體遠矣。學者從孟子之教，盡其心以知性而知天，庶於未發時氣象，少有承當。今乃謂喜怒哀樂爲粗幾，而必求之義理之性，豈知性者乎？

解二十　涵養與省察

　　孟子言養心，又言養性，又言養氣。至程子又言養知，又每謂學者曰：「且更涵養」。養之時義大矣哉？故曰：「苟得其養，無物不長。苟失其養，無物不消。」涵養之功，只在日用動靜語默衣食之間。就一動一靜、一語一默、一衣一食理會，則謂之養心。就時動時靜、時語時默、時衣時食理會，則曰養氣。就卽動卽靜、卽語卽默、卽衣卽食理會，則曰養性。就知動知靜、知語知默、知衣知食理會，則曰養知。其實一也。就其中分個眞與妄，去其不善而之於善，即是省察之說。

解二十一　進學之規程：立志、有所守、有所安、有所至

進學有程乎？曰：未事於學，茫乎如泛海之舟，不辨南北。已事於學，而涯涘見焉。始學之汩汩流俗之中，恍若有見焉。得道之大端，以聖人爲必可學而至也。此立志之說也。語曰：「志立而學半」，君子早已要厥終矣。第慮其銳而易挫也，乃進而言所守。擇地而蹈，無尺寸踰也。守經而行，無往來或叛也。即有語之以圓通

徑捷之説,可一日而至千里,弗屑也。學至此,有成行矣,乃進而
程所安。即事而理存,外不膠於應也。即心而理得,内不執於解
也。以推之天地萬物,無不凍解於春融,而睫得於指掌也。學至
此,有眞悟矣,乃進而程所至,優焉游焉,弗勞以擾也。厭焉飫
焉,弗艱以苦也。瞬存而息養,人盡而天隨。日有孳孳,不知年歲
之不足也。庶幾滿吾初志焉,則學之成也。

　　流水之爲物也,盈科而後進。折而愈東,必放之海。有本者如
是。立志之説要已乎?

解二十二　論貴靜、貴敬、貴致知、述往。

解二十三、二十四　論生死辨佛。略。

解二十五　述學見志

　　吾學亦何爲也哉?天之生斯民也,使先知覺後知,使先覺覺後
覺。彼天民而先覺者,其自任之重,固已如此矣。生斯世也,爲斯
民也,請學之爲後覺焉,以覺先覺之所覺。曰:堯舜之道、堯舜之
心爲之也。堯舜之心,即吾人之心。同此心、同此覺也。吾亦覺其
同者而已矣。凡夫而立地聖域,一時而遙契千秋,同故也。今之言
覺者或異焉。理不必分眞妄,而「合」〔《明儒學案》作「全」〕
遁於空。事不必設取舍,而冥求其照。至曰空生大覺,如海發漚,
安往而不異!「所惡於智者,爲其鑿也。」又曰:「學者之病,莫
大乎自私而用智。」〔案:此爲明道語〕。今之言覺者,鑿焉而已
矣。

　　人之生也，飢食而渴飲，夏葛而冬裘，夫人而知之**也**。而其爲飢渴寒暑之道，又夫人而覺之**也**。其有不知者，非愚不肖之不及，則賢智之過者**也**。而過之害道彌**甚**。彼以爲道不在是**也**。去飲衣而求口體之正，去口體而求性命之常，則亦豈有覺地乎？

　　嗟乎！人心之晦**也**！我思先覺其人者，曰孔氏。孔氏之言道也，約其旨曰中庸，人乃知隱怪者之非道，而庸德之行，一時弑父與君之禍息，則吾道之一大覺**也**。

　　歷春秋而戰國，楊墨橫議。孟子起而言孔子之道以勝之，約其旨曰性善，人乃知惡者之非性，而仁昭義立，君父之倫益尊於天壤，則吾道之一大覺**也**。然自此言性者，人置一喙，而天下皆淫於名理，遂有明心見性之說。夫性可得而見乎？

　　又千餘載，濂溪乃倡無極之説，其大旨見於《**通書**》。曰：「誠者聖人之**本**。」可謂重下注腳，則吾道之一覺**也**。

　　嗣後辨説日繁，支離轉**甚**。浸流而爲詞章訓**詁**。於是陽明子起而救之以良知，一時喚醒沈迷，如長夜之旦，則吾道之又一覺**也**。

　　＊今天下爭言良知**矣**。及其弊也，**猖狂者參之以情識**，而一是皆良。超潔者，蕩之以玄虛，而**夷良於賊**。亦用智㉟者之**過也**。

　　夫陽明之良知，本以救晚近之支離。姑借《大學》以明之，未必盡《大學》之旨也。而後人專以言《大學》，使《大學》之旨**晦**。又借以通佛氏之玄覺，使陽明之旨復**晦**。又何怪其說愈詳，而言愈厖，卒無以救詞章訓詁之錮習，而反之正乎？

　　司世教者，又起而言**誠意之學**，直以《大學》還《大學》耳。

㉟此「智」字原刊本作「知」。

爭之者曰：意，稗種也，予曰：嘉穀。又曰：意，枝族也，予曰：根荄。是故知本，所以知至也。知至，所以知止也。**知止之謂致良知，則陽明之本旨也。**⑤今之賊道者，非不知之患，而不致之患。不失之情識，則失之玄虛。皆坐不誠之病，而求之於**意根者疏也。**故學以誠意爲極則，而**不慮之良，於此起照。**後覺之任，其在斯乎？

　　孟子云：「我亦欲正人心，息邪說，距詖行，放淫辭，以承三聖。」又曰：「能言距楊墨者，聖人之徒也。」予蓋有志焉，而未之逮也。

解四

　　自欺受病，已是出人入歡關頭。更不加慎獨之功，轉入人僞。〔似當作「轉人入僞」〕。自此，即見君子，亦不復有厭然情狀。一味挾智任術，色取仁而行違。心體至此，百碎進之，則爲鄉原。似忠信，似廉潔。欺天罔人，無所不至。猶宴然自以爲是。全不識人間有廉恥事。充其類爲王莽之謙恭，馮道之廉謹。弒父與君，皆由此出。故欺與僞，雖相去不遠，而罪狀有淺深，不可一律論。近世士大夫受病，皆坐一僞字。使人名之曰假道學。求其止犯欺者，已是好根器，不可多得。

---

⑤此段從「所以知至也」至「則陽明之本旨也。今」一行下有「x」號，而「則陽明之本旨也。」句右側劃有一線，此「x」號當用以對蕺山「則陽明之本旨也」所作論斷之一意見表示乎!?

解五

劉器之學立誠，自不妄語始，至七年乃成。然則從前語亦妄，不語亦妄。即七年以後，猶有不可問者。不觀程伯子喜獵之說乎？自非妄根一路火盡煙消，安能并卻喉子默默地不動一塵，至於不得已而有言，如洪鐘有叩，大鳴小鳴，適還本分，此中仍是不出來也？如同是一語，多溢一字，輕一字，都是妄。故云：「戲言出於思。」七年之功，談何容易！不妄語，方不妄動。凡口中道不出者，足下自移不去。故君子之學，置力全是躬行，而操心則在謹言上。戒欺求慊之功，於是爲要。《易》曰：「君子居其室，出其言善，則七㊽里之外應之，況其邇者乎？居其室，出其言不善，則千里之外違之，況其邇者乎？」嗚乎！善不善之辨微矣哉！

解六

古人愼獨之學，固向意根上討分曉，然其工夫必用到切實處，見之躬行。《中庸》言「君子之道造端乎夫婦」。以是微「莫見乎隱」之實。故先之曰「費而隱」。而「莫顯乎微」之義，即在其中。鳶飛戾天，鳶不可見。魚躍於淵，魚不可窺。即隱即見，即微即顯。夫婦之造端如此夫。《大戴》亦云：「匹夫匹婦，相與於牆陰之下，明日則或聞其言。」正言莫見莫顯也。乃知幽獨一關，惟妻子爲最嚴。於此行不去，更無愼獨可說。《詩》稱文王之德，必先刑於寡妻，而後至於兄弟，以御於家邦。有味乎，〈關雎〉之爲

㊽此「七」字，原刊本作「千」，「七」爲誤寫。

風始也。然則夫婦其人道之本乎？有夫婦而後有父子，有父子而後有兄弟，有兄弟而後有朋友，有朋友而後有君臣。故五倫以君父爲大，而夫婦其本也。夫子稱「道不遠人」，止言子臣弟友，而不及爲人夫，其意固有在。夫亦曰君子達乎此四者，而其所以爲人夫，可得而知也。

解十三　學、問、思、辨、行、五事以證覺

古人只言個學字。又與思互言，又與問並言，又兼辨與行，則曰五者廢其一，非學也。學者如此下工夫，儻見精神澈內澈外，無一毫滲漏。陽明子云：「學便是行，未有學而不行者。如學書必須把筆伸紙，學射必須張弓挾矢。篤行之，只是行不已耳。」因知五者總是一個工夫。然所謂學書學射，亦不是恁地便了。《書》云：「學於古訓，乃有獲。」又曰：「學古入官。」故學必以古爲程，以前言往行爲則，而後求之在我，則信諸心者斯篤，乃臻覺地焉。世未有懸空求覺之學。凡言覺者，皆是覺斯理。學焉而不覺，則問。問焉而不覺，則思。思焉而不覺，則辨。辨焉而不覺，則行。凡以求覺斯理也。

解十四　「思者聖功之本」

《通書》以誠神幾蔽聖人之道，而又尊其權於思，曰：「思者聖功之本。」思以思誠，則精以純，思以知幾，則豫以立。思以盡神，則通以變。此之謂主靜立極。

第九卷　《劉子全書》卷五・語類五・〈聖學宗要〉

　　案此書，乃蕺山選濂溪〈太極圖說〉，橫渠〈西銘〉、〈東銘〉，明道〈識仁篇〉、〈定性書〉，朱子〈中和說〉四書，以及陽明良知答問（〈答陸元靜〉）、〈拔本塞源論〉而成，每篇加以疏解。茲只錄〈太極圖說〉解，及朱子「中和說」四書解。以〈太極圖說〉解有積極意義，為代表蕺山之積極思路，故錄之。〈中和說〉四書解，則安排非是，解亦不切，未能深知朱子思想之發展以及其取舍之所以，此所關甚大，故亦錄之，使學者知《宋元學案・晦翁學案》中關於中和說之臚列為非是也。至其餘三子，所解雖亦有精到處，如關於〈東西銘〉，然大抵不關重要，亦非問題之所在，故不錄。

一、〈太極圖說〉解（圖說原文略）

　　一陰一陽之謂道，即太極也。天地之間，一氣而已。非有理而後有氣，乃氣立而理因之寓也。就形下之中而指其形而上者，不得不推高一層，以立至尊之位，故謂之太極，而實本無太極之可言，所謂無極而太極也。使實有是太極之理為此氣從出之母，則亦一物而已，又何以生生不息，妙萬物而無窮乎？今曰：「理本無形，故

謂之無極」，無乃轉落注腳？

　　太極之妙，生生不息而已矣。生陽生陰，而生水火木金土，而生萬物，皆一氣自然之變化，而合之，只是一個生意。此造化之蘊也。唯人得之以為人，則太極為靈秀之鍾，而一陰一陽分見於形神之際，由是殽之為五性，而感應之途出，善惡之介分，人事之所以萬有不齊也。

　　惟聖人深悟無極之理，而得其所謂靜者，「主」乃在中正仁義之間，循理為靜是也。〔案：《宋元學案·濂溪學案》中所錄，「主」字下有「之」字，乃「主之」點句。今此無「之」字，則當「者」字點句。〕天地此太極，聖人此太極，彼此不相假，而若合符節，故曰「合德」。若必捐天地之所有，而畀之於物，又獨鍾畀之於人，則天地豈若是之勞也哉？

　　自無極說到萬物上，天地之始終也。自萬事〔＊〕反到無極上，聖人之終而始也。〔＊〕

　　始終之說即生死之說，而開闢渾沌，七尺之去留不與焉。知乎此者，可與知〔＊〕道矣。主靜要矣，致知極⑬焉。

　　愚按〈太極圖說〉，其要歸之知生死。何以故？此佛氏所謂第一大事因緣也。但佛氏向父母未生前討分曉，吾儒則向天地未生前討分曉，比佛氏因緣更〔＊〕大。佛氏討過分曉，便以無生為了義，吾儒討過分曉，便以生生而〔＊〕不窮，為了義。以無生為了義，只了得一身。〔＊〕以生生而不窮為了義，並天地萬物一齊俱了。其為大小之分，更自天淵。夫佛氏了〔＊〕生死本小，而看得

---

　　⑬「致知極焉」原刊本作「致知丞焉」。

以爲極大，便是難了處。吾儒直作等閒看過，生順沒寧而已。周子此言，殆亦有爲而發與？〔此段，〈濂溪學案〉無〕。

二、朱子「中和說」四書解

1.中和說

朱子與張敬夫曰：

人自有生，即有知識。事至物來，應接不暇。念念遷革，以至於死。其間初無頃刻停息。舉世皆然也。然聖人之言，則有所謂未發〔＊〕之中，寂然不動者，夫豈以日用流行者爲已發，而指夫暫而休息，不與事接之際，爲未發時耶？嘗試以此求之，則泯然無覺之中，邪暗鬱塞，似非虛明應物之體，而幾微之際，一有覺焉，則又便爲已發，而非寂然之謂。蓋愈求而愈不可見。於是，退而驗之日用之間，則凡感之而通，觸之而覺，蓋有渾然全體應物而不窮者，是乃天命流行，生生不息之機，雖一日之間，萬起萬滅，而其寂然之本體，則未嘗不寂然也。所謂未發，如是而已。〔＊〕夫豈別有一物，限於一時，拘於一處，而可以謂之中哉？

說得大意已是。猴不是限於一時，拘於一處。但有覺處，不可便謂之已發。此覺性原自渾然，原自寂然。

2.中和說二

朱子答張敬夫曰：

日前所見，累書所陳者，只是儱侗見得個大本達道底影像，便執認以爲是了。蓋只見得個直截根源，傾湫倒海底氣象。日間但覺爲大化所驅，如在洪濤巨浪之中，不容少頃停泊。以故應事接物處，但覺粗屬⑥⑭勇果，而無寬裕雍容之氣。雖竊〔＊〕病之，而不知其所自來也。今而後乃知浩浩大化之中，一家自有一個安宅，正是自家安身立命、主宰知覺處，所以立大本、行達道之樞要，所謂體用一源，顯微無間者，乃在於此。道邇求遠，亦可笑矣。

這知覺又有個主宰處，正是天命之性，統體大本達道者。端的端的！

3.中和說三

朱子答張敬夫曰：

近復體察，見得此理，須以心爲主而論之，則性情之德，中和之妙，皆有條而不紊。蓋人之一身，知覺運動，莫非心之所爲。心者，所以主於身，無動靜語默之間者也。方其靜也，事物未至，思慮未萌，而一性渾然，道義全具，其所謂中乃心之所以爲體，而寂然不動者也。及其動也，事物交至，思慮萌焉，則七情迭用，各有攸主，其所謂和乃心之所以爲用，感而遂通者也。然性之靜也，而不能不動。情之動也，而必有節焉。是則心之所以寂然感通，周流貫澈，而體用未始相離者也。然人有是心，而或不仁，則無以著此

---

⑥⑭「粗屬」原刊作「粗糲」。

心之妙。人雖欲仁，而或不敬，則無以致求仁之功。蓋心主乎一身，而無動靜語默之間。是以君子之於敬，亦無動靜語默不致其力焉。未發之前是敬也，固已主乎存養之實。已發之際是敬也，又嘗行於〔＊〕省察之間。方其存也，思慮未萌，而知覺不昧，是則靜中之動，復所以見天地之心也。及其察〔＊〕也，事物紛糾，而品節不差，是則動中之靜，艮之所以不獲其身，不見其人也。有以主乎靜中之動，是則寂而未嘗不感。有以察乎動中之靜，是以感而未嘗不寂。寂而常感，感而常寂，此心之所以周流貫澈，而無一息之不仁也。

以心為主及主敬之說，最為諦當。

4. 中和說四（節略）

朱子答湖南諸公曰：

向來講論思索，直以心為已發，而日用工夫亦止以〔＊〕察識端倪為最初下手處。以故闕卻平日涵養一段工夫，使人胸中擾擾，無深潛純一之味，而其發之言語事為之間，亦常急迫浮露，無復雍容深厚之風，蓋所見一差，其害乃至於此。不可以〔＊〕不審也。

畢竟是〔＊〕求之未發之中，歸之主靜一路。然較濂溪為少落邊際。蓋朱子最不喜儱侗說道理。故已見得後，仍做鈍根工夫。

5.「中和說」四書總解

此朱子特參《中庸》奧旨以明道也。

第一書先見得天地間一段發育流行之機，無一息之停待，乃天命之本然，而實有所謂未發者存乎其間。是〔＊〕即已發處窺未發，絕無彼此先後之可言者也。

第二書則以前日所見爲儱侗。浩浩大化之中，一家自有一個安宅，爲立大本行達道之樞要，是則所謂性也。

第三書又以前日所見爲未盡，而反求之於心。以性情爲一心之蘊。心有動靜，而中和之理見焉。故中和只是一理。「一」處便是仁，疑（原注：一無「疑」字）即向所謂「立大本行達道之樞要」。然求仁工夫，只是一敬。心無動靜，敬無動靜也。

最後一書，又以工夫多用在已發者〔＊〕爲未是，而專求之涵養一路，歸之未發之中云。

合而觀之，第一書，言道體也。第二書，言性體也。第三書，合性於心，言工夫也。第四書，言工夫之究竟處也。見解一層進一層，工夫一節換一節。孔孟而後，幾曾〔＊〕見小心窮理如朱子者！

愚案朱子之學本之李延平。由羅豫章而楊龜山，而程子，而周子。自周子有主靜立極之說，傳之二程。其後羅李二先生專教人默坐澄心，看喜怒哀樂未發時作何氣象。朱子初從延平游，固嘗服膺其說。已而又參以程子主敬之說，覺〔＊〕「靜」字爲稍偏，不復理會。迨其晚年，深悔平日用功，未免疏於本領，致有辜負此翁之語。固已深信延平立教之無弊，而學人向上一機，必於此而取則

矣。

　　湖南答問，誠不知出於何時。考之原集，皆載在敬夫次第往復之後，經輾轉〔＊〕折證，而後有此定論焉〔＊〕。則朱子平生學力之淺深，固於此窺其一班，而其卒傳延平心印，以得與於斯文，又當不出於〔＊〕此書之外，無疑矣。

　　夫主靜一語，單提直入，惟許濂溪自開門戶。而後人往往從依傍而入，其流弊便不可言。幸而得之〔＊〕，亦如短販然，本薄利奢，叩其中藏可盡也。朱子不輕信師傳，而必遠尋伊洛以折衷之，而後有以要其至，乃所謂善學濂溪者。

《牟宗三先生全集》總目